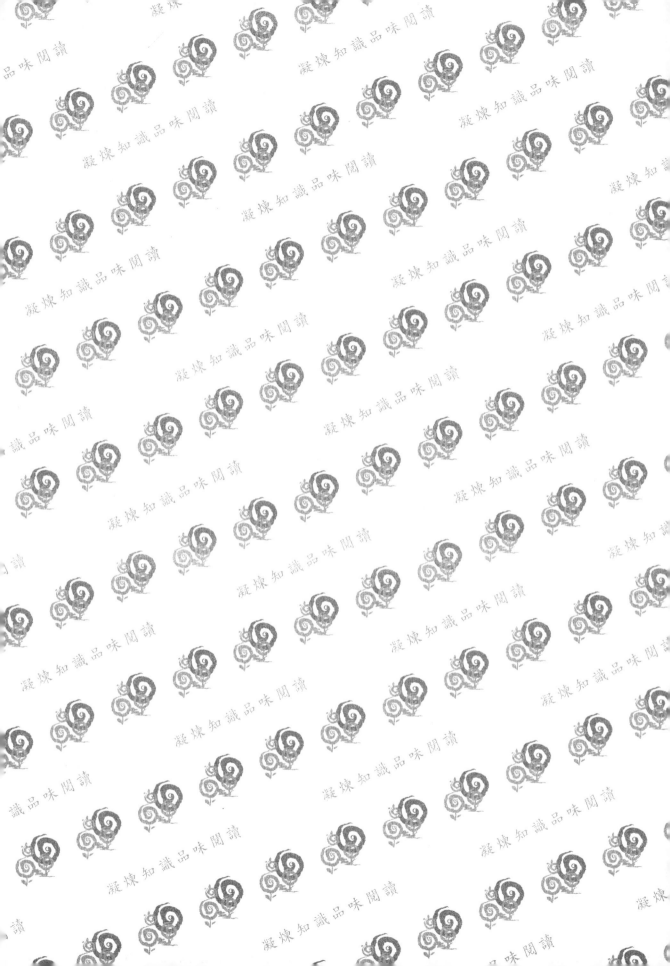

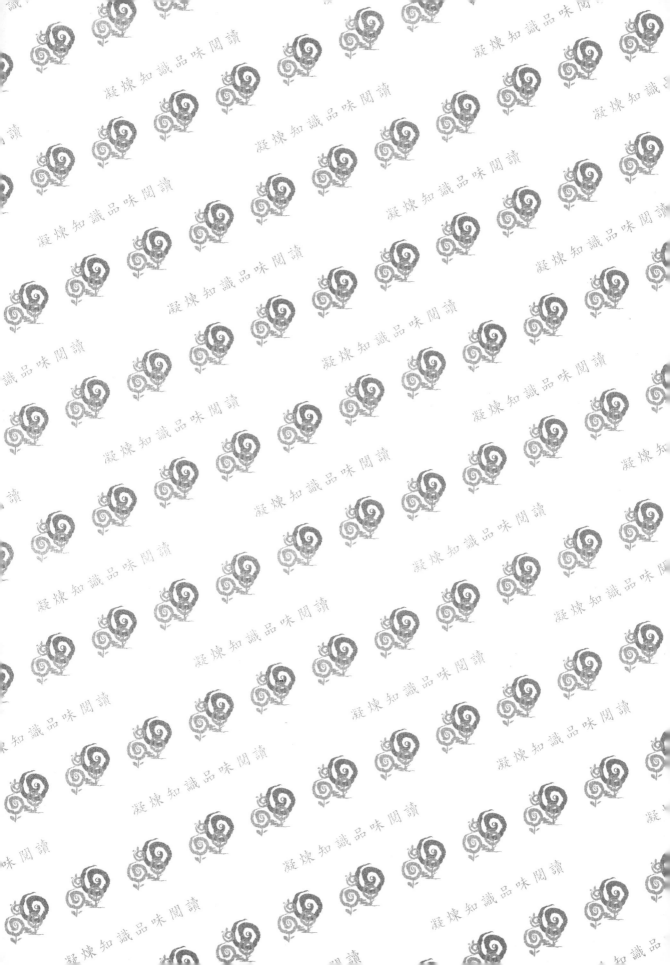

貨幣銀行學

Money and Banking 第2版

謝德宗、俞海琴 合著

五南圖書出版公司 印行

Hsieh Chou-Jung
2015. 3.

序

2008 年金融海嘯引發國際金融市場動盪，重創國際景氣，陷入百年罕見的蕭條。各國政府為力挽狂瀾，競相執行寬鬆財政政策與貨幣政策，前者讓各國債台高築而觸發持續不止的歐債危機，後者則是製造氾濫資金席捲各國金融市場，醞釀潛藏的資產泡沫。國際經濟金融環境劇變，金融改革與監理、交易支付制度與政府政策模式無不出現重大變革，致使先前出版的貨幣銀行學難以符合當前現狀，亟待全面翻修。

作者分別任教於台大經濟系與中原國貿系，講授貨幣銀行學超逾三十年，也曾陸續撰寫四本風格迥異的貨幣銀行學教科書。然而從 1980 年代末期起，通訊網路技術進步與金融創新盛行，加速國際金融市場整合，而黑天鵝頻繁出現，則讓金融環境身處動盪變化之中。現實環境與時俱變，書本內容趕不上變化，作者授課必須審時度勢，引經據典進行詮釋，以為修課同學釋疑。隨著時間推移，原書內容部分漸失時效，而隨著資料日益累積，遂開始逐步修正原書。

在撰寫新書過程中，作者以近年來發生的重要金融案例取代過時資料，力求跟上國際與國內金融發展腳步。其次，適度調整本書理論部分，符合總體經濟學發展趨勢。第三，針對各國政府著墨的金融監理與金融改革議題，擴大說明其內涵，以及發揮的影響。第四，在金融海嘯過程以及後續的歐債危機中，央行扮演力挽狂瀾的關鍵角色，是以加強說明央行執行穩定通膨的貨幣政策與穩定金融的總體審慎政策內涵。此外，本書也介紹攸關貨幣銀行學發展的重要學者，讓讀者了解該學門理論發展脈動。

　　貨幣銀行學是理論與實務並重的學門。實務上,人們從事金融操作,「直覺」將扮演關鍵因素,不過掌握「為何」與「如何」則屬同等重要。據此,本書特色即在凸顯哪些金融議題是重要且影響深遠,強調配合實際現象來詮釋相關理論。尤其是在每章開始的個案導讀中,作者搜尋近期引人矚目的國內外實例,除凸顯問題的核心所在外,並由此引伸出各章關注焦點,激發讀者學習興趣。此外,貨幣銀行學的主軸之一,則在推演個體層面的金融機構決策與總體層面的總體政策擬定。決策者與操作者如何精準剖析相關訊息,運用理論來擬定適當決策,將是健全營運與穩定金融的關鍵因素。是以本書將介紹金融風險管理方式與政府政策模式,揭露實際運用過程中可能存在的陷阱,讓決策者操作不致發生偏誤。

　　本書附有教師投影片電子檔,協助了解每章個案導讀引申的議題,而讀者善用本書的網路練習題,透過搜尋訊息來掌握經濟金融動態情勢。尤其提醒讀者的是,逐一鑽研每章的「問題研討」,將能透徹掌握每章討論的議題。至於對有意報考金融機構或國家考試的讀者而言,每章的問題多數與實際現象有關,詳加演練可收事半功倍之效。

　　最後,本書封面係謝州融先生手繪的畫作,讀者閱讀本書,除能分享欣賞藝術之美外,也能增添金融操作邏輯之藝術涵養。作者要感謝三十餘年來參與貨幣銀行學近萬位學生,歷年修課同學常有提供讀後看法,除讓作者持續調整授課內容外,也引導本書修正方向。同時,作者也要感謝五南圖書公司編輯部,編輯人員的高度專

業發掘出本書忽略的眾多問題,將本書錯誤減至最低。國際經濟金融環境瞬息萬變,回顧過去、展望未來,本書不完美與瑕疵之處仍難避免。敬請讀者不吝賜正,俾能於再版時更正。

謝德宗
於台大經濟系

俞海琴
於中原國貿系

目 錄
Contents

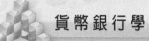

PART 1

貨幣起源與金融創新

導　論

個案導讀 ●

2000 年美國網路泡沫化，聯準會主席 Greenspan 以調降利率紓緩景氣衰退，引導利率在 2003 年滑落至 1%，氾濫資金誘使不動產金融業積極投入高風險的次級房貸 (subprime loan)，促使 2006 年的次級房貸規模躍升至 7,200 億美元，超越 2001 年次貸規模的 5.3 倍。金融業者接續包裝次貸成抵押證券出售，投資銀行更再組合成債權擔保憑證 (CDO) 與房貸債券 (MBS) 出售，對沖基金 (hedge fund) 又以高槓桿策略操作這些證券化商品，美國保險集團 (American International Group, AIG) 跟著發行信用違約交換 (credit default swap, CDS) 來強化次貸證券的信用等級，帶動抵押擔保證券廣泛流通於金融市場。

　　邁入 2004 年後，美國景氣緩步復甦，聯準會改採調升利率策略，2 年內調高利率 17 次而於 2006 年中攀升至 5.25%，次貸借款人陷入難以清償本息窘境，違約率暴增加上房地產泡沫化重創房地產景氣，迫使銀行業陷入嚴重虧損而緊縮信用。在 2007 年 4 月，美國第二大次級房貸公司新世紀金融公司 (New Century Financial Corporation) 因現金匱乏而破產，正式掀開次貸風暴序幕。稍

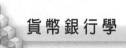

後的 6 月，貝爾斯登 (Bears-Stern) 的兩檔對沖基金受次級房貸問題拖累，而於 2008 年 4 月被摩根大通 (JP Morgan Chase) 併購。爾後，雷曼兄弟 (Lehman Brothers)、美林證券 (Merill Lynch) 與摩根史坦利 (Morgan Stanley) 等五大投資銀行，花旗集團 (CityGroup) 與美國保險集團等大型金融機構紛紛陷入流動性匱乏困境，迅速引爆百年罕見的金融海嘯，重創國際景氣掉落谷底。

各國政府為紓緩金融海嘯衝擊，競相舉債擴張政府支出，聯準會則於 2010 年起連續執行三次量化寬鬆 (quantitative easing, QE) 力挽狂瀾。然而龐大政府預算赤字點燃歐豬五國主權債務危機，自 2011 年起持續震撼全球金融市場，財政重整 (fiscal consolidation) 呼聲甚囂塵上。另外，鉅額量化寬鬆資金或讓景氣微露復甦曙光，然而四處流竄引發金融資產價格飆漲，資產泡沫疑慮四起。隨著聯準會自 2015 年起讓量化寬鬆逐步退場，調高利率措施再度震撼國際金融市場。面對詭譎多變的國際金融環境，本章將說明金融循環流程、金融體系運作條件，探討金融業決策的核心原則，作為討論貨幣銀行學議題的前奏。

 金融循環流程與金融體系運作條件

在總體循環流程中，經濟成員經常陷入當期收支難以平衡的窘境，從而提供互通資金有無誘因，形成金融循環流程的動力。圖 1-1 顯示，經濟成員分為兩大族群：

盈餘單位
當期所得超過支出者。

1. 盈餘單位 (surplus spending unit, SSU) 當期所得超過支出者，依循資產選擇理論或投資學提供的藍圖，追求剩餘資金保值與增值機會，透過金融機構與金融市場尋求資金用途，從而形成資產需求（資金供給者）。

赤字單位
當期入不敷出者。

2. 赤字單位 (deficit spending unit, DSU) 當期入不敷出者，將循公司理財或財務管理理論提供的方法，透過金融機構（銀行與壽險公司）與金融市場尋求多元性資金來源以彌補資金缺口，從而形成資產供給（資金需求者）。

在上述族群互通資金的過程中，盛行方式有二：

間接金融
盈餘單位與赤字單位經由銀行仲介資金。

1. 間接金融 (indirect finance) 盈餘單位與赤字單位經由金融機構仲介資金。後者提供資產轉換勞務，吸收盈餘單位的資金轉而貸放給赤字單位，收取當中利差為主要收益。其中，依據金融機構能否創造貨幣（支票），又分為存款貨幣機構（銀行）與非銀行金融中介機構（壽險公司）。

直接金融
盈餘單位與赤字單位透過經紀人互通資金有無。

2. 直接金融 (direct finance) 盈餘單位與赤字單位透過經紀人互通資金有無。經紀人包括證券、票券、資產管理、投資或財務顧問、外匯及期貨公司等，提供經紀服務，收取佣金代為交付款券（資金與證券）與清算工

作。另外，自 1970 年代興起的結構式金融亦屬於該範疇。

　　除上述主角與金融機構外，金融業採取高槓桿仲介資金，係屬高風險行業。為保障金主權益與交易安全性，維護金融體系健全運作，央行與金融監督管理委員會（金管會）隨時與定期監理金融機構運作，透過貨幣政策與審慎監理政策干預金融機構營運，藉以穩定金融。

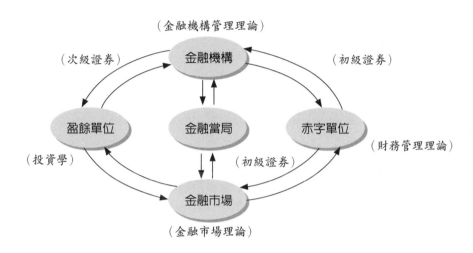

圖 1-1
金融體系循環
流程

　　在盈餘單位與赤字單位互通資金的過程中，為求提昇融資效率與降低風險，逐漸形成金融體系(financial system)，而建構金融體系所需因素包括五項：

金融體系
體系內資金流動的基本架構，係由金融資產、金融中介機構與交易市場等金融因素構成的綜合體。

1. 貨幣　作為交易媒介與儲藏財富之用。金融創新帶動「貨幣」型態持續演變，人們曾經使用黃金和白銀鑄造的貨幣數千年，後來則被紙幣取代。在 1970 年代，人們僅能在銀行櫃檯填單提款，邁入 1990 年代，卻可在各地的自動櫃員機 (ATM) 提領現金，而塑膠貨幣與電子貨幣（銀行轉帳）盛行，人們可以隨時透過網路完成交易。

2. 金融商品　金主（儲蓄者）藉由金融商品移轉資源給赤字單位，附帶將風險轉給願意承擔者，如股票、放款和保險。在往昔，人們透過經紀人買賣股票，自行蒐集訊息評估風險，高交易成本讓人怯步。反觀今朝，共同基金募集眾人資金，龐大基金規模足以將眾多股票納入投資組合，提供人們參與投資的管道。

3. 金融市場　早期金融市場係在類似咖啡館或小客棧裡交易金融商品，爾後蛻變成組織化的交易所，有如台灣證券交易所與櫃檯買賣中心一樣。邁入 1990 年代後，所有金融交易均以網路連線進行，天涯若比鄰，金融資訊傳遞成本與交易成本遞降，人們從事國內交易或跨國交易，均是輕而易舉。

4. 金融機構　提供融資服務，如銀行和壽險公司；提供多元化經紀服務，如財金資訊公司協助金融交易順利進行；蒐集與借款人訊息，如信用評等公司與聯合徵信所。早期的銀行是人們儲存財物的金庫，爾後發展成從事存放款的金融機構，迄今則演進成金融百貨公司或金融超市，提供多元化金融商品交易及服務。

5. 金融當局　央行追求穩定通膨與穩定金融，實施貨幣政策與總體審慎監理政策；金管會追求健全金融機構營運，實施個體金融監理政策。

1.2　金融業與製造業

形式效用
商品型態轉換而創造的附加價值。

地方效用
商品在不同地方移轉而創造的附加價值。

時間效用
商品在不同時間移轉而創造的附加價值。

產權效用
資產所有權在不同人間移轉而創造的附加價值。

就廣義而言，生產係指創造效用或附加價值的過程，提供人們在使用過程中產生不同觀感，願意支付較高價格購買。圖 1-2 顯示：體系生產涵蓋創造形式效用 (form utility)、地方效用 (place utility)、時間效用 (time utility) 與產權效用 (property utility) 四種。就狹義而言，生產專指物質轉換過程，亦即原料經過製造過程將會展現不同風貌。在生產過程中，廠商組合因素投入生產。Coase (1935) 深究廠商本質時，論定廠商出現主因在於降低交易成本，次要原因則在追求分工專業化帶來的規模經濟。不論廠商類型為何，其出現與上述原因息息相關，不過金融機構性質特殊，提昇交易效率與融資效率則是重要原因。

圖 1-2

產業與生產類型

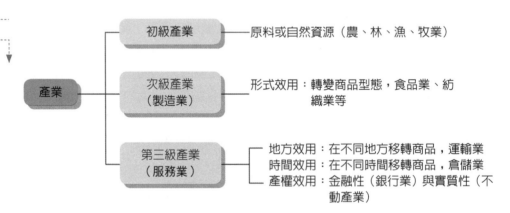

圖 1-2 顯示一國產業結構可分為初級產業 (primary industry)、次級產業 (secondary industry) 與三級產業 (tertiary industry)。隨著經濟發展層次提昇，次級產業（製造業）與三級產業（服務業）產值合占 GDP 比重居於絕對多數。尤其是在先進國家或高度發展區域，如亞洲金融中心新加坡與香港的服務業產值明顯超越製造業，凸顯其在經濟活動中的重要性。服務業為人們創造地方、時間與產權三種效用，就產權效用而言，基於廠商仲介商品性質不同，再區分成金融性（如金融資產）與實質性（如不動產）產權效用。

以下透過比較製造業與金融業的差異性，凸顯金融業特殊性。

1. 廠商性質
   (a) 製造業透過改變產品型態，創造形式效用或附加價值吸引人們購買。
   (b) 金融業創造金融產權效用，提供人們移轉金融資產（或資金）勞務而提昇效用。

2. 決策程序
   (a) 製造業追求廠商價值（股東財富）最大，經營階層執行圖 1-3 的決策以落實該目標。

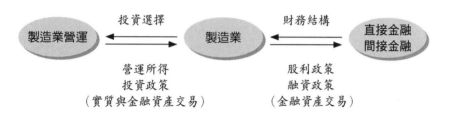

圖 1-3
製造業決策內容

   (i) 融資政策 (financial policy)　財務部依據營運計畫所需資金性質，評估承擔財務風險程度，規劃合理財務結構，再尋求間接金融或直接金融募集資金

融資政策
廠商依據營運所需資金性質，評估承擔財務風險程度，規劃合理財務結構。

   (ii) 投資政策 (investment policy)　廠商評估營運風險後，透過資本預算程序執行投資決策，從事實體與金融資產交易以獲取營運收益。

投資政策
廠商評估營運風險後，透過資本預算程序執行投資決策。

   (iii) 股利政策 (dividend policy)　會計年度結束，董事會面對獲利將提出盈餘分配案。依據《公司法》規定，製造業須提存法定公積 10%，剩餘部分再依公司章程規定次序分配：特別盈餘公積、員工紅利、董監事酬勞與股東紅利等。《公司法》未限制製造業分配股利型態，董事會評估未來資金需求情形、股本成長狀況、股東稅負考慮、股價變化等因素擬定股利結構（分配現金與股票的比例），再交付股東會表決同意。

股利政策
會計年度結束，董事會針對獲利提出盈餘分配案。

   (b) 除追求金融機構價值極大外，金融業基於營運良窳將衝擊景氣循環，通常會附加一些社會價值的目標，並執行圖 1-4 的決策以落實這些目標。

圖 1-4
金融機構決策內容

1. 負債管理政策 (debt management policy)　金融業（以銀行爲核心）評估授信所需資金性質，規劃合理財務結構以滿足資本適足性要求。接著，銀行在存款市場吸收存款，成爲主要的資金來源。此外，銀行面對突發性或特定資金需求，可向央行或其他銀行拆借資金，或前往金融市場募集長短期資金。

2. 資產管理政策 (asset management policy)　銀行業營運風險主要來自資金來源與運用方式，尤其是扮演體系清算交易的角色，確保資金安全性與流動性將是首要考慮。同時，銀行將資金投入授信，成爲營運收益的主要來源。

3. 股利政策　會計年度結束，董事會針對銀行結算的稅後盈餘，提出盈餘分配案。基於《銀行法》規定，銀行須提存法定公積 30%，剩餘部分再依銀行章程訂定次序分配如下：特別盈餘公積、員工紅利、董監事酬勞與股東紅利等。值得注意者：銀行若未滿足資本適足性要求，分配股利需以股票股利爲主，不得分配現金股利。

綜觀兩種產業的決策模式後，金融業營運與金錢遊戲息息相關，潛藏高風險，政府必須訂定金融法令規範，定期金融檢查與監理，此種嚴格管制係其他產業欠缺者。

· 產出與投入型態

1. 製造業生產程序明確，產出與投入區分清楚，多數產品可以量化與單一化。製造業僱用因素與出售商品偏向買斷與賣斷方式，分析製造業決策模式係以損益表變化爲基礎。製造業追求利潤或附加價值極大，最適決策在於評估資本與勞動僱用成本的相對變化，甚少討論原料成本波動的影響。

2. 金融業生產程序複雜無從確知，多數產品屬於勞務性質難以量化與分割，且與金融投入劃分不清或無法判斷。金融業使用金融投入或出售金融商品多數採租賃方式，僱用勞動與資本等實體投入則以買斷居多。金融業支付實質成本（工資與資本使用成本）占營運成本比重極小，使用金融投入成本（利息支出）卻占絕對比例，如何配置不同資金來源比例，遂成決策焦點。是以分析金融業決策模式，資產負債表才是關注重點，只要掌握資產與負債組合變化、預估資產報酬率與負債成本變化趨勢，則能掌握預期營運成果。

Ronald Coase (1910~2013)

出生於英國倫敦的 Willesden。曾在政府部門擔任統計工作,爾後在英國倫敦經濟學院、美國 Virginia 大學與 Chicago 大學任教,並於 1991 年獲頒諾貝爾經濟學獎。Coase 指出交易成本存在提供廠商出現誘因,也是擴展規模的界限。此外,交易成本和財產權在經濟組織和制度結構中扮演重要角色,影響經濟活動運作深遠。是以 Stigler 將此概念命名為「Coase 定理」,譽為新制度經濟學的鼻祖。

觀念問題

❖ 第一銀行與台塑石化的董事對自家公司營運成本的看法有何差異?

❖ 針對合庫銀行營運特質的說法,試加以評論:

(a) 董事會評估合庫營運績效,損益表與資金成本將是關注重點。

(b) 合庫營運風險主要來自資金來源與資金用途。

(c) 合庫董事能清楚區分自家銀行產品與投入,了解兩者在銀行市場均屬租賃性質。

1.3 金融業決策的核心原則

金融業以吸收資金、進行授信為主要業務,在中介資金過程中,除效率分配金融資源外,提供融資協助廠商成長,促進實質經濟發展。金融業營運涉及跨時資源配置,勢必面臨訊息不全,故其決策與時間、風險、訊息、市場、政府政策等息息相關。

1. 貨幣的時間價值 金融決策往往跨越多期,而「時間具有價值」,利率則是反應時間的價值,不論廠商或投資人均以利率來評價未來支付或收取現金流量的金融商品價值。舉例來說,張無忌投資債券或股票,目前願意支付的價格為何?我們從比較其在未來產生現金流量的現值差異,就可得到答案。由於利率是串聯實質部門與金融部門的關鍵因素,不僅是人們擬定決策的重要變數,更是央行執行政策的關注焦點。

2. 風險需要補償 在訊息不全環境,任何情境均可能出現,實際報酬超乎預期則深受歡迎,實際報酬低於預期則遭嫌棄。基於怯避風險,人們深知「風險需要補償」的道理,承擔風險愈高,要求附加風險溢酬 (risk

風險溢酬
人們投資高風險資產,將要求高報酬率做為補償。

premium) 就愈大。舉例來說，張無忌向富邦產險投保汽車險，車毀人傷可獲理賠而用於修復汽車與支付醫療費用。意外事故發生機率雖低，後果卻可能嚴重，縱使政府未強制投保，車主也會自動購買車險，規避獨自承擔風險。產險公司匯集投保人繳納的保費運用，評估賠付車子失竊、損毀後，仍可能獲利，是以產險公司與購買保險者都可從中獲益。

了解「時間具有價值」與「風險需要補償」後，多數金融商品價值評估即是立基於此。舉例來說，借款人存在違約可能，銀行放款將附加信用風險溢酬，訂定較高利率。信評等級偏低公司發行債券將支付預期高利率以補償可能違約風險，此即稱為「垃圾債券」(junk bond)，凡此均屬風險需要補償的概念。

3. **訊息是決策基礎** 人們擬定決策須先蒐集相關訊息，決策重要性愈大，必須蒐集訊息就愈多。試想購買 75 元麥香堡和 1,800 萬元保時捷汽車的差異性，人們當然耗費較多時間在汽車而非麥香堡。訊息是金融業擬定決策的基礎，而蒐集訊息則是金融體系營運的根本。尤其是金融業營運充斥資訊不對稱，存款者缺乏訊息來源而甚難掌握銀行營運內幕，容易選錯銀行存款，遭致銀行經營者背信而損及本身權益。是以政府成立金管會，要求銀行公開揭露營運訊息，讓人們擁有較為充分訊息進行決策。再就銀行業而言，必須耗費時間蒐集攸關借款者的訊息，透過評估其信用狀況來擬訂放款決策，避免選錯借款者而遭到倒帳結果。

在其他金融業，訊息也扮演同樣重要角色。金融交易買方無需知道賣方為誰，只要能收到現金，就無須擔心客戶身分。同樣的，在股票交易過程中，買方無需知道賣方是誰，反之亦同。投資人透過台灣證券交易所的公開資訊觀測站即可獲知相關訊息，降低蒐集訊息成本而提昇交易效率，顯見訊息即是金融體系運作之鑰。

4. **市場決定價格並分配資源** 金融市場係金融商品交易場所。金融市場從參與者取得資訊整合為一組價格，顯示哪些用途具有價值，而哪些用途缺乏價值。市場是訊息的來源，透過反映在各種證券的價格，提供人們配置資金的基礎，從而緊密結合金融部門與實質部門。設想半導體龍頭台積電規劃建立生產十八吋晶圓廠房，建廠計畫愈具吸引力，投資人在證券市場願意支付的股價就愈高，台積電將可藉由資本市場發行證券募集所需資金。不過資訊不對稱容易讓金融市場失靈 (financial market failure)，政府須以政策金融矯正，彌補價格機能運作缺失。

5. **穩定可以增進福祉** 人們偏好穩定收益甚過不確定所得，「穩定可以增進福祉」是人們追求的經濟活動品質。經濟動盪擴大不確定性，消彌波動即可降低風險，顯示「穩定可以增進福祉」與「風險需要補償」有關。至於

經濟動盪來自實質部門與金融部門波動，是以針對這兩個部門運作，央行執行政策追求穩定通膨與穩定金融，消除景氣循環與金融系統風險。換言之，央行追求穩定通膨，平緩景氣循環波動而降低個人失業風險；穩定金融則在健全金融體系營運，防止資產泡沫化引爆金融危機。穩定通膨與穩定金融相對於動盪的經濟與金融體系，更有助於實質經濟成長，從而落實「穩定可以增進福利」的想法。

觀念問題

❖ 試說明金融業決策的核心原則為何？

❖ 許多投資顧問建議客戶購買基金而非單一個股，理由是可降低風險。試說明其原因為何？

❖ 人們向銀行申請貸款，何以必須回答很多問題？這些問題何以必須標準化？

❖ 何種因素將會影響個人支付汽車貸款費用？這些因素不同，為何會影響費用多寡？

1.4 本書架構

本書共計分為五部分。

第一部分是貨幣與金融創新。

第一章是導論。第二章探討構成金融體系基本要素的貨幣起源，深入剖析經濟發展與貨幣功能出現的關係，探討貨幣制度與清算制度類型。第三章探討影響金融創新的因素、類型以及形成的影響，再討論貨幣定義內涵與貨幣供給過程，說明電子貨幣類型與產生的影響。

第二部分是金融市場與金融產業類型。

第四章探討融資策略、金融雙元性出現原因與非正式金融類型，接續說明資訊不對稱衍生的問題，探討金融風險管理與金融監理內涵，說明政策性金融機構類型與總體審慎監理政策內容。第五章將探討財務決策與投資決策過程與理論，剖析決定金融資產供需的因素。第六章探討利率決定因素，說明流動性偏好理論與可貸資金理論，以及利率期限結構理論內涵，進而說明央行的利率政策內涵。

第三部分是金融市場類型與運作模式。

第七章說明金融市場劃分與票券金融運作內涵。第八章說明資本市場運作模式，探討股票與債券的內涵，進而說明共同基金類型。第九章探討資產證化市場，說明其類型與產生的影響。第十章探討外匯市場，說明國際收支帳內

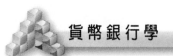

涵、匯率決定理論、外匯市場類型與國際收支理論。第十一章說明衍生性金融商品市場內涵，探討避險策略與操作衍生性商品方式。

第四部分是銀行業運作模式。

第十二章探討金融業類型與銀行信用類型。第十三章探討銀行產業組織，剖析銀行營運風險來源，說明金融預警制度內涵。第十四章說明銀行財務結構理論，說明銀行吸收存款類型與最適存款組合決定、銀行資本適足性內涵，討論最適銀行資本決定。第十五章將探討銀行資產組合內容，包括銀行最適超額準備決定、授信類型與信用評等內容，再討論最適放款組合與放款訂價。第十六章探討銀行營運方式與資產管理，剖析追求成長與發展的策略。

第五部分是貨幣政策。

第十七章探討貨幣數量學說與貨幣需求理論。第十八章討論需求管理理論，運用總體模型檢討貨幣政策與財政政策的相對效率性。第十九章介紹通膨理論內涵。第二十章討論央行行為與貨幣政策型態。

問題研討

小組討論題

一、選擇題

1. 謝教授觀察土地銀行業務部如何推動業務後，何種看法將屬錯誤？　(a) 土銀營運績效將與資產負債表、資金成本（或報酬率）變化有關　(b) 土銀營運風險主要來自資金來源與資金用途　(c) 土銀營運使用的因素投入均屬租賃性質　(d) 資訊不對稱係土銀須考慮資本適足性的原因之一

2. 李教授是第一銀行常董，參與董事會聽取報告，必須掌握何種報告說法係屬正確？　(a) 擬定股利政策須先提 10% 的法定盈餘公積　(b) 銀行產品係在創造實質產權效用　(c) 使用金融投入係採租賃策略　(d) 關注損益表內容變化甚於資產負債表內容

3. 有關各類型廠商從事生產的性質，何者係屬正確？　(a) 形式效用係指統一企業創造的附加價值，商品型態未必需要改變　(b) 一銀提供客戶匯款業務，將資金從台灣匯往美國，此即提供地方效用　(c) 國泰人壽提供 20 年期壽險保單，此即提供時間效用　(d) 台銀提供資產轉換服務，此即提供金融性產權效用

4. 有關金融循環流程特質的敘述，何者錯誤？　(a) 股市大戶張無忌透過中信銀行與凱基證券安排資產組合　(b) 赤字單位在金融市場將屬於資金需求者　(c) 兆豐銀行以賺取存放款利差為主要收益　(d) 富邦證券以提供資產轉換服務為主

5. 比較台塑與華銀的營運性質，何種差異係屬正確？　(a) 在營運過程中，兩者同屬創造形式效用　(b) 兩者募集營運資金方式相同　(c) 台塑營運風險來源主要在於從事實體投資活動　(d) 兩者營運獲利，董事會分配股利政策不受限制

二、問答題

1. 社會主義經濟為減少資本擁有者的權利，遂由政府全盤控制資源與決定資源配置方式。反觀在資本主義經濟下，資源配置則由金融市場主導。試問何種方式較好？理由為何？

2. 2008 年金融海嘯重創國際景氣，央行彭淮南總裁提出各種因應策略。你預期將會看到何種金融及經濟情勢改變？

3. 試比較台銀與聯發科技尋求資金來源，將會有何差異之處？

4. 當彰銀提供資產轉換服務與經紀服務時，扮演角色有何差異？

5. 在仲介資金過程中，直接金融與間接金融提供的金融服務有何差異性？

網路練習題

1. 試上網搜尋有關美國在 2007 年爆發次貸事件來龍去脈的報導，並試歸納出可能的原因。同時，試說明從該事件的發展過程與修習貨幣銀行學有何關聯？
2. 試上網搜尋有關 2008 年爆發金融海嘯的相關過程與產生影響的報導，你認為該事件將會與貨幣銀行學探討的何種議題有關？
3. 試上網搜尋自 2010 年後頻傳歐債危機的相關過程與產生影響的報導，該項事件將會關係貨幣銀行學探討的何種議題？

貨幣的起源

個案導讀

隨著全球網路日益普及，電子商務 (electronic commerce) 迅速躍居各國推動經濟發展的主軸。依據美國波士頓諮詢公司 (BC) (2012) 評估，2016 年 G20 國的網路經濟規模將由 2010 年的 2.3 兆美元倍增至 4.2 兆美元（占 G20 國家 GDP 比率 5.3%），而網路對 GDP 的貢獻主要來自電子商務引發的消費擴增效應。另外，BCG (2013) 也估計 2015 年全球數位服務生態系統 (Digital-Services Ecosystem) 產值將達 1 兆美元，其中電子商務市場規模占 5,400 億美元，顯示網路經濟興起帶動電子商務市場潛力無限。台灣擁有健全的網路基礎建設，2012 年家戶電腦普及率高達 86.5%、寬頻普及率為 79.9%，而 2009～2012 年的電子商務市場規模則由 3,545 億元擴增至 6,605 億元，凸顯網上購物在台灣經濟活動中的角色日益重要。

2004 年 12 月，萊爾富率先引進 MONDEX 和 MASTER 的電子錢包作為支付工具，提供每次上限為 700 元的刷卡服務。全家便利商店接續於 2007 年初在全台門市佈建完成電子錢包讀卡機，並和台北智慧卡公司、台新、國泰世華、中信、台北富邦銀行合作，成為國內首家使用結合捷運悠遊卡、電子錢包和信用卡的悠遊錢包。至於統一超商在 2007 年 3 月引進結合現金儲值電子錢包和信用卡功能的 icash 卡，爾後更結合捷運悠遊卡，消費者可在統一超商購物，讀卡機將從電子錢包

扣除餘額，餘額不足 500 元則從信用卡儲值 500 元至電子錢包，超過 500 元則以信用卡刷卡。該項支付工具使用範圍從統一超商擴大到星巴克、康是美，甚至速食店、藥妝店、影音租片、百貨美食街、加油站、連鎖咖啡店等通路，從而創造出無現金的購物環境。

　　人們使用貨幣的歷史超越數千年，而貨幣起源、經濟發展過程與市場型態演變環環相扣，長期成為經濟學者關注的議題。本章將探討貨幣起源與經濟發展的關聯性，推論貨幣起源的模型以及 Hicks (1935) 的複式三分內容。隨著網路技術進步帶動電子商務發展，體系基於追求提昇交易效率減輕交易成本，導引電子資金移轉制度迅速成為銀行業清算的主流，同時也將介紹相關制度內容。

2.1 經濟發展與貨幣功能

　　Adam Smith (1776) 在《國富論》(*Wealth of Nations*) 中指出經濟發展源自兩方面：

1. **分工專業化**　人們將資源集中生產具有比較利益的商品，分工專業化提昇生產效率與擴大總產出效果。
2. **大規模生產**　產生長期平均成本遞減與規模報酬遞增利益。

　　人們從事經濟活動先由自給自足出發，逐漸演化出下列型態：

1. **單人世界**　在傳說的伊甸樂園 (Paradise) 中，亞當日出而作以求溫飽，上帝賦予的資源（時間）全部分配於工作與休閒，i 種商品供需將會相等 $(D_i = S_i)$，交換活動與貨幣將無存在必要。
2. **雙人世界**　上帝賜與夏娃陪伴亞當，單人社會轉型為雙人社會，兩人各有專長獨具比較利益 (comparative advantage)，分工與專業化生產部分商品，未生產的商品則透過交換取得，而在協調容易耗時有限下，貨幣仍無出現的客觀環境。

計劃經濟
或稱控制經濟體系。政府掌控體系資源，規劃生產與消費，再依消費偏好分配給人們。

3. **計劃經濟 (planned economy)**　或稱控制經濟體系 (command economy)。亞當與夏娃離開伊甸園，浪跡天涯繁衍子孫，眾多後裔組成的社會採取族長制的社區主義、或組成合作社式團體，如以色列屯墾區、蘇聯的集體團場、1960 年代的中國人民公社。政府掌握體系資源，規劃生產與消費，然後依據消費偏好或需求給分配人民，交換問題並不重要，貨幣在特定社區或團體將無使用環境。不過一旦人們前往其他社區交易，貨幣則將派上用場。

市場經濟
由價格機能引導商品交換的體系。

4. **市場經濟 (market economy)**　隨著計劃經濟崩解而邁向由價格機能引導的

市場經濟，既無中央機構規劃也無拍賣者 (auctioneer) 主導交換，人們面對耗時耗資源的交換問題，勢必評估採取不同交易策略的成本，從而形成圖 2-1 的各種類型交換體系。人們以物易物即稱為物物交換體系 (barter system)，依其完成交換方式可再分成直接與間接交換兩種體系。

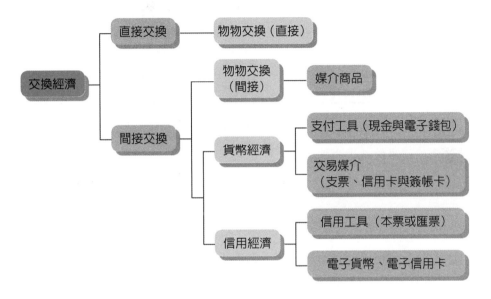

圖 2-1
交換體系類型

Adam Smith (1723~1790)

出生於蘇格蘭 Fife County 的 Kirkcaldy。任教於 Glasgow 大學。出版《國富論》帶動經濟學成為獨立學門，開創古典學派 (classical school) 而被譽為「經濟學之父」。

在固定時點上，交易雙方「以己之餘換己不足」，商品在人際間移轉乍看容易，實則必須滿足眾多條件。Jevons (1875) 提出「慾望的雙重巧合」(double conincidence of wants) 概念，指出人們實現物物交換所需負擔成本包括：

1. 交易成本 (transaction cost) 面對交換機會難求，人們必須保持商品庫存，靜候交易對手出現，從而負擔儲藏成本 (storage cost) 與等待成本 (waiting cost)。

慾望的雙重巧合
以物易物將需滿足彼此慾望互補的條件。

交易成本
人們從事交易過程所需負擔的成本。

訊息成本
人們從事交換所需訊息包括交易對手、商品品質及交換比例等，由此衍生的成本。

2. 訊息成本 (information cost)　人們從事交換所需訊息包括交易對手、商品品質及交換比例等，由此將衍生訊息成本。

(a) 交換對手　人們尋找自願交換商品的對手，將須承擔尋覓成本 (searching cost)。

(b) 商品品質與交換比例　人們巧遇交易對手，勢必查驗商品品質與商議交換比例，支付檢驗商品品質成本與談判交換比例成本。

William Stanley Jevons (1835~1882)

　　出生於英國 Lancashire 的 Liverpool。任教於英國倫敦大學。Jevons 提出邊際效用理論，奠定政治經濟學的數學分析基礎。

　　針對訊息不全引發的成本，體系採取兩種策略來提昇直接交換效率：

定點市場或交易站
經紀商定期提供場所，讓有意交換者進場尋求交換機會。

1. 定點市場 (fixed-point market) 或交易站 (trading post)　某些人（經紀商）定期提供場所，讓有意交換者進場尋求交換機會，降低尋覓成本與等待成本。舉例來說，台灣的北港、北斗、鹽水與岡山早期的牛墟市集（目前持續存在，規模與盛況則不如往昔），每旬（10、20 與 30 日）定期集會交換或買賣牛隻，此即典型的定點市場。隨著通訊網路技術進步帶動電子商務市場興起，每一拍賣網站大量無償提供商品訊息，促使人們從事交換活動必須負擔的訊息成本趨近於零。

2. 記帳單位 (unit of account) 或價值衡量單位 (numeriae)　若無記帳單位，物物交換勢必面臨複雜的交換比例矩陣，n 種商品交換比例高達 $n(n-1)/2$ 個。

$$[\pi_{ij}] = \begin{bmatrix} \pi_{11} \cdots \pi_{12} \cdots\cdots\cdots \pi_{1n} \\ \pi_{21} \cdots \pi_{22} \cdots\cdots\cdots \pi_{2n} \\ \pi_{n1} \cdots \pi_{n2} \cdots\cdots\cdots \pi_{nn} \end{bmatrix}$$

記帳成本
體系若無記帳單位，人們換算交換比例錯誤，造成決策錯誤的成本。

記帳價格
以記帳單位衡量的商品價格。

π_{ij} 是 i 與 j 商品間的交換比例，$\pi_{ij} = (\pi_{ji})^{-1}$，$\pi_{ii} = 1$。在物物交換體系，人們可選擇直接交換，或透過媒介商品間接交換。一旦交換比例換算錯誤，人們決策與資源配置自然出錯，勢必付出記帳成本 (accounting cost) 的代價。在定點市場，人們選擇某商品為計帳單位，用於衡量其他商品價值而形成記帳價格 (accounting price)，簡化交換比例為 $(n-1)$ 種，大幅降低記帳成本，記帳單位成為首先出現的貨幣功能。

舉例來說：張三豐購買武當山準備蓋道觀，與地主簽訂契約是以每盎司黃金為計價單位，若契約價值 1,000 盎司黃金，武當山的記帳價格即是 1,000 盎司黃金。另外，海外貨幣基金是以特定幣別為記帳單位，將募集的資金投資該幣別的票券。人們選擇某種商品作為記帳單位，體系剩下充當記帳單位商品的宣告價格 (annouced price)（通常設定為 1）、以及以記帳單位衡量的其他商品價格，大幅簡化複雜的交易比例。

知識補給站

1980 年代末期起，通訊網路技術進步帶動電子商務市場興起，而網上購物 (shopping online) 是交易雙方透過網路、web 和購物界面技術化的 B2C 或 C2C 模式，經由洽談、簽約、支付貨款與交貨通知等過程完成購物，此係互聯網、銀行業與物流業發展的產物，電子商務市場的重要一環。

網上購物營運型態有二：(1) 電子商店：商店透過網站直接銷售商品給消費者，網站經營者即是商店經營者；(2) 電子商場：扮演商店與消費者的中介，商品業者聚集同一網站，消費者透過網站購買商品。國內提供網上購物的電子商務平台，包括網路商店（如 PChome 商店街、蕃薯藤、博客來網路書店）、電視購物台（如東森購物台、momo 購物）與拍賣網站（如淘寶網、GO HAPPY 快樂購物網、PayEasy 流行購物、ebay）等。

對消費者來說，網上購物具有下列優點：

(1) 無時空限制：網路商店全日開放且無距離限制，消費者隨時上網購物。

(2) 交易成本低：消費者登錄不同網站或選擇不同頻道，將可迅速挑選與對比各家商品，商店負責送達，免除舟車勞頓辛苦，大幅降低交易時間與成本。

(3) 商品訊息完全：網路商店提供店內商品分類，購買者能夠迅速搜索所需商品，大幅降低蒐集訊息成本。

再就商店而言，網路銷售幾乎無存貨壓力、營運成本低、經營規模不受場地限制，是以企業競相設立網站銷售商品，透過互聯網對市場訊息及時反饋，適時調整經營策略，從而提高經濟效益與國際競爭力。

通訊網路技術進步讓訊息透明化，大幅提高物物交換機率，降低以貨幣交易的需求。新型物物交換模式是由實物交換公司或實物交換所 (barter trade mall)，仲介人們交換服務與協調整個交換過程。依據美國商務部統計，美國每年以實物交換概念進行的交易額接近 7,000 億美元，係全球交易額的四分之一。實際上，包括 3M、三菱汽車、可口可樂、百事可樂、IBM 和全錄 (Xerox) 等在紐約證券交易所上市的公司都曾進行實物交換。實物交換係以商品或勞務的原來市價作為交換標準，如某公司超額生產 1,000 套商品，則可在實物交換公司登記，依據商品價格領取點數，透過該類公司中介，再以這些點數換取相同點數的其他商品或勞務。

定點市場出現與選擇記帳單位有效降低物物交換成本，卻仍無法解決訊息不全問題，是否順利完成交換依然有待商榷。人們或將改弦易轍，未必非要找到中意商品才會交換，而是先換取適當商品，再迂迴轉換成中意的商品，而入選為間接交換的商品則稱為媒介商品。

媒介商品
在特定時間或交易過程中為交換對手接受的商品。

媒介商品 (intermediary commodity) 係指在特定時間或交易過程中為交換對手接受的商品，存在區域性與時間性限制。交易媒介 (media of exchange) 或貨幣則係在各種交易過程中為人們廣泛接受者。我們可將貨幣分成三個層次：

交易媒介
在各種交易過程中為人們廣泛接受者。

1. 國幣　境內所有交易均可接受的交易媒介，到了境外則甚難為外國接受，故僅是媒介物品。

區域性貨幣
歐元可在歐元區通行無阻而是交易媒介，跨出歐元區則未必通用，僅是媒介物品。

2. 區域性貨幣 (local currency)　在歐元區 18 國，歐元 (euro) 可以通行無阻，係屬交易媒介。跨出歐元區國家，歐元未必通用，僅是媒介物品。

3. 國際貨幣或關鍵性通貨 (key currency)　美元是國際市場廣泛使用的交易媒介或稱全球性貨幣。

關鍵性通貨
國際市場廣泛使用的交易媒介。

至於媒介商品升級為交易媒介的條件有二：

1. 技術性（客觀性）　在訊息不全下，交換雙方將檢驗對手持有商品的品質，檢驗成本 (inspection cost) 愈低的媒介商品，愈容易升格為交易媒介。

2. 經濟性（主觀性）　交換雙方交付對手媒介商品，被接受程度與交付者的信用評等息息相關。人們的信用評等 (credit rating) 愈高，支付媒介商品被接受程度愈高，升格為交易媒介的可能性愈大。

絕對價格
以交易媒介衡量的商品價格。

有鑑於此，國家成立央行壟斷紙幣發行，規格標準化、防偽設計極高而易於檢驗品質，再因國家信用保證而符合信用評等極高的條件，將可迅速躍居交易媒介，而以交易媒介衡量的商品價格即是絕對價格 (absolute price)。在前述案例，以交易媒介（美元）表示的每盎司黃金為 1,200 美元，張三豐購買土地的絕對價格為 1,200,000 美元，亦即記帳價格 1,000 盎司黃金乘上黃金的絕對價格 1,200 美元。實務上，作為交易媒介尚須兼具下列特質：

1. 接受性：需為大多數參與交易者接受。
2. 標準化：每一單位同質而具標準化性質。
3. 耐久性：不因長期使用折耗而貶低價值，須具耐久性特質。
4. 交易媒介的商品價值低於做為貨幣的價值，否則誘使人們將其轉作商品套利，而脫離交易媒介用途。
5. 分割性：選作交易媒介的商品須具可分割性。

依據國際貨幣基金 (IMF) 定義，貨幣國際化是指國幣跨越國境在國際市場自由兌換、交易和流通，在境外逐步成為支付工具、價值儲藏與報價單位，演化步驟如下：

(1) 經常帳自由化：解除貿易活動障礙。

(2) 金融帳自由化：解除跨國資金移動管制。

(3) 推動國幣成為各國接受為交易、投資、清算和準備貨幣。

迄今為止，美元與歐元是兩種主要國際貨幣，發行國家獲取利益如下：

(1) 獲取鑄幣稅：他國持有國際貨幣，發行國可獲取國際鑄幣稅。美國聯準會發行美元餘額的 2/3 係在境外流通，新增加發行的美元則有 3/4 由外國人持有。

(2) 降低匯率風險：發行國從事跨國貿易與金融操作，因以國幣計價與清算，將無匯率風險。

(3) 促進本國金融發展：發行國的金融機構擁有獲取國幣資金與從事國幣資金清算的相對利益，有利於本國金融發展。

(4) 影響他國貨幣政策：發行國央行躍居世界央行，執行貨幣政策將成為各國貨幣政策的標竿，在爆發金融危機時，能夠提供流動性支持而影響他國經濟活動。

(5) 紓緩國際收支逆差：發行國面臨國際收支逆差，無須採取緊縮政策犧牲經濟成長來紓解。以美國為例，美國對外負債係以美元計價，持有國外資產則以外幣計價，美元貶值並不影響美元負債，而資產卻因外幣升值而增加，有利於改善國際收支。

2.2 貨幣經濟

2.2.1 貨幣起源的模型

　　訊息不全肇致不確定性，降低訊息成本是引導貨幣出現的原動力，亦即貨幣出現是取代交易訊息的關鍵因素。在物物交換體系，貨幣在何種情境出現，R. Jones (1976) 提出精闢見解。設想台北市永康社區居民計有 A 人，各自擁有單一商品，並在永康商圈尋覓交換機會，假設每次交換所需耗費時間成本為 1 分鐘。隨著人們交換商品而達成均衡後，i 商品的均衡交換比例將是：若有 A_i 居民擁有 i 種商品，該商品供需占全部商品供需比例為 $P_i = \dfrac{A_i}{A}$。基於上述情境，擁有 i、j 商品的居民評估直接互換商品的預期尋覓成本將是：

$$E(S) = 1(P_iP_j) + 2(1 - P_iP_j)(P_iP_j) + 3(1 - P_iP_j)^2(P_iP_j) + \cdots + (n+1)(1 - P_iP_j)^n(P_iP_j)$$
$$= P_iP_j[1 + 2(1 - P_iP_j) + 3(1 - P_iP_j)^2 + \cdots + (n+1)(1 - P_iP_j)^n]$$
$$= (P_iP_j) \cdot D$$
$$D - (1 - P_iP_j)D = (P_iP_j) \cdot D$$
$$= 1 + (1 - P_iP_j) + (1 - P_iP_j)^2 + \cdots + (1 - P_iP_j)^n - (n+1)(1 - P_iP_j)^n$$
$$D = (\frac{1}{P_iP_j})^2$$
$$E(S_1) = \frac{1}{P_iP_j}$$

另外,社區居民改採間接交換策略,透過 k 物品交換的預期尋覓成本為:

$$E(S_2) = \frac{1}{P_iP_k} + \frac{1}{P_kP_j}$$

居民比較兩種策略所需負擔的成本後,採取何種策略,將視下列條件而定:

$$\frac{1}{P_iP_j} \gtrless \frac{1}{P_iP_k} + \frac{1}{P_kP_j}$$

重新整理上式,可得下列條件:

$$P_k \geq P_i + P_j$$

居民持有(或需求)k 商品的比例 P_k 超過想要交換 i、j 商品的比例 P_i 與 P_j 之和,顯示直接交換成本較低,貨幣將無出現機會。一旦居民持有(或需求)k 商品比例 P_k 低於想要交換 i、j 商品的比例 P_i 與 P_j 之和,改採間接交換將可降低預期尋覓成本,顯示 k 商品有機會脫穎而出成為貨幣。實務上,交換雙方將檢驗商品,每次支付交易成本 b 若是相同,上述條件修正如下:

$$\frac{1}{P_iP_j} + 2b \geq \frac{1}{P_iP_k} + \frac{1}{P_kP_j} + 4b$$
$$P_k > \frac{P_i + P_j}{(1 - 2bP_iP_j)}$$

如果每次交換活動所需支付的交易成本不同 $(b_i \neq b_j)$,上述條件又可修正如下:(b_m 是媒介商品的交易成本)

$$\frac{1}{P_i P_j} + b_i + b_j \geq (\frac{1}{P_i P_k} + b_i + b_m) + (\frac{1}{P_k P_j} + b_m + b_j)$$

　　上述結果顯示：考慮交易成本影響後，人們的交換策略並無變化。隨著訊息日益完全（$P_i = P_j = P_m = 1$），如網上購物訊息透明化，訊息成本趨近於零，上述條件僅剩交易成本 $2b_m > 0$，亦即任何交易均需支付交易成本。在訊息完全下，人們透過網路可以直接交換，僅需支付運送商品的交易成本即可，無須以貨幣作為媒介。總之，Jonse 模型指出交易媒介應是多數人持有或想購買的商品，隱含貨幣是訊的替代品，將可降低訊息成本。

　　人們互換商品純屬人際間的資源移轉，並未涉及時間因素。在類似趕集或賽會的間歇性市場 (discrete market)，人們追求提昇交易效率，將選取某種商品做為記帳單位，下意識依循 Jones 模型的思維，有默契的挑選適當商品充作交易媒介。實務上，人們傾向以記帳單位兼作交易媒介，不過兩者未必合而為一。人們在間歇性市場交易，將以部分資源換取交易媒介，除用於交付對手（實體概念）完成交易，同時兼具衡量商品價值（抽象概念）。隨著間歇性市場休市來臨，人們必然將交易媒介換回商品，顯示貨幣扮演交易媒介與記帳單位均屬瞬間完成，理論上無須具有實體價值。

　　隨著經濟發展擴大市場規模，傳統間歇性市集逐漸定型為經常性連續市場，每逢市場休市之際，人們預期市場隔日仍將開市，因而有意願持續保有交易媒介，此舉無異於將出售商品或勞務的價值託付於交易媒介，隱含交易媒介附帶產生保存價值或購買力的功能。尤其是交易媒介是商品貨幣 (commodity money) 型態時，本身即具有實體價值，人們以此交付對方換取等值商品，顯然滿足等值互償 (Quid Pro Quo) 條件，是以交易媒介又是支付工具 (means of payment)。

　　人們在不同時間互換商品，除需滿足慾望雙重巧合外，尚需考慮時間的雙重巧合 (double coincidence of time)。為解決該項困擾，期貨市場 (future market) 因應而生，人們以未來商品為交換標的，交易完成後的即期交割內容為期貨契約，未來到期時再交付現貨或現金。人們在期貨市場跨時資源移轉，將面臨更複雜的交換比例矩陣，也會選擇適當單位衡量跨時商品價值以減輕記帳成本，此即契約單位 (unit of contract)，其異於記帳單位之處為：前者跨越不同期間，涉及連續市場交易，故將兼具保值功能。實務上，人們選擇交易媒介來清算跨時交換，貨幣再扮演延遲支付工具 (means of deferred payment) 角色，為求方便，也會同時兼做契約單位。至於這些功能是否與交易媒介合一，端視獲選交易媒介的商品價值是否穩定而定。如果交易媒介供給不穩定，或貨幣購買力在通膨過程中劇烈波動，人們將選擇價值穩定商品作為契約單位，而以貨幣做為支付工具。

間歇性市場
商品市場營運不具連續性，當日結束營運後，明日未必會再持續交易。

商品貨幣
以實體商品做為貨幣。

等值互償
人們交換商品的價值相等。

支付工具
人們從事交易後，交付對方的商品。

時間的雙重巧合
人們在不同時間互換商品，將面臨時間的一致性。

契約單位
衡量契約價值的商品。

觀念問題

❖ 試評論攸關記帳單位與交易媒介關係的敘述。
  (a) 記帳單位必須具備實體價值才能被選做交易媒介。
  (b) 體系若以貨幣作為記帳單位，則記帳價格將與絕對價格一致。
  (c) 記帳單位與交易媒介均可滿足等值互償條款。

❖ 某國採取以豬為貨幣單位的支付制度，試分析下列問題：
  (a) 若發生口蹄疫，則對該國有何影響？
  (b) 適逢媽祖誕辰大拜拜期間，信徒須以牲口祭祀，則對該國有何影響？
  (c) 由前兩題答案，你有何啟示？

2.2.2　複式三分

複式三分

人們持有貨幣的原因，可從總體的三種功能論與個體的三種動機論來解釋，而兩者具有相輔相成的關係。

　　古典學派與 Keynesian 學派針對人們持有貨幣的原因，分別演繹出兩組相輔相成的觀點，Hicks(1935) 稱為複式三分 (two triads)。在表 2-1 中，古典學派從功能論 (functional view) 或總體觀點著眼，認為人們持有貨幣係因其提供交易媒介、記帳單位與價值儲藏等三種功能。反觀 Keynesian 學派則由動機論 (motivation view) 或個體觀點著眼，認為人們持有貨幣，係在滿足交易、預防 (precaution) 與投機 (speculation) 等三種動機。

　　不論從何種角度觀察，貨幣功能與持有貨幣動機存在對稱關係。古典學派認為交易媒介是貨幣的原始功能，提供流動性或貨幣性 (moneyness) 協助交易順利進行，人們完成交易必須交付實物給對方，故屬實體概念。當人們習慣以貨幣作為交易媒介，同時也會賦予衡量價值的功能。此項功能係屬主觀認定而毋須有實體商品存在，故屬抽象功能。

表 2-1

複式三分

功能　＼　學派	古典學派 （總體觀點）	Keynesian 學派 （個體觀點）
原始功能	交易媒介（實體） 記帳單位（抽象）	交易動機 （融資動機）
衍生功能	價值儲藏（實體）	預防動機 投機動機

John Richard Hicks (1904~1989)

出生於英國的 Warwick。任教於倫敦經濟學院、Cambridge、Manchester 與 Oxford 大學。1972 年建立 *IS-LM* 模型而成為 Keynesian 學派核心，探討景氣循環變動根源與通膨，而獲頒諾貝爾經濟學獎。

在日常生活中，人們經常面臨確定的收付分際 (nonsychronization)，所得與支出發生時間出現分歧。Keynes (1936) 在《一般理論》(*General Theory*) 將人們持有貨幣以彌補交易所需的資金缺口稱為交易性貨幣需求 (transaction money demand)，可再分類如下：

1. 所得動機 (income motive)　消費者持有的交易性貨幣，特質是所得來源時間領先支出發生時間，收支流量較為確定。
2. 營運動機 (business motive)　廠商持有的營運周轉金，特質是成本支出時間領先營運收入進帳時間，營運收入流量具有不確定性。
3. 融資動機 (finance motive)　Keynes (1937) 強調人們擬定消費或投資計畫，必須事先尋求融資，從而形成貨幣需求。

其次，在不確定環境下，人們基於「未雨綢繆」（預防意外事件發生而可能釀成損失）、「因應或有負債」、「謀取有利購買機會」，從而保有預防性貨幣需求 (precautionary money demand)。本質上，人們持有交易性與預防性貨幣餘額，係為執行預擬支出計劃或備而不用（狀況發生即派上用場），是以合稱活動餘額 (active balance)。

交易性貨幣需求
人們持有貨幣以彌補收付分際的缺口。

所得動機
消費者持有的交易性貨幣。

營運動機
廠商持有的營運周轉金。

融資動機
人們擬定消費或投資計畫，將事先尋求融資而形成貨幣需求。

預防性貨幣需求
基於「未雨綢繆」、「因應或有負債」、「謀取有利購買機會」而保有貨幣。

活動餘額
人們持有交易性與預防性貨幣餘額，係為執行預擬支出計劃或備而不用。

 John Maynard Keynes (1883~1946)

出生於英國的 Cambridge。任職於英國財政部，並擔任 Cambridge 大學講師。1936 年出版《一般理論》奠定總體理論成為獨立學門的基礎，主張政府應積極扮演經濟舵手角色，尤其是運用財政政策來對抗景氣蕭條，被譽為「資本主義救星」與「戰後繁榮之父」。

投機性貨幣需求

人們基於「避免握有生息資產而遭致資本損失」而保有貨幣，在金融市場扮演空頭角色而持有貨幣。

另外，在訊息不全下，人們基於「避免握有生息資產而遭致資本損失」而保有貨幣，亦即在金融市場扮演空頭 (bear) 角色而持有貨幣，此即投機性貨幣需求 (speculative money demand)。不過蔣碩傑院士 (1969、1972) 指出金融體系存在安全資產，如儲蓄存款與票券，投機動機貨幣（通貨或現金）需求將不存在，顯示人們保有貨幣，純粹是為了交易與預防。

閒置餘額

在固定期間內，人們不會動用的資金。

隱含性非金融收益

無法以貨幣衡量的報酬。

人們以貨幣保有閒置餘額 (idle balance) 將面臨眾多競爭者，此係貨幣僅有隱含性非金融收益 (implicit nonpecuniary return)，長期面臨通膨威脅而減損購買力，並非良好的保值工具，Milton Friedman (1956) 因而改以短期概念的「暫時購買力儲存處」(temporary abode of purchasing power) 取代長期的價值儲藏概念。在貨幣經濟中，人們安排出售商品或勞務價值的順序將有三部曲：

暫時購買力儲存處

短期內儲藏價值的場所。

1. 人們若欲立即換進其他商品，將保有貨幣，享受其提供完全流動性的隱含性非金融報酬。

2. 人們在短期從事預擬（交易動機）或非預擬（預防動機）支出，將保有貨幣或短期流動性資產，享受其提供暫時儲藏購買力的勞務。

3. 人們在較長期限無處置出售商品或勞務價值的計劃，將採保有生息資產享受其提供保值與預期增值的收益。

觀念問題

❖ 何謂複式三分？貨幣功能與貨幣需求動機間的關係為何？

❖ 原始社會只有六種商品。如果該社會處於物物交換狀態，則將存在幾種交換比率或價格？一旦社會進化為貨幣經濟體系，則又存在多少價格？請你設定這六種商品，並條列出商品間的交換比率。

❖ 體系內存在 10,000 種商品，在物物交換或貨幣經濟體系，將各自存在多少價格？

❖ 回顧歷史，下列何種資產將是最有效的價值儲藏工具？哪些又是最無效？
貨幣、黃金、國庫券、美國公債、公司債及普通股。

蔣碩傑 (1918~1993)

任職於北京大學、國際貨幣基金 (IMF)、美國 Rochester 大學與 Cornell 大學,並曾任台灣經濟研究院與中華經濟研究院院長。蔣碩傑在倫敦政經學院就學期間,曾在 Economica 發表數篇論文批判 Keynes、Nicholas Kaldor 與 A. C. Pigou 主張的錯誤,從而獲得象徵最佳論文的 Hutchinson 銀牌獎。蔣碩傑以其在貨幣理論的貢獻而於 1982 年獲得諾貝爾經濟學獎提名,是首位獲提名的華人經濟學家,雖未得獎,但其女婿 Peter Hansen 則在 2013 年獲頒諾貝爾經濟學獎。

2.3 支付制度

支付制度 (payment system) 是指提供經濟成員互換商品與勞務的架構,包括交易支付工具、方式與相關制度。經濟活動運作效率取決於支付制度,而其能否健全運作,則是政府執行政策的重要考量因素,也是央行直接干涉的主要原因之一。實務上,貨幣出現改變買賣合一而為兩階段交換,人們出售資源旨在換取交易媒介,購買商品則是放棄交易媒介,商品交換與等價償付均屬完成交易的必要條件。支付制度隨著生產和交換發展而不斷演變,而貨幣型態將如圖 2-2 所示,也隨之而變。

> **支付制度**
> 提供經濟成員互換商品與勞務的架構,包括交易支付工具、方式與相關制度。

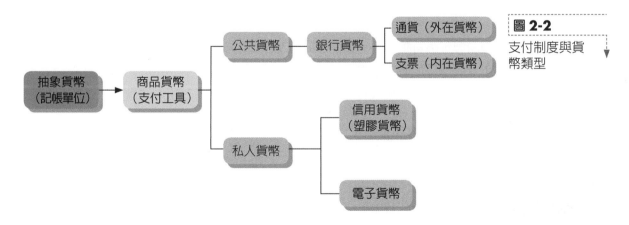

圖 2-2
支付制度與貨幣類型

2.3.1 商品貨幣與銀行貨幣

隨著人們使用貨幣交易後,商品貨幣是最早的貨幣型態,具有實體價值,亦稱全值貨幣 (full-bodied money)。《詩經 · 小雅》指出「既見君子,錫(賜)

> **全值貨幣**
> 做為商品的價值與貨幣的價值相同。

我百朋」，早期的貨幣「貝」是以朋為單位，將5個貝殼串成一索，兩索即為一朋，在交換過程中發揮等值互償與銀貨兩訖的作用。歷史上，中國魏晉南北朝的絲、挪威的奶油、斐濟的鯨牙和威尼斯的鹽均曾被用作支付工具，這些商品同時作為「貨幣」與「一般商品」。

好的「商品貨幣」須具有大多數人使用、可用標準化單位衡量、耐久使用、具有高價值，方便攜帶和運送，以及可分割成小單位方便交易等特性。基於這些特色，人們逐從使用商品貨幣演進為金屬貨幣 (metallic money)，如黃金、白銀與銅在歷史上曾經廣泛用為支付工具，提煉分割成如硬幣般的標準單位，耐久使用不易毀損。尤其是黃金具有稀少性，是價值最高與長期廣泛使用的金屬貨幣。使用金屬貨幣勢必耗費實質資源，是以體系由定點市場或交易站的經紀商發行憑證部分取代金屬貨幣流通，人們可隨時以該憑證向發行者換回等值的金屬貨幣，此憑證即是象徵性貨幣 (token money)。

接著，銀行貨幣 (banking money) 係依《中央銀行法》與《銀行法》規定發行的通貨與支票，兩者係屬公共貨幣 (public money)。央行發行通貨或紙幣 (fiat money)，具有無限法償權利 (legal tender) 而屬於支付工具，人們可用紙幣購買商品或清償債務，但無法向央行換取任何資產。至於銀行發行支票可做為交易媒介，持有者需向簽發支票者求償。中國早在第七世紀率先發行紙幣，瑞典 John Palmstruck 遲至 1656 年建立 Stockholm 銀行，並於 1661 年發行歐洲的第一種紙幣。邁入 1700 年代，各國政府開始發行紙幣，美國於 1775 年發行「大陸幣」支應獨立戰爭所需資金；20 年後，法國因應大革命也發行「指券」。

央行發行紙幣的邊際成本遠低於面值，生產紙幣成本僅占面值的一小部分，如美國財政部印刷署印製每張美元成本約為 4 美分，台灣央行的中央印製廠印製每張台幣成本約為 5 元。紙幣缺乏實體價值，但人們為何仍願用於支付貨款與清償負債，原因有二：

1. 人們認為只要央行未超額發行通貨，所有人未來仍將繼續使用紙幣，亦即使用貨幣實際上與「信賴」有關。
2. 紙幣擁有國庫背書，法律規定各種交易必須接受。美國自 1862 年發行美元後，就在美元上列示簡短文字：「不論公開或私下，本票券均具法償責任」，政府有義務接受美元作為清償債務工具，人們須以美元為支付工具並用做支付稅金。

人們無法以紙幣向央行要求兌換資產，生產紙幣的邊際成本又趨近於零，從而缺乏實體價值，若是開放民間自由發行，發行數量激增，勢必引起物價狂飆至讓貨幣形同廢紙。是以央行基於《中央銀行法》壟斷鑄幣權 (seigniorage)，嚴格控制發行數量以穩定價值，故又稱為管理貨幣 (managed money)。至於體

系增加貨幣供給管道有二，由此衍生的收益也有兩種：

1. 鑄幣稅 (seigniorage tax)　央行透過公開市場操作，買進美元（外匯市場）或可轉讓定存單（票券市場），釋出通貨換取私部門發行的證券，取得生息資產孳息。該項收益 R 取決於增加發行通貨餘額、生息資產報酬率 (r) 與持有生息資產時間 (t) 等因素，此係屬於體系總供給 (AS) 的一部分：

$$R = (rt)\left(\frac{dM}{dt}\right) = (rtM)(\dot{M})$$

鑄幣稅
央行發行通貨換取私部門發行的證券，取得生息資產孳息。

2. 通膨稅 (inflationary tax)　政府預算赤字 ($G - T_N$) 由央行發行貨幣融通，G 是政府支出，$T_N = T_g - R$ 是租稅淨額（租稅毛額 T_g 扣除政府移轉支付 R），此舉增加總需求 (AD) 而推動物價上漲，將民間資源移轉由政府使用，形同向人們課稅。至於實質通膨稅 R 並非增加發行通貨的餘額 (dM/dt)，而是增加通貨餘額能夠換取的商品數量，取決於人們持有實質通貨餘額（貨幣需求）與貨幣成長率的乘積：

$$R = (G - T_N) = \left(\frac{1}{P}\right)\left(\frac{dM}{dt}\right) = \left(\frac{M}{P}\right)\left[\left(\frac{1}{M}\right)\left(\frac{dM}{dt}\right)\right] = \left(\frac{M}{P}\right)(\dot{M})$$

通膨稅
政府預算赤字由央行發行貨幣融通，此舉增加總需求而推動物價上漲，移轉民間資源由政府使用，形同向人們課稅。

　　再說明央行發行貨幣產生上述兩種收入的關係。為穩定台幣匯率，央行在外匯市場買進跨國基金匯入操作台股的美元，形成外匯準備的主要來源。隨後央行在國際金融市場運用外匯獲取孳息，形成央行營收（廣義的鑄幣稅）的主要來源，此係構成 GNP 來源的「本國因素在外國所得」，也是國內當期總供給的一環。另外，央行為穩定通膨，發行可轉讓定存單沖銷過多貨幣餘額，同時支付沖銷利息。央行的外匯資產收益扣除沖銷利息支出，即是獲取的盈餘（狹義的鑄幣稅）。在提存特別公積金與保留部分盈餘後，央行將剩下盈餘繳交財政部（央行淨值減少而國庫存款增加），由其融通預算赤字（國庫存款減少而準備貨幣增加），引起當期總需求增加，鑄幣稅因而轉為通膨稅。

　　體系採取紙幣制度衍生的利益包括：

1. 方便性　除持久耐用外，就容易辨識、品質一致、易於分割、儲存與輸送等貨幣屬性而言，紙幣都優於商品貨幣。

2. 節省資源　體系以商品充當貨幣，勢必放棄作為商品用途，以高價值商品作為交易媒介更是資源錯誤配置，是以紙幣具有節省資源特性。

3. 數量管制　貨幣數量變動直接衝擊經濟活動，長期須隨經濟成長而增加，短期則須隨景氣循環調整，才能穩定經濟活動。由於商品貨幣數量不易及時因應經濟情勢變化，勢必干擾經濟金融環境，而紙幣具有易於調節優點。

　　至於商業銀行基於《銀行法》壟斷發行支票帳戶 (checking account) 權利，提供人們簽發支票作為交易媒介。人們以支票從事大額交易具有安全性與方便性，勢必部分取代紙幣在市場流通，是以銀行發行支票將會分食央行的鑄幣稅。

　　另外，經濟理論區分貨幣類型為二：

外在貨幣
以資產為基礎而發行的貨幣。

1. **外在貨幣 (outside money)**　以資產為基礎而發行的貨幣，並無對應的負債抵銷項目。商品貨幣係由商品本身支持價值，係屬外在貨幣。央行發行的通貨雖有資產（如外匯準備或公債）為基礎，但資產歸屬全民所有。理論上，人們係基於對央行的債權而取得通貨，不過央行賦予通貨無限法償權利而可清償債務，導致人們忽略通貨本為央行負債的事實，而歸類為外在貨幣。

內在貨幣
基於對其他部門負債而發行的貨幣。

2. **內在貨幣 (inside money)**　基於對其他部門負債而發行的貨幣，或存在對應負債抵銷項目的貨幣。銀行發行支票帳戶允許人們簽發支票交易，雖可提昇交易效率，卻非銀貨兩訖而需另外清償債務，故歸類為內在貨幣。

知識補給站

　　央行總裁彭淮南在 1998 年 2 月上任，當年央行盈餘僅 875 億元。爾後，彭總裁領軍的外匯局透過國際金融市場操作，從 2006 至 2015 年，連續七年盈餘突破 2,000 億元，累計至 2015 年為國庫賺進超過 3.4 兆元，足足可蓋六條台灣高鐵或 50 座台北 101 大樓，也成為國庫金雞母。攤開央行近年來繳庫記錄，即使在 2008 年金融海嘯之際，也能繳庫 1,673 億元，2009 年更攀高至歷史高峰 2,130 億元，爾後連續六年繳庫 1,800 億元占中央政府歲入逾 10%。央行盈餘存在高度不確定性，以 1987~1990 年間為例，新台幣對美元大幅升值，央行持有外幣資產面臨巨額匯兌損失，為沖銷「兌換差價準備借差」而無盈餘繳庫。央行盈餘繳庫是列為政府的實質收入，然而不可否認的是：央行盈餘繳庫顯然異於一般國營事業盈餘繳庫。前者涉及央行將增加發行準備貨幣，等同於變相發行貨幣融通，將鑄幣稅（GNP 增加）轉化為通膨稅（政府支出增加）。至於後者僅涉及資金移轉，並未改變體系內的準備貨幣數量。

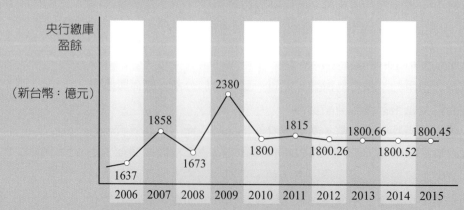

央行繳庫盈餘
（新台幣：億元）

| 2006 | 2007 | 2008 | 2009 | 2010 | 2011 | 2012 | 2013 | 2014 | 2015 |

1637　1858　1673　2380　1800　1815　1800.26　1800.66　1800.52　1800.45

資料來源：央行

觀念問題

❖ 央行掌握鑄幣權，發行貨幣將可獲取鑄幣稅或通膨稅，試問兩者間的差異性為何？兩種收益大小取決於何種因素？

❖ 若新台幣相對主要外幣（如美元、歐元及日幣等）出現巨幅升值，國內利率也呈現緩慢攀升趨勢。試問此種情況對央行盈餘將會產生何種影響？

❖ 試說明內在貨幣與外在貨幣的相異處？

❖ 人們購買樂透彩券，通常將中獎的彩券視為「彩金」(prize money)。試問他們以何種概念來使用「貨幣」這個字？

2.3.2　信用貨幣

　　18 世紀中葉，美國 Arthur Morris 針對特定場所交易發行「先享受、後付款」的信用卡 (credit card)，成為近代塑膠貨幣 (plastic money) 的起源。爾後，美國通用石油公司在 1924 年針對公司職員及特定客戶推出油品信用卡，促銷效果良好，吸引其他石油公司跟進發行，同時吸引電話、航空與鐵路等產業競相加入，信用卡市場邁入起飛階段。隨著大來卡 (Diners Card) 在 1951 年問世後，信用卡使用範圍從餐館擴及飯店、航空公司等旅遊業及零售店。美國運通公司 (American Express) 接續在 1959 年將發卡業務擴及美國境外地區，銀行同時提供循環信用融資，提昇持卡人消費彈性兼具賺取利息收入。

> **信用卡**
> 提供消費者先消費後付款的信用工具。

> **塑膠貨幣**
> 泛指人們消費無須使用現金付款的工具。

　　信用卡兼具交易媒介與擴張信用（透支）性質，消費者在發卡銀行或信用卡公司核定的信用額度內，在同一信用卡組織收單銀行 (acquirer) 的特約商店消費，而於一定期間後付款，具有準貨幣功能。特約商店視本身資金周轉情況，在一個月內向收單銀行請款，由其墊付款項，再透過國際組織或聯合信用卡中心向發卡銀行收款，並進行清算作業。

　　發卡銀行接受消費者申請信用卡和收單銀行的請款，再向消費者收取墊付款和其他費用。信用卡公司或發卡銀行為彰顯本身信用卡特色，陸續衍生各種服務與附加價值，如旅遊平安保險、海外急難救助、循環信用與彈性還款等功能。隨著信用卡市場蓬勃發展，保險公司亦與發卡公司策略聯盟，推出結合信用卡的保險商品，如金卡與旅行平安保險、信用卡與消費貸款保險、運通卡與意外險等。一般而言，信用卡具有替代現金與擴張個人信用的效果，提供功能有二：

1. **循環信用 (revolving credit)**　發卡銀行授予消費者循環信用額度，消費無須支付現金，僅需在繳款日繳交最低額度，剩餘部分需支付利息。依時間先後次序，發卡銀行計算循環利息的起息日分為發卡銀行代墊持卡人的定

> **循環信用**
> 發卡銀行授予消費者信用額度可以循環使用。

款日，其次是對帳單的月結日，最後是繳款截止日。對消費者而言，最有
利方式是由截止日開始計息，最不利者是定款日。

預借現金
消費者透過信用卡可
以提領現金使用。

2. 預借現金 (cash advance)　信用卡屬於短期融資工具，消費者預借現金必
   須支付手續費和融資利息：

   (a) 手續費率　持卡人跨行預借須支付跨行手續費率，在國外急需預借現
       金的手續費率將因地區不同而調高至 4%~7%。

   (b) 融資利息　消費者在當期若未清償，預借額度將滾入循環利率計算。

塑膠貨幣市場蓬勃發展，各種類型與不同功能的塑膠貨幣競相出籠。為提
昇交易效率與方便性，銀行整合不同支付工具為一張卡，滿足消費者對多卡合
一的功能性需求。合作金庫與萬事達卡國際組織合作發行 Combo 卡，結合金
融卡、信用卡及轉帳卡性質，組合金融消費與投資理財功能，符合綜合性支付
工具的使用趨勢，除方便消費者使用與管理外，也屬於國際支付工具。表 2-2
係塑膠貨幣主要類型，包括信用卡、簽帳卡與儲值卡三者的比較。

表 2-2
塑膠貨幣類型
比較

	信用卡	簽帳卡 (debit card)	儲值卡 (store-valued card)
定義	由發卡機構發行，僅能在特約商店使用，有信用額度限制。	消費者在設有電子現金扣帳器的商店消費，將轉帳卡交予商店刷登，透過電腦連線至發卡機構，消費金額立即從存款帳戶轉出。	消費者先向發卡機購買儲值卡片，再持之向特約商店購物，通常用於小額消費。
使用限制	身分及信用額度查驗	商店需備有連線的讀卡設備，才能查詢消費者存款是否充足。	利用掃描器讀取，快速方便許多。
付款時間	先消費後付款	消費當時付款	先付款再消費
優點	使用及接受度相當普及		免除攜帶現金及商店保有現金風險，交易成本低廉。
缺點	小額消費的障礙，使用磁條產生資料保密不足、冒用等安全性問題。		

觀念問題

❖ 趙敏使用 Visa 信用卡消費，Sogo 百貨允許她將商品帶走，理由為何？她已經完成付款了嗎？

❖ 試舉出張無忌可選擇支付享用晶華飯店下午茶的方式，並說明各種方式的優缺點。

❖ 政府推動電子商務的支付制度若要完全取代現金，試問應具有何種特性？

1999 年 7 月亞洲金融危機引發逾期放款劇增，台灣銀行業採取緊縮企業金融因應。另外，企業籌資管道多元化，相對降低銀行放款需求，企業金融業務萎縮，促使銀行轉向消費金融業務。「信用卡」與「現金卡」業務被銀行視為獲利金雞母。在 2005 年之前，台灣銀行業發行信用卡與現金卡，獲取循環信用利息、簽帳手續費及預借現金手續費，扣除轉銷呆帳後的毛收益高達千億元，2004 年本國銀行稅前盈餘 1,553 億元主要來自雙卡收益。然而金管會疏於監理，銀行追求擴大市場占有率而浮濫發卡，終於在 2005 年下半年引發雙卡泡沫，背負巨額卡債的「卡奴一族」、全力賴債的「卡賊一族」充斥整個社會。銀行業提列雙卡呆帳猶如脫韁之馬，從 2005 年的 714 億元飆升至 2006 年的 1,642 億元。以信用卡而言，2006 年轉銷呆帳超過各項收入總和 400 多億元，這還不包括人事、管理、廣告與贈品等費用，而 2005 年銀行盈餘腰斬為 786 億元，2006 年大幅沖銷雙卡呆帳而淪為虧損 74 億元。尤其是 42 家本國銀行正好有 21 家陷入虧損，多數係因沖銷雙卡呆帳過巨所致。

雙卡泡沫造成 2006 年停卡 835 萬張，信用卡流通卡數減少 15.8%，現金卡動用額度卡數縮水超過三成。尤其是 2003~2005 年的信用卡簽帳金額平均成長率 17.5%（增加 1,825 億元），卻於 2006 年突然萎縮 2.9%（減少 405 億元），是台灣發行信用卡以來的首度負成長，嚴重影響刷卡消費。發卡銀行面對雙卡呆帳排山倒海而來，強烈緊縮消費金融，個人消費性貸款（包括雙卡循環信用餘額）從 2003~2005 年平均成長 25%（增加 2,666 億元），而於 2006 年劇減 24.5%（銳減 3,967 億元），相當於過去一年半增加的金額，嚴重衝擊個人消費行為。主計總處於 2005 年 11 月估計 2006 年民間消費將增加 3.06%，維持 2005 年增加 3.05% 的水準，但在雙卡泡沫衝擊下，民間消費成長率腰斬為 1.53%，對 2006 年經濟成長貢獻自原先估計的 1.77% 降為 0.88%。

金管會和銀行公會為紓緩卡債問題，提出成立「債務協商機制」平台，調整「三五八」政策（銀行雙卡逾放比超過 2.5%，即勒令停發新卡），雙卡利率以單利計息與實施差別利率，銀行雙卡及信用貸款最高額度為借款人月收入的 22 倍，提高信用卡最低應繳金額至 10%，禁止銀行委外催收及不當催收行為，成立「陽光資產管理公司」等措施。不過多數卡債族係借新還舊、以卡養卡，新措施規定舉債倍數讓卡債族更難籌得資金還債，雙卡逾放問題依舊存在。

2.3.3 電子貨幣

Hayek (1976) 提出「貨幣非國家化」或「自由貨幣」(free money) 理論，主張唯有由民營銀行發行自由貨幣來取代公共貨幣，透過建立發行貨幣的內部約束機制，有效控制貨幣供給以維持幣值和經濟穩定，此即私人貨幣 (private

自由貨幣
體系發行貨幣權利開放由民營銀行自由發行，透過建立發行貨幣的內部約束機制，有效控制貨幣供給。

私人貨幣
民間發行的交易媒介，並非法定貨幣。

電子貨幣或數位貨幣
人們將資金以電子、磁片或光學形式儲存在電子裝置，支付消費貨款視同現金。

電子錢包
人們將資金儲存在附有 IC 晶片的卡片，再持卡至商店消費。

money) 的起源。邁入 1990 年代後，通訊網路技術進步帶動私人貨幣盛行，不過仍是立基於公共貨幣而發行。其中，電子貨幣 (electronic money) 或數位貨幣 (digital money) 係指發行者將消費者的資金以電子、磁片或光學形式儲存在電子裝置，人們使用電子貨幣視同現金（銀貨兩訖）。電子貨幣支付系統具體形式表現於電子資金轉帳和電子現金兩種：

1. 電子資金轉帳　人們持有銀行存款可在不同帳戶轉帳流通。該類電子貨幣須透過銀行中介，銀行須擁有通信網路與較高處理能力的電腦。電子現金係電子貨幣的延伸，提供人們享有銀行擁有的電子資金轉帳功能。

2. 電子錢包 (electronic purses)　人們透過附有 IC 晶片的卡片，將資金儲存在晶片，再持電子現金卡至商店消費，屬於可再次存入資金的多用途預付卡。人們使用電子現金具有替代零錢（小額消費）的功能，如統一超商的 i-cash 卡與捷運悠遊卡。

　　舉例來說，電話卡是單一用途卡，只能用於打電話，使用範圍因磁條技術而受限制。隨著積體電路技術發展，智慧卡出現而可用於支付多元化交易，如台北智慧卡票證公司推出悠遊卡，可用於公用電話、停車場、大眾運輸等提供的商品和服務，從而稱為多用途卡。當卡片儲存的貨幣價值用完，未再儲值則無任何用途。若引入可再存入資金的多用途卡，將形成無記名電子錢包（類似將現金裝入錢包），商店無需查詢銀行帳戶餘額，即可從買方的電子錢包向賣方的特殊終端進行轉帳（比利時 Proton 系統），或從一張卡向另一張卡進行轉帳（英國 Mondex 系統）。

　　全球開發的數位貨幣，主要分為兩種：

1. Digi cash 公司的數位現金 (Ecash)　人們在銀行開立電子貨幣帳戶，再利用 Ecash 軟體檢視並下載電子貨幣至其電腦硬碟。銀行驗證與認證電子貨幣的處所為 Ecash Mint，係儲存電子貨幣的地方。人們將資金由電子貨幣帳戶轉到 Ecash Mint，就能使用電子貨幣。本質上，數位貨幣屬於加密的序號，人們將 Ecash 軟體產生的序號加密後傳到銀行，銀行以私密簽章簽核後再傳予人們。人們將可移轉數位貨幣到接受 Ecash 且在該銀行有帳戶的商店，商店收到數位貨幣則存入銀行帳戶。

2. Mondex 智慧卡　卡片持有預付帳戶資訊，且收卡片的商店通常由發卡銀行收取交易金額，藉由嵌在這些卡片上的晶片即可轉移付款資訊。智慧卡與簽帳卡不同，簽帳卡無需預提現金。隨著智慧卡發卡公司開發網路介面設備後，亦可用於線上作業。Modex 智慧卡與 Ecash 使用方式類似，人們可從銀行帳戶將資金轉入數位貨幣帳戶，安全性較 Ecash 為佳。

　　最後，電子貨幣支付制度將面臨一些問題：

1. 人們對發行者會有足夠信心，願意持有來用於消費支出嗎？

2. 商店有意願安裝昂貴的儀器來處理電子貨幣的清算嗎？

3. 電子貨幣可取代通貨用於交易，獲取類似鑄幣稅的收入，從而侵犯央行的鑄幣權，是以由誰來准許發行電子貨幣？又將如何要求權利金？

**知識
補給站**

1950 年代以來，各國飽受通膨肆虐之苦。Hayek 從經濟自由主義出發，發表《貨幣非國家化》(1976) (*Denationalization of money*) 質疑央行壟斷鑄幣權，濫發貨幣獲取鑄幣稅，甚至躍居政府歲入的重要來源，嚴重破壞經濟均衡。競爭是市場機能發揮作用的關鍵，唯有由民營銀行發行競爭性貨幣或自由貨幣來取代公共貨幣，建立發行貨幣的內部約束機制，才能有效控制貨幣供給以維持幣值和經濟穩定，此即稱為「貨幣非國家化」或「自由貨幣說」。

2009 年 1 月 3 日，中本聰 (Satoshi Nakamoto) 發行 50 個比特幣 (bit coin)，此係以編碼系統為基礎的虛擬電子貨幣。bit 是訊息量單位，二進位數的一位所包含的訊息就是一個 bit，如二進位數 0100 就是 4bit。比特幣係類似電子郵件的電子現金，交易雙方需要類似電子信箱的「比特幣錢包」和「比特幣網址」，交易過程與收發電子郵件一樣，須先檢驗確認比特幣的有效性。匯款者依據收款者網址支付比特幣給對方，匿名付款也無跨國與地域限制，僅需幾分鐘就可將比特幣免費匯往任何地方，但每筆交易收取 1 比特分的費用。在「無造幣廠中央控管」下，比特幣設定「時間戳記伺服器」(Timestamp Server) 機制，每一手用戶要對前一手的訊息（包含簽章）再簽章，確定前一收款人未重複使用該比特幣。商店接受比特幣付款，無需加入比特幣支付，也無須設置收付比特幣的機器。

2010 年 5 月，有人以 1 萬元比特幣交換約值 25 美元的披薩。日本交易所 Mt.Gox 接著成立，直迄 2014 年，全球已有超過十個地方設立比特幣交易所與自動櫃員機，而其價值主要參考 Mt.Gox 交易所內比特幣與美元的成交匯率，從 2013 年初的 10 餘美元起漲，並在 2013 年 11 月 29 日兌換美元飆升至 1,242 美元高峰，迅速在全球掀起熱潮。2014 年 8 月，比特幣交易所 BitoEx 與台灣全家便利超商合作，提供透過多媒體事務機「FamiPort」代收代購比特幣服務。依據《科技新報》(Tech News) 報導，購買比特幣需先申請 1 個比特幣錢包，可儲存在手機或平板電腦中。在比特幣官網註冊後，就可進入全家超商使用 Famiport 機器操作。選取「繳費」功能的「虛擬帳號」，廠商代號要輸入「BTC」（代表比特幣交易 Bitcoin Exchange)，再輸入個人資料。輸入購買金額時，尾端的「+25」表示每筆交易會產生 25 元手續費，選擇購買金額後，就可列印繳費單至櫃檯付款。連結 BitoEX 比特幣網址，輸入訂單編號、生日、錢包位置等資料，就可兌換比特幣。

各國政府對比特幣看法分歧。德國在 2013 年 8 月首先認可比特幣為私人的記帳單位，美國前聯準會主席 Bernake 指出「虛擬貨幣暗藏洗錢及其他風險，但也有長期發展前景。」美國財政部金融犯罪執法網路主任 Jennifer Shasky Calvery 則在國會聽證會表達監理機構面對比特幣的兩難：「財政部將防止犯罪人士利用虛擬貨幣，但也承認創新是美國經濟的重要組成部分。」另外，中國人民銀行於 2013 年 12 月 5 日發佈《關於防範比特幣風險的通知》，指出比特幣只是虛擬商品而非貨幣，為避免比特幣流通衝擊金融市場，金融機構和支付機構不得從事攸關比特幣的業務，並於 2013 年 12 月 16 日禁止第三方支付機構為比特幣交易網站提供儲存、託管、交易等業務，也不得承保攸關比特幣的保險業務或納入保險責任範圍。稍後，台灣央行與金管會在 2013 年 12 月 30 日也指出比特幣並非支付工具而無法償效力，不能用於第三方支付，禁止金融機構涉及比特幣相關業務。尤其是比特幣價值係屬高投機性「數位虛擬商品」，使用比特幣必須承擔價值波動衍生的投資風險與兌換風險；儲存於電子錢包的比特幣面臨易遭駭客竊取、病毒攻擊而消失的風險；往來交易平台可能遭駭客入侵、惡意倒閉，甚至淪為販毒、洗錢、走私等非法交易工具而遭政府關閉的風險。

　　英國英格蘭銀行則是淡化比特幣的重要性，表示比特幣短期內不太可能影響英鎊或金融穩定。花旗集團外匯分析師 Steven Englander 質疑比特幣的前景，因其將面臨其他虛擬貨幣競爭，而金融監理機構也在嘗試確定比特幣在傳統支付方式中處於何種位置。法國央行表示，比特幣並非法定貨幣而可能出現拒收問題，故不屬於支付工具或電子貨幣而難以取代現金。

Friedrich von Hayek (1899~1992)

　　出生於奧地利。任教於 Chicago 大學、Freiburg 大學、加州 Los Angeles 大學與 Salzburg 大學。Hayek 以堅持資本主義自由市場、反對社會主義、Keynesian 主義和集體主義而著稱。Hayek 提出價格信號在協助體系個體協調經濟活動的角色是經濟理論的重大突破，係奧地利學派 (Austrian school) 重要成員。Hayek 因「在貨幣政策和景氣循環的開創性研究，以及對經濟、社會和制度互動影響的敏銳分析。」，而於 1974 年獲頒諾貝爾經濟學獎。

2.4 電子資金移轉制度

　　傳統上，人們利用現金從事資產交易。隨著金融市場規模成長，金融交易急遽增加，促使現金與資產交易衍生的搬運、點算、遺失、失竊風險大幅攀升，形成交易效率低落與交易成本偏高現象。政府為提昇金融交易效率與安全性，創新支付系統包括推廣使用支票代替現金、建立跨行通匯系統、輔導業者開發簽帳卡、信用卡、IC 卡等銷售點轉帳系統、推行證券集中保管及帳簿劃撥制度、推動無實體公債、核准銀行辦理存款自動撥轉支付及電話轉帳服務等。為配合網路交易盛行，金融業發展出電子資金移轉制度 (electronic funds transfer system, EFTS) 因應，主要架構如圖 2-3 所示由三大系統組成。

> **電子資金移轉制度**
> 人們透過電腦網路在銀行帳戶間移轉資金。

> **圖 2-3**
> 電子資金移轉制度架構

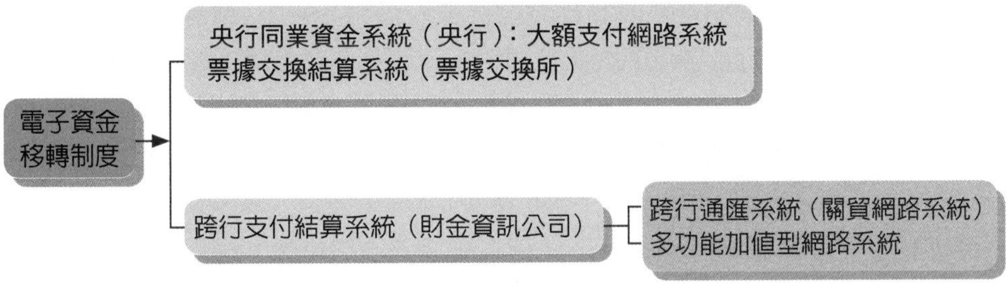

```
電子資金
移轉制度 ─┬─ 央行同業資金系統（央行）：大額支付網路系統
         │    票據交換結算系統（票據交換所）
         │
         └─ 跨行支付結算系統（財金資訊公司）─┬─ 跨行通匯系統（關貿網路系統）
                                          └─ 多功能加值型網路系統
```

1. 央行同業資金系統　處理轉撥資金調整準備部位、金融同業拆款資金交割、外匯買賣新台幣交割與債票交易款項交割等交易項目，從而提昇金融業資金調撥效率及掌控金融業資金動態。該系統具有下列特質：
   (a) 大額支付網路系統　銀行與央行主機連線，在央行準備帳戶辦理轉帳。
   (b) 即時總額轉帳設計　央行採取即時總額清算 (Real-Time Gross Settlement, RTGS) 機制，交易執行完成即行生效不得撤銷，無足額扣付之交易即予退回，達到降低系統風險與符合國際標準要求。
   (c) 央行結合同業資金系統與中央登錄公債系統，集中清算公債交易金額，採取款券同步交割機制 (Delivery Versus Payment, DVP) 降低交割風險。
2. 票據交換結算系統　處理支票、本票、匯票及其他支付憑證跨行收付結算，票據交換採取多邊淨額清算方式，亦即金融機構提出與提回票據相抵後，結計應收應付淨額各自透過其在央行的準備帳戶（台北地區）或台銀同業存款帳戶（台北以外縣市）完成清算。台北市票據交換所成立於 1951 年 3 月，隨著央行於 1961 年 7 月在台復業後，票據交換業務轉由央

行管理，成立 16 家票據交換所，分散各縣市辦理票據交換業務。

3. **金資跨行支付結算系統**　自 1974 年起，國內銀行陸續採用資訊系統實施業務處理自動化，係以處理銀行本身業務為主。爾後，財政部在 1984 年成立金融資訊規劃設計小組，規劃與建置金融資訊系統跨行網路，在 1987 年推出具有電子資金調撥與清算功能之跨行通匯系統，並於 1988 年改制為金融資訊服務中心，提供提款、轉帳、餘額查詢與資金調撥服務。同時，國內銀行於 1994 年獲准開辦電話轉帳業務，客戶透過電話將活期存款轉入同一支票帳戶或其他儲蓄帳戶，方便資金調撥與節省交易成本，金融體系逐漸朝向無現金社會邁進。

通訊網路技術進步帶動電子銀行與網路銀行成為銀行業營運主流。財政部在 1987 年以非循環基金組織型態設立金融資訊服務中心（金資中心），建構「金融資訊跨行網路服務」系統辦理金融業務自動化業務，並於 1998 年公布《跨行金融資訊網路事業設立及管理辦法》，將金資中心改制為財金資訊公司，成為唯一的跨行金融資訊網路公司。金資跨行支付結算系統包括兩部分：

1. **全國性跨行通匯系統**　金融支付系統多元化，透過銀行匯款系統交易迅速成長，帶動跨行通匯金額占支付系統比例急遽攀升。全國性跨行通匯系統有二：

   (a) **關貿網路系統**　銀行與企業藉由該系統使用付款、轉帳、銀行票據託收等功能，並與其他銀行開展約定電子轉換資料交換。

   (b) **跨行通匯及業務清算系統**　財金資訊公司使用的營運系統。前者辦理跨行匯款、ATM 提款、轉帳及信用卡消費等支付結算業務，後者由參與者評估本身業務量，將適當金額撥入清算銀行充當跨行業務清算基金，再由財金資訊公司按跨行交易逐筆清算。清算基金如有不足，由參與者隨時補足。一般銀行以央行為清算銀行，地區性銀行以台銀為清算銀行，信用合作社及農漁會信用部則以合庫為清算銀行。

2. **多功能加值型網路系統**　金融資訊公司與銀行共同設計金融電子資訊交換系統 (financial electronic data interchange, FEDI)，客戶利用電腦及通訊設備，以特定標準格式連接加值網路，以電子資料交換方式進行付款、轉帳或資金調撥等。舉例來說，企業或消費者透過加值網路或網際網路與 FEDI 網路連線繳交費用，並可從事收款、整理、製表、匯總對帳、解繳等活動，大幅簡化作業流程，紓解銀行臨櫃代收業務量。此外，在功能上，還可含括電子商務轉帳支付服務，有關利用網路進行電子購物支付訊息，透過網際網路與 FEDI 網路連線，進行電子轉帳付款，進而結合物流、資訊流及金流於一體。

電子商務興起，帶動網上購物的支付工具創新。國內網路購物付款方式包括郵政劃撥、信用卡付款、ATM（自動提存款機）轉帳與現金等四種，目前係以前兩者爲主。在圖 2-4 中，電子付款系統包括透過銀行付款、電子資金移轉付款與電子貨幣付款三類。透過銀行付款係屬傳統支付型態，而銀行帳戶係爲現金交易、支票及信用卡交易之主要付款基礎。隨著電子商務市場規模擴大，交易安全問題迅速浮現，如付款方式及交易雙方身分驗證等。爲解決電子交易清算問題，體系發展出下列兩種電子付款方式：

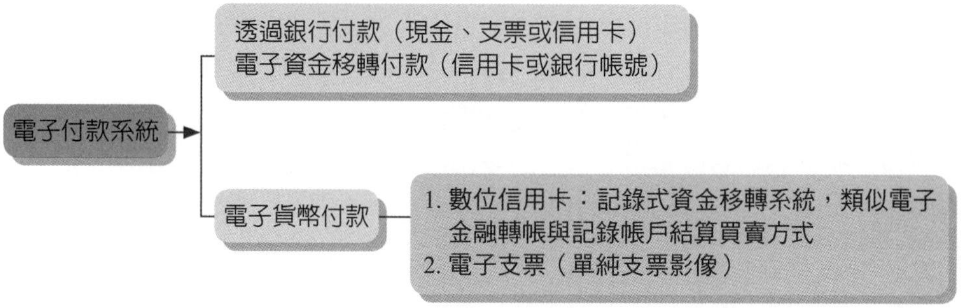

電子付款系統

透過銀行付款（現金、支票或信用卡）
電子資金移轉付款（信用卡或銀行帳號）

電子貨幣付款

1. 數位信用卡：記錄式資金移轉系統，類似電子金融轉帳與記錄帳戶結算買賣方式
2. 電子支票（單純支票影像）

圖 **2-4**
電子付款系統類型

1. 電子資金移轉 (EFTS)　人們透過網路發出購物訂單，個人私密付款資訊（如信用卡或銀行帳號）將隨訂單一起傳送。此係透過銀行與商店間的安全私密網路，傳送信用卡號或電子支票（單純的支票影像）。

2. 電子貨幣付款　此即記錄式資金移轉系統 (notational funds transfer, NFT)。人們採取傳統電子金融轉帳或電匯記錄帳戶結算交易。Visa 及 Master Card 在 1996 年提出安全交易協定協定 (secure electronic transaction, SET)，由微軟、網景、IBM、GTE、VeriSign 及其他電子商務參與者支援，其使用數位證書即是數位信用卡。除以信用卡付款爲基礎的交易提供標準通訊協定及訊息格式外，SET 利用數位簽章、消費者與商店身分識別，透過加密及訊息正確性來保障私密性，避免第三者攔截財務資訊，導致付款者蒙受財務損失。

知識補給站

　　第三方支付 (third-party payment) 是指提供與銀行支付結算系統連結平台的網路付款模式。消費者購物透過第三方支付平台提供的帳戶付款，由其通知廠商貨款到帳、要求發貨，並在檢驗確認收到的商品後，通知平台將貨款轉入廠商帳戶。網路交易詐欺與違約現象頻傳，第三方支付出現，將可紓解網路銀行支付無從約束監督交易雙方的問題，產生利益如下：

(1) 支付方式多元化　消費者可以使用網路、電話與手機簡訊等方式付款。
(2) 傳遞資金　扮演將消費者貨款移轉至廠商帳戶的角色，尤其是無法與銀行網路連結的中小企業可獲得便捷的支付平台。另外，銀行也可擴展業務範疇，節省為中小企業提供網路介面的開發和維護費用。
(3) 提供網路交易保障　第三方支付類似金融機構，消費者將可確保收到商品與商品品質，廠商也可規避無法收到貨款風險，發揮監督網路交易功能。
第三方支付方式雖然帶來上述利益，卻也衍生下列問題：
(1) 營運資格和經營範圍　第三方支付提供支付中介服務，性質係介於網路營運和金融服務之間。實務上，支付中介服務類似結算業務，但在提供交易雙方第三方擔保過程中積聚大量在途資金，出現類似銀行吸收存款功能。依據《銀行法》，從事存放款與辦理結算係屬銀行業務，第三方支付卻突破此項特許限制，如何定位有待評估。
(2) 與銀行形成競爭　第三方支付為擴大市占率，打破原先「銀行業承做大廠商，第三方支付業承做小商店」的潛規則。隨著銀行業朝零售銀行業務轉型，支付業務是當中核心，積極擴大網路銀行業務，並篩選第三方支付業者而強化兩者間的競爭。
(3) 在途資金和虛擬帳戶資金　在支付過程中，第三方支付或內部交易模式都存在吸金行為，達到相當規模勢必衍生資金安全與支付風險問題。
　(a) 第三方支付的在途資金存放在銀行帳戶，滯留時間從兩天至數週，可能衍生風險包括：(i) 在途資金累積勢必擴大支付平台的信用風險，亦即後者擔保網上交易，那麼誰為其提供擔保？(ii) 支付平台擁有大量資金沉澱，若無有效流動性管理，勢必引發支付風險。
　(b) 內部交易模式涉及虛擬貨幣發行和使用。虛擬貨幣未納入央行監理且游離於銀行體系之外，難以追蹤平台內部資金流向，對經濟活動衝擊還不明確。虛擬貨幣發行不受控制，一旦人們偏好使用虛擬貨幣交易，而虛擬貨幣與實際貨幣轉換出現問題，勢必引爆金融風暴。

 問題研討

小組討論題

一、選擇題

1. 有關記帳單位與交易媒介關係的說法，何者錯誤？　(a) 衡量未來商品價值的記帳單位必須具備實體價值　(b) 人們若以貨幣作為記帳單位，記帳價格必與絕對價格一致　(c) 以記帳單位或交易媒介衡量商品價值，將與時間因素無關　(d) 記帳單位與交易媒介均可滿足等值互償條款

2. 當人們選擇間接交易策略，將會出現何種現象？　(a) 為提昇交易效率，人們必然使用交易媒介　(b) 人們使用支票或本票完成交易，後續的清算體系將是相互通用　(c) 體系發生通膨或通縮時，間接交易比例將會大幅成長　(d) 人們運用信用工具來實現間接交易，將意味著是銀行提供間接金融

3. 明教張教主的口袋一直保有定額的貨幣，何種說法係屬正確？　(a) 基於未雨綢繆而持有交易性貨幣（交易動機）　(b) 為支援反元活動所需支出而持有融資性貨幣（融資動機）　(c) 為規避經濟環境變化而持有投機性貨幣（投機動機）　(d) 基於怯避股市變動可能產生損失而持有預防性貨幣（預防動機）

4. 黃蓉自經濟系畢業後，前往花旗（台灣）銀行上班，同時簽訂三年勞動契約。試問黃君須如何關心自己的權益？　(a) 衡量勞動契約價值的契約單位無須具備實體價值　(b) 勞動契約若以美元計價，記帳價格將與絕對價格相同　(c) 花旗銀行係以支票支付薪水，將可滿足等值互償條款　(d) 勞動契約若以台幣計價，黃君在未來三年將面臨購買力波動風險

5. 自 1980 年代後期起，政府積極推動電子金融業務，金融業迅速發展出電子資金移轉制度。何種運作現象係屬正確？　(a) 楚留香以信用卡消費，將透過央行同業資金系統進行清算　(b) 蘇蓉蓉以支票繳納國壽的保險費，國壽將其存入第一銀行帳戶，再透過票據交換所進行多邊總額清算　(c) 裕隆透過關貿網路系統與上下游廠商進行支付貨款與轉帳活動　(d) 電子金融盛行，加速交易媒介與契約單位分離

二、問答題

1. 北歐丹麥經濟係以農業和農產品為基礎，假設該國係以乳酪作為貨幣。試回答下列問題：

   (a) 丹麥人民對以乳酪做為貨幣所產生的問題抱怨極大。試問這些問題為

何？

(b) 隨著丹麥引進現代醫療技術，醫生們開始對人們進行膽固醇檢驗，建議人們應該減少乳酪食用量，試問此舉對丹麥經濟將造成何種影響？

(c) 丹麥政府推動工業化發展，你預期該國貨幣體系將出現何種變化？

2. 儘管國內調查局對防止製造偽鈔付出相當大的努力，然而偽鈔集團仍然創新精良地偽造千元台幣技術。試問這項技術創新對國內經濟活動將產生何種影響？

3. 依據今天的水果日報報導，台北捷運出現一批扒手集團，此一報導對你隨身攜帶的貨幣型態可能產生何種影響？

4. 試問信用卡、簽帳卡與儲值卡是貨幣的一種嗎？試說明理由。

5. 針對貨幣提供價值儲藏與交易媒介兩項功能，試分析將貨幣引進物物交換體系，對體系可能產生的利益。

6. 試評論「當貨幣扮演價值儲藏功能瓦解時，貨幣作為交易媒介功能也會同步瓦解」。

7. 在 1973 年的能源危機期間，台灣物價漲幅一度攀升逼近 50%，試問何種貨幣功能最為式微？試解釋上述事件發生後，對三種貨幣功能將造成何種影響。

8. 試列舉台灣目前盛行的電子貨幣類型。全面性使用電子貨幣有何優點？台灣在全面採用電子貨幣支付制度的過程中，將會面臨哪些困擾？

三、計算題

1. 某國的實質貨幣需求函數為 $L(i, y) = 0.3y - 600i$，i 為名目利率，y 為實質所得。在貨幣市場達成均衡時，實質貨幣需求將等於實質貨幣供給。假設體系內實質所得 $y = 2,000$，實質利率 $r = 10\%$。試計算能讓央行獲取最大鑄幣稅的通膨率為何？

網路練習題

1. 「在 1970 年代與 1990 年代，貨幣是較為有效的儲藏價值工具」。試上網搜尋攸關上述實際發生的現象，說明這兩個年代的物價變化情況並加解釋。

2. 試上網蒐尋目前盛行的各種電子貨幣類型，說明其特色與可能產生的影響。

金融創新與貨幣供給過程

個案導讀

台灣央行每月公布 M_{1A}、M_{1B} 與 M_2 貨幣餘額,三者關係可類比「瑞士捲」蛋糕。瑞士捲內層是具有完全流動性的「交易媒介」M_{1A},成員包括通貨淨額、支存與活存。瑞士捲第二層則是流動性稍降的「暫時購買力儲藏處」M_{1B},內容涵蓋 M_{1A} 與活儲,此係人們可隨時動用的資金,不僅是景氣領先指標,也是反映股市資金動能的關鍵指標。至於瑞士捲最外層則係流動性較低的金融資產 M_2,係由 M_{1B} 與準貨幣構成而為「廣義貨幣供給」,反映金融市場的全體資金總量。

央行經濟研究處公布 2013 年 4 月的 M_{1B} 與 M_2 年增率分別降至 5.72% 與 3.71%,指出兩者雙降係因銀行放款與投資成長減緩、銀行將保險安定基金存款轉列為壽險公司存款所致。4 月的 M_{1B} 與 M_2 日平均餘額為 125,567 億元與 341,946 億元,月減 390 億元與 67 億元,不過國內資金水位仍處高檔,股市資金動能無虞。另外,央行從 2 月 6 日開放人民幣在台業務,外幣存款及新台幣定存轉存人民幣餘額攀升,4 月的外匯存款邁向新台幣 30,635 億元,再創歷史新高。同一期間,4 月的外資淨匯入 11.9 億美元帶動外資停泊於帳上資金增加,外國人的新台幣存款帳戶餘額 1,907 億元而月

增 23 億元，創 2013 年新高。尤其是反映國人投資股市的證券劃撥餘額 1.2333 兆元，月增 158 億元，顯現股市資金動能充沛。

上述現象反映台灣的各種貨幣餘額內涵的變化，以及隱含的經濟活動變化，這些現象不僅關係景氣循環變動，也是央行執行貨幣政策關注的焦點。本章首先探討引發金融創新的因素與金融創新類型。其次，將說明貨幣定義類型與貨幣供給過程。接著，將探討流動性定義與銀行信用內涵。最後，將說明如何尋找最適貨幣定義，用於詮釋經濟活動。

 3.1 影響金融創新的因素

1990 年代後期，全球經濟成長動力來源有二：

財務工程
以數學工具建立金融市場模型和解決複雜財務金融問題的學門。

1. 實質部門　電子工程 (electronic engineering) 崛起催化通訊網路技術進步，帶動實質產出成長。
2. 金融部門　財務工程 (financial engineering) 興起引發金融創新風潮，大幅提昇融資效率，擴大金融業產值占 *GNP* 的比例。

金融創新
面對法規限制、市場競爭及風險管理等環境限制，金融業追求永續經營，從事創新變革。

依據 Silber (1983) 說法，金融創新 (financial innovation) 係指面對法規限制、市場競爭及風險管理等環境限制，金融業追求永續經營，從事創新變革。換言之，金融創新是金融市場參與者面對經營環境限制與技術進步刺激，創新金融商品與交易方式，以滿足市場需求變化的散播過程。

1970 年代爆發兩次石油危機，各國國際收支紛紛掉落失衡（順差或逆差）狀態，引發各國貨幣匯率劇烈波動，連帶釀成國際流動性不足。在 1971 年，美國 Nixon 總統宣布終止美元與黃金的兌換關係，任由美元匯率隨外匯市場供需浮動，觸發國際金融市場利率與匯率大幅波動，金融資產價格變異性擴大，跨國貿易與投資風險遽增。為因應金融環境劇變，金融體系迅速興起金融創新浪潮。從需求面來看，影響金融創新的相關因素如下：

1. 名目利率上漲　通膨過程引發預期通膨心理，推動名目利率攀升，人們追求降低現金部位以減輕機會成本負擔，現金管理創新率先出籠。
2. 資產價格變異性擴大　油價飆漲引爆匯率與利率震盪、金融資產價格變異性遽增，不論跨國貿易或金融交易，人們均須承擔高利率與匯率風險。為求移轉風險，金融衍生性商品遂躍居為 1980 年代以後的金融創新主軸。

租稅不對稱
人們所得適用不同租稅級距。

3. 租稅不對稱 (tax asymmetry)　人們所得適用不同租稅級距，成為創新金融商品套取租稅利益的誘因。舉例來說，投信公司利用證券交易所得稅

停徵，發行債券基金投入定存，將利息所得轉爲基金淨值累積（資本利得），提供高所得者規避稅負。

4. **代理成本 (agency cost)**　股票上市上櫃後，公司股權分散，加速經營權與所有權分離，經營者（代理人）與股東（主理人）追求目標不同，勢必衍生代理問題，股東支付代理成本擴增，形成創新監理廠商營運的誘因。

5. **風險重分配**　人們從事金融操作面臨的系統風險，必須透過買賣衍生性商品移轉由風險愛好者承擔。另外，承擔投資標的特有的非系統風險 (unsystematic risk)，則需透過投資組合多元化來分散。避險需求提供創新衍生性商品誘因，在風險怯避者與愛好者間重新分配風險。

6. **提高流動性**　投資活動首重流動性，高流動性資產吸引資金投入，發行者僅需支付低流動性溢酬，此即資產證券化大行其道的原因。

7. **學術實務結合**　資產選擇理論（1950 年代）與財務理論（1960 年代）大放異彩，再配合 1980 年代起盛行投機與套利的實務操作經驗，加速金融創新蓬勃發展。

William L. Silber (1941~)

　　Marcus Nadler 的財務經濟系教授，曾任紐約大學 Stern 管理學院的 Glucksman 證券市場研究機構主任、Lehman Brothers 資深交易策略副總裁、總統經濟顧問的資深經濟學者、紐約聯邦準備銀行顧問。Silber 專注財務經濟學、貨幣銀行學與金融市場等議題，尤其在研究金融創新與金融機構資產組合行爲發揮重大貢獻。

　　接著，Sinkey (1992) 再就影響金融創新的供給面因素，提出金融創新模型如下：

$$金融創新 = TRICK + 理性的私利$$

TRICK 代表決定金融創新供給的五個因素，*T* 是技術進步、*R* 是管制、*I* 是利率風險、*C* 是顧客、*K* 是資本適足性。在創新過程中，金融機構扮演核心角色，而決定創新速度主要來自技術進步與政府附加管制多寡。一般而言，解釋影響創新供給的臆說如下：

1. **迴避管制誘發創新臆說 (circumventive or constraint-induced innovation hypothesis)**　Silber (1983) 指出金融機構營運面臨來自兩方面的壓抑：(1)

外部約束，主要是金融監理機構管制；(2) 內部約束，金融業擬定盈餘目標、成長率與資產比率等，為消除或減輕兩種壓抑而採取自衛行為即是形成金融創新。舉例來說，銀行吸收存款必須提存法定準備與流動準備，相當於課徵管制稅 (regulatory tax)，尤其存款利率上限 (ceiling rate) 降低銀行吸收資金競爭力，導致創新可轉讓定存單出現。

利率上限
央行規定存放款利率不得超過某一水準。

2. 管制性辯證法臆說 (regulatory dialectic hypothesis)　金融業採取高槓桿營運而承擔高風險，為確保資金來源安全性，政府須嚴格管制與監理金融業營運。E.J.Kane (1984) 認為金融業營運將針對金融法規限制進行迴避，而規避創新就是指迴避金融管制行為，意味著當外在市場力量和市場機制與機構內在要求相結合，迴避金融管制和法規制度就產生金融創新行為。Kane 設計制定金融法規的架構，在此架構中，政府擬訂金融法規程式和金融業規避過程相互適用和相互作用，透過彼此互動過程，形成成熟切實可行的金融法規。從金融機構和政府決策角度來看，金融管制和由此衍生的規避行為係以辨證形式出現，可視為是金融自由化 (financial liberalization) 與金融管制 (financial regulation) 的博弈。為了追求利潤極大化，金融業營運透過創新來規避金融管制，一旦金融創新危及金融穩定，政府又會再管制 (re-regulation)，從而再引發新一輪金融創新，管制與規避引起創新總是不斷交替，形成一個動態博弈過程。

管制性辯證法臆說
金融管制與由此衍生的規避行為係以辯證形式出現。

3. 交易成本臆說 (transaction cost hypothesis)　Hicks 與 J.Niehans 提出金融創新的核心是「支配金融創新的因素是降低交易成本」，隱含兩層涵義：(1) 交易成本決定金融業務和金融商品是否具有實際意義，如何降低成本是金融創新的首要動機；(2) 金融創新是對技術進步引發交易成本降低的反應。交易成本臆說將金融創新源泉歸因於個體金融結構變化引起的交易成本下降，如通訊網路技術進步加速金融訊息傳遞，將降低金融交易、資金管理與調度成本；塑膠貨幣與電子貨幣降低攜帶現金成本，傳統交易型態也轉向電子商務交易，傳統銀行營運模式（臨櫃交易）亦轉型成電子銀行（網路交易）。

交易成本臆說
通訊網路技術進步加速金融訊息傳遞，降低金融交易與資金管理調度成本，從而引發金融商品創新。

金融自由化與國際化帶動金融創新，大幅改變金融業生態而強烈衝擊經濟活動：

1. 金融機構營運綜合化　金融機構營運相互滲透而邁向綜合化經營，服務類型擴大和品質提昇，打破傳統銀行、證券與保險的金融分工專業化營運模式。尤其是資產證券化誘使銀行將放款證券化出售，從賺取存放款利差（間接金融）轉向發行放款證券賺取手續費（直接金融）。保險業透過投資型保單而跨足證券業務，證券業則透過代為發行證券募集資金而涉入融

資業務。

2. **資本市場** 電子券商興起大幅降低交易成本，提昇交易效率與資產流動性，跨國資金移動，大幅整合國際金融市場。尤其是資產證券化帶動資產多元化與交易技術複雜化，吸引廠商透過資本市場募集資金，提昇直接金融占有率。

3. **廠商財務決策** 傳統財務決策追求股東財富極大化，將可簡化成負債與股權資金的選擇，進而尋求形成最適財務結構。金融創新頻繁讓廠商面臨多元化財務決策問題，大幅增加達成目標的彈性與複雜性，卻未改變原有決策目標。

Joseph F. Sinkey (1944~)

任教於 Georgia 大學 Terry 管理學院銀行財務學系，曾任美國聯邦存款保險公司研究部門財務經濟學者。Sinkey 出版的《金融服務業的商業銀行財務管理》(*Commercial Bank Financial Management in the Financial-services Industry*) (1983) 成爲銀行理論的經典名著，在銀行財務理論發揮重大貢獻。

另外，金融創新透過金融商品、金融服務與金融市場等因素的重組，改變體系貨幣供需情勢與金融結構，提高金融資產流動性與資產組合對報酬的敏感性，混淆支付工具與儲蓄商品界限，導致貨幣範圍難以界定而強力衝擊傳統貨幣政策的理論基礎。

1. **貨幣需求結構與穩定性** 金融創新產生多元化高流動性金融商品，兼具流動性、安全性和獲利性的金融商品大量湧現，促使各層次存款貨幣間、貨幣市場與資本市場間、貨幣與金融資產間出現高替代性，導致人們持有貨幣的機會成本激增，除降低貨幣需求外，更大幅降低貨幣需求穩定性。

2. **貨幣創造機制** 舊觀點 (old view) 認爲，在部分準備制度下，貨幣供給由央行和銀行共同創造出來。金融創新帶動金融業務綜合化和金融機構同質化，模糊銀行和非銀行金融機構間的業務界限，混淆兩者創造存款貨幣的本質差異，後者已經具有創造類似存款貨幣的功能。尤其是以電子商務與電子銀行爲基礎而產生的電子貨幣，發行控制權已由銀行業移轉至 IT 企業、電子商務公司，甚至是傳統企業形成的發行鏈，如目前網路遊戲流行的 Q 幣和天幣等虛擬貨幣即是典型案例。是以新觀點 (new view) 指出體系由央行與銀行兩大主體創造貨幣供給，已經擴大爲央行、銀行與非銀行

舊觀點
貨幣供給是由央行與銀行創造出來，故由兩者的負債來尋找最適貨幣定義。

新觀點
銀行與非銀行金融機構均能創造銀行信用，故由兩者的資產來尋找最適流動性定義。

金融機構三類主體。新金融商品頻繁出現，模糊貨幣與資產的界限，增加央行掌控貨幣餘額的難度，進而影響貨幣政策最終目標的實現。

3. 貨幣政策與金融監理政策效果　金融創新改變貨幣供需情勢，在一定程度顛覆執行貨幣政策基礎，對貨幣政策中間目標選擇、貨幣工具效果與銀行業在貨幣傳遞機制扮演的角色形成全方位挑戰。此外，不同金融業的監理鬆緊不一，金融監理落差引發監理套利而潛藏金融危機。

 ## 3.2　金融創新類型

銀行業（間接金融）與證券業（直接金融）激烈競爭，配合通訊網路技術廣泛使用，加速現金管理創新 (cash management innovation) 以壓縮持有現金部位，內容包含兩部分：

現金管理創新
壓縮廠商持有現金部位的金融創新。

1. 現金管理技術　財務人員追求降低持有現金成本，透過預測現金流量與會計內控制度確實掌握資金收付，達到壓縮無收益現金部位目的。銀行係為現金管理技術創新的主要供給者，在清算過程中提供三項服務：
   (a) 現金集中服務　在各地銀行內選擇產業性質相近的客戶建立資金代收制度，客戶依據通知將付款金額匯入代收匯款銀行的廠商帳戶。
   (b) 現金集中支付　廠商財務部統一支付、簽發支票，落實集中控制現金目標。
   (c) 投資管理服務　財務人員掌握廠商帳戶與銀行餘額間的每日往來交易資料，將閒置資金用於短期投資。

2. 現金管理商品　現金管理技術進步帶動現金管理商品創新，提供投資管理服務、協助融通短期投資或給予透支。該類商品類型有二：

貨幣基金
投信公司發行受益憑證吸收資金，投資貨幣市場商品。

   (a) 貨幣基金 (money fund)　投信公司發行受益憑證吸收資金，投資貨幣市場商品，再依基金績效發放紅利。
   (b) 現金管理帳戶 (cash management account, CMA)　人們在綜合證券公司或銀行開設證券交易帳戶，由後者將帳戶資金以貨幣基金方式運用，獲取相當於貨幣市場報酬率，並提供證券交易融資及投資諮詢服務。

現金管理帳戶
人們在綜合證券公司或銀行開設證券交易帳戶，由後者將帳戶資金以貨幣基金方式運用，獲取相當於貨幣市場報酬率。

接著，財務工程師針對資產獲利性、流動性、安全性與期限等特質進行創新，提昇赤字單位募集資金競爭力，而證券創新類型如下：

1. 債券創新　投資銀行創新多元化債券商品，包括改變債券付息方式，如浮動利率債券、零息債券等；改變債券還本方式，如雙元通貨債券、指數化債券等；調整債券期限，如永久性債券、贖回／賣回債券等。另外，結合公司債與其他金融商品，賦予投資人選擇償債方式的權利，提昇發行公司

募集資金的競爭力，如可轉換或可交換公司債。

2. 衍生性商品創新　投資銀行創新選擇權、期貨及金融交換等衍生性金融商品，提供投資人從事管理風險的商品。

3. 股票創新　公司尋求在國際金融市場發行股票募集資金，如全球存託憑證 (global depository receipt, GDR) 或美國存託憑證 (American depository receipt, ADR)；特別股創新包括浮動利率特別股與可轉換普通股或債券的特別股等。

> **全球存託憑證或美國存託憑證**
> 公司在國際市場或美國市場發行代表股票的憑證募集股權資金。

4. 資產證券化　以特定資產組合為基礎而發行證券，並非以發行單位的信用做擔保，而其收益也是來自基礎資產本身的收益。

除前述創新類型外，體系還出現影響金融業營運型態與模式的創新：

1. 金融處理技術創新 (financial process innovation)　電子金融是電子商務盛行下的金融商品，金融處理技術進步帶領銀行營運朝電子銀行或網路銀行發展，落實經營管理資訊化、營運網路化、業務多元化和服務電子化，如 SWIFT 網路、EDI 網路、信用卡、自動化提款機轉帳及電話轉帳。隨著銀行跨業經營、網路交易和電子商務普遍化，網路銀行、行動銀行、企業銀行、家庭銀行等新興經營理念層出不窮，凡此均屬金融處理技術創新的結果。

> **金融處理技術創新**
> 銀行營運朝電子銀行或網路銀行發展，創新營運網路化、業務多元化和服務電子化。

2. 金融組織創新　金融組織創新涵蓋多元化、綜合化與同質化特質，新型金融組織不斷湧現，傳統分工專業化的金融組織逐步解除管制，除引導金融機構向其他業務領域滲透外，專注單一業務的金融機構也邁向提供綜合服務，不同機構漸趨於同質化。舉例來說，商業銀行透過金融創新跨足投資銀行領域，甚至透過併購開展投資銀行業務；投資銀行則在創新產品和服務過程中滲透商業銀行業務，或直接併購商業銀行；保險公司透過創新而讓保險商品融入基金。不同金融機構向其他業務滲透融合，讓傳統專業分工、職能界限分明的金融業逐步同質化和綜合化。

觀念問題

❖ 金融創新的意義為何？體系出現金融創新的原因為何？

❖ 試評論：「元大證券致力於資產組合多元化，係屬風險管理的金融創新。」

3.3 貨幣供給過程

3.3.1 準備貨幣的決定

圖 3-1 顯示研究貨幣定義的方法有二：

1. 功能性方法 (functional approach) 或規範性方法 (normative approach)　基於「貨幣是什麼」(What money is)，以主觀認定貨幣在體系扮演的角色來規範貨幣範圍。由於不同學派看法分歧，又分為兩類：

   (a) 舊觀點　古典學派基於貨幣數量學說 (quantity theory of money)，指出景氣循環與貨幣餘額變化息息相關，而體系內只有央行與銀行才能創造貨幣，故從銀行業創造的存款負債來規範貨幣數量。依據存款負債性質，又分成兩種分析方法：

   (i) 交易方法　強調貨幣扮演交易媒介角色。

   (ii) 暫時購買力儲藏處方法　強調貨幣扮演暫時保存出售商品價值的角色。

   (b) 新觀點　新 Keynesian 學派基於信用可得理論 (credit availability theory)，指出人們為執行支出計劃，將向創造銀行信用 (bank credit) 或流動性資產的金融機構（銀行與壽險公司）尋求融資來源，進而引發景氣循環變化。

2. 實證性方法 (empirical approach) 或判定係數方法 (coefficient of determination approach)　Friedman 與 Anna J. Schwartz (1963) 強調定義貨幣並非基於「原則性」而係在於「有用性」，最適貨幣定義是基於「貨幣做了什麼」(What money does) 的實用標準，而迴歸分析將可驗證哪些資產較能反映經濟活動變化，並以判定係數做為選取貨幣定義的標準。

圖 3-1
貨幣定義方法

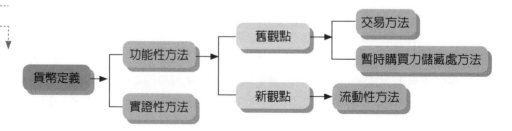

　　接著，貨幣扮演交易媒介角色，強調交易順利進行或債權債務移轉過程，後續的債務清償問題則未在討論範圍。不過 Charles Goodhart (1975) 偏好將貨幣視為支付工具，強調在支付過程中「廣泛接受」與「銀貨兩訖」的特質。貨

幣扮演「支付工具」與「交易媒介」兩種角色，而依據兩者來定義貨幣範圍即是交易方法，將涵蓋強力貨幣 H 與 M_{1A}。至於 Irving Fisher (1911) 則定義貨幣為：「任何財產權在交換過程中被廣泛接受者」，符合該定義的資產包括央行發行在外的通貨淨額 (net currency, C^P) 與銀行持有的準備 (R)，此即強力貨幣 (high powered money, H)、基礎貨幣 (base money)、貨幣基礎 (monetary base)，而台灣央行則稱為準備貨幣 (reserve money)，組成項目均屬支付工具。

準備貨幣
又稱強力貨幣、基礎貨幣、貨幣基礎，係由央行發行的通貨淨額與銀行持有的準備構成。

$$H = C^P + R$$

1. **通貨淨額 (net currency)** 人們持有的通貨，係由央行發行通貨毛額 (gross currency) 扣除央行（應付公開市場操作及日常支付需求）與存款貨幣機構（銀行、信用合作社、農漁會信用部）與中華郵政（應付日常支付需求）持有之庫存現金。

通貨淨額
央行發行通貨毛額扣除央行與存款貨幣機構與中華郵政持有之庫存現金。

2. **銀行持有準備** 包括在央行準備金帳戶餘額（法定準備）與銀行庫存現金（超額準備）。

Irving Fisher (1867~1947)

出生於美國紐約州 Saugerties。任教於 Yale 大學。Fisher 在《利率理論》(The Theory of Interest) 中，探討跨期分析、資本預算、金融市場與利率間的關係，奠定現代消費理論、投資理論與財務理論的基礎，並在建立評估股票與債券方法發揮重大貢獻。

表 3-1 是央行的簡化資產負債表，使用面 (use side) 的準備貨幣可定義為：

$$H = C^P + R$$

再由會計恆等式定義來源面 (source side) 的準備貨幣為：

$$H = (FA - FL) + (CG - GD) + (BA - BL) + OA - NW$$

就上式取變動量，可得影響準備貨幣變動的因素如下：

$$\Delta H = \underbrace{\Delta(FA-FL)}_{\text{國際收支失衡}} + \underbrace{\Delta(CG-GD)}_{\text{財政赤字}} + \underbrace{\Delta(BA-BL)}_{\text{金融赤字}} + \Delta OA - \underbrace{\Delta NW}_{\text{央行淨值變動}}$$

表 3-1

央行資產負債表

資產		負債	
國外資產	FA	大眾持有的通貨淨額	C^P
對政府部門債權	CG	銀行存款準備	R
對金融業債權	BA	國外負債	FL
其他資產	OA	國庫存款	GD
		對金融業負債	BL
		央行淨值	NW

國外淨資產

央行擁有外匯資產扣除外匯負債後的淨額。

貨幣融通

央行購買公債融通政府支出，此即「貨幣融通」或稱「政府債務貨幣化」。

財政赤字

政府支出大於收入而出現預算赤字缺口。

金融赤字

央行對銀行融資超過對銀行負債。

沖銷政策

央行同時在外匯市場與貨幣市場操作，以維持匯率與貨幣數量穩定。

1. 國際收支失衡　一國進出口（貿易帳變化）與跨國資金移動（金融帳變化）透過央行結匯，央行握有國外淨資產 (net foreign asset, NFA) 變動量 $\Delta(FA-FL)$ 相當於國際收支失衡。央行持有外匯資產 FA 多數來自爲穩定匯率而買進美元，而台灣無外債 $FL = 0$。

2. 財政赤字 (fiscal deficit)　央行購買公債 CG 即是融通政府支出，此即「貨幣融通」(money finance) 或稱「政府債務貨幣化」(monetization of government debt)，如美國聯準會執行 QI 與 QII 即是購買美國公債。台灣央行並未融通政府支出，對政府部門債權爲零 $CG = 0$。中央政府收支變化將反映在國庫存款 GD 變化，政府支出增加將減少國庫存款，準備貨幣增加；政府收入增加將增加國庫存款，準備貨幣下降。

3. 金融赤字 (financial deficit)　央行對銀行融資 BA 將引起準備貨幣變動，如美國聯準會執行 $QIII$ 即是買進銀行發行的抵押放款證券化商品。央行增加對銀行負債 BL，將讓準備貨幣下降，主要有二：

   (a) 央行發行可轉讓定存單 (negotiable certificates of time deposit, NCD)：央行爲穩定台幣匯率而買進美元，但因釋出台幣，遂執行沖銷政策 (sterilization policy)，發行可轉讓定存單收回準備貨幣。

   (b) 央行吸收中華郵政與全國農業金庫轉存款。

4. 央行淨值變化　央行係屬國營事業，掌握鑄幣權而可賺取鑄幣稅，但爲穩定通膨，執行沖銷政策也需支付利息。除在特殊環境（台幣巨幅升值）下，央行通常能夠獲取盈餘，而提昇資產與淨值 ΔNW。央行每年將部分盈餘繳庫，促使「央行淨值」轉爲財政部在央行的「國庫存款」。隨著財政部支出後，再由國庫存款轉爲通貨淨額，帶動準備貨幣擴張。

最後，新台幣發行餘額成長率長期偏低，原因包括金融創新盛行、塑膠

貨幣與電子資金移轉成長迅速、景氣衰退導致人們現金需求下降。國內通貨發行淨額通常自每年尾牙開始攀升，農曆春節的除夕達到高峰，金融環境趨於緊縮，貨幣市場利率呈現攀高現象。隨著春節假期結束，流通在外通貨在元宵節後陸續回籠銀行，金融環境日益寬鬆，貨幣市場利率遂由高檔滑落。另外，金融危機讓銀行營運陷入困境，擠兌風潮四起引發資金由銀行外流，通貨發行淨額成長率（準備貨幣餘額不變，但是組合比例改變）攀升，金融環境趨於緊縮。

知識補給站

　　隨著跨國資金湧入台灣投資股市，央行持有外匯準備規模迅速成長，在操作外匯資產得宜下，每年均能獲取豐碩盈餘。依據《中央銀行法》，央行盈餘在提列 20%~50% 公積金後，剩餘部分可供繳庫。央行營業收益主要取決於國際市場利率，而發行定存單與吸收轉存款金額也超過 10 兆元，利息支出則是主要負擔。值得注意者：央行是國營事業卻非單純的營利機構，一旦積極追求達成盈餘目標，獨立性將受影響。舉例來說，央行發行定存單收縮貨幣供給，必須支付利息，若為節省成本而減少發行數量，游資氾濫勢必危及經濟穩定性。尤其是央行安排外匯資產組合，多數係以美元計價，若是追求盈餘績效，身為外匯市場「大莊家」的央行，手上擁有鑄幣權（台幣）、也有龐大外匯資產，更擁有行政權（金檢權），操作外匯如魚得水，將可能壓低新台幣匯率賺取匯差，甚至主導外匯市場走勢達成獲利，凡此對整體外匯市場發展均非好事。

　　政府預算缺口雖可透過央行盈餘繳庫（視為政府實質收入而非貨幣融通）彌補，不過央行總裁彭淮南曾說：「國家財政缺口倚賴央行盈餘挹注將非常危險，政府支出應該要靠稅收而非央行盈餘」，其中道理不言可喻。

Milton Friedman (1912~2006)

　　出生於美國紐約州 Brooklyn。參與 F. D. Roosevelt 總統的「新政」(New Deal) 工作，擔任美國財政部顧問，任教於 Chicago 大學，同時創立 Chicago 學派。1976 年獲頒諾貝爾經濟學獎。以 Friedman 為首的貨幣學派強烈反對 Keynes 的政府干預思想，認為市場機能將對經濟活動運行發揮關鍵因素，主張貨幣政策才是經濟政策的重心。尤其是在 1970 年代，貨幣學派提出「穩定貨幣數量、反對通膨」的政策主張，強調減少政府干預與控制貨幣數量成長是根絕通膨的唯一方法。貨幣學派與 Keynesian 學派並駕齊驅，猶如鏡子內外的對應者，而 Friedman 更被譽為「反通膨的旗手」。

觀念問題

❖ 央行在外匯市場買進 10 億日圓,將對準備貨幣餘額造成何種影響?經過此番外匯操作,央行應如何操作,方能維持準備貨幣餘額不變?

❖ 在央行掌握鑄幣權下,試問體系內貨幣供給增加的來源為何?

❖ 試說明央行、財政部與一般公司行號每月發放員工薪水,是否影響準備貨幣與 M_{1A} 餘額?

❖ 台北市政府在台北富邦銀行保有帳戶,財政局若將資金移往在央行的帳戶,試問將產生何種結果?

❖ 試以央行資產負債表說明開放體系的國際收支盈餘、政府財政赤字與金融機構赤字,如何經由準備貨幣變動影響貨幣供給變動?

❖ 試判斷下列金融交易對準備貨幣造成的影響。

(a) 台銀將上個月代收之稅款(國庫存款)轉存央行。

(b) 央行靈活運用外匯資產,促使外匯資產孳息大增。

(c) 台銀以央行定存單向央行申請短期擔保融通放款。

❖ 在其他條件不變下,下列狀況將引起準備貨幣如何變化?

(a) 人們提出活儲轉為現金。

(b) 央行改變持有外匯存底的幣別組合,將美元轉為日元。

(c) 央行提高農業金庫轉存央行比率。

(d) 財政部增加在央行的國庫存款。

(e) 央行發行的定存單到期。

3.3.2 M_{1A} 餘額

　　銀行發行支票帳戶賦予交易媒介特色,降低大額交易的成本與風險,將會部分取代通貨用於交易。D. H. Robertson (1959) 定義貨幣為:「任何商品廣泛做為交換工具,或清償各種營利性債務而能被接受者」,將焦點放在商品能否做為交易活動的「媒介工具」,而非具有「等值互償」功能,是以 M_{1A} 餘額定義如下:

$$M_{1A} = \underbrace{C^P}_{\text{支付工具}} + \underbrace{DD}_{\text{交易媒介}}$$

活期存款淨額

活期存款毛額扣除在票據交換所待交換票據。

1. **通貨淨額**　通貨是央行的負債,具有無限法償而為「支付工具」。

2. **活期存款淨額** (net demand deposit, DD)　活期存款毛額(包括活期與支票

帳戶餘額），扣除在票據交換所等待交換的票據或稱遺失的貨幣 (missing money)，再加上外商銀行在本國央行的活期餘額 (demand balance)。支票與活存具有高流動性，但支票帳戶提供簽發支票交易、票據交換、安全性與對帳等金融服務，銀行不支付利息。支票不具法償性質，僅是「交易媒介」而協助交易順利完成，須再進行「債務清償」，故非「支付工具」。人們持有活期帳戶，需憑存摺或與銀行約定方式隨時提取，無法簽發支票使用，銀行則支付些微利息。

遺失的貨幣
在票據交換所待交換的票據。

Dennis H. Robertson (1890~1963)

出生於英國 Lowestoft。任教於 Cambridge 大學、倫敦經濟學院與擔任銀行學系主任，也曾擔任平衡收支皇家委員會首席成員。Robertson 關注貨幣理論、利率與通膨議題，詮釋貨幣最為傳神：「為人類創造幸福的貨幣，除非有效控制，否則將成為災禍與混亂的泉源」。

表 3-2 與表 3-3 是銀行與民間的簡化資產負債表。將 M_{1A} 餘額與準備貨幣 H 相除，可得貨幣供給方程式如下：

$$\frac{M_{1A}^S}{H} = \frac{C^P + DD}{C^P + R} = \frac{1 + \dfrac{C^P}{DD}}{\dfrac{C^P}{DD} + \dfrac{R}{DD}} = \frac{1 + d}{d + \rho}$$

$$M_{1A}^S = m \times H$$

資產	負債
存款準備 R	活期存款 DD
銀行放款 L	其他負債 OL_B
證券投資 S	
其他資產 OA_B	銀行淨值 NW_B

表 3-2
銀行資產負債表

資產		負債	
大眾持有的通貨淨額	C^P	銀行放款	L
活期存款	DD	證券	S
其他資產	OA_P	其他負債	OL_P

表 3-3
民間部門資產負債表

上述方程式顯示：貨幣供給由貨幣乘數 (m) 與準備貨幣兩者構成，此即貨幣乘數方法 (money-multipler approach)。值得注意者：銀行僅保有法定準備，剩餘資金全部授信而未持有超額準備，ρ 即是法定準備率。同時，人們使用支票交易而未持有現金，通貨活存比例趨近於零，亦即銀行業在仲介資金過程中，並無現金流失現象。在上述狀況同時出現下，貨幣供給將變爲：

$$M_{1A}^{S} = (\frac{1}{\rho})H$$

$m = (\frac{1}{\rho})$ 是 C. A. Phillips (1920) 推演的銀行貨幣乘數或信用創造乘數，係指銀行吸收自發性存款能夠創造衍生存款之最大倍數。

Chester Arthur Phillips (1882~1976)

出生於美國。曾經擔任 Iowa 大學 Collegiate 管理學院院長，Chicago 聯邦準備銀行經濟學者。Phillips 發表《貨幣銀行、銀行與景氣循環、以及銀行信用論文集》(*Readings in Money and Banking, Banking and the Business Cycle, and Bank Credit*)，而在銀行信用理論具有開創性研究，同時率先提出銀行體系的乘數效果對貨幣供給的影響。

除準備貨幣變動外，貨幣乘數變化也會影響貨幣供給。貨幣乘數係銀行業運用準備貨幣，透過放款過程創造貨幣數量的倍數。貨幣乘數愈大表示央行釋出準備貨幣所能創造的貨幣供給愈大，而影響貨幣乘數的因素如下：

· 通貨活存比率 $d = (\frac{C^P}{DD})$

$$\frac{\partial m}{\partial d} = \frac{-(1-\rho)}{(d+\rho)^2} < 0$$

人們持有通貨意願上升，推動通貨活存比率攀升，反映通貨淨額占準備貨幣餘額比率上升，支撐放款擴張的銀行準備下降，將會緊縮貨幣乘數。1970年代中期，央行釋放發行面額 500 元與 1,000 元大鈔的訊息，但因國民政府在 1949 年發行大額金元券，引爆惡性通膨夢魘深植人心，引發社會輿論反對聲浪。然而檢視當年發行大鈔過程，國民政府爲融通龐大內戰軍費支出，央行除發行大面額金元券外，更巨額擴增準備貨幣，從而引爆惡性通膨。如果央行控

制準備貨幣不變，僅以大面額通貨取代小面額貨幣，可能促使通貨活存比例上升（零頭效果），反而產生緊縮效果。尤其是當時花旗銀行與中國信託才開始推動信用卡業務，而經濟發展需要大面額通貨來方便大額交易，交易成本降低與效率提昇有助於刺激產出擴張。事隔近 25 年後，央行在 2002 年 7 月再度推出 200 元與 2,000 元大鈔，發行額及占鈔券發行額比例顯著偏低且無成長，淪落為某些大額交易支付之用，甚少在市場流通。探究當中原因就在體系邁入以塑膠貨幣與電子貨幣交易，足以取代大鈔流通，對通貨活存比例與貨幣供給衝擊極為微弱。

・ 存款準備率 $\rho = (\frac{R}{DD})$

$$\frac{\partial m}{\partial \rho} = \frac{-(1+\rho)}{(d+\rho)^2} < 0$$

　　在其他條件不變下，央行提高法定準備率，銀行必須收縮放款，貨幣乘數相應下降。銀行增加持有超額準備，也將緊縮信用而促使貨幣乘數下降。台灣於 1995 年下半年面臨中共文攻武嚇，造成國內資金嚴重外流，準備貨幣減少速度加快。1990 年代中期，國內基層金融頻頻遭致擠兌，存款紛紛轉向無放款業務的中華郵政與銀行的外幣存款帳戶，致使貨幣乘數效果無法發揮。

　　人們使用支票完成大額交易，方便性與安全性顯然優於現金。不過支票僅是「交易媒介」，交易完成將反映新債權債務關係成立，取得支票者需將支票存入銀行帳戶，透過票據交換所清算，若獲清償而未退票 (dishonored bill)，債權債務問題方才了結。人們接受支票前，必須評估發票人信用，而評估票據的信用風險或觀察民間信用狀況，可用下列指標衡量：

退票
人們將支票存入銀行帳戶，經過票據交換所清算而未獲清償。

1. 淨退票張數比率　退票張數與總支票交換張數扣除註銷退票記錄者的比率，係為景氣循環的落後指標，景氣衰退帶動退票張數比率上升。央行自 2001 年 7 月實施票信管理新制，將存款不足、提存備付或重提付訖期限，由原先的 7 個營業日內延長為 3 年。為配合該項制度實施，央行將存款不足退票資料改以毛退票統計，為統一比較基礎，回溯自 1996 年起的數據均改以毛退票基礎統計，此即毛退票張數比率。

2. 退票金額比率　退票金額占總支票金額的比率，亦為景氣循環的落後指標，景氣衰退也會推動退票金額比率上揚。

3. 退票家數或支票拒絕往來戶　較能反映金融市場的信用變化狀況。此係前者各具缺點，退票張數多卻可能集中於少數人，退票金額大也可能集中於少數大額支票金額，均無法真正反映民間信用的真正變化。

觀念問題

❖ 試評論:「農曆春節期間,新台幣發行餘額呈現暴增,此時金融環境處於寬鬆狀況。」

❖ 央行公布某月的金融統計資料如下:(a) 銀行活存餘額 1,000、(b) 通貨發行毛額 500、(c) 同業活存與政府活存 300、(d) 央行庫存現金 20、(e) 銀行庫存現金 50、(f) 在央行的銀行存款總額 200。依據上述資料計算 M_{1A} 餘額與銀行持有的實際準備。

❖ 央行規定法定準備率 10%,銀行持有超額準備率 3%。試計算人們持有通貨存款比率從 10% 遞增為 15% 後,對貨幣乘數影響為何?

❖ 何謂準備貨幣?何謂貨幣乘數?兩者與貨幣供給間有何關係?貨幣乘數會受哪些因素影響?央行能夠完全控制準備貨幣嗎?為什麼?

❖ 央行定義 $M_{1A} = C^P + D$,準備貨幣為 $H = C^P + R$。假設超額準備不為零,試回答下列問題: (m 貨幣乘數,c 是通貨活存比例,rr 是法定準備率,er 是超額準備對活存比例)

(a) 試推演貨幣乘數 m。

(b) 人們保有通貨意願增加,對貨幣供給造成何種影響?

(c) 銀行提高持有超額準備,對貨幣供給造成何種影響?

(d) 央行降低法定準備率,對貨幣供給造成何種影響?

3.3.3 M_{1B} 與 M_2 餘額

銀行與非銀行金融機構競爭日趨激烈,刺激銀行創新提昇儲蓄帳戶流動性:

1. **塑膠貨幣盛行** 人們使用信用卡與簽帳卡(轉帳卡)交易,將現金轉入活儲帳戶。

2. **電子貨幣崛起** 廠商改採轉帳付款,減少簽發支票使用,降低支票帳戶與活存餘額,也讓廠商持有的應收票據改由應收帳款取代。

上述現象讓央行察覺 M_{1A} 餘額影響經濟活動逐漸式微,遂改由「暫時購買力儲藏處」概念來規範貨幣範圍,納入銀行活儲餘額而為 M_{1B} 餘額:

$$M_{1B} = \underbrace{C^P}_{\substack{\text{支付工具} \\ \text{(塑膠貨幣取代)}}} + \underbrace{DD}_{\substack{\text{交易媒體} \\ \text{(電子貨幣取代)}}} + \underbrace{SD}_{\text{暫時購買力儲藏}}$$

$$= M_{1A} + SD$$

上式中的 SD 僅限於存款貨幣機構的儲蓄帳戶餘額,排除中華郵政吸收的

郵政存簿儲金。中華郵政是國內吸收存款最多的準銀行，卻未直接授信，資金運用方式包括購買公債、股票、拆款與轉存其他銀行（包括轉存央行）。銀行吸收存款經由授信過程而讓資金回歸體系，經由借款者回存過程而具有擴張效果。反觀中華郵政吸收存款（劃撥、存簿及定期儲金），轉存央行高達 1.3 兆元，此係央行對民間負債攀升而準備貨幣下降，形成銀根緊縮效果。兩者吸收存款產生的效果迥異，是以 M_{1B} 餘額將排除郵政存簿儲金。

除活存外，銀行吸收活儲 SD 與定存 TD 對銀行營運更具重要性，兩者提存法定準備率 (required reserve, RR) 分別爲 ρ_d、ρ_s。此外，銀行爲因應日常營運需求將保有超額準備 (excess reserve, ER)，此即銀行庫存現金，持有實際準備 (actual reserve, R^a) 如下：

$$R^a = \rho_d DD + \rho_s SD + ER$$

將 M_{1B} 餘額除以準備貨幣，可得 M_{1B} 供給方程式如下：

$$M_{1B}^S = \left\{ \frac{C^P + DD + SD}{C^P + \rho_d DD + \rho_s SD + ER} \right\} \times H = \left\{ \frac{1 + (\frac{C^P}{DD}) + (\frac{SD}{DD})}{(\frac{C^P}{DD}) + \rho_d + \rho_s(\frac{SD}{DD}) + (\frac{ER}{DD})} \right\} \times H$$

$$M_{1B}^S = m_{1B} \times H$$

$$m_{1B} = \frac{1 + d + s}{d + \rho_d + \rho_s s + e}$$

$e = (\frac{ER}{DD})$ 是超額準備活存比率。至於各種金融比率對 m_{1B} 乘數影響如下：

1. 通貨活存比率 $d = (\frac{C^P}{DD})$　通貨活存比率上升，將促使貨幣乘數下降。

$$\frac{\partial m_{1B}}{\partial d} = \frac{\rho_d + e - s(1 - \rho_s) - 1}{(d + \rho_d + \rho_s s + e)^2} < 0$$

2. 活儲與活存比率 $s = (\frac{SD}{DD})$　人們將活存轉向儲蓄存款，s 比例上升，將擴大貨幣乘數。

$$\frac{\partial m_{1B}}{\partial s} = \frac{(\rho_d - \rho_s) + d(1 - \rho_s) + e}{(d + \rho_d + \rho_s s + e)^2} > 0$$

3. 活存的法定準備率 (ρ_d)　央行提高該比率，將縮減貨幣乘數。

法定準備率
銀行吸收存款，必須提存一定比率的準備放在央行的準備金帳戶。

超額準備
銀行因應日常營運需求將保有庫存現金。

實際準備
銀行吸收存款進行營運，實際持有的準備資產。

$$\frac{\partial m_{1B}}{\partial \rho_d}=\frac{-(1+d+s)}{(d+\rho_d+\rho_s s+e)^2}<0$$

4. 活儲的法定準備率 (ρ_s)　央行提高該比率，將造成貨幣乘數下降。

$$\frac{\partial m_{1B}}{\partial \rho_s}=\frac{-(1+d+s)s}{(d+\rho_d+\rho_s s+e)^2}<0$$

　　人們通常以 M_{1B} 清算交易活動，其餘額將反映短期付諸執行的購買力。一般而言，銀行活儲帳戶可分為三部分：

1. 一般活儲帳戶　一般人的儲蓄，銀行須依活儲的法定準備率提存法定準備，並提存法定流動準備 10%。
2. 薪資轉帳活儲帳戶　公司與銀行簽訂薪資轉帳契約，每月薪水直接轉入員工的活儲帳戶。員工每月僅提款部分支出，剩餘部分幾乎不動猶如定存。是以銀行支付利率介於一般活儲與定存的利率之間。另外，銀行給予員工優惠存款利率，官股銀行員工優惠存款額度 48 萬元，利率高達 13%。
3. 活儲證券戶　台灣股市交易係採款券劃撥制度，投資人開立證券存摺（股票集中保管）與活儲帳戶（用作清算交割），後者即是「活期儲蓄存款證券戶」。由於投資人進出股票頻繁，帳戶資金流動性極高，銀行須提存50% 的法定流動準備與較高超額準備，故僅支付活存利率。

存款回轉次數
在一定期間內，每元存款存入銀行帳戶及提領次數，將反映存款貨幣的流通速度。

貨幣流通速度
在固定期間內，單位貨幣的周轉次數。

　　M_{1B} 成長率遞增推動景氣趨於熱絡，反之則趨於停滯或衰退，係屬景氣領先指標。另外，存款回轉次數 (deposit turnover rate) 係指在一定期間內，每元存款存入銀行帳戶及提領次數，將反映存款貨幣流通速度 (velocity of money circulation)。支存、活存和活儲隨時進出帳戶，回轉次數高低與各類交易頻繁與否的關係相當密切，可反映景氣、商業活動與金融交易熱絡程度。有關存款回轉次數的計算公式如下：

$$年回轉次數=\left(\frac{全月借記總額}{每月每日平均餘額}\right)\left(\frac{全年營業日數}{當月營業日數}\right)$$

　　上式係指固定期間內各類存款借記總額（存款者在一定期間提領存款的總金額），與該期間內各類存款平均餘額的比值，再乘上全年營業天數占當月營業天數的倍數後，即是按年計算之回轉次數。在不考慮制度性因素下，景氣變動和股市榮枯是影響活存和活儲回轉次數的主要因素，商業性或金融性交易愈趨活絡，存款進出銀行次數就愈頻繁，如 1996 年 3 月，中共軍事演習陰影

消除後，台灣股市在 4 月大幅反彈，活存回轉次數立刻由 3 月的 82 次躍升至 104 次，爾後也與股市變化維持亦步亦趨關係。隨著股市價量在 1997 年農曆春節後頻創新高，發揮刺激消費效果，活存回轉次數寫下新高記錄 133 次，新台幣活存的流通速度創下有史以來最快水準。

M_{1B} 餘額影響經濟活動日益彰顯，貨幣扮演角色逐漸朝「暫時購買力儲藏處」傾斜，何種金融資產應該納入貨幣定義遂成央行關注焦點。尤其是高流動性金融資產紛紛出籠，支付些許交易成本即可迅速轉換為現金，吸引人們改以高流動性金融資產來安排交易餘額。是以央行擴大貨幣定義如下：

$$M_2 = \underbrace{C^P}_{\text{支付工具}} + \underbrace{DD}_{\text{交易媒體}} + \underbrace{SD}_{\text{暫時購買力儲藏}} + \underbrace{Quasi\text{-}money}_{\text{價值儲藏}}$$

$$= \underbrace{M_{1B}}_{\substack{\text{交易餘額} \\ \text{或活動餘額}}} + \underbrace{Quasi\text{-}money}_{\text{閒置餘額}}$$

準貨幣 (quasi-money) 或近似貨幣 (near money) 的特質是具有高流動性的短期安全資產、存在一定期限，僅具價值儲藏功能。央行定義準貨幣的內容如下：

準貨幣或近似貨幣
高流動性短期安全資產，僅具價值儲藏功能。

1. **銀行定存**　具有固定期限。人們若有資金需求，可採「解約」或「質押」定存方式取得資金。解約定存會有利息損失，質押定存則須支付利率，人們支付些微交易成本，即可迅速取得流動性。

2. **郵政儲金總數**　包含劃撥儲金、存簿儲金及定期儲金。中華郵政無法放款，轉存央行將緊縮準備貨幣，轉存其他銀行或購買公債、股票幾則無貨幣乘數效果。

3. **外匯存款與外幣定存單**　銀行提供外幣存款方式有二：(a) 直接存入外幣、(b) 外幣計價的存款。就後者而言，人們以台幣存入外幣計價的存款帳戶，到期領回台幣本息。銀行須在外匯市場買進等額外幣避險，央行也規定銀行的國外資產與負債必須平倉，是以此舉將造成匯率貶值。央行若要穩定匯率，須在外匯市場賣出美元，產生緊縮準備貨幣效果。

4. **銀行及中華郵政之證券附買回交易 (repurchase agreement, RP)**　銀行出售公債並在一定期限以約定價格買回，銀行支付短期利率，係屬無風險短期融資商品，係大戶或法人安排交易餘額的標的。值得注意者：綜合證券商也可從事公債附條件交易，但僅是活存（證券商）與活儲（大戶）間的移轉，不屬於準貨幣。

附買回交易
銀行或證券商出售公債，並在一定期限以約定價格買回。

5. **外國人持有新台幣存款**　跨國基金匯入台灣，準備投資股市的資金。

6. **貨幣基金**　銀行吸收資金用於投資貨幣市場商品。

就流動性及交易功能來看，$M_{1A} > M_{1B} > M_2$。M_{1A} 是交易媒介反映立即變現的購買力，M_{1B} 則是暫時購買力儲藏處，人們安排預擬支出的交易餘額 (transaction balance)，將以兩者為主要標的，同屬活動餘額 (active balance)。反觀 M_2 中的準貨幣附有期限，反映短期價值儲藏概念，也代表金融體系的資金總量，係人們安排閒置餘額 (idle balance) 的主要標的。從金融操作的技術分析來看，$\dot{M}_2$ 與 $\dot{M}_{1B}$ 曲線（尤其是證券交易帳戶餘額）斜率的相互關係經常用於評估股市脈動的技術指標：

交易餘額
在固定期間內，人們以貨幣性資產持有預擬支出金額。

活動餘額
人們持有預擬支出與預防用途的資產餘額。

閒置餘額
在一段期間內，人們不想動用的資產餘額。

黃金交叉
$\dot{M}_2$ 與 $\dot{M}_{1B}$ 曲線呈現正斜率，且後者斜率大於前者時，兩者的相交點。

死亡交叉
$\dot{M}_2$ 與 $\dot{M}_{1B}$ 曲同時呈現負斜率，且前者超越後者時，兩者的交點。

1. 黃金交叉 (golden cross)　$\dot{M}_2$ 與 $\dot{M}_{1B}$ 曲線同時攀升，當兩線相交、$\dot{M}_{1B}$ 曲線斜率超越 $\dot{M}_2$ 曲線斜率，隱含 $\dot{M}_{1B} > \dot{M}_2 > 0$，該交點稱為黃金交叉。此種現象意味著金融市場的資金總量 M_2 成長，而可立即投入購買股票的資金 M_{1B} 成長幅度更大，股市資金充沛而可能引發多頭走勢。

2. 死亡交叉 (dead cross)　$\dot{M}_2$ 與 $\dot{M}_{1B}$ 曲線同時滑落，當兩線相交、前者斜率超越後者，隱含 $\dot{M}_{1B} < \dot{M}_2 < 0$，該交點稱為死亡交叉。此種現象意味著金融市場資金總量 M_2 成長率遞減，而預擬投入購買股票的資金 M_{1B} 成長率衰退幅度更大，顯示人們將資金從股市撤離，股市可能反轉呈空頭走勢。

知識補給站

資金 (M_2 與 M_{1B}) 是股市領先指標，資金流向變化意味著投資方向應該調整。一個簡單的投資法則，$\dot{M}_2$ 與 $\dot{M}_{1B}$（尤其是證券戶活儲餘額）曲線出現黃金交叉，顯示資金充裕而有利於股市動能，人們可以增加股票投資。一旦 $\dot{M}_2$ 與 $\dot{M}_{1B}$ 曲線陷入死亡交叉，股市資金動能衰退，人們應該降低持股比例。下圖是台灣在 2005~2013 年期間的台灣加權指數、M_2 與 M_{1B} 三者的年增率趨勢。

（一）死亡交叉

從 2007 年 8 月起，國內 M_{1B} 年增率漲幅縮減，直至 12 月轉為持續負成長並低於 M_2 成長率，反映資金撤離股市的退潮趨勢。對照同一期間，台股指數前波高點落在 2007 年 10 月的 9,859.65，爾後的 11 月、12 月與 2008 年 1 月則連續重挫至最低點 7,384.61，跌幅高達 25%。台灣經濟基本面在 2008 年初尚未出現惡化癥兆，不過人們若能掌握資金面變化，從年初起降低持股，就可避開 2008 年 10 月的金融海嘯衝擊。

（二）黃金交叉

直至 2009 年 3 月，國內資金面變化出現轉折。為紓緩金融海嘯衝擊，央行執行寬鬆政策帶動 M_{1B} 年增率突破 M_2 年增率，並呈快速成長，顯示股市資金動能日益強勁。此種變化趨勢讓台股指數在 2009 年 2 月止跌，並從 4,200 點展開強勁反彈，持續上漲至 2011 年

2 月的 9,220 點，漲幅超過一倍而達 119%。在 2011~2012 年間，台股指數修正調整長達二年，走勢與資金面變化相當一致。從 2011 年 1 月起，M_{1B} 成長率逐漸縮小並在 2011 年 9 月落入資金的死亡交叉，帶動台股指數在這段期間持續下跌至最低的 6,609 點。股市資金退潮直到 2012 年 9 月才再次翻轉出現黃金交叉，台股指數雖未立刻反彈，但從 11 月起月線連續七個月收紅，投資人若在 9 月、10 月布局，也可買在相對低點。此種現象直到 2013 年 5 月，M_{1B} 年增率持續高於 M_2，台股指數也持續在 7,500~8,000 點間波動，M_{1B} 成長幅度雖小，但若後續搭配景氣訊號轉強，將有助於股市行情持續加溫。

資料來源：XQ 全球贏家，統計期間 2004/1~2013/5

觀念問題

❖ 試評論：「發卡銀行積極推動人們使用信用卡交易，長期將導致 M_{1A} 與 M_{1B} 成長率趨勢呈現不一致的現象。」

❖ 人們選擇將儲蓄存入銀行儲蓄帳戶或存入郵政存簿儲金帳戶，兩種決策對各種貨幣定義將會造成何種影響？

❖ 試說明下列情況發生對準備貨幣、M_{1A}、M_{1B} 與 M_2 餘額的影響。

(a) 股市邁向多頭環境。

(b) 人們普遍使用信用卡消費。

(c) 投資人將定存資金轉向債券基金。

(d) 人們預期台幣匯率大幅貶值。

❖ 試回答下列問題：

(a) 在央行公布 M_2 定義的內容中，「準貨幣」所指為何？

(b) 人們將台幣定存轉換為美元定存，可能會對國內金融體系造成何種影響？

3.4　流動性方法

3.4.1　流動性的定義

　　貨幣異於生息資產就在具有完全流動性，一旦轉向扮演「價值儲藏」角色，勢必引起貨幣、政府債務及金融機構負債間的替代問題。貨幣扮演「交易媒介」將無替代品，轉型為「保值工具」則將面對眾多近似代替品挑戰。Keynes (1930) 率先以間接方式說明流動性概念，指出銀行授信應依國庫券、銀行放款或承兌匯票以及投資（證券），最後才是從事墊款 (advance) 的順序而行。爾後，Hicks (1962) 與蔣碩傑 (1969) 擷取 Keynes 的比喻，從三方面來衡量資產流動性：

市場性
金融資產交易存在次級市場且交易呈現熱絡狀況。

1. 市場性 (marketability)　存在次級市場與交易活絡係決定資產流動性的主要因素，可用成交值衡量。舉例來說：股票上市或上櫃隱含具有市場性，但仍需視交易活絡與否而定。若長年未見成交而淪為冷門股，仍是缺乏流動性。

通告時間
資產以合理市價變現所需時間。

2. 通告時間 (notice time)　資產以合理市價變現所需時間，時間愈長代表流動性愈差，反之則愈高。人們緊急拋售資產，成交價格與市價差距愈小，顯示流動性愈高。舉例來說：在股市交易期間，人們能以當時市價出售股票，取得現金時間是 $T + 2$，T 是營業日，顯示股票具有高流動性。人們可依當時掛牌價格出售票券並立即取得現金，流動性遠高於股票。至於房地產缺乏健全次級市場，人們急於拋售，勢必蒙受遠低於合理市價的損失，流動性偏低。

3. 價格變異性 (price variability)　在交易過程中，買價 (bid price) 與賣價 (ask price) 的價差 (spread) 可用於衡量流動性，價差愈大或價格變異性愈大，變現資產將愈困難而缺乏流動性。舉例來說：上市權值股因交投熱絡（成交值龐大）、買賣價差小，訊息變動不會引發股價劇烈變化，顯現流動性較高。另外，人們依票券公司的牌告價格隨時出售票券且迅速取得資金，價格變異性低，流動性高於股票。在訊息不全下，房地產買賣價差極大且價格變異性大，人們難以掌握確切成交價格，顯示流動性偏低。

　　了解流動性內涵後，Gurley 與 Shaw (1960) 嘗試以流動性資產取代貨幣，認為金融機構發行流動性負債對經濟活動發揮重大影響，是以央行從流動性角度，針對金融業的資產負債表內容定義兩種流動性概念，進一步掌握經濟活動脈絡。

1. **流動性負債** (liquidity liability, L) 方法　在固定期間，人們以現金與活儲支付交易，H、M_{1A} 與 M_{1B} 可說是從家計部門安排交易餘額組合觀點來定義貨幣。反觀法人機構無法持有活儲，將選擇高流動性的近似貨幣保有周轉金。近似貨幣是金融機構的負債，央行基於掌握體系交易餘額組合變化，藉以了解經濟脈動，遂定義流動性負債如下：

流動性負債
人們選擇金融機構發行的高流動性負債來安排交易餘額組合。

$L = M_{1B}$ + 新台幣信託資金 + 外匯信託資金 + 人壽保險準備 + 企業及個人持有之金融債券及央行可轉讓定存單 − 壽險公司庫存現金

2. **流動性資產方法**　新觀點主張非銀行金融機構（如壽險公司）與銀行同樣授信，融通人們的投資與消費計劃。承襲新觀點的新 Keynesian 學派代表作《Radcliffe 報告》(1959) 認為銀行與壽險公司吸收存款與非存款負債資金，透過放款與投資創造信用，成為民間取得流動性資金的主要來源。不論從實證調查報告或央行決策過程來看，央行重視金融機構如何安排資產組合（放款對象），內容不同將影響不同部門決策，進而影響景氣循環，是以人們透過融資取得流動性數量，將是影響經濟活動的關鍵因素。金融機構資產組合內容繁多，每項資產變動引發效果各異。新 Keynesian 學派主張央行應重視金融機構創造的銀行信用或流動性數量，將放款與投資年增率作為擬訂貨幣政策的參考指標。相對貨幣餘額而言，金融業放款餘額除總量外，還包括對個別產業放款餘額，央行除能掌握景氣循環外，更可明瞭個別產業景氣變化，要求金融機構調整對個別產業授信政策。

為促使銀行維持資產適當流動性，央行規定銀行應就吸收之新台幣支存、活存、活儲與定存（扣除質借金額）、公庫存款（扣除轉存央行國庫局存款）、金融業互拆淨貸差、附買回票債券負債、銀行承作結構型商品所收本金，以及央行規定之負債項目，提存法定流動準備 10%。至於可作為流動準備的資產包括超額準備、銀行互拆淨借差、轉存指定行庫一年以下之存款、央行定期存單、公債、國庫券、可轉讓定期存單淨額、銀行承兌匯票淨額、商業承兌匯票、商業本票淨額、公司債淨額、金融債券淨額、經央行與金管會核准之國際金融組織來台發行之新台幣債券，以及外國發行人依《外國發行人募集與發行有價證券處理準則》來台發行的新台幣公司債、及央行核准之資產項目。

觀念問題

❖ 試說明流動性的概念，並將下列資產依流動性高低排列。

二手車、台新銀行的貨幣基金、活期儲蓄戶帳戶 10,000 元、合庫銀行定存 100,000 元、40,000 股台塑股票、預期來自 80 歲阿公的遺產

❖ 在 2013 年 8 月底，兆豐銀行吸收存款餘額 20,000 億元，持有實際準備 800 億元恰好是法定準備、流動準備正好符合央行要求的 10%，其餘均用於放款與投資。隨著台灣股市轉為多頭走勢，跨國資金在 9 月競相匯入資金，促使兆豐存款餘額在 9 月底迅速激增至 24,000 億元，雖未放款，但持有央行規定符合流動性準備項目的資產。假設央行在 9 月底召開第三季理監事會議，決議採取緊縮政策，一次調高法定準備率 2%。在依據央行各種規定下，試計算兆豐銀行在 9 月底持有的實際準備為何？（若有必要，請列出你的假設）

 ## Edward S.Shaw (1908~1994)

出生於美國。任教於 Standford 大學並擔任系主任。Shaw 與 Gurley 出版《金融理論中的貨幣》(*Money in Theory of Finance*)(1960)，深入探討貨幣與金融資產的關係，尤其對開發中國家推動金融壓抑政策的影響，發揮重大貢獻。

 ## John G. Gurley (1914~)

出生於美國。任教於 Stanford 大學，與 Shaw 共同出版《金融理論中的貨幣》，開創金融和經濟發展關係研究的先河，而以 McKinnon 和 Shaw 為代表的 MS 學派則是反映金融發展理論的成型。兩人提出金融壓抑理論，將開發中國家難以推動經濟發展歸咎於金融壓抑，指出經濟發展前提是金融體系不能處於壓抑狀態，同時批判貨幣學派與 Keynesian 學派假設不符合開發中國家現狀。Gurley 主張開發中國家應推行金融自由化政策，將金融自由化和金融發展作為推動經濟成長的政策。

3.4.2　銀行信用的決定

在仲介資金過程中，銀行扮演受信與授信角色，前者係指吸收各類存款資金，其中的支存可做爲交易媒介，屬於 M_{1A} 貨幣供給；後者係指透過放款與投資證券而形成銀行信用。兩者同屬體系內流動性的來源，本質上卻有顯著差異：

1. 貨幣係指特定時點作爲交易媒介的存量，銀行信用則是銀行在固定期間擁有某項權利的未來請求權，係指請求權擴增的流量。

2. 人們基於交易、預防與資產動機而保有貨幣，銀行吸收資金賦予負債兼具交易媒介功能，使其成爲貨幣供給的一環。至於銀行則是追求銀行股東財富最大，安排資金於證券與放款而形成銀行信用需求。

接著，大衆部門發行證券 S 與放款契約 L 售予銀行取得融資，形成銀行信用供給 BK^s 來源，並以通貨與活存型態保有。銀行發行活存吸收資金，依規定提存準備後，再用於投資證券與放款而形成銀行信用需求 BK^d。表 3-4 係簡化銀行資產負債表。

資產	負債
準備資產 R	活期存款 DD
銀行信用 BK	
放款 L	其他負債 OL_B
證券投資 S	
其他資產 OA_B	銀行淨值 NW_B

表 **3-4**
銀行資產負債表

若未考慮其他資產 OA_B、其他負債 OL_B 與銀行淨值 NW_B 等項目，銀行信用需求 BK^d 包括銀行放款與證券投資：

$$BK^d = L + S$$
$$= DD - R$$

再將準備貨幣代入上式，兩邊除以 H，經整理可得銀行信用需求方程式如下：

$$BK^d = C^P + DD - H$$
$$= (m - 1) \times H$$

$m = \dfrac{1+d}{d+\rho}$ 是 M_{1A} 貨幣乘數，$(m-1)$ 是銀行信用乘數，後者乘數顯然小於前者。

銀行信用需求函數與貨幣供給函數雷同，端視各種金融比例 (d, ρ) 與準備貨幣 H 而定。通貨活存比例受利率 i 影響，銀行保有準備比例端視法定準備率與利率（機會成本）而定。當利率攀升之際，人們偏好使用支票而降低保有通貨，銀行亦因機會成本攀高而降低保有超額準備，d 與 ρ 兩者同呈遞減現象。至於央行提高法定準備率，銀行保有準備比例將同步遞增，上述銀行信用需求函數可表為：

$$BK^d = h(i, p) \times H$$
$$-, +$$

接著，人們基於消費與投資目的，發行放款契約或證券取得融資，此即銀行信用供給，而影響因素實際上係反映決定消費及投資支出的變數：

$$BK^s = L^s + S^s$$
$$= BK(i, \pi^e, r, i_\theta, \frac{y}{y_p}, a, S_g)$$

1. **資產報酬率 (i_θ)** 人們發行放款契約與證券募集資金，將需支付貨幣利率 i，兩者間呈反向關係。廠商取得融資購買實體資本從事生產，資本邊際生產力 r 攀升，將會刺激籌資誘因。廠商發行證券與放款契約係以貨幣價值衡量，在通膨期間，將享有實質償債成本貶低利益，預期通膨率 π^e 攀升將提昇融資意願。再則，人們取得融資亦可購買其他生息資產，只要其他資產報酬率 i_θ 誘人，同樣提昇融資意願。

2. **所得變數** 實際所得 y 包括恆常所得 (permanent income)y_p 與暫時所得 y_t。前者係指人們以本身資源在未來衍生之預期收益，通常為穩定值，後者則是隨機值。(y/y_p) 比例波動反映景氣循環趨勢，比例上升顯現景氣邁向榮景，廠商預期資本報酬率攀升，樂於募集資金而擴大銀行信用供給。比例回跌則反映景氣衰退，廠商預期資本報酬率下跌，發行證券與放款契約意願低落，銀行信用供給將會遞減。

3. **財富效果 (a)** 當廠商累積實質財富，內部資金足以融通預擬投資支出時，將會降低外部融資意願。

4. **金融排擠效果 (financial crowding out effect)** 財政部發行公債 S_g 彌補預算赤字，將對利率攀升形成推波助瀾效果，且因公債品質相對公司債為佳，勢必降低民間發行證券與放款契約誘因，此即稱為金融排擠效果。

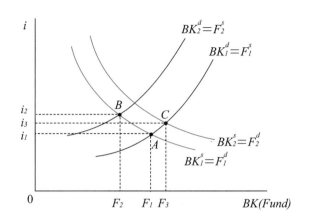

圖 3-2

銀行信用市場
均衡

在圖 3-2 中，當銀行信用供給（可貸資金需求）$BK_1^s = F_1^d$ 與需求（可貸資金供給）曲線 $BK_1^d = F_1^s$ 交於 A 點，銀行信用或可貸資金市場將達成均衡，同時決定均衡利率 i_1 與銀行信用（可貸資金）數量 F_1。央行採取緊縮政策，降低準備貨幣數量，促使銀行信用需求（可貸資金供給）左移至 $BK_2^d = F_2^s$，市場均衡落在 B 點，均衡利率上升至 i_2、銀行信用（可貸資金）數量降為 F_2。廠商投資意願攀升帶動銀行信用供給（可貸資金需求）右移至 $BK_2^s = F_2^d$，市場均衡將落在 C 點，均衡利率上升至 i_3，而銀行信用（可貸資金）數量則擴大為 F_3。

 ## 實證性貨幣定義

由功能性方法來規範貨幣範圍雖能言之成理，但要央行依此選擇適當的貨幣定義，仍有無從下手的困擾。為解決此問題，貨幣的實證性定義方法紛紛出籠，其中又以判定係數方法最具實用性。貨幣學派的 Friedman 與 David Meiselman (1963) 觀察景氣變化，演繹出貨幣性景氣循環理論 (monetary business cycle theory)，亦即景氣循環振盪乃是貨幣餘額變化所致。兩人基於貨幣數量學說，認為在貨幣流通速度 V 穩定下，貨幣數量擴張透過實質餘額效果 (real balance effect)，帶動體系支出及名目所得增加，進而引發景氣擴張，亦即貨幣數量 M 與國內產出毛額 GDP 的關係是：

$$MV = Py = GDP$$

P 是物價，y 是實質產出。就上式取變動量，可得貨幣變動量與流通速度變動量之和等於名目所得變動量：($\Delta M \Delta V = 0$)

貨幣性景氣循環理論
體系出現景氣循環，係因貨幣餘額發生變化所致。

實質餘額效果
央行增加貨幣供給，將增加人們持有貨幣餘額，進而引起支出增加引發景氣擴張。

$$\Delta M + \Delta V = \Delta Y$$

基於上述關係，兩位學者設定迴歸方程式如下：（u 是干擾項）

$$\Delta Y_t = a + b\Delta M_{t-i} + u$$

同一期間，St. Louis 模型擴大貨幣學派想法，考慮各期貨幣數量 M_{t-i} 與支出 E_{t-i} 對名目所得或物價的影響，設定下列迴歸方程式：

$$Y_t = a_0 + \sum a_i M_{t-i} + \sum b_i E_{t-i}$$
$$P_t = a_0 + \sum a_i M_{t-i} + \sum b_i E_{t-i}$$

再利用國民所得與各種貨幣定義的時間數列資料驗證上述迴歸方程式，Friedman 與 Meiselman 採取兩個準則篩選最適貨幣定義：

1. 將 H、M_{1A}、M_{1B}、M_2 等功能性方法定義之貨幣餘額代入上式中的 ΔM_i，各自進行實證，然後選擇判定係數 (R^2) 或解釋能力最高、係數 b 的 t 值顯著（假設顯著水準 5%）且為正值者。貨幣數量學說指出，只有被人們納入交易餘額組合的資產，才對景氣發揮正向效果而可視為貨幣。
2. 實證出現類似 $R^2 = 0.89$ 與 $R^2 = 0.899$ 解釋能力的結果，央行須就 (a) 式引進準貨幣 Q，重新驗證增加解釋能力的幅度與影響方向，進而再確定選擇 M_2 是否恰當。

$$(a)\Delta Y = 4,590 + \Delta 0.89 M_{1B} \qquad R^2 = 0.89$$
$$(2.01) \quad (2.32)$$
$$(b)\Delta Y = 5,156 + \Delta 0.85 M_2 \qquad R^2 = 0.899$$
$$(2.13) \quad (2.37)$$

將 M_2 餘額拆成各個單項貨幣資產變數，重新設定迴歸方程式進行驗證：

$$(c)\Delta Y = a + b_1 \Delta C^P + b_2 \Delta DD + b_3 \Delta SD + b_4 \Delta Q \qquad R^2 = 0.899$$

針對新的實證結果，央行再依下列順序重新評估：

1. R^2 值是否遞增　(c) 式的解釋能力若高於 (b) 式，意味著增加準貨幣具有擴增解釋能力效果，採取 M_2 較為合理，反之則應採 M_{1B}。
2. 變數的係數值顯著　(c) 式的每一變數係數值若均顯著，將可接受 M_2。一

且 Q 變數的係數值不顯著，代表僅有 M_{1B} 餘額對景氣發揮正面影響效果。

3. **變數的係數值符合理論要求**　依據貨幣數量學說，(c) 式的所有變數的係數均正值，方才代表其爲交易餘額的一環，須列入貨幣定義。一旦 Q 變數的係數爲負值，則意味著係扮演保值工具角色，將是納入閒置餘額組合，具有平緩景氣循環效果，應由貨幣定義中剔除，改採 M_{1B} 較爲合理。

經過上述評估，實證結果若以 (c) 式最佳，央行選擇貨幣定義將是：

$$M_2 = C^P + DD + SD + Q$$

上述 M_2 定義稱爲簡單加總貨幣 (simple-sum money)，構成 M_2 的每一貨幣性資產的流動性完全相同（等於 1）。實務上，Gurley 與 Shaw(1960) 認爲各種貨幣性資產對通貨的替代性不盡相同，轉換爲通貨所需時間與成本並不相同，導致各自流動性有所差異。是以直接加總貨幣性資產價值，實不足以反映眞正的流動性數量，必須另行了解每種貨幣性資產隱含的貨幣性或流動性。再將 (c) 式的結果重新整理如下：

簡單加總貨幣
構成貨幣定義的每一貨幣性資產的流動性完全相同。

$$\Delta Y = a + b_1\Delta C^P + b_2\Delta DD + b_3\Delta SD + b_4\Delta Q$$
$$= a + b_1(\Delta C^P + \frac{b_2}{b_1}\Delta DD + \frac{b_3}{b_1}\Delta SD + \frac{b_4}{b_1}\Delta Q)$$

$1 > \frac{b_2}{b_1} > \frac{b_3}{b_1} > \frac{b_4}{b_1}$ 分別是活存、活儲與準貨幣的貨幣性。央行以這些貨幣性作爲權數，將可估算出權數加總貨幣 (weighted-sum money) 或貨幣等值 (money equivalent)，此即體系內眞正的流動性數量：

權數加總貨幣或貨幣等值
央行以貨幣性作爲權數，就貨幣定義內容進行加權可得體系內流動性數量。

$$M^* = C^P + (\frac{b_2}{b_1})DD + (\frac{b_3}{b_1})\Delta SD + (\frac{b_4}{b_1})\Delta Q$$

貨幣銀行學

問題研討

小組討論題

一、選擇題

1. 從 1980 年代後期起,通訊網路技術進步,帶動電子商務市場興起,人們競相上網購物而讓該市場交易值大幅成長。該現象產生的影響,何者正確? (a) 網上購物盛行,讓人們改採塑膠貨幣或電子貨幣付款,帶動 M_{1A} 與 M_{1B} 成長率上升,有助於提昇央行的鑄幣稅收入 (b) 宅男們偏好在 e-bay 網購物,並以 Master 信用卡付款,此舉降低 M_{1B} 乘數而引發金融緊縮 (c) 鴻海集團向廠商採購物品,採取一個月後轉帳付款,此舉將減少應收票據而降低 M_{1A} 成長率,但卻引起 M_{1B} 成長率上升 (d) 趙敏偏好在 PChome 線上購物,同時改以銀行發行的準貨幣付款

2. 2007 年 7 月爆發次貸事件擴散成 2008 年 9 月的金融海嘯,美國五大投資銀行瞬間喪失流動性而破產或被併購。是以跨國基金經理人安排基金組合,無不慎重評估資產流動性。何種看法係屬錯誤? (a) 興櫃市場係由證券商議價撮合,交易雙方同意即可成交,將是缺乏流動性 (b) 跨國基金偏好權值股,此係其資本額與成交金額較大,隱含高流動性 (c) 商業本票隨時以市場利率出售,相對投資人無法掌握賣股價格,前者將較具流動性 (d) 金融處理技術創新,加快網路券商撮合成交速度,有助於擴大股票買價與賣價間的價差

3. 張氏家族基於交易而持有貨幣,試以「複式三分」判斷何種說法係屬錯誤? (a) 面對金融海嘯衝擊,張翠山為規避股市變化無常造成的損失,增加持有 M_{1B} 餘額,此即投機性貨幣需求 (b) 張三豐以花旗(台灣)銀行簽帳卡支付在遠百購物,將因擁有透支額度而無須持有 M_{1B} 餘額即可消費 (c) 趙敏偏好以 i-cash 卡在統一超商購物,將會降低持有 M_{1A} 餘額 (d) 看到台股邁向空頭走勢,張無忌迅速出場轉而持有 M_2 餘額,此即意味著 M_2 扮演價值儲藏角色

4. 為紓緩金融海嘯引發「無薪休假」風潮,政府採取擴張政策刺激消費意願。何種說法係屬正確? (a) 在 2009 年,李述德部長要求彭淮南總裁增加央行盈餘繳庫 300 億元,在財政部未支出前,此舉將是央行淨值與負債項目調整,並不改變準備貨幣餘額 (b) 內政部在 2008 年 1 月 18 日發放消費券,也迅速支付廠商收取消費券的金額,此舉將造成準備貨幣成長 (c) 內政部與央行係屬獨立機構,前者執行消費券政策,並不影響央行資產負債表 (d) 央行繳庫盈餘占全國總預算歲入高達 12%,唯有在外匯市

場發生危機時才動用

場賣出美元收取台幣，藉此取得鑄幣稅收入，才能達到繳庫目標

5. 下列說法，何者錯誤？　(a) 央行在外匯市場拋售美元，準備貨幣將立即減少　(b) 新竹科學園區的高科技廠商大量買進美元，將會導致貨幣供給減少　(c) 中信銀行投資美國 LTCM 出現巨額虧損，認賠了結卻不影響國內貨幣供給　(d) 央行與官股銀行同時上繳盈餘給財政部，對貨幣供給影響將是相同

二、問答題

1. 央行從公開市場買回可轉讓定存單 10 億元，銀行吸收存款須提存平均法定準備率 10%，且不持有超額準備，一般大眾則持有想要的通貨。假設某些銀行選擇購買證券，而不承作放款與增加準備，試說明央行的公開市場操作將能發揮何種效果？

2. 試分析在下列狀況下，體系內貨幣供給將如何變化？為什麼？
   (a) 人們前往台新銀行提款並且轉存中華郵政。
   (b) 銀行提高超額準備率。
   (c) 央行降低法定準備率。
   (d) 央行提高郵政儲金轉存央行比例。
   (e) 央行將盈餘繳交國庫，讓財政部支付退休人員月退俸。
   (f) 活存儲蓄存款比率上升。
   (g) 央行調整外匯資產組合內容。

3. 試說明下列事件對於 M_{1B} 與 M_2 餘額的影響。
   (a) 趙敏選修貨幣銀行學後，決定提出活儲 50 萬元，購買永豐銀行發行的貨幣基金。
   (b) 央行在 2013 年 2 月開放人民幣業務，張無忌看好人民幣將會持續升值，決定將兼差所得 10 萬元全數存入台銀的人民幣存款帳戶。

4. 試問下列事件對體系內準備貨幣與貨幣供給將會產生何種影響？
   (a) 央行透過公開市場操作購入 10 億元公債，同時又降低定存法定準備率。
   (b) 財政部為支付查稅用大型電腦價款而增加在央行的國庫存款，但最後又放棄購買計畫。
   (c) 台銀除向央行請求短期融通外，同時又降低持有超額準備。
   (d) 央行提高活存準備率，但又同時降低定存準備率。

5. 試說明電子貨幣的內涵？隨著捷運悠遊卡使用範圍日益擴大，試問對 M_{1A} 與 M_{1B} 餘額將造成何種影響？試說明其影響方式。

6. 在貨幣創造過程中，央行、銀行與大眾三者的行為將會影響貨幣餘額，試依據貨幣供給關係式 $M^S = m \times H$，M^S 是貨幣供給、H 是準備貨幣、m 是

貨幣乘數，分別說明央行、銀行及大眾決策如何影響貨幣供給。

7. 歐債危機震撼國際股市，跨國基金爲因應投資人贖回需求，競相拋售台股並撤離資金，對台灣金融體系造成重大衝擊。面對此種金融情勢發展，試回答下列問題：

   (a) 對美元兌換新台幣匯率迅速貶值超越 32 元，如果央行設定新台幣匯率目標爲 31 元，爲兼顧穩定貨幣供給，試問應該採取何種操作策略因應？

   (b) 就央行而言，在執行 (a) 題的操作策略過程中，將可獲取哪些利益？不過也需支付何種代價？

8. 在其他條件不變下，試說明下列狀況對準備貨幣或貨幣乘數將造成何種影響？對貨幣供給影響又爲何？

   (a) 央行降低存款準備率。

   (b) 央行持有外匯準備增加。

   (c) 央行減少對本國金融機構債權。

   (d) 財政部在央行的國庫存款增加。

   (e) 人們保有通貨意願上升。

三、計算題

1. 某國央行發行準備貨幣 $H = 1,000$ 億元，規定銀行吸收存款須提存法定準備率 $\rho_r = 0.15$。銀行基於營運需求，保有超額準備率 $\rho_e = 0.05$，人們持有通貨活存比率爲 $d = 0.1$。試計算下列問題：

   (a) 該國的 M_{1A} 餘額爲何？

   (b) 金融海嘯讓銀行戒愼恐懼，提高保有超額準備率爲 $\rho_e = 0.15$。人們唯恐銀行營運艱困，跟著提高持有通貨活存比率爲 $d = 0.15$。試問該國的 M_{1A} 餘額如何變化？

   (c) 延續 (a) 的狀況。央行順應國際金融發展潮流，除降低法定準備率至 $\rho_r = 0.05$ 外，也在貨幣市場發行可轉讓定存單 50 億元。此外，金融創新誘使人們降低持有通貨活存比率爲 $d = 0.05$，而銀行仍保有超額準備不變。試問該國 M_{1A} 餘額將如何變化？

2. 央行經濟研究處驗證各種貨幣性資產對景氣循環的影響，篩選出兩條解釋能力最佳、解釋變數的係數值均爲顯著的實證方程式如下：

   (1) $\Delta GDP = 3,600 + 0.8\Delta C^P + 0.64\Delta DD + 0.56\Delta SD + 0.48\Delta TD$

   (2) $\Delta GDP = 5,400 + 0.7\Delta C^P + 0.63\Delta DD + 0.56\Delta SD + 0.49\Delta TD - 0.42\Delta FD$

   央行經研處公布某年 12 月底的通貨淨額 $C^P = 1,000$、活存 $DD = 2,000$、活儲 $SD = 3,000$、定存 $TD = 4,000$ 與外幣存款 $FD = 500$。試回答下列問題：

(a) 上述迴歸方程式的理論基礎爲何？

(b) 央行理監事會議應該核定何種貨幣定義？理由爲何？

(c) 依據央行採取的貨幣定義，該年 12 月底的貨幣餘額爲何？流動性餘額又爲何？

3. 央行在某月底發布相關金融資料如下：支存與活存法定準備率 $\rho_d = 0.10$、通貨淨額 $C = 8,000$ 億元、支票與活存餘額 $D = 30,000$ 億元、銀行持有超額準備 $ER = 150$ 億元。依據上述資料，試計算在該月底的準備貨幣 H、m_{1A} 乘數與 M_{1A} 餘額。

4. 央行規定銀行吸收存款須提存法定準備率 20%，所有銀行基於營運所需，針對每元存款保留超額準備 0.05 元。此外，在每元 M_{1A} 餘額中，人們持有現金 0.1 元，而 M_{1A} 餘額目前爲 8 兆元。試回答下列問題：

(a) M_{1A} 乘數爲何？

(b) 針對下列狀況，計算對 M_{1A} 餘額的影響：

　　(i) 民間向財政部購買 2,000 億元公債。

　　(ii) 央行降低存款準備率爲 15%。

5. 台灣經濟體系由央行、銀行與民間部門（家計部門與廠商）構成，三者在 2014 年底的虛擬資產負債表如下所示。假設銀行體系的待交換票據長期維持在支票存款餘額的 10%。

央行資產負債表		
資產　　　(6,400)	負債	
國外資產　6,250	大眾持有的通貨淨額	80
對銀行融通　100	銀行法定準備	825
其他資產　　50	國外負債	20
	政府部門存款	2,250
	對金融業負債	2,475
	央行淨值	750

銀行資產負債表			
資產　　(19,510)		負債　　　(18,960)	
法定準備	825	支票存款毛額	150
超額準備	290	活期存款	200
流動準備	1,385	活期儲蓄存款	3,400
		定期存款	11,500
		外幣存款	2,100
		附條件交易	300
銀行放款	15,500	央行融通	100
證券投資	1,300	其他負債	1,210
其他資產	210	銀行淨值	550

大眾部門資產負債表			
資產　　(20,430)		負債　　(16,800)	
大眾持有的通貨淨額	80	銀行借款	15,500
支票存款毛額	150	證券	1,300
活期存款	200	其他負債	0
活期儲蓄存款	3,400	淨值	3,630
定期存款	11,500		
外幣存款	2,100		
附條件交易	300		
郵局存款	2,700		

依據上述資產負債表，試爲央行估計 2014 年底的相關金融數據，並列出各名詞定義：(1) 準備貨幣、(2)M_{1B} 餘額、(3)M_2 乘數、(4) 銀行信用乘數。

6. 板信銀行的存款淨額爲 2,000 億元，現行法定流動準備比率爲 10%，則應提存流動準備爲何？另外，板信銀行持有相關資產如下：存款準備不足 10 億元、銀行互拆借差 2 億元、國庫券 58 億元、商業本票 70 億元、公債 42 億元、央行可轉讓定存單 216 億元，試問板信銀行持有實際流動準備爲何？是否超過法定流動準備？超提流動準備是否影響獲利能力？

7. 央行經研處發布 2014 年 10 月底的準備貨幣餘額 H = 2,500 億元，而銀行業吸收活存提存準備率爲 ρ_d = 5%，人們持有通貨活存比率爲 d = 10%。邁入 11 月後，銀行業進行相關金融交易如下：（單位：億元）

    (a) 央行在外匯市場買進美元（以台幣計價）300

    (b) 台銀發行的可轉讓定存單 100 到期

    (c) 央行支付中華郵政定存利息 800

    (d) 官股銀行盈餘繳交國庫 170

    (e) 央行發行可轉換定期存單到期 130

    (f) 財政部國庫署支付退休人員月退俸 150

    (g) 國際金價大跌，促使央行持有黃金價值貶低 150

    (h) 央行推動打房，促使官股銀行緊縮放款 500

    (i) 央行運用外匯資產的孳息收入 120（以台幣計價）

    針對上述交易資料，試計算下列問題：

    (1) 央行在 2013 年 11 月底發行的準備貨幣餘額爲何？

    (2) 台灣金融體系在 2013 年 11 月底的 M_{1A} 餘額爲何？

    (3) 延續 (2) 題。爲因應美國 QE3 退場可能引發資金外流，銀行業提高持有準備率爲 ρ = 8%，人們也未雨綢繆提高持有通貨活存比率爲 d = 12%。試問 2013 年 11 月底的 M_{1A} 餘額將會發生如何變化？

8. 央行發布 2012 年 8 月底的相關金融交易資料，單位：億元。

    (a) 央行在外匯市場賣出美元（以台幣計價）1,000。

    (b) 財政部國庫署降低在央行的存款 1,500。

    (c) 央行透過土地銀行對建築業增加紓困融資 800。

    (d) 央行操作外匯存底所獲的美元投資收益（以台幣計價）300。

    (e) 央行發行的可轉換定期存單到期 130。

    試以央行資產負債表型態表示上述交易資料，並計算 8 月底的準備貨幣變動量。

9. 某國央行公布相關金融資料如下：支票存款 1,000 億元、支存法定準備率 20%、活期存款 2,000 億元、活存法定準備率 10%、通貨淨額（流通在外

通貨）500 億元、銀行體系超額準備 100 億元。試依據上述資料計算該國的貨幣供給量、準備貨幣與貨幣乘數。

10. 假設台銀向央行借入資金 1,000 萬元，活存與定存法定準備率分別為 10%、2%，定存占活存比率為 2，現金流失 20%。試計算下列問題：

    (a) 存款貨幣創造數量。

    (b) 創造存款前後的資產負債表變化。

    (c) 現金流失量。

    (d) 總放款量。

    (e) M_2 乘數。

👍 網路練習題

1. 試前往央行網站 http:www.cbc.gov.tw/，確認最近一月份影響國內準備貨幣的來源及貨幣供給，將發生何種變化。

2. 試從央行的網站 http:www.cbc.gov.tw/，蒐集過去五年的準備貨幣、M_{1B}、M_2 的月資料。試分別計算 M_{1B} 與 M_2 乘數，並討論你可能發現的情況。

PART 2

金融資產供需與利率的決定

CHAPTER

4

資金融通與金融監理

個案導讀

在 2007~2008 年間，次貸事件與二房事件接踵而至，最終引爆金融海嘯而讓美國五大投資銀行陷入破產而被收購。尤其是花旗銀行與南山人壽集團深陷流動性匱乏窘境，基於「太大不能倒」(too big to fail, TBTF)，美國財政部直接投資前者股權 38%，並與聯準會聯手紓困後者 2,000 億美元。接二連三事件擴散成金融海嘯，釀成國際金融體系巨幅震盪，重創景氣而成百年罕見的衰退，各國政府無不全力動用貨幣政策與財政政策紓解，並深入探討海嘯爆發緣由，同時著手進行金融改革。

　　針對金融海嘯本質與金融監理寬鬆息息相關，本章首先探討背後隱含的盈餘單位與赤字單位相互融通策略，說明金融雙元性的成因。其次，將說明非正式金融的內涵與類型，探討租賃業與分期

付款業運作,以及非正式金融的缺陷。第三,將說明正式金融的貢獻與金融脆弱性。接著,將探討金融監理類型、策略與工具,說明政策金融業發揮的作用。隨後,將說明金融海嘯背後隱含的金融監理問題,探討總體審慎監理內涵。最後,將討論金融自由化與國際化的影響。

 4.1 融資策略與金融雙元性

4.1.1 融資策略型態

在固定期間,基於時間偏好與不同理由,經濟成員分為盈餘單位與赤字單位。前者謀求剩餘資金出路,後者四處奔走尋求融資來源。圖 4-1 顯示:以廠商與政府為主的赤字單位首先考慮內部融資 (internal finance),此係同一成員在不同期間相互融通。廠商以累積的折舊、公積金與保留盈餘等內部資金填補目前資金缺口,財政部則以過去累積的歲計剩餘支應目前的預算赤字。這些資金來源具有安全性質,資金成本以安全性資產報酬率衡量。

內部融資
同一成員在不同期間相互融通。

圖 **4-1**
融資策略類型

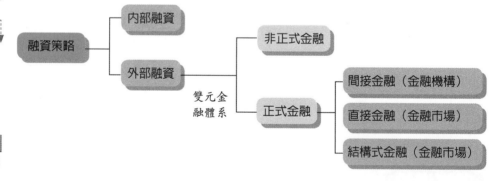

外部融資
在固定期間內,不同成員互通資金有無。

正式金融
依金融法成立並受金融監理的融資活動。

非正式金融
未依金融法成立且未受金融監理而從事的融資活動。

金融雙元性
正式金融與非正式金融並存的現象。

廠商執行投資計畫,或政府推動公共建設,內部資金顯然不敷需求,必須向外求援而形成外部融資 (external finance)。在向外籌資過程中,赤字單位透過民間借貸取得資金,此種債務融資 (debt finance) 既未受金融法規範,也無金融監理,係屬非正式金融 (informal finance) 範疇。赤字單位也可求助依金融法成立並受金融監理的正式金融 (formal finance)。正式與非正式金融並存現象,即稱為金融雙元性 (financial dualisim)。

赤字單位尋求正式金融提供資金的方式可分為三種:
1. 間接金融　盈餘單位以資金交換中間借款者 (intermediate borrower) 發行

的次級證券 (secondary security)，如銀行的存款與壽險公司的壽險保單 (insurance policy)。後者經過徵信調查，再將資金轉借赤字單位，換取最終借款者 (final borrower) 發行的初級證券 (primary security)，如放款契約、股票、債券與票券等，凡此均屬債務融資性質。

2. 直接金融　上市或上櫃公司透過證券承銷商在資本市場發行股票或債券募集中長期資金，此即股權融資 (equity finance) 或債務融資。公司符合一定資格，也可透過票券承銷商在貨幣市場發行商業本票募集短期資金，此即債務融資。再者，廠商發行證券由承銷商或投資銀行等造市者 (market maker) 包銷，爾後再轉售給投資人而形成準直接金融 (semidirect finance)。

3. 結構式金融 (structural finance)　又稱為資產證券化 (asset securitization)。廠商包裝自有資產與債權或提供擔保而發行證券，透過承銷商在金融市場銷售取得資金。

在間接金融過程中，銀行與壽險公司吸收資金用於創造銀行信用，提供資產轉換服務，促使金融資產成長超過實質資產成長而形成金融深化 (financial deepening)。另就直接金融過程而言，金融機構撮合人們直接互通資金，提供轉換資金使用權或資產所有權的經紀服務，既未運用資金，也未創造信用，金融資產與實質資產僅是同步成長。直接金融成本低於間接金融，不過融資風險與參與門檻較高，僅有上市或上櫃公司才能採用，形成反金融中介 (financial disintermediation) 而不利銀行業發展。

次級證券
中間借款者吸收資金而發行的證券。

初級證券
最終借款者發行證券募集資金。

準直接金融
廠商發行證券由承銷商或投資銀行包銷，爾後再轉售投資人。

結構式金融
又稱資產證券化。廠商包裝自有資產與債權而發行證券，透過承銷商在金融市場銷售取得資金。

金融深化
金融資產成長超過實質資產成長。

反金融中介
直接金融盛行削減銀行中介資金功能。

觀念問題

❖ 試說明直接金融與初級證券、間接金融與次級證券的關係？
❖ 試評論：「小規模廠商傾向以直接金融籌措資金，而大規模公司則偏好以間接金融募集營運資金」。
❖ 中租控股係屬上市租賃集團，試說明財務長可規劃哪些融資方案來募集資金？
❖ 試評論赤字單位募集資金與各類金融機構的關係。
  (a) 合庫銀行發行初級證券向盈餘單位吸收存款進行授信。
  (b) 鴻海集團透過美林證券發行公司債，但由花旗（台灣）銀行買進，將是屬於間接金融。
  (c) 聯電公司向土地銀行融資，即屬直接金融。

4.1.2　金融雙元性的成因

在貨幣經濟體系，人們從事生產、交換和消費將會衍生融資需求，而金融業興起則在仲介資金供需以滿足融資需求。經濟發展擴大融資需求，金融創

新促進金融機構與金融商品多元化，進而推動金融發展。是以經濟發展需要金融業提供融資支援，而融資需求擴大刺激金融發展，兩者交互運作引發景氣循環，金融業健全發展發揮效果包括：

1. 銀行創造交易媒介與銀行信用，降低訊息成本與交易成本，提昇交易效率與規模。
2. 金融機構吸收盈餘單位資金，經過徵信調查轉貸給赤字單位，轉變有形財富（廣義的資本）所有權或組合內容，進而提昇資源配置效率與生產力。
3. 金融機構仲介資金供需，提高人們儲蓄與投資誘因，加速資本累積與擴大產能。

在金融發展過程中，金融雙元性盛行不墜。經濟發展初期，實質部門分割成農業與工業部門，爾後工業部門再演變成高科技與傳統產業兩部門。然而不論農業部門或傳統產業，正式金融鮮少給予關愛眼神，面臨資金需求僅能仰賴非正式金融，金融雙元性因而成型。針對此種現象，文獻提出兩個臆說進行闡釋：

金融壓抑臆說
開發中國家採取利率上限和固定匯率干預金融活動。

- 金融壓抑臆說 (financial repression hypothesis)　開發中國家採取金融壓抑，以利率上限和固定匯率干預金融活動，未獲信用與外匯分配者轉向非正式金融求援，但也產生負面影響：

  1. 成長效果　在嚴重通膨環境，採取金融壓抑讓實質利率 (real rate) 淪為負值，人們遂以實物保有儲蓄而讓資本累積遲緩。嚴格金融管制讓資金錯誤配置，無效率部門取得資金，效率投資機會卻難以執行，惡性循環讓成長停滯。McKinnon (1973) 提出互補性臆說 (the complementarity hypothesis)，認為開發中國家受自我融資 (self-finance) 限制而難以相互借貸，廠商規模很小而讓投資缺乏分割性。依據 Keynes 的融資性貨幣需求說法，廠商預擬投資須先累積貨幣餘額，投資支出占總支出比例愈大，貨幣需求就愈大，實質貨幣餘額與投資呈現互補關係，並非新古典學派所稱的替代關係。

實質利率
以實體商品或購買力衡量的報酬率。

互補性臆說
廠商預擬投資須先累積貨幣餘額，投資支出占總支出比例越大，貨幣需求就愈大，實質貨幣餘額與投資呈現互補關係。

  2. 儲蓄與投資效果　體系處於金融壓抑、市場分割、金融資產類型稀少和貨幣化程度偏低狀態，人們無從掌握通膨動向，正式金融報酬難以彌補購買力損失，遂偏好持有實物、增加消費或向外移轉資金，造成國民儲蓄率難以提昇，而導致缺乏資金融通投資，資本累積遲緩而衝擊經濟成長。

  3. 就業效果　對傳統產業（勞動密集產業）實施金融壓抑，迫使勞工轉往科技產業求職，卻因僅有部分勞工符合技術條件而能就業，其餘若非滯留在勞動密集產業，即是陷入結構性失業狀態。

金融分割臆說
開發中國家金融業因金融壓抑、金融雙元性與金融寬化等因素而分割成兩部門。

- 金融分割臆說 (financial segmentation hypothesis)　開發中國家金融業陷入分

割現象的來源有三種：

1. 金融壓抑　政府干預金融市場，釀成金融資源錯誤配置。
2. 金融雙元性　正式與非正式金融並行，擴大實質部門雙元性。
3. 金融寬化 (financial widening)　或稱貨幣化程度，可用貨幣交易商品與勞務的價值占全部交易總值比率衡量。貨幣化程度不足將形成某種型態的金融分割，同時反映實質部門亦具有分割型態。

> **金融寬化**
> 或稱貨幣化程度。以貨幣交易商品與勞務的價值占全部交易總值比率衡量。

R. I. McKinnon (1935~)

　　生於加拿大 Edmonton。任教於美國 Standford 大學，長期擔任國際貨幣基金會、世界銀行、亞洲發展銀行與發展中國家提供貨幣政策和經濟金融發展的專業諮詢。McKinnon 率先在《經濟發展中的貨幣和資本》(*Money and Capital in Economic Development*) (1973) 中分析金融壓抑嚴重窒礙經濟發展，成為金融發展理論的經典之作，爾後在《經濟自由化順序——向市場經濟轉型的金融控制》(*The Order of Economic Liberalization: Financial Control in the Transition to a Market Economy*) (1993) 中指出金融自由化的政策順序，對採取中央計劃經濟國家轉型，產生深遠影響。

　　從 1980 年代末期起，金融自由化與國際化蔚為風潮，台灣逐步解除金融資產價格（利率與匯率）管制、放寬金融機構設立、金融業務與金融商品迅速多元化。然而不論金融自由化如何風靡全球，金融雙元性依然存在於各國金融體系，探究原因如下：

1. 正式金融授信程序繁複，如填寫申請表格、提供保證人、財產與薪資證明、申貸金額遭到縮減等，評估信用過程冗長，再因金融監理對授信設限管制，對臨時需求資金者形成緩不濟急效果。反觀非正式金融未受金融監理，融資條件寬鬆且信用評估過程短暫，借貸迅速便利能解燃眉之急，遂與正式金融形成互補效果。
2. 正式金融緊縮信用而難以滿足資金需求，不足部分遂形成非正式金融需求來源。
3. 正式金融風險雖低，但稅後報酬率也相對偏低。人們投機逐利與規避稅負，遂投入非正式金融而形成供給來源。

　　至於影響非正式金融規模的因素，亞洲開發銀行 (1992) 指出將有下列三項：

1. 金融機構與金融業務多元化，將可縮小非正式金融規模。
2. 寬鬆貨幣政策擴大可貸資金供給，有助於縮減非正式金融需求，進而縮減其規模。
3. 抑制通膨率而提昇實質存款利率，有助於誘使資金轉回正式金融。

觀念問題

❖ 何謂互補性臆說？試問正式金融與非正式金融間的關係為何？

❖ 試說明開發中國家金融業面臨分割壓力的來源為何？

❖ 試說明政府可採取哪些策略來影響非正式金融的規模？

❖ 何謂金融雙元性？其形成的原因為何？

4.2　非正式金融

非正式金融泛指從事融資活動，卻未受金融法規範與金融監理。依據是否基於其他法律規範，非正式金融再分為「黑色」（非法）、「灰色」（游離在法律邊緣）與「白色」（基於《公司法》成立營運）三部分。

4.2.1　民間借貸市場

民間借貸包括私人直接信用借貸，如互助會與存放廠商，或由中間人仲介的質押借貸，如地下錢莊。赤字單位以口頭信用 (parole credit)、帳簿信用 (open book credit) 或書面信用 (written credit) 等憑證借入資金，並以遠期支票（交易媒介）作為主要債務憑證。有些民間借貸常見諸於地下錢莊在報端刊登廣告使用的術語，「票貼」意指對資金需求者簽發遠期支票給予貼現，「金主」則係徵求資金供給者將資金投入黑市放款。地下錢莊違反《銀行法》吸收不特定人資金並從事授信，係屬非正式金融的「黑色」地帶。

一、直接融通狀況

1. 互助會或合會　亦稱為搖錢會、抓錢或銀會，盛行於台灣、日本、印度及韓國的民間商業信用，可分為非正式與正式金融兩部分。前者即是民間互助會，由會首邀請親朋好友（會腳）共同起會。在 1990 年代，台灣曾經出現高崎與全國兩家以標會為業務的互助會公司，扮演中介標會的會首角色，對會員徵信以降低搶標後的倒會風險。後者即是合會儲蓄公司，在日據時代，日人成立台灣合會儲蓄公司。爾後，台灣省政府公布《台灣合匯

儲蓄業管理規則》(1948)，成立台北、新竹、台中、台南、高雄、台東、花蓮及台灣省八家區合會公司，辦理互助會業務。邁入 1980 年代中期，合會公司全都改制為中小企業銀行，協助中小企業改善生產設備及財務結構，並逐漸縮減與淘汰合會業務。

民間盛行的互助會型態如下：

(a) 依開標日期劃分　多數採取月標型態，每月固定時日由會員填寫投標金額，出價最高者得標，金額就是利息。另外，台灣也曾出現半月標、十日標、旬標或日日標，1982 年台南縣佳里鎮發生高達 20 億元的連環倒會案即是日日標型態。

(b) 依獲得會款劃分　分為內標與外標兩種。前者類似貼現，活會者自會金扣除標息後繳納，已得標者每期繳納約定會金。會首可無息使用第一期會款，作為招集成員標會及提供收取會款勞務的報酬。後者類似一般計息方式，未得標者每期按約定會金繳納，已得標者每期則繳納會金與標息金額。

2. 存放廠商　依據《公司法》，廠商可用「股東往來」向股東或具有員工身分者借款融通。廠商向員工借款係屬信用借款，並無繁瑣申貸手續及金額限制，而員工借錢給公司最少可得銀行放款利率，遠高於定存利率。在 1980 年代初期，大同、國泰塑膠、遠東紡織等上市公司均是著名案例。

3. 當舖　在一般觀念中，人們一窮二白才可能進當舖尋求緊急融資，成為補充銀行消費金融的融資工具。就消費性抵押貸款而言，人們在借款期間仍能使用提供擔保的物品，如汽車、房子。但就典當來說，質押期間的物品歸屬權發生轉移，人們無法使用典當物品。政府於 2001 年 5 月公布《當舖業法》，規範當舖業為特許行業、限制負責人與經理人資格、設立資本額為 300 萬元以上、可採商號或公司型態經營。人們前往當舖典當物品在三個月內可隨時贖回，到期並可延長。至於當舖業的月利率上限須由縣市主管機關會同金管會等相關機關、團體、當地當舖同業公會，參酌銀行業擔保放款利率、物價指數、當地經濟情況分別議定公告，但不得超過月息 4 分或年利率 30%，一個月內贖回典當物品則以一個月計息，超過一個月則按日計息。

二、存在仲介者狀況（地下錢莊）

錢莊歷史最早可溯及周朝，南宋政府設有兌局專營銀、錢、交子與會子等貨幣買賣交換，成為明朝錢舖與清朝錢莊之前身。清朝乾隆、嘉慶年間，北有「銀號」（以放款為主），南有「錢莊」（專營匯兌）遍及大江南北，組織型態雷同。依據統計，在 1949 年 4 月間，台灣的地下錢莊近 500 家，台北市就有

近 150 家，最大一家的存款額高達 2,500 餘億元舊台幣。爾後，政府為健全金融發展與穩定金融，於 1951 年頒布取締地下錢莊辦法，地下錢莊營運規模大幅萎縮。

地下錢莊授信對象以急需資金的中小企業與個人為主，這些資金需求者財務結構不佳或擔保品不足，無法符合正式金融授信門檻，或為迅速取得融資，只好求助地下錢莊。地下錢莊貸放方式以遠期支票調現、不動產抵押及動產抵押（汽車貸款）三類為主，通常係按日息計算。

知識補給站

1980 年代中期，台灣貿易連年出超，龐大貿易盈餘導致資金氾濫。國內累積龐大儲蓄資金，投資率卻是遽降。在金融商品有限，公營銀行無法效率仲介儲蓄轉為投資，游資氾濫催動股價與房地產價格狂飆，大家樂與六合彩風靡全台灣。尤其是存放廠商化身為以高利率向不特定人吸收資金的「投資公司」，如鴻源、龍祥與永安吸金規模超過百億元，再投入炒作股票與房地產。其中，沈長聲、劉鐵球與於勇明在 1982 年率先成立鴻源投資公司，以月息六分與老鼠會型式吸收民間游資，八年間吸金千億元、投資人高達 20 萬人。鴻源集團包裝完美誘人，觸角廣及投資證券、房地產、飯店旅館、百貨，甚至還成立鴻源籃球隊。隨著鴻源集團吸金因利上滾利、經營階層大挪移資金，再面對《銀行法》於 1989 年 6 月 30 日修正通過，檢調單位強力查緝下，連續三週爆發四次擠兌風暴，終於在 1990 年 1 月 10 日宣布停止出金、停發獲利，瞬間引爆牽連近 20 萬投資人、近千億元資金的金融風暴，造成金融環境與社會秩序動盪。

4.2.2 非正式金融市場

台灣的非正式金融市場包括跨國地下通匯與非正式證券金融兩部分。

一、地下通匯

在 2000 年之前，政府未開放與大陸金融業往來，人們須透過香港的通匯銀行才能匯款大陸，時間久且成本高提供地下通匯市場出現的誘因。中港台地下金融業者聯線操作，人們只須撥電話將新台幣存入指定銀行，即可在大陸的指定銀行帳戶提領等值的人民幣，或匯出入港幣、人民幣及新台幣。此種地下通匯違反《銀行法》第 29 條規定，「非銀行不得經營收受存款、受託經理信託資金、公眾財產或辦理國內外匯兌業務」，屬於「黑色」的非正式金融。地下通匯市場主要與台商進行兩岸結算或在台外勞匯款回母國有關。兩岸地下通匯規模粗估每日在 5,000 萬元至上億元人民幣，台灣一年的兩岸地下通匯超過數

百億元人民幣，兩岸合計一年的地下通匯則超過千億元人民幣。隨著兩岸金融鬆綁，政府開放銀行承辦人民幣匯兌業務，規定每日以現鈔或從外幣帳戶匯出累計限額分別為 10,000 美元與 50,000 美元，由於甚難滿足某些巨額人民幣匯兌需求，導致地下通匯依舊頻繁。人們透過地下通匯業者成立的公司、行號及商舖匯款，手續費約在 150~400 元，一、兩天就可收到匯款；前往外匯銀行匯款則需 4~5 天，手續費約 400~1,000 元。前者匯款速度便捷、手續費較低、無金額限制且無紀錄，盛行不墜不在話下。

二、非正式證券金融

1. 空中交易　股市金主組成「交易所」，針對股市交易股票，透過證券營業員私下推薦，開放供賭客做多或放空，10 萬元保證金就可發揮 10 倍財務槓桿效果，亦即將有 100 萬元資金進場交易。舉例來說：某日台積電股價開盤後即下跌至 94 元，但賭客認為將漲至 100 元，就可向「交易所」買進 1,000 萬股並設定股價為 100 元，一旦股價在盤中觸及 100 元就算成交，收盤後可向「交易所」結算。該項賭局表面上無須進行實際股票交易，然而參與者為影響市場行情，勢必進場拉抬或放空股票。

2. 盤商市場　1980 年代末期，台股飆漲吸引人們熱衷炒股，氾濫資金四處尋找投資標的。部分投資人轉向布局未上市股，吸引仲介未上市股票交易的盤商市場興起，形成非正式證券金融的一環。盤商扮演類似證券經紀商仲介股票買賣，但因交易標的是未掛牌股票，甚難稱為違反《證券交易法》，係屬「灰色」的非正式金融。在 2000 年代初期，政府推出興櫃市場，規定證券商輔導預擬掛牌公司，股票至少需在興櫃掛牌交易六個月，從而取代盤商市場交易。

3. 丙種經紀人　股市提供信用交易機構包括證券金融公司與綜合證券商，但對投資人身分、信用評等、融資融券金額、手續等限制過嚴，未能滿足投資人擴張信用操作槓桿，提供丙種經紀人信用交易誘因。此係民間金主從事類似證券金融公司的墊款（融資）或墊股（融券）業務，屬於私人資金與股票借貸活動，《證券交易法》缺乏取締條文，屬於非正式金融的「灰色」地帶。另外，非正式金融還有提供投資人融資買進未上市股票者，此類金融稱為丁種經紀人。

微型金融

針對無抵押品、就業不穩定或信用不佳者，提供小額貸款與保險等金融服務。

知識
補給站

在 1970 年代，孟加拉 (Bangladesh) 與巴西開始發展微型金融 (micro finance)，針對無抵押品、就業不穩定或信用不佳而難獲銀行青睞者，提供小額貸款與保險等金融服務。微型信貸 (microcredit) 係屬微型金融，提供小額放款協助窮

人創業以脫離經濟窘境。孟加拉 Grameen 銀行創始人 Yunus 引進微型金融概念，透過商業借貸原則對弱勢社群提供小額放款融通，協助其自創就業機會，脫貧不再依賴政府與慈善機構接濟。至於台灣行政院在 2003 年 1 月擴大微型金融為「微型企業創業貸款」計畫，鼓勵失業勞工擺攤、開麵攤甚至飲食小吃、理髮店等，平均每人貸給 85 萬元以創造自僱機會。另外，微型保險以壽險與醫療意外險為主，提供無法負擔高額保費、卻有保險需求的近貧族群基本生命保障，除保費與保額較低外，與一般保險並無不同。Grameen 的鄉村銀行客戶超過 95% 是不識字且無恆產的家庭婦女。對正式金融而言，該族群的信用紀錄無從稽查、也無資產可供抵押，不論存放款或保險，與其往來的單位都難以支應行政成本。為服務這群客戶，設計迥異於正統銀行的運作模式，如以高利率來確保借款人會妥善運用資金、採取團體放款方式來降低信用風險，甚至由工作人員走進農村挨家挨戶拜訪以爭取客戶。同樣地，這些地方的保險商品也獨具特色。一般商業保險通常排除高風險族群，如重症患者、失業族群；然而印度的微型保險卻是不問個別風險，採取擴大保戶規模，鼓勵保險公司透過非營利組織與微型金融管道銷售保險。同時，微型保險採取一次繳清、一年一保的短期險為主，超過25%的保險商品係針對特定客戶群量身定做，「短期險」與「客製化」是微型保單的主要特色。

Muhammad Yunus (1940~)

出生於孟加拉 Chittagong。任教於 Chittagong 大學與擔任經濟系主任，創立 Grameen 銀行提供貧困者貸款。2006 年基於開創微型貸款模式而成為「微型政策金融」的基礎，因「從社會底層推動經濟與社會發展」卓越貢獻而獲頒諾貝爾和平獎。

觀念問題

❖ 何謂微型貸款與微型金融？微型金融出現意謂著現有金融體系有何缺失？
❖ 國內中小企業倚賴民間借貸融通的比率甚高，試從金管會對銀行監理、中小企業營運體質，以及民間借貸的競爭優勢三方面，說明造成此一現象的可能原因。

4.2.3　租賃業與分期付款業

租賃 (lease) 基於「以融物代替融資」概念，租賃公司將設備使用權轉讓他人使用並收取租金，此係屬於表外交易 (off balance sheet transaction)。租賃業基於《公司法》成立，從事機器設備租賃，承租者多屬信評不佳的中小企業，租賃業承擔風險以彌補銀行授信不足，促使租賃與銀行放款呈現互補關係，但因未受金融監理而屬於非正式金融的「白色」地帶。

廠商評估採取租賃方式取得設備營運，考慮因素包括：

1. **表外交易**　廠商透過租賃取得使用權，無須舉債而改善財務結構，除降低財務風險與資金需求外，也可節省處理資產成本。

2. **時效性**　租賃相對編列資本預算購買設備簡單，而租金視為成本支出。

3. **條件寬鬆**　中小企業屬於銀行的邊際客戶，信評較低且缺乏擔保品，較難滿足銀行授信門檻，租賃條件較寬鬆而可彌補銀行提供中長期信用不足。

4. **產權風險移轉**　廠商租賃設備老舊，或因業務成長而不適用，透過終止租賃規避處理機器設備損失。

在 1972 年，台灣租賃業由中聯、第一、中國、國泰及華僑等 5 家信託投資公司開辦融資性租賃業務，財政部接著在 1973 年 1 月公布《信託投資公司辦理機器設備租賃業務辦法》做為承作租賃業務依據。由於信託投資公司承作租賃業務需受許多限制，面對融資性租賃公司競爭，業務幾呈停頓。是以國泰租賃率先成立於 1973 年 1 月，中央租賃於同年 10 月成立。中國租賃接續成立於 1977 年 10 月，歷經數次合併而改組為中租迪和（中租控股的子公司），在台灣租賃市場占有率趨近一半。租賃市場盛行的租賃商品類型如下：

1. **融資性或資本租賃 (finance or capital lease)**　廠商提出使用設備規格，與製造商或經銷商議價後，由租賃公司購買並提供租賃，租金須攤銷購入設備成本與租賃公司要求的報酬率。資本租賃類似抵押放款，但以融物方式取代融資，特質如下：

   (a) 租約到期，廠商擁有承購權並可事先約定價格。

   (b) 租約期限與設備的經濟年限相等，廠商承擔稅負、維護及保險費用，享有投資抵減及折舊的節稅利益。

   (c) 租約具有不可取消性且採安全攤銷（租金現值等於租賃設備價格），廠商需要提供類似頭期款的保證金。

2. **營業性租賃 (operating lease) 或服務性租賃 (service lease)**　租賃公司擁有租賃物所有權，透過出租而獲取租金，但須承擔下列風險：

   (a) 負擔維修及管理租賃設備、稅負與保險等費用，承擔設備老舊或價值

租賃
以融物取代融資，將設備使用權轉讓他人使用而收取租金。

表外交易
廠商從事資產負債表外的交易，並在表外以註解方式說明。

融資性或資本租賃
廠商提出使用設備規格，與製造商議價後，由租賃公司購買並提供租賃。

營業性租賃或服務性租賃
租賃公司出租設備獲取租金。

售後租回

廠商將土地、建築物或設備賣給租賃公司,再以特定條件租回使用。

分期付款業務

租賃公司為廠商購買原物料或機器設備,後者再依協議期間及付款方式清償金額。

商業信用

融通客戶購物無須付現。

貼現放款

公司以應收票據擔保向銀行申請放款,預扣利息而於票據到期清償本金。

應收帳款承購

公司將應收帳款賣斷給租賃公司,信用風險移轉由後者承擔。

應收帳款融資

公司以應收帳款擔保向銀行融資,而於清償後再取回扣除利息的餘額。

資產擔保商業本票

公司以應收帳款擔保而發行的商業本票。

消費者信用

消費者承諾未來清償的商品或勞務交易關係。

貶低風險。

(b) 出租年限短於設備的預期壽命,收取租金甚難清償投資設備的成本,但可持續出租或處理設備來回收成本。

(c) 當設備陳舊或效率較差,廠商可以解約退還設備。

3. 售後租回 (sales and leaseback) 廠商將土地、建築物或設備賣給租賃公司換取資金,再以特定條件租回使用,支付租金相當於租賃公司的報酬。

4. 分期付款業務 (installment sales) 租賃公司為廠商購買原物料或機器設備,後者再依協議期間及付款方式清償金額,此係表內交易。

5. 應收帳款承購業務 商業競爭日益激烈,廠商為擴大市場占有率與提高競爭力,改採放帳方式銷貨,從而累積大量應收票據(收取遠期支票)或應收帳款(購物者同意在付款日以匯款或轉帳付款)餘額,亦即提供商業信用 (trade credit) 融通客戶購物,導致承擔資金周轉壓力與信用風險邊增。廠商為取得周轉資金,可採取下列策略:

(a) 貼現放款 (discount loan) 以應收票據擔保向銀行申請放款,預扣利息而於票據到期時清償本金。

(b) 應收帳款承購 (factoring) 將應收帳款賣斷給租賃公司(應收帳款管理公司),扣除利息與手續費,信用風險則移轉由後者承擔。此係表外交易有助於改善財務結構,提昇財務調度彈性。

(c) 應收帳款融資 (accounts receivable financing) 以應收帳款擔保向銀行融資,而於清償後再取回扣除利息的餘額,必須自行承擔信用風險。

(d) 資產擔保商業本票 (asset-backed commercial paper, ABCP) 以應收帳款擔保發行商業本票,透過承銷商在貨幣市場出售以取得資金,此即應收帳款證券化。

另外,公司銷售商品採取分期清償,相當於提供商業信用給客戶購物,係屬客戶資產與應付帳款增加的表內交易。相較租賃而言,分期付款的買賣色彩大於融資色彩,兼具商品交易與融資性質。分期付款交易的買方以消費者為主,又稱消費者信用 (consumer's credit),包括金融機構或銷售公司融通消費者購買商品,類型如下:

1. 傳統式分期付款 交易過程僅涉及製造業與消費者。

2. 融資性分期付款 交易過程涉及製造業、消費者與金融機構。

(a) 生產性融資 依清償方式分成生產性分期付款融資(如租賃)與一次付款清償。

(b) 消費性融資 分成消費性分期付款融資,如分期付款公司提供汽車融資,以及一次付款清償,如信用卡融資。

分期付款消費的融資方式可劃分如下：

1. **直接授信**　銀行直接融通消費活動，如消費金融。
2. **間接授信**　銀行融通分期付款公司或製造業，由其轉貸消費者，或由銀行購買製造業或經銷商對消費者售貨之分期付款契約，又稱分期付款銷貨融資 (instalment sales financing)。

> **分期付款銷貨融資**
> 銀行融通分期付款公司或製造業，由其轉貸消費者，或購買製造業或經銷商對消費者售貨之分期付款契約。

　　分期付款公司以經營消費性融資為核心，但也提供交通工具（汽車）、生產原料與工具機械三類的分期付款融資，條件包括四項：

1. **融資期間**　依據商品性質訂定不同融資期限，多數為一年或兩年。
2. **融資比例**　為爭取客戶起見，分期付款公司採取降低頭期款策略，並於第二期開始採「頭大尾小」方式要求清償借款，融資比例約為耐久財貨款的 20%~80%。
3. **清償方式**　客戶簽發按月到期票據並由保證人背書，降低收款成本，並可以此票據向銀行申請貼現放款。
4. **擔保品**　基於保障債權，消費者需以購買的商品辦理抵押且需保險，甚至要求提供其他擔保品。

知識補給站

　　中國大陸銀行放款年利率過去高達 18%~20%，而在人民銀行執行緊縮政策引發「錢荒」，中小企業告貸無門下，租賃躍居中小企業的第二大資金來源。一般而言，歐美融資租賃市場滲透率超越 10%，大陸租賃市場規模在 2007~2011 年間由 240 億元人民幣迅速成長至 1 兆元人民幣，滲透率則徘徊在 4%，顯見市場前景非常看好，超過 5% 的利差吸引台灣金融業積極西進搶占市場。

　　隨著兩岸金融鬆綁，國內金控公司與銀行競相前往大陸設立租賃公司，而依大陸主管審核機關不同，融資租賃業分為三類：

(1) 金融租賃公司：由人民銀行核准與銀監會監理。台灣金管會在 2010 年 10 月 26 日通過《銀行、金融控股公司及其關係企業投資大陸地區事業管理原則》，規定金控公司與銀行透過持股 100% 子公司投資大陸融資租賃公司以 1 家為限、持股比率不得低於 25%，累計投資大陸總額不得超過金控淨值 10%、銀行淨值 15%，如富邦金控透過富邦金控創投與大陸中信集團旗下「中信資產」合資 5 億元人民幣（22.5 億元台幣），持股 25% 是為第二大股東也是策略性外資股東。

(2) 外商融資租賃公司：由商務部外資司核準。台灣經濟部投審會認定金融租賃業屬於金融仲介業，在 2010 年 2 月 26 日修正《農業、製造業及服務業等禁止赴大陸投資產品專案》，開放台商赴大陸投資外商融資租賃公司，金控業包括永豐、第一、台新、開發、新光、富邦、國票、華南與中信等，銀行業則有台灣工銀與台

中商銀，融資租賃業則有中租控股的仲利國際租賃、裕融集團的蘇州格上租車、和潤企業的和運國際租賃。

(3) 內資試點融資租賃公司：由商務部市場建設司核准。大陸商務部流通發展司在 2012 年 4 月發布，將開放第九批內資租賃企業從事融資租賃業務試點工作，並重點推薦六類企業。

知識補給站

　　國際間成立國際應收帳款聯盟 (Factors Chain International, FCI) 和國際應收帳款協會 (International Factoring Group, IFG) 兩個組織，應收帳款管理業必須加入這些組織，才能透過各地會員進行應收帳款處理，而國內租賃業龍頭中租迪和率先承作應收帳款業務，旗下的迪和公司則是台灣著名的應收帳款管理商，美國 CIT 集團則是全球承作應收帳款業務量最大者。應收帳款業務市場空間極大，吸引銀行業、租賃業與貿易業競相投入經營，美國 Associates First Capital 融資公司也在台灣成立協富貿易公司，從事家電用品、家具、電腦、中古汽車與機車等消費性商品的國內應收帳款業務。在 2007 年 1 月，香港上海匯豐銀行基於追求工商金融業務的全球策略，收購迪和公司全部股權，躍居台灣最大國際應收帳款管理商。

　　在 1950 年代，台灣家電業運用分期付款擴展市場，而合會公司、土銀、中國商銀（併入兆豐銀行）也先後開辦物產合會（類似美國銷售金融業務）及消費性分期償還貸款業務（類似消費貸款業務）。專業性分期付款公司的始祖包括 1978 年 11 月成立的華財公司與 1979 年 12 月成立的誼信公司，目前分期付款以汽車融資為主，包括裕隆汽車子公司裕融（上市公司）、福特汽車子公司福灣、中租迪和子公司合迪等，提供汽車分期付款、批售融資、營運資金融資給消費者與經銷商。這些公司以買賣業型態向經濟部申請設立登記，但以分期付款融資為主要業務。另外，中租迪和與日本消費金融公司 ACOM 合作成立中租安肯資融公司，從事個人消費分期業務，讓客戶可在統一超商 7-11 繳費。

觀念問題

❖ 某創業板掛牌公司採取租賃廠房設備營運，試問產生利益為何？

❖ 高僑董事會要求財務部評估以融資租賃或分期付款取得廠房設備，財務部將如何說明兩者間的差別？

❖ 試說明國內金融業從事應收帳款業務的類型為何？是否有所差異？何種業務對持有應收帳

款的廠商較為有利？

❖ 試說明中租迪和承作售後租回與分期付款業務，對廠商營運造成的影響？

❖ 為因應同業激烈競爭與擴大市場占有率，廠商採取放帳方式營運，從而累積巨額應收帳款。為尋求周轉金來源，試問廠商可採取哪些策略？

4.2.4 非正式金融的缺陷

資金供需雙方商議資金借貸，補足難以從正式金融取得的資金，而與正式金融存在互補效果，但也有眾多缺陷：

1. 訊息不全　資訊不對稱是阻礙融資的關鍵，評估赤字單位必須承擔高成本，導致金主要求附加高信用風險溢酬，融資成本攀升而形成融資障礙。
2. 流動性　赤字單位希望借入長期資金以降低財務風險，金主則偏好借出短期資金以降低流動性風險。融資雙方對債務憑證的流動性與借款期限看法迥異，降低非正式金融的成交機會。
3. 融資金額　非正式金融缺乏仲介者撮合，融資均以個案進行。然而單一金主供給資金有限，難以滿足赤字單位的長期鉅額資金需求。
4. 未受金融監理　非正式金融未受金融法規範也無金融監理，仲介資金過程缺乏嚴謹性，一旦規模龐大引爆金融危機，勢必重創經濟活動。2007 年次貸事件即是美國未受監理的不動產金融公司恣意承作次級貸款，又將其證券化銷售給投資人，在經濟環境劇變下，信用風險高漲，擴大金融系統風險，從而蔓延成金融海嘯。

一般來說，非正式金融對經濟活動造成的弊病，包括：

- 資訊不對稱而要求附加高信用風險溢酬，廠商支付高資金成本，不利營運發展。
- 民間借貸查核不易，政府無法課徵利息所得稅，嚴重侵蝕稅基。
- 非正式金融缺乏監理，信用風險偏高而危及金融穩定。
- 非正式金融市場規模擴大，促使貨幣流通速度上升，勢必削弱貨幣政策效果。

非正式金融部分滿足立即的小額資金需求，卻因仲介資金過程缺陷充斥，讓體系朝正式金融方向調整：

1. 建立金融市場（直接金融）　針對非正式金融弊病，政府建立金融市場提供證券交易場所，公開揭露資訊降低融資成本與風險溢酬。該市場的金融機構僅是撮合資金供需雙方的中間人、仲介證券買賣的經紀商或交易商。

2. 金融機構興起（間接金融）　政府建立金融機構，包括發行存款貨幣的銀行，或發行儲蓄商品的壽險公司，吸資金購買初級證券而創造銀行信用。

觀念問題

❖ 試評論下列有關非正式金融活動內容的說法。
(a) 赤字單位借款期限越短，盈餘單位承擔破產風險較低，將可收取較低利息。
(b) 金主提供資金將會考慮財務風險，從而要求附加風險溢酬。
(c) 赤字單位進行票貼須承擔財務風險，故僅願支付較低利率。

4.3　正式金融與金融脆弱性

4.3.1　正式金融的貢獻

非正式金融承擔高交易成本與高信用風險，規模狹小難以成長，而缺乏監理更危及金融穩定。是以銀行與壽險公司彌補該項缺陷，提供間接金融仲介儲蓄與投資，創造銀行信用而加速資本累積，發揮經濟效果如下：

1. 降低融資成本　資金供需雙方經由銀行居中運作，透過大規模作業降低單位徵信評估成本與交易成本，附加的信用風險溢酬劇減而降低融資利率。
2. 提昇資金流動性　銀行發行次級證券賦予高流動性，促使流動性溢酬下降而減輕資金成本。
3. 期限　銀行吸收存款，基於存款者不會同時提款，透過合理安排放款期限，將能滿足融資者的不同期限需求。
4. 證券多元化　銀行吸收不同來源資金，次級證券無限制分割而無最低門檻限制，將能提昇儲蓄誘因而削減通膨壓力。

金融創新推動金融機構與金融業務多元化，透過跨業經營與業務滲透而日益雷同，然而仍有下列差異性：

1. 金融機構差異性部分源自金融法或管理辦法不同所致，包括《金融控股公司法》對金控公司、《銀行法》對銀行、《證券交易法》對證券公司、《期貨交易法》對期貨公司、《信託業法》對信託公司、《保險法》對產險及壽險公司、《票券金融管理法》對票券公司等，提供金融商品或勞務性質明顯差異所致。
2. 金融機構發行不同次級證券，購進不同生息資產。銀行吸收存款負債而投

入各種期限放款,壽險公司則發行儲蓄型壽險保單而創造中長期信用。

3. 金融機構發行次級證券的市場性、流動性及獲利性差異頗大,且因能否作為交易媒介而分為兩類:

(a) 貨幣機構 央行壟斷鑄幣權發行通貨作為支付工具,銀行壟斷發行支票權作為交易媒介。金融創新提昇儲蓄存款與定期存款的流動性,從而納入貨幣定義範圍,是以央行與銀行合稱貨幣機構。

(b) 非銀行金融機構 非銀行金融機構發行次級證券僅能作為保值工具,如信託基金與壽險保單。

銀行係金融體系的主要清算機構,金融交易必須透過銀行清算,而直接與間接金融的區別是:

- 銀行授信(包括放款與投資兩種型態)即是間接金融。
- 赤字單位在國內發行證券餘額(包括上市上櫃股票、票券、公司債、公債與金融債券等),以及在國外發行證券籌資餘額(包括全球存託憑證(GDR)和海外可轉換公司債),兩者總和扣除銀行持有餘額的剩餘部分才是直接金融。

在金融發展過程中,直接金融與間接金融相輔相成。然而金融創新與自由化盛行,帶動各國直接金融擴張凌駕間接金融。在台灣融資市場,直接金融占正式金融比率由 1990 年代低於 10%,直線飆升至 2000 年以後超越 25%,目前兩者比率穩定在 1:3。探究直接金融迅速成長原因如下:

1. 產業發展需要 隨著產業結構朝資本密集、技術密集方向發展,該類產業營運所需資金龐大,既非單一銀行所能支應,也非傳統間接金融能夠滿足,唯有透過股票上市的直接金融募集大眾資金,方能達成籌資目的。

2. 直接金融競爭優勢 廠商透過間接金融籌資,必須提供資產擔保,融資金額面臨單一銀行授信限制。另外,銀行吸收資金成本包括存款利率、提存準備的成本,營運成本較高反映在放款利率較高。反觀直接金融提供低成本長期資金,金融商品多元化提供廠商可視本身情況選擇最適工具籌資,且因募資對象、地區擴大而增加直接金融競爭優勢。

3. 投資觀念普及 經濟成長誘發人們安排剩餘資金需求,投資理財概念日益普及,而直接金融報酬率優於間接金融且具高流動性,遂成為人們尋覓的投資標的。

4. 證券市場運作趨於健全 證券市場運作制度持續調整修正,市場廣度包括集中市場、上櫃市場與興櫃市場等日趨成熟。隨著金融國際化上升,政府陸續放寬對外資限制,建立相關輔助制度,如信用評等制度、全權委託投資業務、庫藏股票制度等,均有助於證券市場發展。

最後，直接金融規模擴大對經濟活動影響如下：

1. **暴露於流動性風險**　廠商運用直接金融，追求提昇資金運用效率與降低融資成本，但卻擴大財務操作風險。廠商偏好透過直接金融「以短支長」來降低融資成本，金融環境反轉緊縮，勢必陷入流動性匱乏困境。尤其廠商進行海外籌資，卻忽略匯率風險，1997 年亞洲金融風暴與 2008 年金融海嘯讓許多財團陷入巨大匯兌損失。

2. **套利盛行**　金融商品多元化與銀行存放款利率僵化，誘使廠商改以直接金融取代間接金融，藉以降低資金成本。

3. **金融業務多元化**　銀行業營運面臨直接金融威脅，遂轉向過去忽略的消費金融業務，如汽車貸款、信用卡循環信用貸款、小額信用貸款、房屋殘值二胎貸款、理財性房屋貸款等，而理財量身定做、高隱密性的私人銀行 (private banking) 出現，加速金融資源重新配置。

4. **銀行經營結構轉型**　景氣衰退、資金需求疲弱與逾放比例激增侵蝕企業金融獲利，促使銀行業轉向發展消費金融。尤其是直接金融盛行搶食銀行放款市場，而資產證券化興起吸引銀行轉向發展保證、經紀與承銷業務，逐漸朝投資銀行角色轉換。

> **私人銀行**
> 針對富裕階層提供的資產投資與管理的銀行服務。

4.3.2　資訊不對稱與金融脆弱性

在訊息不全環境，交易雙方在市場擁有資訊不對稱，一方擁有他方未知的訊息，從而衍生諸多問題。舉例來說，人們何以會找經銷商購買中古車？保險公司為何提供不同保費、理賠與扣除額的保單組合？George A. Akerlof (1970) 以舊車交易的檸檬市場 (lemon market) 為例，指出賣方掌握舊車品質資訊，促使買方僅願以平均品質出價，從而釀成逆選擇問題。由於賣方出售中古車多屬劣質品，買方經常吃虧上當的結果，將讓舊車市場交易停擺。為消除資訊不對稱困擾，具專業知識的車商以合理價格買入舊車再轉手客戶，從中賺取合理利潤（為維護商譽，車商不致拆爛污），並對買賣雙方及車商都有利。

> **檸檬市場**
> 舊貨商品交易市場。

George Arthur Akerlof (1940~)

出生於美國 Connecticut 州的 New Haven。任教於 Georgetown 大學的 McCourt 公共政策學院、加州 Berkeley 大學。Akerlof 提出《檸檬市場：品質不確定性與市場機能》(*The Market for Lemons: Quality Uncertainty and the Market Mechanism*) (1970)，率先闡釋資訊不對稱的影響，從而在 2001 年獲頒諾貝爾經濟學獎。

上述情景在金融市場屢見不鮮。在可貸資金市場，借款人對資金用途（包括獲利及風險）擁有較多資訊，銀行則處於劣勢，採取高利率政策勢必產生逆選擇，上門告貸者偏向來者不善的特性。在保險市場，保險公司若不了解要保人健康情況，勢必訂出較高保費以降低風險，結果僅剩情況欠佳者投保。若因虧損而再度調高保費，又將趕走部分健康情況較好者，促使高保費「逆選擇」身體狀況相對不佳者，風險較低的健康者最終也自行出場。有鑑於此，Akerlof、Spence 與 Stiglitz 提出資訊不對稱理論 (information asymmetry theory)，廣泛應用於金融保險市場，成為政府擬定金融政策的理論基礎。若將資訊不對稱存在期間分為金融契約簽訂當時（事前）與簽訂之後（事後），則事前資訊不對稱將導致逆選擇，事後資訊不對稱則是引爆道德危險，兩者將會帶來「代理問題」(agency problem)。

> **資訊不對稱理論**
> 探討交易雙方處於資訊不對稱狀況，從事交易可能衍生的問題。

1. 逆選擇 (adverse selection)　訂定金融契約前，人們會因交易對手隱匿資訊而做出錯誤選擇，此係事前「隱匿資訊」(hidden information) 問題。在放款市場，借款者清楚本身特質，包括風險、能力、違約成本與努力程度等，反觀銀行則難以掌握借款者風險，貿然調整利率勢必讓低風險群借款者放棄申請，僅留高違約機率的借款者。

2. 道德危險 (moral hazard)　簽訂金融契約後，交易一方從事損及他方權益的活動，此係事後「隱匿行為」(hidden action) 問題。在訊息不全下，銀行授信後無從獲知借款者的確實動向，當放款市場出現超額資金需求，貿然提高利率只會讓顧客偏好高風險計劃以彌補資金成本攀升，反而擴大營運風險。

> **代理問題**
> 代理人與委託人追求目標不一致而存在潛在的利益衝突，從而出現代理人損害委託人利益的現象。

> **逆選擇**
> 訂定金融契約前，人們因交易對手隱匿資訊而做錯誤選擇。

> **道德危險**
> 簽訂金融契約後，交易一方從事損及他方權益的活動。

Michael Spence (1943~)

出生於美國 New Jersey 州的 Montclair。任教於紐約大學 Stern 管理學院，也曾擔任 Stanford 大學 Hoover 研究所的資深研究員。Spence 提出就業市場信號模型 (job-market signaling model)，對勞動契約簽訂發揮重大貢獻，而於 2001 年獲頒諾貝爾經濟學獎。

Joseph E.Stiglitz 與 Andrew Weiss (1981) 指出，銀行信用市場普遍存在逆選擇和道德危險。圖 4-2 顯示存款者（主理人，principal）將資金存入銀行，相當於委託銀行（代理人，agent）運用資金，銀行（主理人）再將資金貸放給借款者（代理人）運用資金，形成雙重代理現象。

1. **存款者與銀行關係** 績效不佳銀行隱匿營運資訊，以高利率吸引存款者而衍生逆選擇，爾後運用資金則常發生道德危險，原因有二：(a) 從內部制度來看，銀行對經營績效良窳獎懲不具對稱性，行員缺乏有效篩選客戶誘因，甚至偏好高風險授信，成功即可獲取豐厚收益，失敗也少有懲罰。(b) 銀行股東僅就出資額承擔責任，銀行就其資產對債務承擔責任，縱使破產，股東僅是損失投入的資本。尤其是面對銀行績效不彰，股東也可出售股權規避風險，責任有限提供經營階層投入高風險業務的誘因。一旦成功，超額利潤歸股東獨享，存款者依然僅獲固定利息；決策錯誤而破產，則由存款者與股東共同承擔損失。

2. **銀行與借款者關係** 借款者隱匿營運資訊，導致銀行錯誤放款給願意支付高利率的績效不佳廠商，形成逆選擇；廠商取得放款資金，違反申請貸款承諾，未依原先約定運用而損及銀行權益，衍生道德危險。為消除資訊不對稱衍生的問題，銀行設計放款契約除考量利率外，將加入其他審視工具，包括擔保品、信用額度、權益、同意核貸機率等授信條件，有效區分借款者型態。

圖 4-2
逆選擇與道德危險

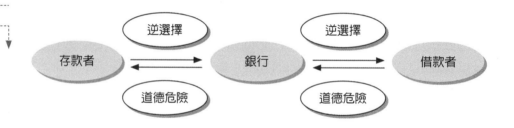

金融脆弱性
金融業採取高財務槓桿營運，資產與負債存在高度期限錯配，容易淪落營運失敗困境。

期限錯配
資產與負債的期限不一致。

　　就狹義而言，金融脆弱性 (financial fragility) 係指金融業採取高財務槓桿營運，資產與負債存在高度期限錯配 (maturity mismatch)，「內在脆弱性」讓其相對其他產業更易淪落營運失敗困境。就廣義而言，金融脆弱性泛指融資市場的風險積聚，包括金融機構（間接金融）和金融市場（直接金融）的融資風險。金融脆弱性與金融風險意義相近，不過前者涵蓋潛在損失與實現的損失，後者則僅針對發生潛在損失的可能性而言。基本上，金融脆弱性分為銀行信用市場和金融市場脆弱性，前者源自資訊不對稱，後者則與資產價格變異性及連動性息息相關。

Joseph E. Stiglitz (1942~)

生於美國 Indiana 州。Stiglitz 針對資訊不對稱市場進行分析而發揮重要貢獻，並因此而於 2001 年獲頒諾貝爾經濟學獎。

一、銀行信用市場脆弱性

Hyman Minsky (1982) 提出金融脆弱性臆說 (financial fragility hypothesis)，指出景氣衰退引發廠商破產浪潮，逾期放款爆衝讓銀行營運陷入困境，遂緊縮信用而重創實質景氣。Minsky 將舉債廠商型態分為三類：

1. **避險融資廠商 (hedge-financed firm)**　在營運期間，廠商預期收入超過到期債務本息，僅依未來現金流量避險融資。

2. **投機融資廠商 (speculative-financed firm)**　廠商預期收入總額超過債務餘額，但在融資的前 m 期，預期收入小於清償的債務本金，但足以支付當期債務利息，處於債務暴露 (debt exposure) 而無違約問題。隨著 m 期過後，廠商預期收入將能清償到期本息與 m 期積欠的本金。

3. **Ponzi 廠商**　廠商舉債融通長期投資，短期缺乏足夠收入支付到期本息，必須以滾動融資 (roll program) 持續「借新還舊」清償，未來則以預期高盈餘來清償債務。

在景氣谷底，廠商多數屬於避險融資型態。景氣復甦、寬鬆金融環境讓銀行放鬆放款條件，吸引廠商改採高槓桿擴張營運，投機融資與 Ponzi 廠商所占比率逐漸攀升，擴大銀行信用市場脆弱性。隨著景氣由繁榮反轉衰退，銀行緊縮信用因應，造成廠商周轉失靈而違約破產，逾期放款累積危及銀行營運，甚至引爆金融危機。

金融脆弱性臆說

景氣衰退引發廠商破產浪潮，逾期放款爆衝讓銀行營運陷入困境，遂緊縮信用而重創實質景氣。

避險融資廠商

在營運期間，廠商預期收入超過到期債務本息，僅依未來現金流量避險融資。

投機融資廠商

廠商預期收入總額超過債務餘額，但在融資的前 m 期，預期收入小於清償的債務本金，但足以支付當期債務利息，處於債務暴露而無違約問題。

滾動融資

以自己擁有的金融資產投入金融市場進行反覆高速運轉，從而獲取價差。

Hyman Minsky (1919~1996)

　　出生於美國 Illinois 州的 Chicago。任教於加州 Berkeley 大學與 St. Louis 的 Washington 大學。Minsky 提出「金融脆弱性臆說」，率先指出不確定性、風險與金融市場如何影響經濟活動，從而成為金融理論開創者，亦是當代研究金融危機的始祖。

二、金融市場脆弱性

　　金融資產價格變異性過大是金融風險累積的主因，也是金融市場脆弱性的根源。理論上，人們基於金融資產的未來現金流量與影響該流量變化的因素，進行評估其價值。然而訊息隨機變化引發金融資產價格預期隨機變動，導致金融資產價格（匯率與股價）隨機漫步。

1. 股價變異性　股價變異性過大導致金融市場脆弱性，原因有三：
   (a) 過度投機　股市過度投機的非理性集體運作，推波助瀾引發股市震盪。
   (b) 總體景氣波動　景氣變化風吹草動，捕風捉影釀成股市波動。
   (c) 市場結構和交易操作模式　「追高殺低」或「累進預期」(progressive expectation) 操作讓股市無法邁向穩定均衡，更是擴大股市變異性的主因。尤其是股市與實質經濟緊密相連，股市波動影響景氣循環既深且廣，引爆金融危機的導火線十有八九與股市崩盤有關。

> **累進預期**
> 預期股價與實際股價呈正向關係。

2. 匯率變異性　1970 年代初期，各國改採浮動匯率制度，匯率變異性過大超出實質因素所能解釋的範圍，遂成金融市場脆弱性的另一來源。Rudiger Dornbusch (1976) 提出匯率過度調整理論 (theory of exchange rate overshooting)，認為匯率劇烈波動（調整過度）係因金融市場和商品市場調整速度不同，外部干擾引發金融資產價格和商品價格過度反應，進而引發匯率變異性擴大。舉例來說，貿易赤字擴大引發市場質疑匯率穩定性而積極拋售國幣，央行干預外匯市場雖能短期穩定匯率，然而匯率不合理終將引來後遺症，導致市場匯率預期逆轉。隨著此一預期自我實現而讓匯率崩潰，終將釀成貨幣危機。

> **匯率過度調整理論**
> 金融市場和商品市場調整速度不同，外部干擾引發金融資產價格和商品價格過度反應，進而引發匯率調整過度或變異性擴大。

3. 不同金融市場關聯性　金融自由化與國際化蔚為潮流，跨國資金移動緊密整合各國貨幣市場、外匯市場與股票市場，本國股價指數將與匯率同向變動，預期貨幣貶值往往導致該國股價指數同步下跌。在亞洲金融危機期間，東南亞各國匯率與股價指數齊跌，即是明顯例證。

最後，金融脆弱性僅反映金融體系缺乏穩定性，但要引爆金融危機則還須一個演化過程。國際貨幣基金 (IMF) 在《世界經濟展望 1998》區分金融危機為四類：

1. 通貨危機 (currency crises)　外匯市場遭受投機性襲擊而引發匯率持續貶值，如亞洲金融風暴引發東亞各國貨幣競相貶值，迫使央行提高利率干預。

2. 銀行危機 (banking crises)　巨型金融機構營運困頓，如金融海嘯讓花旗銀行與南山人壽深陷泥沼，外溢效果引爆銀行恐慌 (bank panic)，迫使央行出面金援來遏止倒閉風潮。

3. 外債危機 (foreign debt crises)　政府債台高築引爆債務清償疑慮，如歐豬五國主權債務危機釀成金融市場巨幅震盪。

4. 系統性金融危機 (systematic financial crises)　各國主要金融領域出現嚴重混亂，貨幣危機、銀行危機與外債危機相繼發生，匯聚而成金融海嘯 (financial tsunami)。

通貨危機
外匯市場遭致投機性襲擊而引發匯率持續貶值危機。

銀行危機
巨型銀行營運陷入困境，外溢效果引發銀行恐慌。

外債危機
政府債台高築引爆無法清償疑慮，進而引發金融市場震盪。

系統性金融危機
一國金融領域嚴重混亂導致金融業系統風險攀升而引發危機。

Rudiger Dornbusch (1942~2002)

出生於德國的 Krefeld。任教於 Rochester 大學與 MIT 大學，並曾經服務於國際貨幣基金 (IMF)，在發展穩定政策上有卓越貢獻。Dornbusch 專注於國際經濟學議題，尤其是貨幣政策、總體經濟發展、成長與國際貿易等議題，並提出匯率調整過度理論而聞名於世。

觀念問題

❖ 存款人慎選銀行，拒絕前往有疑慮的銀行存款，將有助於降低銀行道德危險。此舉讓績效不彰銀行因存款流失而倒閉或被金管會接管，道德危險不致於擴大。試分析下列因素造成影響為何？
(a) 金管會處理問題銀行的方式。
(b) 存款者在同一銀行存款受到存款保險保障的額度。
(c) 法令要求銀行揭露訊息的程度。
(d) 央行的重貼現政策。

4.4 金融監理

4.4.1 金融監理原因與類型

金融監理
金融當局監理金融機構，健全金融業務經營以穩定金融。

金融監理 (financial supervision) 是指金融當局（金管會與央行）監理金融機構，健全金融業務經營以穩定金融。在金融循環流程中，銀行提供清算服務讓交易媒介與金融商品順利安全完成清算，而「銀行健全營運」是穩定金融的前提。政府從事金融監理的理由如下：

準公有財
商品具有共享性與排他性。

1. 資訊不對稱　金融訊息具有準公有財 (quasi-public goods) 性質，每人均想搭便車 (free rider)，缺乏付費蒐集金融訊息的誘因，導致訊息供給不足且品質低落，容易引發逆選擇與道德危險。是以政府成立金管會監理金融業營運，要求定期揭露訊息提供人們決策參考，解決訊息不足引發人們逆選擇問題。

搭便車
不付任何代價而消費公共財的行為。

2. 保障存款者權益　金管當局規定資本適足率、流動準備比率及存款準備率，實施存款保險，直接干預銀行營運；另外也透過間接干預，禁止承作高風險業務，確保銀行健全營運以保障存款者權益。

3. 防止資源壟斷　在貨幣經濟體系，掌握金融資源即是控制實質資源，銀行吸收存款營運，若淪為少數財團控制，勢必造成資金與資源錯誤配置。為防範此種狀況出現，金管會訂定門檻管制金融機構成立，同時規範資金用途。

4. 落實貨幣政策效果　銀行創造存款貨幣與銀行信用，壽險公司創造銀行信用，兩者是金融體系創造流動性的核心。在通膨目標機制下，央行透過貨幣政策影響銀行決策，從而發揮效果。

巴塞爾銀行監理委員會 (Basel Committee on Banking Supervision) 簡稱巴塞爾委員會，是由美、英、法、德、日、義大利、荷蘭、加拿大、比利時、瑞典10大工業國的央行於 1974 年底共同成立，屬於國際清算銀行的正式機構。審慎監理 (prudential supervision) 源自於巴塞爾委員會於 1997 年公布《有效銀行監理的核心原則》(core principle for effective banking supervision)，攸關審慎監理原則列於表 4-1。

審慎監理
維持金融機構與金融市場安全與健全運作的金融監理。

表 4-1
銀行審慎監理原則

審慎監理要求	內　　容
1. 資本適足率	規定反映銀行風險程度、適當審慎最低資本適足率要求。
2. 風險管理	(a) 信用風險：建立評估持續管理銀行放款與投資組合的政策和程式。 (b) 流動性風險：確保銀行風險管理系統能夠辨識資產風險集中程度。 (c) 市場風險：確保銀行制定政策與程式，以利國際貸款和投資識別、監測和控制國家風險及轉移風險，並維持適當風險準備金。

審慎監理要求	內　　容
	(d) 作業風險與其他風險：確保銀行建立全面風險管理程式（包括董事和高階管理層之適當監督）。
3. 內控制度	確定銀行是否具備與其業務性質及規模相適應的內控制度，防止銀行有意或無意地被罪犯利用。
4. 跨國銀行監理	跨國銀行母行督導海外分支機構，確保業務均依當地法令執行。
5. 糾正措施	完善監理手段可對未符合審慎要求的銀行採取及時糾正措施。

資料來源：謝政宏：《台灣總體審慎監理之研究》，台大經研所碩士論文，2015. 9。

依據《巴塞爾有效銀行監理的核心原則》，以風險為基礎的銀行監理架構將由三個面向構成：

1. 內部控制 (internal control)　涵蓋銀行內部稽核、控制系統與風險管理，構成銀行治理 (bank governance) 內容。

2. 市場制約機能或市場自律 (market discipline)　銀行績效不彰引發存款者疑慮而擠兌、投資人喪失信心而拋售銀行股票、借款者另尋其他銀行融資，三種監督力量迫使銀行退出市場。另外，銀行同業公會的自律規範與資訊揭露，違規銀行將遭同業抵制與喪失奧援，從而難以在業界立足。

3. 金融監理　包括金融檢查管理與金融法律規範。前者是金檢人員至銀行檢查與進行相關查核，後者則透過法令規範銀行營運，提昇營運透明度與降低資訊不對稱。金管會擁有法律強制性與處分權，可對金融機構與金融市場進行監督、管理與檢查；會計師對金融機構財務查核、簽證與審核，系統評估銀行經營績效與內部控制，提供金管會採取金融監理的訊息。

國內金融監理機構包括金管會與央行，監理類型有二：

1. 干預標準　銀行決策包括訂定金融資產價格、預擬授信數量與從事金融業務類型。依據金融干預標準，可劃分為兩類：

(a) 價格管制　包括匯率與利率管制。央行針對外匯市場採取穩定匯率（固定匯率）措施，針對銀行信用市場採取釘住利率（利率上限）政策。

(b) 非價格管制　包括金融業務管制與信用數量管制。前者係金管會規範銀行從事業務類型。後者是央行訂定《銀行對企業授信規範》，針對銀行授信對象、對利害關係人授信額度、總餘額與條件進行限制。

2. 干預性質　金管會針對個別銀行成立與營運內容進行監督、指揮與管理，此係個體審慎監理 (micro-prudential supervision) 範疇，如表 4-2 所示分為三類。

(a) 金融制度管理　針對逆選擇的事前監理，係指經營執照核發為構成進入市場限制。金管會訂定金融業設置標準，規範設立標準與門檻，此即結構性管制 (structural regulation)。金融業仲介資金必須確保營運品

銀行治理
涵蓋銀行內部稽核、控制系統與風險管理。

市場制約機能
或稱市場自律。銀行績效不彰將引發存款者擠兌、投資人拋售銀行股票、借款者另尋其他銀行融資，三種力量迫使銀行退出市場。

個體審慎監理
金管會針對個別銀行成立與營運內容進行監督、指揮與管理。

結構性管制
針對逆選擇的事前監理，金管會訂定金融業設置標準，規範設立標準與門檻。

審慎性管制

針對道德危險的事後監理，金管會要求金融機構營運，必須隨時符合監理要求，包括資本適足性要求、限制資產組合內容與風險管理等。

質以維護交易者信心，是以金管會訂定《金融機構負責人應具備資格條件》，管制金融機構組織架構必須符合條件。

(b) 金融業務管理　針對道德危險的事後監理，金管會要求金融機構營運，必須隨時符合監理要求，包括資本適足性要求、限制資產組合內容與風險管理等，此即審慎性管制 (prudential regulation)。

表 4-2

金融監理類型與內涵

金融監理類型	解決問題對象	金融監理內容
1. 金融制度管理（結構性管制）	逆選擇（事前）	1. 金融制度規劃 2. 金融機構新設及增設分支機構特許 3. 金融機構擴充、合併的特許 4. 外國銀行管理
2. 金融業務管理（安全性管制）	道德危險（事後）	1. 配合制度管理 2. 配合政策管理 3. 業務經營安全性 4. 業務經營流動性
3. 金融政策管理（總體審慎政策）	穩定金融	1. 貨幣數量管理 2. 選擇性信用管理 3. 政策性宣示或道德說服 4. 銀行壓力測試

總體審慎監理

央行分析金融業系統風險來源與金融脆弱性，掌握威脅金融穩定的市場因素，對銀行營運進行壓力測試、要求增提緩衝資本與限制授信案件，從而穩定金融。

3. 金融政策管理　包括貨幣政策與總體審慎監理 (macro-prudential supervision)。前者係指央行調整貨幣工具影響銀行決策，改變授信與受信方式，從而穩定通膨。後者係指央行分析金融業系統風險來源與金融脆弱性，掌握威脅金融穩定的市場因素，對銀行營運進行壓力測試、要求增提緩衝資本與限制授信案件，從而穩定金融。

4.4.2　個體審慎監理

個體審慎監理係在監理個別金融機構營運，確保其擁有適足資本及償債能力，具備充分流動性以履行支付義務，進而保障金融消費者權益。一般而言，單一金融機構鮮有能力影響整體經濟活動，是以個體審慎監理將影響金融機構之總體經濟情勢（如股市崩盤或房價大跌）視為外生變數，認為穩定金融係由個別健全金融機構組成，然而實際上健全個別金融機構卻未必能確保金融體系亦能處於穩定狀態。金管會執行個體審慎監理方式如下：

1. 持續性報告及報備義務　銀行須就重大業務事件與組織變革進行報備，負有持續報告業務發展義務。
2. 訂定法規命令　針對銀行業務與營運方式，訂定金融法規或行政命令規範。

3. **頒布處理原則**　採取公告處理原則，告知相關金融行政運作，透過解釋與說明金融法令來監理銀行營運。

4. 針對個別銀行採取行政處分、罰鍰等特定措施。

5. **非正式化監理**　採取輔導、勸告、協助、建議或不具強制性的非正式監理措施，但銀行通常不會違背金管會意見。

從廣義而言，個體審慎監理工具包括金融法與施行細則，以及金管會發布的相關規定。就狹義來看，則是專指金融法授權金管會採行的工具，如圖4-3所示分為三類。

- **執照核可**　針對逆選擇的金融監理，銀行新設與合併，以及從事業務範圍均需金管會同意，核發執照係屬「主要進入限制」(primary entry restriction)，而「次要進入限制」(secondary entry restriction) 係指限制銀行擴展至其他區域，如設立分行或其他新業務。

主要進入限制
金管會針對銀行新設與合併，以及從事業務範圍核發執照。

- **金融檢查**　針對道德危險的金融監理，可分為兩種：

1. **營運期間監理**　制定相關金融法令，規範金融業營運模式，如核准經營業務項目、調整流動比率、管制內部交易、訂定資本適足率等。另外，針對金融機構定期呈報之財務報表或經要求的報告，進行整體與個別分析，讓檢查人員於實地檢查前，先行了解受檢單位狀況。

2. **實地檢查 (on-site examination)**　針對銀行實地檢查，了解是否遵循相關法令營運，以便及時發現缺失而能採取因應對策。

次要進入限制
金管會限制銀行擴展至其他區域，如設立分行或新業務。

- **預警系統**

1. **預警系統**　金融檢查存在時間落後與檢查人力不足，促使金管會建立預警系統因應：(a) 適時掌握銀行財務與營運狀況，及早察覺營運缺失而擬定因應對策。(b) 輔助金融檢查，促使檢查局靈活調派檢查人力，效率運用檢查資源。

實地檢查
檢查銀行是否遵循相關法令營運，及時發現缺失而能採取因應對策。

2. **導正措施**　實地檢查揭露銀行營運缺失，依情節輕重採取導正措施因應，如承諾書、溝通備忘錄、正式協定、禁制令、免職或停職、罰鍰與吊銷執照等。

3. **追蹤考核**　透過報表稽核與實地檢查，針對銀行營運缺失提出檢查意見並限期改善，同時追蹤考核改善情形，督導受檢查單位加強內部稽核。

4. **資訊揭露與違規處分事項**　要求銀行揭露營運訊息，說明信用風險（不良資產金額）與市場風險（利率變動對盈餘影響）程度，讓人們得以掌握銀行安全性與健全性。

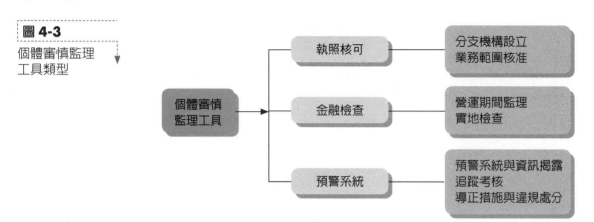

圖 4-3
個體審慎監理
工具類型

觀念問題

❖ 金融監理機關採取的金融監理類型為何?

❖ 為紓緩逆選擇與道德危險,金管會將採何種管制措施?這些管制有何差異?

❖ 何謂金融監理?政府成立金管會進行金融監理的理由為何?

❖ 金管會採取結構性與安全性管制,係為紓緩何種資訊不對稱問題?

❖ 在中介資金過程中,存款者、銀行與借款者將面臨資訊不對稱。試回答下列問題:

(a) 何謂逆選擇與道德危險?銀行、存款者與借款者彼此存在何種逆選擇與道德危險問題?

(b) 針對逆選擇與道德危險,金管會可對銀行營運採取何種監理措施?

4.4.3 政策金融產業

銀行業採取高槓桿「以短支長」方式營運。政府追求穩定金融,針對銀行負債面與資產面分別成立政策金融公司,確保銀行健全營運,藉以保障存款者權益。

1. 負債面　結合金融業力量成立中央存款保險公司,防止銀行擠兌衝擊經濟活動。

2. 資產面　銀行逾放比率攀升導致逾期放款餘額累積,危及銀行健全營運甚至破產,引發金融系統風險遽增。針對銀行償債能力,政府採取下列處理策略:

(a) 針對營運失敗銀行,設立金融重建基金,集中處理不良資產。提供退場機制。

(b) 針對堪稱健全的銀行，設立金融資產管理公司公開競價收購不良債權，進而降低其逾放比例，改善資產品質與健全營運。

(c) 針對不良債權的擔保品，設立金融資產服務公司，透過公開拍賣，加速處理不良資產。

一、處理銀行資產的政策金融公司

傳統上，銀行係透過法院拍賣不良債權 (non-performance loan, NPL) 的抵押品，如「法拍屋」，不足額再向債務人追索或列入呆帳打消。《金融機構合併法》通過後，銀行可再採下列策略處理不良債權：

1. 銀行自行承受不良債權的抵押品，然後再公開拍賣，如「銀拍屋」。

2. 將不良資產公開拍賣給資產管理公司。

3. 將不良債權的抵押品委託金融資產服務公司公開拍賣，如「金拍屋」。

金融資產管理公司 (asset management company, AMC) 依據《金融機構合併法》第 15 條設立，收購處理銀行不良債權，協助健全資產結構，主要業務如下：

1. 收購銀行不良資產，再公開拍賣其抵押品，或進行法院訴追（包括和解）而自行催收。

2. 融通並處理問題放款與不良資產，包括自行處理，透過自行催收、債權整理再行銷售、拍賣抵押權、或採資產證券化出售。

3. 透過重整及重建管理問題放款，對持續經營而暫無清償能力廠商，提供財務規劃及資金支援，待其恢復正常營運後出售。

4. 管理不良資產的抵押品，進行效率管理而獲取最大回收價值。

為隔離不良資產干擾正常資產營運，政府將問題銀行區分為擁有正常資產的「好銀行」(good bank) 與擁有不良資產的「壞銀行」(bad bank)，直接出售「好銀行」，公開標售「壞銀行」，並由金融重建基金補貼購買者其負債超過資產的差額。金融資產管理公司扮演類似問題銀行的「壞銀行」角色，處理資產及債務回收，實務運作呈現兩種類型：

1. 代理清算機構　基於迅速處分不良資產，採取購買與承受交易來解決倒閉機構，設法在短期迅速出售收購的資產。

2. 代理重整機構　基於加速企業重整，採取在較長期重整及清算逾期放款。

金融資產管理公司通常由政府主導與提供資金，如美、日、韓、大陸和東南亞國家採取國營型態，台灣金聯資產管理公司 (TAMCO) 則是由銀行、票券公司和外國投資銀行於 2001 年 5 月合組的民營公司，而其異於一般資產管理

不良債權
銀行持有放款或證券面臨無法清償狀況。

金融資產管理公司
依據《金融機構合併法》第 15 條設立，收購處理銀行不良債權，協助健全資產結構。

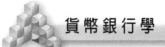

公司就在管理資產標的不同。前者主要在解決銀行不良資產（以抵押放款債權為主），加速健全銀行營運。後者則是發行基金向投資人募集資金，由基金經理人代為操作金融資產以累積基金價值。

傳統上，銀行係透過法院拍賣放款擔保品，然而程序冗長耗時，不利銀行回收資金。是以為加速拍賣速度，政府基於《金融機構合併法》第 15 條設立金融資產服務公司 (financial asset service company, FASC) 擔任「公正第三人」鑑價機制，接受金融資產管理公司與銀行委託處理、重組及拍賣不良債權，並接受強制執行機關委託及監督，辦理銀行申請強制執行事件。金融資產服務公司建立法院以外的拍賣機制，提昇銀行拍賣抵押品速度，除縮短時間至兩個月完成外，並避免賤售不良資產，降低法院拍賣案件的積壓數量。台灣金融資產服務公司 (FASC) 是由本國銀行、票券公司與外國投資銀行於 2001 年 10 月合組的民營公司，業務包括：

金融資產服務公司

擔任「公正第三人」鑑價機制，接受金融資產管理公司與銀行委託處理、重組及拍賣不良債權，並接受強制執行機關委託及監督，辦理銀行申請強制執行事件。

1. 接受資產管理公司委託，公開拍賣其取得執行名義的第一順位抵押權的不動產。
2. 辦理主管機關請法院委託準用《強制執行法》規定的拍賣。
3. 接受強制執行機關委託及監督，依《強制執行法》辦理金融機構聲請的強制執行事件。
4. 管理接受金融機構委託評估不良債權的合理價格，作為公開拍賣價格依據。

另外，多家金融機構瀕臨倒閉而擴大金融系統風險，政府無法以一般監理或存保機制處理解決，遂依《金融重建基金條例》而於 2001 年 7 月設立金融重建基金，此即類似美國重整信託公司、日本整理回收公司、韓國不良資產管理基金 (non-performing assets fund, NPA) 及存款保險基金 (deposit insurance fund, DIF) 等，提供失敗銀行退場機制以穩定金融。金融重建基金將金融機構分為「最好」、「居中」與「最差」三級，最差者就是調整後淨值為負數、無力清償債務、財務狀況惡化至難以營運的失敗銀行，此即必須委託中央存保處理的對象。金融重建基金補足失敗銀行的資金缺口後，將採兩種處理模式：

1. 金管會與中央存保協調體質良好銀行併購失敗銀行，如玉山銀行標購高雄企銀、聯邦銀行標購中興銀行、中信銀行標購花蓮企銀、荷蘭銀行標購台東企銀。
2. 將失敗銀行存款移轉至鄰近銀行，品質良好資產則由其他銀行接收，不良債權交由金融資產管理公司處理。

至於金融資產管理公司 (AMC) 與金融重建資金 (RTC) 的差異性如下：
1. 標的不同　金融資產管理公司針對仍有償債能力的尚稱健全銀行，購買其

不良資產，協助解決逾放比例過高問題，健全銀行資產品質與改善其營運。金融重建資金則是提供營運失敗銀行退場機制，協助其結束營業的處理資產與負債的善後機構。

2. **性質有異**　金融資產管理公司具有獨立自主與專業決策特質，通常是追求成本極小與效率最高的民營公司。金融重建資金營運複雜且涉及公權力運作，與部分存款保險業務重疊，係由政府掌控的公司或基金，作為解決失敗銀行的退場機制。

二、處理銀行負債的政策金融公司

在 1990 年代之前，台灣金融業以公營銀行為主，營運陷入困境則由政府接手承擔。到了 1984 年，民營的台北十信、國泰信託、亞洲信託及華僑信託接連爆發擠兌，為保障存款者權益與穩定金融，政府公布《存款保險條例》(1985)，由財政部與央行結合交通銀行與中國商銀（合併為兆豐銀行）、農民銀行（併入合庫銀行）、世華及上海等五家銀行，於 1985 年 9 月成立中央存保，針對要保銀行存款提供保額內存款保障，藉以消弭擠兌誘因。

中央存保的營運資金來源有三：

1. **資本**　成立資本額為 20 億元，1992 年 7 月擴大為 50 億元，1995 年 11 月再增資至 100 億元，資金運用收益是維持營運的主要來源。

2. **保費收入**　存保理賠的主要資金來源，每年至少提列 60% 保費收入作為保險賠款特別準備金。

3. **特別融資**　央行扮演最後融通者角色，中央存保可用公債或金融債券向央行申請融資，擔保品不足可由財政部洽商央行，在淨值內給予無擔保特別融資，超過淨值部分則需專案報請財政部核定融通辦理。中央存保資產無法抵償負債，不受《公司法》第 211 條約束宣告破產，而由央行給予特別融資渡過難關。

存款保險採取自由投保與強制投保。中央存保原先採取自由投保，但訂定銀行開業滿半年、符合健全經營（決算後未有累積虧損、淨值大於實收資本）、未發生重大缺失與違反《銀行法》等承保條件。到了 1995 年，台灣爆發本土金融危機，為保障存款者權益，中央存保改採強制投保，承保對象包括：(1) 本國銀行、中小企業銀行、外國銀行在台分行與子行，(2) 中華郵政，(3) 信用合作社，(4) 農、漁會信用部。承保項目包括支存、活存、活儲、定存及要保銀行確定用途信託資金等，至於外幣及外匯存款、信託人指定用途基金、共同基金、郵政儲金、可轉讓定存單、公庫存款、央行存款、要保銀行收受其他金融機構存款、同一人存款及信託資金超過最高保額（每一帳戶保額上限 300 萬元）之餘額不在保險範圍。舉例來說，高雄企銀停業，張三豐在旗津分

行持有定存單 150 萬元，在三民分行持有活儲 160 萬元，則存保公司賠付金額最高為 300 萬元。

政府實施存款保險，將對不同規模銀行產生的影響有別：

1. 鄉村或區域性銀行，如農漁會信用部與信用合作社，分行有限且無外界熟悉的信用，僅能吸收座落區域的資金，授信對象侷限於區域性產業，如農業，業務缺乏多元化而易受區域景氣波動衝擊，營運風險高而集中。實施存款保險將讓這些銀行吸收存款無須支付風險溢酬，降低存款者擠兌機率，減少必須賤售資產因應。尤其是只要銀行營運正常，實施存款保險將讓存款者對銀行規模偏好無差異，有助於降低金融業集中度，改善寡占市場型態。

2. 金控公司轄下銀行廣設分行，以其分行網路、規模與信用吸收全國資金，授信對象涵蓋各行業，營運風險低而分散。理論上，小銀行相對大銀行需要存款保險，然而美國聯邦存款保險公司 (FDIC) 處理倒閉銀行，卻偏向保護後者的存款者，採取策略有三種：

   (a) 直接賠付　讓銀行倒閉並理賠保額內存款，逾越保額部分的存款須與該公司共同分配倒閉銀行的剩餘資產。

   (b) 購買與承受 (purchase and assumption, P&A)　存保公司支付健全銀行資金，由其承受倒閉銀行所有存款，從而避免大額存款者遭受損失。

   (c) 繼續營運援助　存保公司金援瀕臨倒閉銀行，使其能夠繼續營運，不過銀行股東須承受重大損失，但大額存款者權益獲得充分保障。

購買與承受
存保公司支付健全銀行資金，由其承受倒閉銀行所有存款。

為規避銀行道德危險，存保公司透過下列方式監控銀行高風險活動：

1. 控管承保風險　不定期提出攸關銀行財務與業務資訊的金融預警報表，針對銀行營運危機處理，與金管會進行訊息交流、合作及聯繫。同時，針對銀行違反法令、保險契約或經營不健全業務現象，提出警告並限期改正，限期未改則終止其要保資格。

2. 導正銀行營運風險　運用金融預警系統評估分析銀行績效，掌握信評較差銀行營運資訊，及早發現其財務與業務經營異常變化，適時採取必要措施，並針對有重大經營缺失銀行採取專人專戶管理，協助加強風險管理。

3. 辦理專案實地查核或風險評估，作為終止銀行投保與履行保險責任參考。

4. 配合金融監理政策揭露銀行經營資訊，發揮市場制約機能。

銀行無法履行支付義務而陷入停業，存保公司將採取下列策略處理：

1. 清理停業銀行　存保公司進駐停業銀行，評估若有營運價值，在報經金管會核准後，採取融通資金或購買資產方式協助其復業；若無營運價值，則將清算價款依債權額比例清償所有債務，結束營運。

2. 保額內存款理賠 存保公司評估理賠成本與對金融業衝擊後，採取策略包括：

(a) 在停業銀行櫃檯以現金賠付存款者。

(b) 將理賠金額移轉至另一要保銀行，設立與理賠金額相等之移轉存款賠付，存款者權益獲得被移轉銀行與存保公司雙重保障，無須急於提款，不僅降低存保公司籌資壓力，且因該存款具有商譽價值，被移轉銀行須支付權利金，降低理賠成本。

(c) 同一地區若無其他要保銀行可移轉，得暫以存保公司名義繼續經營。

3. 保額外存款處理 針對超過 300 萬元的大額存款者，存保公司不負擔超過保額部分存款的賠償責任，但是發給債權證明書，直至清理人處分停業銀行資產後，以所得資金依債權比例清償。爲免除理賠責任且降低成本，存保公司採取兩種策略：

(a) 購買與承受 公開標售停業銀行，存保公司負擔成本爲停業銀行負債超過售價之差額，如金融重建基金標售中興銀行（聯邦銀行得標）與高雄企銀（玉山銀行得標）即採該項模式。

(b) 協助合併 協助其他銀行吸收合併停業銀行，存保公司負擔成本爲停業銀行負債超過其資產市值與商譽總和的部分，如中信銀行合併鳳山信合社即採該模式。

存保公司訂定存款保險費率可採單一費率與風險基礎費率。就單一費率而言，由於對愛好風險銀行缺乏懲罰效果，對風險袪避銀行欠缺公平，將隱含下列缺陷：

1. 資源錯誤配置 銀行追求盈餘而擴大承擔風險，卻無須支付額外代價，將誘使銀行承擔風險超越體系最適水準。此舉意味著健全銀行補助績效不彰或從事高風險業務銀行，變相將財富移轉給高風險銀行股東及經理人。

2. 引發逆選擇 風險袪避銀行認爲自己不易倒閉，不願與追求高風險銀行負擔相同費率而缺乏投保誘因，導致要保銀行最後可能均屬高風險群。

3. 擴大道德危險 銀行營運風險攀升卻無需負擔較高保險費率，提供銀行擴大風險以換取高報酬率的誘因，無疑將擴大道德危險。

單一存保費率讓金融業營運陷入無效率，合理存保費率應視評估銀行營運風險結果而定。銀行擴大風險，則須支付較高費率，此即風險基礎存保費率 (risk-adjusted premiums)。中央存保自 2000 年 1 月起基於《存款保險差別費率實施方案》訂定三級風險費率，同一風險等級的銀行適用相同費率，如表 4-3 所示。國內約有五成銀行適用 0.05% 費率，三成適用 0.055% 費率，二成適用最高費率 0.06%。

風險基礎存保費率
存保費率取決於評估銀行營運風險結果而定。

表 4-3

台灣的存保風
險費率

資本適足性	全國金融預警系統檢查資料評等綜合得分		
	A 級（65 分以上）	B 級（50 分~65 分）	C 級（未達 50 分）
資本良好（12% 以上）	0.05%	0.05%	0.055%
資本適足 （8% 以上尚未達 12%）	0.05%	0.055%	0.06%
資本不足（未達 8%）	0.055%	0.06%	0.06%

資料來源：財政部

　　存款保險降低資金供需雙方蒐尋訊息成本，設定保額上限讓大額存款者慎選往來銀行，發揮市場力量監督銀行營運，降低逆選擇問題，但也改變存款者、要保銀行和存保公司面臨的誘因與約束，破壞市場競爭環境，反而擴大道德危險，可能衍生成本如下：

1. 弱化市場制約機能　若無存款保險，存款者將隨時監督銀行營運。隨著銀行承擔風險攀升，存款者將要求附加風險溢酬而迫使存款利率上升；營運風險超出存款者承受範圍，則將進行擠兌。實施存款保險後，銀行在營業處所懸掛「存款保險標示牌」，揭示存保公司將保障保額內存款安全性，存款者將放鬆關心銀行經營績效和承擔風險狀況，弱化市場制約機能。

2. 擴大銀行風險偏好　存款保險誘使銀行傾向從事較高風險與報酬業務，擴大銀行脆弱性。

3. 存保公司處置問題銀行能力　資訊不對稱理論對金管會擬定金融政策具有相當豐富啓示，如實施存款保險，而《金融重建基金條例》卻規定存款戶理賠無上限，不受《存款保險條例》每戶 300 萬元規範，勢必引發巨大的道德危險，如經營階層掏空銀行資產（如中興銀行與中華銀行），再將爛攤子丟給重建基金買單。金管會概括承受問題銀行，反而惡化逆選擇，此係存款人偏好與提供高利率的銀行往來，而這些銀行卻是最有問題且風險最大者。

　　控制道德危險是存款保險發揮金融安全網作用的基礎，而透過良好制度設計與外部約束機制，才能有效防範與控制：

1. 良好制度設計　依據銀行信用評等和資本適足性定期調整存保費率，促使銀行風險與預期報酬匹配。另外，規定存款保險上限，擴大存款者監督銀行誘因、採取存款者與存保公司共同保險方式，有效提高市場制約機能、依據成本效益原則處置問題銀行等，藉以掌控銀行營運風險。

2. 加強銀行監理　存款保險必須搭配嚴格銀行監理，包括市場參與、業務範圍、資本適足性、資訊揭露、高級管理人員任職資格、風險管理和內部控

制及退場機制等。

3. **強化市場制約機能**　強化銀行股東、存款者、其他債權人及社會監督銀行營運，藉以降低道德危險，同時透過會計制度和資訊揭露制度強化市場制約機能。

觀念問題

❖ 銀行不良債權累積勢必衝擊營運健全性，政府成立哪些政策金融公司紓解？這些公司有何差異？

❖ 試比較金融資產管理公司、金融資產服務公司與金融重建基金的差異性。

❖ 金融重建基金採取何種策略來補足失敗銀行的資金缺口？

❖ 下列市場關係存在資訊不對稱，試說明可能產生的逆選擇或道德危險。
(a) 銀行與客戶之關係。
(b) 保險公司與被保險人之關係。

❖ 從逆選擇與道德危險觀點，試評估提高存款保險額度對銀行與存款者可能造成的影響？對經濟活動產生的利弊為何？

❖ 試以經濟理論回答有關全民健保的問題：
(a) 試問政府強制全民加保的理由為何？
(b) 一般壽險公司無不獲利豐碩，但台灣全民健保何以呈現虧損狀態？
(c) 為何有些醫療項目要由患者自付費用？
(d) 為何會出現「藥價黑洞」問題？
(e) 政府有可能解決藥價黑洞問題嗎？理由為何？

4.5 　總體審慎政策

4.5.1 　金融監理問題

1970 年代爆發兩次石油危機，停滯性膨脹重創實質經濟活動。紐西蘭央行於 1989 年實施「通膨目標機制」(inflation targeting)，追求穩定通膨成為首要目標。爾後，各國跟進在《中央銀行法》明訂央行負有穩定通膨責任，並將金融監理權移轉給獨立的金融監理機構，如金管會，自此喪失穩定金融的監理工具。然而金融國際化讓金融環境複雜化，金融機構營運風險遽增。邁入 1990 年代，國際金融機構管理風險失當，營運危機或破產事件頻傳而急遽擴大金融

通膨目標機制
央行追求穩定通膨為執行貨幣政策目標。

系統風險，金融風險管理與金融監理議題迅速躍居金融發展焦點。爾後，2008年金融海嘯重創國際景氣，各國政府投入巨資力挽狂瀾，同時檢討金融海嘯爆發原因，發現金融監理疏鬆扮演關鍵角色。

1. 貨幣政策與金融監理政策　央行採取通膨目標機制，以利率政策穩定通膨。金管會則採一元化監理，運用個體審慎監理金融機構營運。傳統上，政府採取多元化監理，不同金融機構適用監理法規標準不一。然而金融創新引發跨業經營與提高異質商品滲透率，金融機構選擇有利本身營運的監理方式，包裝金融商品上市進行監理套利，規避金融監理行為層出不窮。此舉凸顯落在貨幣政策與個體審慎監理間的金融體系監理乏人管轄，監理漏洞衍生的系統風險遂成醞釀金融海嘯的溫床。

2. 金融監理鬆弛　《金融服務現代化法》(*Gramm-Lexdch-Bliley Act*) (1999) 開放結合證券、銀行與保險的金融集團，然而傳統金融監理嚴格監理銀行業營運，金融安全網也僅保護銀行，如存款保險、央行扮演最後貸款者。證券業與壽險業則不受央行與存保公司監理，也未受金融安全網保護。然而這些機構營運模式雷同，如仰賴批發性資金、以短支長的期限錯配 (maturity mismatch) 及未避險的貨幣錯配 (currency mismatch)，在信用緊縮期間，流動性風險飆漲醞釀流動性危機。另外，共同基金遭到投資人瘋狂贖回，猶如銀行遭致擠兌，卻無類似存款保險機制化解，勢必擴大金融系統風險而釀成金融危機。尤其是新世紀金融公司是引爆次貸事件的主角，次貸規模高居全美第二，卻屬非正式金融而無人監理。

3. 信用評等機構　信用評等公司從事金融資產品質評估業務，理應扮演「看門狗」角色，但其收入卻由委託評估證券的承銷機構支付，提供對所評資產有利評等以換取業務的誘因，導致「防火牆」崩毀。

4. 金融機構資產負債表現象　Basel II 鼓勵銀行以內部評等法計提信用風險資本，配合銀行積極推動放款證券化，從而享有較低資本計提。尤其在風險基礎資本規定中，交易帳資產的風險權數較低，誘使銀行採高槓桿操作低流動性資產，導致持有準備與流動資產不足。一旦陷入財務困窘，銀行既無可立即變現的流動資產，也無合格擔保品可向央行求援的困境，從而在海嘯期間陷入償債能力不足苦果。

期限錯配
銀行資金來源短期化，資金運用長期化。

貨幣錯配
一國外債係以外幣計價，資產則以國幣衡量，並未採取規避匯率風險操作。

影子銀行
或稱平行銀行。提供類似銀行服務的非銀行中介機構。

知識補給站

影子銀行 (shadow banking) 是指提供類似銀行服務的非銀行中介機構，促使銀行業融資功能逐漸由證券業投資功能取代，金融結構根本性變化不斷削弱傳統銀行業的作用。美國太平洋投資管理公司 (Pacific Investment Management

Company) 董事 Paul McCulley(2007) 率先提出影子銀行概念，財政部長 Timothy Franz Geithner 隨後提出平行銀行 (parallel banking) 概念，意指相對商業銀行的非銀行金融機構，包括投資銀行、對沖基金、貨幣基金、債券保險公司 (bond insurance)、結構型商品 (structured products) 等，為赤字單位與盈餘單位搭建橋樑，成為融通次級房貸的主要中間媒介而發揮準銀行功能。尤其是影子銀行發行多元化金融衍生性商品，大幅擴張負債和資產業務，相互作用而創造信用，基本特點有三：(1) 採取批發交易模式，有別於銀行零售模式。(2) 設計商品結構非常複雜，多數在櫃檯市場交易，鮮有訊息公開揭露。(3) 使用高槓桿營運且缺乏豐裕資本。

　　從次貸危機演變歷程來看，美國聯準會面對景氣復甦與油價攀升帶來的通膨壓力，從 2004 年 6 月至 2006 年 6 月，逐步調高基準利率 425 個基點。影響所及，讓房地產價格由 2006 年起開始滑落，房屋抵押放款陸續出現違約，次貸市場、次貸證券化市場與影子銀行體系繁榮的基礎出現崩跌。隨著貨幣市場流動性逐步收縮和房地產價格下挫，影子銀行對資產價格和流動性的敏感性開始顯現。2007 年 8 月，貝爾斯登率先停止旗下對沖基金贖回，引發資金競相逃離影子銀行的浪潮。前仆後繼的資金逃離潮推動銀行間市場拆借利率急劇攀升，過剩流動性迅速消逝，影子銀行相繼捲入流動性危機。邁入 2008 年初，美林、瑞銀、高盛等大型金融機構因次貸問題陷入巨額虧損，大規模減計資產引發資金需求劇增，然而資金供給卻嚴重萎縮，市場流動性瞬間消逝無蹤。2008 年 3 月，貝爾斯登破產倒閉，透過聯準會斡旋而由摩根大通收購。邁入當年秋季，五大投資銀行集體崩塌摧毀影子銀行營運基礎，蘇格蘭皇家銀行、花旗銀行、美國銀行等大型商業銀行無法剝離鉅額有毒資產，而於 2009 年初陷入前所未有的困境。

　　影子銀行承作龐大次貸業務，扮演類似商業銀行角色，卻未接受充分監理以保證金融安全，潛藏巨大風險：(1) 商品結構設計複雜且多在櫃檯市場交易，訊息揭露不全讓監理機關與金融市場參與者難以認知一系列風險。(2) 不受資本適足率與提存準備約束，業務規模龐大而自有資金很少，潛在信用擴張數十倍，且無存款保險保護。在房價上漲時期，投資人對次貸證券的高報酬率趨之若鶩，影子銀行也極力擴張業務。隨著房價崩跌引發次貸違約率遽升，投資人大量拋售次貸證券及其衍生商品，影子銀行遭到擠兌而引發市場恐慌。

　　後金融海嘯時期，歐美各國規劃將影子銀行納入監理。2009 年 3 月 18 日，英國金融服務局 (FSA) 發布改革金融監理體系計劃，強化監理對沖基金等影子銀行、抵押貸款和信用衍生商品，限制信用衍生商品市場，確保投資人了解市場運作情況。同時，FSA 建議將信用違約交換市場交易集中清算，提高市場透明度以降低交易對手風險。稍後，美國於 2009 年 3 月 26 日公布全面改革金融體系方案，嚴格監理對沖基金之類的影子銀行，超過一定規模的對沖基金與私募基金須在美國證券交易委員會 (SEC) 註冊，同時揭露收關資產和使用槓桿訊息。此外，該方案強調全面建立如 CDS 場外衍生商品市場監理、保護和揭

露架構。為降低交易對手風險，所有標準化場外交易契約須經由中心機構處理，鼓勵市場參與者使用交易所交易工具。

　　總之，設計訊息揭露機制是監理影子銀行的焦點，提高金融商品和金融市場透明度，完善場外交易的訊息揭露，讓投資人充分了解相關資訊，是防範衍生商品市場風險的重要措施，也是確保影子銀行歷經金融海嘯洗禮後穩健發展的必經之路。

觀念問題

❖ 金融市場國際化與金融自由化蔚為金融發展主流，提供創新金融商品頻頻出爐的環境，然而複雜交易方式卻成為引發金融海嘯的原因之一。試分析當中緣由為何？

4.5.2　總體審慎監理

　　傳統監理思維係屬個體審慎監理，前國際清算銀行 (BIS) 總經理 Andrew Crockett 提出明確定義：「個體與總體審慎監理係以其目的與經濟機制運作產生之概念區分」。就目的而言，個體審慎係在避免個別金融機構營運失敗，總體審慎則在抑制系統風險。另就經濟體系運作來看，個體審慎假設個別金融機構不受其他機構影響，確保個別機構健全營運即能穩定金融。總體審慎則指金融穩定取決於金融機構集體行為，個別機構彼此關聯互動，具有內生性風險。就現實而言，個別金融機構穩健營運未必確保金融體系亦屬穩定狀態。金融海嘯經驗顯示，傳統個體審慎監理模式不足以穩定金融，唯有輔以總體審慎監理，及時辨識金融體系風險與弱點，採取更有效監理才能降低金融體系失序的可能性。

　　總體審慎監理係從系統層面監控金融體系，並從跨時層面 (time dimension) 維持金融穩定，不隨時間而劇烈變動，掌握因時間演變而形成之風險。該等風險因子可能源自金融體系本身，也可能來自總體經濟環境變遷。以總體審慎監理角度觀之，這些潛在風險因源自金融體系多屬內生變數，是以單一機構對房價影響雖然有限，然而整體銀行業同時放寬承作房貸標準，影響力將迅速躍升。總體審慎監理即在減緩金融體系與實質經濟關聯性之擴大過程，或稱金融順循環效果，而建立緩衝資本將有助於解決該項問題。另外，金融海嘯引發各界對重要金融機構「太大不能倒」之疑慮，則有賴總體審慎監理來解決跨機構層面 (cross-dimension) 風險問題。

　　總體審慎工具又稱逆景氣循環工具，係以個體審慎工具爲基礎，聚焦於金融機構、市場、金融基礎設施與實質經濟間的互動關係，強化金融機構因應景氣循環的韌性，藉以穩定金融並預防金融危機發生，追求目標有二：(1) 強化金融體系遭致景氣衰退與其他總和干擾之復原力、(2) 主動限制金融系統風險之形成。此種逆循環策略減緩景氣繁榮之擴大循環效果，重新調整個體審慎工具對金融體系曝險限額，降低潛在弱點而促進金融體系復原力。

1. **逆循環必要資本 (countercyclical capital requirement)**　在 Basel III 要求最低資本計提基礎下，依景氣循環計提緩衝資本 (buffer capital)。繁榮時期，銀行增提緩衝資本，以備景氣衰退可能遭致的損失，維持常態授信業務與融通實質經濟活動所需資金。

2. **變動風險權數 (variable risk weights)**　針對銀行承作特定類別放款曝險程度，調整風險權數，提高資本計提來抑制其擴張。

3. **槓桿比率**　規範銀行槓桿操作比率，防止銀行運用表外交易來降低資本計提，並以高槓桿創造盈餘，預防銀行陷入資金枯竭，採取「去槓桿化」將擴大金融危機。

4. **動態放款損失準備**　景氣繁榮時期，銀行提列較高放款損失準備；邁入景氣衰退，銀行將減少提列損失準備。

5. **貸放比率 (loan to value, LTV)**　提高擔保品規定以限制特定類型放款，如股票交易保證金、抵押融通放款比率、規定附條件交易的擔保品折價等，藉以強化金融體系對干擾之復原力，同時具備自動穩定金融功能，亦有助減緩金融循環效果。

6. **信用管制與流動準備**　調高流動準備率，提昇銀行持有流動資產數量與品質。同時，限制放款金額，規定放款對核心存款比率，如打房措施限制承作房屋抵押放款成數，降低銀行依賴批發市場資金而衍生流動性枯竭問題。

　　央行調整貨幣工具來穩定通膨兼顧穩定金融，可視爲廣義總體審慎監理。

1. **逆風而行 (leaning-against the wind)**　由於央行難以設定資產價格目標來判定是否泡沫，甚少以「逆風而行」政策防範，只能於事後清理破滅的泡沫。是以央行應將金融部門納入總體模型，掌握金融環境變遷對實質部門衝擊，強化貨幣政策傳遞機制，並以「逆風而行」監控金融系統風險，防止金融失衡而兼顧穩定通膨與穩定金融。

2. **溝通政策**　央行採取透明化溝通策略，如宣布紓困措施、央行官員信心喊話、專題演講或接受訪問等，儘速疏解金融危機對經濟的威脅。同時，央行在網站增設「金融危機專頁」，將央行管理危機作爲透明化，如美國聯

逆循環必要資本
繁榮時期，銀行增提資本，以備景氣衰退可能遭致的損失。

緩衝資本
透過限制銀行盈餘分配而累積更多資本，用以因應景氣衰退可能遭致的額外損失。

變動風險權數
依據放款風險程度調整風險權數，用於計提銀行資本。

貸放比率
擔保品對放款的比率。

逆風而行
央行採逆景氣循環操作執行貨幣政策。

準會、英格蘭銀行與歐洲央行將溝通策略揭示於本身網站，並出版金融穩定報告，揭示央行對系統風險的偵測、採取總體審慎監理的理由。不過穩定金融具有不易正確描述、量化及預測特質，而央行事前採取措施不易為人們了解，也不易舉反例說明未採措施可能發生危機，溝通政策困難度相對貨幣政策為大。

為降低金融機構股東及債權人面對危機要求政府買單的依賴，增強金融機構承擔風險責任，央行紓解危機方式如下：

1. **最後貸款者** 央行無限制金援問題銀行以弭平擠兌危機，如英格蘭銀行緊急金援次貸大戶北岩銀行 (Northern Rock)。

2. **最後中介者、造市者或資本供給者** 金融海嘯引爆流動性危機，但陷入困境的房利美、房地美及南山人壽既非符合申請最後貸款資格的銀行，也缺乏優質擔保品，迫使聯準會扮演最後中介者角色，放寬合格擔保品規定及延長融通期限長達一年，數度調降緊急融通利率與目標利率間的加碼幅度，藉以彌補拆款市場的資金缺口，讓拆款市場及貨幣市場順利運作。央行也兼具最後造市者角色，除買入政府債券外，也買入其他特定市場債券，如抵押擔保證券。甚至在銀行資本嚴重不足時，央行再扮演最後資本供給者角色，如日本銀行在 2000 年金融危機買入銀行股票。

3. **特別解決機制 (special resolution regime, SRR)** 由財政部、央行、金融監理機構及存款保險公司成立解決問題銀行的機制，有些國家由財政部主導；有些由央行主導，如英國《銀行法 2009》設立特別解決機制，由英格蘭銀行主導；有些則由存款保險公司主導，如美國聯邦存款保險公司。

4. **或有資本或管理混合式債券** 巴賽爾銀行金融穩定委員會 (Financial Stability Board, FSB) 及監理委員會提出「或有資本」(contingent capital)，而 Squam Lake Group (2010) 提出「管理混合式證券」(regulatory hybrid securities)，在金融危機過程中，以事先約定條件強制將債權轉換為股權，快速補足問題銀行資本不足，大幅減輕政府紓困負擔。

總體審慎監理著眼於穩定金融，考量金融體系與實質經濟之相互影響，運用管制與監理工具紓緩金融體系順循環特性，抑制系統風險以穩定金融（總體審慎監理之首要目標），此係「由上而下」(top-down) 監理方式；反之，個體審慎則以健全個別金融機構為重心，是為「由下而上」(bottom-up) 監理方式。綜合兩者性質比較，將列於表 4-4。

或有資本
銀行的負債，在某一狀況下，該負債將轉換成銀行資本以提昇資本適足性。

管理混合式證券
在金融危機過程中，以事先約定條件強制將債權轉換為股權，快速補足問題銀行的資本不足，大幅減輕政府紓困負擔。

表 4-4

總體與個體審慎
監理比較

	總體審慎監理	個體審慎監理
近期目標	防範金融體系出現系統風險	防範金融機構陷入財務困窘
最終目標	避免金融失衡重創景氣	保護金融消費者權益
風險特性	因集體行為而具「內生性」	代理人相互獨立而具「外生性」
跨機構相關性與曝險	重視金融機構間風險關聯性、系統風險與特定風險之區分，以及衡量對產出的影響	重視個別金融機構風險，不考慮跨金融機構風險
審慎監控方向	「由上而下」，先設定總體經濟表現的相關指標，再以個別金融機構受系統風險影響為基礎而予以監控	「由下而上」，主要監控個別金融機構風險，整體金融部門影響結果係個別金融機構風險累加

資料來源：Claudio Borio (2003), Towards a Macroprudential Framework for Financial Supervision and Regulation?

綜合以上所述，有關政府能夠運用的穩定金融工具類型，將列於表 4-5。

表 4-5

穩定金融工具
類型

政策類型	政策目標	政策工具
個體審慎政策	限制金融機構風險	資本品質或金額，槓桿比率
總體審慎政策	限制金融系統風險	逆循環必要資本計提
貨幣政策	穩定物價	政策利率 附買回操作
	流動性管理	擔保品政策 對準備金計息 政策融通
	對抗金融失衡	政策利率 法定準備 調節流動性
財政政策	管理總需求	稅負 自動穩定機制（累進所得稅） 逆循環權衡性措施
	景氣榮時建立財政緩衝	降低負債水準 對金融機構課稅
資本管制政策	限制系統幣別錯置	限制握有外匯淨部位 限制外幣資產類型
金融基礎設施政策	加強金融體系基礎設施之韌性	推動衍生性商品集中交易

資料來源：Hervé Hannoun (2010), Towards a global financial stability framework

觀念問題

❖ 試說明 Basel III 要求銀行增提逆循環必要資本的作用為何？

❖ 何謂管理混合式證券？其作用為何？

Claudio Borio

　　曾經擔任 Oxford 大學 Brasenose 學院研究員與講師、OECD 的經濟學者、目前任職於國際清算銀行 (BIS) 貨幣與經濟部門首席代表、研究與統計主任，專注於研究全球性失衡、貨幣政策、銀行與金融穩定等議題。

 4.6　金融自由化與國際化

　　1980 年代末期，各國政府積極解除金融管制，推動金融自由化與國際化，健全金融市場機能強化金融機構良性競爭，進而提昇金融服務品質與經營效率，有助於效率配置資源並推動經濟成長。不過金融自由化也將帶來負面衝擊：

1. **熱錢流竄**　開發中國家長期採取金融壓抑，金融自由化吸引熱錢或主權財富基金 (sovereign wealth fund) 流入套利，強烈衝擊本國金融體系，如 1994 年墨西哥金融危機、1997 年亞洲金融危機，以及 2008 年金融海嘯即是肇因於跨國資金流動所致。

2. **經濟泡沫化**　開發中國家推動金融自由化，往往搭配大規模舉債融通過度開發計畫，資金進駐股市與房地產，推動股價與房地產價格飆漲而形成資產泡沫。泡沫經濟引發產業結構失衡與不良資產累積，釀成金融系統風險攀升，讓銀行營運陷入困境甚至破產。

3. **總體調控能力弱化**　央行喪失政策自主權與穩定經濟能力，如調高利率抑制通膨，卻吸引跨國資金流入套利，若非迫使匯率升值即是擴張貨幣供給，進而銷弱緊縮效果。在景氣衰退之際，央行寬鬆政策卻引來跨國資金撤離，抵銷擴張效果。

　　政府可從國內與國外兩個方向推動金融自由化。就國內而言，將是反映在下列層面：

1. **價格自由化**　金融自由化帶動金融資產價格變動呈現三部曲：
   (a) **價格僵化 (price rigidity)**　央行訂定利率上限與固定匯率。
   (b) **價格彈性化 (price elasticity)**　央行訂定各類存款最高利率，再由銀行公會議定放款利率報請央行核定實施。外匯市場實施中心匯率制度

主權財富基金
政府以其財政盈餘、外匯準備或自然資源出口盈餘，用於長期投資的基金。

價格僵化
央行訂定利率上限與固定匯率，價格固定不變。

價格彈性化
央行訂定各類存款最高利率，外匯市場實施中心匯率制度，價格在某一範圍內波動。

（前一日銀行間成交匯率的加權平均值），銀行間匯率可在該匯率的上下 2.25% 範圍內波動。

(c) 價格浮動化 (price flexibility)　由金融市場供需決定，如銀行依資金成本調整存放款利率，銀行間外匯市場的交易匯率自由波動而無限制。

> **價格浮動化**
> 由市場供需決定價格，央行不加干預。

2. 金融業務與組織自由化

(a) 金融業務自由化　放寬金融機構依專業及客觀環境選擇經營利基業務，提昇金融服務品質。

(b) 金融組織自由化　開放各類型金融機構設立、改制與增設分支單位。

3. 公營金融機構民營化　為順應公營事業民營化潮流，政府完成一銀、華南與彰銀、中國產險、台灣產險、台灣人壽、農銀、交銀、台灣企銀、合庫、中國再保險等金融業股票上市，降低公股比率而脫離《公營事業管理辦法》束縛，提昇營運自主性與經營效率。

再就金融國際化而言，此係指本國金融活動與國際金融市場融合的過程，包括金融機構、金融市場、金融商品與金融資產國際化，以及金融法規、交易習慣與國際慣例趨於一致的過程和狀態，而通常可用投資人持有資產組合內容、國際金融商品交易數量、交易所跨國連線交易、金融業跨國據點、國際金融市場聯動性與金融市場自由化程度來衡量金融國際化趨勢。金融國際化整合各國金融市場，擴大國際金融市場相互依賴性與效率，對國內經濟活動衝擊，可從總體與個體層面來探討。

(a) 個體層面效果　金融國際化提供企業、金融機構與投資人套利與避險機會，擴大金融創新誘因而發揮效果如下：

(i) 國內外金融資產報酬率並非完全相關，投資人將外國資產納入資產組合，將可分散部分國內系統風險，風險分散極限再獲延伸。

(ii) 在跨國金融市場避險交易，規避價格變動或其他交易風險。

(iii) 在國際金融市場，廠商運用新型金融商品來享有比較利益，降低金融交易成本，如運用換匯換利契約來降低交易成本。

(b) 總體層面效果　金融國際化加速整合國際金融市場，同時擴大金融系統風險。金融市場參與者若是疏於因應，勢必衍生承擔更多風險，釀成的總體層面衝擊如下：

(i) 金融市場效益提昇　金融創新提高金融市場效率，包括整體架構與配置效率。就前者而言，金融體系提供不同期限、風險、報酬率及市場化商品，並可「量身定做」商品，投資人選擇多元化。就後者而言，金融市場效率上升讓金融商品可獲得更佳評價，大幅提昇金融資源配置效率。

(ii) 金融市場廣度與深度擴增　金融國際化擴大金融市場廣度與深度,但也加劇金融市場不穩定性。舉例來說,金融機構操作新型金融商品失利,不僅讓個別金融機構陷入財務危機,如霸菱銀行 (Barings Bank) 及加州橘郡 (Orange county) 危機擴散釀成金融市場混亂。

(iii) 金融法規修訂　金融國際化加速傳統證券、保險與銀行業務區隔模糊化,透過金融商品相互競爭與混合滲透,本國金融法規的規範益形困難,強化金融管理與法規執行顯然有其必要性。

(iv) 政策自主權降低　金融國際化整合國內與國外金融市場,央行執行貨幣政策勢將引來跨國資金反向移動掣肘,大幅流失政策自主權。

至於台灣推動金融國際化,則是反映在下列層面:

1. 解除貿易帳與金融帳管制　放寬外匯管制,核准銀行辦理外幣金融業務;開放外國人投資台灣證券,以及本國公司前往國際金融市場發行公司債、存託憑證等,引進外國公司來台上市或上櫃,以促進證券市場國際化。

2. 促進金融業務國際化　允許本國及外國銀行在境內設立國際金融業務分行 (OBU) 承辦境外金融業務,放寬經營範圍以擴大境外金融中心參與者。

3. 拓展國際金融業務　開放本國銀行前往各國設置辦事處、分行、子銀行與合資銀行,放寬外國金融機構來台設立及表人辦事處、分行、子銀行。

觀念問題

❖ 何謂金融自由化與金融國際化?兩者有何關聯性?

❖ 試說明可從哪些方面觀察國際金融市場的相互依賴性?

❖ 發展中國家推動金融自由化,將對體系帶來何種利益與產生的負面衝擊為何?

❖ 開發中國家採取金融壓抑可能釀成下列效果,試加以評論:

(a) 阻礙金融自由化進行,並且擴大金融業壟斷性。

(b) 形成金融雙元性強化相互競爭,促使金融資產價格浮動化。

問題研討

小組討論題

一、選擇題

1. 台灣金融體系存在雙元性，攸關非正式金融營運模式的描述，何者錯誤？ (a) 股市大戶借款期限愈短，丙種金主承擔信用風險愈低，將可提供優惠低利　(b) 地下錢莊直接融通客戶，承擔交易成本低於間接金融　(c) 中租迪和買斷大立光學應收帳款，一旦面臨倒帳，大立須負責清償　(d) 高僑透過中租迪和以分期付款買進機器設備，此係屬於表內交易

2. 鴻海接獲 Apple 的大筆訂單，財務部尋求資金來源以融通擴大產能計畫。何種規劃內容係屬正確？　(a) 以折舊與保留盈餘融通，既無財務風險也無資金成本　(b) 發行公司債而由台銀買進，將屬直接金融　(c) 以應收帳款擔保發行證券來募集資金，將屬表內交易　(d) 採取現金增資募集資金，財務風險與資金成本將低於向兆豐銀行貸款

3. 金管會主委追求穩定金融，掌握何種活動性質係屬正確？　(a) 對銀行壓力測試以降低金融系統風險，此即個體審慎監理　(b) 針對銀行成立設定負責人資格門檻，將可降低銀行營運的道德危險　(c) 金管會檢查局實地檢查台新銀行，此係屬於安全性管制　(d) 要求銀行業增提緩衝資本，將可降低逆選擇問題

4. 人們從事金融交易將會面臨資訊不對稱，何種現象係屬正確？　(a) 保險公司避免調升保險費，主要係為降低逆選擇　(b) 銀行逾期放款比例偏高，主要是逆選擇放款對象所致　(c) 銀行授信特別重視顧客關係，主要係為「搭便車」　(d) 金管會要求銀行揭露財務與營運訊息，係為降低經營階層的道德危險

5. 政府實施存款保險產生效果各有利弊，何種說法係屬正確？　(a) 大銀行恆大，區域性銀行將因負擔存保費用而愈無競爭力　(b) 大銀行競爭力上升，小銀行競爭力遭致削弱　(c) 降低銀行營運的逆選擇與道德危險　(d) 擴大存款者逆選擇，並讓銀行增加道德危險

二、問答題

1. 依據央行發布《公民營企業資金狀況調查結果報告》內容顯示：台灣大企業採取直接金融比例逐年遞增，中小企業採取直接金融比例卻未見增加。針對兩類企業採取融資方式的差異性，試提出合理解釋。

2. 試回答下列有關存款保險問題：

(a) 何謂存款保險？實施存保制度對小銀行營運將會產生何種衝擊？

(b)《存款保險條例》對存款者在同一銀行存款訂定保障金額為 300 萬元，目的為何？

(c) 實施存款保險可能產生何種負面效果？

(d) 存款保險採取風險基礎費率，將可減輕何種問題發生？

3. 台灣許多銀行在 2005 年第四季爆發信用卡與現金卡的雙卡事件，引發金融體系巨幅震盪重創實質景氣。試說明金管會在此次事件中應該扮演何種角色？

4. 美國前五大投資銀行在 2008 年陷入破產倒閉或甚遭併購，追究當中原因實與金融監理寬鬆有關。試回答下列問題：

(a) 金融監理類型如何區分？不同金融監理方式分別由誰執行？

(b) 金管會執行結構性與安全性管制追求的目標有何差異？

5. 金融業提供將盈餘單位資金轉移給赤字單位的資產轉換功能。試從直接金融與間接金融觀點，說明經濟成員如何透過金融體系來移轉資金。

6. 為解決銀行業不良債權累積問題，政府成立金融資產管理公司、金融資產服務公司與金融重建基金，協助銀行業健全營運。試說明三者營運特質與差異性。

7. 鴻海集團是每年營業額超過 4 兆元台幣的跨國公司，所需營運資金規模龐大。董事會要求財務部檢視財務狀況，提出可行募集資金策略，以及對資產負債表造成的影響。請你代為提出可能的建議內容：

(a) 公司擁有眾多營運中的廠房與辦公大樓，導致負債比例偏高且欠缺流動性。

(b) 為擴大市場占有率，公司採取放帳交易而累積龐大應收帳款餘額，必須承擔鉅額資金調度壓力與信用風險。

(c) 為因應新型通訊業務發展，公司必須採購龐大營運設備。針對如何取得營運設備，財務部可採哪些策略，對公司資產負債表造成的影響分別為何？

8. 資訊不對稱是人們從事金融交易經常面臨的問題，從而出現不同因應策略。試說明這些策略是為解決哪些問題？理由為何？

(a) 土銀針對公教人員與一般上班族申請信用貸款，要求提供資料與核定放款利率不同。

(b) 中央存保設定存款者在同一銀行的存款餘額須受 300 萬元上限的保障限制。

(c) 台銀要求貸款廠商在銀行開立交易帳戶，並隨時檢視其帳戶餘額變化情形。

(d) 金管會針對銀行營運狀況進行實地檢查。

9. 存款保險是金融安全網的一環，保障人們存款權益，避免銀行擠兌引發連鎖效果，但也衍生相當程度的道德危險。試問該制度如何衍生道德危險，以及可採哪些措施來減輕該問題的發生？

10. 《存款保險條例》在 1999 年將自由投保制度修正為強制投保，試回答下列問題：

(a) 中央存保過去對存款人在同一家要保銀行的存款本金，提供新台幣 150 萬元保障。然而金融海嘯引發全球信用緊縮風暴，行政院長劉兆玄在 2008 年 10 月 7 日宣示「存款人的最高保額由新台幣 150 萬元改為全額保障」，原先實施期限為 2009 年底，則再延長至 2010 年底。試說明該政策可能衍生的利弊為何？

(b) 所有要保銀行支付同一保險費率，可能引發何種問題？如何解決？

11. 自 1988 年迄今，巴塞爾資本協定共計修正 9 次，2013 年實施 Basel III 除再修正個體審慎監理，提高個別金融機構因應金融環境劇變能力外，更強調總體審慎監理的重要性。試從強化自有資本、槓桿比率、保留緩衝資本、逆循環緩衝資本及流動性管理等規範重點，說明 Basel III 的改革背景與改革內容。

12. 金管會監理銀行將有助於健全銀行運作。試依據國際清算銀行 (BIS) 提出的規範原則說明「監理審查目的」以及「有效銀行監理之基本原則」。

13. 台灣建立存款保險機制，藉以保障存款人權益和維持金融穩定，試說明該制度運作特性。

👍 網路練習題

1. 試上網搜尋有關 2005 年國內銀行體系爆發信用卡與現金卡雙卡風暴的來龍去脈，並嘗試說明政府是否金融監理寬鬆，以及銀行忽略金融風險管理，才是引爆該事件的重要原因。

2. 試前往金管會網站 (http://www.feb.gov.tw) 查閱檢查局執行的金融檢查資訊。

3. 試前往中央銀行網站 (http://www.cbc.gov.tw) 查閱有關金融監理與風險管理的相關資訊。

CHAPTER

5

財務決策與資產選擇理論

個案導讀

人們從事投資早就有跡可循。戰國時代的呂不韋遇見秦國沒落王孫子楚,發出奇貨可居讚嘆,投注巨資助其登上秦王寶座,自己獲任宰相而權傾一時,此係投資成功的典範。然而呂不韋未見好就收,最終以獲罪致死,顯見投資潛藏高風險。就國外歷史來看,荷蘭在 17 世紀瘋狂炒作鬱金香 (tulip mania),英國在 18 世紀追逐南海公司股票而成泡沫、1929 年華爾街股市崩盤而引爆大蕭條、1989 年日本資產泡沫而陷入「失落二十年」、1995 年墨西哥披索貶值的通貨危機,George Soros 的量子基金在 1997 年點燃亞洲金融危機,這些事件儘管名稱不同,過程本質則是投機狂熱 (speculative mania),足資證明人們熱衷投資,卻因貪婪忽視風險而讓金融風暴不斷重演。

台灣股市在 1962 年開幕,僅有 16 家上市公司,在景氣繁榮與資金寬鬆引發首次大多頭行情,人們競相入市炒股蔚為全民運動,加權股價指數從 1964 年 1 月的 126 點直奔 8 月的 345.6 點高峰,漲幅高達 1.74 倍。邁入 1980 年代,台灣貿易餘額持續順差,外匯準備迅速累積,帶動台幣自 1986 年初開始升值。此外,儲蓄率一路攀升至 1987 年的 38%,資金氾濫引爆 1985~1990 年間的台股狂

飆，加權股價指數由 636 點狂漲至 12,682 點，股票操作再次成為全民運動，5 年平均報酬率高達 18.9 倍。狂飆的股市與匯市伴隨著房市巨漲，徹底吸引國人眼光。報章雜誌、新聞媒體、街頭巷尾無不談論投資事宜，舉國上下瘋狂至被國際媒體譏諷為賭博共和國 (republic of casino, ROC)。爾後，在 1990 年的短短 8 個月中，股價指數由 12,682 點狂瀉至 2,485 點，投資人無不損失慘重。股市投機氣氛濃烈，資產泡沫顯現投資高風險與高預期報酬率間的密切關係。

　　針對台股波瀾起伏，本章首先說明公司採取舉債與股權融通的資金成本變化，探討資產供給的形成。其次，將說明投資決策流程，效率市場臆說與評價股票方法。最後，將推演資產選擇理論內容，探討資產需求的形成。

5.1　公司財務決策與融資成本

5.1.1　公司財務決策流程

　　圖 5-1 係公司營運決策內容。在營運期間，經營階層擬定決策包括投資、融資、股利與作業決策四種。前三項屬於投資與財務決策範圍，涉及公司募集資金方式（資產供給）與資金運用模式（資產需求）。後者則是經常性例行工作，執行過程必須考慮政府管制與社會大眾反應，兼顧承擔社會責任。

圖 5-1
公司決策內容

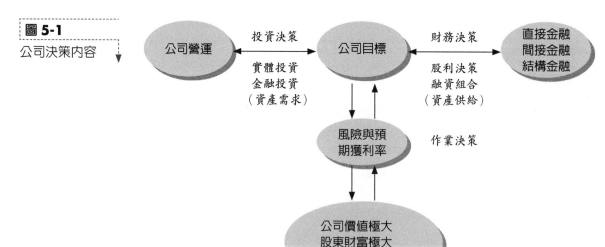

1. **投資決策**　針對既定資本預算，經營階層評估投資機會的報酬率與資金成本，決定如何配置於各種投資計畫。隨著上市上櫃公司經營權與所有權分離引發代理問題，將會影響決策階層的投資決策選擇。

2. **融資決策**　考慮資本市場結構與租稅制度影響後，經營階層長期將選擇最適財務結構，短期則運用財務槓桿降低資金成本。《所得稅法》規定舉債成本屬於費用可由營運所得扣除，支付股權融資的股利則無此優惠。

3. **股利決策**　公司董事會擬定股利分配，包括現金與股票股利的分配比率、股利穩定性、員工分紅配股 (grant stock) 比例與庫藏股 (treasury stock) 等，該項決策受經營階層偏好與股東預期影響。

員工分紅配股
公司就其盈餘提撥某一比例而以股票型式分配給員工。

庫藏股
公司透過公開市場買回股票。

經營階層執行財務決策，將可轉化為取決於風險與預期獲利率兩個變數，成為決策標的。股東與經營階層雖然存在代理問題，然而後者追求自身利益極大，仍須考慮追求股東財富、公司價值或普通股每股價值極大。

5.1.2　公司資金成本

在固定時點，公司資產負債表的資產項目代表資金用途，負債項目代表資金來源。經營階層追求公司價值極大，募集股權與債務資金營運，營運所得 $\overline{X}$（營運收入扣除營運成本）將分配給股東（股利 E）與債權人（公司債利息 $r_b B$）：

$$\underbrace{\overline{X}}_{\text{營運所得}} = \underbrace{r_b B}_{\text{公司債利息}} + \underbrace{E}_{\text{股利所得}}$$

公司價值 V 是由股權 S 與公司債 B 兩者的市場價值構成：

$$V = S + B$$
$$= \frac{E}{r_e} + \frac{r_b B}{r_b}$$
$$= \frac{\overline{X}}{\rho}$$

r_e、r_b、ρ 分別是公司採取不同融資策略的資金成本，可用作將股利、公司債利息與營運所得折現的貼現率。$r_e > \rho > r_b$ 的理由是：r_e 是股權成本，反映公司營運風險與財務風險；ρ 是公司使用全部資金的成本，反映公司營運風險；r_b 是公司債資金成本，多數狀況係屬安全資產。公司使用全部資金（股權與公司債）營運的成本（營運報酬率），將是兩種來源資金成本的加權平均值：

$$\rho = \frac{\overline{X}}{V} = \frac{E}{V} + \frac{r_b B}{V}$$

$$= r_e(\frac{S}{V}) + r_b(\frac{B}{V})$$

將上式移項整理，可得公司發行新股的資金成本：

$$\underbrace{r_e}_{\text{股權資金成本}} = \underbrace{\rho}_{\text{營運報酬率}} + \underbrace{(\rho - r_b)(\frac{B}{S})}_{\text{（財務風險溢酬）}}$$

淨所得方法

股東與公司債投資人忽略財務槓桿變化引發的財務風險，均要求固定報酬率。是以公司將持續以低成本舉債融資取代股權融資，直至全部採取舉債融資為止。

上式涵義為：公司舉債營運引發財務風險，導致股東要求營運報酬率 ρ 外，尚須附加財務風險溢酬。由該項推理將引伸出兩種迥異看法：

1. 淨所得方法 (net income approach)　在圖 5-2 中，不論公司採取何種財務槓桿($\frac{B}{S}$)，股東與公司債投資人忽略財務槓桿變化引發的財務風險，均要求固定報酬率 $r_e > r_b$。當公司持續以低成本舉債融資取代股權融資，營運資金成本將呈遞減現象，直至全部舉債經營，公司價值臻於極大。

圖 5-2

淨所得方法

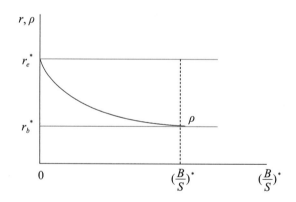

圖 5-3

淨營運所得方法

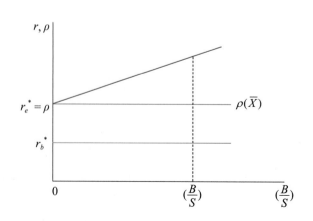

2. 淨營運所得方法 (net operating income approach) 在營運風險固定下，公司營運所得足以支付公司債利息，債券投資人可以高枕無憂。不過股東對財務結構變化極為敏感，財務結構惡化將要求遞增的財務風險溢酬，r_e 是財務槓桿($\frac{B}{S}$)的遞增函數。在圖 5-3 中，公司以舉債取代發行新股融資，增加支付股權的財務風險溢酬恰好抵銷較低的債息支出，資金成本不變顯示安排何種財務結構均屬最適。

上述兩種理論指出經營階層無從決定最適財務結構，此一說法不符合實際現象，是以出現兩種修正看法：

1. Modigliani 與 Miller (1958) 認為公司債投資人初期僅要求固定報酬率 r_b^*，隨著舉債擴大造成財務結構惡化，將要求附加遞增的財務風險溢酬，圖 5-4 中的 r_b 曲線在 B 點之後呈現攀升現象。另外，股東原本就要求附加財務風險溢酬，是以 $r_e > r_b$ 且呈遞增現象。當公司以發行公司債取代發行新股融資，資金成本曲線率先滑落至低點 E 再反轉遞增，此時 E 點對應之 $(\frac{B}{S})^*$ 即是最適財務結構。

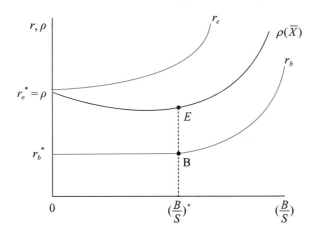

圖 5-4
Modigliani-Miller
觀點

2. Ezra Solomon (1953) 指出在某一財務槓桿區間，股東與債券投資人要求報酬率處於某一穩定水準。由於股東對公司財務結構惡化較為敏感，將從圖 5-5 中的 E 點起要求增加財務風險溢酬。債券投資人則對財務結構惡化反應較慢，遲至 B 點才要求增加財務風險溢酬。公司發行公司債取代發行新股融資，資金成本曲線在 $(\frac{B}{S})_1$ 之前將呈下降趨勢，在 $(\frac{B}{S})_1 \sim (\frac{B}{S})_2$ 財務結構區間，增加舉債降低的資金成本恰好為採取股權融通的成本上漲抵銷，資金成本曲線呈現水平狀態。隨著公司財務結構持續惡化，r_e 與 r_b 同時遞增帶動資金成本曲線上升。由於資金成本曲線包括三階段，公司安排

最適財務結構將存在某一區間而非僅有單一解。

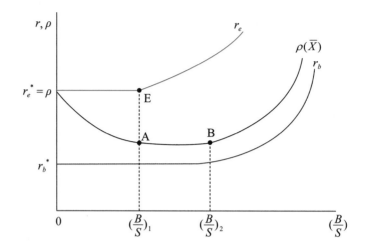

Modigliani-Miller 理論

公司營運資金來源包括負債與股權，資本結構則是由兩者構成的融資組合。經營階層追求公司價值極大，將安排負債與股權的最適組合，促使資金成本最低。Modigliani 與 Miller (1958、1953) 提出財務決策原理，說明公司價值（資金成本）與資本結構的關係，主要假設包括：

- 公司營運風險可用營運所得的標準差衡量，營運所得相同即屬相同風險等級。
- 投資人對每家公司未來營運所得的預期完全相同。
- 金融市場無交易成本，投資人與公司均能以相同條件舉債募集資金。
- 公司營運所得呈現零成長，每年均屬相同。

在上述環境下，Modigliani 與 Miller 的財務決策包括兩個定理：

定理 I　在無公司所得稅下，公司價值將視其執行的實體投資計畫而定，而與資本結構或融資決策無關。

公司價值取決於預期營運所得（未支付利息），端視執行實體投資績效而定，資本結構或融資方式並未影響其價值，此係資本結構不同而營運所得相同的公司，一旦價值發生差異，人們舉債買進（或賣出）價值較低（高）股票

而引發股價波動，經過套利調整，公司價值將趨於一致。不論公司是否舉債營運，公司價值等於預期息前稅前盈餘 (earning before interest and taxes, *EBIT*) 除以適用其風險等級的報酬率：

$$V_u = V_l = \frac{EBIT}{r_e^u} = \frac{EBIT}{\rho}$$

舉例來說：L（負債）與 U（無負債）公司除資本結構不同外，營運狀況一致而屬相同風險等級。負債公司的資本結構包括普通股與支付利率 8% 的公司債價值 5,000，無負債公司僅發行普通股融通，支付利息前的稅前盈餘為 $\overline{X}$ = 1,000。兩家公司均屬零成長，每年營運所得相同，無負債公司的市場價值 (V_u) 即是普通股價值 (S_u)：

$$V_u = S_u = \frac{\overline{X}}{r_e^u} = \frac{1,000}{10\%} = 10,000$$

假設兩家公司支付普通股的報酬率為 $r_e^u = r_e^l$ = 10%。負債公司的市場價值是由普通股 (S_l) 與公司債 (B) 的市場價值構成：

$$
\begin{aligned}
V_l &= S_l + B \\
&= \frac{\overline{X} - r_b B}{r_e^l} + 5,000 \\
&= \frac{1,000 - 8\% \times 5,000}{10\%} + 5,000 \\
&= 6,000 + 5,000 = 11,000
\end{aligned}
$$

上述結果顯示：在未進行套利前，負債公司的市場價值 (V_l) 超越無負債公司的市場價值 (V_u)。假設張無忌保有負債公司股票 20%，價值相當於 1,200。依據 MM 理論的「定理 I」建議，當 $V_l > V_u$ 時，可採下列方式套利：

- 出售負債公司股票價值 1,200。
- 向銀行貸款 1,000（相當於負債公司的負債 20%），利率 8%。
- 淨支付 2,000 (10,000×20%) 購買無負債公司股票 20%。

針對上述操作策略，張無忌以自有資金投資負債公司股票，或舉債投資無負債公司股票所獲報酬如下：

- 原有投資負債公司股票收益　　　　　120
- 舉債投資無負債公司股票收益　　　　200
　扣除舉債利息　　　　　　　　　　　(80)
　　　　　　　　　　　　　　　差額 120

在維持原有報酬不變下，張無忌採取上述套利策略，可獲淨利 200 (= 1,200 + 1,000 − 2,000)。一旦投資人發現此種操作有利可圖，將會競相拋售負債公司股票，轉向搶購無負債公司股票，引發兩家公司股價調整而趨於一致，資本市場方才達成均衡。

定理 II　負債公司發行普通股之預期報酬率，將等於以自有資金營運的報酬率與舉債附加財務風險溢酬之和，而風險溢酬則視舉債融資程度而定。

$$r_e^l = r_e^u + (r_e^u - r_b)(\frac{B}{S})$$

該命題指出公司價值不因擴大舉債而上升，此係使用低成本負債資金的利益，將被股權資金成本上漲抵銷。換言之，公司價值取決於公司營運（實質決策），投資人透過財務槓桿操作來改變自己的財富，促使公司採取何種融資策略（金融決策）均不影響公司價值。公司實質營運決策與財務決策相互獨立，金融部門運作不影響實質部門運作，此即稱為分隔理論 (separation theorem)。

分隔理論
公司實質營運決策與財務決策相互獨立，金融部門運作不影響實質部門運作。

Franco Modigliani (1918~2003)

出生於義大利羅馬。任教於 Illinois、Carnegie Mellon、Harvard 與 MIT 等大學教授，擔任經濟研究委員會顧問。1985 年基於提出生命循環消費理論與 MM 定理，對消費理論與財務管理發揮卓越貢獻，從而獲頒諾貝爾經濟學獎。

前述 MM 理論並未符合實際現象，此係公司舉債支付利息係屬費用，可從營運所得扣除，減輕營利事業所得稅負擔。是以 Modigliani-Miller 接續考慮公司所得稅影響，指出公司價值將隨負債擴大而增加。

定理 I　負債公司價值等於相同風險等級的無負債公司價值，加上舉債營
　　　　運產生的節稅利益，而負債節稅利益等於所得稅稅率 t_c 乘上負債
　　　　總值。無負債公司價值等於：

$$V_l = V_u + t_c B$$
$$V_u = S_u = \frac{EBIT(1-t_c)}{r_s^u}$$

定理 II　負債公司的股權資金成本等於無負債公司的股權資金成本附加風
　　　　險溢酬，溢酬多寡將視舉債融資程度與公司所得稅稅率 (t_c) 而定。

$$r_s^l = r_s^u + (r_s^u - r_b)(1-t_c)(\frac{B}{S})$$

另外，公司舉債經營，可能面臨營運所得不足以清償債務本息，引發破產
風險。尤其是公司採取高財務槓桿營運，債權人為減輕代理問題發生，勢必支
付代理成本監理公司營運。隨著公司負債比例擴大，無法償債可能性變大，此
種財務危機將會產生槓桿關聯成本 (leverage related cost)：

槓桿關聯成本
公司負債比例擴大，
無法償債可能性變
大，引爆財務危機而
產生相關成本。

1. 直接成本　處理公司破產清算除需耗費時間外，也須支付律師或會計師費
　用。
2. 間接成本　客戶與供應商對公司產生信任危機，引發銷售額下降的損失。
　公司為籌足資金度過財務危機，緊急出售資產形成的損失。

公司舉債營運享有節稅利益，但被槓桿關聯成本抵銷部分，其價值如圖
5-6 所示：

$$\underset{\text{負債公司價值}}{V_l} = \underset{\text{無負債公司價值}}{V_u} + \underset{\text{舉債節稅利益}}{t_c B} - \underset{\text{槓桿關聯成本現值}}{PV_l}$$

Merton Miller (1923~2000)

　　出生於美國 Massachusetts 州的 Boston。曾經任職於美國財政部稅務研究處、
聯準會研究和統計處，任教於 Carnegie Mellon 大學與 Chicago 大學，擔任美國金
融學會會長和《商業雜誌》副主編與芝加哥商業交易所董事。1990 年基於在公司
財務理論的卓越貢獻而獲頒諾貝爾經濟學獎。

圖 **5-6**

考慮槓桿關聯
成本後的公司
價值曲線

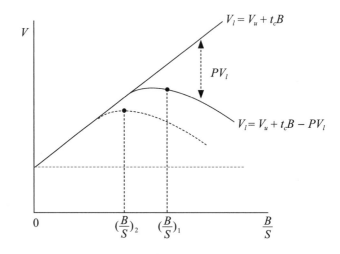

觀念問題

❖ 上市紡織大廠儒鴻目前的資本結構中,負債占 60%,股權占 40%,普通股 beta 值為 2.0,
無風險利率為 5%,市場報酬率為 10%,公司所得稅率為 20%,假設儒鴻董事會規劃調
整資本結構,將負債降低至 40%,股權提高至 60%。試計算下列問題:

(a) 儒鴻目前的加權平均成本 *WACC* 為何?

(b) 儒鴻調整資本結構後,加權平均成本 *WACC* 將變為何?

5.3 資產選擇決策

5.3.1 跨期選擇與投資決策

圖 5-7 顯示,人們追求終身福祉(包括本人與子女的效用)極大,將預期
掌控的資源配置於各種用途,決策內容包括:

1. **跨代決策**　人們將資源分配給當代(自己)與後代(子孫)使用。
2. **跨期決策**　人們將自己可用資源配置在目前(消費)與未來(儲蓄)。
3. **當期消費決策**　人們將當期可用資源(消費)配置於消費財,形成各種商
   品需求。
4. **資產選擇決策**　人們將未來可用資源(儲蓄)安排投資組合持有。

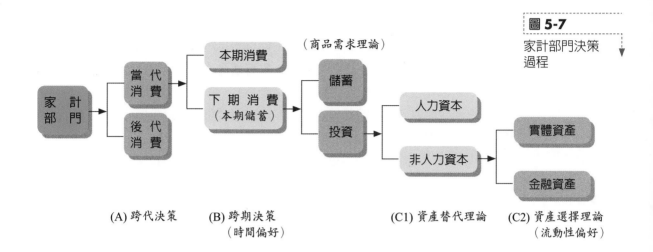

圖 5-7
家計部門決策
過程

(A) 跨代決策　　　(B) 跨期決策　　　　　　(C1) 資產替代理論　　(C2) 資產選擇理論
　　　　　　　　　　　（時間偏好）　　　　　　　　　　　　　　　　　　　（流動性偏好）

人們從事跨期決策，將受時間偏好與流動性偏好影響：

1. 時間偏好 (time preference)　人們的時間偏好將所得配置於消費與儲蓄，再依商品相對價格將當期消費投入購買商品，形成交易性（確定狀況）與預防性（隨機狀況）貨幣需求。

   > **時間偏好**
   > 人們對目前與未來消費的喜好。

2. 流動性偏好 (liquidity preference)　人們決定消費傾向後，剩餘資金接續投入儲蓄與投資，兩種概念經常混為一談，實際卻大不相同：

   > **流動性偏好**
   > 人們對流動性資產的喜好或是對貨幣的需求。

   (a) 儲蓄　「天有不測風雲、人有旦夕禍福」，人們未雨綢繆從事塑造未來安全環境的保險。保險與存款類似，係以目前確定資金（或保費）換取未來確定所得（確定環境），但仍有差異：(i) 存款是自保行為，人們將資金存入銀行換取未來確定本息。(ii) 保險是他保行為，人們支付保費給產險公司與壽險公司，未來環境變動造成損失，可獲保險理賠（視投保金額而定）回復原先經濟狀態，但非回復原先實質環境。

   (b) 投資　在不確定環境，人們以目前確定所得換取未來獲利機會。廣義來說，人們將資金投入人力資本與非人力資本（實體資產與金融資產），此係貨幣學派所稱的資產替代 (asset substitution) 或資產配置 (asset allocation) (C1)。就狹義而言，Keynes (1936) 指出人們依流動性偏好安排金融資產組合，此即投資組合選擇 (portfolio selection) (C2)，而持有貨幣餘額即是投機性貨幣需求。

   > **資產替代**
   > 或稱資產配置。人們將資金配置於人力資本與非人力資本（實體資產與金融資產）。

人們擬定跨代與跨期決策後，接續將如圖 5-8 所示進行投資決策，安排剩餘資金用途。依據生命循環消費理論 (life-cycle consumption hypothesis)，人們一生的所得循環與年齡緊密相連，不同階段的需求目標不同，而規劃資產配置係為落實下列結果：

> **生命循環消費理論**
> 人們一生的所得循環與年齡緊密相連。

1. 提昇預期報酬率　了解市場運作模式，掌握建立投資組合原則以提昇預期

報酬率。

2. 確保流動性　維持投資組合高流動性以滿足短期資金需求。

3. 降低風險　投資方式無優劣之分，只有適合或不適合自己的金融商品。人們除須有投資 IQ 外，更需具備投資 EQ，掌握自己的投資屬性，評估承擔風險能力，做好情緒管理，才能安排適當組合以降低風險。

4. 落實理財目標　人們對未來前景存有夢想，必須仰賴不同投資計畫來實現，而落實夢想的因素包括投資預算、預期報酬率與投資期間。

圖 5-8
投資決策流程

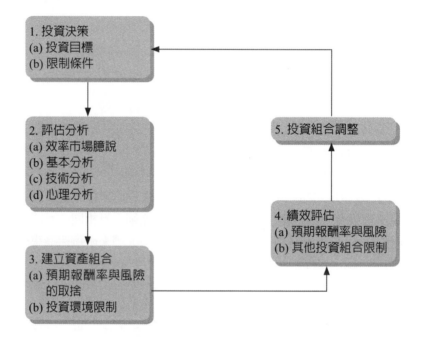

在確定目標後，人們擬定投資決策將須考慮限制條件：

1. 流動性　衡量一段期間內，金融資產成交量、成交金額、流通市值與股價變異性等指標，人們運用這些指標篩選投資標的以確保投資組合流動性。

2. 期限　依投資期限分為長線、中線和短線操作。長線投資係指買進財務狀況良好兼具發展前景的股票，持有期間起碼超過半年，追求享有股利與資本利得。中線投資係指投資數月內，預期會有良好報酬率的股票。短線投資係指投資數天內，股價大幅波動的股票。

3. 管制　此係針對法人投資機構而言。

　　(a) 保險公司　保險資金來源不同，需採不同投資策略，如產險保單存續期限較短，金融操作以高流動性資產為主；壽險資金期限較長，可進行長期投資，而且須受《保險法》第 146 條限制投資標的為銀行存款、公債、國庫券、公開發行公司股票或公司債與不動產、並可進行擔保

放款等。

(b) 銀行　依資金運用所要達成目的分成兩部分：

(i) 純粹資金運用　《銀行法》第 83 條規定銀行投資股票，除經主管機關核准，應以上市或上櫃股票為限，總額不得超過投資時所收存款總餘額及金融債券發售額之和的 25%，投資單一股票不得超過該公司資本的 5%。投資上市公司發行證券與受益憑證不得超過銀行淨值的 20%，上櫃股票以銀行淨值 5% 為限。

(ii) 參與經營　《銀行法》第 74 條限定銀行僅能投資與業務有關或配合國家經濟發展的事業，總額不得超過實收資本 40%，防止銀行投資後對該公司同業形成不公平競爭。財政部於 1996 年 3 月開放銀行轉投資一般企業不得超過實收資本額 40%，轉投資非金融相關事業不得超過實收資本額 10%。同時，財政部於 1998 年 8 月開放銀行設立創業投資公司，金額為不得超過銀行實收資本額 5%。

接著，圖 5-9 顯示投資活動分為兩大類。

1. 投資標的　貨幣學派主張的廣義投資涵蓋三種類型：

(a) 人力投資 (human investment)　將資源投入培養本身能力，形成一技在身而預期未來大展鴻圖，預期收益是獲取一系列預期薪資與獎金，但需面對生不逢時（景氣不佳）、有志未申，千里馬無法獲得伯樂賞識，從而一無所獲的風險。

(b) 實體投資 (physical investment)　購買機器設備生產獲取預期利潤，此即總體經濟學所指的投資。另外，也可購買不動產、貴金屬獲取預期資本利得。

(c) 金融投資 (financial investment)　購買金融資產獲取預期孳息與資本利得，此係 Keynesian 學派主張的狹義投資。

2. 金融操作方式　投資決策跨越不同期間，訊息不全引發不確定性扮演關鍵角色。

(a) 投資　追求長期財務利益，包括資產孳息與資本利得。

(b) 投機與套利 (arbitrage)　前者係指追求資產價格變動價差。後者則針對同一資產在相同或不同市場從事無風險、可預估報酬的操作，而價格失衡市場經過套利者介入，將引導市場趨於均衡。

(c) 賭博 (gamble)　基於運氣成分以特定標的作注而決定輸贏的活動。

本質上，上述操作模式各有差異，實務上，投資將同時兼具三者特質。

人力投資
將資源投入培養本身能力而形成一技在身，預期收益是獲取一系列預期薪資。

實體投資
購買機器設備生產獲取預期利潤，另外也可購買不動產、貴金屬獲取預期資本利得。

金融投資
購買金融資產獲取預期孳息與資本利得。

套利
針對同一資產在相同或不同市場從事無風險、可預估報酬的操作。

賭博
基於運氣成分以特定標的作注而決定輸贏的活動。

圖 5-9
投資活動類型

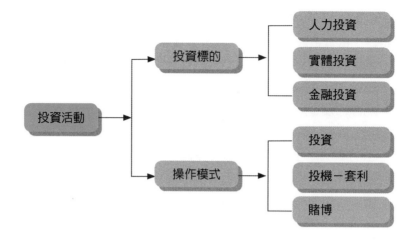

接著，人們擬定投資決策層次如下：

整合型資產配置
考慮金融市場情況與限制條件，運用歷史資料篩選標的來安排投資組合。

1. 整合型資產配置 (integrated asset allocation, IAA)　考慮金融市場情況與限制條件，運用歷史資料篩選標的，安排投資組合來落實目標報酬率。隨著金融市場環境變化、投資目標與限制條件調整，再重新安排最適組合。

策略性資產配置
搭配投資項目過程。

2. 策略性資產配置 (strategic asset allocation, SAA)　「搭配投資項目」遠比「篩選資產」重要，而搭配投資項目過程即是策略性資產分配，決策程序如下：

    (a) 評估各項因素　評估資產價值與選擇持有各類資產比例，包括分析預期報酬率及風險、資產相關性、個人財務情況與承受風險程度。

    (b) 選擇投資期間　依據投資期間設定目標。短期目標是 3~5 年內想達到的目標，如籌集結婚基金或出國留學費用；中期目標是 5~10 年內想達到的目標，如房屋頭期款、創業資金；長期目標係超過 10 年想達到的目標，如子女教育基金或退休基金。

    (c) 決定各類資產持有比例。

戰術性資產配置
預測景氣變化與利率走勢，針對預期資產報酬率與風險變化、以及資金來源變動，分配中短期資金於各類資產。

3. 戰術性資產配置 (tactical asset allocation, TAA)　預測景氣變化與利率走勢，針對預期資產報酬率與風險變化、以及資金來源變動，分配中短期資金於各類資產。投資時機分為長期與短期兩種：

    (a) 長期　評估景氣與利率循環變化，配置投資預算於不同資產族群，如債券、股票與不動產。

    (b) 短期　從事股票操作須評估介入時機。

        (i) 假期效果 (holiday effect) 或週末效果 (weekend effect)　在假期來臨前，由於夜長夢多，人們傾向售股落袋為安，致使長假期前的賣壓沉重。

假期效果或週末效果
在假期來臨前，人們傾向售股落袋為安，致使長假期前的賣壓沉重。

        (ii) 年底聖誕節假期因投信法人的基金經理休假，股市呈現穩定或下跌

走勢。到了年初則會密集回流股市，造成元月股市出現多頭走勢，此即稱為元月效應 (January effect)，原因是：基金經理人重新規劃投資組合且進場卡位、年終獎金發放、退休基金在此時換股操作及調整持股比率。

4. 保險性資產配置(insured asset allocation,IAA)　基於投資組合保險 (portfolio insurance) 概念，引進衍生性商品鎖定投資組合價值下跌風險，卻可確保價值上漲利益。一般而言，退撫基金、保險基金、共同基金或各類信託基金的經理人只願承受一定範圍的損失風險，適合採取該策略。

5.3.2　效率市場臆說與操作策略

　　人們選擇資產配置策略與評估投資時機後，接續再評估金融市場效率性，才能選擇建置與管理投資組合策略。金融市場效率與否，涉及兩個層面：

1. 內部效率 (internally efficient market) 或操作效率市場 (operationally efficient market)　金融操作必須負擔手續費、交易稅與買賣價差等交易成本，成本愈低，反映市場愈具效率性，並且提昇市場流動性。除交易成本外，評估金融市場操作效率或市場流動性還可使用下列指標，此係人們進行金融操作必須考慮的因素：

   (a) 廣度(breadth)　資金來源多元化，市場存在各種來源的成員參與交易。

   (b) 深度 (depth)　市場存在大量交易反映熱絡性與資產流動性。

   (c) 彈性 (resiliency)　價格稍有變動即引來套利而出現大量交易，反映市場穩定性。

2. 外部效率 (externally efficient market) 或價格效率市場 (pricing efficient market)　金融資產價格取決於未來狀況，股價則是「有夢最美、希望相隨」。人們操作股票必須蒐集攸關公司營運訊息，形成股價預期作為買賣依據。經濟金融環境瞬息萬變，人們預期也隨之而變，隨機漫步理論 (random walk theory) 指出今日股價既非昨日股價變動結果，也難以預示明日股價漲跌，波動行徑猶如酒徒醉步，無法憑藉任何法則預測。此係投資人無不擅長分析，加上訊息流入市場公開迅速毫無祕密可言。是以目前股價已經反映供需關系，並離本身內在價值不遠。至於內在價值 (intrinsic value) 取決於每股淨值、本益比、配息率等基本因素，而這些因素也非什麼祕密。基本上，目前股價已經反映千萬精明投資人看法，將會圍繞內在價值波動。股價醉步軌跡隨意而行無脈絡可循，但係向其內在價值調整反應，引申涵義是：「股價偏離內在價值，人們可擬定操作決策，超越內在價值則可適時賣出，反之則買進。」

至於股價隨機漫步的理由如下：

1. 經濟與政治訊息隨機流入市場。

2. 新訊息讓基本分析者重估股票價值，重擬操作策略而引發股價新變化。

3. 新訊息突然而來無跡可尋，事前無人能夠預知，推測股價走勢難以成立。

4. 市場股價既然是公平的由買賣雙方決定，已經反映基本價值，除非偶發利多或利空訊息出現，如戰爭、併購、政策變化等，才會再次引發股價波動。然而下波訊息是利多或利空無人能知，是以目前股價將無記憶系統。股價昨日上漲未必意味著表今日股價必漲，今日股價下跌也難預知明日股價漲跌，跨日股價波動並無關聯。

5. 股價既然沒有記憶系統，投資人意圖藉由股價波動尋找操作原則去戰勝大盤，肯定必然失敗。此係股價隨機漫步而行，漲跌無方向與章法可循。投資人無法預知股市趨勢，無人肯定是贏家，也無人必是輸家。

隨機漫步理論

今日股價既非昨日股價變動結果，也難以預示明日股價漲跌，波動行徑猶如酒徒醉步，無法憑藉任何法則預測。

隨機漫步理論無疑是技術分析的正面大敵，如果理論成立，股票專家將無立足之地。是以不少文獻鑽研該理論的可信度，其中有三個研究特別支持隨機漫步論調：

1. 學者曾以美國標準普爾指數 (Standard & Poor's) 的股票作長期研究，發現股票狂飆四、五倍或重挫 99% 的狀況僅是極少數，大部分股票都是漲跌 10%~30% 不等，呈現統計學上的常態分配現象，亦即漲跌幅愈大所占比例愈少。是以股價並無單一趨勢，買股票要看運氣，買到上漲或下跌股票的機會均等。

2. 另外是有位美國參議員以飛鏢投擲一份財經報紙，揀出 20 支股票為投資組合，結果此一隨意組合竟與股市大盤整體表現相若，相較專家建議的組合毫不遜色，甚至優於某些專家建議。

3. 有人研究股票基金績效，發現今年績優者，明年表現可能最差，而往年令人失望的基金，今年卻可能脫穎而出成為漲幅榜首。是以無跡可尋，買基金也要看運氣，投資技巧並不實際，此係股市無記憶，投資人只是瞎子摸黑。

效率市場臆說

股價是人們運用所有可得訊息評估的結果，訊息變動將會立即反映在股價變化。

內在價值

內在價值取決於每股淨值、本益比、配息率等基本因素。

接著，Maurice G. Kendall (1953) 發表效率市場臆說 (efficient market hypothesis, EMH)，指出股價是基於公司內在價值 (intrinsic value)，係人們運用所有可得訊息評估的結果。隨著新訊息隨機出籠，人們依據新訊息所作預期不盡相同，甚至預期不同而出現相反決策，從而引發股價波動現象。反映所有訊息的市場價格將是具有效率的價格，在連續均衡狀態下，當股票的理論價值隨機變動，市場價格總能及時配合理論價值變動調整。人們操作股票動機各異，但須依據掌握的訊息形成股價預期，藉以擬定操作決策。預期股價 P_t^e 形成可表為：

$$P_t^e = E(P_t \mid I_{t-1})$$

I_{t-1} 是人們在 $t-1$ 期掌握的訊息，而在股市流通的訊息包括過去（已經公開）、目前（正在公開）與未來（尚未公開）三種類型。Fama (1969) 依據訊息類型，區分效率市場臆說為三種，而股價隨機性是決定效率市場屬性的主要因素：

1. 弱式型 (weak form)　目前股價完全反映過去股價走勢及相關公司訊息。由於一般買賣訊息已迅速反映於股價，人們憑藉過去買賣訊息或技術分析來預測未來走勢，僅能取得與市場相同報酬。

2. 半強式型 (semi-strong form)　股價除反映過去股價變動訊息外，公司財務報表、業績及管理品質等公開資訊也在市場廣泛流傳，人們早已反應而讓股價作出調整，想要憑藉基本分析謀取暴利的成功機會不高。

3. 強式型 (strong form)　股價除反映公開資訊外，也反映內部訊息，人們無法利用內部訊息謀利，所有分析方法均無用處，獲取暴利純屬意外。

Eugene Fama (1939~)

生於美國 Massachusetts 州的 Boston。任教於 Chicago 大學商學院，並獲選為美國財務學會院士，計量經濟學會和藝術與科學學院、美國科學院院士。2013 年基於在資本市場和資產定價等金融財務領域的傑出貢獻而獲頒諾貝爾經濟學獎，並被譽為「現代金融之父」。

效率市場臆說強調效率金融市場具備的條件是：
1. 人們採取理性預期形成。
2. 訊息透明且傳播迅速。
3. 市場具有完全性，人們無力操縱股價變動。

股市若是滿足上述條件，效率市場臆說指出人們操作股票獲取暴利純屬意外，全係取決於偶發因素。飽學之士鑽研技術與基本分析無利可圖，市井之徒茫然無知卻獲利豐碩。效率市場臆說雖曾做嚴謹定義，實務操作卻存在下列缺陷：

1. 股市存在完美訂價　股票市場欠缺完全性而且訊息不全，人們無從精確評估公司內在價值，未能以其最佳的內在價值交易。

2. 訊息迅速傳播　訊息傳播受限於客觀環境而存在時間落後，具有價值的內

部訊息更不易傳遞至每個人。

3. **無法影響市場價格** 證券經紀商或投資銀行扮演造市者角色，具有引導資金進出市場的能力，人們要將蒐集的訊息轉換成正確評估值極為不易，且隨分析能力高低影響評價準確度，造成所獲報酬有所差異。

實務上，效率市場臆說對人們從事股票操作具有下列涵義：

1. **歷史無記憶** 在弱式型效率市場，未來股價走勢與過去股價走勢並無關聯性，過去漲跌並不影響未來走勢。

2. **市場價格屬於最可信的價格** 市場參與者綜合各種訊息分析評估並進行交易的均衡值，反映市場總體預期，可視為對證券價格的最好判斷。

3. **市場無幻覺** 在效率市場上，股價取決於公司的實際內在價值，倚賴製造假象（調整會計報表、變換會計處理方式，如變更提存折舊方式）無法真正影響股價。

掌握金融市場效率性後，人們將選擇管理投資組合策略如下：

1. **消極管理 (passive management)** 金融市場若具效率，人們追求資產風險與預期報酬率平衡，採取買進持有 (buy and hold) 策略，「不要將全部雞蛋放在一個籃子」，安排組合報酬率追蹤貼近指數報酬率 (tracking an index)。在此，黃金組合 (golden portfolio) 就是尋找某時點股價與風險相對較低的大型權值股來安排投資組合。一般而言，權值股具有下列特色：(a) 股權分散而不易受人操控。(b) 屬於產業績優龍頭股，營運與財務資訊透明，公司評等較佳。(c) 股票交易活絡而具有高流動性。(d) 每年定期分配股利，提供投資人穩定收益來源。

2. **積極管理 (active management)** 金融市場若不具效率，人們採取「金雞蛋放在同一籃子，然後看好籃子」的策略，主張「市場永遠是贏家，非主流股不買、勿與市場逆勢而為」，尋找錯誤訂價的金融商品或轉機股，並以「高成長、高權值、高配股」的三高股票來安排投資組合，追求經風險調整後的預期組合報酬率，超越消極式標竿組合報酬率。標竿組合 (benchmark portfolio) 係指消極式組合，其平均特質（指 beta 係數值、股利率、產業權重與公司規模）與基金投資人（或全權委託操作客戶）之風險、報酬目標一致。

消極管理

金融市場若具效率，人們追求資產風險與預期報酬率平衡，採取買進持有策略。

黃金組合

尋找某時點股價與風險相對較低的大型權值股來安排投資組合。

積極管理

金融市場若不具效率，人們採取尋找錯誤訂價的金融商品，積極操作賺取差價。

標竿組合

消極式投資組合，其平均特質（指 beta 係數值、股利率、產業權重與公司規模）與基金投資人之風險、報酬目標一致。

知識
補給站

1987 年 10 月 19 日，美國道瓊指數當日重挫 23%。從 2008 年 3 月中旬起，台股加權指數在數月內下滑超過 50%。從金融理論來看，市場訊息不可能在一天內對股價指數發揮巨大負面衝擊效果，再就統計機率而言，一天內可觀察股價重挫機率根本是零。是以許多學者與業界人士相信資本市場不具效率性，股票並未正確訂價，投資人藉由適當分析及買賣，將可獲取超額報酬。

「隨機漫步」概念可溯及 Jules Regnault (1863) 的著作，而 Louis Bachelier (1900) 則在《投機理論》(*The Theory of Speculation*) 提出深入見解與評論，指出股價是依隨機漫步演化而無從預測。Maurice Kendall (1953) 稍後以時間數列資料驗證過去與目前股價並無關聯，指出股價漲跌純屬隨機變動。Paul Cootner (1964) 接續在《股票市場價格的隨機特質》(*The Random Character of Stock Market Price*) 推廣該概念，Eugene Fama(1965) 則在《股票市場價格隨機漫步》(*Random Walks In Stock Market Prices*) 將其理論化，提出效率市場臆說 (1969) 並透過 Burton Malkiel 的《漫步華爾街》(*A Random Walk Down Wall Street*) (1973) 聞名於世，迅速躍居金融理論主流，也因此而獲得 2013 年諾貝爾經濟學獎。

從 1980 年代起，金融市場出現許多異象 (anomalies) 而難以由效率市場臆說解答，金融學者轉而引進認知心理學的相關研究成果，另行分析投資人行為。邁入 1990 年代，該領域湧現大量理論和實證文獻而形成行為金融學 (behavioral finance)，從觀察人們剖析訊息的心理因素著眼，進而擬定投資決策。該理論結合金融理論、心理學、行為學、社會學等，解釋非理性投資決策，主張股價非僅取決於股票內在價值，投資人心理變化更關係股價變化。該理論不僅提供技術分析與基本分析的理論基礎，也提出許多效率市場臆說無法解釋的市場異常現象，從而成為相對應的理論。此外，Andrew W. Lo 與 Archie Craig MacKinlay 也在《非隨機漫步華爾街》(*A Non-Random Walk Down Wall Street*) (1999) 提出一系列試驗和研究，支持股市存在趨勢且具有可預測性。行為金融學認為投資人是有限理性且會犯錯，同時理性和有限理性投資人在大多數期間均發揮作用，此假設異於傳統金融理論所稱非理性投資人最終將被趕出市場，僅剩理性投資人最終決定價格。2001 年 John Bates Clark 獎得主 Matthew Rabin、2002 年諾貝爾獎得主 Daniel Kahneman、2013 年諾貝爾獎得主 Robert Shiller、Richard Thaler 與 Vernon L.Smith 都是該領域的代表人物而發揮重大貢獻。

主張市場效率的 Fama 與無效率的 Shiller 在 2013 年同時獲頒諾貝爾經濟學獎，然而是否有足夠證據揚棄效率市場臆說呢？答案則是否定。效率市場臆說認為所有訊息將迅速反映在股價變化，而訊息隨機性促使股價走勢漫步而難以預測。此種推論立基於人們能夠正確判斷訊息性質，理性決策透過交易操作而反映於股價變化。不過許多心理學的實證結果指出，人們經常重複錯誤決策，這些心理偏誤或許與財務實證的「股價可預測性」有所關聯。然而股價可預測性是否代表市場無效率，人們可從中獲利呢？

舉例來說，一週或一個月（短期）的股價報酬若存在正相關，人們運用動能投資策略（momentum strategy），選擇持有過去一週或一個月績效好的股票，將能獲取超額報酬。大部分實證結果指出動能投資策略的報酬雖具有統計顯著性，但在扣除手續費及買賣價差等交易成本後，未必會有超額報酬而缺乏經濟顯著性。另一常被提及股價報酬可預測的現象是：「價值型股票的報酬高於成長型股票」。價值型股票具有低本益比、高股利報酬及高帳面／市值比的特質，實證結果也顯示其長期平均報酬高於成長型股票。然而該類股票的高報酬事實上只存在於 1960 年代以後的資料，若依 1930~1960 年的資料來看，成長型股票的績效仍然較佳。是以如何確定價值型股票的未來表現仍會超越成長股呢？Dimensional Fund Advisors 實際操作價值策略，在 1993～1998 年間卻獲得 -0.2% 的風險調整後報酬。這些已被發現的可預測現象常用於擬定投資策略，但因混淆統計顯著性與經濟顯著性而都失敗，此係扣除交易成本後，基於股價可預測性的操作策略便難以產生顯著的超額報酬。事實上，以現在的電腦科技進步及財務資料豐富，研究者藉由不斷尋找與試驗不難找到所謂的股價規律或可預測現象。

真正無效率市場將能提供人們獲取系統性利益，無法提供獲利機會的股價可預測現象，將不能用來否決市場效率性。Richard Roll 指出，截至目前為止，無人能將學界發現的市場規律現象轉為實際可獲利的投資策略，理由很簡單，在車水馬龍的大街上出現千元台幣，卻乏人問津，那麼一定是偽鈔，否則誰會看到而不動心？同理，市場存在類似「桌上拿橘」那麼簡單的獲利機會，又有誰會放棄？可想而知，此種機會出現既不頻繁，也是稍縱即逝。但這不意味著市場永無獲利機會，瞬間的無效率現象確實可能出現，卻非一般人能夠輕易掌握。效率市場係屬相對概念，對擁有快速獲得資訊及優越分析能力者，市場無效率現象較可能提供其獲利機會。對其他人而言，市場仍然相當有效率，長期買進持有仍屬較佳策略。

觀念問題

❖ 「精於技術分析與基本分析的基金經理人，在股市操作績效有時會遜於菜籃族的老媽媽」，試分析當中道理？
❖ 試分析效率金融市場對人們形成投資決策，將扮演何種角色？
❖ 美國股市實證研究發現有元月份效應，試說明其意義？此一現象是否符合效率市場臆說？

5.3.3　股票評價方法

人們透過總體預測配置資產族群，再運用個體評估在同一資產族群中篩選標的。金融資產價格決定與波動除受經濟與政治因素影響外，也受投資心理和交易技術因素影響。攸關股票評價方法將分別說明如下。

一、基本分析 (fundamental analysis)

評價金融資產重點就在探索內在價值。針對股票而言，基本分析即是磐石理論 (the firm-foundation theory)，分析公司現狀與評估未來遠景而決定內在價值，市場價值低（高）於內在價值即是買進（賣出）時機，股價長期將會反映真實內在價值。圖 5-9 顯示投資人評估股票價值的模式。

> **磐石理論**
> 分析公司現狀與評估未來遠景而決定內在價值，市場價值低（高）於內在價值即是買進（賣出）時機，股價長期將會反映公司內在價值。

1. 「由上而下」策略 (top-down approach)　法人機構（如勞退、勞保與退撫基金）的投資預算龐大，一般採取「由上而下」評估模式。首先，運用多元化總體指標研究經濟環境變化，研判投資期間的景氣循環階段，擬定資產配置策略，將投資預算配置於不同資產族群。其次，針對個別資產族群內的標的進行評價。就股票而言，透過各種產業營運資料，剖析產業發展前景與目前所處產業循環 (industry cycle) 階段，篩選最具發展前景的產業作為投資對象。最後，就選定產業內的公司營運前景和公司循環 (company cycle) 階段，評價公司作為選股依據。

> **「由上而下」策略**
> 法人機構先評估景氣循環以配置資產族群，然後再分析產業與公司循環以篩選投資標的。

2. 「由下而上」策略 (bottom-up approach)　自然人投資預算有限，一般採取「由下而上」評估模式，預先篩選每股盈餘超過某一水準的公司，再分析公司營運前景與所處循環階段，比較其內在價值與市場價值，然後選出預擬投資標的。其次，針對預擬投資股票所屬產業循環階段與發展前景進行剖析，進一步篩選最具發展前景產業的公司作為投資標的。最後，再運用多元化經濟指標研判未來投資期間係處於何種景氣循環階段，調整適用的本益比來修正股票合理價值，進而安排投資組合。

> **「由下而上」策略**
> 自然人篩選每股盈餘超過某一水準的公司，再分析公司營運前景與所處循環階段，比較其內在價值與市場價值，然後選出預擬投資標的。

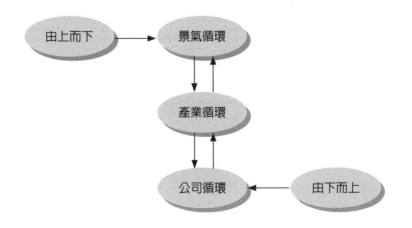

> **圖 5-9**
> 「由下而上」與「由上而下」的評估模式

現值法
利用金融資產在未來產生現金流量的目前價值,用於評估是否投資的標準。

零成長股利貼現模型
針對公司未來發放股利不變,以適當利率折現所獲價值的累加來評估股票價值。

投資人使用基本分析評估股票價值,可採下列方法:

1. 現值法 (present-value approach, *PV*)

就長期而言,投資股票未來將可獲取每期預期股息 D_t(假設每期相同)與預期出售價格 P_n 兩個現金流量,針對這兩種現金流量以適當利率折現累加的價值可得股票現值,此即零成長股利貼現模型 (zero-growth dividend discount model)。

$$\underbrace{PV}_{\text{股票現值}} = \underbrace{\frac{D_1}{(1+i)} + \frac{D_2}{(1+i)^2} + ... + \frac{D_n}{(1+i)^n}}_{\text{各期股利的現值}} + \underbrace{\frac{P_n}{(1+i)^n}}_{\text{預擬出售股票的現值}}$$

$$= \sum_{t=1}^{n} \frac{D_t}{(1+i)^t} + \frac{P_n}{(1+i)^n}$$

$i = k + \delta$ 是由無風險利率 k 附加風險溢酬 δ 構成的貼現率,或稱投資人要求的報酬率 (required rate of return),每期貼現率可透過利率期限結構連結而無須一致。當投資期限趨於無窮,未來預期出售股票價格 P_n 將可忽略,假設每期貼現率與股利相同,上式將變為:

$$PV = \sum_{t=1}^{n} \frac{D_t}{(1+i)^t} = \frac{D}{i}$$

本益比
股價相對每股盈餘的比率。

在效率市場中,人們將以股票現值 $PV = C$(成本)買進股票。將上式移項可得本益比 (cost-benefit ratio) 是投資人要求報酬率的倒數:

$$PV = C$$
$$\frac{C}{D} = \frac{1}{i}$$

q 比率理論
股票市值與公司重置成本的比值。該比率大於 1,則公司發行股票募集資金,從事實體投資。

2. q 比率理論 (q-ratio theory)

Tobin (1959) 指出:「股市將對公司投資進行評估,新投資計畫造成預期公司價值增加超越投資成本,股價將存在上升動力而應予執行。反之,投資計畫促使預期公司價值上升幅度小於投資成本,股價勢必滑落而應予以放棄」。是以 Tobin 定義 q 比例如下

$$q = \frac{P_e}{P_K}$$

P_e 是股價，P_k 是公司重置成本 (replacement cost)。當股價超越重置成本，$q > 1$，公司應發行新股募集資金，用於擴大實體投資活動。股價低於重置成本，$q > 1$，公司應考慮購入股票進行併購活動。

人們運用基本分析評估股票內在價值，考慮環境限制包括：

1. **預測偏誤**　預測未來盈餘與股利需具備專業知識與評估技術，也需具備敏銳洞察力，發生偏誤難以避免。
2. **訊息不全**　訊息不全導致評估股票內在價值有所困難，人們無法掌握精確訊息與評估方法，評估結果自然欠缺準確性。
3. **評估期間**　人們採取基本分析評估股票內在價值，將因經濟金融環境迥異而產生不同結果。

二、技術分析 (technical analysis)

技術分析是立基於空中樓閣理論 (the castles-in-the-air theory)，運用股價與交易量的技術指標，研究市場過去及現在的行為反應，進而推測未來股價變動趨勢。在此，技術指標主要係由股價、成交量或指數漲跌等資料計算而得，亦即技術分析僅關心股市變化，如何預測未來股價趨勢與買賣時機，並不考慮經濟或政治層面等外部因素衝擊。

基本分析和技術分析認為供需關係決定股價。前者分析影響供需關係的因素，判斷目前股價是否合理，描繪股價未來發展空間，進而預測股價走勢，提供人們評估選擇何種股票。反觀後者觀點是：股票供需及其背後引導因素，如投資人對未來預期、擔心、恐懼等，均會反映在股價和交易量，並運用股價變化預測短期股價趨勢，提供人們掌握買賣時機。就時間而言，技術分析著重短期分析，預測舊趨勢結束和新趨勢開始將優於基本分析，但預測較長期趨勢則不如後者。投資人通常結合運用兩者，基本分析用於估計較長期趨勢，技術分析則在判斷短期走勢和確定買賣時機。

技術分析運用過去股價及交易量變動趨勢來探索未來股價脈動，基本思維是市場活動有九成係屬心理因素，僅有一成可歸諸理性決策。技術分析發展各種交易法則，不過邏輯上仍存有兩個缺陷：

1. 技術分析強調在股價漲勢形成後才買進，股價跌勢形成後才賣出。實務上，股價趨勢轉變或屬偶發狀況，若是坐待漲跌趨勢成型方才進出市場，將是喪失先機。
2. 技術分析本身最終會自我破壞，多數投資人同時使用同一技術，容易遭大戶反向操作而陷入虧損。

技術分析
運用股價與成交量變化趨勢來預估未來股價走勢。

空中樓閣理論
運用股價與交易量的技術指標，研究市場過去及現在的行為反應，進而推測未來股價變動趨勢。

三、心理分析 (psycological analysis)

除基本面、技術面、資金面等數量分析外，心理因素亦是影響投資決策與投資績效的重要因素。Keynes (1936) 運用心理學說研究股市運作，認為公司營運短期無遽變之虞，投資決策應關注人們行為及樂觀時期的海市蜃樓想法。人們願以某價格購買股票，係預期可用高價出售，股價高低並不重要，是否有更多「笨蛋」願以更高價購買才是重點。精明者僅須搶在股價邁向高點前買進，而在股價達到高點後賣出即可。依據投資心理分析，在投資決策過程中，情緒扮演重要關鍵角色。尤其是人們情緒不穩，更易思慮不周而決策錯誤，是以學習管理投資情緒將可降低決策錯誤機率。人們都懂「低進高出」或「累退預期」(regressive expectation) 道理，然而「追高殺低」卻是股市常態，股市常勝軍寥寥可數，原因就在情緒左右投資人決策。運用心理分析進行投資，實際是要求人們管理投資情緒，運用長期投資策略分散風險。一般而言，人們可採下列程序掌控風險：

1. 尋找適當理財顧問，分析經濟數據作為決策參考。
2. 重新檢視財務狀況與投資計畫，評估承擔風險能力。
3. 選擇適合自己風險偏好的資產後，訂定投資策略設立停損與停利點。
4. 擬定投資決策後，無需在意短期訊息變動，堅守停損點與停利點的執行，定期檢視投資組合與策略。

人們安排投資組合後必須定期檢查，包含組合報酬率、組合風險變動情形，持有資產績效，還應逐一檢視交易明細、配息、資本利得與應付費用等。隨後，人們需分析調整與計算組合報酬率，比對與原先組合比重是否差異，再評估應否調整。人們評估投資組合績效，必須考慮實現的報酬率與風險，評估指標有下列三種：

1. Sharpe 指數　在風險承受程度下，評估各項投資所獲超額報酬 $(R_p - r_f)$，此即金融操作報酬率 R_p 超過無風險利率 r_f 的部分（通常指定存利率或國庫券利率）。Sharpe 指數大於 1 代表操作股票獲取超額利潤，小於 1 代表無超額利潤。

$$S = \frac{(R_P - r_f)}{\sigma_P}$$

σ_p 是金融操作報酬率的標準差（總風險）。

2. Treynor 指數　投資組合多元化將可消除非系統風險，僅剩與市場變異有關的系統風險。Treynor 以基金報酬率的 β_p 係數 (beta coefficient) 作為衡量風險指標，每單位資產系統風險獲得的超額報酬，指數越大顯示基金績

效越好；反之，績效越差。

$$T = \frac{(R_P - r_f)}{\beta_P}$$

R_p 是某基金報酬率，β_p 是基金報酬率的系統風險。

3. Jesen 指數　計算公式如下：

$$J = R_p - [r_f + \beta_p(r_m - r_f)]$$

J 代表超額報酬，r_m 是評價期間內的市場平均報酬率；$(r_m - r_f)$ 是評價期間的市場風險補償。J 為顯著正值顯示基金績效優於市場績效；J 為顯著負值代表基金績效遜於市場績效。

知識補給站

證券分析師結合技術分析與基本分析來評估買賣股票時機。前者表達發生的事實，後者則綜合景氣循環、產業前景與公司營運狀況來評估未來可能性，是以技術分析是眼前證據，基本分析則關注未來趨勢。舉例來說，證券分析師看好大陸白牌手機市場規模持續成長，預估聯發科技在 2009 年的每股盈餘 30 元，2010 年可成長超過 40 元，預期長期股價趨勢看漲不變，是以建議投資人買進持有，無須理會外在因素的短期干擾，此即基本分析論點。

前景看好股票不可能每日上漲，短期也會受其他訊息影響。2008 年金融海嘯引爆系統風險遽增，讓許多股票狂跌至不合理價位，採取技術分析卻能規避此一崩盤浪潮，而篤信基本分析卻深陷其中。更甚者，使用基本分析的立基點可能改變，如中國政府可能嚴格取締白牌手機，背離原先評估手機業者的基本面假設。有些分析師篤信「一鳥在手勝過群鳥在林」，縱使預估聯發科股價未來奔向 500 元，但也可能先跌至 400 元再漲至 500 元，若能掌握短期走勢，顯然更能擴大獲利空間。技術分析係以發生的事實為基礎，如某股價格在 10~11 元上下來回數月，此處即是整理區，股價跌破 10 元則屬起跌點，上漲突破 11 元則稱起漲點。當某日股價上漲突破 11 元，技術分析者以此事實來確認上漲趨勢，確定趨勢才進場操作，避免虛耗機會成本。至於技術分析者何以得知短期趨勢，此係他是事情發生才產生的落後分析，而行進中的方向，短時間內不會改變。

最後，兩種股票的價格若呈雷同走勢，技術分析將難以取捨，此時又須回歸基本分析的選擇邏輯。是以證券分析師通常搭配基本分析和技術分析，以基本分析作為選股依據，技術分析作為操作依據。客觀來說，兩種分析各有優劣之處，經過市場實際操作績效的考驗也不分軒輊，各有其信徒。

 貨幣銀行學

 William Forsyth Sharpe (1934~)

出生於美國 Massachusetts 的 Boston。任教於 Seattle 的 Washington 大學、加州 Irvine 大學、Stanford 大學,並擔任美國金融學會主席。Sharpe 建立「資本資產定價模型」(CAPM),說明金融市場如何確立風險和預期報酬率的關係,成為金融財務理論的核心,而於 1990 年獲頒諾貝爾經濟學獎。

觀念問題

❖ 試區分投資與投機的差異性?投機與套利又有何異同?
❖ 人們規劃投資組合,將會考慮何種因素?
❖ 試說明投資人採取「由上而下」與「由下而上」評估策略的差異性?
❖ 投資人常以 Sharpe 與 Treynor 指標評估投資組合績效,兩者有何差異?其各適用評估何種組合績效?不同投資人應如何選擇適當的績效指標?
❖ 永冠機電規劃甲案投資期間 3 年,期初投資與各期末現金流量分別為 -300、250、300、400 萬元,採取的貼現率為 10%。
  (a) 試問甲案淨現值 NPV 為何?
  (b) 永冠另外規劃投資期間 6 年的乙案,淨現值為 600 萬元。假設甲案可重複投資,但與乙案互斥,依據 NPV 決策法則,永冠應選取何種專案較佳?

 5.4 資產選擇理論

5.4.1 預期效用函數與 $\mu - \sigma$ 無異曲線

在訊息不全下,人們追求財富衍生之預期效用極大,將期初預算 W_0 安排於風險性投資組合,獲取隨機報酬率 R,持有至期末的財富價值為 $W_1 = (1 + R)W_0$。

$$Max\ EU(W_1)$$
$$S.t.\ W_1 = W_0(1 + R)$$

將期末財富代入預期效用函數，並選擇財富單位 $W_0 = 1$，預期效用函數可轉化為資產報酬率的函數：

$$EU(W_1) = EU[W_0(1 + R)] = EU(1 + R) \approx EU(R)$$

就上述效用函數 $U(R)$ 以預期報酬率 $E(R)$ 為中心進行 Taylor 數列展開，並忽略四次以上的高階展開項目：

$$U(R) = U[E(R)] + \{U'[E(R)][R - E(R)]\} + \frac{U''[E(R)]}{2!}[R - E(R)]^2$$
$$+ \frac{U'''[E(R)]}{3!}[R - E(R)]^3$$

就上式取預期值，可得預期效用函數：

$$\underbrace{EU(R)}_{\text{預期效用}} = \underbrace{U[E(R)]}_{\text{預期報酬率}} + \underbrace{\frac{U''[E(R)]}{2!}\sigma^2}_{\text{變異性風險}} + \underbrace{\frac{U'''[E(R)]}{3!}m_3}_{\text{投機性風險}}$$
$$\approx U(\mu, \sigma, m_3)$$
$$+, ?, +$$

$\mu = E(R)$ 是預期報酬率，$Var(R) = \sigma^2 = E\{R - E(R)\}^2$ 是報酬率的變異數 (variance) 或稱變異性風險，$m_3 \geq 0$ 是三級動差 (third moment) 或絕對偏態係數 (coefficient of skewness)，代表投機性風險，而 $SK = \frac{m_3}{\sigma^3}$ 是偏態係數。依據新的預期效用函數，投資風險分為兩類：

1. 變異性風險 (variability risk) 實際與預期報酬率間的分散度，可用變異數 σ^2 或標準差 σ(standard deviation) 衡量，而其影響效果端視人們的風險偏好態度而定。

2. 投機性風險 (speculative risk) 衡量實際報酬率出現極端值與預期報酬率間的差異性，對投資決策發揮正效用，屬於負風險 (negative risk)。

預期效用函數歷經上述轉換，將轉變為取決於平均數、變異數與三級動差（偏態係數）等三個變數。假設人們的效用函數屬於三次式型態：

$$U(R) = a + bR + cR^2 + dR^3$$

變異性風險
實際與預期報酬率間的分散度。

投機性風險
衡量實際報酬率出現極端值與預期報酬率間的差異性。

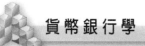

貨幣銀行學

$a, b, c > 0$。假設投資組合報酬率呈現常態分配（偏態係數爲零），預期效用函數可表爲：

$$EU(R) = a + bE(R) + cE(R^2) + dE(R^3)$$
$$= a + bE(R) + c\sigma^2 + cE(R)^2 + dE(R^3)$$

依據預期效用函數型態，人們對風險的偏好態度將分爲三種：

風險愛好者**

人們對財富的邊際效用遞增，在訊息不全下，風險遞增將會產生正效用。

$\mu - \sigma$ 無異曲線

在預期效用不變下，預期報酬率與風險組合的軌跡。

風險中立者

人們對財富的邊際效用固定，在訊息不全下，僅關心預期報酬率而忽視風險。

風險趨避者

人們對財富的邊際效用遞減，在訊息不全下，風險遞增將產生負效用。

1. 風險愛好者 (risk lover)　人們對財富的邊際效用遞增 ($U'' = 2c > 0$)，在訊息不全下，將是屬於風險愛好者。圖 5-10 中的 $\mu - \sigma$ 無異曲線 (mean-variance indifference curve) U_a^i 呈現負斜率，代表風險提供正效用，人們願意犧牲預期報酬率（事前概念）換取承擔更大風險，尋求獲取較大實際報酬率（事後概念）的機會，故將選擇風險最高的金融資產。

2. 風險中立者 (risk neutral)　人們對財富的邊際效用固定 ($U'' = 2c = 0$)，在訊息不全下，僅關心預期報酬率而毫不在意風險，此即預期報酬率極大化準則。圖 5-10 中的 $\mu - \sigma$ 無異曲線 U_b^i 呈現水平線，風險對人們決策並無影響。舉例來說，中租控股的預期報酬率爲 15%、標準差 30%，台機電的預期報酬率 25%、標準差 40%。台機電的標準差（風險）與預期報酬率都高於中租，但依預期報酬率極大化準則，風險中立者將是選擇台機電股票。

3. 風險趨避者 (risk averter)　當人們對財富的邊際效用遞減 ($U'' = 2c < 0$)，在訊息不全下，圖 5-10 中的 $\mu - \sigma$ 無異曲線 U_c^i 呈現正斜率。風險提供負效用，若要人們承擔高風險，必須提昇預期報酬率作爲補償，此即「高風險、高預期報酬」的概念。

圖 5-10

$\mu - \sigma$ 無異曲線型態

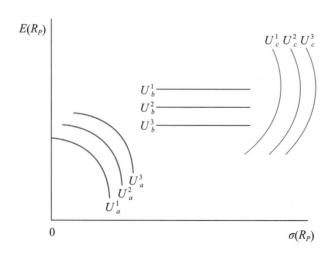

　　實務上，金融市場係由賣方負擔交易稅，也存在諸多限制空頭條件，如漲跌幅限制、停損賣出 (stop-loss sales)、市場跌幅過大，將暫停交易、市場提供各類避險商品、限制空頭賣出條件（如證期局規定平盤下不得放空、召開股東會與分配股利停止過戶前，空頭必須回補股票）、空頭擴張信用能力低於多頭等，凡此無形中提昇多頭力量與擴大投資報酬率的正向偏態分配。尤其是效用函數若非二次式型態，如 $U = -e^{-aR}$ 或 $U = \ln(R)$，偏態係數（投機性風險）將在安排資產組合過程中扮演重要角色，成為投資決策的重要考慮因素。

觀念問題

❖ 一般認為：「若要人們承擔較高風險，必須給予較高風險溢酬補償。」試說明此種看法是否正確？

❖ 試評論：「在訊息不全環境下，$\mu - \sigma$ 無異曲線將呈現負斜率。」

❖ 張三豐對投資組合報酬率的效用函數為 $U(R) = a + bR + cR^2$，在訊息不全下，試回答下列問題？

(a) 預期效用函數為何？

(b) 張三豐為風險袪避者，則 b 係數值的正負方向為何？

(c) 張三豐擬定投資決策是否需要考慮偏態係數的影響？

(d) 何謂變異性風險與投機性風險？張三豐的預期效用函數是否存在這兩種風險？

Harry Markowitz (1927~)

　　出生於美國 Illinois 州的 Chicago。曾經擔任 RAND 公司副研究員、通用電器公司顧問、聯合分析中心公司 (Consolidated Analysis Centers Inc.) 與仲裁管理公司 (Arbitrage Management Co.) 董事長，任教於加州 Los Angel 大學、賓州大學 Wharton 學院、Rutgers 大學 Marrin Speiser 講座經濟學教授、紐約市立大學 Baruch 學院，並獲選為 Yale 大學 Cowels 經濟研究基金會員，管理科學研究所董事長，美國金融學會主席等。1990 年基於在資產選擇與財務金融理論的開創性貢獻而獲頒諾貝爾經濟學獎，被譽為「華爾街第一次革命」。

　　不確定性是人們安排投資組合面臨的問題。在訊息不全下，人們掌握環境因素變化存在許多空白領域，難以精確預測金融資產價格，無法掌握預期收益

而形成投資風險。若再區分金融資產（股票）價格波動來源，將如圖5-11所示。

1. 系統風險 (systematic risk)　金融資產在公開市場交易，交易價格深受金融市場波動衝擊，如政局不安、匯率劇烈震盪、通膨或通縮過速、金融危機、景氣循環，此即系統風險或稱市場風險 (market risk)，勢必影響投資決策，而人們從事金融操作將無從規避，僅能運用衍生性商品移轉風險。

2. 非系統風險 (unsystematic risk)　針對金融資產本身獨特因素 (specific factor)，如公司營運、財務情況與經營管理等因素造成個別股價波動。人們可透過安排投資組合多元化來消除非系統風險，此即「不要將雞蛋放在同一籃子」的概念。

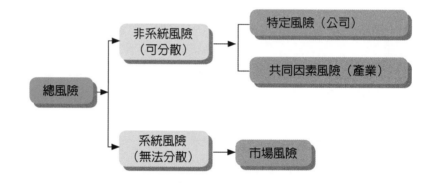

風險係指預期與實際報酬率的差異性或分散程度，衡量方式包括：

1. 絕對平均差 (average absolute deviation)　未來各種實際與預期報酬率的平均差距。絕對平均差愈大顯示風險愈高，絕對平均差愈小表示風險愈低。

$$|離均差| = |實際報酬率 - 預期報酬率|$$

2. 標準差或變異數　觀念上，平均差等於 0 不適合做為衡量風險的指標，故以絕對離均差取代，並再以離均差的平方值（變異數）來衡量風險。標準差愈大顯示實際值與預期值差距愈多，風險就愈高；反之，則風險愈低。不過以標準差衡量風險隱含規避報酬的離散程度，針對鉅額虧損和超額收益所持偏好態度一致。實務上，人們樂見實際報酬率優於預期報酬率的偏差，顯然不會將其視為風險。

3. 變異係數 (coefficient of variation, *CV*)　為比較不同計畫的風險程度，人們改採相對風險概念的變異係數（承擔風險對預期報酬率的比值）評估。在台灣股市，投資聯電與台塑的風險分別是 6%、4%，預期報酬率是30%、10%。後者的風險與預期報酬率均低於前者，但若以相對風險評估，投資聯電顯然較有利。

4. 風險值 (value at risk, *VaR*)　標準差最常用於衡量風險，但人們有時不在乎可能結果的差異，而係在意出現最差結果，是以改採風險值衡量，定義為：「在機率分配已知下，特定期間內的可能最大損失」。在討論金融監理時，風險值是衡量風險的相當實用工具。尤其在銀行管理階層中，風險管理係在追求確保發生財務危機的微小機率，此即是應用風險值的概念。

> **風險值**
> 在機率分配已知下，特定期間內的可能最大損失。

知識補給站

在美國政府中，聯準會非政治化、不受控管且權力強大的角色相當奇特。從 2008 年起，華府出現兩個相反意見交鋒，一派希望擴張聯準會權力，他方則希望限制聯準會作為。美國財政部在《金融控管重組》白皮書中表示，將讓聯準會成為「系統風險控管者」，「監理所有可能威脅金融穩定的機構，縱使非銀行亦然」，而聯準會觸角早在 2008 年 9 月以後即伸向保險業的 AIG 與證券業的 Bears Stern。

從另一角度來看，某些國會議員認為聯準會侵犯國會權威，也有認為聯準會扮演控管者並不稱職，不應賦予更多權力。德州共和黨議員 Ron Paul 甚至推動國家審計總署 (Government Accountability Office) 審查攸關聯準會貨幣政策的法案，但此種想法非常可怕，此舉勢將摧毀聯準會獨立性。該項法案將議題分成三部分討論：美國需要系統風險控管者嗎？若是需要，控管者須是聯準會嗎？若是聯準會，聯準會是否應該放棄某些權力，以換取控管者角色？前聯準會副主席 Alan Blinder 於《紐約時報》撰文指出，答案為「以上皆是」。系統風險控管者的首要任務是發揮預警與防範未然功能，在風險未逾界前予以狙殺。然而該項任務可能完美達成嗎？不行，但值得一試。設想 2005 年若存在控管者，可能察覺次貸事件正在蔓延，也會詳細檢視立基於上的證券商品。如此一來，或許就可避免 2008 年金融海嘯爆發。

上述想像只是說明若有控管者，歷史結局或將截然不同。控管者應有不同的專業素養：證券業出問題就找證管會，攸關金融安全議題就找聯邦準備銀行。但若由幾個機構共組一個控管者，就須統合其行動。此外，還有另一種方案就是單一控管者，不僅要能找出問題，還要能解決問題，是以必須擁有很多權力，而自身專業能力也須相當豐富。事實上，當體系爆發系統風險，最後借款者通常也就是解答問題的重心，而聯準會就是焦點所在。換言之，體系需要控管系統風險者，那應該就是由聯準會擔綱。

聯準會異於其他機構之處是，其在過去就對承擔較重大角色具相關經驗，並非從零開始。理論上，全球央行都是穩定金融的主要守護者。若由某個協會或委員會主導系統風險控管者的重責大任，勢必引發高度懷疑。一個多頭馬車的內部勢必紛紛擾擾、效率不彰，從而降低公信力，是以財政部非常有見地的以聯準會為主，而其他機構則在控管業務上扮演輔佐角色。

最後，人們安排投資組合必須評估預期報酬率，相關概念說明如下：

1. **證券報酬率**　人們安排投資組合的收益來源包括金融資產孳息 D_t 與買賣金融資產的資本利得 $(P_{t+1} - P_t)$。

$$r_t = \frac{D_t + (P_{t+1} - P_t)}{P_t}$$

台灣實施兩稅合一制度後，公司分配股利將會賦予所繳所得稅一半的抵稅權。抵稅權（或扣抵稅額）伴隨股利配發而來，高股利公司未必擁有較高抵稅額，抵稅額取決於公司繳納的營利事業所得稅額，公司繳稅愈多，分配給股東的可扣抵稅額就愈多。反之，公司若未繳稅，縱使配發高股利給股東，股東仍無抵稅權。

2. **盈餘收益率或純益率**　稅後盈餘占公司營運收入的比率，比率愈高顯示獲利能力愈強。

權益報酬率
公司稅後盈餘占股東權益的比率。

3. **權益報酬率 (return on equity,ROE)**　公司稅後盈餘占股東權益的比率。每股盈餘 (earnings per share,EPS) 則指稅後盈餘與普通股總數的比值，人們利用兩者評估公司獲利能力和分配股利能力。

每股盈餘
公司稅後盈餘與普通股總數的比值。

4. **資產報酬率**　稅前盈餘占平均資產總額（期初與期末資產總額的平均值）的比率，反映公司運用資產的獲利能力，比率愈高表示資產運用績效愈佳。公司資產由股東的股權資金與債權人的債務資金來融通。是以資產報酬率的分子包括屬於股東的稅後盈餘與支付債權人的利息，經過調整的資產報酬率可表為：

$$資產報酬率 = \frac{稅後盈餘（股權資金）+ 利息支出（債務資金）}{平均資產總額}$$

觀念問題

❖ 試評論：「楚留香進入台股市場操作，採取持有多種股票策略，此舉將能同時降低系統風險與非系統風險。」
❖ 元大多元股票基金若欲降低投資組合風險，可採取哪些策略？
❖ 何謂系統風險與非系統風險？風險分散與風險移轉對解決前兩者有何關聯？

5.4.2　最適投資組合與投機性貨幣需求

依據預期效用函數，風險中立者僅持有預期報酬率最高資產，風險愛好者則選擇風險最高資產，兩者無法詮釋投資組合多元化現象。Markowitz (1952) 與 Tobin(1958) 利用平均數（預期報酬率）與變異數（風險）詮釋風險怯避者安排投資組合行為。風險怯避者選擇債券與股票兩種資產，股票風險 σ_a^2 與預期收益率 $E(r_a)$ 均大於債券風險 σ_b^2 與預期報酬率 $E(r_b)$。假設投資人無法擴張信用操作，前者持有比例 x，後者持有比例 $(1-x)$，投資組合報酬率將是：

$$R_p = xr_a + (1-x)r_b$$

至於投資組合預期報酬率與風險分別為：

$$E(R_p) = xE(r_a) + (1-x)E(r_b)$$
$$\sigma^2(R_p) = x^2\sigma_a^2 + 2x(1-x)Cov(r_a, r_b) + (1-x)^2\sigma_b^2$$

接著，Markowitz (1952) 定義效率投資前緣 (efficient investment frontier) 為：「在可行的投資組合中，挑選風險固定，預期報酬率最大之組合；或預期報酬率固定，總風險最低的組合，從而形成最佳組合軌跡」。首先由 $E(R_p)$ 式求出 x 值：

$$x = \frac{E(R_P) - E(r_b)}{E(r_a) - E(r_b)}$$

效率投資前緣
在可行的投資組合中，挑選風險固定，預期報酬率最大之組合；或預期報酬率固定，總風險最低的組合，從而形成最佳組合軌跡。

再將 x 值代入 $\sigma^2(R_p)$，可得 Markowitz 效率投資前緣函數如下：

$$\sigma^2(R_P) = \left\{\frac{[E(R_P)-E(r_b)]}{[E(r_a)-E(r_b)]}\right\}^2\sigma_a^2 + \left\{\frac{E(r_a)-E(R_P)}{E(r_a)-E(r_b)}\right\}^2\sigma_b^2$$
$$+ 2\left\{\frac{[E(R_P)-E(r_b)]}{E(r_a)-E(r_b)}\right\}\cdot\left\{\frac{[E(r_a)-E(R_P)]}{[E(r_a)-E(r_b)]}\right\}\rho\sigma_a\sigma_b$$

兩種資產報酬率間的相關係數 (correlation) 可定義為：

$$\rho = \frac{Cov(r_a, r_b)}{\sigma_a\sigma_b}$$

圖 **5-12**

最適投資組合
決定

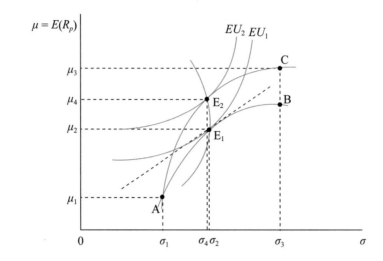

　　風險怯避者追求預期效用極大，在預期效用曲線 EU_1 與 Markowitz 效率投資前緣 AB 相切於圖 5-12 中的 E_1 點，投資者達成均衡而決定最適組合的預期報酬率與風險。由於各種資產預期報酬率已知，將可求出投資人持有各種風險性資產的最適比例。在其他條件不變下，當 B 資產預期報酬率上升，B 點將上移至 C 點，Markowitz 效率投資前緣由 AB 旋轉至 AC，投資人將在新預期效用曲線 EU_2 與新效率投資前緣 AC 相切於 E_2 點時，重新達成均衡。連接 E_1 與 E_2 兩點可得在風險不變下，B 資產預期報酬率變化促使投資組合變化的擴張軌跡，從該軌跡可求出該 B 資產需求曲線。

　　接著，當人們選擇安全性資產（票券或貨幣）與風險性資產（股票或債券）時，Markowitz 效率投資前緣將修正如下：

1. 股票與票券　資產組合包括票券與股票，前者的風險 $\sigma_b^2 = 0$、預期報酬率 $E(r_b) = r_b$，效率投資前緣將修正為：

$$E(R_P) = r_b + \left[\frac{E(r_a) - r_b}{\sigma_a} \right] \cdot \sigma(R_P)$$

上述函數可表為圖 5-13 中的 AB 直線，$r_b = OB$。

2. 貨幣與股票　資產組合包括貨幣與股票，前者預期報酬率與風險 $E(r_b) = \sigma_b^2 = 0$，效率投資前緣將修正為：

$$E(R_P) = E(r_a) \cdot \left[\frac{\sigma(R_P)}{\sigma_a} \right]$$

上述函數可表為圖 5-13 中的 AO 直線，$E(r_b) = 0$。

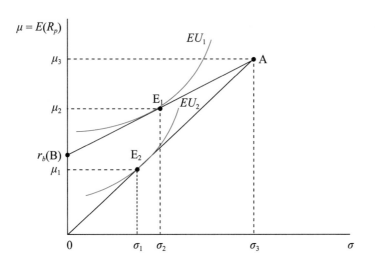

圖 5-13
票券（貨幣）
與股票組合

　　比較上述兩條效率投資前緣可知：BA 軌跡優於 OA 軌跡，人們安排投資組合不會考慮貨幣與股票共組的投資機會集合，貨幣將從投資組合中消失。換言之，體系存在安全性資產，如票券或儲蓄存款 (M_{1B})，Keynes 的投機性貨幣 (M_{1A}) 需求不會存在，僅會出現投機性票券或儲蓄存款需求。在圖 5-13 中，當 $\mu - \sigma$ 無異曲線 EU_1 與效率投資前緣 BA 相切於 E_1 點，將達成最適均衡而決定組合的風險與預期報酬率，並決定投資股票與票券比例。

觀念問題

❖ 趙敏擁有 100 萬元，選擇投資台塑（預期報酬率 $E(r_a) = 20\%$、風險 $\sigma(r_a) = 8\%$）與聯電（預期報酬率 $E(r_b) = 30\%$、風險 $\sigma(r_b) = 16\%$）兩種股票。當兩者報酬率呈現完全負相關（$\rho = -1$），趙敏若要規劃安全性投資組合，投資兩者的金額各自為何？該組合的預期報酬率為何？

❖ 試說明群益馬拉松股票基金經理如何挑選股票，將可擴大分散基金組合風險效果？

❖ 張無忌挑選台塑石化與中信金控兩種股票來構成投資組合，兩者報酬率的相關係數 ρ 存在各種可能性。試評論下列說法？

　(a) $\rho = 0$ 時，代表投資組合的預期報酬率為 0。

　(b) $\rho = 0$ 時，代表投資組合屬於安全性資產。

　(c) $\rho = -1$ 時，代表投資組合的預期報酬率最小。

　(d) $\rho = 1$ 時，代表投資組合的風險最高。

James Tobin (1918~2002)

出生於美國 Illinois 州。任教於 Yale 大學,並擔任 Cowels 基金會主席。1981 年基於在總體理論與資產選擇理論發揮關鍵性貢獻而獲頒諾貝爾經濟學獎。尤其是以 Tobin 命名的經濟學名詞包括「Tobin q 比率」、「Tobin 稅」、「Mundell-Tobin 效果」與「Tobin 二分」(Tobin dichotomy) 四個,在經濟學門極為耀眼,放諸其他領域也屬罕見。

 問題研討

小組討論題

一、選擇題

1. 風險怯避的張三豐從事台股操作，何種說法係屬正確？　(a) 財富的邊際效用遞增　(b) 風險與實際報酬率呈正相關，操作全額交割股票可獲取較高實際信用風險溢酬　(c) $\mu - \sigma$ 無異曲線呈現負斜率　(d) 承擔較高風險，將要求較高風險溢酬作補償

2. 投資人心態各異，並視金融市場情勢而調整多頭或空頭角色，何者錯誤？　(a) 風險怯避者僅會投資預期報酬率為正的股票　(b) 面對正偏態係數的報酬率機率分配，投資人傾向扮演空頭角色　(c) 風險愛好者不會選擇零預期報酬率的股票　(d) 風險怯避者面對預期報酬率為負的股票，將採取空頭操作模式

3. 張無忌與趙敏兩人同屬風險怯避者，後者厭惡風險更甚前者。當兩人同時操作台股，選擇股票標準的差異性為何？　(a) 面對相同風險，趙敏要求較高實際報酬率　(b) 在相同風險下，張無忌要求較低預期報酬率　(c) 在相同實際報酬率下，張無忌僅願承擔較低風險　(d) 在相同預期報酬率下，趙敏願意承擔較高風險

4. 人們從事金融操作，對投資組合風險與報酬率取捨關係的看法，何者正確？　(a) 風險怯避者承擔風險愈大，將要求較高實際報酬率補償　(b) 風險中立者面對風險愈大，將要求高預期報酬率補償　(c) 風險愛好者願意犧牲預期報酬率，換取較高風險　(d) 不論人們風險偏好為何，投資組合報酬率的變異數擴大均會產生負效用

5. 針對不同風險偏好的投資人，攸關其決策過程關心的焦點，何者正確？　(a) 風險中立者僅關心預期報酬率單一變數　(b) 對風險怯避者而言，風險愈高，預期效用愈高　(c) 對風險怯避者而言，偏態係數將扮演負效用的角色　(d) 風險愛好者的決策僅關心報酬率的變異數

二、問答題

1. 「經濟部公布 1999 年上半年的民間投資衰退 10.4%，而李總統在 1999 年 7 月提出兩國論，引發人們投資意願衰退，導致 7 月的台股指數大跌與成交量萎縮」。在上述報導中，試問「投資」的定義是否有所差異？

2. Morgan-Stanley 資本國際公司 (MSCI) 在 1999 年 8 月 12 日宣布將新興市場自由指數及遠東地區除日本之外自由指數系列中，台股權值比重由 50%

大幅提昇至 100%。林教授聞訊後，預期台股短期內將有高價，立即將全部儲蓄投入股市。試剖析林教授係屬投資人或投機客？理由何在？此種行為與投入六合彩有何差異性？

3. 經濟系畢業生趙敏踏出校門後的每月起薪 35,000 元，趙敏僅知將儲蓄存入銀行，試為趙敏評估取得第一個 100 萬元的年限為何？趙敏在大學曾修習貨幣銀行學，熟悉各項金融商品，試評估趙敏能否縮短賺得第一個 100 萬元的年限？

4. 獲得第十屆「傑出財務主持人獎」的明碁電腦財務長游克明提出個人理財觀念為：「將雞蛋放在一個籃子，然後看好籃子」。由於他知悉明碁營運狀況且深具信心，是以儲蓄幾乎投入明碁股票。不過他也表示，若非十分了解產業，還是分散投資較好。他建議想投入股市卻又害怕風險的人可以選擇「可轉換公司債」，公司呈現高成長可以轉換為股票，不好時仍維持公司債，預期報酬率顯然高於定存。對儲蓄有限者，則建議「儘快籌措到第一個 100 萬元」，再以錢滾錢的效果就會很快。投資人若無閒研究或對產業不熟悉，則可改買基金。試就上述說法回答下列問題：

(a) 游財務長的理財觀念是否背離風險分散原則？

(b) 安排投資組合是否與投資預算存在密切關係？

(c) 投資個別股票與基金是否有基本差異？

(d) 積極管理策略是否與游財務長的投資理念相左？

(e) 游財務長的理財觀念與強調基本分析是否一致？

5. 試評論：「在完全資本市場，相同營運所得公司的價值必然相同，且與資本結構無關」。

6. 試評論下列問題：

(a) 兩種股票報酬率呈現完全負相關，郭靖將可安排無風險投資組合。

(b) 趙敏安排投資組合面對的總風險即是系統風險，通常以報酬率的變異數衡量。

7. 張無忌參加國內地下金融的「哈達」（預測股價指數漲跌的賭博遊戲）操作，預測正確的機率 50%，而下賭正確可得報酬 20%，賭錯則損失 20%。若以標準差衡量風險，試回答下列問題：

(a) 「哈達」的預期報酬率與風險為何？若與持有定存比較，兩者在報酬率與風險上有何差異？

(b) 張無忌選擇參與哈達操作，而不選擇定期存單，此種決策顯示張無忌的風險偏好為何？

8. 中油公司針對是否進行澎湖外海探勘油井而費心，經過仔細評估，探勘一口油井須花費 5,000 萬元，而依過往經驗顯示每探勘十口油井，可能只有

一口成功，其餘九口可能失敗，而探勘油井成功可帶來約 20 倍收益，不過風險看來不低。試回答下列問題：

(a) 如何衡量探勘油井的風險？

(b) 試以本題油井探勘為例，說明專案的個別風險、公司風險及市場風險。

9. 試依據效率市場臆說評論或回答相關問題。

(a) 如果效率市場臆說成立，所有股票基金應該獲得相同風險調整後的報酬，是以投資人可以隨機選擇基金。

(b) 手機零組件上市公司美律在某交易日宣布失去 Apple 釋出的巨額訂單。在訊息公布前，投資人都相信此訂單十拿九穩。如果台灣股市具效率且無其他訊息，則美律股價將如何反映？

(c) 金履公司為南非金礦上市公司。雖然公司的金礦探測專家經常失敗，但偶爾也會發現有價值的金礦。如果南非股票市場具效率，預期金履股票的累積異常報酬率圖形為何？

三、計算題

1. 上櫃設備大廠高僑自動化發行公司債 5,000 萬元與股票 15,000 萬元（依據市場價值發行）募集營運資金，並於當年獲取營運所得 5,100 萬元，而支付公司債利率 $r = 6\%$。試為董事會計算下列問題：

(a) 高僑使用全部資金營運所獲報酬率？

(b) 董事會決定將盈餘全部分配，並享有產業升級條例的免繳所得稅優惠，張無忌投資高僑的報酬率為何？

(c) 依據 MM 理論，高僑發行股票必須支付股東財務風險溢酬為何？

(d) 高僑當年適用營利事業所得稅率 25%，趙敏投資高僑的報酬率為何？

2. 假設台塑與裕隆兩家公司在某年的相關營運資料如下所示：（單位：億元）

	台塑	裕隆
公司債（票面利率 8%）	500	200
股東權益	500	800
總資產	1,000	1,000
稅前盈餘	100	150
營利事業所得稅	20	30
稅後盈餘	80	120

試依據上述資料計算下列問題？

(a) 兩家公司的權益報酬率分別為何？

(b) 兩家公司的資產報酬率分別為何？

(c) 兩家公司的息前稅前報酬率分別為何？

(d) 裕隆公司使用資金的成本為何？

(e) 試依據各種財務資料對兩家公司作一評比？

3. 張三豐將 50% 的預算投資奇美電子，預期報酬率 20%，剩下 40% 投資裕隆公司債，預期報酬率 8%。至於奇美報酬率的標準差為 15%，裕隆公司債報酬率的標準差為 5%，兩種股票報酬率間的相關係數 −0.5。試計算下列問題：

(a) 該投資組合的預期報酬率為何？

(b) 該投資組合的風險為何？

4. 張三豐的預期效用函數為 $U = E(r) - 0.5A\sigma^2$，$A = 4$。試就下列資訊回答問題。

投資組合	預期報酬率	報酬率標準差
1	0.12	0.3
2	0.15	0.5
3	0.21	0.15
4	0.24	0.21

(a) 張三豐追求預期效用極大，將會選擇何種組合？

(b) 張三豐屬於風險中立者，將會選擇何種組合？

(c) 張三豐是風險愛好者，將會選擇何種組合？

5. 趙敏的預期效用函數為 $U(\mu, \sigma) = [0.5 - \sigma] \cdot \mu$，選擇定存與股票來安排投資組合：(1) 銀行定存報酬率的分配為 $r_d(\mu_d, \sigma_d) \sim N(5\%, 0)$；(2) 中租控股報酬率的分配為 $r_e(\mu_e, \sigma_e) \sim N(55\%, 0.5)$，試計算下列問題：

(a) Markowitz 的效率投資前緣為何？

(b) 趙敏的風險態度為何？理由是？

(c) 趙敏擁有閒置資金 200 萬元，則持有定存與中租控股金額各為何？

(d) 趙敏改採風險中立態度，預期效用函數將須如何修正？

6. 趙敏選擇兆豐金控與台積電兩種股票的相關資訊如下：

股票	預期報酬率	標準差
兆豐金控	5%	10%
台積電	10%	20%

假設兩種股票報酬率的共變異數為 0.001。趙敏就這兩種股票構成投資組合，且未採取擴張信用操作，試計算下列問題：

(a) 能使投資組合變異數最小的投資比例 w_a 與 w_b。

(b) 最小變異數投資組合的預期報酬率為何？

(c) 兩種股票報酬率的共變異數若為 0.02，則追求投資組合變異數最小的權數為何？該組合的變異數與預期報酬率為何？

網路練習題

1. 張無忌是復華投信的基金經理人，負責擬定股票操作計畫，從而必須隨時掌握國際金融情勢變化。請你代為前往理財寶 (CMoney) 網站 http://www.cmoney.tw，查閱主要國家金融情勢變化，並且預估未來可能發展。

CHAPTER

6

利率理論

個案導讀

金融海嘯重創景氣，美國聯準會從 2009 年 3 月起連續實施三輪量化寬鬆 (quantitative easing, QE)，膨脹資產負債表規模至 4 兆 4,200 億美元，壓低長期利率來刺激景氣。直至 2014 年 9 月 18 日，聯準會結束為期兩天會議，宣布每月購債規模將再削減 100 億 ~160 億美元，仍如預期在 10 月完全結束購債措施，並將繼續保持超低利率「相當長一段時間」（一般認為是 6 個月左右），紓解金融市場預期可能提前升息的疑慮。

許多經濟學者原本預期景氣持續好轉，聯準會決策將會改變 3 月來持續採用的利率前瞻指引措辭。不過會議聲明以 8 票對 2 票通過維持不變，Dallas 聯邦準備銀行總裁 Richard Fisher 這次配合費城聯邦準備銀行總裁 Charles Plosser，對聯準會決策表示異議。聯準會更新美國利率、經濟成長率預測，2016 年底聯邦資金利率的中位數將升抵 1.376%，高於 6 月預測的 1.126%；2016 年底將再度上升至 2.876%，也高於原估的 2.6%。至於美國 2014 年經濟成長率預估為 2%~2.2%，低於 6 月估計的 2.1%~2.3%，2016 年預估成長 2.6% 低於 6 月預測的 3%，而聯準會在 6 月才將 2016 年成長率由原先的 3.2% 降至 3%。聯準會主席 Janet Louise Yellen 在稍後記者會表示，儘管就業市場持續復甦，然而數據顯示仍有太多人待業中，尋找全職者屈就於兼職工作，勞動資源明顯閒置未充分

利用。此外，金融海嘯後續效應仍限制家庭支出、信用取得，進而抑制未來經濟成長和所得。聯準會決定開始升息的適當時機將取決於經濟數據，而容忍消費者物價指數 *CPI* 漲幅上限為 2%。截至 2014 年 8 月底，*CPI* 年增幅為 1.7%，故無必要立刻結束刺激措施。

從美國聯準會公布的會議內容顯示，聯準會將視就業市場狀況與 *CPI* 膨脹率來決定是否調高利率，顯示利率係聯繫金融部門與實質部門的關鍵因素。本章將說明決定金融市場利率的相關理論，進而探討利率的風險結構。接著，將說明利率期限結構理論，及其隱含的經濟訊息。最後，將說明如何以利率期限結構來預期景氣變化，從利率期限結構變化評估貨幣政策可信度與政策效果，進而探討利率政策內容。

6.1　利率決定理論

6.1.1　利率內涵與決定過程

在金融操作過程中，利率是可貸資金或銀行信用的價格，可由資金供需雙方來看：

- 廠商評估融資策略與安排財務結構，必須支付的資金成本。
- 人們安排投資組合，作為評價資產的貼現因子。

基本點
金融市場計算利率波動與報價之基本單位。

金融市場計算利率波動與報價之基本單位稱為基本點 (basis point) $b_p = 0.01\%$，利率計算方式有三：

1. 年息　按年計算，年息一分為 10%，一般金融機構通用。
2. 月息　按月計算，月息一分為 1%，民間借貸（地下金融）通用，如遠期支票借款、信用拆借、存放廠商。
3. 日息　按日計算，日息一分為 0.1%，股市的丙種經紀人或地下錢莊通用，如信用卡借款。

圖 6-1 是利率決定過程。古典學派的實質可貸資金理論認為體系內實質利率取決於跨期消費決策過程，係由時間偏好與資本邊際生產力共同決定。儲蓄（時間偏好）與投資（資本邊際生產力）均屬流量概念，從而形成決定利率的流量理論。另外，Keynes (1936)在《一般理論》提出流動性偏好理論，認為「利率係人們在特定期間放棄流動性而獲取的補償」，故由流動性偏好（資產需求）與貨幣供給（資產供給）共同決定金融市場利率，從而形成決定利率的存量理論。爾後，新古典學派結古典學派與 Keynesian 學派觀點，提出貨幣性可貸資

金理論來決定貨幣利率。至於利率的風險結構則是反映通膨預期溢酬 π^e、違約溢酬 d、流動性溢酬 l、期限溢酬 m 與稅負溢酬 t 等因素對貨幣利率的影響。

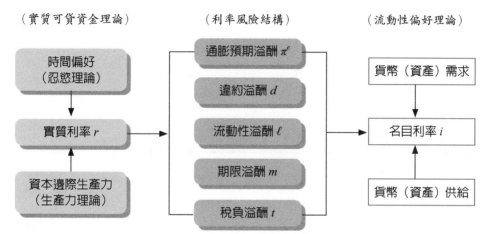

（實質可貸資金理論）　（利率風險結構）　（流動性偏好理論）

圖 6-1
利率決定過程

6.1.2 可貸資金理論

　　古典學派分別從儲蓄與投資觀點探討利率的決定，總結「投資資金來自儲蓄，儲蓄等於投資決定利率」的說法，此即儲蓄投資理論或稱實質可貸資金理論 (real loanable fund theory)。

1. **儲蓄**　Senior (1836) 的忍慾理論 (abstinence theory) 指出利率是人們忍慾的報酬，Bohm-Bawerk (1884) 的時間偏好理論 (time preference theory) 則認為人們偏好目前消費，要其放棄目前消費（儲蓄），就須給予利率補償。人們愈偏好目前消費，忍慾（儲蓄）感受的痛苦就愈大，故須給予較高利率補償，儲蓄與利率呈正向關係。

2. **投資**　Menger (1871) 的迂迴生產理論 (roundabout production theory) 與 Clark (1887) 的邊際生產力理論 (marginal productivity theory) 指出廠商從事迂迴生產，購買設備生產商品至銷售獲取收入需要一段時間，使用資金購買設備將須支付利息。資本邊際生產力愈高，迂迴生產的產出愈大，廠商使用資金獲取報酬愈大，願意支付利率愈高。由於資本邊際生產力遞減，利率愈低將吸引廠商增加購買設備的資金需求，利率與投資呈負向關係。

　　基於上述看法，廠商發行公司債 ΔB_p^S 融通投資計劃，預擬投資 I 將反映於新增債券供給。人們儲蓄全部以債券持有，預擬儲蓄 S 相當於新增債券需求 ΔB^D。是以實質可貸資金市場供需將是實質利率的遞增與遞減函數：

儲蓄投資理論或實質可貸資金理論
投資資金來自儲蓄，儲蓄等於投資決定利率。

忍慾理論
利率是人們忍慾的報酬。

時間偏好理論
人們偏好目前消費，要其放棄目前消費（儲蓄），就須給予利率補償。

迂迴生產理論或邊際生產力理論
廠商從事迂迴生產，購買設備生產商品至銷售獲取收入需要一段時間，使用資金購買設備將須支付利息。

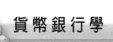
$$F^S(r) = \Delta B^D(P_b) = S(r)$$
$$\quad\quad\quad\quad - \quad\quad +$$
$$F^D(r) = \Delta B_p^S(P_b) = I(r)$$
$$\quad\quad\quad\quad + \quad\quad -$$

$P_b = \dfrac{1}{r}$，債券價格是利率的倒數。

Nassau William Senior (1790~1864)

出生於英國 Berkshire 的 Compton。Senior 是律師卻以經濟學者聞名，擔任 Oxford 大學講座教授，出版《政治經濟學》(*An Outline of the Science of Political Economy*) (1836) 而在人口、勞動市場與貨幣政策發揮重大貢獻。

Eugen Bohm von Bawerk (1851~1914)

出生於 Austrian Empire 的 Brno。擔任奧地利 Innsbruck 大學教授，財政部長等職位，出版《利率理論歷史與批評》(*History and Critique of Interest Theories*) (1884)，對奧地利學派 (Austrian School) 發展具有重大貢獻。

在圖 6-2 中，債券供需相等 $\Delta B^D = \Delta B_p^S$ 或儲蓄等於投資 $S(r) = I(r)$，將決定均衡實質利率 r_1。接著，財政部發行公債融通預算赤字，$\Delta B_g^S = G - T_N$，資金供給者認為公債與公司債完全替代，新增債券供給將變為：

$$\Delta B^S = \Delta B_p^S + \Delta B_g^S = I(r) + (G - T_N) = F^D(r)$$

可貸資金需求曲線將因政府預算赤字增加而右移，利率攀升至 r_2。實質可貸資金理論指出儲蓄與投資係屬長期實質流量變數，兩者決定利率將是長期實質利率。該理論詮釋實際現象將存在下列缺陷：

1. 利率是實質儲蓄與投資相互運作結果，貨幣因素對均衡利率變化將無影響。

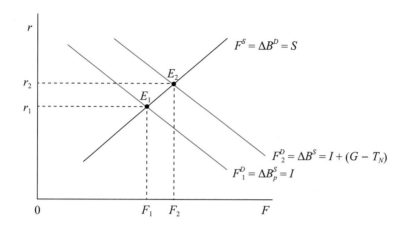

圖 6-2
實質可貸資金
理論

2. 體系內並非僅有債券一項金融資產，該理論簡化人們保有儲蓄方式。

3. 廠商發行債券募集資金，用於購買資本財而未保留貨幣餘額。實務上，廠商除保留貨幣作為周轉金外，也發行股票融通，預擬投資計劃。

Carl Menger (1840 ~1921)

　　出生於 Austrian Galicia（現在屬於 Poland）的 Nowy Sącz 市。Menger 是奧地利學派創始者，提出邊際效用理論而成為現代經濟理論發展的基礎。

John Bates Clark (1847~1938)

　　出生於德國。Clark 提出邊際效用價值理論而構成經濟理論發展基礎，是美國邊際學派創始者、美國經濟學會創始人、協會第三任會長，以其為名的 John Bates Clark 經濟學獎重要性僅次於諾貝爾經濟學獎。

　　到了 1930 年代，Keynes 在《一般理論》(1936) 提出流動性偏好理論，改由貨幣市場供需來決定利率。另外，瑞典學派的 Ohlin 與劍橋學派的 Robertson 則綜合古典學派的儲蓄投資理論和 Keynes 的流動性偏好理論，提出貨幣性可

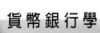

貨幣性可貸資金理論
市場利率是取決於可貸資金市場供需,並且涵蓋實質與貨幣因素。

貸資金理論 (monetary loanable fund theory),結合貨幣因素與實質因素,修正可貸資金供給來源包括儲蓄與新增實質貨幣供給 $\left(\frac{\Delta M^S}{P}\right)$:

$$\Delta B^D(P_b) = F^S(i) = S(r) + \left(\frac{\Delta M^S}{P}\right)$$

至於可貸資金需求來源包括廠商預擬保有的周轉金與消費者預擬保有的貨幣餘額 $\Delta L(i)$,以及廠商融通當期資本支出的需求:

$$\Delta B^S(P_b) = F^D(i) = I(r) + \Delta L(i)$$

圖 6-3
新古典可貸資金理論

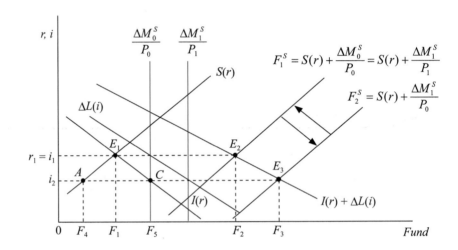

經濟成員增加保有貨幣餘額 $\Delta L(i)$ 與貨幣利率呈反向關係,而央行能夠控制貨幣餘額不受利率影響。在圖 6-3 中,當體系物價平穩之際,可貸資金供需達成均衡,均衡貨幣利率 i_1 與實質利率 r_1 一致。央行採取寬鬆政策,實質貨幣餘額由 $\left(\frac{\Delta M_0^S}{P_0}\right)$ 遞增至 $\left(\frac{\Delta M_1^S}{P_1}\right)$,帶動可貸資金供給曲線 F_1^S 右移至 F_2^S,均衡貨幣利率 i_1 滑落為 i_2。當貨幣利率為 $i_2 < i_1 = r_1$ 時,商品市場出現投資大於儲蓄 AC 或存在超額需求 F_4F_5,物價上漲帶動實質貨幣餘額逐步下降。一旦物價上漲至 P_1 促使 $\frac{\Delta M_0^S}{P_0} = \frac{\Delta M_1^S}{P_1}$,$F_2^S$ 曲線重回 F_1^S 位置,貨幣利率又回歸原先水準 i_1。

Bertil Gotthard Ohlin (1899~1979)

出生於瑞典。任教於丹麥 Copenhagen 大學與瑞典 Stockholm 商學院，並曾擔任瑞典自由黨主席達 23 年之久。Ohlin 在國際貿易和國際資本移動議題發揮開拓性貢獻，在 1977 年獲頒諾貝爾經濟學獎。另外，Ohlin 的主張類似 Keynesian 理論，與 Keynes 的《一般理論》思想一脈相承，影響瑞典政府擬定政策至鉅。同時，Ohlin 發表《資本市場和利率政策》(1941) 也對利率與資本市場運作發揮重大影響。

　　影響債券需求（資金供給）的因素包括財富、債券相對其他資產之預期報酬率、預期通膨率、債券的相對風險與流動性。影響債券供給（資金需求）因素包括投資機會、政府預算赤字與預期通膨率等三者。綜合影響債券收益率或中長期利率波動的因素將歸納於表 6-1，並說明如下：

影響因素	經濟指標
景氣循環	領先指標
	同時指標
	經濟成長率
	貿易順差或逆差
	景氣對策訊號
通膨或通縮	消費者物價指數
	躉售物價指數
匯率變動與國內外利差	經常帳與金融帳
	匯率升值或貶值趨勢
	國內外利差
貨幣政策	M_{1B}、M_2 成長率
	央行理監事會議結論
	重貼現率、存款準備率調整方向
	央行總裁、副總裁之重要談話
政府預算赤字	未來中央政府發行公債金額
	未來到期公債還本付息金額

表 6-1

影響中長期利率變動的指標

1. 景氣循環　景氣擴張帶動廠商與消費者融資需求遞增，通膨壓力也因強勁經濟活動而升溫，而央行傾向緊縮資金以對抗通膨威脅，結合三者力量推動利率上漲。反之，景氣衰退讓廠商與消費者信心趨於保守而降低資金需求，同時引發通縮壓力，而央行也偏向寬鬆銀根，結合三者力量引導利率滑落。

2. 中央政府預算　政府預算赤字擴大代表公債發行餘額、未來還本付息金額攀升，可貸資金需求曲線右移。理論上，政府預算赤字愈大，將帶動利率高漲，然而美國政府累積龐大國債，卻未見利率狂飆。針對此種現象，可從三種觀點解讀。

   (a) 金融市場國際化　國際金融市場整合性上升，促使美國可貸資金市場供給對利率變動具有高利率彈性。美國政府擴大發行公債引起利率上漲，外國機構將迅速增加購買美國公債，從而抑制利率上漲。

   (b) Barro-Ricardo 等值理論 (Barro-Ricardian equivalence theorem)　理性成員認知政府擴大預算赤字（可貸資金需求曲線右移），未來須以加稅來清償公債還本付息。人們唯有提高儲蓄率因應（可貸資金供給曲線右移），方可維護未來生活不虞匱乏，結果對利率影響不大。實務上，僅有少數人才會作出與理論所稱的決策，尤其在 1980 年代與 1990 年代初期，美國預算赤字明顯攀升，民間儲蓄率卻是下降，是以此種說法並不成立。

   (c) 量化寬鬆政策　美國政府擴大預算赤字紓緩金融海嘯衝擊，赤字金額龐大勢必推動利率上升，是以聯準會連續實施三次 QE 來遏阻利率上揚。

3. 通膨或通縮　依據消費者物價指數、躉售物價指數變動情況判斷體系內物價波動趨勢，進而推估央行採取貨幣政策方向。

4. 貨幣政策　依據 M_{1B}、M_2 成長率變化趨勢判斷資金供需變化，並從央行理監事會議結論、調整重貼現率與存款準備率方向、央行總裁重要談話來掌握貨幣政策方向。

5. 匯率變動　依據經常帳與金融帳餘額變化，評估未來匯率升值或貶值趨勢，再加上國內外利差吸引跨國資金移動，引發國內可貸資金供需變化，從而造成長期利率變動。

Barro-Ricardo 等值理論

理性成員認知政府擴大預算赤字，未來須以加稅來清償公債還本付息，故將提高儲蓄率因應。

觀念問題

❖ 試說明可貸資金供需的來源為何？供給曲線何以呈現正斜率，而需求曲線則是負斜率？

❖ 財政部採納賦稅改革委員會建議，在未來十年大幅降低所得稅率。在其他因素不變下，試

以可貸資金理論分析該措施對利率的影響？

❖ 在景氣蕭條期間，央行經研處預期體系內可能造成利率下降的因素為何？

❖ 試說明貨幣性可貸資金理論內涵？並說明下列狀況對可貸資金供給與需求曲線、以及均衡利率的影響。

　(a) 央行理監事會議決定調高 M_2 成長率。

　(b) 上市半導體大廠茂矽公司破產，擴大持有公司債的信用風險。

　(c) 中央政府將營利事業所得稅率由 25% 調低為 17%。

6.1.3　流動性偏好理論

　　Keynes (1936) 在《一般理論》指出：「當資本需求與利率對既定所得下的儲蓄意願影響若屬已知，儲蓄與投資相等將是決定所得的因素」，是以前述的古典可貸資金理論僅能決定均衡所得而非利率。在重商主義期間，Locke (1692) 主張利率是使用貨幣的價格，Keynes 接收該項觀點，轉而提出流動性偏好理論 (liquidity preference theory) 來取代可貸資金理論，認為貨幣利率取決於流動性偏好（資產需求）與貨幣供給（資產供給），此係屬於存量的利率理論。

> **流動性偏好理論**
> 貨幣利率取決於流動性偏好（資產需求）與貨幣供給（資產供給）。

　　基於上述構想，Keynes 將人們保有資產型態的偏好稱為流動性偏好，貨幣是流動性資產的一種，故狹義流動性偏好專指貨幣需求而言：

$$L = L(i, y)$$
$$= kPy + l(i)$$

　　假設貨幣供給與貨幣利率呈現同向變動，$M^S = M(i)$。當體系內物價為 P_0、所得為 y_0 時，均衡貨幣利率將如圖 6-4 中 E_0 點所示為 i_0。當央行採取寬鬆政策時，在貨幣需求 $L(i, y)$ 穩定下，實質貨幣餘額遞增，短期利率下跌至 i_1，Friedman (1968) 稱此現象為流動性效果 (liquidity effect)。

> **流動性效果**
> 在貨幣需求穩定下，實質貨幣餘額遞增引起貨幣利率下降。

　　流動性偏好理論指出：當貨幣供需（資產供需）相等，將決定均衡貨幣利率。在金融市場，金融資產供需將隨訊息變動隨時調整，決定利率將是短期利率，純屬貨幣現象。任何實質決策變化唯有事先影響所得改變貨幣需求，方能間接影響利率。實務上，該項說法背離現實，Keynes (1937) 因而改採融資性貨幣需求概念取代流動性偏好函數。爾後，蔣碩傑 (1980) 改以預擬支出 ($E = C^P + I^P + G$) 取代流動性偏好函數中的所得變數：

$$L = L(i, E)$$
$$= L(i, C^P + I^P + G)$$

圖 6-4
流動性偏好理
論

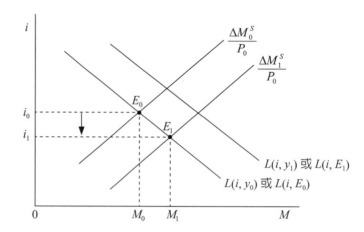

　　人們改變支出決策或政府執行赤字預算，圖 6-4 中的貨幣需求曲線將迅速右移，推動貨幣利率直接上漲，無須再透過所得調整來發揮影響效果。表 6-3 係影響短期利率（貨幣市場利率）的因素，我們可用流動性偏好理論解釋利率變動方向：

1. **通貨發行淨額**　該項餘額暴增，隔日拆款利率將會上漲。隨著年節結束，通貨回籠導致發行淨額遞減，利率也隨著滑落。

2. **國庫撥款或解繳國庫**　銀行將代收稅款繳交國庫，或公營事業盈餘繳庫勢必造成銀根緊縮；反之，公共工程款、退休俸撥款勢必造成銀根寬鬆。

3. **國庫券或央行可轉讓定存單發行與到期**　財政部發行國庫券、央行發行可轉讓定存單，將會造成資金緊縮。反之，國庫券與央行可轉讓定存單到期，則將會引起資金寬鬆。

4. **外匯買（賣）超**　央行為穩定匯率，在外匯市場買超（當日買進美元超過賣出美元）或賣超美元（當日買進美元小於賣出美元），資金市場將因買（賣）超美元而出現寬鬆（或緊縮）現象，短期利率隨之波動。

5. **郵政儲金轉存款**　中華郵政是國內分支機構與吸收存款最多的準銀行。央行通常視金融環境變化，調整中華郵政轉存央行比例，或將其轉存款再轉存其他銀行比例，故其變化影響短期資金供需至鉅。

6. **股票市場走勢**　股市呈現空頭走勢，銀行存款結構由活存轉定存，金融環境趨於寬鬆。股市呈現多頭走勢，銀行存款結構由定存轉活儲，金融環境趨於緊縮。

資金寬鬆因素	資金緊縮因素
通貨回籠	通貨發行
國庫撥款：公共工程款、退休俸撥款	解繳國庫：所得稅款、公營事業盈餘繳庫
央行可轉讓定存單到期 財政部國庫券到期	央行發行可轉讓定存單 財政部發行國庫券
央行融通或公開市場釋金	央行回收融通資金
央行買匯	央行賣匯
郵政儲金釋出	郵政儲金回收
空頭股市，銀行存款結構由活存轉定存	多頭股市，銀行存款結構由定存轉活存

表 6-2

影響短期利率
變動的因素

John Locke (1632~1704)

出生於英國 Somerset 的 Wrington。Locke 在社會契約理論發揮重要貢獻，並對後代政治哲學發展產生巨大影響，是啓蒙時代最具影響力的思想家和自由主義者。另外，Locke 主張公民社會是基於保護財產權才產生，而「財產」包括擁有「生命、自由和財產」的權利。同時，Locke 主張經濟體系的確可在無政府狀態下存在，私人財產是先於政府而存在，社會也是基於保護私人財產才形成。

6.1.4 利率風險結構

貨幣利率（或市場要求的報酬率）係指金融市場交易利率，或廠商使用資金支付的成本。廠商必須掌握利率風險結構 (risk structure of interest rate)，此即構成利率的風險溢酬內涵，才能決定債券訂價策略。反觀人們投資債券，也須評估構成債券報酬率的風險溢酬因子變化，才能掌握債券價格變動趨勢。

利率風險結構
構成利率的風險溢酬
內涵。

$$\underset{\substack{\text{貨幣利率}\\(\text{市場要求的報酬率})}}{i} = \underset{\substack{\text{實質利率}\\(\text{資本邊際}\\\text{生產力})}}{r} + \underset{\substack{\text{通膨預期溢酬}\\(\text{景氣循環})}}{\pi^e} + \underset{\substack{\text{違約溢酬}\\(\text{產業與}\\\text{公司循環})}}{d} + \underset{\substack{\text{流動性溢酬}\\(\text{市場因素})}}{\ell} + \underset{\text{期限溢酬}}{m} + \underset{\text{稅負溢酬}}{t}$$

1. **實質利率 (r)** 廠商購買資本財投入生產獲取的報酬率，相當於資本邊際生產力。古典學派認為資本邊際生產力及時間偏好是決定實質利率的基本因素。資本邊際生產力增加，誘使廠商增加融資購買資本設備，促使可貸資金需求曲線右移，推動實質利率上升。時間偏好上升，讓人們偏好目前

消費，降低儲蓄帶動可貸資金供給曲線左移，促使實質利率上升。

通膨預期溢酬
通膨發生將會造成購買力損失，必須附加通膨預期溢酬補償。

2. 通膨預期溢酬 (inflationary expectation premium, π^e)　在通膨過程中，廠商借款一元，到期須償還名目本息 $(1 + i)$，在達成均衡時，名目本息等於到期實質本息 $(1 + r)$ 與預期通膨帶來增值利益 $(1+ \pi^e)$ 的乘積：

$$(1 + i) = (1 + r)(1+ \pi^e)$$
$$= 1 + r + r\pi^e + \pi^e$$

Fisher 方程式
貨幣利率等於實質利率加上預期通膨率。

當 $r\pi^e$ 值趨於微小，上式將演變成 Fisher 方程式 (Fisher's equation)，亦即貨幣利率等於實質利率加上預期通膨率：

$$i = r + \pi^e$$

實質利率 r 取決於資本邊際生產力與時間偏好，與預期通膨率 π^e 均屬預期概念。實務上，在通膨期間，實證結果顯示三者呈現下列互動關係：

Fisher 效果
在通膨過程中，預期通膨率將會反映在貨幣利率上漲，而實質利率維持不變。

$$\Delta i = \Delta r + \beta\Delta\pi^e$$

β 代表預期通膨率變化引起名目利率波動程度。在現實生活中，實質利率與預期通膨率會隨時間而變，帶動名目利率變化。

通膨中立性
名目利率與預期通膨率等幅變動，名目利率變化完全反映預期通膨率變動，資金供需雙方間的實質財富將無重分配效果。

- Fisher 效果　實質利率取決於資本生產力與時間偏好，不受預期通膨率變動影響。在強勢 Fisher 臆說中，$\beta = 1$，名目利率與預期通膨率等幅變動，$\Delta i = \Delta\pi^e$，名目利率變化完全反映預期通膨率變動，資金供需雙方間的實質財富將無重分配效果，此即稱為通膨中立性 (inflation neutrality)。換言之，Fisher 效果隱含「貨幣政策具有中立性臆說」，央行無法運用權衡政策影響實質利率，藉以改變實質部門決策。至於弱勢 Fisher 臆說認為 $0 < \beta < 1$，預期通膨率部分影響名目利率，如原先預期通膨率 $\pi^e = 0$，是以實質利率等於名目利率 $i = r = 2\%$。假設體系發生通膨帶動預期通膨率上升 $\Delta\pi^e = 5\%$，而 $\beta = 0.8$，名目利率將上升 $\Delta i = 0.8 \times 5\% = 4\%$ 而成為 6%。

Harrod 效果
在通膨過程中，實質利率反映預期通膨率變化而等幅下降。

- Harrod 效果　Keynesian 學派認為不論預期通膨率如何變化，名目利率呈現僵化，$\Delta i = 0$。在通膨過程中，實質利率反映預期通膨率變化而等幅下降，$\Delta r = -\Delta\pi^e$。

Mundell-Tobin 效果
實質利率與名目利率分別反映預期通膨率變化，名目利率上升、實質利率趨於下降。

- Mundell-Tobin 效果　資金需求者借入資金轉而持有實質資產，體系發生通膨類似對資金供給者課徵通膨稅，透過金融市場交易部分轉嫁給資金需

求者負擔，稅率即是預期通膨率，實質利率與名目利率分別反映預期通膨率變化，名目利率上升、實質利率趨於下降，$\Delta i(\uparrow) = \Delta r(\downarrow) + \Delta \pi^e(\uparrow)$，此即稱為 Mundell-Tobin 效果。

實務上，金融業常以一年期定存利率扣除消費者物價指數 *CPI* 年增率來衡量實質利率。不過一年期定存利率代表對未來報酬率的預期，*CPI* 變動率反映過去物價變化，兩者相減所得的實質利率則是事後概念，無從反映廠商對未來實質報酬率的預期。Fisher 方程式是事前概念，計算實質利率係採未來預期通膨率，而非過去發生的實際通膨率。

上述三種效果可用圖 6-5 說明。在金融市場，廠商借入資金支付貨幣利率，可貸資金需求取決於貨幣利率，$F^D = F(i)$。金主借出資金追求實質報酬率，可貸資金供給取決於實質利率，$F^S = F(r) = F(i - \pi^e)$。在預期通膨率 $\pi^e = 0$ 下，F^D 與 F^S 曲線交於 E 點，將決定均衡利率 $i^* = r^*$。體系爆發通膨引起預期通膨率 $\pi^e > 0$，F^S 曲線左移至 $F^S(i - \pi^e)$ 與 F^D 曲線交於 A 點，貨幣利率上漲至 i_1，實質利率則下跌至 r_1，$i_1 r_1 = \pi^e$，此即 Mundell-Tobin 效果。隨著 F^D 曲線愈缺乏利率彈性，預期通膨率上漲帶動貨幣利率漲幅 ($\Delta i = i_1 i^*$) 愈大，而實質利率跌幅 ($\Delta r = r^* r_1$) 愈小。當 F^D 曲線缺乏利率彈性而呈垂直線，預期通膨率上漲帶動貨幣利率漲幅 $\Delta i = i_1 i^* = \pi^e$，而實質利率維持不變 ($\Delta r = r^* r_1 = 0$)，此即 Fisher 效果。如果 F^D 曲線趨於高利率彈性而轉為水平線，預期通膨率上漲不影響貨幣利率 $\Delta i = i_1 i^* = 0$，實質利率則下跌 $\Delta r = r^* r_1 = \pi^e$，此即 Harrod 效果。

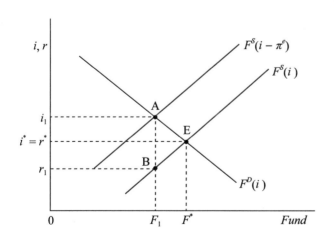

圖 6-5

預期通膨率對貨幣利率與實質利率的影響

3. **違約溢酬** (default premium, *d*)　債券發行者未按時清償本息，投資人承擔信用風險而要求附加違約溢酬。財政部的國庫券（課稅權）或央行可轉讓定存單（鑄幣權）擁有國家信用擔保而無違約風險，支付利率最低。公司發行債券的信用評等，將隨公司循環與所屬產業的產業循環而變，發行利

違約溢酬

債券發行者未按時清償本息，投資人承擔信用風險而要求附加違約溢酬。

率與交易利率也跟著變動。若以期限、流動性和其他特性類似的國庫券利率爲標竿，兩者間的利率差距即是違約溢酬。

流動性溢酬
投資人將因證券轉換成現金速度快慢而要求附加溢酬補償。

4. **流動性溢酬** (liquidity premium, ℓ) 體系存在交易熱絡的次級市場，證券可迅速轉換成現金，變現價格與當時合理價格相去不遠，將因流動性較高而僅要求附加低流動性溢酬。未上市股票或低知名度公司債交易稀落，人們將要求高流動性溢酬補償或以較低價格承購。

期限溢酬
投資人面臨長期利率波動或其他因素變化，將因持有資產期限愈長，而須承擔資本損失風險，因而要求附加溢酬補償。

5. **期限溢酬** (maturity premium, m) 投資人面臨長期利率波動或其他因素變化，「夜長夢多」而須承擔資本損失風險，要求附加期限溢酬補償。

稅負溢酬
在金融操作過程中，人們須負擔交易稅與交易成本，從而要求附加溢酬補償。

6. **稅負溢酬** (tax premium, t) 在金融操作過程中，人們須負擔交易稅與交易成本，從而要求附加稅負溢酬。當稅率 t 已知時，稅後報酬率是 $i_t = (1-t)i$，實質稅後利率 r_t 是稅後名目利率減去預期通膨率，$r_t = (1-t)i - \pi^e$，稅後實質報酬率將隨預期通膨率上漲而下跌。

表 6-3 的案例顯示：廠商發行公司債募集資金，訂定利率係以高流動性的國庫券報酬率爲基準，再依公司債信用評等、期限與流動性而附加不同程度的風險溢酬。

表 6-3
訂定公司債利率附加的風險溢酬

債券類型的利率訂價	利率	違約溢酬	期限溢酬	流動性溢酬
國庫券（短期）	2%			
A 級 7 年期公司債券（上市）	3.6%	0.6%	0.6%	0.6%
A 級 10 年期公司債券（上市）	3.7%	0.6%	0.7%	0.6%
B 級 10 年期公司債券（上市）	4.2%	1%	0.7%	0.6%
B 級 10 年期公司債券（未上市）	4.7%	1%	0.7%	1%

最後，再討論利率與物價間的關係。Kunt Wicksell (1907) 指出「利率與物價經常同進退」，而 A.H.Gibson (1923) 則針對利率（以英國公債收益率衡量）與物價（以躉售物價指數衡量）進行驗證，發現兩者存在高度正向關係。然而依據貨幣數量學說，古典學派指出物價取決於貨幣供給，而利率則是可貸資金的價格，兩者相互獨立而無關聯，是以 Keynes (1930) 將此令人困惑的現象稱爲 Gibson 矛盾 (Gibson's paradox)。Fisher (1930) 甚至指出「在經濟學中，沒有一個問題會比物價與利率存在衆多關係的議題更引人熱烈討論」，同時嘗試以遞延落後期數的實際通膨率形成通膨預期來解釋該現象。由於此項實證結果長期引發爭議，F.R.Macaulay (1938) 指出「長期間，很多國家的利率與商品價格常以直接簡單方式連結」。雖然經過許多學者詮釋，Friedman (1976) 指出 Gibson 矛盾依然停留在無理論解釋的實證現象。然而在許多可用資料範圍內，

Gibson 矛盾
利率與物價存在高度正向關係，然而貨幣數量學說指出物價取決於貨幣供給，利率是可貸資金價格，兩者相互獨立而無關聯。

該項關係凸顯的例外是如此耀眼，而讓人們無法忽視。

　　William E. Gibson (1970) 嘗試將 Fisher 方程式引入流動性偏好函數，進行詮釋 Gibson 矛盾。當央行擴張貨幣供給，短期經由流動性效果迫使名目利率下跌。依據 Harrod 效果說法，在物價與預期通膨率不變下，名目利率將與實質利率同時下降，刺激投資與消費增加，透過乘數過程運作，所得與交易性貨幣需求隨之增加，名目利率反轉回升，此即所得效果 (income effect)。當央行釘住利率而持續擴張貨幣供給，勢必引發通膨而擴大通膨預期。資金供給者為維持資金購買力不變，要求附加通膨溢酬而推動名目利率攀升，此即膨脹預期效果 (inflationary expectation effect)。換言之，當金融市場引進後續的所得與膨脹預期效果後，央行提昇貨幣成長率將推動名目利率上漲，Gibson 矛盾將可迎刃而解。

所得效果
利率下降刺激投資與消費增加，透過乘數過程運作，所得與交易性貨幣需求隨之增加，名目利率反轉回升。

膨脹預期效果
央行持續擴張貨幣供給，勢必引發通膨而擴大通膨預期。資金供給者為維持購買力不變，要求附加通膨溢酬而推動名目利率攀升。

知識補給站

　　自 2000 年以來，中東產油國擴大政府支出，加上國際金融危機刺激債券投資人轉向新興市場，帶動依據伊斯蘭法律核發的放款和債券數量隨之暴增。在 2009 年前 10 月，國際金融市場發行的伊斯蘭債券和放款，較 2008 年同期增加約 40%，未清償債務餘額高達 1 兆美元，是 10 年前的 2 倍。這些以特殊型態發行的票據未曾歷經景氣衰退考驗，而在國際金融市場，回教債券也很少出現重大違約情況。不過依據伊斯蘭法律發行的票據違約，也無誰具有優先求償權的統一規定。

　　2009 年 11 月 26 日，杜拜國營控股公司杜拜世界集團 (Dubai World) 宣布無法清償旗下房地產事業發行而於 12 月 14 日到期的棕櫚樹 (Nakheel PJSC) 債券 36.2 億美元，影響所及，2010 年 6 月到期的 36 億 dirham（9.8 億美元）Islamic 浮動利率債券與 2011 年 1 月到期的 7.6 億美元 Islamic 債券也同樣面臨違約窘境，因而尋求與債券持有人協商。此一可能違約訊息傳出，國際金融市場出現大幅震盪。

　　杜拜違約事件不僅衝擊國際金融市場，也讓回教國家獨特的伊斯蘭金融受到重大考驗。伊斯蘭金融的重大特色就是無利息（法律禁止放款者由債務賺取利息），故在技術層面，票券會讓放款人和借款人成為合作夥伴，通常的作法是借款者先將名下資產出售，再依約支付租金（類似「售後租回」），等到所有租金全部清償，資產所有權就「賣回」借款者，此一操作策略就僅涉及「交易」而非「利息」。

觀念問題

❖ 中華信評公司調降華泰公司信用評等，導致其發行的公司債價格下跌，試問可能原因為何？

❖ 在其他條件不變下，金融市場預期通膨率從 6% 降至 4% 後，名目利率與實質利率將如何變化？

❖ 何謂利率風險結構？何以實質利率與名目利率經常發生差異？

❖ 張無忌適用的綜合所得稅率為 30%，持有一年期聯電公司債利率為 3%，則其稅後報酬為何？張無忌預期當年通貨緊縮率為 1%，則其實質稅後報酬率為何？

❖ 試評論：「就長期而言，央行增加貨幣供給將促使物價上漲，經由實質貨幣供給減少而造成貨幣利率上升。」

❖ 新興市場國家經濟情勢開始改善，資金借貸成本會傾向下滑，試說明其中理由？

 ## 6.2　利率期限結構

在同一時點，金融市場存在多元化利率，而出現此種現象的原因有二：

1. 不同金融資產面對通膨率、稅率、交易成本、流動性與違約風險的反應迥異，報酬率顯然有別，此即是利率風險結構。

2. 同類型金融資產的期限不同，將使報酬率亦有差異，此即利率期限結構。

圖 6-6

債券殖利率曲線型態

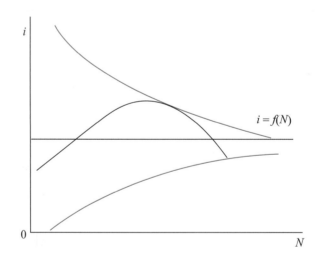

殖利率曲線

描述債券殖利率與期限關係的曲線。

就後者而言，利率期限結構係指在某一時點，同一金融資產報酬率與其期限間的關係。圖 6-6 描述債券殖利率 i 與期限 N 關係的殖利率曲線 (yield curve) $i = f(N)$，常見基本型態有四種：

1. 峰狀 (hump-shaped)　債券報酬率隨著期限延長而攀升，在某一期限後轉趨下游。

2. 逆轉型 (inverted)　債券報酬率隨著期限延長而下降。

3. 上升型 (upward-sloping)　債券報酬率隨著期限延長而攀升。

4. 水平型 (flat)　債券報酬率在某一狹小範圍內波動。

殖利率 (yield to maturity, *YTM*) 係指人們買進債券持有至到期日的年平均報酬率，與債券價格呈反向關係。考慮債券買進價格及票面金額的差額、以及後者係到期方能兌現等條件後，將每期票面利息 (coupon)C_t 與票面金額 F 貼現的現值 PV（買進價格），從而間接求出殖利率 y：

殖利率

人們買進債券持有至到期日的年平均報酬率。

$$PV = \sum_{t=1}^{n} \frac{C_t}{(1+y)^t} + \frac{F}{(1+y)^n}$$

上述方法繁複，一般簡化如下：

$$y = \frac{R + \frac{(F-PV)}{n}}{PV}$$

就短期債券而言，人們可採上述簡化公式計算殖利率。但對長期債券而言，以上述方法計算殖利率將出現重大誤差。假設長期與短期債券票面金額與利率相同，為使兩者同具吸引力，殖利率應該相同，但因長期債券的 $(F-PV)$ 值超越短期債券的 $(F-PV)$ 值，顯示長期債券價格波動幅度將大於短期債券。

6.2.1　預期理論

張無忌規劃投資債券 N 年，對債券期限並無偏好（風險中立者），各種期限債券係為完全替代。在訊息完全與無交易成本下，張無忌隨時調整債券到期期限以回應觀察到的債券收益率，目前持有 N 年期債券殖利率將相當於持有一年期債券逐年「展期」(roll over) 的平均收益，或是持有 N 年期債券和連續 N 年持有一年期債券的報酬並無不同，此即預期理論 (expectation theory) 或無偏性預期理論 (unbiased expectation theory) 的觀點。

張無忌規劃三年投資債券策略，在無交易成本與債券期限偏好下，將有下列選擇：

A 持有三年期債券至到期日，利率為 i_{3t}（i 是利率、3 是三年期、t 是期限或今天），投資 1 元債券三年後將回收 $(1+i_{3t})^3$。

B 持有一年期債券並於到期後持續展期一年二次。目前一年期債券利率是 i_{1t}（1 代表一年），一年後的一年期債券利率是 i_{1t+1}^e，二年後的一年期債券利率是 i_{1t+2}^e，$t+1$ 代表 t 期後的一年或明年，$t+2$ 代表 t 期後的二年或

預期理論或無偏性預期理論

持有 N 年期債券殖利率將相當於持有一年期債券逐年「展期」的平均收益。

後年。i^e 是張無忌預期下一年利率，投資 1 元債券三年後將回收 $(1 + i_{1t})$ $(1 + i^e_{1t+1})(1 + i^e_{1t+2})$。

C 持有兩年期債券至到期日，利率爲 i_{2t}（i 是利率、2 是兩年期、t 是期限或今天），兩年到期後轉爲一年期債券，投資 1 元債券三年後將回收 $(1 + i_{2t})^2$ $(1 + i^e_{1t+2})$。

D 持有一年期債券並於到期後展期二年。目前一年期債券利率是 i_{1t}（1 代表一年），一年後的二年期債券利率是 i^e_{2t+1}，投資 1 元債券三年後將回收 $(1 + i_{1t})(1 + i^e_{2t+1})^2$。

由於不同期限債券彼此完全替代，四種策略對張無忌並無差異。當債券市場爲效率市場，經過套利活動後，四者收益將趨於相同：

$$(1 + i_{3t})^3 = (1 + i_{1t})(1 + i^e_{1t+1})(1 + i^e_{1t+2})$$
$$= (1 + i_{1t})(1 + i^e_{2t+2})^2$$
$$= (1 + i_{2t})^2(1 + i^e_{1t+2})$$

以下就 A 與 B 策略展開並取近似值，三年期利率將是目前與未來預期利率的平均值：

$$i_{3t} = \frac{i_{1t} + i^e_{1t+1} + i^e_{1t+2}}{3}$$

依據上式，目前債券的三年期利率將是目前利率 6%、預期一年後 (7%) 與二年後 (8%) 的一年期利率的平均值：

$$i_{3t} = \frac{6\% + 7\% + 8\%}{3} = 7\%$$

假設投資人係採 A 或 B 策略，並將投資期間推廣至 n 年，追求保有期間的收益率最大，透過在長期與短期債券市場套利，可得純粹預期理論的均衡條件如下：

$$(1 + i_{nt})^n = (1 + i_{1t})(1 + i^e_{1t+1})(1 + i^e_{1t+2})......(1 + i^e_{1t+n-1})$$

i_{nt} 是 t 時點上之 n 年期債券的實際收益率，i^e_{1t+1} 是由 $(t + 1)$ 點起算之短期債券的預期收益率。未來短期利率 i^e_{1t+1}、i^e_{1t+2}…等均是預期值，係屬隨機變數，是以

長期與短期利率間的關係可簡化爲：「長期利率是目前短期利率與預期未來各年短期利率之平均值」，此即期限結構等式 (term-structure equation)：

$$i_{nt} = \frac{i_{1t} + i_{1t+1}^e + i_{1t+2}^e + \dots + i_{1t+n-1}^e}{n} + \theta_t$$

$$= \frac{i_{1t} + \sum_{n=1}^{n-1} i_{1t+n-1}^e}{n} + \theta_t \tag{6.1}$$

θ_t 是投資人持有長期債券要求的期限溢酬。上式涵義是：除溢酬因素外，無論債券期限爲何，一旦債券市場均衡，其預期收益皆無不同，亦即長期利率趨近於目前短期利率加上預期未來短期利率的平均值。依據利率結構等式，預期理論假設利率結構改變主要來自預期未來短期利率變動（其間具有穩定關係），與期限溢酬變動無關。

　　預期理論認爲殖利率曲線斜率取決於投資人對未來短期利率預期，且是未來實際利率的無偏性估計值，長期利率係反映對未來短期利率的預期狀態。至於市場形成利率預期是以通膨率、貨幣成長率、經濟成長率等變數爲主要參考指標。

1. 預期利率上漲　長期利率高於短期利率，殖利率曲線呈上升型態。由於長期債券將因價格下跌而出現預期資本損失，超額報酬縮小導致投資長期債券利益將隨套利而消失。
2. 預期利率逐期下降　長期利率低於短期利率，殖利率曲線呈下降型態。
3. 預期利率呈穩定狀態　殖利率曲線類似水平線，在某一狹小範圍內波動。
4. 預期利率暫時攀升但在後續期間反轉下降　殖利率曲線將呈脊型狀態。

觀念問題

❖ 假設利率期限結構的純粹預期理論具有高度可信度。如果你觀察一年、二年與三年期國庫券的殖利率分別爲 4%、6% 與 8%。試問未來幾年的景氣將如何變化？
❖ 張無忌看到今天經濟日報刊載一年期、二年期與三年期的公債殖利率分別爲 6%、7% 與 6.6%。試依據純粹預期理論，計算下列問題：
   (a) 一年後的兩年期公債殖利率爲何？
   (b) 兩年後的一年期公債殖利率爲何？
   (c) 一年後的一年期公債殖利率爲何？

6.2.2 流動性貼水理論

預期理論以預期報酬率作為投資決策（隱含人們是風險中立者）目標，忽視風險偏好形成的影響。該理論隱含人們預期報酬率上漲與下跌機率相同，殖利率曲線斜率理應正負各半。實務上，縱使無違約之虞的債券也有風險，此係體系存在通膨和對未來利率的不確定性，兩者正是決定殖利率曲線斜率的關鍵因素。殖利率曲線向上傾斜，可由長期債券風險高於短期債券來解釋，而投資人同時面對通膨和利率風險，債券期限愈長，兩種風險就愈大。

- 通膨風險　投資人除關心債息的名目價值外，更重視債券的實質報酬，從而需要預測未來通膨。對三個月期債券而言，投資人就只需考量三個月後的通膨率。對十年期債券來說，計算實質報酬就須預測十年後的通膨率。通膨不確定性引起實質報酬不確定，促使債券成為風險性資產。看得愈遠，通膨不確定性就愈高，數年後的通膨率不確定性遠超過數個月後，通膨風險將隨期限延長而擴大。

- 利率風險　投資人可能在債券到期前出售，而利率變動引起債券價格變化，期限愈長引發利率變動可能性愈大，資本損失可能性也就愈大，要求長期債券附加溢酬也將擴大。另外，通膨風險將隨期限延長而增加，風險溢酬也須隨之遞增。

有鑑於此，Hicks (1946) 提出修正預期理論，而由 Reuben A.Kessel (1965) 衍化成流動性貼水理論 (liquidity premium theory)，指出長短期債券並非完全替代品，風險怯避者通常偏愛高流動性與低價格變異性的短期債券。另外，債券發行者為節省發行債券成本與降低財務風險，偏好發行長期債券，故須提供風險溢酬補償人們放棄流動性的損失。流動性貼水理論認為，投資期間愈長將會提高投資風險（通膨和利率風險），由於投資人不喜歡風險，長、短期債券殖利率相同將讓其選擇短期債券。若要吸引投資人改選長期債券，必須給予流動性溢酬補償，到期期限愈長，支付的流動性溢酬將會愈大。

流動性貼水理論
風險怯避者偏愛高流動性與低價格變異性的短期債券，是以若要吸引投資人持有長期債券，必須給予流動性溢酬補償，期限愈長，支付的流動性溢酬將會愈大。

將流動性溢酬加入 (6.1) 式，可得：

$$i_{nt} = \gamma p_n + \frac{i_{1t} + i_{1t+1}^e + i_{1t+2}^e + \dots + i_{1t+n-1}^e}{n}$$

γp_n 是 n 年期債券的風險溢酬，風險愈大、溢酬 γp_n 也愈高。由於風險是隨著到期日增加，γp_n 將隨著增加，長期債券殖利率比短期債券殖利率隱含更高的風險溢酬。

長期債券殖利率包含流動性溢酬在內，並非短期債券殖利率的預期值，是

以影響殖利率曲線形狀的因素包括短期利率預期與流動性溢酬兩項，後者會隨到期時間愈長而增加，此即解釋長期債券殖利率為何高於短期債券，殖利率曲線通常呈現正斜率型態。是以正斜率殖利率曲線未必表示預期利率將走高，甚至預期利率下降，但因流動性溢酬很大，導致長期殖利率仍然高於短期。平坦的殖利率曲線意味著預期利率看跌，向下傾斜的殖利率曲線則代表金融市場利率將出現顯著下跌。

值得注意者：利率風險結構與期限結構隱含攸關景氣循環的有用資訊，提供人們判斷當前經濟情勢健全與否，以及評估未來景氣可能趨勢。景氣趨緩或陷入負成長，將會擴大廠商營運風險，甚至淪落償債困難窘境。景氣蕭條不影響公債違約風險，卻迫使公司增加支付發行公司債的違約溢酬，不過各家公司面臨違約風險遞增情況不盡相同，高信評公司所受影響較小，對相同到期日的國庫券和 Aaa 級債券間的利差變動影響不大。但對景氣走軟前已經財務欠佳的公司而言，效果將是截然不同。景氣繁榮之際，償債就已吃力的借款公司，償債可能性將因蕭條衝擊來臨就更低。尤其是發行低信評債券的公司，即使景氣風吹草動也可能釀成莫大災難。隨著景氣惡化，發行債券等級愈低的廠商支付違約溢酬就愈高，如美國國庫券和垃圾債券間的利差就是最大。隨著國庫券和 Baa 級債券的利差擴大，體系總產出將呈現下跌趨勢，顯示此係衡量景氣活動的良好指標。尤其是金融市場每日運作，提供訊息較每季公布一次的 GDP 數據更具實用性。

此外，殖利率曲線斜率可用於預測景氣變化情勢。依據純粹預期理論，長期利率擁有預測未來短期利率的訊息，不過財政政策無法改變殖利率曲線形狀。反觀流動性貼水理論與偏好棲息理論不僅包含對未來利率預期，還考慮流動性溢酬與改變偏好的風險補償，殖利率曲線通常是正斜率，故又稱為偏態預期理論 (biased expectation theory)。只有在罕見情況下，期限結構反轉而讓殖利率曲線向下傾斜，短期利率才會超過長期利率。反轉的殖利率曲線是提供央行預測景氣衰退走勢的有價值工具，釋放出預期短期利率下跌訊號。由於央行為干預景氣和通膨，採取緊縮貨幣政策來調高短期利率，導致人們預期景氣反轉衰退而出現通縮情況，預期未來短期利率大跌，而讓殖利率曲線轉為負斜率。

偏態預期理論
長期利率包含對未來利率預期與流動性溢酬，不是未來短期利率的平均值。

觀念問題

❖ 依據流動性貼水理論與預期理論的說法，在預期利率不變下，殖利率曲線將呈現何種狀態？
❖ 依據預期理論與流動性貼水理論，殖利率曲線在何種情況才會出現平坦型態？
❖ 不論從債券市場殖利率或銀行存款利率的實際資料顯示，長期利率高於短期利率係屬普遍現象，試從利率期限結構理論說明其中的原因。

6.2.3　偏好棲息理論

　　Modigliani 與 Richard Sutch (1967) 指出金融資產期限、風險、流動性與交易成本不同，彼此間並非完全替代。資金供需雙方對期限具有強烈偏好，將會選擇與其資金來源相近的資產。不過若偏離原先期限或偏好棲息的超額報酬夠大，法人機構還是會改變其偏好的到期日。舉例來說，基金經理人預期長債報酬高出短債很多，銀行與貨幣基金就會拉長投資的到期期限，也會買進部分中期或長期證券。假設購買短期證券的超額報酬相當大，壽險公司也不會侷限於投資長期證券市場，而會配置部分資產在短期資產，此即偏好棲息理論 (preferred habitat theory)。

> **偏好棲息理論**
> 資金供需雙方對期限具有強烈偏好，將會選擇與其資金來源相近的資產。

　　針對上述說法，投資人在長、短期債券間套利後，均衡條件修正為：

$$(1 + i_{nt})^t = (1 + i_{1t} + \alpha_1)(1 + i_{1t+1}^e + \alpha_2)......(1 + i_{1t+n-1}^e + \alpha_n)$$

　　α_i 是補償溢酬 (compensating premium)，該值可正可負。在景氣蕭條期間，廠商評估未來利率趨於上漲，發行較長期限債券，將願意在目前偏低利率水準上支付較大流動性溢酬 ($\alpha_i > 0$)，殖利率曲線自然傾向呈現正斜率。反之，在景氣繁榮期間，現行利率偏高導致廠商畏懼發行較長期限債券，迫使補償性溢酬縮小甚至轉為負值 ($\alpha_i < 0$)，殖利率曲線可能呈現負斜率。隨著景氣循環變動，透過上述效果交互運作，實際殖利率曲線將呈現循環性波動狀況。

　　接著，金融市場參與者考慮資金來源與相關金融法規限制後，僅能在特定期限的市場交易，促使各種資產報酬率實際上取決於個別資金市場供需，此即市場區隔理論 (market segmentation theory)，係偏好棲息理論的極端型態。該理論將資金市場分成長期和短期市場，不同期限債券難以相互取代，不同到期日有不同的資金供給者與需求者，形成區隔的資金市場，而各市場供需就決定不同期限債券的殖利率。在金融體系中，基於資金供需專業化、法令規章限制、經驗與習慣的影響，不同期限資金市場的區隔現象極其顯著。

> **市場區隔理論**
> 金融市場參與者考慮資金來源與相關金融法規限制後，僅能在特定期限的市場交易，促使各種資產報酬率實際上取決於個別資金市場供需。

* 資金需求者角度　資金需求者偏好直接簡單，舉債購買存貨的公司會偏好短期融資。家計部門購屋則偏好長期固定利率的不動產抵押貸款，避免未來放款利率上漲（每月應還金額）的風險。至於公司進行長期資本投資計畫，則偏好長期貸款，確保資金來源，並事前鎖定利率成本。
* 資金供給者角度　短期證券流動性與價格穩定性較高，是以市場風險較小。長期證券提供長期穩定收入，投資人買進長期證券，資金勢必被鎖住好幾年。是以偏好穩定收入大於本金穩定的投資人，會偏好長期證券；而較重視保本甚於長期收入穩定的投資人，則會偏好短期證券。

依據市場區隔理論，廠商必須設法維持資產與負債到期期限的一致性。舉例來說，壽險公司負債（壽險保單）多數是長期保單，且可依據死亡率估算理賠比率，是以偏好長期資產，如公司債或不動產抵押放款，需要未來穩定且固定的現金流入，是以投資短期證券的誘因極小。反觀銀行負債結構期限則以短期存款爲主，活存與活儲可以隨時提領，銀行必須維持一定比例的流動資產，此即國庫券及商業本票爲何是其資產組合中最受歡迎的商品。相同的，貨幣基金隨時可申請變現，故須強烈偏好低風險的短期商品，如國庫券、商業本票及可轉讓定期存單。

有鑑於此，Burton Gordon Malkiel (1966) 與 Bennett T. McCallum (1976) 提出避險壓力 (hedging pressure) 的制度臆說，指出資金供需雙方對期限存有特殊偏好，不同期限的資金市場參與者並不一致，造成每一市場具有獨立性，彼此重疊可能性有限，個別市場各自決定個別利率，受其他期限市場影響極小。總之，市場區隔理論完全否定資產間的替代或互補性，長短期利率間並無瓜葛，受利率影響而讓資金在不同期限商品間移轉的誘因極小，甚至幾乎不存在。

市場區隔理論隱含公司債與公債管理決策，將會影響殖利率曲線形狀。公司與財政部目前若以發行長期證券爲主，殖利率曲線將較陡峭（長期債券供給較多，促使價格低且殖利率高）；若以發行短期證券爲主，則短期殖利率會高於長期殖利率。在市場區隔理論中，公債管理讓政府能夠採取有效影響殖利率曲線的政策。假設央行希望吸引外資流入來強化台幣在外匯市場優勢，則可發行可轉讓定存單，推升短期殖利率上揚。另外，央行也可同時買進公債，而讓長期殖利率下降，以刺激國內對廠房設備投資。央行同時採取兩種操作策略，將可有效改變殖利率曲線形狀。是以殖利率曲線形狀除取決於預期利率走勢，尚需視各種期限債券供需雙方的偏好而定，殖利率曲線形狀並不固定，各種形狀皆屬合理。

依據上述解釋殖利率曲線型態的理論，殖利率曲線變動型態將如圖 6-7 所示：

1. 平行移動　長短期利率走勢一致而呈現平行移動，以同一天期、不同時間來看，其距離不變。預期理論可以解釋殖利率曲線平行移動，卻無法說明殖利率曲線斜率改變或扭曲現象。
2. 斜率改變　長短期利率走勢相反，或長短期利率漲跌速度不同，將會改變殖利率曲線斜率，市場區隔理論可以解釋部分原因。
3. 扭曲或 S 形　殖利率曲線斜率變化的一種。當長短期利率變動一致，而中期利率卻反向變動，殖利率曲線將呈「S 形」變化。偏好棲息理論同時考慮投資人偏好及預期，長短期債券仍存在部分替代性，人們除比較長短

期利率差距外，也會考慮本身偏好，故可說明殖利率曲線爲何平行移動，
也可解釋斜率改變甚至呈 S 形波動的成因。

圖 **6-7**
殖利率曲線變
動方式

(a) 平行移動

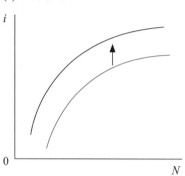

(b) 長短期移動方向一致，
但是速度不同。

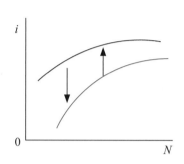

(c) 長短期移動方向與速度
均不同。

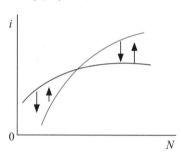

(d) 扭曲：長期降（升）而
短期升（降）

觀念問題

❖ 財政部發行國庫券的最小面額爲 1 萬元，長期公債的最小發行面額爲 1 百萬元。試問台灣
在 1990 年代盛行的類貨幣基金，對市場區隔理論的利率期限結構，會有何影響？對純粹
預期理論的影響又會如何？

❖ 假設資金供給者與需求者係屬風險愛好者。依據流動性貼水理論，試說明殖利率曲線的正
常形狀應該爲何？

❖ 央行透過賣出可轉讓定存單與買進公債策略，企圖扭轉殖利率曲線型態。試問在何種理論
中，央行將可達到政策目的？在何種理論中，央行意圖將會失敗？

6.3 利率政策

　　在金融市場不健全與金融管制下，金融商品與投資管道有限，民間資金多數僅能流向金融機構。央行透過直接信用分配，就能掌控市場流動性。是以自 1980 年代以來，美國聯準會接受貨幣學派提出的貨幣法則，以控制準備貨幣、銀行信用與貨幣餘額等變數作爲貨幣政策操作基礎，成效堪稱卓著。邁入1990 年代，金融自由化與金融創新帶動金融商品頻頻出爐，金融市場多元化發展大幅提昇貨幣與金融資產間的替代性，兩者界線日漸模糊，資金移動對資產相對價格與報酬的變化也愈敏感。這些因素侵蝕央行著重數量管理操作策略的利基，市場流動性需求不易掌握，造成控制貨幣餘額的極大困擾，許多國家的央行因而改弦易轍，轉向以調整利率作爲影響景氣的主要工具。

　　利率政策 (interest rate policy) 係指央行透過調整利率影響可貸資金供需，是間接控制銀行信用規模的工具。可貸資金供需關係變化是央行利率政策的重要參數，此種參數對央行擬定利率政策的重要性，將取決於一國透過市場機能來調節經濟活動的程度。不同利率體現不同政策要求，當政策目標重點變化時，利率政策也就隨之變化，而在利率期限結構中，央行訂定政策利率將扮演關鍵角色。Taylor(1993) 指出央行執行貨幣政策，應該針對通膨率和產出變化來調整短期利率，此即稱爲 Taylor 法則 (Taylor's rule)：

$$i = i^* + a(\pi - \pi^*) - b(u - u^*)$$

a、$b > 0$，π 是通膨率，π^* 是央行追求的目標通膨率，i 是名目利率，i^* 是目標名目利率，u 是失業率，u^* 是自然失業率。從中期來看，i^* 與 π^* 彼此聯繫，一旦給定實質利率，名目利率和通膨率將呈一對一的對應關係。

　　上述 Taylor 法則的涵義如下：

1. 當實際通膨率等於目標通膨率 $\pi = \pi^*$，實際失業率等於自然失業率 $u = u^*$，央行應設定名目利率 i 爲目標名目利率 i^*，將可維持經濟穩定。
2. 當實際通膨率高於目標通膨率 $\pi > \pi^*$，央行設定名目利率應超過目標利率 i^*。高通膨率導致失業率增加，失業率擴大反過來迫使通膨率下降。係數 a 反映央行關心通膨率的程度。a 值愈高將讓央行面對通膨時，調高利率幅度愈高，加速通膨率下降幅度，縮減景氣擴張速度。由於影響支出的因素是實質利率而非名目利率，是以 $a > 1$。隨著通膨率擴大，央行調高名目利率幅度必須大於通膨率漲幅，方能提高實質利率，發揮抑制總支出效果。

3. 如果實際失業率高於自然失業率 $u > u^*$，央行應該調降名目利率，刺激支出擴張而降低失業率。係數 b 反映央行關心失業率的程度，b 值愈高，央行就愈偏離通膨目標，以確保實際失業率落在自然失業率附近。

 John Brian Taylor (1946~)

　　出生於美國 New York 州的 Yonkers，任教於 Columbia 大學、Princeton 大學、Stanford 大學、Hoover 研究機構資深經濟研究員，以及擔任 George H. W. Bush 總統的經濟顧問委員會成員。Taylor 推演新興 Keynesian 模型，於 1993 年提出 Taylor 法則，成爲央行訂定名目利率的重要法則，被譽爲未來諾貝爾經濟學獎的可能得主。

　　Taylor 法則的缺陷主要在於忽視預期因素，此係該法則以當期實際通膨率扣除央行訂定標通膨率來衡量通膨缺口 $(\pi - \pi^*)$，計算簡便但卻用處並不大，事前的預期通膨率才是斟酌貨幣政策取向的關鍵。Richard Clarida、Jordi Gali 與 Mark Gertler 將預期因素與 Okun 法則引進 Taylor 法則，修正如下：

$$i_t = r + \pi_t + a(\pi^e_{t+1} - \pi^*) + b(y_t - y^*)$$

$\pi_{t+1} = E(\pi_{t+1} \mid I_t)$ 是人們運用 t 期資訊 I_t 來形成 $t + 1$ 期的預期通膨率。在上述 Taylor 法則中，目標利率是取決於基於現有訊息形成的預期通膨率。此外，匯率透過國際貿易和跨國資金移動將會影響開放體系通膨，是以 Lawrence Ball 建立開放體系的貨幣法則：

$$wr + (1 - w)e = ay + b\pi^*$$

上式左邊稱爲 MCI（貨幣條件指數），係依據經濟狀況對利率 r 和匯率 e 賦予權數 w 和 $(1 - w)$，分別是利率和匯率對總支出影響的比例。上述公式的優點在於引入匯率因素，央行擬定政策可透過調整利率來抵消匯率對支出的影響，撫平景氣波動，不過缺陷在於央行決定 w 值具有主觀色彩。

　　央行以利率作爲貨幣政策操作工具，理想條件在於市場對利率政策成效須有足夠信心。隨著通膨壓力擴大，央行調高短期利率目標，市場若相信此舉

有助於化解通膨問題，則預期未來通膨率勢將下降，即使長期利率攀升，幅度也會小於短期利率，殖利率曲線趨於平坦，利差也會縮小。由於預期通膨率尚未充分調整，實質利率短期雖會上升，但隨著預期通膨心理恢復，實質利率將回至正常水準。顯然的，實質利率回至正常水準愈快且愈完全，損害實質景氣愈輕。相對的，央行因應景氣衰退而調降利率目標，市場若對政策具有高度信心，預期景氣將會回穩且物價上升，促使長期利率上揚且利差擴大，意味寬鬆政策不致於造成未來景氣過熱後果。換言之，在人們對利率政策擁有信心下，央行操作利率與利差先驗上應呈反向關係。

最後，就傳遞機制而言，貨幣政策透過利率結構管道而發揮實質效果，隱含前提是市場利率仍有調整空間。不過市場可能面臨名目利率趨近於零的情況，寬鬆貨幣政策勢將陷入力有未逮窘境，如日本長期陷入零利率的流動性陷阱困擾，央行執行貨幣政策能否發揮效果，即成為眾人關注焦點。在早期 Keynesian 理論中，流動性陷阱雖是常被提及的概念，實際卻是十分罕見。然而日本經濟陷入長期停滯且名目利率趨近零水準的狀態，許多論者認為這正是罕見的典型流動性陷阱。在流動性陷阱下，市場名目利率低到無法下調極限，但 Krugman 指出這並不表示貨幣政策無效。Blanchard (2000) 指出透過預期通膨率與實質利率結構改變，貨幣政策依然能有效影響長期實質利率、總需求與產出。換言之，在流動性陷阱下，名目利率結構的傳遞機制受阻，但仍有實質利率結構發揮作用，貨幣政策依然有效，只是貨幣政策發揮影響並非依賴預期未來名目利率走勢改變，而是在於改變預期未來通膨率。

知識補給站

台灣央行在 2014 年召開四次理監事會，指出擬定利率政策首要考量物價變化，並兼顧物價漲幅、產出缺口與國內外經濟金融情勢變化等因素。在歐美國家景氣復甦帶動下，2014 年全球景氣持續復甦，但中國大陸面臨經濟結構轉型，經濟成長放緩，美國縮減量化寬鬆規模的外溢效果，可能加劇國際金融市場震盪。是以主計總處預估國內經濟成長率 2.82%，國內機構預測值均低於 3%，但外國機構預測偏向樂觀而認為超過 3%。國際主要機構預測台灣消費者物價 (CPI) 年增率介於 1.26 ～ 1.6%，而以環球透視 (Global Insight) 數據來看，台灣實質利率是世界第 4 高，主計總處也預估台灣確實出現負利率，「但只有一點點」。此外，歐洲央行 (ECB) 祭出「存款負利率」政策，美國 FOMC 會議仍維持每次減碼 100 億美元，兩大經濟體系一緊一鬆，造成熱錢於跨國間奔馳。彭淮南指出美國現在還未緊縮貨幣，「不過台灣 10 年債殖利率跟著美國 10 年債走」，目前台灣利率低於中性利率，屬於寬鬆貨幣政策。基於上述看法，央行理監事會決議持續寬鬆政策維持利率不變，重貼現率、擔保放款融通利率與短期融通利率分別維持 1.876%、

2.26% 以及 4.126%。

主要經濟體實質利率比較

經濟體	1 年期定存利率 （2014年6月16日）	CPI 年增率 * （2014年預測值）	實質利率
中國大陸	3.000	2.17	0.830
南韓	2.000	1.49	0.510
瑞士	0.160	0.10	0.060
台灣	1.355	1.34	0.105
歐元區	0.507	0.64	−0.333
英國	0.950	1.82	−0.870
美國	0.530	1.66	−1.330
新加坡	0.250	2.56	−2.310
日本	0.025	2.73	−2.705

註：* 為 Global Insight 2014 年 6 月 15 日之預測數。　　單位：%
資料來源：央行

　　央行長期維持低利率環境引來不少批評聲浪，彭總裁指出有人認為低利環境是劫貧濟富，然而低利率是全球央行因應景氣低迷共同採取的對策，對經濟成長有正面影響。換言之，央行維持低利率係在提振景氣、促進就業，有利全民福祉，不可扭曲成劫貧濟富。不過世新大學經濟系教授薛琦指出，貨幣政策只能發揮「穩定物價」效果，要求刺激景氣與降低失業率都是騙人。央行以貨幣政策提振景氣只有「微調」效果，此由日本長期處於低利率，經濟成長表現也沒有好到哪裡去，即可見一斑。

Paul Krugman (1953~)

　　出生於美國紐約 Albany。任職於紐約城市大學的盧森堡所得研究中心，並擔任紐約時報專欄作家。在 2008 年，Krugman 基於在國際經濟學（新貿易理論、新經濟地理學與國際金融）、流動性陷阱與通貨危機的貢獻而獲頒諾貝爾經濟學獎。作為一個經濟評論員，Krugman 撰寫包括所得分配、租稅、總體經濟學與國際經濟學等範圍極為廣泛的經濟文獻，而被譽為最具影響力的美國經濟思想家。

問題研討

小組討論題

一、選擇題

1. 元大投顧接受張無忌委託，為其代客操作。針對張無忌對金融資產報酬率提出的要求，何者正確？　(a) 以低價投資興櫃股票，係因其流動性偏低　(b) 要求垃圾債券允諾支付高報酬率，係因其期限較長　(c) 以高價投資上市股票，係因其違約風險較低　(d) 投資零票面利率的可轉換公司債，係因其附加股票賣權的緣故

2. 台灣金融市場利率變動完全符合 Fisher 效果的說法。台灣景氣衰退造成消費者物價指數膨脹率由 2000 年的 3%，在 2001 年遽降為 -1%。在其他條件不變下，金融市場利率將如何變化？　(a) 貨幣利率與實質利率同時下跌 4%　(b) 貨幣利率與實質利率同時下跌 1%　(c) 貨幣利率下跌 4%，實質利率下跌 1%　(d) 貨幣利率下跌 1%，實質利率不變

3. 實務上，台灣金融市場利率與消費者物價指數膨脹率間的互動多元。行政院主計總處發布 2001 年的消費者物價指數 CPI 下跌 0.01%，係 16 年來首度物價下跌，而 2001 年 12 月的 CPI 跌幅達 1.69% 則是 36 年以來最低水準。何種說法係屬錯誤？　(a) Fisher 效果若是成立，貨幣利率與通縮率將等幅下跌　(b) 銀行並未調降消費金融利率，此係反映 Harrod 效果主導台灣金融市場　(c) 企業的可貸資金需求缺乏利率彈性，Fisher 效果將反映貨幣利率下跌　(d) Mundell-Tobin 效果成立的前提是：可貸資金需求具有完全利率彈性

4. 債券投資人預期未來 4 年的 1 年期利率分別為 3%、4%、5% 及 6%，再加上期限溢酬：1 年期為 0%、2 年期為 0.25%、3 年期為 0.5% 與 4 年期為 0.75%。試問 3 年期債券利率為何？　(a)3.75%　(b)4.25%　(c)4.5%　(d)4.75%

5. 國內債券市場的 1 年期公債殖利率為 6.2%；5 年期公債殖利率為 6.7%。文曄科技發行 5 年期公司債殖利率為 7.9%；佳邦電子發行 1 年期公司債殖利率為 7.2%。試問文曄科技與佳邦電子發行公司債的違約溢酬分別為何？　(a)1.2% 與 1.0%　(b)0.7% 與 0.5%　(c)1.0% 與 1.2%　(d)0.5% 與 0.7%

二、問答題

1. 台灣貨幣市場目前利率為 1.6%，人們原先預期消費者物價 CPI 上漲率 0.6%，但主計總處發布實際 CPI 卻下跌 0.1%。假設台灣金融市場具有強

式效率且符合 Fisher 效果說法，主計總處發布此種訊息，將對市場利率造成何種衝擊？

2. 某國在 2016 年舉行總統大選，結果由強烈「親勞工」與「反企業」的候選人當選總統。在影響事前實質利率因素已知下，試問該項結果預期會對利率造成何種影響？

3. 在 2007 年 7 月以後，某國通膨率以每年 10% 速度竄升，央行總裁因而宣布將採取一組新措施以緊縮貨幣政策。此種宣示若對人們具有可信度，將會如何影響長期利率？

4. 在 2007 年第四季，台灣殖利率曲線呈現上揚走勢，央行理監事會擔憂景氣過熱，而數次決議提高短期利率因應。殖利率曲線初期僅是稍微向上平行移動，直迄利率停止上升的時點，開始轉為平坦。試以預期理論說明該現象。

5. 邁入 1990 年代後，日本經濟成長率長期趨近於零，物價事實上也呈現下跌。殖利率曲線則從短期利率趨近 0，直至長期利率落在 1.26%～1.6% 左右。隨著日本景氣出現起色，其殖利率曲線將會有何改變？理由為何？

6. 新興市場國家爆發金融危機，美國國庫券的殖利率曲線卻開始下滑，你能解釋這個現象嗎？在此情況下，風險溢酬將如何改變？你又將如何運用這些資訊？

7. 試評論：「短期債券利率通常低於長期債券利率，但是有些公司卻偏好發行長期債券募集資金，此係缺乏理性的決策。」。

8. 金管會證期局發布近數季以來上市公司發行公司債的風險溢酬呈現上升現象，試問對你判斷未來經濟情勢將會產生何種影響？理由為何？

9. 試評論下列問題：

(a) Mundell-Tobin 效果係指央行增加貨幣供給引發物價上升，迫使實質利率提高以補償儲蓄者損失。

(b) 就長期而言，高通膨率除帶來高利率外，也將推動實質利率上漲。

(c) 就長期而言，央行擴大貨幣供給將推動物價上漲，經由實質貨幣供給減少而造成貨幣利率上升。

10. 下表是 2003 年三月初及六月初之債券殖利率曲線資料：

債券到期期限	三個月	一年	三年	五年	十年	十五年
三月初殖利率	6.26%	6.60%	6.90%	6.30%	6.60%	6.60%
六月初殖利率	6.60%	6.20%	6.20%	6.10%	6.10%	6.00%

(a) 試以預期理論、流動性貼水理論與市場區隔理論解釋殖利率曲線的形

狀？

(b) 試分析從三月初到六月初，債券市場可能發生何種變化？

(c) 債券基金經理人於三月初即已預期殖利率曲線變化，試問可採取哪些
    交易策略因應？

11. Keynesian 學派的流動性偏好理論主張名目利率是取決於貨幣市場供需求。
    Friedman 贊成 Keynesian 學派的流動性偏好架構與分析，但認為央行變動
    貨幣供給雖可直接產生利率反向變動的流動性效果，但也將間接對貨幣需
    求及其他因素產生影響，最後可能難以預測利率變動方向。

(a) 央行增加貨幣供給除引發流動性效果外，試問還可能產生哪些間接效
    果來影響利率？

(b) 綜合上述直接與間接效果，試說明央行增加貨幣供給，利率是否一定
    下降？

12. 甲國景氣好轉，但老百姓仍憂心忡忡，此係他們預期物價將要上升。試分
    析這些現象對利率造成的影響為何？

13. 在利率風險結構中，何謂風險溢酬？一般而言，風險溢酬與景氣間存在何
    種關係？在利率期限結構中，何謂逆轉殖利率曲線？一般而言，債券殖利
    率曲線出現逆轉，將意味著市場預期未來景氣可能衰退，試說明此種預期
    所立基的因素或理由為何？

14. 不同公司發行不同期限公司債，到期殖利率並不相同，試說明其中影響因
    素為何？

15. 國際油價與農產品價格飆漲，帶動國內物價跟進持續上漲，造成長期與短
    期實質利率淪為負值。針對該現象，試回答下列問題：

(a) 何謂 Mundell-Tobin 效果？試以該效果說明在通膨過程中，何以會發生
    負利率現象？另外，試說明 Fisher 效果與 Harrod 效果為何是該效果的
    特例？

(b) 面對負利率情勢，央行理監事會議決議採取緩進升息方式來改善，試
    問當中的可能考慮為何？另一方面，美國聯準會也面臨同樣狀況，但
    為何卻是採取降息措施？

16. 2015 年上半年，韓國與紐西蘭央行紛紛調降利率，來解決經濟成長停滯
    問題。唯獨台灣央行認為殖利率曲線仍然低於上述各國，並無調降利率空
    間。試回答下列問題：

(a) 何謂殖利率曲線？當殖利率曲線呈現負斜率時，試以預期理論解釋其
    成因？

(b) 投資人預期未來短期利率不變，但殖利率曲線仍呈現正斜率型態。試
    以流動性貼水理論解釋其成因？

三、計算題

1. 桃花源估計當地消費函數 $C = 1,000 + 0.8y_d - 5,000r$、投資函數 $I = 500 - 10,000i$，可支配所得 $y_d = y - T_N$，政府淨稅收 $T_N = 100 + 200y$，政府支出 $G_0 = 200$。另外，桃花源目前處於自然產出境界 $y^* = 2,500$，$i = r + \pi^e$，$\pi^e = 0$。依據可貸資金理論，試計算下列問題：

   (a) 當可貸資金市場達成均衡，桃花源實質利率為何？

   (b) 在預期通膨率不變下，桃花源央行將貨幣利率釘住 $i = 4\%$，體系將出現何種現象？

   (c) 當預期通膨率上漲為 $\pi^e = 2\%$，實質利率與貨幣利率變化幅度分別為何？

2. 某國債券市場目前的一年期債券利率是 4%，預期一年後的利率將上漲至 6%，而兩年後會上升至 6%。試用預期理論計算未來三年的殖利率。

3. 國泰人壽編列 1,000 億元預算進行三年期投資，國內債券市場提供財務部門三種不同選擇：(a) 一組三張一年期債券；(b) 一張三年期債券；(c) 一張兩年期債券、以及一張一年期債券。當前殖利率曲線顯示一年、兩年、三年期的債券殖利率分別為 3.6%、4.0% 和 4.6%，而財務部門預期下年的一年期利率將是 4%，再隔年是 6%。假設每年都以複利計息，試計算三種方案的報酬，並討論財務部門將選擇何種策略？

4. 國家發展委員會估計 2013 年台灣消費函數為 $C = 400 + 0.8y_d - 1,000(i - \pi^e)$、投資函數為 $I = 300 + 0.18y - 2,000i$，政府支出 $G = 700$，租稅函數 $T = 100 + 0.1y$。試依據可貸資金理論計算下列問題：（r 是實質利率，i 是貨幣利率，π^e 是預期通膨率）

   (a) 台灣處於自然產出境界 $y^* = 12,000$，在物價穩定下，試問台灣的均衡利率為何？當政府擴大支出為 $G = 730$，均衡利率將如何變化？

   (b) 延續 (a) 題的政府支出未變下，國際油價上漲引起人們預期通膨率上升為 $\pi^e = 3\%$，試問名目利率與實質利率分別為何？

5. 央行經研處估計台灣某年的消費與投資函數如下：

   消費函數　$C = 100 + 0.8y_d - 3,000r$

   投資函數　$I = 500 - 2,000r$

   r 是實質利率，$y_d = (y - T)$ 是可支配所得。台灣總儲蓄包括民間儲蓄 $S_p = y_d - C$ 與政府部門儲蓄 $S_g = T - G$。假設台灣處於自然產出境界 $y^* = 3,000$，政府支出 $G = 500$、政府稅收 $T = 500$。依據新古典可貸資金理論，試回答下列問題：

   (a) 可貸資金市場達成均衡時，均衡實質利率為何？此時投資、民間儲蓄與政府部門儲蓄分別為何？

(b) 財政部擴大支出為 $G = 800$，將對實質利率造成何種影響？是否對投資造成排擠效果？

(c) 財政部執行健全財政政策，等量增加政府支出與課稅 $\Delta G = \Delta T = 300$。試問實質利率如何變化？對投資是否造成排擠效果？

網路練習題

1. 試上中央銀行網站 http:www.cbc.gov.tw ，接著點選研究與數據，然後再連結統計數據與報告。試計算三月期的商業本票殖利率與三月期的國庫債券殖利率，在次級市場銷售的利差。檢視近幾年來的數據，你能從這些利差變化中，推論出何種有趣的現象？

PART 3

金融市場類型

票券金融業與貨幣市場

個案導讀

1976 年 5 月 20 日，中興票券（改名為兆豐票券）率先成立中介短期資金，標示台灣有組織的貨幣市場正式形成。爾後，國際票券與中華票券接續成立，三家票券公司聯合寡占台灣貨幣市場近二十年。邁入 1990 年代後，財政部開放銀行承作票券業務，並於 1994 年開放新票券公司成立，促進貨幣市場自由化而破除長期寡占局面。

隨著貨幣市場採取票券公司專營和銀行兼營並行方式營運，邁入百花爭鳴激烈經營環境後，國際票券率先因企業內部稽核控管機制出現重大缺失，員工楊瑞仁藉職務之便盜用商業本票，挪用 100 餘億元資金炒股而於 1995 年 8 月敗露。由於金額龐大非國票能夠獨力承擔，再加上新聞曝光引爆解約兌現風潮，國票岌岌可危引爆金融市場動盪。最後在數家股東銀行與央行聯手救援下，國票方始度過危機。到了 1999 年 3 月，中央票券爆發違法放貸弊案，總經理陳冠綸與陳榮福兄弟藉由貸款方式挪用公司資金，導致嚴重虧損而跳票。除授信有重大瑕疵外，在中央票券跳票的數月前，甚至吃下萬有紙廠、瑞圓纖維、東隆五金、聯蓬食品等公司倒帳，逾放比例異常而難以持續營運，遂由財政部將其交由銀行團接管。2001 年 7 月，宏福票券遭宏福集團經營者掏空而被銀行團接手，更名為台灣票券。2007 年 1 月，力華票券也被力霸集團經營者掏空，淨值淪為嚴重負數，而由合庫銀行接管並更名為合庫票券。

上述案例引發攸關貨幣市場發展與票券公司營運方式的討論議題，本章首先說明金融市場發展條件與類型。其次，將說明票券業營運與票券商品性質。最後，再介紹貨幣基金與金融業拆款市場內涵。

7.1 金融市場發展

　　財務工程發展帶動金融商品創新，金融市場規模與版圖隨之擴張，而融資性金融市場（貨幣市場與資本市場）則是扮演核心角色。直接金融係指赤字單位發行證券，直接向盈餘單位募集資金，而金融市場則是提供資金供需雙方交易場所，發揮中介資金（證券移轉）與重分配資金功能，對體系造成影響如下：

1. 家計部門　提供多元化資產讓人們安排資產組合，提昇資金運用效率。
2. 公司　發行證券募集資金與安排閒置資金用途。
3. 銀行　募集與運用資金，擴大金融操作彈性與資金運用效率。
4. 央行　進行公開市場操作，控制貨幣數量及銀行信用，藉以穩定通膨。
5. 財政部　發行國庫券（短期）與公債（長期）以彌補短期與長期資金缺口。

　　接著，金融市場健全發展必須具備下列條件：

1. 儲蓄累積　經濟成長帶動所得成長與財富累積，人們安排資金用途將視風險偏好而衍生不同資產需求，從而提供金融市場成長誘因。
2. 資產多元化　經濟成員擁有的資金性質、承擔風險程度、要求報酬率各有不同，對資產需求自然有所差異。是以金融市場若要蓬勃發展，市場必須存在多元化資產，才能吸引不同來源的資金投入市場。
3. 央行與銀行的關係　央行係銀行的最後貸款者，兩者維持良好緊密關係，執行貨幣政策才能影響銀行決策，再傳遞至金融市場運作。

　　金融創新引發新金融商品頻頻出爐，帶動金融市場日益多元化。以下將依圖 7-1 的劃分標準，對金融市場進一步分類。

1. 金融資產期限　包括資產到期日（融資期限）與資產交易的交割日兩種。
   (a) 融資期限　以融資期限劃分，金融市場分為兩類：
      (i) 短期資金市場　融資期限未逾一年，通常在銀行或票券公司櫃檯交易，屬於店頭市場 (over-the-counter market) 交易，如銀行周轉金放款市場、由金融業拆款市場與票券市場組成的貨幣市場。
      (ii) 中長期資金市場　融資期限超過一年或無期限，可分為在銀行或證券公司櫃檯交易（上櫃或興櫃市場），或透過證券交易所、櫃檯買賣中心撮合交易（集中或上櫃市場），如銀行中長期放款市場、資本市場，而證券集中市場、櫃檯市場與興櫃市場均屬於該範圍。
   (b) 交割期限　金融現貨交易需即期或在數日內完成交割，此即現貨市場。金融契約交易則是約定在未來某一期限交割，此即遠期市場。

店頭市場
資金供需雙方在證券商營業櫃檯以議價方式交易。

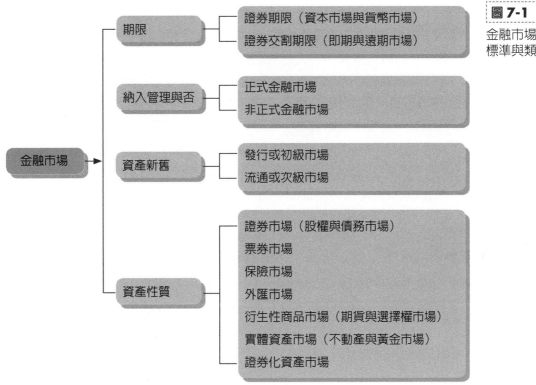

圖 **7-1**
金融市場劃分
標準與類型

2. 納入管理與否　有組織或納入管理的正式市場受金融法律規範,並受央行、金管會與中央存款保險監理,如公開市場(open market)或銀行放款市場。無組織或未納入管理的非正式市場則未受金融法律規範或金融監理,該類市場係由供需雙方議價交易,又稱為商議市場 (negotiated market),如興櫃市場、股票盤商市場或地下錢莊。兩種市場的差異性如下:

公開市場
資金供需雙方在金融市場以公開競價方式交易。

(a) 交易單位　為求提昇交易效率,公開市場將交易單位標準化,如股票交易以 1,000 股為單位、債券交易以 10 萬元為單位、期貨交易則以一口為單位。商議市場交易單位則無一定標準。

商議市場
由資金供需雙方議價交易的市場。

(b) 風險性　公開市場資訊透明並接受監理,交易風險與成本較低。商議市場操作因無監理且訊息匱乏,投資人承擔風險與交易成本相對較高。

(c) 流動性　公開市場運作較為健全效率,透過集中競價交易,買賣價差小而容易成交,資產流動性高。商議市場則是議價交易,買賣價差大而不易成交,資產流動性低。

初級市場或發行市場
又稱承銷商市場。證券首次發行的市場,通常透過證券承銷商向投資人募集。

3. 資產新舊　證券市場流通的金融資產有新舊之分,故可分為兩類:

(a) 初級市場 (primary market) 或發行市場 (issue market)　證券首次發行的市場,通常透過證券承銷商向投資人募集,又稱承銷商市場。

次級市場或流通市場
又稱公開市場。證券發行後的後續交易場所。

(b) 次級市場 (secondary market) 或流通市場 (circulating market)　證券發行

後的後續交易場所，又稱公開市場。所有證券均有初級市場，但唯有符合上市或上櫃條件通過嚴格審查過程，才能在公開市場掛牌交易。未符合這些條件，人們僅能私下轉讓，盤商市場或興櫃市場提供股票交易場所，卻非次級市場定義範圍。

4. 資產性質　圖7-2顯示資產分為基礎資產 (basic asset) 與合成資產 (synthetic asset)，前者由原始資產 (primary asset) 與衍生性資產 (derivative asset) 構成。原始資產基本上以商品（原油與大宗物資）、貨幣、固定收益資產（票券與債券）、股票、實體資產（黃金與不動產）與保險為主，衍生性商品則以原始資產價格為標的而衍生的金融契約，包括期貨、選擇權與交換等。至於合成資產則以基礎資產為元素，依據投資人需求量身定做的組合商品。每種金融資產均有市場交易，故依性質劃分，主要包括外匯市場、票券市場、證券市場（債券與股票）、保險市場（產險與壽險）、衍生性商品市場（商品期貨與金融衍生性商品，如金融交換、選擇權、期貨與遠期協定等）、實體資產市場以黃金市場與不動產市場為主。此外，信託基金市場與證券化資產也在經濟活動中扮演重要角色。

基礎資產
由原始資產與衍生性資產構成。

合成資產
以基礎資產為元素，依據投資人需求量身定做的組合商品。

衍生性商品
以原始資產價格為標的而衍生的金融契約。

圖 7-2
資產類型

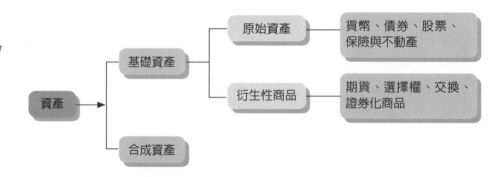

觀念問題

❖ 金融市場存在對經濟活動運作將發揮何種影響？
❖ 在台灣融資市場流通的短期及長期金融商品包括哪些類型？試分別說明其功用。
❖ 政府若要推動金融市場規模成長與健全化，必須掌握哪些條件？
❖ 依據資產期限及交易場所，試說明如何劃分金融市場？

7.2 票券金融業

　　貨幣市場係指一年內短期資金交易場所。在 1970 年以前，台灣民間盛行以遠期支票調頭寸，此種黑市票貼業務相當於非正式金融的貨幣市場交易雛型。爾後，1973 年石油危機為台灣帶來輸入性通膨引爆物價狂飆，以劉大中與蔣碩傑為首的六位經濟院士在 1974 年提出控制貨幣數量以穩定物價的說法，建議政府成立貨幣市場，提昇央行透過公開市場操作來控制貨幣數量能力。基於上述建議，政府於 1975 年 12 月發布《短期票券交易商管理規則》，成立中興（1976 年 5 月，改名兆豐）、國際（1977 年 1 月）與中華（1977 年 12 月）三家票券公司作為為貨幣市場中介機構，從事票券承銷、簽證、自營買賣與經紀業務，貨幣市場自此成立。

　　爾後，政府為促進貨幣市場成長，於 1977 年規定票券利息適用分離課稅，1977 年規定除銀行業、信託業及票券交易商外，營利事業買賣票券之利息收入免徵營業稅。為提昇金融資產流動性，活絡次級市場交易，財政部在 1974 年 6 月准許到期期限在一年內的公債、公司債及金融債券可在貨幣市場交易。隨著國內股票市場自 1976 年起趨於熱絡，帶動投資理財盛行，財政部為擴大貨幣市場發展，自 1992 年 5 月開放銀行辦理票券自營經紀業務（票券次級市場），並於 1994 年 10 月修正《短期票券交易商管理規則》為《票券商管理辦法》，開放新票券公司成立，資本額最低為 20 億元。接著，財政部在 1995 年 7 月開放銀行辦理票券簽證與承銷業務（票券初級市場），立法院則於 2004 年 6 月通過《票券金融管理法》，允許票券業發行公司債募集長期資金，從事金融債券簽證、承銷、自營與經紀業務，同時提供短期與長期信用。

　　圖 7-3 是貨幣市場中介短期資金流程，主要參與者包括：

1. 公司　發行票券募集資金，融通購買原料或短期周轉金需求；若有短期閒置資金，也可投資票券而成為資金供給者。
2. 銀行　吸收存款必須持有流動準備並以票券為主，是為資金供給者。一旦銀行面臨準備不足，可發行可轉讓定存單募集資金，而成為資金需求者。銀行也可擔任公司發行票券的保證人或承兌人，協助其取得短期資金。
3. 央行　進行公開市場操作控制貨幣數量穩定金融，成為貨幣市場的最後資金融通者與調節者，同時扮演資金供給者與需求者角色。
4. 財政部　為彌補短期資金缺口，採取賒借或發行國庫券取得短期資金，成為資金需求者。
5. 其他金融機構　票券公司在初級市場充當承銷商，接受發行人委託，依約定包銷或代銷票券，並在次級市場扮演經紀商，中介客戶買賣票券，以及

扮演交易商與客戶買賣票券賺取差價。

6. 投資人　將短期資金投入貨幣市場而成為資金供給者。

圖 **7-3**

貨幣市場中介
短期資金流程

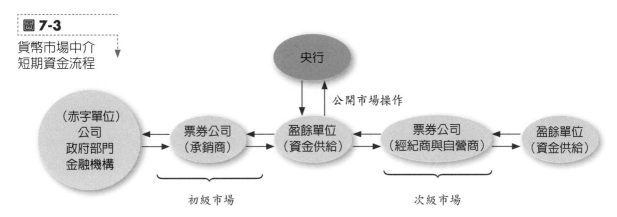

表 **7-1**

貨幣市場參與
者扮演角色與
交易類型

綜合上述貨幣市場參與者的角色、參與目的與交易類型，將列於表 7-1 作一比較。

市場參與者	扮演角色	市場活動目的	交易類型	參與市場
資金需求者	財政部與央行	調節國庫收支穩定金融	發行國庫券或央行可轉讓定存單	初級市場
	工商企業	融通短期資金需求	發行商業本票	初級市場
	金融機構（銀行業與證券業）	流動性需求	發行銀行可轉讓定期存單或商業本票	初級市場
	個人	短期資金周轉	出售持有的票券	次級市場
資金供給者	工商企業、金融機構、個人	從事短期投資，賺取報酬	購買票券	次級市場
	票券公司	協助發行票券賺取手續費，活絡貨幣市場交易賺取差價	簽證、承銷、保證、自營、經紀	初級市場與次級市場
	央行	調節市場資金與管理全國信用	銀根緊縮買入票券資金寬鬆發行票券	初級市場與次級市場

資料來源：票券百科

票券金融業營運內容包括：

1. 保證業務　相當於間接授信。自有資本與風險性資產比率在 13%，辦理保證背書倍數上限不得超過淨值 5.5 倍，該比率落在 12%~13%，則不可超過淨值 5 倍。

2. 債券操作　買進持有債券賺取固定利息收益、或從事債券附買回操作賺取

長短期利率差價。

3. **票券附買回操作**　以附買回方式向投資人取得較低成本短期資金，用於融通長天期票券，此即稱爲養券 (yielding)，以短支長有利可圖即爲套利，否則即出現損失。

4. **轉投資**　轉投資其他金融機構須經金管會核准，同類事業以一家爲限，總額不得超過實收資本額的 30% 而低於銀行的 40%，此係票券業不可轉投資非金融事業。另外，銀行持有單一票券公司股權逾越 20%，將列爲關係企業，後者僅能申請投資關係企業銀行已轉投資的證券公司，如甲銀行持有乙票券公司股權超過 20%，並已轉投資丙證券公司，則乙票券公司僅能轉投資丙證券公司。

養券

以附買回方式向投資人取得較低成本短期資金，用於融通長天期票券。

依據《票券金融管理法》第 2 條規定，票券係指一年內的借款憑證，包括國庫券、商業本票、商業承兌匯票與銀行承兌匯票、可轉讓定期存單，以及金管會核准之短期債務憑證包括一年內到期之公債與金融債券等，這些商品具備特質如下：

1. **安全性**　到期兌付而無信用風險與市場風險。
2. **收益性**　期限在一年內，具有符合市場利率的浮動收益率。
3. **流動性**　投資人能夠隨時迅速變現。

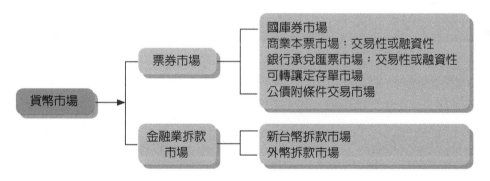

圖 7-4

貨幣市場類型與商品

圖 7-4 係貨幣市場類型，可分爲票券市場與金融同業拆款市場，兩者差異爲：前者適合一般人參與交易，後者僅限於金融機構間（須爲拆款中心會員）的交易。

7.3　票券市場商品

政府支出具有例行性與規則性，收入則呈季節性波動。財政部爲因應短期國庫收支分際，基於《國庫券及短期借款條例》而採發行國庫券 (treasury bill)

國庫券

為因應短期國庫收支分際，財政部發行票券募集資金。

或短期賒借來補足資金缺口，未償還餘額不得超過當年中央政府總預算歲出總額 10%。財政部曾在 1975 年 11 月依面額發行甲種國庫券，票面利率固定，到期依面額清償本息。不過發行利率決定日與發行日間存在落差，容易出現偏離市場利率的情形，是以僅此一次，爾後遂改採貼現方式發行乙種國庫券。

國庫券由政府信用保證，安全性與流動性極高，債信高於其他票券，銀行可持有作為流動準備。不過台灣財政部在國庫存款高峰期間，不會發行國庫券，導致供給來源缺乏規則性，促使國庫券次級市場幾乎不存在。

國庫券採取無實體（登錄國庫券）發行，降低保管及交割風險，限制由銀行、保險業、票券業及中華郵政投標，自然人及其他法人須委託票券公司，以票券公司名義投標。標售採單一利率標，分為競標及非競標兩種策略：

1. 競標　採取貼現方式發行，以低於底標利率由低至高依次得標。得標利率相同而餘額不足分配時，按投標金額比例分配，得標者應繳價款依全部得標者所投最高利率換算之單一發行價格計算；而買回的投標利率則以殖利率表示，得標者應收價款依買回利率計算。

2. 非競標　依前述發行價格計算。申購數額超過公告發行數額，按申購數額比例分配。

接著，放款與投資同屬銀行生息資產，合稱銀行信用。銀行授信可依圖 7-5 所示分成兩類：

1. 直接授信　直接將資金貸與赤字單位，賺取存放款利差，可分為短期融資（票據貼現、短期周轉金放款與透支）與中長期融資，此係表內交易。

2. 間接授信　銀行提供本身信用給赤字單位，提昇後者的信用評等而能獲得融資，如承兌與保證，此係表外交易。

圖 7-5

銀行授信類型

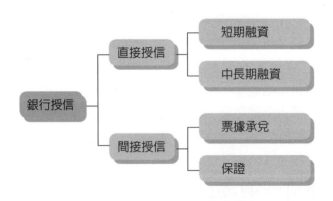

公司募集短期資金，透過票券公司或銀行保證而發行商業本票 (commer-cial paper)，或透過銀行承兌而發行銀行承兌匯票。前者分為兩種類型：

1. **自償性或交易性商業本票 (CP Ⅰ)**　銀行針對公司基於實際交易行為而發行的商業本票，在授予信用額度範圍內給予貼現融通（直接授信）。銀行針對該類商業本票授信，係基於實質票據學說 (real bills doctrine) 或稱商業放款理論 (commercial loan theory)，銀行營運須維持資產與負債期限結構類似，方能避免陷入流動性匱乏困境。銀行負債結構以吸收短期存款為主，從事授信應以具有實質商業交易行為之短期自償性票券（包括交易性商業本票與銀行承兌匯票）作擔保之商業放款為主，此係融通公司生產所需資金將具有自償性，而能維護資產安全性。

2. **融資性商業本票 (CP Ⅱ)**　公司經由金融機構保證（間接授信），透過銀行或票券公司發行商業本票募集短期周轉金，並由其簽證承銷，依信用評等支付保證、簽證與承銷費用，以及發行利率。不過下列狀況無需保證：
   (a) 上市公司財務結構健全，取得銀行信用額度發行本票。
   (b) 政府事業機構發行本票。
   (c) 證券金融業發行本票。
   (d) 公開發行公司財務結構健全且取得銀行信用額度，發行面額逾 1,000 萬元本票。

再探討銀行提供商業本票保證與從事短期周轉金放款的關係。票券業提供保證為公司發行票券，收取保證費用，並以自有資金與向銀行拆款買入票券，賺取初級與次級市場的利差。當金融環境寬鬆，貨幣市場利率滑落，公司偏好轉向發行票券籌措資金。銀行提供票券業拆款額度，是後者調度資金的主要來源，並投入購買票券。此舉將影響銀行短期周轉金放款（貼現放款）業務流失、利息收入銳減、增加購買票券競爭對手及投資票券利差縮小等營運壓力，導致銀行短期周轉金業務成長緩慢。

公司長期資金成本通常高於短期資金成本，財務長經常採取「以短支長」策略，頻繁以發行票券展期取代長期融資，導致短期負債比例偏高。由於負債與資產結構的存續期間不一致，容易釀成流動性缺口 (liquidity gap)，財務風險大幅上升。為解決公司偏好票券融資肇致財務風險高漲，以及銀行為紓解流失的短期周轉金放款，紐西蘭於 1981 年創新「以長支短」的票券發行融資 (note issuance facility, NIF) 籌資，性質類似商業本票，係以短期利率計價的長期負債。公司與主辦銀行簽訂融資契約，銀行團提供循環使用的中長期（3～7 年）信用額度，財務長評估資金需求狀況，隨時決定發行票券時點與期間（3～6 月），要求主辦銀行安排承兌銀行與投標銀行構成的銀行團包銷，由各投標銀行競標票券利率，藉以取得低成本資金。財務長若不滿意該利率，可拒絕以該利率發行票券；一旦流標，承兌銀行須負責募集該資金。

自償性或交易性商業本票 (CP Ⅰ)
銀行針對公司基於實際交易行為而發行的商業本票，在授予信用額度內貼現融通。

實質票據學說
或稱商業放款理論。銀行授信應以具有實質商業交易行為之短期自償性票券為擔保之貼現放款為主。

融資性商業本票 (CP Ⅱ)
公司經由金融機構保證，透過銀行或票券公司發行商業本票募集短期周轉金。

流動性缺口
銀行持有流動性資產無法滿足流動性負債的差額。

票券發行融資
銀行給予廠商長期信用額度，由其隨時發行商業本票取得資金，係以短期利率計價的長期負債。

票券發行融資係由銀行團提供長期保證而屬於長期負債。公司與銀行團協議，選擇是否發行票券以節省融資成本，享有最大的彈性設計，不過每次展期將會面臨利率風險。是以國內瑞士聯合銀行、花旗銀行與荷蘭銀行率先結合資本放款 (capital loan)、票券及利率交換，提供公司長期信用額度，並以固定利率發行票券募集資金，此即固定利率貨幣市場工具 (fixed-rate money market instrument)。此即相當於對公司採取票券發行融資後，接續再承作利率交換鎖定利率風險，形成固定利率的票券發行融資。

資本放款

銀行針對廠商資本設備進行抵押放款。

固定利率貨幣市場工具

廠商以固定利率發行商業本票募集資金。

傳統商業本票係透過金融機構保證才能發行，發行額度有其限制。隨著證券化盛行，帶動貨幣市場出現資產擔保商業本票 (ABCP)，公司以持有的應收帳款、台幣／美元債券、結構債等資產為擔保，以循環形式發行商業本票，無須再由金融機構保證而無額度限制。至於公司發行 ABCP 募集資金，除考慮資金成本外，還須評估包銷成本、避險成本、管理費與承銷費等成本，而對 ABCP 商品本身還是要回歸信用風險考量。

在交易活動中，商品或勞務買方發行委託付款人，於指定到期日支付商品或勞務賣方確定金額的票據，經買方或賣方承兌稱為商業承兌匯票 (trader's acceptance)，由銀行承兌則是銀行承兌匯票，期限通常在六個月內。銀行承兌匯票分為二種：

商業承兌匯票或銀行匯兌匯票

商品或勞務買方發行委託付款人，於指定到期日支付商品或勞務賣方確定金額的票據，經買方或賣方承兌稱為商業承兌匯票，由銀行承兌則是銀行承兌匯票。

1. 買方委託承兌　賣方簽發由買方委託銀行為付款人之匯票而經銀行承兌者。
2. 賣方委託承兌　賣方將取得遠期支票轉讓給銀行，並依支票金額發行以銀行為付款人之匯票而經銀行承兌者。

銀行承兌匯票依性質又分為兩類：

1. 實質性　基於交易活動而產生以銀行為承兌人的匯票，承諾於指定日期無條件支付票款。匯票期限通常為六個月以內，經過承兌後，持票人可在匯票到期前以貼現方式賣給銀行取得資金。
2. 融資性　財政部於 1992 年開放銀行承作票券業務，許多銀行接受公司以稅單（發票）代替交易單據，大幅提昇融資便利性，但公司可能以同一發票向不同銀行多次承兌，造成重複融資現象。

公司發行發行銀行承兌匯票無須金融機構簽證承銷，僅須負擔承兌費與貼現利率，省略承銷費與簽證費，成本較發行商業本票低。由於票券公司無承兌業務，匯票僅能由銀行承兌，而銀行通常持有至到期，導致在票券市場交易稀少。另外，本國與外商銀行提出〈貨幣市場工具投標合約書〉，建立銀行承兌匯票投標制度，由 15 家銀行組成「投標銀行團」，6 家銀行組成「承諾銀行團」，在投標過程中若無銀行參與競標，後者必須負擔承兌匯票義務，公司必然可以取得融資，國內係由嘉新水泥首度使用該制度。

知識
補給站

　　金管會在 2004 年 9 月核准台灣工銀發行首檔以企業應收帳款債權擔保的「世平興業應收帳款證券化受益證券」，由受託機構（台灣工銀）循環發行。爾後，奇美電子於 2006 年 10 月發行國內第二檔以其應收帳款為基礎資產的商業本票，證券化期間為五年，每十天即將應收帳款交由台灣工銀包裝，每月發行一次票券，每次金額上限為 100 億元。公司以應收帳款債權為擔保發行 ABCP，除可提前收回應收帳款外，並加速資金再運用效率。ABCP 提供企業從事負債管理的新融通管道，買賣斷採 6% 分離課稅，相對一般票券的 20% 分離課稅與 17% 營所稅具有稅負優勢，除擴大金融業及法人機構投資管道外，也可改善貨幣市場票源不足問題，有助於消化游資過剩情形。

　　傳統上，ABCP 商品係由外商銀行規劃，再交由票券公司發行，利潤多由外商銀行拿走，後續售後服務和風險則由承銷業者承擔。不過兆豐票券於 2005 年承銷一檔 ABCP，由兆豐票券、東方匯理銀行、兆豐商銀合作發行 ABCP108 億元，承銷利潤約在 15~20 個基本點。另外，國際票券在 2006 年 8 月發行兩檔 ABCP 合計 86 億元，由荷蘭銀行擔任主辦機構，資產池架構主要為以 50% 台幣債券與 50% 美元證券化債券為基礎的資產組合，依資產信託架構設計為受益證券，以票券方式發行，證券化期間為六年。

　　可轉讓定存單 (negotiable certificate of time deposit, NCD) 係指銀行發行在固定期間按約定利率付息之存款憑證，期間為一個月至一年，人們可持有定存單至到期或於貨幣市場轉讓。可轉讓定存單與銀行定存的差異如下：

可轉讓定存單
銀行發行在固定期間按約定利率付息之存款憑證，人們可持有定存單至到期或於貨幣市場轉讓。

1. 存單期限以「月」為單位，期限不得超過一年。
2. 發行銀行可視本身資金情況訂定存單利率。
3. 逾期提領可轉讓定存單，除到期日為銀行休假日另付休假日利息外，自逾期之日起停止計息，並採分離課稅。
4. 可轉讓定期存單一般採無記名，以 10 萬元面額倍數發行，可自由轉讓。記名式可轉讓定存單較不具市場性。

　　接著，央行為穩定金融，以貼現方式發行央行定存單來控制貨幣供給，期限最長為三年，採取可轉讓與不可轉讓形式發行，後者須經央行同意才能轉讓，到期一次清償應付本息，未經央行同意不得中途解約。另外，金融機構經央行同意，可用央行定存單作擔保，申請短期融通或日間透支。至於發行對象為銀行、信用合作社、票券公司、中華郵政及經央行核可之金融機構，定存單面額分為 500 萬元、1,000 萬元及 1 億元三種，發行方式有二：

- 競標　存單利率按得標利率訂定。
- 非競標　央行參酌金融市場利率及銀行體系資金狀況訂定。

2008 年金融海嘯重創實質景氣，各國央行競相大幅調降利率，企圖藉由擴張貨幣政策來挽救日益衰退的景氣。台灣央行自不會缺席此波聯合降息舉動，但也因國際資金水位外溢橫流，台灣金融市場錢滿為患。浮濫資金引發金融市場震盪，除不利於金融穩定外，也容易引起通膨。是以央行為收縮市場資金，積極透過公開市場操作，頻頻發行可轉讓定存單 (NCD) 反向沖銷市場過剩資金，發行餘額頻創下歷史新高，截至 2015 年 12 月 1 日已經達到 7 兆 3,749.8 億元。

債券到期日剩下不足一年，將可視為貨幣市場商品。基本上，債券交易分為兩種：

1. 買賣斷交易 (outright purchase or sell, OP/OS)　債券交易完成交割即需移轉所有權，買方支付成交金額，享有固定收益與承擔利率風險。實務上，債券買賣斷均以法人為主，參與者包括銀行、中華郵政、證券商、票券商等。報價資訊來源包括路透社 (Retuers)、道瓊社 (Dow Johns Telerate)、精業資訊及櫃檯買賣中心，報價單位以 5,000 萬元為單位，通常採取殖利率報價方式。

   以 15 年期中央政府公債交易為例。大華債券交易商在 1999 年 10 月 5 日的市場報價為買價 6.26%、賣價 6.24%，張無忌與大華議價，結果成交利率 6.25%，單位 5,000 萬元，交割日 10 月 7 日。假設 1999 年 11 月 5 日市場利率下跌，金鼎債券交易商報價為買價 6.23%、賣價 6.22%，張無忌以利率 6.23% 賣出該債券部位給金鼎債券交易商，交割日 11 月 7 日，除獲得 1 個月利息外，將產生 2 個基本點 (6.25%～6.23%) 資本利得。反之，若屆時利率上揚，張無忌以利率 6.26% 賣出債券，將發生 1 個基本點 (6.25%～6.26%) 資本損失。

2. 附條件交易　交易雙方從事債券交易，約定承作金額、天期與利率，到期再以約定利率計算的本息金額進行買賣回。投資人可依本身資金需求狀況，在店頭市場進行公債附條件交易以調配資金。附條件交易有兩類：

   (a) 附買回交易 (RP)　投資人與票券商（或證券商）約定在特定日期以約定價格，由票券商買回原先出售的債券，買回價格確定而無利率風險。

   (b) 附賣回交易 (resell agreement, RS)　投資人與票券商（或證券商）約定在特定日期以約定價格，由票券商賣回投資人出售之債券。

   綜合上述貨幣市場商品性質，將列於表 7-2 做一比較。

買賣斷交易
債券交易完成交割即需移轉所有權。

附賣回交易
投資人與票券商（或證券商）約定在特定日期以約定價格，由票券商賣回投資人出售之債券。

表 7-2
短期票券特性
之比較

	國庫券	商業本票	銀行承兌匯票	可轉讓定期存單
票期	91 天、182 天、364 天	一年內不定期	按交易協議而定	3 個月、6 個月、9 個月、12 個月
面額	1、5、10、50、100 萬元五種	10 萬元或其倍數	按交易金額而定	10、20、30、50、100、500 萬元六種
發行方式	貼現發行、公開競價標售	經保證後貼現發行	經承兌後貼現發行	依面額發行
最低投資額	10 萬元	同左	同左	同左
獲利率	競標利率	貨幣市場利率	同左	初級市場：定存利率　次級市場：貨幣市場利率
還本付息方式	貼現折扣賣出、到期清償面額	同左	同左	到期加息還本
到期償還者	國庫（財政部）	發行公司	承兌銀行	發行銀行
利息稅負	20% 分離課稅	同左	同左	同左
記名與否	通常為無記名	無記名	記名	無記名
發行機構	財政部	大規模公司	通常為出口商	各銀行
交易機構	政府債券經紀人	票券公司	票券公司	銀行、票券公司
主要投資者	銀行、保險公司	銀行、民營企業	銀行	銀行、企業
轉讓與否	可轉讓	同左	同左	同左
質押	可質押	不可質押	通常不可質押	可質押

　　最後，貨幣基金持有高流動性貨幣市場商品，包括短期存款、國庫券、商業本票、銀行承兌匯票和銀行可轉讓定存單。一般而言，公司為降低發行成本，採取發行大面額商業本票或銀行承兌匯票募集資金，對小投資人形成門檻效果而無法投資。是以貨幣基金募集小額短天期游資，由基金經理人操作貨幣市場商品，突破投資門檻。當投資人對資本市場前景不樂觀，將資金暫時轉入收益穩定的貨幣基金避險，期待市場轉機再行投入。該類基金屬於保本型基金，具有低風險、收益穩定、高流動性特質，管理費極低，國外貨幣基金甚至給予投資人使用支票權利，享有在各地消費付款的便利性，類似結合活存、支存與票券投資的金融商品。

　　跨國投資銀行發行貨幣基金，有各種主要貨幣報價，投資人可透過基金公司、銀行或投資顧問公司購得。貨幣基金本質上類似銀行存款，而基金規模龐大，基金公司享有較高議價能力，投資績效高於多數定存（期限短於六個月）的報酬率，風險則與定存相近。就破產風險來看，貨幣基金的保障高於銀行存款，此係基金公司破產，投資人可全數取回所持單位價值，而銀行倒閉，存款

者僅能取回存款保險保障的金額。此外，投資人持有海外貨幣基金需承擔匯率風險，報酬率尚需考慮匯率變動率。

國內股市大戶賣出股票，通常以票券（債券）附買回或債券基金作為暫泊資金的商品，但小投資人則將面臨資金不符合門檻或手續麻煩困擾。政府過去未開放貨幣基金發行，投信公司操作債券基金，遂以持有高比例的貨幣市場商品為投資組合，促使債券基金有著類似貨幣基金的面貌。隨著央行在 2003 年 11 月核准復華銀行（改名為元大銀行）與台新銀行募集貨幣基金後，兩者投資標的出現明顯區隔。債券基金組合必須持有較高比例超過一年期限的資產，基金平均存續期間必須超過一年；貨幣基金組合則不可超過 170 天，運用在存款、票券、附買回交易的總金額須達基金淨資產價值的 70% 以上。

大戶與廠商追求靈活運用資金，希望暫時閒置資金能有較高報酬，安排短期閒置資金將以貨幣基金、商業本票及票券附買回交易三者為主，其比較將列於表 7-3。

表 7-3
貨幣基金、商業本票、票券附條件交易比較

	商業本票	票券附條件交易	貨幣基金
1. 適用對象	法人	自然人（個人）	法人及高所得個人
2. 稅負	20% 分離課稅	個人免稅	自然人、法人皆免稅
3. 期間	新作、續作要預設天期	同左	無天期限制
4. 提前解約	利息可能折扣	同左	無
5. 資金調度彈性	天期、利率靈活度低	同左	高
6. 交易方式	客戶需具備議價能力；天期訂定、利率研判 客戶→票券公司／銀行	同左 客戶→券商→銀行	專家經營，議價能力高 客戶→貨幣基金→券商／銀行
7. 承作利率	議價能力低	同左	議價能力高
8. 費用	無手續費	同左	無手續費但有經理費、保管費

資料來源：怡富投顧

7.4　金融業拆款市場

金融業拆款
擁有超額準備銀行放款給準備匱乏銀行，用於補足當日差額之極短期信用借貸。

金融業拆款 (interbank loan) 係銀行為調整準備部位，由擁有超額準備銀行放款給準備匱乏銀行，用於補足當日差額之極短期信用借貸。銀行公會於 1970 年設置同業拆款中心，係金融機構會員間從事短期融通的高度信用化卻未證券化的金融市場，包括新台幣與外幣拆款市場兩部分。金融機構參與金融

業拆款市場，必須加入拆款中心成為會員，成員包括銀行、票券公司、中華郵
政、大型信用合作社與外商銀行等。

本國銀行將同業拆款視為擔保放款，過去係由放款銀行開立央行本票，
將資金存入借款銀行在央行的準備金帳戶，拆入者提供央行本票作為擔保品。
金融機構每次拆入金額，均須派人將央行本票送至拆出金融機構，作業成本既
高也有運送風險。金融業拆款中心設在台銀，每日下午拆借款的銀行專員均
聚集在台銀等著開立支票，再到央行補足準備部位。隨著央行自 1995 年 5 月
起將人工拆借款轉帳作業改為電腦與人工的雙軌作業，拆款交易電腦化系統於
1997 年 7 月上線，拆款中心為提高金融機構加入該系統誘因，協調合庫、台
銀、中華郵政、土銀等主要金主行庫加入該系統會員，拆款無須檢附央行本票
作為擔保品，取消提供央行本票保證之拆款交割方式，改以採無實體支付之期
約轉帳方式，並由路透社開發「台灣利率交易系統」作為拆款電腦化的交易系
統。

金融業拆款市場供給來源主要包括：
1. 擁有公庫存款的台銀。
2. 擁有信合社與農漁會信用部轉存款的農業金庫。
3. 分支機構眾多而無法放款的中華郵政。
4. 符合淨值達 20 億元、存款餘額在 400 億元以上、社員權益占資產比例在
   5% 以上、逾期放款比例低於平均值等四項條件的大型信用合作社。

相對的，金融業拆款市場需求來源以外商銀行及票券公司為主，外商銀
行過去係以分行型態營運，吸收存款有限，必須倚賴隔夜拆款市場取得資金來
支應。至於金融業拆款期限劃分為隔夜、「2～10 日」、「11～30 日」、「31～60
日」、「61～90 日」、「90～170 日」等六種期別，並以隔夜拆款為主。拆款中
心每天將所有拆款交易合併計算出「加權平均利率」作為拆款利率指標，隔夜
拆款市場是銀行間市場的最短期融通，拆款利率 (interbank call loan rate) 類似
美國聯邦資金利率 (Fed fund rate) 是短天期利率指標，與銀行業保有超額準備
變化有關，並成為票券市場利率變化的指標，是以央行將隔夜拆款市場獨立出
來，公布最高、最低和加權平均利率，而由其最高與最低利率變動即可測知市
場對利率水準的反應。

拆款利率
類似美國聯邦資金利
率，是短天期利率指
標，與銀行業保有超
額準備變化有關。

國內金融業過去的資金分配不均勻，有些銀行缺乏合格擔保品可向央行融
資，一旦面臨準備匱乏，只得採取向同業拆款策略，而資金供給者則以台銀、
合庫與中華郵政三家為主，資金供需角色分明，金融同業拆款市場容易形成單
向報價，彼此直接議價，無須透過經紀商中介，導致專業經紀商無生存空間。
是以國內拆款市場過去並不健全，拆款中心只負責記錄拆款情形與資訊收集，

並未發揮中介功能，無法透過市場機能來平衡短期利率。

自 1997 年 2 月 1 日起，新台幣拆款市場改採雙向報價制度，拆款市場運作及拆款利率長期由「金主」銀行主導局面逐漸改變。過去只要金融業拆款市場開市，各家金融機構對拆款利率只盯住台銀與合庫掛牌拆放利率兩大指標，隨著中華郵政加入市場，三大金主銀行的資金寬鬆動向將引導當天拆款利率走勢。單向報價結果造成拆款市場只有拆出掛牌利率，有資金需求的金融機構只能消極選擇金主銀行的拆款利率；一旦金融環境緊縮，還需靠關係才能獲得金主銀行拆款金援，規模較小或資金短缺的金融機構缺乏主動議價空間。

台銀、合庫、土銀、華銀、一銀、彰銀及台灣企銀七行庫及中華郵政係在同業拆款市場中較具規模且具官股色彩，央行希望能夠配合政策操作，如市場資金緊縮，八家行庫可扮演轉拆資金給其他銀行的角色；相對的，央行將在銀行轉拆過程給予利率差距利潤，若有資金需求也會優先融通，此舉用意在提高公開市場操作效率性。傳統上，外商銀行受制於分行有限，吸收存款有所困難，是缺乏台幣資金的族群。由於央行限定對同一銀行拆款額度，外商銀行必須尋求多家銀行才能拆到足夠資金。在拆款困難度提高下，隨著央行開放無本金交割新台幣換匯交易，外商銀行改採透過換匯市場取得台幣資金。通貨交換 (currency swap) 就是期初、期末交換等值的兩種貨幣（如新台幣和美元），交換價格則根據兩種貨幣利差和天期計算得出。對外商銀行而言，取得外幣資金較便宜且容易，改採換匯交易取得資金無須繳交印花稅等，算是最佳解決策略。邁入 2007 年後，花旗、匯豐、渣打、星展與澳盛銀行紛紛併購本國銀行，改採子銀行型態營運，未必再缺乏台幣資金，也可能轉為拆款供給者。

銀行吸收存款，提存法定準備期間為一個月（每月第四日至次月第三日止），只要在每月三日的最後期限，將法定準備累積總額補足至法定額度即可。是以銀行評估當月貨幣市場與本身資金狀況，調整每日提列實際準備，至提存期底軋平即可，持有超額準備可正可負。尤其是當拆款市場資金氾濫，銀行預期利率下跌，可採負數準備操作 (negative reserve operation)，將資金用於投資票券與債券，而在準備不足時，再從拆款市場借入現金補足。舉例來說，銀行研判月初例行性資金需求高峰，市場資金水位下降造成短期利率上揚，可採投資票券促使實際準備小於應提準備，產生準備不足的負數缺口。直迄每月中旬後，貨幣市場資金趨於寬鬆，帶動短期利率走低，銀行再從事正數操作，出售票券補足部位缺口。

除台幣拆款市場外，外幣拆款市場 (TIBOR) 係由台北（1979 年 7 月成立）與元太（1997 年 6 月成立）兩家外匯經紀公司中介，外幣拆款供給是由央行提供 200 億美元、10 億馬克與 150 億日圓；外幣拆款需求來自外匯指定銀行，拆款期限以隔日或 10 天期為主。銀行辦理進口機器設備外幣放款，資金來源

通貨交換

期初、期末交換等值的兩種貨幣，交換價格則根據兩種貨幣利差和天期計算而得。

負數準備操作

銀行將資金用於投資票券與債券，而在準備不足時，再從拆款市場借入現金補足。

包括自國外引進外幣資金、吸收外幣存款和自外幣拆款市場拆入外幣資金，再透過不斷展期來支應長期外幣資金需求。

觀念問題

❖ 試說明在票券市場流通的金融資產類型與特性？

❖ 試評論下列有關國庫券發行的敘述：

(a) 財政部發行國庫券係在融通預算赤字。

(b) 央行過去也曾發行國庫券，當時係為融通財政部的短期資金缺口。

 問題研討

小組討論題

一、選擇題

1. 股市大戶張無忌在集中市場與興櫃市場操作股票，發現兩者型態具有顯著差異。試問何者正確？ (a) 前者的金融資產標準化，後者則未必 (b) 後者交易風險小於前者 (c) 前者採取集中競價交易，金融資產流動性較大；後者則由證券經紀商撮合成交，金融資產流動性較低 (d) 前者的實際報酬率與風險均高於後者

2. 林教授接任國際票券董事長，幕僚為其簡報票券業營運性質，何者正確？ (a) 票券業為廠商承銷債券取得中長期資金 (b) 票券業從事固定收益證券（票券與債券）承銷 (c) 票券業可參與金融業拆款市場取得資金 (d) 票券業從事養券操作必可獲利

3. 聚隆纖維財務部規劃採取票券發行融資工具募集資金，有關該類融資工具性質的說法，何者錯誤？ (a) 在票券市場募集短期資金，但卻列入長期負債範圍 (b) 以此商品融資係屬長期負債性質，但卻支付短期利率 (c) 發行商業本票融資，但卻支付長期利率 (d) 該類融資商品與資產擔保商業本票性質相同

4. 德榮財務部將持有之應收票據向彰銀請求貼現，攸關該項操作的性質，何者係屬正確？ (a) 彰銀的間接授信與表外交易 (b) 屬於短期擔保放款，將預扣貼現利息 (c) 票據轉讓給彰銀，到期若出現退票，德榮無須負責清償貼現金額 (d) 德榮出售票據給彰銀，後者將須承擔退票風險

5. 南僑化工透過台銀發行銀行承兌匯票，有關該類融資工具的特質，何者正確？ (a) 須支付承銷費、承兌費、保證費與貼現利率 (b) 發行銀行承兌匯票取得資金，係屬銀行表內交易 (c) 此係由銀行承諾票據到期須代為付款的短期融資商品 (d) 趙敏購買聚隆纖維的銀行承兌匯票，將需承擔倒帳風險

二、問答題

1. 張無忌分別與合庫銀行及合庫證券從事公債附條件交易，試問將對體系貨幣供給造成何種影響？

2. 試說明銀行創新票券發行融資的性質與扮演的功能？

3. 「廠商可在初級市場募集資金，次級市場並未提供募集資金功能。是以從提昇廠商投資效率而言，初級市場重要性遠超過次級市場」，你是否同意

該項敘述？理由為何？

4. 試評論：「銀行承兌匯票係屬資本市場的金融商品，也是銀行在初級市場募集短期資金的信用工具，而交易場所是金融業拆款中心，利率則與票券價格同向變動。」

5. 國內金融市場存在下列分類方式：(a) 貨幣市場與資本市場、(b) 初級市場與次級市場、(c) 債務市場與股權市場，試分別說明這些分類的差異之處。

6. 在貨幣市場流通的金融商品係以票券為主，試說明國庫券、商業本票與可轉讓定期存單等票券的發行機構與特性。

7. 試說明上市公司為尋求短期資金來源，可在貨幣市場發行何種金融商品？

8. 融資性金融市場可分為發行市場與流通市場，試說明其在經濟活動發揮何種貢獻？

9. 上市 IC 通路龍頭大聯大控股基於短期周轉金需求，財務部評估在貨幣市場發行票券募集短期資金。試回答下列問題：

(a) 發行商業本票與銀行承兌匯票募集短期資金，試問兩者差異性為何？

(b) 大聯大偏好以發行商業本票取代銀行周轉金放款，勢必影響往來銀行的周轉金放款成長趨於停滯。為扭轉此種不利趨勢的發展，試問銀行可創新何種金融商品來提昇放款競爭力，兼具解決借款者的財務風險問題？

(c) 何謂資產擔保商業本票 (ABCP)？此種證券化商品與一般商業本票有何不同？

網路練習題

1. 高僑自動化是股票上櫃公司，該公司規劃發行商業本票來募集短期營運周轉金，請你代該公司財務經理前往國際票券金融公司網站 http://www.ibfc.com.tw，查閱各種票券的初級市場與次級市場利率？進而查閱如何發行與買賣商業本票？

2. 貨幣市場在台灣金融體系扮演極為重要角色，試前往票券金融商業同業公會網站 http：//www.tbfa.org.tw，尋找有關台灣票券金融業發展的過程？同時，查閱票券業的業務分配情形，並探討營業額為何係集中在融資性商業本票為主？此外，試探討有些票券為何無交易資料？

CHAPTER

8

證券金融業與資本市場

個案導讀

在 2008 年 9 月 15 日，美國投資銀行雷曼兄弟宣布破產、美林證券由美國銀行 (Bank of America) 收購，美國道瓊工業指數當天重挫 504 點，創 2001 年 911 事件以來最大單日跌點，那斯達克 (Nasdaq) 指數也大跌 81 點，全球股市在美國金融風暴襲擊下應聲倒地，台股加權指數當日大跌 295.86 點，創 2005 年 10 月以來新低。爾後，台股自 2008 年 9 月 15 日的 6052.45 點下跌至 9 月 30 日的 5719.28 點、10 月 17 日跌破 5000 點大關而為 4960.40 點，更於 11 月 20 日崩跌至 4089.93 低點。截至 2008 年底，全球股市跌幅超過 40%，損失超過 29 兆美元，相當於當年全球 GDP 五成以上。其中，美國股市市值減少 7 兆美元，大陸減少 3.06 兆美元，日本減少 2.16 兆美元，台灣減少 3,100 億美元。隨著國際股市邁入 2009 年後逐漸回穩，各主要股市雖未回至 2007 年底水準，但以 2008 年底為基期，國際股市以上海 A 股反彈 52.5% 最大，其次為台股指數漲幅 50.1%，而新加坡金融時報與香港恆生指數漲幅也分別高達 37.5%、31.2%。

針對國際股市劇烈震盪現象，本章首先說明廠商為融通資本設備所需資金，如何在資本市場募集中長期資金，而證券金融業將如何發揮中介資金功能。其次，再探討股票市場類型與說明股票市

場交易型態。接著,將說明債券市場類型與創新型態。最後,將說明共同基金市場狀況與商品內容。

8.1 證券金融業

8.1.1 證券金融業架構

　　台灣資本市場源自日據時代,當時日人未在台灣設置證券市場,不過中介證券交易的號子甚多,公司則係透過日本證券市場募集中長期資金。直到1942年,日本殖民地政府准許這些號子成立台灣有價證券組合,再由會員認股另設台灣有價證券株式會社。到了1953年,政府為推動耕者有其田政策,以台泥、台紙、工礦與農林四大省營公司股票補償地主,土地價款以實物土地債券七成及四大公司股票三成補償。由於地主不了解股票價值而脫手求現,擁有資金者紛紛收購,一時間貼紅紙條「買賣證券」、「高價收買證券」的行號競相成立。隨著土地債券、股票及愛國公債在市面流通,代客買賣證券之商號先後出現,初期的證券店頭市場逐漸形成,此即台灣資本市場出現的雛型。

　　台灣證券交易所於1962年開業,集中交易市場隨之建立。基於擴大證券市場規模,政府在1988年開放股票上櫃交易、1994年成立櫃檯買賣中心、2001年建立股票興櫃市場,提昇公開發行公司股票流動性、2003年開放證券化資產上櫃交易。為因應證券市場發展,財政部證券管理委員會(後改為證券暨期貨管理委員會,證期會;金管會成立再改為證券暨期貨管理局,證期局)在1984年成立證券市場發展基金會,從事研究、推廣及搜集證券資訊工作,成立會計研究發展基金會提供建立公開發行公司財務會計制度及審計事宜;建立證券投資顧問制度,核准設立證券投資顧問公司提供證券資訊服務。

　　在證券市場提供直接金融服務者包括證券經紀商、承銷商及自營商,1988年以前僅有14家,另有14家銀行兼營證券業務。隨著金融自由化蔚為世界潮流,政府於1988年開放新證券公司設立,1992年開放新證券投資信託公司設立,發行受益憑證(基金)募集資金,從事股票及債券操作,提供投資人間接投資管道。接著,政府於1980年核准復華證券金融公司辦理上市股票的融資融券業務,1990年開放綜合證券公司及銀行兼營之證券公司辦理信用交易業務,1995年開放富邦、安泰與環華等3家新證券金融公司設立,提供投資人從事擴張信用交易。

公開發行公司在證券承銷商輔導與興櫃市場掛牌交易滿六個月後，經由證券交易所或櫃檯買賣中心與金管會證期局審核同意，將在台灣證券集中市場或上櫃市場掛牌交易，得以在證券市場（資本市場）發行股票或債券募集資金。證券金融業 (security finance industry) 係基於《證券交易法》及相關證券法規成立的產業，撮合中長期資金供需的直接金融業。圖 8-1 係台灣證券金融業的組織架構。

圖 8-1

證券金融業架構

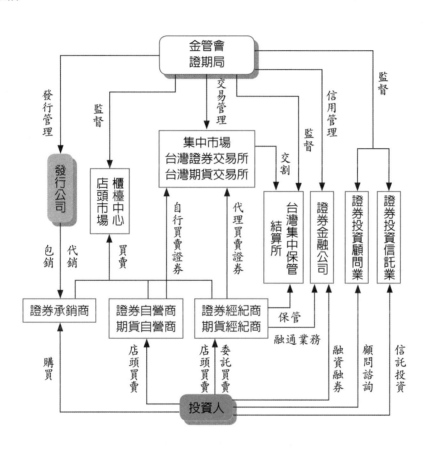

1. 金融監理機構　金管會證期局監理證券期貨市場運作，受理及審查公司上市上櫃申請、監理公開市場、查證公開發行公司重大訊息等。證券暨期貨發展基金會（證基會）則是主導證券與期貨市場發展方向的研究，以及提供相關資訊。

2. 撮合機構　以證券交易所（集中市場）與櫃檯買賣中心（上櫃與興櫃市場）為撮合機構。隨著金融交易網路化，各國交易所追求擴大業務、降低成本、提高效率與規模效果，倫敦交易所在 1973 年併購 11 家英國和愛爾蘭股票交易所；新加坡股票交易所和國際金融交易所在 1999 年合併為新加坡交易所，且於 2000 年 11 月上市；東京證券交易所在 2000 年兼併廣

島和新瀉兩家證券交易所；香港於 2000 年 3 月合併聯合交易所、期貨交易所、中央結算所、聯合交易所、期權結算所以及期貨交易結算公司而成立新控股公司，並於香港聯交所上市。

另外，台灣證券市場於 1989 年 10 月成立證券集中保管公司，並於 2005 年 7 月 29 日合併票券集中保管結算公司，而於 2006 年 3 月 27 日改名為集中保管結算所公司（簡稱集保結算所），辦理《票券金融管理法》定義之票券與《證券交易法》定義之證券無實體發行登錄、集中保管、帳簿劃撥和票券結算業務，除降低交割風險外，並推動無實體證券交易制度。投資人開立活儲帳戶（資金）及集中保管劃撥帳戶（款券），在委託買賣股票成交後，將交割款（資金）或買賣股票（款券）以劃撥方式自動轉存或扣款，此種程序稱為款券劃撥。

3. 證券經紀與承銷 (underwriting)　政府在 1998 年修正《證券交易法》，開放新證券公司設立，並分為兩類：

(a) 專業證券經紀公司　俗稱券商或號子，接受投資人委託再轉到交易所或櫃檯買賣中心撮合交易，收取手續費為主要收入，成立的最低資本額為 2 億元。

(b) 綜合證券公司　從事經紀、自營、承銷與信用交易業務，最低資本額 10 億元，包括經紀商 2 億元、承銷商 4 億元、自營商 4 億元，收入來源包括經紀業務手續費、操作股票差價、承銷證券收益與債券部門收益等。承銷商 (underwriter) 負責承銷工作包含融資與配銷兩個程序，前者指為公司包銷證券；後者即轉售包銷證券或代公司承銷證券給投資人。承銷商提供服務包括：

(i) 輔導　公司邁向上市或上櫃，須經承銷商輔導、申請和公開承銷三階段。輔導是對公司業務、財務、會計、獲利、內部控制、股權分配進行規劃，使其符合申請標準而通過上市或上櫃審查，接續議定承銷價後即可公開承銷或包銷股票。承銷商成立股務部門，代理公司股票或封閉基金的股務作業，辦理過戶、配息配股與股東會等事項。

(ii) 融資　以特定價格承購公司預擬發行的證券，公司取得資金而無須擔心募集失敗問題。

(iii) 分銷　公開承銷證券給投資人，扮演零售商角色而賺取佣金。

(iv) 顧問　提供發行公司攸關資本市場訊息，依其財務結構與證券市場環境建議發行證券類型、時機及發行價格等，協助順利募得資金。

(v) 造市者　穩定市價與投資人信心，保護投資人避免買入價格偏高證券，扮演造市者角色。

4. 信用交易　投資人扮演多頭角色，擴張信用操作方式如下：

(a) 證券質押放款 (stock collateral loan)　大股東基於資金調度，將持有股票質押給銀行，取得銀行融通股票價值某一比例的資金；若要賣出股票，須事先清償借款資金。金管會在 2009 年開放銀行可對「在台無住所外國人」放款，如外資、來台併購的外國私募股權基金等，融資用途僅限證券投資、長期股權投資、不動產投資，且需提供十足擔保品。

證券質押放款
大股東基於資金調度，將股票質押給銀行而取得股票價值某一比例的資金。

(b) 融資 (margin purchases)　投資人買進符合信用交易資格的股票，依融資標準由綜合證券商或證券金融公司給予 θ 比例融資，自行支付 $(1-\theta)$ 保證金比例 (margin requirement) 資金。投資人採取「融資」策略操作，可以直接賣出股票，再由賣出金額扣除融資金額與利息。

融資
投資人買進符合信用交易資格的股票，由綜合證券商給予固定比例融資。

至於投資人扮演空頭角色，採取擴張信用操作方式如下：

(a) 借券 (stock lending)　投資人基於於投機、套利及避險，委託證券商借入股票賣出。證券自營商借券則是用於權證履約及指數股票型基金 (exchange traded funds, ETF) 申贖等。借券賣出餘額係指借券人借入股票且實際賣出尚未還券之總額，未使用的借券餘額可再區分為融資性借券之擔保品及庫存借券，前者係指出借人以標的股票為擔保品，向借券人借入短期資金。外資借券人經由融資性借券取得股票，一般均未於股市放空，並在海外交付資金。外資出借人進行融資性借券取得短期資金，用於擴大財務槓桿，當然也有可能投資台股。

保證金比例
投資人擴張信用買進股票，必須支付現金的部分。

借券
投資人基於於投機、套利及避險，委託證券商借入股票賣出。

(b) 融券 (short selling)　投資人繳納保證金借股賣出，待股價下跌再買回還券並支付利息。值得注意者，除臨時股東會及停止過戶原因不影響股東行使權利外，上市或上櫃公司停止股票過戶，融券須提前償還。

指數股票型基金
將股價指數證券化，以投資與股價指數相同之股票基金。

投資人擴張信用交易，銀行與證券金融公司是提供股票融資與融券交易的主要來源。上市與上櫃股票共用信用交易額度，得為信用交易股票的融資或融券餘額達上市股權 25% 時，暫停融資買進或融券賣出，直到餘額低於 18% 再恢復信用交易。證券金融業從事融券業務的券源來自融資戶買進，提供作為擔保品的股票，隨著個股融資餘額上升，可供融券賣出股票數量就愈多。融券餘額雖未達上市股權 25% 或 18%，但卻超過融資餘額（融券差額），將暫停融券賣出，直迄餘額平衡後才恢復融券交易。

5. 間接投資　財政部證期會在 1983 年開放成立中華、光華、國際與建宏四家投信，發行受益憑證募集資金，代為操作股票與債券，提供間接投資管道，並於 1992 年再開放新投信成立。大戶或法人則可委託投顧公司、投信或私人銀行等資產管理業者代為操作，此即代客操作或全權委託投資業務 (discretionary investment business)、專戶管理 (discretionary account management)。投顧公司從事全權委託業務，資本額須達 3,000 萬

代客操作或全權委託投資業務、專戶管理
大戶或法人委託投顧公司、投信或私人銀行代為操作股票。

元以上並有三年業務經驗，人們委託業者操作金額須過 2,000 萬元或介於 1,000~2,000 萬元間，代客操作任一股票的金額限制不得超過投資人資產淨值 30%。

圖 8-2 顯示：資本市場包括股票市場、債券市場、信託基金市場與證券化市場等。

圖 8-2
資本市場與商品類型

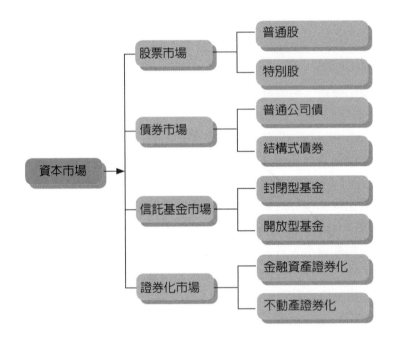

知識補給站

投資人可採融資及融券擴張信用交易。融資是指證券金融公司與綜合證券商提供資金讓客戶買進股票，融券則是提供股票滿足客戶賣出交割需求。依據《證券商辦理有價證券買賣融資融券業務操作辦法》第 39 條規定，投資人採取信用交易，未依規定補足保證金差額、清償債務或調換抵繳股票，將被列為信用違約，而在出現前述兩種狀況後，證券商應於次一營業日透過公開市場，委託其他證券經紀商以其開立之「融資融券違約處理專戶」處分其擔保品。

開立信用帳戶條件包括：(1) 年滿 20 歲的有行為能力國民，或依《公司法》成立的法人。(2) 開立受託買賣帳戶滿三個月。(3) 最近一年委託買賣成交超過 10 筆，累積成交金額超過申請融資額度的 50%。(4) 最近一年的年所得及財產累計達申請融資額度之 30%，財產證明以投資人或其配偶、父母、成年子女之不動產所有權狀影本或繳稅稅單（需有完整之地號及建號）為限，以及最近一個月存款與持有證券證明。若是提供非本人財產證明，財產所有人應為連帶保證人。至於信用交易額度分級則視各證券公司而定。以富邦證

券為例，交易額度分五級，信用等級第 0 級融資與融券額度介於 30 萬 ~6,000 萬，第 1 級為 250 萬，第 2 級為 500 萬，第三級為 1,000 萬，第四級為 1,500 萬。投資人可依交易需求與財力狀況申請所需額度，而開立信用帳戶有效期間為三年，到期需重簽契約。

信用交易的擔保品價值將因股價波動而變，整戶擔保維持率計算方式如下：

$$整戶擔保維持率 = \frac{（原融券擔保品 + 保證金 + 融資擔保品證券市值）}{（全部融券市值 + 原融資金額）}$$

上市與上櫃股票係合併計算，整戶擔保維持率低於 120%，應就各該筆低於擔保維持率 120% 之融資融券補繳，並自寄發差額追繳通知單之日起的二個營業日內補繳。

8.1.2 投資銀行

1929 年 10 月，華爾街股市崩盤引爆大蕭條，美國政府認為投資銀行業務隱藏高風險，遂於 1933 年公布《Glass-Steagall 法案》禁止商業銀行從事投資銀行業務，並將許多綜合銀行拆解為商業銀行和投資銀行，如摩根銀行拆解為從事投資銀行業務的摩根史坦利，以及從事商業銀行業務的摩根大通。然而投資銀行獲利豐厚吸引商業銀行與投資銀行從 1963 年起競相從事相關業務，迫使聯準會在 1972 年依據《銀行控股公司法修正案》(1970) 訂定新標準，決定銀行業可以從事的非銀行業務類型。邁入 1990 年代，併購風潮席捲美國金融業，吸引花旗集團、摩根大通與美國銀行等大型金融集團積極介入投資銀行領域。隨著商業銀行與投資銀行業務趨於結合，美國公布《金融服務現代化法案》與《金融服務法案》(1999)，廢除《Glass-Steagall 法案》中禁止銀行擁有證券關係企業的規定，開放銀行控股公司從事證券承銷、買賣與共同基金業務、保險業務，大幅提昇銀行業、證券業與保險業的競爭效率。2008 年金融海嘯讓美林、摩根史坦利、雷曼兄弟、高盛證券、貝爾斯登五大投資銀行一夕崩盤，若非倒閉被併購（美林證券、貝爾斯登），就是轉型成金控公司兼營商業銀行業務，可以吸收存款並受聯準會監理（高盛、摩根史坦利）。目前在華爾街的投資銀行僅存 Jefferies、Raymond James 和 Lazard 三家，真正全能型投資銀行僅有 Jefferies。

投資銀行 (investment bank) 係經營證券業務的金融機構，號稱銀行卻與商業銀行顯著不同。商業銀行從事間接金融業務，吸收存款而用於放款，賺取存放款利差；投資銀行則經營直接金融業務，在初級市場為公司發行證券募集資

投資銀行
經營證券業務的金融機構。

233

金，在次級市場充當經紀商及交易商角色，賺取手續費與資本利得。台灣金融法規並無「投資銀行」名稱。一般而言，投資銀行以提供高附加價值投資服務為主，其業務的預期報酬率與風險顯著高於傳統商業銀行，而其業務的廣義至狹義範圍如下：

(a) 廣義　涵蓋廣泛的金融業務，如國際金融、資本市場、金融零售、房地產中介與保險等業務。

(b) 次廣義　涵蓋所有資本市場業務，如創業投資、資本投資、公司理財、證券承銷、收購合併、基金管理、顧問服務與商人銀行 (merchant banking) 業務。

(c) 次狹義　僅涵蓋部分資本市場業務，主要在證券承銷、收購合併。

(d) 狹義　傳統證券承銷業務。

接著，再說明一般投資銀行業務如下：

1. 承銷業務（含創業投資業務）

   (a) 傳統承銷業務　辦理承銷、分銷及配銷業務而收取承銷費。

   (b) 創業投資業務　藉由創業投資發掘潛在客戶，提供不同階段之籌資服務，並從成功案例獲取高報酬。同時，藉由創投事業獲取高科技產業資訊，有助於提昇整體效益。

   (c) 私募 (private placement)　公司通常透過投資銀行尋找潛在投資人，發行證券私下募集資金。

2. 公司重組　公司合併與收購、重整、協助融資收購之財務規劃。

3. 專案融資 (project finance)　大型投資計劃金額龐大、執行期間長，涉及高風險與長期資金需求，投資銀行提供適當財務規劃並研擬執行策略。

4. 公營事業民營化　政府推動公營事業民營化過程涉及承銷、財務諮詢及國際金融交易技術等。

5. 資產管理　發行受益憑證向投資人募集資金，代為操作而收取管理費。

6. 財務工程業務　設計衍生金融商品、自營業務等國際金融市場業務。

7. 受託買賣經紀業務。

最後，有關台灣證券商與投資銀行主要業務比較，列於表 8-1。

商人銀行
從事存款與放款業務，並協助廠商募集資金，兼具商業銀行與投資銀行性質。

私募
公司透過投資銀行尋找潛在投資人私下募集資金。

專案融資
專為大型投資計劃辦理之放款，資金僅用於與此計畫相關之機器設備與技術之購置，並以計畫產生之現金清償放款。

表 8-1
台灣證券商與
投資銀行的業
務範圍比較

投資銀行	台灣證券商	差異
一般承銷業務	△	1. 無法全額確定包銷與從事票券承銷業務 2. 承銷期間過長 3. 實務上禁止代銷 4. 海外承銷尚有限制
創業投資業務	×	台灣證券商僅能經由轉投資創投公司間接從事該項業務
公司重組	△	僅能規劃諮詢服務，無法提供融資安排
財務顧問服務業務	○	無
私募	△	僅能以財務顧問參與，但無法銷售
專案融資	△	僅能提供財務規劃及顧問服務，無法提供融資
公營事業民營化	○	無；惟若涉及海外承銷仍有困難
一般自營及經紀	△	1. 自營商偏重自有帳戶買賣，難以發揮造市功能；無法投資國內外企業發行之海外證券。 2. 經紀商無法提供投資顧問與現金管理帳戶服務，難以發揮商品行銷通路功能。
衍生性金融業務	△	無法從事涉及外匯之衍生性金融商品業務，以及赴海外從事衍生性商品交易避險
資產管理	×	台灣證券商僅能經由轉投資投信、投顧及資產管理服務公司從事該業務
涉及信託業務（匯兌、承銷融資、資產證券化、保管等）	×	台灣證券商僅能經由轉投資銀行及信託業間接從事該業務

符號說明：○可完全提供；△不完全提供；× 無法直接提供
資料來源：劉科與蔡麗玲：我國證券商發展投資銀行業務之推動策略，證券暨期貨月刊第 22 卷第 2 期，2004。

知識補給站

　　一般人或許認為國家倒閉是荒誕無稽，不過 2008 年的冰島卻率先上演此一傳奇。傳統上，冰島經濟活動以捕鱈魚為主，漁業產值占出口總值 1/3。1990 年代中期，該國政府仿效摩根史坦利、美林營運模式，擬定發展策略將經濟活動投資銀行化，國家銀行以高利率吸收國際資金，再以高槓桿跨國操作，積極併購海外金融服務公司，買入美國 Saks Fifht Avenue 百貨公司、Mappin&Webb 珠寶公司及美國航空股權，搖身一變成為投資銀行。

　　2008 年爆發金融海嘯，國家支持的 Kaupthing 、Glitnir 與 Landsbank 三大銀行因採取準投資銀行架構而累積債務 610 億美元，是冰島生產總值的 12 倍，迅速陷入流動性匱乏而被收歸國有。以當時 32 萬公民計，冰島從全球每人所得最高的國家，瞬間淪落為每人

負債 20 萬美元。然而冰島政府接管銀行後，採取凍結銀行的數十萬個海外存款帳戶，引發多國政府與民眾不安。依據英國「每日郵報」報導，英國一百多個市政委員會受到高利率吸引，擁有冰島存款超過 10 億英鎊，再加計私人儲蓄帳戶餘額，被冰島凍結的資金超過 200 億英鎊。冰島政府凍結銀行帳戶讓英國雞飛狗跳，英國首相 Gordon Brown 根據《反恐安全法》凍結冰島 Landsbank 銀行在英國分行的資產，兩國關係急速惡化，直逼 1970 年代冰島與英國發生鱈魚戰爭 (Codwar) 的狀態。當時倫敦警察局在冰島持有 2,000 萬英鎊存款，而今故事又再重演一次。在 2008 年金融海嘯衝擊下，冰島成為歐洲第一張倒下的骨牌，海外投資冒險之旅也劃下句點。在 1998~2005 年擔任財政部長，如今身為總理的 Geir Haarde 宣布冰島正面臨破產危機，建議冰島人民重拾老本行，以捕魚為生。這是 21 世紀金融煉金衝擊下首先遭到淘汰者的命運！

杜拜是阿拉伯聯合大公國 7 個成員國中的第 2 大國，為降低對石油收入的依賴，從 2000 年起積極發展金融業、房地產和觀光業，以推陳出新的創意和不斷創造話題聞名於世，如帆船飯店、棕櫚島和杜拜塔等，從而變成吸引國際熱錢的磁石，「全球必修杜拜學」成為當時雜誌的封面標題。國際熱錢湧入甚至讓 2008 年初推出的建案就大漲五成，不過投機客賺飽就溜的現象令人憂心！新聞周刊在 2008 年底就以《杜拜的派對結束了嗎？》為標題，報導金碧輝煌的門面已出現裂痕。2009 年 3 月，時代雜誌報導杜拜大量舉債從事房地產開發，然而金融海嘯迫使外國銀行緊縮信用，面對鉅額負債到期，杜拜房地產迅速泡沫化，房價從 2008 年高點滑落五成而且續跌，人工打造的「世界島」乏人問津，成為房地產商口中的「世界末日」。

2009 年 11 月 25 日，杜拜宣布從事不動產與港口營運的國營事業「杜拜世界」(Dubai World) 負債 590 億美元，占該國 800 億美元國債的 7 成以上，要求債權人達成「暫時停止還債」協議，以商討延後債務到期日。訊息傳出讓杜拜公債的避險成本應聲飆高，此係 2001 年阿根廷倒債以來最大的政府倒債危機，瞬間躍居全球信用風險第 6 高的國家，情況比冰島還危急。標準普爾與穆迪迅速調降和杜拜相關的債券信用評等，甚至降至垃圾等級，促使曾是全球顯學的杜拜金融神話也宣告破滅。

觀念問題

❖ 試說明證券承銷商對資本市場運作發揮的貢獻為何？

❖ 何謂融資與證券抵押貸款？融券與借券？彼此間有何差異？

8.2 股票市場

8.2.1 股票的內涵

　　經濟自由化與金融國際化蔚為風潮，國際企業集團為掌握時間、技術、資訊與市場通路，採取併購來提昇競爭優勢與掌控市場通路。邁入 1980 年代後，歐美電信、汽車、石油、銀行業間積極進行大規模合併活動，金額龐大、跨國與跨業併購在國際金融市場持續蔓延擴大。同樣的，國內金融、半導體、電信與 IC 通路產業也積極合縱連橫，尋求競爭利基。隨著國內《金融控股公司法》(2001) 與《企業併購法》(2002) 通過後，金融業與企業併購蔚為風潮，而股票市場則居中扮演重要角色。

　　公司發行普通股募集資金，投資人持有股票而成為股東，享有權利如下：

1. **擁有公司所有權**　持有普通股代表擁有公司某一比例的所有權。

2. **優先認股權 (preemptive right)**　公司現金增資發行新股，普通股股東可依持股比例優先認購，避免發行新股而稀釋原有股權。公司若欲引進策略性或外部法人股東，須由股東會決議原股東放棄認股權，再以圈購或私募由非股東認購。

   > **優先認股權**
   > 公司現金增資發行新股，股東可依持股比例優先認購。

3. **投票權與選舉權**　在每年股東常會，股東對董事會提出年度報告內容均具有投票權，而每 3 年改選董事與監察人，普通股股東擁有選舉與被選舉權。一般而言，一股就是一個股權，不過有些公司設有股票分級制度，持有股權超過某一比例，超過部分的投票權將以 99% 或 97%，甚至是 90% 計算。另外，股東可親自出席股東大會行使投票權，或使用出席通知書上的委託書 (proxy) 委託他人代為行使。上市大公司股東眾多，如聯電與台積電股東超過百萬人，可選擇親自參與股東大會，或委託他人代為出席執行權利。顯然地，經營階層（董事會）為順利召開股東常會，常常採取徵求委託書策略，以求達到法定出席人數。再者，管理階層為掌控經營權，或股東不滿意公司經營績效，也會蒐集委託書累積投票數以選出適合人選，此即稱為委託書爭奪戰 (proxy fight)。

   > **委託書爭奪戰**
   > 股東蒐集委託書累積投票數參與公司董監事選舉。

4. **盈餘分配權**　董事會每年召開股東常會，決議盈餘分配案。其中，現金股利係以現金發放，如張無忌擁有中租控股 1,000 股，2014 年每股分配現金股利 2.8 元，可得現金 2,800 元。股票股利又稱無償配股，是以面值 10 元發放股票，如中租在 2014 年每股分配股票股利 0.4 元，張無忌可取得折合面值 10 元的股票股利 400 元，亦即無償取得中租控股 40 股。

5. **剩餘資產分配權**　股東承擔公司事業風險，僅對持有股權比例負責，公司

破產清算的所得須依政府（稅負）、員工、債權人、特別股股東的順序清償，若有剩餘再依普通股股東持股比例分配。公司若有債務未完全清償，債權人無權請求普通股股東以個人財產償還，此即有限清償責任 (limited liability)。

公司發行特別股 (preferred stock) 募集資金，針對股利分配、剩餘財產請求權、表決權以及是否具轉換權等設計與普通股有所差異。一般而言，特別股在分配盈餘與清算資產的權益優於普通股，雖無選舉董監事權利，但可被選為董監事，特質如下：

1. **分配股息優先權** 特別股配息權利優於普通股，公司盈餘須優先支付特別股股利，剩餘部分才分配給普通股。台灣發行特別股皆採固定股利率，故可歸類為具有固定現金流量特性的「固定收益證券」。

2. **剩餘財產優先分配權** 公司剩餘資產分派順序需視公司章程規定，特別股分配順序落在債務之後，但優於普通股，不過也有例外，如中鋼特別股的剩餘財產分配權即與普通股相同。

3. **表決權、選舉權與被選舉權** 公開發行公司每年召開股東大會，特別股股東具有參與議案表決的權利。此外，特別股股東無選舉董監事權利，但可被選舉為董監事。

4. **股利累積與參加** 公司盈餘不足以支付特別股股利，積欠股利可累積至有足夠盈餘時發放，稱為「累積特別股」(cumulative preferred stock)。當期未能發放的特別股股利，特別股股東往後也無法追索，則稱為「非累積特別股」。公司盈餘在分配特別股股利後，剩餘盈餘在分配給普通股股東時，特別股若再擁有參與普通股分配盈餘權，則稱為「參加特別股」(participated preferred stock)。特別股若無法再參與普通股分享剩餘盈餘，則為「非參加特別股」。

5. **現金增資認股權** 公司進行現金增資將會稀釋特別股權益，是以台灣的特別股均會賦予現金認股權。

6. **可轉換與否** 特別股若賦予轉換普通股的權利，如台灣高鐵特別股可用 1：1 比例轉換為普通股，即稱為「轉換特別股」(convertible preferred stock)。若無此權利，即稱為「非轉換特別股」。

7. **可贖回與否** 特別股賦予股東在一段期間後，可依約定價格賣回給公司的權利，即稱為「可贖回特別股」(redeemable preferred stock)。若無權利，即稱為「非贖回特別股」。

8. **可買回與否** 特別股賦予公司在一段期間後，可依約定價格買回的權利，即稱為「可買回特別股」(callable preferred stock)，亦即該類特別股具有發行期限，促使其性質類似債券。若無此權利，即稱為「非買回特別股」。

知識補給站

　　台灣高科技產業為吸引菁英與留住人才，過去採取員工分紅配股的特有誘因制度，亦即公司營運獲利，提撥一定比率的盈餘以股票配發給員工。在科技產業快速發展年代，員工無償取得分紅配股，逐成為高科技員工累積財富之管道。

　　隨著上市公司財務報表須與國際接軌成為國際趨勢，外資批評台灣員工分紅非屬費用而造成盈餘虛增情形，從而成為眾人關注焦點。然而員工分紅的會計處理若與國際接軌，除影響企業財務報表外，也將對員工薪資獎酬造成實質衝擊。依據上市櫃公司公告 2008 年上半年財報顯示，員工分紅費用化對公司損益及每股稅後純益皆有重大影響。台積電在 2008 年上半年受員工分紅費用化影響，減少盈餘金額高達 71.9 億元；而員工分紅曾經羨煞人的宏達電更首當其衝，影響每股稅後純益金額達 3.4 元，居所有上市櫃公司之冠。為因應國際潮流，台灣自 2008 年 1 月 1 日開始實施 39 號財會公報，員工分紅須轉為費用並在財報中揭露，高科技產業過去慣用分紅配股獎酬員工，盈餘表現直接受到衝擊。不過 39 號公報衝擊影響員工權益最大，分紅配股改以市價計算，股價愈高則換算發放員工分紅股數愈少。對公司而言，以費用處理員工分紅表面上將減少盈餘，然而費用可以抵稅卻對公司有利。

　　圖 8-3 顯示公司募集股權資金，發行股票的交易市場類型。有限公司股東依實收資本額持有某一比例股權，移轉股權屬於財產交易所得（無股票），需將交易所得扣除必要成本與費用後列入綜合所得，繳納所得稅可能高達 45%。股份有限公司依據《公司法》僅需一個股東即可成立，須依實收資本額發行股票，股東依股權比例持有股票，股票移轉屬於證券交易，僅依交易金額繳納證券交易稅 0.3%。至於公司募集股權資金方式如下：

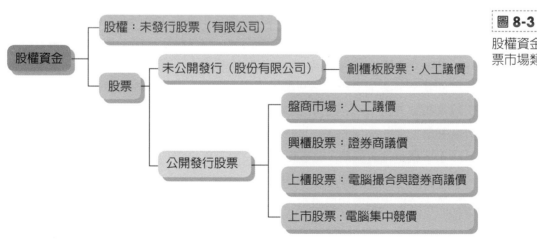

圖 8-3
股權資金與股票市場類型

1. 私募　針對特定人或機構法人發行股票，規避公開發行規範，此係屬於未公開發行股票。未公開發行公司受經濟部管轄。

2. 公開發行 (public-offering)　透過證券承銷商向投資人公開募集資金，公司財務與業務資訊需公開揭露。公開發行公司須受《證券交易法》規範，股票可能掛牌（上市或上櫃）或未掛牌交易（興櫃掛牌或僅辦理公開發行），屬於證期局管轄。

8.2.2　股票市場類型

• 初級市場或發行市場

又稱承銷商市場，公司發行證券募集資金市場。公司股票首次在公開市場交易，需透過承銷商銷售給投資人，交易方式包括：

承銷　公司委託證券承銷商銷售新股活動，承銷方式包括：

1. 代銷 (best effort)　承銷商為公司承銷證券，在銷售期間未能售完，則將證券歸還公司，公司須承擔發行失敗風險。

2. 包銷 (firm-commitment underwriting)　承銷商依據議定發行價格採取全額包銷 (firm commitment) 策略，若是發行證券數額較大，則由數家承銷商組成承銷團 (underwriting syndicate) 確定包銷額度、包銷費率、承擔風險方式等條件。另外，承銷商也可採取餘額包銷 (standby commitment) 策略，當實際募集資金未達預定發行額，承銷商將承購剩餘部分，發行公司將可完成募集資金。

3. 圈購 (book building)　發行公司透過探詢市場需求狀況，據以訂定承銷價格，並配售給有意承購者。投資人向承銷商遞交圈購單表達認購意願，後者受理圈購僅係探求投資人意願，雙方並無購買或銷售義務。除普通公司債外，每一圈購人申購總數不得超過承銷總數 3%，承銷總數係指不包含證券商自行認購但包含公開申購部分。專業投資機構（銀行、保險公司、基金、外國專業投資機構、行政院國發基金、郵政儲金、公務人員退休撫卹基金、勞工退休基金及勞工保險基金等），實際認購數量不得超過該次承銷總數之 10%。

4. 競價拍賣 (competitive bidding)　發行公司及承銷商以證期局承銷價格計算公式議定拍賣底價，當競價拍賣股數全部標售，以得標價格與數量之加權平均數作為公開申購承銷價，最高承銷價以超過底價 1.5 倍為限，得標總數未達提出競價拍賣股數，則以底價作為公開申購承銷價格。

• 次級市場或公開市場

　　所有證券均可自由轉讓，但只有金管會監理的上市與上櫃市場才是次級市場或公開市場，私下轉讓並非公開市場的一環。國內股票交易場所劃分如下：

A. 未上市與未上櫃股票

　　未在公開市場交易股票可分為公開與未公開發行兩類。準備掛牌公司先和承銷商簽訂輔導契約進行財務、股權及資本規劃工作，然後辦理公開發行，做為邁向上市或上櫃的起步。其中，承銷商需交出輔導月報，由證期局審閱核准公開發行後，再作股權分散。投資人買賣未掛牌股票，可選擇下列市場：

1. 盤商市場　在 1980 年代後期，台灣股市出現大多頭榮景，許多公司透過黑市盤商組成的聯誼會中介股票交易。

2. 興櫃市場 (emerging stock market)　申請上市（櫃）公司由兩家以上證券商推薦，有股務代理機構辦理股務，經過櫃檯買賣中心核准，在正式掛牌前需在興櫃市場至少交易半年。興櫃股票交易系統由推薦券商負責應買與應賣的報價作業，但因買價與賣價差距極大難以成交而缺乏流動性。

3. 創櫃板市場　截至 2014 年底，台灣公司資本額介於 100 萬元 ~1,000 萬元間約 40 萬家（占全體公司 63%），資本額介於 1,000 萬元 ~5,000 萬元間約 11 萬家（約全體公司 18%），顯見台灣擁有為數眾多公司資本、營業規模甚小且缺乏資金，但具有創意且未來發展潛力無窮企業。是以櫃買中心建立「創櫃板市場」，取其「創意櫃檯」意涵為命名，提供「具創新、創意構想」之非公開發行微型企業「創業輔導籌資機制」，僅具股權籌資功能而無交易功能。

B. 上市與上櫃股票

1. 櫃檯市場　台灣證券市場是從店頭市場開始發展。爾後，政府為發展集中交易市場，在 1962 年 2 月成立台灣證券交易所，並關閉場外交易的店頭市場。直到 1982 年，政府恢復債券店頭市場，1988 年再恢復股票櫃檯市場交易，係由櫃檯買賣中心撮合交易。

2. 集中市場　證券交易所撮合上市證券成交，投資人須委託證券經紀商代理進場交易。營業日交易時間為週一至週五上午 9:00 至下午 1:30，上市股票在開收盤以集合競價撮和、盤中以成交價的上下兩檔為限連續競價。競價交易係依供需原理進行，首先採取價格優先：「出最高價買者優先買到（依需求價格買進）、出最低價賣者優先賣掉（依供給價格出售）」，其次再依時間優先原則：「在價格相同時，出現超額需求，先排隊者擁有優先買進成交權利；出現超額供給，先排隊者擁有優先賣出成交權利」。至於盤後定價交易則指每日收盤後，證券依集中市場收盤價格交易，而收盤價

格係指交易日最後一筆證券成交價格，當日上午若無成交，則暫停該證券盤後定價交易。投資人在週一至週五每日下午 1：30~2：30 可向證券商委託買賣零股，證券商受託後將買賣委託輸入證券交易所電腦主機，由證券交易所將所有委託依電腦隨機排列決定其優先順序，並於下午 2：30 自動撮合。

觀念問題

❖ 試說明趙敏在台灣證券集中市場操作股票，採取何種策略將能迅速完成交易？

❖ 試評論：「凡是股票均能自由轉讓，而盤商市場與興櫃市場提供轉讓股票場所，也是屬於公開交易的次級市場」。

❖ 何謂全額包銷與詢價圈購？天揚精密董事會規劃 2 億元現金增資案，委託群益證券代為募集，試問採取何種策略才能確保募集成功？

8.3 債券市場

8.3.1 債券類型與創新

公債
財政部為融通預算赤字，在資本市場發行債務憑證募集資金。

無實體債券
又稱登錄公債。清算銀行將投資人買賣公債資料登載於電腦，並發給公債存摺，本息直接撥入存摺。

公司債
公開發行公司發行的中長期債務憑證。

金融債券
銀行在資本市場發行債券募集中長期資金。

債券是借款憑證的證券化，赤字單位為募集中長期資金而發行超過一年期限的債務憑證。不論發行機構獲利如何，均須依發行條件定期支付固定金額利息，到期償還本金。依據發行人類型，債券類型劃分如下：

1. 公債 (government bond) 財政部發行公債融通預算赤字，由國庫署編列發行額度並訂定票面利率，再委託央行國庫局標售，期限從 3 年到 15 年。依發行單位不同，公債分成中央公債與直轄市政府公債，前者依自償性再分成甲乙兩類。甲類公債本息由財政部編列預算清償，乙類公債本息則由建設主管機關成立之附屬單位預算編列特種基金清償。自 1997 年 8 月起，公債改採無實體債券 (book entry bond) 或稱登錄公債型態發行，由央行或清算銀行將投資人承購公債的相關資料登載於電腦，發給公債存摺，到期本息直接撥入存摺。

2. 公司債 (corporate bond) 公開發行公司發行的中長期債務憑證。

3. 金融債券 (bank debenture) 財政部於 2003 年 5 月修正《銀行發行金融債券辦法》，銀行可發行金融債券募集中長期資金，還本期限不得低於 2 年。

4. 國外債券 亞洲開發銀行 (ADB)、美洲開發銀行 (IADB) 或歐洲復興開發

銀行 (EBRD) 等國際金融組織發行以新台幣計價之債券,來台募集資金。曾在台灣發行新台幣債券之國際金融組織包括亞洲開發銀行、歐洲復興開發銀行、美洲開發銀行、歐洲投資銀行 (EIB)、北歐投資銀行 (NIB)、歐洲理事會開發銀行 (CEDB)、中美洲開發銀行 (CABEI)。

債券屬於固定收益商品,傳統上採取「借錢還錢」與「固定票面利率」型態發行,是以普通公司債價值可用現值法評價:

$$PV = \sum_{t=1}^{n} \frac{C_t}{(1+r)^t} + \frac{F}{(1+r)^n}$$

C 是票面利息,F 是債券面值,r 是市場利率。隨著股票市場規模擴大吸引投資人目光,遂成為債券市場的強烈競爭者。為求擴大債券商品的附加價值,綜合證券公司針對構成債券價值 PV 的利息支付方式、還本方式與到期期限等三大因素,結合傳統債券與其他金融商品,創新結構性債券 (structured notes) 或連動債券。

結構性債券
或稱連動債券。結合傳統債券與其他金融商品的混血債券。

• 債券期限創新

普通公司債採取分次清償本金策略,但可附加選擇權條款調整還本時間:

1. **贖回權** 賦予公司買權提前贖回債券,在市場利率趨於下跌之際,贖回舊債券再以新利率發行新債券。由於該條款可以降低未來舉債利息支出,故須支付權利金,促使贖回殖利率高於普通公司債的殖利率,此即可贖回債券 (callable bond)。

可贖回債券
賦予公司買權提前贖回債券。

2. **賣回權** 賦予投資人賣權要求公司提前買回債券,在市場利率趨於上漲時,賣回債券而將資金轉向其他資產以獲取更高收益。該條款對投資人有利,故須支付權利金,促使賣回殖利率低於普通債殖利率,此即可賣回債券 (putable bond)。

可賣回債券
賦予投資人賣權要求公司提前買回債券。

• 債券利息創新

票面利率是債券票面所載利率,可設定如下:

$$Coupon = A \times Index + B$$

基於上述原則,常見指標包括為壽險業設計的二年期定存(保單分紅利率)指標,為銀行業設計的一年期定存利率或 90 天銀行承兌匯票利率指標,為股市參與者或產業參與者設計的指數連動債券或產業獲利指標債券。國外則

零息債券

以貼現方式發行債券，到期依面額償還本金。

再投資風險

投資人將獲取的債券本息，重新投資所獲報酬率低於原先投資的報酬率。

債券分割

將普通債券分割為本金債券與利息債券。

浮動利率債券

票面利率隨指標利率變動調整。

指數化債券

或稱實質債券。債券還本付息與物價指數連結。

逆浮動利率債券

或稱多頭浮動利率債券。指標利率愈低，債息愈高，而利率低檔屬於債市多頭。

空頭浮動或槓桿型利率債券

在債券空頭市場，債息呈倍數變動。

利息遞延債券

或稱階梯債券。公司在債券存續期間的前半段支付低利率但不可贖回，後半段則支付高利率而可贖回。

以 LIBOR 或 SIBOR 為指標利率，也有以多種不同指標，如降雪量、通膨率、匯率、甚至同時連結匯率與通膨率的複合指標。從上述原則衍生的債券付息方式分為四類：

1. 零息　$A = 0$ 且 $B = 0$ 為零息債券 (zero-coupon bond)。公司以貼現方式發行債券，到期依面額償還本金。投資人持有零息債券，將可避免報酬率不確定的再投資風險 (reinvestment risk)，至於面額與發行價格間的差額即是利息收入。壽險公司為配合某一時點清償特定債務需求，必須持有確定現金流量，從而偏好持有零息債券。另外，普通公司債可進行債券分割 (bond strips) 為本金債券 (principal bond) 與利息債券 (interest bond)，兩者均屬零息債券性質。

2. 固定計息　$A = 0$ 且 $B > 0$ 為固定利率債券，傳統公司債屬於該類型。

3. 浮動付息

   (a) $A > 0$ 稱為浮動利率債券 (floating rate notes, FRN)，票面利率會隨指標利率變動調整。至於指標利率可以是經濟成長率、消費者物價膨脹率、匯率或股價指數變動率，而選擇連結物價指數則稱為指數化債券 (indexed bond) 或實質債券 (real bond)。

   (b) $A < 0$ 且 $B > 0$ 稱為逆浮動利率債券 (inverse FRNs)。指標利率愈低，債息愈高，而利率低檔屬於債市多頭，又稱多頭浮動利率債券 (bull floater)。

   (c) $|A| > 1$，債息呈倍數變動，在空頭債市較具吸引力，又稱空頭浮動 (bear floaters) 或槓桿型利率債券。

4. 階梯式付息　介於固定與浮動付息間的階梯債券 (step-up bonds)。公司在債券存續期間的前半段支付低利率但不可贖回，後半段則支付高利率而可贖回，投資人甚至可延遲至到期前某一時日才要求支付利息，此即利息遞延債券 (deferred coupon bond)。舉例來說，台積電曾經發行 40 億元、5 年期利息遞延債券，票面利率 7%。該債券在前 3 年不付息，第 4 年底才支付利息 11.2(2.8×4) 億元，第 5 年再支付利息 2.11 億元及本金 40 億元。該類債券係為追求避稅效果而設計，張三豐擁有股票投資抵減 (tax credit) 利益，可安排領取利息與投資抵減適用時間配合。張三豐在第一次付息日前賣出（第 4 年底前），賣出價格包含前幾年應計利息，將利息所得轉化為資本利得，享有證券交易所得免稅利益。

- **債券本金創新**

公司發行普通股與普通公司債募集資金營運，兩者各有利弊。前者屬於公司自有資金，股東須承擔營運風險與財務風險，獲取股息不確定。後者則是公

司負債，唯有公司舉債過多，債權人才需承擔財務風險，但可獲取固定利息。此外，公司發行新股募集資金，將會稀釋每股盈餘與經營權，短期引起股價下跌。公司舉債募集資金，則將擴大利息支出與財務風險。為規避兩者的缺陷，圖 8-4 顯示公司創新混血證券類型，一般係針對公司債還本賦予投資人有權選擇轉換或交換股票、債權憑證或其他貨幣。

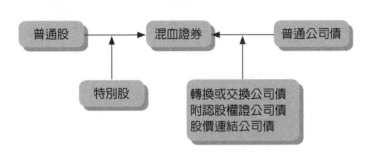

圖 8-4
混血證券類型

1. 可轉換公司債 (convertible bond)　投資人有權以固定價格，將債券面值轉換成公司股票。投資人執行轉換權，將造成公司負債下降與股東權益增加。

2. 可交換債券 (exchangeable bond)　投資人有權以固定價格，將債券面值交換關係企業股票。投資人執行交換權，將促使公司資產與負債同時下降。轉換或交換價格低於股票市場價格，投資人將放棄執行轉換權或交換權。兩類公司債賦予投資人買權（轉換或交換權利），必須支付權利金，是以票面利率通常設定為零（應收權利金與應付利息相抵）。不過兩者若缺乏轉換或交換價值，公司將以優惠利率贖回，補償先前設定的零票面利率。

3. 附認股權證公司債 (warrant bond)　公司債賦予投資人擁有以特定價格認購一定股票的權利（買權），公司因收取權利金而支付較低利息。該類債券與可轉換公司債的差異為：前者的認股權利為「外加權利」，認股權證與公司債可以分離交易，投資人執行認股權須另外繳交認股金額；後者的換股權利則為「內含權利」，須與公司債一起移轉，投資人可以直接將債券面值轉換成股票。

4. 股票連結債券 (equity-linked bond)　公司債本息清償金額與特定期間內某特定股票或股價指數漲跌幅連結。所羅門兄弟公司在 1986 年 8 月發行 1 億美元 S&P 500 指數連結的次級債券，1990 年代以來，這種金融商品呈現爆發式成長。台灣在 1998 年 4 月 23 日發行匯僑股價連結式債券，到期日在 6 月 21 日，債券面額 10 萬美元，折價幅度 86.45%。依據匯僑設定的新台幣匯率為 32.71 元兌換 1 美元，以及債券轉換為普通股的轉換價格為新台幣 34.65 元計算，每 10 萬美元的債券可兌換匯僑普通股 8,437.23 股。相較直接投資債券或股票，股票連結債券提供投資人在限制條件下，享有債券保本兼具股價波動的利益。

可轉換公司債
投資人有權以固定價格，將債券面值轉換成公司股票。

可交換債券
投資人有權以固定價格，將債券面值交換關係企業股票。

附認股權證公司債
公司債賦予投資人有權以特定價格認購一定股票（買權）。

股票連結債券
公司債本息清償金額與特定期間內某特定股票或股價指數漲跌幅連結。

雙元通貨債券
發行公司債收取國幣，但以外幣支付利息或到期本金。

5. 雙元通貨債券 (dual-currency bond)　發行公司債收取國幣，但以外幣支付利息或到期本金。

知識補給站

　　2007 年次貸事件擴散為金融海嘯重創國際景氣，台灣持有連動債的退休族淪為受害者。依據金管會統計，國內財富管理資產總額超過 8 兆元，14% 是投資連動債等相關衍生性商品，次貸事件讓投資人與金融機構損失慘重。以「三年期石來運轉連動債券」為例，連結標的包括高盛熱燃油指數、高盛汽油指數、高盛天然氣指數、高盛原油指數等四檔，連結指數上漲至 12% 就可鎖住利潤 20%，指數跌幅超過 45% 就非全額保本，而在次貸款事件衝擊下，「石來運轉」淨值暴跌至僅剩面值的 17%。

　　結構型債券又稱連動債券，係運用財務工程技術，針對投資人對市場預期不同，以拆解或組合衍生性金融商品（股票、一籃子股票、指數、一籃子指數、利率、貨幣、基金、商品及信用等）搭配零息債券組合成各種報酬型態的商品，主要分為兩類：

(1) 保本型債券 (principal-guaranteed notes, PGN)：由固定收益商品加上參與分配連結標的資產報酬的權利組合而成之金融商品。該產品到期時，本金可獲得一定比例保障，而透過連結標的選擇權，投資人可享受未來連結標的價格上漲機會。

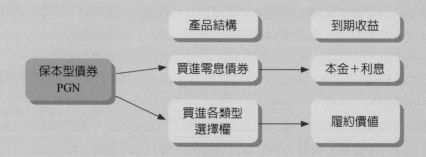

(2) 股權連結型債券 (equity-linked notes, ELN)：由零息債券和賣出相關標的選擇權組合而成的結構型商品，並依選擇權的拆解及拼湊組合成不同型態的股權連結商品，並依連結「標的」（如上市櫃股票、股價加權指數、指數股票式基金、利率、匯率等）來決定投資績效的金融商品。

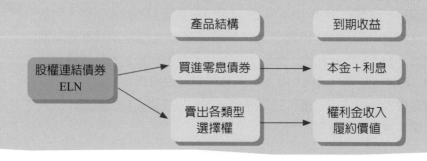

投資人持有結構型商品承受風險包括最低收益風險、利率風險、信用風險、匯率風險、事件風險、國家風險、交割風險、受連結標的影響之風險與通膨風險等。

8.3.2　債券市場類型與交易方式

圖 8-5 是債券市場類型。初級市場係發行機構發行新債券，籌措中長期資金的市場。依發行機構不同，發行方式亦不同。

• 發行市場（初級市場）

依據《中央政府建設公債及借款條例》，中央公債與借款占中央政府當年總預算歲出總額 113%，地方政府發行不得逾越當年各自總預算歲出總額 40%，其中政府償還的甲類公債與借款上限為 88%，具自償性的乙類公債為 24%。銀行發行金融債券需受《銀行發行金融債券辦法》限制，不得超過發行前一年決算淨值二倍，且須符合金管會規定的其他條件。公司發行公司債受《公司法》限制，不得超逾現有資產扣除全部負債及無形資產後之餘額，無擔保公司債總額不得超逾前項餘額。

接著，財政部發行公債方式如下：

1. 標售 (auction)　投資人參與公債初級市場，需透過中央公債交易商投標，方式包括競標 (competitive bid) 與非競標 (noncompetitive bid)。競標部分依利率低者得標，非競標部分則依競標得標加權平均利率依比例分配。財政部過去發行公債，係由央行將發行額度以面額分配給金融機構認購，此即配售制度。自從 81-1 期央債開始，中央公債改採競標方式標售：

    (a) 複式價格標 (multiple-price auction)　財政部發行公債，交易商在公債投標當天 12：00 前至央行國庫局債保科投標，開標後依競標價格高低決定得標順序，此係公債標售制度最常使用的方式。

    (b) 荷蘭標 (Dutch auction)　又稱單一價格標。Vickrey (1961) 提出依投標價格超過底價的高低順序依次得標，並以最低得標價格作為發行價格來計算得標價款，利率是唯一。

    (c) 複數利率標 (multiple-yield auction)　1997 年 8 月 23 日首次發行無實體公債（87 年度甲類第一期中央政府建設公債），競標部分依投標利率低的標單優先依次得標，非競標部分依競標得標之加權平均利率發售。公債票面利率以半碼 (0.125%) 為級距，以開標後「得標加權平均

複式價格標
依競標價格高低決定得標順序。

荷蘭標
又稱單一價格標。依投標價格超過底價的高低順序依次得標，並以最低得標價格作為發行價格來計算得標價款。

複數利率標
依投標利率低的標單優先依次得標。

利率」之相等或最接近且較低之半碼數訂爲票面利率。

2. **按面額認購** 除中央政府公債外，其他政府債券係依面額認購方式發行。

在此，投標倍數 (bid-to-cover ratio) 係指「投標總額」（代表需求）對「標售額度」（代表供給）的比率，由該比率可以觀察債券市場對新標售公債的需求強度，進而反映市場對當前及未來利率走勢的看法。投標倍數愈高，代表投標者積極標購債券，以取得債券部位。

William Spencer Vickrey (1914 ~1996)

出生於加拿大 British Columbia。Vickrey 率先以遊戲理論 (game theory) 詮釋拍賣的動態性 (dynamics of auctions)，除推演許多拍賣均衡外，並提供一個收益等價結果，促使收益等價理論 (revenue equivalence theorem) 成爲現代拍賣理論的核心，並以 Vickrey 拍賣 (Vickrey auction) 聞名於世。Vickrey 則因該項貢獻而在 1996 年獲頒諾貝爾經濟學獎。

- **交易市場（次級市場）**

次級市場是發行在外債券交易的流通市場，包括店頭市場與集中市場。

1. **店頭市場** 政府債券及證期局核定之債券可在櫃檯買賣，發行機構將發行資料函送證期局轉知證券商同業公會公告後開始買賣，其餘債券之櫃檯買賣由發行公司檢具申請書件向證券商同業公會申請。店頭市場交易採議價方式有二：

   (a) **議價且買賣斷** 採「等價自動成交系統」撮合證券商受託或自行買賣之交易，無須以電話個別詢價。

   (b) **議價且附條件交易** 投資人與金融機構約定交易公債後，一定期間內由金融機構買回或賣回。

2. **集中市場** 公債係直接在證券交易所上市買賣，金融債券與公司債需依交易所與發行機構所訂契約規定，才得上市買賣。國內債券集中市場交易採買斷、賣斷的競價方式，證券交易所於 1991 年 11 月實施債券交易電腦化，採取款券劃撥結算交割，以提高交易安全及便利性。國內債券交易係以議價爲主，只有大戶才有議價空間，尤其在缺乏證券公司報價下，證券交易所的債券集中交易系統形同虛設。反觀小投資人委託買賣債券，係透過統一證券的「一點差價債券交易系統」直接下單，凡是揭示在報價系統

上的買賣價格，只要填妥報價單而由櫃檯業務人員輸入電腦，由統一證券總公司負責撮合成交。由於成交效率直逼股票交易系統，且僅接受 1,000 萬元以下的債券委託買賣，反而成為債券的集中交易市場與小額債券買賣中心。

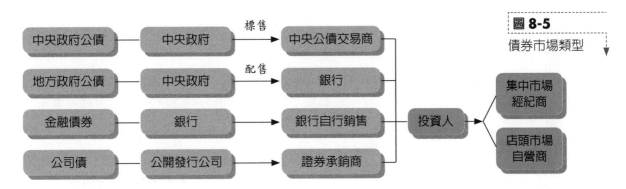

圖 8-5 債券市場類型

投資人在債券市場操作策略如下：

1. **買賣斷交易 (OP/OS)**　買賣債券完成交割手續即需移轉所有權，買方承擔利率波動風險。
2. **附條件交易**　包括債券附買回交易 (RP) 與債券附賣回交易 (RS)。
3. **保證金交易 (margin trading)**　投資人向債券交易商買斷債券，於交割日繳交一定比例保證金，不足部分則以買進的債券向交易商質押借款。就交易商而言，相當於在交割日當天結合債券賣斷 (OS) 與附賣回 (RS) 的交易，兩者差額為投資人繳交的保證金。
4. **期前交易市場 (when issued, WI)**　投資人在財政部國庫署標售公債前八天左右預約交易，交割日則在發行日後，交割標的是尚未發行的公債。舉例來說，財政部在 10 月 30 日標售 500 億元公債，將可提前在 22 日交易，綜合證券公司預期未來利率上漲，可預售債券，等待標售時再標來還券以賺取差價；反之，預期未來利率下跌，可預買債券。台灣債券市場在 2003 年 4 月開放債券期前交易，對活絡債券市場交易有相當大助益。實務上，債券發行前交易在枱面下行之多年，不過業者僅是提前一、兩天交易而已。

最後，投資人從事債券交易支付的成本有二：

1. **手續費**　每戶成交金額在 500 萬元以下收取 0.1%，超過 500 萬元部分為 0.075%，再超過 5,000 萬元部分為 0.05%。
2. **稅負（證券交易稅）**　投資人賣出公債無須繳交證券交易稅，此即公債交易市場熱絡的原因。反觀公司債與金融債券過去須依成交值課徵交易稅

保證金交易
投資人買斷債券，於交割日繳交一定比例保證金，不足部分則以買進的債券向交易商質押借款。

期前交易市場
投資人在財政部標售公債前八天預約交易，交割日則在發行日後，交割標的是尚未發行的公債。

0.1%，，造成兩者交易停滯，該項規定直至 2002 年 2 月才廢止。至於債券交易所得免稅，但須負擔利息所得稅。

觀念問題

❖ 楚留香賣出台積電股票 2,000 萬元，轉往統一證券的債券部門，考慮買進 92-1 期中央政府公債，試問他可考慮採取哪些策略？產生結果為何？

❖ 何謂零息債券？壽險公司為何會偏好持有該類債券？

❖ 張無忌以面額 10 萬元買進一張 5 年期的高僑一可轉換公司債，票面利率為零，轉換價格為 36 元。假設高僑股票目前的市場價格為 54 元，試回答下列問題：
(a) 高僑一轉換公司債的轉換比率為何？
(b) 高僑一轉換公司債的理論上市場價值為何？
(c) 張無忌持有高僑一轉換公司債，是否執行轉換權利？

8.4 共同基金市場

18 世紀爆發工業革命後，英國中產階級累積大量財富，以單位投資信託 (unit trust) 型態，委託值得信賴人士代為處理海外投資活動，此即投資信託事業的雛形。到了 1868 年，英國出現倫敦國外及殖民政府信託，以投資殖民地公債為主，形成早期的證券投資信託公司組織。爾後，在一次大戰後，美國經濟迅速成長帶動投資理財需求，美國於 1940 年引進英國證券投資信託制度，通過《投資公司法》(Investment Company Act) 健全共同基金市場，逐漸發展成為跨國投資商品。美國共同基金採取公司型態，而台灣則採契約型態稱為證券投資信託基金。

共同基金 (mutual fund) 係由證券投資信託公司發行受益憑證募集資金，交由基金經理人操作管理，收益歸投資人的標準化間接投資商品。基金管理資產規模較大，採取資產組合投資，將能有效分散非系統風險，而基金類型可依下列標準劃分：

• 發行方式

1. **開放型 (open end)** 投資人僅能向投信公司買入或贖回基金，發行單位隨申購與贖回而變，風險包括基金淨值波動風險與投信公司暫停贖回風險。

2. 封閉型 (close end)　基金發行單位固定，並在證券交易所掛牌交易。投資人透過集中市場交易封閉型基金，除需面臨基金淨值波動（非系統風險）外，也須承擔基金市價波動風險（系統風險），故基金市場價格相對淨值通常陷入折價狀況。

封閉型
基金在證券交易所掛牌交易。

• 投資區域

1. 單一國家基金 (single-country fund)　以單一國家市場為投資標的，如怡富投信的台灣增長基金係以台灣上市公司為投資標的；怡富投信的新興日本基金則以投資日本上市公司為主。

單一國家基金
以單一國家市場為投資標的。

2. 區域型基金 (regional fund)　以特定區域市場為投資標的，將能分散投資單一國家所需承擔的政治、經濟等系統風險，如北美、歐洲、遠東、東南亞與東協等區域型基金。新興市場基金 (emerging-markets fund) 係指基金以開發中國家的掛牌股票為投資標的，看好其產業前景及市場潛能，追求產能成熟的增值，如拉丁美洲基金、新興市場基金、亞洲新興市場基金和東歐基金等。

區域型基金
以特定區域市場為投資標的。

3. 全球型基金 (global fund) 或國際基金 (international fund)　投資各國上市股票、固定收益證券、公債及各類貨幣存款。投資標的分散世界各地，各國利率循環、景氣循環與經濟基本面各自不同，相對降低基金風險。

全球型基金
或稱國際基金。投資各國上市股票、固定收益證券、公債及各類貨幣存款。

• 投資目標

1. 成長收益基金 (growth and income fund)　追求長期資本利得及穩定股利收入，以股利分配穩定而前景看好的股票為主，如公用事業類、成熟產業類的股票，或者兼具股票與債券特性的可轉換公司債。

成長收益基金
追求長期資本利得及穩定股利收入的基金。

2. 收益基金 (income fund)　追求安全性和穩定收益，投資標的包括各種期限公債、高信評公司債以及 6 個月內到期的票券。有些收益型基金將部分資金投資股利較優的股票和可轉換公司債，以提昇資本利得成長潛力。

收益基金
追求安全性和穩定收益的基金。

3. 平衡基金 (balanced fund)　投資組合維持一定比例的股票與債券，兼顧股市與債市投資。投資組合可維持股票（3 成）和債券比例固定，或在某一範圍內讓股票與債券比例隨著股市與債市行情變動調整。動態比例的平衡基金與國外資產配置基金性質類似，可隨時調整資產配置情形，不過後者的投資標的較多，除股票與債券外，選擇權、金融期貨、房地產與黃金等商品均可納入。

平衡基金
投資組合維持一定比例的股票與債券，兼顧股市與債市投資的基金。

4. 積極成長基金 (aggressive growth fund)　追求基金淨值累積，採取不分配收益策略，投資人透過處分基金賺取差價。該基金投資價格波動性大的股市，如小型高成長股、轉機股與高科技股，認股權證或選擇權等衍生性金

積極成長基金
追求基金淨值累積，採取不分配收益策略，投資人透過處分基金賺取差價。

融商品，甚至運用財務槓桿操作來擴大資本利得。

5. 價值型基金 (value fund)　投資價值低估或具增值空間的股票。價值型股票是指市值低於公司淨值的股票，公司真正價值將反映在股價，投資人買進持有價值低估股票，待其股價上漲就能獲取資本利得，此即價值投資法。

6. 保本基金 (principal guarantee fund)　結合收益型資產和衍生性商品組合，將基金投資於公債或定期存款，再將孳生的利息投資高槓槓倍數的期貨或期貨選擇權等衍生性金融資產，保障投資人至少可以拿回本金。

7. 資產配置基金 (asset allocation fund)　針對國際經濟和金融情勢變化，在不同金融市場選擇配置資產比例，投資標的涵蓋股票、債券和貨幣市場商品，視基金屬性而將基金資產在三種市場調配。

• 投資標的

1. 債券基金 (bond fund)　投資標的以債券為主，利息收入為主要收益來源，匯率波動與債券價格波動也會影響基金報酬率。國內債券基金分為兩類：

   (a) 貨幣型債券基金　國內債券基金過去多數具有貨幣基金特質，以投資定存、票券、公債附買回 (RP)、公債與公司債等固定收益證券為主。投資人享有定存收益率、高流動性、採取累積淨值而不分配收益，將利息所得轉為證券交易所得，而無須繳所得稅。

   (b) 積極型債券基金　追求利息收益與資本利得，以投資公債、公司債與金融債券為主。舉例來說，中華開泰、成龍、群益安利、元富瑞騰債券基金原本屬於貨幣型，現已轉型為積極型。

2. 外匯基金　以各國貨幣為投資標的，利用外匯資產賺取匯兌利益，如現貨外匯、外匯保證金、外匯期貨、外匯選擇權等。

3. 指數股票型基金 (ETF)　以持有與股價指數相同成分之股票為主的受益憑證，直接在證券交易所買賣，投資人透過持有表彰指數標的股票權益的受益憑證進行間接投資。

4. 認股權證基金 (warrant fund)　以認股權證為主要投資商品，槓桿倍數約為一般基金的 3~5 倍，投資人與基金在操作過程中均可擴張信用，屬於高風險基金。

5. 房地產基金　以與不動產有關的金融資產（擁有待開發不動產的營建股、不動產證券化商品、營建業類股或資產股、房地產抵押放款證券化）與實體資產（房地產）為主要投資標的，收益來源除房地產增值外，還有房租收入。由於房地產流動性極低，是以房地產基金通常附有嚴格的贖回限制。

6. **對沖基金 (hedge fund)**　投資標的除股票和債券外，還可投資期貨與選擇權等衍生性商品，追求從市場大幅波動中獲取資本利得。其中，套利基金 (arbitrage fund) 具有對沖基金性質，係針對相關性極高的金融資產，當其價格出現不合理關係時，採取買進價格低估資產、同時賣出價格高估資產，鎖定其中價差，隨著兩者關係恢復正常，就可實現獲利。

7. **貴金屬基金**　以黃金、白銀和其他貴金屬相關證券為投資標的。以黃金基金為例，係以投資全球黃金或貴金屬礦產相關工業之股票為主，淨值波動性通常較金價為大。

8. **雨傘基金 (umbrella fund)**　基金組合涵蓋許多不同類型與投資不同市場的子基金，投資人只要購買其中的子基金，可在一定期間與次數內轉換成其他子基金，投信公司不再收取額外手續費。另外，群組基金 (fund of funds) 係以同一投信公司管理的基金為投資標的。由於單一基金安排的投資組合和區域不同，各自承擔不同的市場風險及非系統風險，但因礙於持股比率限制，無法將風險降到最低。是以投信公司募集資金後，從自己管理的基金中挑選目前最有增值潛力者作為投資組合。

- **註冊所在地**

  台灣所稱的海外基金分為兩類：

1. 募集國內投資人資金投資海外市場，基金在國內證期局註冊，如怡富大歐洲海外基金。

2. 投資人從事跨國金融操作，將面臨本國和外國的稅負問題，在免稅天堂的境外金融中心註冊將可解決此種困擾，如英屬 Man 島與 Jersey 島、盧森堡、開曼島、都柏林等。

- **操作策略**

1. **傳統策略基金**　傳統策略基金係以長期持有股票和債券為主，以及少數的銀行存款，很少從事短線操作，且不採用槓桿操作。該類股票基金限制持有現金餘額比率，不論金融市場環境為何，均需持有股票，難以規避股票市場劇烈波動，控制報酬下跌風險能力相對薄弱。一般而言，該類基金僅能在多頭市場獲利而稱為相對報酬，一旦陷入空頭市場，則僅能追求損失最低而難以獲利。

2. **非傳統策略基金**　基金經理人利用各種投資工具，包括運用財務槓桿、作空與操作衍生性商品、相對價值投資、技術性買賣策略等，全面發揮操作技術。是以不論多頭或空頭市場，該類基金操作均能獲利，此即稱為絕對報酬。

對沖基金
除股票和債券外，基金還投資期貨與選擇權等衍生性商品，追求從市場大幅波動中獲取資本利得。

套利基金
針對高相關性金融資產，當其價格出現不合理關係時，採取買進價格低估資產、賣出價格高估資產，鎖定其中價差。

雨傘基金
基金組合涵蓋不同類型與投資不同市場的子基金。投資人購買其中的子基金，可在一定期間與次數內轉換成其他子基金。

群組基金
以同一投信公司管理的基金為投資標的。

共同基金與全權委託投資均是委託專家從事金融操作，兩者差異為：前者募集投資人資金，依發行計劃擬定的方針與投資標的操作的標準化商品；後者係依個別投資人需求量身訂作，在委託契約中個別約定符合委任人需要的投資範圍、投資方針、承擔風險程度等進行證券投資。該制度運作的主要當事人包括投資人（委任人）、投信或投顧公司（受任人）及保管機構（銀行信託部或信託業）三者。由投資人與投顧或投信公司簽訂契約委託後者操作，另與金融機構簽訂委任契約，保管委託投資的資產及代理辦理買賣證券之相關開戶、交割等事宜，再由三方當事人共同簽訂三方權益協定，確認彼此間的權利義務關係。

知識補給站

在 1996~2005 年間，台灣債券基金規模從 1,800 多億元膨脹 12 倍至 2.2 兆元，但也引爆多次贖回風暴。1996 年 9 月，公元投信（改為寶來投信）、台灣投信（改為新光投信）買到假定存單，兩者的債券基金在一天內被贖回 160 億元，當時市場規模僅有 1,847 億元。稍後的 1999 年，台灣爆發本土金融風暴，而國內投信買到「地雷債券」引爆恐慌性贖回，此時的基金規模已成長至 7,000 餘億元。到了 2005 年 7 月 12 日，聯合投信發布持有衛道可轉換公司債發生違約，為反映基金組合實際價值，大幅調降旗下三檔債券及平衡型基金的淨值。在投資人抱著「先贖先贏」的想法下，聯合投信旗下基金一天就被贖回 250 億元，被迫於二天後向富邦集團求援，三天後則引爆有史以來規模最大的贖回風潮，債券基金單日失血 1,000 億元，一週內被贖回 2,000 億元。一隻小蝴蝶無意間拍動翅膀，果真在幾千公里外形成颶風。

「債券殖利率上揚，債券價格理應下跌，然而台灣債券基金報酬率竟然還能持續攀升，真是匪夷所思！」這是國外信用評等公司、學者、官員對台灣債券基金的一致性看法。此種畸型現象出現的原因就在投信公司為衝刺規模，任由債券基金採取「作價」策略，「裸體國王在街上閒逛」的市場公開祕密，卻無人敢戳破國王未穿衣服的謊言。不論從國際經驗或理論來看，此種現象是如何說不通，現實卻是「買債券基金只賺不賠，且享有證券交易所得免稅而規避利息所得稅」，讓其成為大戶追逐的避稅商品，法人持有比例超過六成，其餘則由大戶持有。為了競爭吸收資金，若僅倚賴避稅顯然難以滿足客戶需求，投信遂積極創造高於定存與公債的報酬率，舉凡公司債、可轉換公司債、反浮動債券、結構式存款無不納入債券基金組合，有些基金持有上述商品比率甚至超過七成。

在 2006 年之前，國內債券基金發展呈現三種現象：(1) 台灣沒有貨幣基金，促使債券基金夾雜部分貨幣基金性質，而其持有金融商品期限長短不一，不僅管理不易，還讓債券基金「長相」雷同，一旦基金贖回風暴來襲，勢必全部難以倖免。(2) 只要債券基金淨值穩定成長，投資人將以債券基金取代存款，申購源源不絕，造成投信競相以低流動性的公

司債和可轉換公司債取代公債，讓淨值能夠穩定上揚。(3) 資金大量流向債券基金，需求不斷刺激供給，促使債券市場源源不絕提供公司債、可轉債來「餵養」永遠吃不飽的債券基金。這些債券流動性不僅極低，且在投信「包養」下缺乏客觀評價，無論利率如何變動，公司債價格卻是紋風不動，造成「公司債價格高於公債、企業信用高過政府信用」的台灣特有現象。

　　聯合投信事件爆發一週後，金管會要求債券基金需經信用評等機構評等，藉以控制信用風險及流動性風險。由於國內公司債缺乏次級市場，難以認定公司債價格，是以投信投顧公會運用同業詢價或依財務理論來估計公司債價值，進而推估債券基金的真實價值，藉此重建投資人持有債券基金的信心。隨著聯合投信的債券與平衡型基金分別由富邦及日盛接手，一窩蜂贖回賣壓逐漸平息。至於後續的強制評等與重估淨值作法將有助於健全體制，然而投資人應該深入了解基金操作策略，以及挑選適合自己風險偏好的債券基金，才是正確的投資策略。

觀念問題

❖ 試說明張無忌投資富邦店頭封閉型股票基金，必須承擔風險為何？此外，該基金的市場交易價格為何低於基金淨值？

❖ 試說明郭靖持有統一黑馬開放型股票基金，將面臨何種風險？該基金與前述富邦店頭股票基金的主要差異何在？

問題研討

小組討論題

一、選擇題

1. 張無忌購買統一投信發行的黑馬開放型基金，何種資訊係屬正確？
   (a) 基金市場價格係為基金淨值扣除風險溢酬　(b) 基金風險來源包括淨值波動風險與市場風險　(c) 基金規模將隨基金交易而發生變動　(d) 基金隨時可在集中市場出售

2. 文曄董事會決議採取溢價現金增資案，何種策略對完成增資案的影響係屬錯誤？　(a) 委託元大證券公開承銷，文曄將能順利完成現金增資　(b) 台灣工銀採取全額包銷，文曄必然可以取得所需資金　(c) 中華開發建議採取詢價圈購方式，文曄需承擔發行失敗風險　(d) 委託富邦證券採取餘額包銷，文曄將可順利完成現增案

3. 元大寶來證券的債券部門積極創新結構性債券，何種概念係屬正確？
   (a) 聯電轉換公司債係結合普通公司債與聯電股票賣權　(b) 遠紡浮動利率公司債券係結合普通公司債與上限利率買權　(c) 投資人執行遠紡可交換與可轉換公司債，將會造成遠紡資本額增加　(d) 實質債券係將債券的還本付息釘住消費者物價指數指標

4. 面對低利率環境，趙敏預擬將多年儲蓄投入台灣的資本市場，必須掌握何種正確訊息？　(a) 集中市場係以價格優先為主要撮合方式　(b) 買進零息債券僅是賺取利率波動差價，並無實際利息收益　(c) 股票盤商市場提供轉讓股票場所，亦屬於公開市場一環　(d) 趙敏可利用價格優先策略，在興櫃市場迅速買進股票

5. 在興櫃市場掛牌交易的遊戲橘子，通過櫃檯買賣中心審核轉向櫃檯市場掛牌交易，但須提出 10% 股票在店頭市場辦理公開承銷 (IPO)，何者正確？
   (a) 透過富邦證券進行詢價圈購，將可形成合理價格　(b) 由日盛證券包銷股票，承銷股票將以既定價格順利全部賣出　(c) 中信證券爭取為遊戲橘子公開承銷股票，將須保證能夠全部出售　(d) 群益證券包銷遊戲橘子股票，股價係按興櫃交易價格訂定

二、問答題

1. 試分別比較 (a) 股票市場與債券市場、(b) 發行市場與流通市場、(c) 集中市場與店頭市場間的差異性？

2. 政府在推動經濟發展與產業升級過程中，資本市場居中扮演何種角色？功

能爲何？

3. 在台灣店頭市場，公開發行公司申請股票上櫃或在興櫃掛牌，所需條件有何不同？

4. 鴻海集團爲因應大規模併購活動所需資金，董事會決議發行股票與債券來募集資金，試說明兩種策略的差異性？

5. 遠東集團營運所需資金可向股票市場募集，也可向銀行團融資。若遠東紡織以其關係企業遠百股票向華南銀行辦理股票質押貸款，試問當台股市場陷入空頭走勢，遠紡與華南銀行將面臨何種風險？

6. 試說明資本市場的涵義，以及在該市場流通的金融商品類型。

7. 試說明傳統策略基金與非傳統策略基金的差異性？

8. 試說明股票市場在經濟活動中扮演的功能爲何？如果台灣股市出現非理性大跌，政府是否應該介入干預？

9. 假設勞退基金操作小組研擬安排投資組合策略有二：(1) 持有依據構成台灣加權股價指數的成分股進行投資的指數型股票基金 (ETF)；(2) 隨機選擇績優大型權值股票。試回答下列問題：
   (a) 兩種投資策略各自承擔何種風險？何種策略所需承擔風險較小？
   (b) 操作小組爲降低投資組合風險，兩種策略各自需採何種避險措施？

10. 公司財務部規劃三種融資方式：發行股票、發行債券或發行可轉換公司債。試分析在下列情況下，各以何種或哪幾種融資方式較適合？試說明理由。
    (a) 股市大漲時期
    (b) 市場利率低迷時期

網路練習題

1. 趙敏考慮將多年儲蓄投入台灣股市，但對台灣證券集中市場的交易方式毫無概念，請你前往台灣證券交易所網站 http:www.twse.com.tw，點選交易資訊，代爲查詢台灣集中市場交易制度的類型與運作方式。

2. 張無忌是國內某中型企業董事長，規劃公司股票在櫃檯市場掛牌交易，請你前往證券櫃檯買賣中心網站 http:www.otc.org.tw，點選上（興）櫃公司，代爲查詢有關公司在櫃檯市場或興櫃市場掛牌所需條件。

3. 台灣投資人偏好以融資與融券方式進行短線操作，請前往台灣證券交易所網站 http:www.twse.com.tw，點選交易資訊，查詢有關集中市場融資與融券的相關訊息。

證券化市場

個案導讀

美國房利美 (Fannie Mae) 和房地美 (Freddie Mac) 兩家已經下市的房地產金融公司，主要從事收購銀行房貸，再重新包裝成證券出售。對美國民眾而言，銀行能夠輕易變現債權，將願意以較低利率承作房貸，兩房存在讓申請房貸變得容易且利率較低。2008 年 7 月 7 日，雷曼兄弟表示兩房的金融商品「賣相」變差且陷入融資困境，恐怕必須增資 750 億美元才能度過難關，此話一出正式引爆「二房事件」，兩房股價在 7 月 7 日至 11 日間重挫 45%，迅速震撼國際金融市場。

　　富蘭克林投顧研究部副理馮美珍表示，「二房如果倒閉，的確有可能一次搞垮整個自由市場經濟！」。二房倒閉勢必推動美國家庭房貸支出攀升，房貸違約率迅速飆高。「更恐怖的是心理問題，兩房係屬半官方，倒閉意味著全球最強經濟體連自己人都救不起來。」，這將是「世界末日」等級的信心危機。所幸世界末日不會真的來臨！到了 2008 年 7 月 23 日，美國財政部長 Henry Paulson 及兩黨眾議院議員協商通過二房紓困法案，允許聯邦住宅管理局提供 3,000 億美元擔保金，協助 40 萬屋主取得新房貸資金，同時設置新監理單位嚴格掌控二房機構。此外，該法案包括 150 億美元

的房屋減稅措施，首次購屋者可申請高達 7,500 美元貸款，提高美國法定國債上限 8,000 億美元至 10.6 兆美元。

從美國政府力挺二房的諸多作為，就可知道二房在美國經濟扮演角色的重要性，這些作為試圖阻止房貸市場惡化並避免金融災情擴大。花旗（台灣）銀行首席經濟顧問鄭貞茂表示，「從次貸發生迄今，美國聯準會和財政部一路誤判形勢，只有這回搶救二房算是做對了。」由於房貸相關金融商品缺乏交易市場，一旦出問題必須有人承諾「卯起來買」，才能抑制市場拋售意願。是以美國政府在第一時間宣稱將「無限制護盤及融資」，絕對有其正面意義。

美國二房事件擴散成金融海嘯，檢視來龍去脈與資產證券化牽連甚深。是以本章首先介紹證券化起源與過程，說明其發揮的經濟效果。隨後，將探討資產證券化類型，包括金融資產與不動產證券化的相關內容。

9.1 資產證券化

9.1.1 證券化市場發展

資產證券化或結構式金融係指將產生預期收益的缺乏流動性資產，經過包裝而在資本市場與貨幣市場發行證券，出售給投資人以獲取融資，此係直接金融的一環。資產證券化在一些國家運用非常普遍，目前美國超過半數的房屋抵押放款、四分之三以上的汽車貸款是靠資產證券化來取得資金。

證券化起源係為協助美國政府推動住宅金融政策，從個體層面賦予放款流動性，改善創始機構財務結構、紓緩資產與負債期限不一致現象、提供新融資來源，同時發揮降低資金成本效果。就總體層面來看，證券化取代傳統放款模式，除引領金融體系朝高效率專業化發展外，更重新界定銀行產業，未來發展將超脫金融業壟斷，廣泛為擁有應收帳款的公司運用。證券化過程涉及資產分割 (asset partitioning) 與發行人破產風險阻隔 (bankruptcy insulation)，故需調整組織架構，故稱為結構式融資。

在 1930 年代大蕭條期間，美國 Franklin Roosevelt 總統推動新政 (New Deal)，當中的「人人有其屋」政策是引導美國資產證券化出現的源頭。在 1930～1970 年代，證券化市場發展可分為兩個階段。

1. 初級市場發展　大蕭條期間，無數公司破產引爆失業狂潮，美國國會通過一系列刺激景氣復甦法案因應。聯邦住宅局 (Federal Housing Administration, FHA) 依據《國民住宅法》(National Housing Act, 1934) 成

立,協助中低所得者購買自有房屋,提供符合條件的民間住宅抵押放款全額保險。退伍軍人局 (Veterans Administration, VA) 也針對退伍軍人住宅抵押放款提供部分擔保,吸引資金進入房貸市場,不過這些措施發揮效果甚微。美國法律規定銀行與儲貸協會 (savings and loan association) 需在註冊州內營運,此舉造成東部各州擁有大量剩餘資金,卻受金融體系的地區分割限制,無從湧向資金匱乏的西部與南部各州,資金分布失衡凸顯當時金融管理制度無效率。此外,融資需求者難以符合政府規定的擔保條件,促使金融機構有心無力。

2. **次級市場出現** 美國住宅抵押放款具有 7～30 年的長期固定利率性質,而銀行與儲蓄機構負債則以短期存款爲主,「以短支長」營運型態明顯。面對《Q 條例》(Regulation Q) 設定利差 3% 的限制,市場利率劇烈波動將讓銀行業承擔極大風險,甚至引發支付危機。爲解決房貸資金匱乏問題,政府透過建立放款次級市場來提高房貸流動性:

   (a) **房利美成立** 依據《住宅法案》(The Housing Act, 1934),政府於 1938 年設立華盛頓國民抵押放款協會,後改稱聯邦住宅放款抵押公司 (Federal Home Loan Mortgage Corporation, FHLMC),此即房利美,專門收購與銷售聯邦住宅局保證的抵押放款,並於 1944 年擴大收購退伍軍人局保證的放款,形成住宅抵押放款次級市場。由於聯邦機構參與的抵押放款有限,房利美業務也無重大發展。在 1960 年代初期,僅有不到 5% 的新承貸抵押放款在次級市場出售。

   (b) **房利美轉型** 依據《住宅法案》(1954),房利美發行普通股吸收資金,用於買賣抵押放款以提昇房貸流動性。同時,政府購買房利美發行的特別股,提供資金讓其融通政府執行特定住宅政策所需資金,管理政府持有的抵押放款。房利美擴大資金來源而轉型爲「公私合營」,卻也衍生破壞市場機制的利益衝突問題。

   (c) **房利美分割與吉利美成立** 房利美在 1968 年分割成民營的新房利美,以及官方的政府全國抵押放款協會 (Government National Mortgage Association, GNMA) 或稱吉利美 (Ginnie Mae)。在 1970 年,吉利美以聯邦住宅局、退伍軍人局與農村住宅服務局 (Rural Housing Service, RHS) 保證的抵押放款爲基礎,發行第一檔由政府保證,債信等級達 AAA 級可與公債比擬的抵押擔保證券 (mortgage-backed security, MBS),協助貧窮家庭取得住宅融資。吉利美發行的抵押擔保證券無違約風險,配息率則比同天期公債多出約 50～100 個基本點,截至 2008 年底,該類債券累積規模達 4.5 兆美元。

3. **房地美成立**《緊急住宅金融法案》(Emergency Home Finance Act, 1970) 授

權房利美發行長期債券和短期票券，用於購買無政府信用擔保的抵押放款，擴大其在次級市場扮演的角色。直迄 1976 年，其購買的抵押放款才超過聯邦住宅局保險或退伍軍人局擔保的放款。該法案另外催生住宅金融市場出現第三大機構聯邦國民抵押貸款公司 (Federal National Mortgage Association, FNMA)，此即房地美，從事購買無政府擔保的抵押放款。三大政府支持企業 (government-sponsored enterprises, GSE) 呈現鼎足而立態勢，抵押放款證券市場正式成型。

接著，三大政府支持企業的證券化業務發展過程如下：

轉付證券
特殊目的機構從創始機構買入資產並進行組合與包裝，再經過信用增強與評等後，發行債券出售。

1. **吉利美的證券化業務** 吉利美率先於 1970 年推出轉付證券 (pass-through security)，代表投資人擁有對基礎資產的權益，這些基礎資產係由 FHA 與 VA 聯邦機構保證，吉利美保證證券本息支付，且獲得「政府充分承諾及信用保證」，證券信評與國庫券相當，收益率則高於國庫券，在該類市場占有率曾高達 70%～80%。

2. **房地美的證券化業務** 在 1970 年代，3% 存放利差限制無法彌補油價飆漲引爆的利率劇變，加上儲蓄機構無法調節地區間的資金失衡而陷入流動性匱乏困境，損失日益擴大。房地美成立恰逢其時，除不受各州《藍天法》(Blue Sky Law) 管轄外，享有證券法的各種豁免，營運也不受地域限制。房地美於 1971 年與所羅門兄弟合作，針對總部位於華盛頓的「永久儲蓄」(Perpetual Savings) 的資產組合為基礎，率先完成首筆證券化交易，降低儲蓄機構風險，促使放款次級市場躍居重要地位。房地美同樣發行轉付證券，但異於吉利美之處為，前者保證按期支付利息和最終清償本金，而非按期支付本息。房地美未受政府充分信用支持，故須支付高於吉利美的轉付證券收益率，才能吸引投資人。

3. **房利美的證券化業務** 房利美初期以發行債券和票券、拍賣放款取得資金，承擔市場風險較高。在 1979 年，美國三月期國庫券利率從 5.25% 邊漲至 14%，大幅提高房利美短期票券利率，從而陷入長達五年虧損。為求調整融資結構以扭轉困境，以及目睹房地美透過證券化而迅速崛起，房利美遂於 1981 年發行保證按期支付本息的轉付證券，利率與房地美的轉付證券相當。就在二房競相參與下，以儲蓄機構放款為基礎，美國抵押放款轉付證券市場規模迅速擴大。

隨著美國證券化市場發展進入創新與成長階段，發展途徑大致如下：

1. **民間跟進** 二房推動無政府信用支持的放款證券化成功，提供民間從事類似證券化活動的誘因。美國銀行於 1978 年透過信評機構參與，運用保險或優先順位分組等信用增強，發行第一個民間房貸抵押轉付證券。

2. **證券化資產創新**　轉付證券僅能發行與放款期限相同的證券，投資人必須承擔放款提前償還與違約風險。隨著風險預測模型出現與現金流量重組技術發展，突破證券化資產創新瓶頸，如抵押放款擔保證券 (collateralized mortgage obligation, CMO) 出現提供各種期限、利率與不同信用等級的證券選擇。投資銀行則將該證券結構應用至其他基礎資產，創新抵押放款擔保證券 (collateralized loan obligation, CLO)、抵押債權憑證 (collateralized debt obligation, CDO) 與債券擔保證券 (collateralized bond obligation, CBO)，三者特性如表 9-1 所示。

抵押放款擔保證券
銀行以持有的抵押放款為擔保而發行證券。

抵押債權憑證
將不同期限與風險的房貸擔保證券與資產擔保證券再組合包裝，並以債券型式發行。

表 9-1
CBO、CDO 與 CLO 的特性比較

債券擔保證券
銀行以缺乏流動性的債券為擔保而發行證券。

項目	債券擔保證券 (CBO)	抵押債權憑證 (CDO)	放款擔保證券 (CLO)
特性	1.以一群債券為擔保而發行的憑證。 2.以不同風險程度的高收益債券擔保的投資分級債券，如垃圾債券。	1.以放款與債券兩者擔保而發行的憑證。 2.依發行目的，可分為套利型及資產負債管理型。前者是由發行機構向市場購買高收益債券，重新包裝而發行收益率較低的商品。後者則是銀行透過證券化，將資產（如放款、公司債）移出，藉此達到移轉信用風險、利率風險與提高銀行資本適足率。	台灣工銀以一群放款為擔保而發行的憑證。

資料來源：2004.5.26 工商時報

隨著 CMO 型態推廣成功，證券化面臨法律地位與稅負問題。《次級抵押放款市場促進法案》(The Secondary Mortgage Market Enhancement Act, SMMEA, 1984) 排除各州法律對獲得適格信評的抵押證券管轄，使其成為投資人可以選擇的金融商品。隨著證券化廣泛運用現金流量重組技術，特殊目的實體 (special purpose entity, SPE) 愈來愈像公司，不再具備授與人信託的免稅地位，從而面臨雙重課稅問題。經過業界研究與遊說，美國國會通過《租稅改革法案》(Tax Reform Act, 1986)，確立不動產抵押投資載體 (Real Estate Mortgage Investment Conduits, REMICs) 的免稅地位，證券化免去實體層次的稅負 (entity-level taxation)，降低證券化交易成本。

特殊目的實體
銀行將資產售予某一公司，由其進行證券化以隔絕銀行破產所引爆的風險。

在證券化市場發展過程中，為解決眾多由聯邦保險的儲貸協會陷入無法清償的衝擊，美國國會通過《金融機構改革、復興與執行法案》(1989) (Financial Institution Reform、Recovery and Enforcement Act, FIRREA)，成立重整信託公司 (RTC)，以最低成本解決儲貸協會危機、降低處置大量不良債權對不動產市場和金融市場造成的衝擊、維持人們有能力支付的房屋供給水準。重整信託公

司總共接收 750 多家儲貸協會 4,600 億美元的帳面資產,在證券化市場扮演特殊角色。

重整信託公司屬於國營企業,採取信用強化方式而非政府保證策略,處理儲貸協會的不良債權,就其證券化項目與二房簽訂主交換協議 (master swap agreements) 以轉移風險。直迄 1994 年初,重整信託公司處置 3,990 億美元資產、回收資產 3,580 億美元,平均回收率高達 90%,而證券資產回收率高達 79%。重整信託公司推出商業抵押擔保證券 (commercial mortgage backed securities, CMBS) 吸引人們投資,為該市場持續發展提供利基。此外,重整信託公司廣泛邀請民間參與證券化活動,提供後者歷練機會,有利於證券化機構與專業人員成長,協助商業不動產市場回復流動性。

主交換協議
標準化的交換契約,確定交易雙方的交易條件,如支付、承認與終止的事件。

美國華爾街創新金融商品經常「英年早逝」,不過證券化商品卻屬異數,甚至是 1930 年代以來,金融市場持續不停的創新活動。美國證券交易委員會 (SEC) 指出,證券化已是美國金融市場的主導性資金來源,明顯出現三種結構性發展趨勢:

1. **交易成員前仆後繼**　證券化交易成員包括創始機構與投資人,前者從擁有各種放款與不良資產的銀行開始,擴大至信用卡公司、汽車金融公司與租賃公司,擁有應收帳款(即債權)的國營企業,擁有特許經營權的連鎖商店、旅館等服務業,擁有醫療保險應收帳款的醫院,公部門基礎設施收費部門等,帶動資產擔保證券 (asset-backed security, ABS) 興起。以法人機構為主的投資人則逐步擴大至吸引投資銀行、退休基金、保險公司、商業銀行、避險基金陸續加入。

資產擔保證券
以一定資產及其收益為償還保證而發行的證券。

2. **基礎資產來源擴大**　證券化基礎資產從初期的房屋抵押放款開始延伸,只要預期能產生現金流量者均可證券化。在 1980 年代中期,金融業將汽車放款、信用卡放款、工商放款等放款及企業應收帳款、租賃放款以及不良債權或壞帳等,用於發行資產擔保證券 (ABS),甚至出現類似預言:「資產證券化範圍僅受想像力的限制!」。

3. **交易結構推陳出新**　證券化創始機構透過投資銀行協助,依據基礎資產類型、信用品質、本身財務目標與現狀、交易目標信評,目標投資人的要求與限制,各種交易結構間的成本比較、景氣循環,財產、公司、證券、信託、破產、稅收等相關領域的具體法律規範及其變遷,以及金融監理要求與措施變化等各種因素,綜合考慮決定每筆證券化交易所採取的結構。結構多元化主要體現在資產證券化創新和特殊目的實體 (SPE) 結構創新等方面。證券化的複雜與多元交易結構雖能滿足不同成員的商業與投資需求,但也對證券化監理帶來挑戰。

知識
補給站

在 2000～2003 年間，網絡泡沫化與 911 恐怖事件重創景氣，聯準會將聯邦基金利率 (federal fund rate) 從 6.5% 調降至 1% 因應。然而氾濫資金擴大金融業競爭，放款條件寬鬆吸引人們進場購屋，房價因而趨於上漲。隨著景氣自 2004 年起復甦，聯準會兩年內連續 17 次調升利率，2006 年 6 月躍升至 5.25%。由於八成二的次貸採取浮動利率計息，利率走高讓借款人難以負荷，而銀行也緊縮信評不佳者信用，造成房地產於 2006 年起出現泡沫化，「次級貸款」與「可調整利率放款」(adjustable rate mortgage, ARM) 出現高違約率，擔保品法拍案件劇增。2007 年近 130 萬件房屋遭拍賣，相較 2006 年成長 79%，從而掀開次貸風暴序幕。

美國房地產放款分為優級、次優級與次級三類，而消費者信用也同樣分為優級、次優級和次級，按時還款者的信用是為優級，無法依時清償者的信用則是次級。次貸就是信用程度不佳與低所得者的房貸，風險極高，但利率高出優級放款 2%～3%，是以吸引金融機構介入承作。1994 年次貸總額 350 億美元（占放款總額 5%），1996 年為 9%，1999 年達到 1,600 億美元 (13%)，邁入 2006 年則躍升至 6,000 億美元 (20%)。傳統放款涉及銀行直接授信並承擔信用風險，隨著金融創新將抵押房貸證券化為房屋抵押放款證券 (MBS) 與債務擔保證券 (CDO) 出售。傳統放款逐部分由「發起──分銷」(originate to distribute) 模式取代，信用風險移轉由投資人承擔。放款證券化讓發行機構能夠反覆放款，尤其在無需承擔違約風險下，容易放寬授信條件、擴大放款謀取利潤而引發道德危險，亦即在放款鏈的每一環節實現獲利，卻將相關信用風險遞延至放款鏈的下一環節。這種「發起──分銷」模式顯示投資人持有 MBS 和 CDO 必須承擔風險，主要類型有五種。

風險類型	風險內容
信用風險	借款人違約無法清償貸款。
資產價格風險	標的資產貶值造成擔保品損失。
流動性風險	企業無法從票券市場取得短期融資。
交易對手風險	契約一方無法履行義務。
系統風險	金融體系遭到干擾而出現動盪。

次貸事件成因多而複雜，涵蓋屋主無力償債、借款人或銀行評估錯誤、投機炒房與房市榮景過度建屋、高風險放款商品、高槓桿操作、貨幣政策與政府缺乏管制等因素，不過道德危險則是居中扮演關鍵角色。2008 年 11 月 15 日，20 國集團領袖在「金融市場和世界經濟峰會宣言」綜合次貸事件原因如下：

(1) 房市泡沫化：在 1980 年代，美國房屋價值約為中產家庭所得的 2.9～3.1 倍，隨著美國房價在 1997～2006 年間上漲 124%，該倍數在 2004 年上升至 4.0，2006 年再躍升至 4.6。在資金寬鬆且房價續揚下，次貸借款人偏好浮動利率放款，此係銀行在寬限期以低於市場利率吸引借款人，逾越寬限期則以市場利率計算，而借款者也可尋求低利率再融資來源。不過房價滑落引起再融資困難，借款人難以負荷清償本息而違約。隨著法拍和待售屋庫存激增加速房價下跌，擔保資產貶值帶動放款證券價值下降，銀行淨值和財務狀況弱化，惡性循環引爆次貸事件。

(2) 高風險放款：聯準會研究發現，次貸與優質房貸的平均利差在 2001 年下降至 280 個基點，2007 年再降至 130 個基點，亦即銀行要求次貸附加風險溢酬下跌。在 2001~2007 年期間，次貸對象的信評下降，兩者利差理論上應擴大，實情卻非如此，藍領階級輕易取得融資，買下原本買不起的房屋，從而種下悲劇。此外，銀行推出高風險放款包括「不查所得、不查工作與不查資產」(no income, no job and no assets) 或稱忍者放款 (Ninja loan)；初期繳息不攤還本金的浮動利率放款 (ARM)；每月還款金額彈性但未付息部分則納入本金計息的「付款選擇」式放款。更甚者，放款經紀人追求獲利，未審視申請者是否具有清償能力，就自動核發抵押保險的次貸。

(4) 證券化：1996～2007 年間，金融機構發行房屋抵押放款證券總額增加三倍而達到 7.3 兆美元，次貸證券所占比例從 2001 年的 54% 飆漲至 2006 年的 75%。2008 年全美放款餘額 25 兆美元，銀行直接授信 8 兆美元，債券持有人和其他機構融通 7 兆美元，剩餘 10 兆美元則來自證券化市場。隨著證券化市場自 2007 年春季開始停業，幾乎在 2008 年秋季關閉，超過三成的民間信用市場無法作為融資來源。

(5) 信評失真：信評機構評估 CDO 和 MBS 信用等級，卻因由出售結構式證券的投資銀行與其他企業付費委託評估證券信評，其中存在利益衝突導致某些授予次貸證券高信評的過程是有缺陷，誘使投資人誤將其視為近似高品質證券而購買。

(6) 政府政策：自 1995 年起，房利美與房地美接受政府補貼投入購買抵押放款證券，正式介入次級放款市場。在 1994～2003 年間，次貸餘額每年成長 25%，九年增加近 10 倍。相對市場低利率而言，次貸證券的高收益率對華爾街極具吸引力，而二房購買最低風險的次貸證券，則有助於激勵放款次級市場。1996 年，美國房屋與城市發展部指出政府支持企業購買的放款，過去至少有 42% 投入融通家庭所得低於該區域中位數的人，該目標在 2000 年提高至 50%，2005 年則到 52%。在 2002～2006 年，二房購買次貸證券從每年 380 億美元直線攀升，直至降回 900 億美元之前，曾經擴張至 1,750 億美元，履行政府協助容易負擔購房的承諾。在這段期間，放款證券市場規模從 1,720 億美元擴大至近 5,000 億元。邁入 2008 年，二房直接授信或間接支持共計提供 5.1 兆美元房貸。隨著次貸事件連累二房營運陷入困境，聯邦政府終於在 2008 年 9 月接管二房並將其國有化，確保其能履行保證責任。

(7) 央行政策：央行執行通膨目標機制，甚少關注資產泡沫，如房地產和網路泡沫，而是在泡沫破滅後，才採取因應措施減輕對經濟傷害，此係無法判定資產泡沫為何，難以選擇適當貨幣政策防止。然而聯準會善後行動可能引發道德危險，聯邦準備銀行紐約分行在 1998 年對長期資本管理公司 (Long-Term Capital Management L.P.) 施以援手，讓大型金融機構誤認聯準會基於「太大而不能倒」，而會在他們陷入困境時伸手救援。Dallas 分行總裁 Richard W.Fisher 則指出聯準會在 2000 年初的利率政策被誤導，導致貨幣政策助長房地產泡沫化。

(8) 投資銀行高財務槓桿：在 2004～2007 年期間，美國前五大投資銀行擴大槓桿比率，以低利率舉債投資高收益率的抵押放款證券。在房市繁景時期，該策略有利可圖。然而房價走跌引發放款違約，帶動房屋放款證券貶值，釀成巨大損失而迅速惡化營運體質。五家投資銀行在 2007 年的債務超過 4.1 兆美元，占美國 GDP 三成。此外，次貸占總放款餘額比例從 2001～2003 年間低於 10%，而在 2004～2006 年間躍升至 18～20%，部分是來自投資銀行融資。

(9) 信用違約交換 (CDS)：此係作為對沖和保護債權持有人，藉以規避違約風險。CDS 類似金融衍生商品，一方損失即是他方獲利，可用於對沖風險以保障債權人對抗違約行為，甚至投機獲利。CDS 較少受到監理，揭露 CDS 相關義務的資訊不足。美國國際集團 (AIG)、MBIA 和 Ambac 保險業公司的信評遭致調降，係因抵押放款違約率增加暴露在 CDS 損失的可能性，必須取得額外資本來沖銷這種風險。

(10) 影子銀行體系：投資銀行與表外融資又稱影子銀行，未受銀行資本要求規範與央行支援，同時將其發行或購買抵押放款證券移出資產負債表，除規避提存資本要求外，將可擴大利潤，但蒙受較高風險。Paul Robin Krugman 指出影子銀行是金融危機的「始作俑者」，「隨著影子銀行擴展業務成為傳統銀行競爭對手，甚至超越其重要性，政治家和官員們應意識到，他們正醞釀讓大蕭條隨時重現的金融體系弱點。他們應該強化監理並延伸金融安全網，將這些機構納入監理版圖，並向市場宣告：任何機構從事銀行活動，夢想陷入危機而能獲得被視為銀行般的紓困，那就應先如銀行一樣被監理。」，此種缺乏管制將是「有害的忽視。」

9.1.2 證券化程序、利益與類型

證券化類型包括權益面（股票）、負債面（債券）以及資產證券化。前兩者是廠商為募集營運資金，由傳統向銀行借款的間接金融，轉為透過公開市場取得直接金融。不動產在負債面的證券化較為簡單，即廠商以不動產為擔保對外融資或發行債券。至於不動產在權益面的證券化，廣義來說，建設公司在股

市發行股票即是權益面證券，投資信託或資產信託亦是權益面的證券化。從狹義來看，資產證券化係指美國從 1970 年代起的金融創新，與傳統證券化的差異性如下：

1. 資產證券化係以特定資產擔保發行證券籌集資金，而非以發行機構信用擔保，證券收益來自特定基礎資產則是重要特徵。

2. 資產證券化是發行機構將資產包裝為證券出售給投資人，係屬新穎資產變現方式。

圖 9-1 顯示資產證券化過程。創始機構（或基礎資產持有人）將取得債權售予特定目的信託（或公司），透過信用增強機構提昇信用等級，並經信評機構認證評等後，由承銷商出售予投資人。在證券化過程中，所有參與者扮演角色分別說明如下：

1. 借款人　借款人向銀行舉債，爾後還本付息遂成為證券化架構的現金流量。

創始機構
證券化的基礎資產擁有者。

2. 創始機構 (originators)　證券化的基礎資產擁有者，過去係以銀行為主，針對借款者資產擔保授信。依《金融資產證券化條例》規定，銀行、票券公司、保險公司、信用卡公司或非金融機構經金管會核定可將債權證券化，成為證券化架構中的創始機構。在證券化過程中，創始機構需實際出售債權予特殊目的信託機構，將債權從資產負債表中移除。

服務機構
協助證券化運作，管理基礎資產及其衍生的現金流量，同時提供相關服務。

3. 服務機構 (servicing agency)　協助證券化運作，管理基礎資產及其衍生的現金流量，同時提供相關服務，如收取基礎資產清償之本息、執行催收及對帳工作等業務。服務機構通常由創始機構轉任，可以掌握舊有客戶而不致流失客源。收益來源包括收取服務手續費、借款者繳納利息（放款缺乏流動性，附加流動性溢酬）與支付投資人利息（放款證券具有流動性，促使流動性溢酬下降）間的利差（流動性溢酬），以及收取提供信用增強與其他服務之手續費。服務機構若無法繼續擔任時，可由受託機構擔任備位服務機構，避免造成現金流量中斷風險。

特殊目的信託
採取信託策略組合包裝基礎資產，經過信用增強提昇信評，再發行證券出售。

4. 特殊目的公司 (SPV) 或特殊目的信託 (special purpose trust, SPT)　資產證券化的發行機構，前者適用《公司法》，後者適用《信託業法》。創始機構將基礎資產售予特殊目的公司作為受託機構，或採取特殊目的信託重新組合包裝 (packaging)，經過信用增強提昇信評後，再發行受益證券出售。特殊目的信託機構的功能有三：

　(a) 發行受益證券募集資金，代表投資人擁有擔保品並監督服務機構執行業務、召開受益人大會、管理現金收入與分配收益，若未分配給投資人，則須承擔再投資責任。

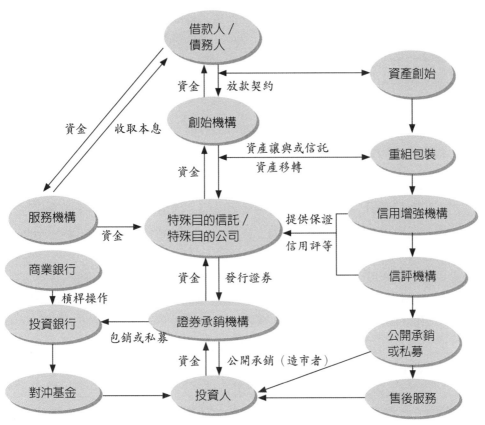

圖 **9-1**
資產證券化流程

(b) 隔絕創始機構與基礎資產所有權之關係，避免創始機構財務困難或破產，其債權人對基礎資產提出求償權，確保投資人權益。

(c) 依據各國稅法規定，抵押放款證券化商品的租稅負擔不同。以美國為例，在信託層次上無須繳納公司所得稅，避免重複課稅。至於其他信託方式無法取得有利稅負地位者，則可透過設立於免稅天堂的特定目的公司來爭取租稅優惠待遇。

5. 信用增強機構 (credit enhancement provider)　證券化過程中設計信用增強機制，適時補足資產邁向證券化的信用風險缺口，功能有二：

(a) 中介交易：金融資產證券化流程複雜，投資人對標的資產組合風險與現金流量難以詳盡了解。為吸引投資人購買，引進信用增強機制彌補風險缺口，促使投資人與發行機構各取所需，發揮中介交易功能。

(b) 降低交易成本：信用增強機制提供投資人訊息分析服務，適時解決風險問題，將低投資人為取得訊息所需支付成本。

6. 信評機構 (rating agency)　對基礎資產所能承擔風險給予信評等級，協助投資人評估風險並做出正確決策。信評機構決定信用等級，必須審查信用

信用增強機構
提供發行證券降低信用風險所需工具的機構。

信評機構
對基礎資產所能承擔風險給予信評等級，協助投資人評估風險並做出正確決策。

提昇情形及分析發行結構。從維護投資人權益觀點,證券發行者有義務公開資訊,讓投資人評估證券信用風險,而信評公司居中扮演重要角色。

7. 承銷機構　受託機構發行優先順位受益證券,交由證券商簽證、承銷,透過公開市場直接銷售給投資人,或是由投資銀行包銷,發揮市場造市功能。

8. 對沖基金　投資銀行募集投資人資金成立對沖基金,再向銀行融資以擴張信用方式操作證券化商品。

上述證券化流程顯示,金融機構扮演多重角色,包括基礎資產創始機構、基礎資產服務機構、提供證券化信用增強機構、信用評等與證券承銷機構等,甚至也可成為證券化資產的投資人。在證券化過程中,金融監理機構也扮演相當重要角色。以下將說明證券化對經濟活動發揮的貢獻。

1. 創始機構角度　創始機構(銀行)包裝債權資產出售,將可獲取下列利益:

   (a) 提昇資產負債管理能力　銀行將放款證券化,透過抵押放款市場出售,將可深化資產負債管　,改善「以短支長」的資產負債期差 (asset-liability mismatch),規避流動性匱乏與利率風險。

   (b) 資金來源多元化　證券化係屬外部融通過程,提供新的資金來源,讓銀行能夠尋求低成本資金來源組合。

   (c) 資產負債表外化　證券化係將表內資產「表外化」,將可發揮三種效果:

   (i) 減少風險性資產以降低金融體系整體風險,降低持有風險性資本 (risk-based capital, RBC) 的壓力。

   (ii) 提存資本準備需求下降,有助於提昇權益報酬率。

   (iii) 長期資產轉換為短期高流動性資產,有效改善資產負債表。

> **風險性資本**
>
> 依據保險業實際經營承受的風險計算的資本總額。

   (d) 降低資金成本　傳統上,銀行吸收存款,本身信用評等將決定募集資金成本。然而銀行以放款債權擔保再配合信用增強,發行證券的信評遠高於銀行本身信評,將可支付較低資金成本。

   (e) 提昇獲利　銀行包裝放款發行證券出售,將可賺取流動性提高導致流動性溢酬下降的利差,同時再轉型為服務機構,獲取穩定的服務費收入。

> **不動產抵押放款債務憑證**
>
> 彙總以房屋與土地擔保的放款債權,就其放款金額、清償期與利率相近者發行債務憑證。

2. 投資人角度　證券化資產係以法人機構投資為主,如壽險公司與退休基金握有長期資金,尋求高報酬且信評優良的金融商品,而不動產抵押放款提供長期投資管道恰好符合需求。隨著不動產抵押放款債務憑證 (collateralized mortgage obligation, CMO) 問世,衍生一系列短期浮動利率商品,也廣為短期資金供給者喜好。對投資人而言,資產證券化提供多元

化風險與報酬特質的金融商品，提供安排長、短期資產組合的標的。法人
機構持有這些商品，有助於分散風險與提高獲利。

3. 金融監理機構角度　證券化將發揮三項功能：

(a) 提昇銀行流動性　銀行若能迅速變現資產，僅需維持必要的流動性即
可，面對擠兌將可迅速變現放款資產，防止單一銀行危機波及正常銀
行流動性，甚至擴大金融業系統風險。

(b) 強化市場監督機制　證券化過程包含債權保險（抵押放款保險或信用
保險）、服務機構的現金流量保證與信評制度等配套機制，經歷不同
機構檢視與風險確認，並且分擔部分風險。這些參與者與發行的證券
存在直接或間接利害關係，透過市場機制產生監督力量，將可提昇銀
行授信品質與落實金融監理。

最後，立法院於 2002 年 6 月 21 日通過《金融資產證券化條例》，凡是預
期未來可以產生現金流量的資產均可從事金融資產證券化，如銀行的不動產抵
押放款、信用卡或汽車放款、租賃與應收帳款等。台灣工銀（改名為王道商
銀）率先在 2002 年 11 月推出企業放款證券化受益證券。企業與金融機構採取
出售資產或作為擔保品發行證券（信託憑證），在金融市場募集資金，提高持
有資產或債權的流動性。圖 9-2 係證券化類型，可說明如下。

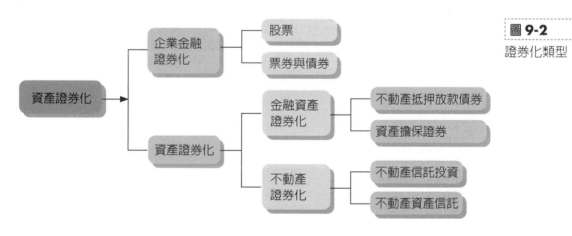

圖 9-2
證券化類型

1. 企業金融證券化　此係傳統證券化活動。公司發行股票（資本型證券
化）、債券及商業本票（負債型證券化），向盈餘單位募集資金。

2. 金融資產證券化　創始機構將產生現金流量的金融資產，信託給受託機構
或讓與特殊目的公司，由其以該資產為基礎發行受益證券，並配合信用增
強與信評機制，將該資產群組包裝成小額單位證券，銷售給投資人以獲取
資金，並將資產衍生之現金流量分配給證券持有人。

不動產證券化
以不動產及其衍生利益為擔保而發行證券，從資本市場募集資金來經營不動產。

3. **不動產證券化 (real estate securitization)**　以不動產及其衍生利益為擔保而發行證券，從資本市場募集資金來經營不動產，將不動產價值由固定資本型態轉化為流動性資本證券。台灣不動產證券化可分為資產運用型與資產流動型兩類，前者是不動產投資信託，後者是不動產資產信託。

知識補給站

　　台灣首宗租賃及分期款債權證券化受益證券於 2007 年 9 月 24 日發行，係由台灣工銀與香港上海匯豐銀行共同擔任安排機構，以中租迪和對中小企業出租或銷售產生之融資性租賃與分期銷貨債權作為證券化標的，發行 5 年期受益證券 60 億元，受託機構為土地銀行，信用評等機構為中華信評公司，主辦承銷機構為台灣工銀證券及香港上海匯豐銀行證券。「中租迪和 2007 證券化受益證券」於 8 月 24 日在櫃檯買賣中心掛牌，每張受益證券票面金額為新台幣 1,000 萬元。

　　本案發行之優先順位受益證券金額為 44.7 億元占發行比例 74.5%，信評為 twAAA，票面利率為 3.005%；中間順位受益證券發行金額為 4.2 億元占發行比例 7%，其信評為 twA，票面利率為 3.555%；至於作為信用增強的次順位受益證券金額約為 11.1 億元占發行比例 18.5%，由中租迪和公司自行持有。本案發行期間之前 3 年係為循環轉讓期間，受託機構每月自證券化標的債權收到之還本金額，將向中租迪和購買新標的債權，提供其取得穩定資金。

　　中租迪和營運資金主要來自銀行放款，發行租賃及分期付款債權受益證券取得長期資金 48.9 億元，將用於充實營運資金與償還銀行借款，藉以降低其負債比率。此外，中租迪和籌措資金將可有多重選擇，減少倚賴單一籌資管道，並且也可鎖定中長期固定利率資金來源，支持其持續成長中的營業規模，同時享有活化資產與改善財務結構的利益。

觀念問題

❖ 何謂金融資產證券化與不動產證券化？
❖ 試說明彰化銀行推動房屋抵押放款證券化的程序為何？
❖ 台灣工銀推動金融資產證券化，對本身營運將會產生何種衝擊？

9.2　抵押擔保證券

　　抵押擔保證券 (MBS) 及其衍生商品係規模最大的固定收益資產。在 1983

年，美國 Fidelity Mutual 壽險公司將價值 6,000 萬美元的商業房地產抵押放款以證券形式賣給三家壽險公司，首次出現商業抵押擔保證券 (CMBS)。此係指將傳統商業抵押放款匯集至抵押放款組合池 (pool)，透過信用增強保障投資人權益，並由承銷商依據信評機構的評等訂定發行價格，透過公開市場銷售給投資人，募集資金則交給房地產的原始擁有者，用於清償放款本息，盈餘則作為公司運營資金。

舉例來說，第一銀行選擇房屋抵押放款契約構成資產組合池，挑選標的須具備特性包括：(1) 在未來一定期間具有穩定還本付息現金流量、(2) 資產群組需具備相當程度同質性，亦即構成資產權利義務之內容，如期限、利率、還款方式及授信流程或審核文件等，不宜有太大差異、(3) 群組中單一資產都需具備分散風險功能，亦即單一放款違約與否對資產群組績效不會有太大影響。假設第一銀行挑選 10 個放款契約，面額為 1,000 萬元，放款利率皆為 4%。整個放款契約組群面額為 1 億元，將其包裝後發行 40 個單位的證券，每單位面額 250 萬元，每期收取放款組群總現金流量的 1/40。第一銀行將類似期限、契約利率的個別房貸包裝成抵押放款組群，輔以相關信用增強程序，再以持份權益方式賣給投資人，此即典型的資產證券化程序。

在不動產抵押放款初級市場，銀行扮演需求者或投資人角色，隨著場景轉至次級市場，銀行就變換為抵押放款供給者。對銀行而言，資金來源以短期存款為主，負債存續期間較短，而抵押放款存續期間超過十年，不僅缺乏流動性且現金回收又慢。由於不動產放款缺乏次級市場，銀行從事資產負債管理相當困難，容易形成持續性資金供需失調現象。隨著不動產放款次級市場出現，銀行可以隨時出售放款換取現金，有助於提昇資產負債管理靈活度與資金流動性。至於次級市場投資人持有抵押擔保證券，面臨風險類型主要有二：

1. 違約風險 債務人未依約清償本息，勢必因放款違約而降低抵押擔保證券價值，創始機構可採兩種策略因應：

   (a) 政府擔保 在證券化發展初期，抵押放款證券由聯邦房屋管理局為低收入戶承保違約風險，由退伍軍人局為退伍軍人承保違約風險，而吉利美則擔保延遲還款風險。在這兩種擔保下，才促成抵押放款轉付證券問世。爾後，美國二房負責傳統放款證券化業務，促使其發行的轉付證券在市場獲得投資人認同，違約風險降至極低。房利美、房地美與吉利美三家政府支持事業推出的證券化商品享有政府保證，無需信評機構評等即享有最好債信。

   (b) 民間信用增強 主要分為兩種：

      (i) 外部信用增強 由創始機構以外的第三者來強化信用，支付成本較高，常見方式包括由往來銀行授予信用增強之信用狀 (letter of credit)、其他公司保證 (corporate guarantee)、參與私人放款保險或購買債券保險（如信用違約交換 CDS）。

(ii)內部法　創始機構將資產群組適當處理以產生較佳信評：

- 優先及次順位架構 (senior/subordinated structure)　針對資產群組發行優先順位 (senior) 與次順位 (subordinated) 兩種等級證券。放款違約產生損失先由次順位組承受，損失過多而讓次順位證券不存在時，才由優先順位承受違約損失。優先順位在次順位保護下，將可取得良好評等。此種架構係將證券化的基礎資產組合大部分信用風險由次順位證券投資人承擔，實務上，次順位證券由創始機構持有，或以低價出售給風險愛好者。

- 超額擔保 (over-collateralization)　創始機構提供高於證券發行金額的資產作為發行證券基礎，超額資產部分即可作損失緩衝，一旦出現損失，將不會立即影響投資人權益。

- 現金準備帳戶或差額帳戶 (cash reserve account or spread account)　創始機構提存證券化取得的資金成立現金準備帳戶，或以收取證券化的資產本息扣除支付投資人利息及其他費用後之金額存入差額帳戶，作為基礎資產的債務人違約造成損失的緩衝準備。

- 追索權義務 (recourse obligations)　特殊目的機構在證券化資產的債務人違約時，得向創始機構追索。

2. 現金流量風險　基於出售房屋、轉貸 (refinancing)、加速還款或違約等因素，房屋借款人可能提前償還本金 (prepayment) 或延遲清償本息，導致抵押擔保證券存在現金流量不確定風險。不過折價抵押放款 (discount mortgage)（市場利率高於放款利率）提前還款對投資人有利，此係可以提前取得現金而轉向更高報酬投資；反之，溢價抵押放款 (premium mortgage)（市場利率低於放款利率），提前還款對投資人不利，此係提前取得現金僅能從事較低報酬的投資。

針對債務人延遲清償問題，吉利美於 1968 年保證發生延遲清償即負責墊款。一般而言，不動產抵押放款證券常有提前清償現象，具有季節性 (seasonality)、貸款年齡 (aging) 與遞減性 (burnout) 特質，投資人每期收取的現金流量常有變異。投資人須依經驗或計量模型，預測提前清償速度，分析不同提前清償速度形成的現金流量差異，作為擬定決策參考。實務上，針對抵押放款證券的現金流量風險，處理方式有二：

1. 服務機構保證或代墊　債務人延遲還款造成支付投資人的現金流量不足，透過服務機構保證或代墊，將可解決現金流量風險。反之，借款人提前清

償債務，投資人僅能接受提前出現的現金流量，自行承擔再投資風險。

2. 期限劃分 (maturity tranching)　不動產抵押債權轉付證券存在提前還本風險，對偏好穩定收益的投資人將形成困擾，從而提供創新抵押放款擔保證券 (CMO) 誘因。美國金融業於 1983 年推出多組期限的抵押放款擔保債券，將包裝好的放款發行多組不同期限債券，出現提前還本則由較短期債券吸收，直至其完全清償後，再由較長期債券吸收提前還本。投資人選擇短期債券本來就以短期投資為主，不在乎提前還本問題，甚至預期提前還本提早到來。反觀長期債券投資人不喜歡提前還本，由短期債券先行吸納所有提前還本，將可減低提前還本的困擾。由於長短期債券相互保護，將可大幅消弭現金流量變異風險。

舉例來說，台灣工銀推動抵押放款證券化，發行四組期限不同的債券，A 組為最短期、Z 組則是最長期。A、B、C 三種債券均按期付息，Z 組債券的利息則保留累積於本金。整批放款群組收回的本金先逐期清償期限最短的 A 組債券，待其清償完畢，再依序清償期限次短的 B 組與 C 組債券。Z 組債券是期限最長債券，需待其他債券清償後，投資人才能收取承諾的本息與加上應計利息。

吉利美在 1970 年發行以抵押放款擔保的抵押擔保證券 (MBS)，可分為四種型態。

1. 抵押轉付證券 (mortgage pass-through security)　銀行將到期日、利率與性質類似的抵押放款作為群組出售給特殊目的公司，由其發行抵押轉付證券出售。銀行將放款群組真實出售，從本身的資產負債表移除（表外交易），僅是代為管理放款組合、提供催收本息等服務，將本息扣除手續費的剩餘部分支付投資人，抵押轉付證券之抵押放款群組與證券的現金流量存在直接關係。

抵押轉付證券
銀行將到期日、利率與性質類似的抵押放款作為群組出售給特殊目的公司，由其發行證券出售。

2. 抵押放款擔保債券 (mortgage backed bond, MBB)　銀行以抵押放款為擔保發行債券，抵押放款群組仍是銀行資產，而銀行負債與現金同時增加（表內交易）。投資人係依票面利率收取利息，群組內放款本金償還與提前清償，則由銀行收取後轉給投資人，是以抵押放款組群產生的現金流量未必是支付債券本息的資金來源。銀行發行抵押擔保證券，需提供超越發行價值之超額擔保，超額擔保率維持在發行額面額 125%～240%，若要取得較高信評，擔保率須逾 180% 以上。擔保價值每季評價一次，價值低於債券票面價值，銀行須立刻補足抵押放款作為擔保。

抵押放款擔保債券
銀行以抵押放款為擔保發行債券。

3. 抵押放款轉支付債券 (pay-through bond)　以前述兩者為擔保而發行的債券，屬於銀行債務，兼具抵押轉付證券及抵押放款擔保債券兩者的特質。

抵押放款轉支付債券
兼具抵押轉付證券及抵押放款擔保債券兩者特質的債券。

該類債券以抵押放款擔保產生的本息充當轉支付債券本息，銀行無須折價發行並能提昇抵押放款流動性。由於抵押放款衍生之現金流量可依序償還不同期限的債券本息，故能修正抵押轉付證券存在現金流量不確定性，符合投資人長短期投資需求。

4. 資產擔保證券化　實務上，具有預期現金流量的資產就能證券化，未必須為金融機構的資產。除一般人熟悉的抵押放款擔保證券 (MBS) 或汽車貸款、現金卡帳款及信用卡帳款外，國外還有高速公路、收費橋樑等證券化，這些公共建設未來的票價或過橋費收入即成為支付投資人本息的來源。在 1985 年，美國市場出現電腦租賃擔保證券 (computer lease backed security) 與汽車貸款擔保證券 (car loan backed security) 兩種非房貸資產證券化商品。到了 1987 年，第一個信用卡應收帳款擔保證券 (credit card receivable backed security) 誕生，此後資產擔保證券大行其道。

知識補給站

依據工商時報在 2007 年 1 月 17 日報導，2005 年爆發現金卡與信用卡的雙卡風暴後，國內銀行紛紛將業務轉向企業金融與房貸市場。不過為求降低產業放款過度集中風險，中信銀行與大眾銀行紛紛相中企業放款證券化 (CLO) 業務。在 2005 年，國內有關 CLO 的發行量不過 50 億元，2006 年隨即破 100 億元，而中信銀行在 2007 年發行逾 80 億元，再加上大眾銀行發行 145 億元，單是在 2007 年第一季就已突破 200 億元。

由於銀行承作房貸餘額和建築融資節節攀高，該部分放款餘額紛紛逼近《銀行法》第 72 之 2 條規定的總額限制，為求擴大房貸餘額空間，爭相發行房貸抵押權受益憑證 (RMBS)，而大眾銀行於 2007 年 3 月底發行房貸證券化商品 50 億元。不過銀行業進行房屋抵押放款證券化，必須考量發行成本。若是聘請外商銀行當顧問，支出費用上千萬元至億元都有可能，預估發行 RMBS 要超過百億元才合乎成本。若是未考慮前往海外發行 RMBS，聘請國內顧問公司，發行餘額約 50～100 億元間就合乎成本。

觀念問題

❖ 試評論：「第一銀行將房屋抵押放款證券化出售，或以放款債權擔保發行金融債券，兩種取得資金方式對資產負債表的影響完全相同。」

❖ 試說明資產證券化的類型及形成之影響？

❖ 試說明第一銀行為提昇抵押擔保轉付證券的信評，可採哪些策略進行信用增強？

9.3 　不動產證券化

　　本質上，不動產具有投資金額龐大、缺乏流動性、無法分割等特質，開發過程需要投入大量人力、資金、時間與專業知識，屬於高風險資產。為擴大投資參與層面、提昇市場流動性以加速資金回收，美國於 1960 年代首先發展不動產證券化、日本於 1980 年代引進，成為開發大型不動產的利器。為推動都市更新，財政部公布實施《都市更新投資信託公司設置監督及管理辦法》、《都市更新投資信託基金募集運用及管理辦法》，採用土地信託模式，促使不動產證券化在台灣正式跨出一步。

　　美國不動產證券化採取兩種策略：

1. 不動產有限合夥 (LP)　追求投資不動產的節稅效果。

2. 不動產投資信託 (Reits)　類似一般基金。信託公司向投資人募集資金，用於投資不動產開發、商場經營、住宅商品或抵押放款等，未來收益將視這些投資獲利與否。資產信託類似實體信託，受託者接受實體不動產個案的代理經營管理，藉此個案對外發行權益型證券。該類信託可劃分如下：

　　(a) 權益型 Reits(equity reit)　直接擁有不動產或與其他公司共同擁有不動產，投資標的包括購物中心、公寓、醫療中心、辦公大樓、飯店與旅館等已經營運的不動產，預期報酬率包括投資不動產增值與租金收入。

> **權益型 Reits**
> 直接擁有不動產或與其他公司共同擁有不動產。

　　(b) 抵押型 Reits(mortgage reit)　從事土地購買融資或投資開發、建設融資抵押放款，擴大增加對附轉換債權 (convertible loan) 的參與投資抵押放款 (participation loan)。該類型 Reit 投資開發建設的風險較高，預期收益率雖然較高，但實際收益率變異性相當大，對市場利率變動非常敏感。

> **抵押型 Reits**
> 從事土地購買融資或投資開發、建設融資抵押放款，擴大增加對附轉換債權的參與投資抵押放款。

　　(c) 混合型 Reits(hybrid reit)　綜合前述兩者，不僅直接擁有不動產，而且從事抵押放款融資，同時享受不動產增值的資本利得及固定利息收入，收益較抵押型 Reit 穩定。

> **混合型 Reits**
> 直接擁有不動產並從事抵押放款融資。

　　立法院於 2003 年 7 月通過《不動產證券化條例》，建立抵押權次級市場與不動產信託制度。前者針對由信託公司發行憑證募集資金後，向銀行承購不動產抵押放款債權。後者允許信託公司針對特定不動產商品開發案，發行債券募集資金，專款專門投資特定不動產開發案。同時，國內的不動產證券化商品主要分為兩類：

1. 不動產投資信託 (real estate investment trust, Reits)　此係屬於「資產運用型」，先發行證券（類似基金）募集資金投資不動產、不動產相關權利、不動產相關的證券等，亦即「先有錢，再投資不動產」，存續期間通常為

> **不動產投資信託**
> 發行證券募集資金投資不動產、不動產相關權利、不動產相關的證券等。

永續經營。由於承擔風險較高，承作不動產投資信託的特殊目的信託公司所需最低資本額為 10 億元。在此，不動產投資信託的優點包括：

(a) 選擇不同地區和不同類型的不動產專案及業務，透過集中化專業管理和多元化投資組合，有效降低風險而取得較高預期報酬。

(b) Reits 發行後即在證券交易所掛牌交易，交易方式與股票相同。至於在稅負方面，台灣的證券化商品免徵證券交易所得稅，利息或配息的所得採取 6% 分離課稅。

(c) 不動產投資信託屬於資本市場商品，其營運特質（組織形式、有限責任、專業管理、自由轉讓、多元化投資、租稅優惠與有效監管）可以吸收大量資金（發揮規模經濟），發揮較高預期報酬率和較低風險。

不動產資產信託
不動產所有權者先將不動產信託，再由受託機構據以發行證券募集資金。

2. 不動產資產信託 (real estate asset trust, Reats)　此係屬於「資產流動型」，不動產所有權者先將不動產信託，再由受託機構據以發行證券募集資金，亦即「先有不動產，才有錢」。不動產資產信託先將資產交付信託，再發行受益證券募集資金。由於信託機構已取得擔保品，承擔風險較低，促使該類信託公司資本額也可較低，最低資本額僅需 3 億元即可。

有關 Reits 與 Reats 兩種商品的差異性，可列於表 9-2 進行比較。

表 9-2

Reits 與 Reats 的比較

	不動產投資信託 (Reits)	不動產資產信託 (Reats)
商品屬性	非固定收益之股權性質（封閉基金）憑證，投資不動產之金錢信託，所有受益憑證的權益相同。	不動產信託，分為優先順位與次順位憑證。優先順位受益憑證有票面利率，次順位多數係為信用增強之用。優先順位受益憑證屬性類似債券，類似商用不動產抵押放款證券化。
發行目的	不動產實際所有權小額化，上市交易流動化。	委託人追求活化不動產與募集資金。
存續期間	多數為永續經營，未定發行期限。	發行期限固定，存續期間為 5~8 年。
投資報酬	類似股權。除資本利得外，每年將視基金投資不動產與相關權利之營運利益或其他收益狀況分配盈餘，配息率不固定。	類似債券。受益證券利息與部分本金分配來源為不動產營運收入，投資人依票面利率取得固定配息。
還本方式	在證券交易所掛牌買賣，無還本問題。	採取固定還本策略，本金償還來源為委託人清償或出售不動產收入（視融資行為或出售行為而定）。
次級市場	在股票集中市場交易	在櫃檯買賣中心交易，透過債券自營商買賣。

　　隨著資產證券化盛行，不動產信用證券化與不動產證券化迅速躍居資本市場熱門商品。前者係指不動產金融機構（如土地銀行）將放款債權轉為債券；後者則是以不動產為擔保的證券化，使不動產價值轉化為流動的金融資本，投資人可透過公開市場自由轉讓。兩者差異可用表 9-3 比較。

項目＼類型	不動產信用證券化	不動產證券化（不動產基金）
特色	銀行將不動產抵押債權證券化，以供資金融通。	結合資本市場與不動產市場，提昇不動產與資金運用效率。
證券形式與性質	類型包括抵押證券與不動產債券，前者因含物權性質不得於證券市場買賣，後者則可。	類型包括股票、受益憑證，可於股票市場交易而為資本性債券。
發行機構	銀行	不動產公司
融資對象	無特別限制	不動產公司
扮演角色	單純的融資功能	直接參與不動產經營，或以融資方式間接參與。

表 9-3
不動產信用與
不動產證券化
之比較

知識補給站

　　駿馬一號是國內在 2007 年發行的第一檔不動產投資信託基金，也是國內第八檔 Reits，相關資料如下：

項目	說明
發行金額	2007 月 4 月 2 日展開募集，金額 42.8 億元，並於 2007 年 5 月中旬在台灣證券交易所掛牌上市。
承銷機構	台灣工銀證券
受託機構	兆豐國際商業銀行
證券化標的	國產實業大樓、中鼎大樓部分樓層、漢偉資訊大樓部分樓層
指標收益機制	指標收益率 4.05%，當可分配收益高於指標收益時，即將高出的差額撥入保留額內，若可分配收益低於指標收益時，即動用累積保留額餘額，撥入可分配收益。
影響 Reits 波動的因素	主要是配息和不動產價格，駿馬一號每三個月由估價師進行重估，並將重估部分計入淨值。

觀念問題

❖ 何謂 Reits？張無忌想要投資該類商品，試問其交易方式與稅負為何？
❖ 試說明美國從事不動產證券化所採取的策略為何？
❖ 不動產投資信託可分為權益型、抵押型與混合型三種，試問三者有何差異？

問題研討

小組討論題

一、選擇題

1. 花旗（台灣）銀行以不動產抵押放款為擔保，發行抵押擔保債券募集資金。試問此舉產生的影響，何者正確？　(a) 此一募集資金活動屬於表外交易，不影響花旗的資產負債表　(b) 張三豐買進此類債券投資，意味著間接持有花旗的不動產抵押放款　(c) 趙敏投資該類債券所獲報酬，係來自抵押放款借款人清償的利息　(d) 此種證券化對提昇花旗（台灣）銀行自有資本比例並無助益

2. 中信銀行從 2004 年 1 月開始發行房屋抵押放款轉付證券，此種發展趨勢如果持續進行，對未來營運將產生何種影響？　(a) 存放款利差將是未來盈餘的主要來源　(b) 中信銀行營運面對的流動性風險將大幅下降　(c) 房屋抵押放款仍然保留在中信銀行帳上　(d) 中信銀行的資本適足率將不受影響

3. 法國里昂銀行台北分行將新台幣 88 億元企業放款債權信託給萬通銀行，藉以發行金融資產證券化商品，並於 2003 年 9 月在店頭市場掛牌交易。有關里昂銀行採取此種證券化特質的說法，何者錯誤？　(a) 此種證券化屬於表外交易　(b) 里昂銀行資產負債表上的企業放款資產將會消失　(c) 張無忌持有該證化商品的收益，係來自里昂銀行支付的利息　(d) 此種證券化將提昇里昂銀行的流動性資產部位

4. 有關金融資產證券化內容之敘述，何者正確？　(a) 創始機構係指規劃證券化作業流程的證券公司或投資銀行　(b) 證券化商品的利息收入享有分離課稅，對高稅率投資人具有額外誘因　(c) 信用增強目的在於確定證券的現金流量，降低信用風險　(d) 設立特殊目的公司在於管理與行銷獨立，避免產生非必要費用而降低投資收益

5. 銀行推動放款證券化，何以能夠協助銀行達成自有資本適足率要求？
(a) 從資產負債表中移除放款，降低必須提存資本的需求　(b) 銀行面對信用風險下降，提存資本需求變少　(c) 銀行信用評等提高，將無須提存過多資本　(d) 銀行收益增加，將可從中提撥部分至自有資本

二、問答題

1. 台灣工銀採取特殊目的信託制度，將擁有的企業放款債權證券化，試問其發行架構為何？

貨幣銀行學

2. 勞退基金的諮詢委員會建議將金融資產證券化商品納入投資組合，試問投資該類商品所需承擔的風險包括哪些？

3. 試評論：「瑞士信貸銀行針對其持有的房屋抵押放款債權，採取發行抵押轉支付證券或抵押擔保債券策略，然後透過公開市場出售以取得資金。兩種策略對提昇銀行資產流動性與改善財務結構的效果完全一致。」

4. 2008 年報章雜誌針對美國爆發二房事件進行詳盡報導與討論。試問二房是指哪兩家金融機構？何謂二房事件？美國爆發二房事件會透過何種方式或管道來影響台灣經濟活動？

5. 在金融海嘯期間，有些金融商品、共同基金與貨幣政策模式不僅扮演重要角色，也引發眾人關注。試說明下列名詞的差異性：

   (a) 次貸證券化與次貸擔保債券。

   (b) 對沖基金與股票基金。

   (c) 傳統貨幣政策與非傳統貨幣政策。

網路練習題

1. 勞退基金想要擴大投資不動產比率，謝教授建議採取間接投資方式可能較為有利。請你上富邦集團網站 (http://www.reit.com.tw)，代為查閱有關 Reits 特質與發行狀況，提供該基金操作參考。

2. 國內壽險集團持有過剩資金，規劃從事不動產投資，請你上國土規劃及不動產資訊中心網站 (http://www.realestate.org.tw)，代為查閱有關國內不動場市場與不動產證券化的交易狀況。

CHAPTER

10

外匯市場與國際收支失衡調整

本章大綱

個案導讀

2009 年 12 月 24 日，央行在第四季理監事會議指出：「原則上，新台幣匯率取決於外匯市場供需，惟匯率過度波動不利經濟與金融穩定，一旦出現異常現象（如熱錢流竄）或季節性因素引發匯率動盪，央行將維持外匯市場次序。」央行總裁彭淮南在本次理監事會議，分析韓國央行先前將韓圜大幅貶值並配合擴大財政政策，創造優於台灣經濟成長的表現，然而此種突出表現在近 2 個月已不復見。央行希望藉此對外傳遞訊息，單靠匯率貶值來帶動經濟表現，顯然無法持久。至於針對美元走勢，彭總裁警告在殖利率曲線陡峭下，以美元套利交易「就危險了」，同時強調「研究匯率愈久預測能力愈低，態度要很謙卑，此係市場有太多因素會影響匯率變化。」

歷經 1930 年代大蕭條與 1970 年代能源危機，各國體認彼此休戚與共，因應國際金融危機，必須正視國際政策協調與國外因素干擾的重要性。尤其自 1980 年代以來，7 大主要工業國家貨幣（美元、日圓與英鎊）匯率巨幅波動，墨西哥、巴西、阿根廷等開發中國家難以清償巨額外債，跨國基金炒作外匯、股票與衍生性商品，屢屢釀成國際金融市場劇烈波動。2008 年金融海嘯與 2010 年歐

債危機接踵而來，透過國際金融市場整合的聯繫，更是重創國際景氣。各國政府與國際金融組織積極推動跨國金融合作，協商採取政策紓解，減輕金融危機釀成的災難。

　　針對彭淮南總裁說法與金融危機引發國際收支失衡，本章首先說明國際收支帳內涵，探討形成外匯供需的因素與匯率決定理論。其次，將說明金融危機與國際收支失衡類型。最後，將探討國際收支失衡調整，說明政府追求國內外經濟平衡，如何透過政策搭配以達成目標。

10.1　國際收支帳

　　國際分工與專業化生產盛行，帶動國際貿易迅速成長。金融自由化加速國際金融市場整合，大幅提昇跨國資金移動性。表 10-1 顯示人們從事跨國交易內容。

表 10-1
國際交易活動類型

跨國交易活動類型	本國	外國
商品	對美國輸出紡織品	自美國購進原棉
非貨幣性黃金	民間金礦主將黃金賣給央行	自南非進口黃金
勞務		
商品運輸及保險	紡織品由陽明海運承運之運費	支付蘇黎世再保險費用
其他運輸	新航飛機使用桃園機場設施	搭乘美國航空飛機出國
旅行	日本旅客來台觀光	台灣旅客赴日韓旅遊
投資所得	台商匯回投資利潤	鴻海支付海外公司債利息
政府	尼加拉瓜駐華使領館費用	台灣駐美使領館費用
其他勞務	出售瓊瑤小說海外版權	支付購買暮光之城版權費用
單向移轉		
民間匯款及禮品	張無忌收到親戚股家匯款	趙敏匯給兒子在美留學費用
機關匯款與捐助	收到美國救濟 921 地震物資	台灣贈助四川汶川大地震
政府移轉	美國經濟援助	台灣農耕隊在西非費用
資本交易		
長期資本（民間）	google 公司在彰濱工業區設廠	鴻海清償外債本金
短期資本（民間）	輸入預付款	清償花旗美國銀行短期借款
地方政府	開發貸款	償還國外貸款本金
中央政府	在國外發行債券	亞洲開發銀行認股股本
		央行自外匯市場購入美元
黃金與通貨		
	央行減少持有二房公司債	

　　國際收支帳係指在固定期間，本國與外國成員從事跨國交易的會計帳，係依據交易者所在地區分，縱使外國人在台灣自美國進口商品，亦視為台灣當期

進口。觀光客以停留期間長短區分，一年內者視爲外國居民，超過一年則視爲本國居民。表 10-2 是國際收支帳內容，基於借貸相等的會計原則，國際收支永遠維持會計平衡，亦即國際收支恆等於零。

國際收支帳的重要性包括：

1. 提供政府擬定政策、進行對外經貿談判與釘住匯率依據，也是分析國際金融情勢變化的主要訊息來源。

2. 國際收支帳是各部門對外經濟活動的總記錄。國民所得帳的「對外交易帳」及資金流量帳的「對外金融交易」均以國際收支帳爲資料來源，估計全國資源供需也要使用國際收支帳的因素所得，是以國際收支統計精確與否，將影響其他統計資料的正確性。

3. 隨著體系日益開放，定期揭露國際收支統計資料有其必要性。

借方 (debit)(-)	貸方 (credit)(+)
A、經常帳	
商品進口	商品出口
商品貿易淨額	
勞務支出	勞務收入
商品與勞務收支淨額	
所得支出	所得收入
商品、勞務與所得收支淨額	
經常移轉支出	經常移轉收入
B、資本帳	
資本帳支出	資本帳收入
合計：A 加 B	
C、金融帳	
對外直接投資	外資來台直接投資
證券投資（負債）	證券投資（資產）
股權證券	股權證券
債權證券	債權證券
其他投資（負債）	其他投資（資產）
合計：A 至 C	
D、誤差與遺漏淨額	
合計：A 至 D	
E、準備與相關項目	
準備資產	

表 10-2

國際收支帳

以下分別探討構成國際收支帳的內容。首先探討經常帳，此係國際收支帳的核心，內容涵蓋下列五項：

1. 商品　商品進出口採取 FOB 計價，以海關進口統計及向央行押匯、結匯統計而得，包括非貨幣用途黃金，走私商品屬於非法而未列入統計範圍。

2. 勞務　商品貿易運輸與保險費、旅客運費及港埠費用、國人出國旅遊及外

人來華觀光支出。

3. **投資所得** 國人跨國投資收益，如購買股票、債券及其他資產衍生的收益；國人向外借款利息支付或支付外人投資收益。

4. **其他商品、勞務及所得** 居民與非居民勞務交易所得未列入前述各項者，如駐外使領館支出、國民在外工作所得、外國政府或國際組織在台機構的支出等。

累加上述四項稱為貿易帳 (trade account) 或貿易餘額，揭示跨國商品勞務交易與所得收付情形。商品貿易餘額係商品出口與進口總額，占 *GNP* 的比例即是貿易依存度 (degree of dependence on foreign trade)。

貿易依存度
商品出口與進口總額占 GNP 的比例。

5. **單向移轉 (unilateral transfer)** 包括私部門的現金或實物捐贈，公部門賠款、對外援助、實物捐贈、技術援助及分攤國際機構經費等，可分為兩類：

(a) **經常性移轉** 受贈者所獲收入用於消費支出，如教育部補助公費留學生支出、救濟海外難民，此係屬於經常性移轉支出；外國對本國捐贈則屬經常性移轉收入。

(b) **資本性移轉** 其收支做為資本形成之用，如外債還本或公有財產無償贈與外國都屬資本性移轉支出；外國援助做為資本形成則屬資本性移轉收入。

經常帳餘額
貿易餘額與單向餘額的總和。

累加 1～5 項餘額稱為經常帳餘額 (current account balance, *CAB*)，用於衡量國民所得變化及擬訂政策依據。經常帳餘額若是正數，本國擁有淨國外財富必然增加；一旦呈現負數，本國擁有淨國外財富則會遞減。

知識補給站

國發會主委管中閔在 2014 年 4 月 10 日指出，近年來台灣對大陸出口比重一直下降。圖 10-1 顯示：依據財政部海關出口統計，2001 年台灣對大陸及香港出口比重或依存度為 26.6%，2007 年攀升至 40.7%，2010 年略升至 41.8%。然而經由政府積極開發國際新市場，到了 2012 與 2013 年對大陸貿易依存度滑落至 39.4%、39.7% 而回至 2006 年水準。不過台灣對大陸貿易依存度依然被質疑過高，央行總裁彭淮南更多次提醒國人注意。事實上，進出口統計不能單從表面數字解讀，衡量貿易產生的附加價值才能精確顯現貿易真相，政府擬訂政策才不致出現偏頗。

劉瑞文與徐世勳在《兩岸貿易的真相》(2014) 指出財政部海關採取傳統方法，將通關放行商品分別計入進口與出口，中間財進口值則涵蓋在出口值，此舉顯然與國際產業分工（商品從設計、生產、行銷分散在不同國家進行）實況脫節，墊高出口統計數字而無法呈現對外競爭力，甚至誇大貿易依存度。若採取歐盟資助設立的「世界投入產出資料庫」，

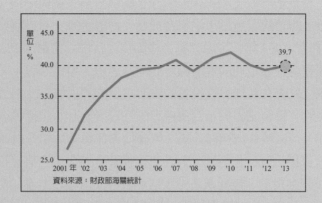

圖 10-1
台灣對大陸與
香港出口比重
變化趨勢

資料來源：財政部海關統計

掌握台灣從事貿易的成本、產銷與進出口資訊，追蹤產品流向與計算附加價值，將出口拆解再歸併為台灣從外國獲取的附加價值、重回台灣的附加價值、外國獲取的附加價值及重複計算等四類，就能掌握確實真相，無須過度關注兩岸貿易開放對台灣的衝擊，反而應關注對大陸出口附加價值持續下降，外國賺取附加價值愈來愈多的問題。

真相之一，台灣出口值超過實際附加價值的失真率高，尤其是對大陸失真率最高。以2011 年為例，對大陸出口 1,272 億美元，附加價值僅有 454 億美元，實際獲取的附加價值低於出口值的 36%，失真率超過六成。相對地，對美出口 468 億美元，附加價值為 349億美元，對美國失真率僅有 25%。

真相之二，台灣對大陸貿易依存度實際上不高。依據財政部出口統計表面上逼近38%，但依附加價值計算僅有 26%，對美貿易依存度按附加價值計算則逼近 20%，並非表面上的 14%。換言之，對大陸貿易依存度實際上不是問題，附加價值率太低才是問題。

真相之三，台灣出口從國外獲取的附加價值率逐年遞減，從 1995 年的 67% 降至 2011年的 52%，反而是外國瓜分與重複計算比例則由 1995 年的 33% 擴增至 2011 年的 48%。台灣出口愈來愈多，獲取的附加價值率卻愈來愈少，外國人賺取的附加價值率愈來愈高，此一整體出口警訊值得關注。

真相之四，台灣出口主力電子業與光學設備業的附加價值率其實很低，僅占出口值的16%，不及美國同業的 61%，也不如日本和南韓，甚至低於整體產品對大陸的比重，顯示台灣高科技產品以直接出口為大宗，代表台灣產業參與全球價值鏈仍居於中上游位階，除創匯比率偏低外，在國內支援其他產業的關聯效果亦不高，無法藉由下游產品出口擴增附加價值的效益，也成為台灣產業在國際市場淪為賺取「毛三到四」微薄代工利潤的縮影。

有鑑於此，政府針對貿易統計宜考慮改採附加價值比率，才能正確反映貿易真相，進而擬定正確貿易政策。積極貿易政策就是透過前端的研發設計、關鍵技術突破，以及後端的品牌和市場行銷來提高出口產品附加價值；消極貿易政策就是透過參與各種區域性國際經貿組織和雙邊、多邊自由貿易協定機制，降低貿易障礙因素和成本。

傳統國際收支帳將國際資金移動區分為長期與短期資本移動，兩者合稱資本帳。隨著國際金融市場整合提昇，跨國金融交易日益頻繁，國際貨幣基金會 (IMF) 於 1993 年將金融性資金移動項目合併為金融帳 (financial account)，顯示跨國資金在固定期間進出國境的消長過程。舉例來說，美林證券投資台股，資金流入代表在台灣證券投資的股票項目的負債增加。另外，光華投信將資金投入美股，資金流出表示台灣持有國外資產上升，證券投資中的股票項目的資產增加。金融帳係以淨額入帳，依據投資種類與功能分為四類：

金融帳
記錄跨國資金在固定期間進出國境的結果。

1. 直接投資　包括國人對外直接投資、外人來台直接投資等。
2. 證券投資　包括國內外股票與債券（債券、票券、金融衍生商品）買賣。台灣自 1991 年開放國外投資機構投資國內證券，每次可申請四億美元，全數匯入後可申請追加額度，全體外資投資單一上市公司的持股比例無限制。
3. 其他投資包括借貸、貿易信用、存款、現金及其他。

另外，資本帳 (capital account) 係採淨值入帳，包括兩部分：

資本帳
記錄跨國間非生產性與非金融性資產交易的結果。

1. 資本移轉交易　包括債務免除、固定資產所有權移轉、處分或取得固定資產衍生的資金移轉等。
2. 非生產性、非金融性資產交易　包括無形的專利權、租約、可移轉性契約與商譽等。

經常帳、資本帳與金融帳的構成單項是人們基於偏好、所得、利率、匯率，國內外商品與勞務相對價格等因素，從事國際交易的結果，屬於事前交易或自主交易 (autonomous transactions) 範疇。

自主交易
人們基於偏好、所得、利率、匯率，國內外商品與勞務相對價格等因素，從事國際交易。

- 準備資產　又稱官方準備交易帳。金融帳的準備資產項目係指一國面臨自主交易發生差額，於事後進行彌補缺口的交易，具有事後交易性質，屬於調節交易 (accomodating transaction)。準備資產帳的內容包括：

調節交易
一國面臨自主交易發生差額，於事後進行彌補缺口的交易。

1. 短期官方資本移動。
2. 其他國際準備資產移動　央行用於挹注國際收支逆差的資產總稱，包括貨幣用黃金、外匯資產、其他債權及基金的利用。

從會計觀點來看，國際收支恆為平衡。不過央行為衡量對外貿易與資金移動，掌握持有外國資產或負債變化情形，針對國際收支帳的特定項目計算餘額，包括商品貿易餘額、商品與勞務收支餘額、經常帳餘額、直接投資淨額、證券投資淨額與整體餘額等概念，藉以彰顯在一定期間特定經濟活動變化情形。一般而言，央行在國際收支表中虛構一條線，在此線以上之交易科目稱為線上 (above the line) 交易，此線以下之交易科目稱為線下 (below the line) 交易。概念上，前者屬於自發性交易項目，後者係融通線上交易項目而發生的調節性交易，將會引發相關國際收支變化。

外匯的涵義包括動態與靜態兩種層面。就動態意義而言，國際匯兌係指兩國貨幣間的兌換；就靜態意義而言，外匯係指可作為國際支付工具的外國貨幣。基於交易或清算的方便性，央行必須保有外幣，此即外匯存底或外匯準備。依據國際貨幣基金 (IMF) 定義，外匯準備包括政府保有的黃金、可兌換的外匯、在 IMF 的準備部位與特別提款權 (special drawing rights, SDR) 等資產，而外匯存底係指外匯準備扣除以黃金形式保有的部位。

有關國際收支餘額概念可定義如下：

* 商品貿易淨額 (trade balance)　商品出口減去商品進口。
* 勞務淨額 (service balance)　勞務收入減去勞務支出。
* 所得淨額 (income balance)　所得收入減去所得支出。
* 商品、勞務與所得餘額　上述三種淨額的累加餘額，此即貿易帳餘額。
* 經常移轉淨額　經常移轉收入扣除經常移轉支出。
* 經常帳餘額　貿易帳餘額與經常移轉淨額之和，反映一國商品的國際競爭力、國際收支變化情況，提供政府評估總體經濟活動，擬定政策的依據。
* 基本餘額 (basic balance)　經常帳、資本帳與金融帳三者餘額之和。
* 誤差淨額與遺漏項 (net errors and omissions)　本質上，類似走私與販毒等非法交易屬於進出口貿易，但因官方無從得知而未能記載於國際收支帳。理論上，交易活動發生應同時於借貸雙方各記一筆資料，但實務上，商品貿易係由海關記錄，進出口的資金往來則於銀行間進行，兩者非同時記載與登錄，遺漏與誤差實難避免。
* 官方沖銷餘額 (official settlements balance)　又稱整體餘額 (overall balance)，商品勞務貿易、資本與金融等交易之加總淨額。當官方沖銷餘額為零，準備資產累積為零。就功能性角色而言，整體餘額變化可用於觀察一國競爭力相對他國的消長過程，整體餘額持續盈餘或赤字，顯示該國貨幣存在升值或貶值空間。

商品貿易淨額
商品出口減去商品進口。

勞務淨額
勞務收入減去勞務支出。

所得淨額
所得收入減去所得支出。

基本餘額
經常帳、資本帳與金融帳三者餘額之和。

官方沖銷餘額
又稱整體餘額。商品勞務貿易、資本與金融等交易之加總淨額。

觀念問題

❖ 觀光局在國際間大力促銷台灣美景，吸引眾多國外旅客來台觀光。試問此種現象將對國際收支帳造成何種影響：(a) 經常帳的「何種項目」會發生變化？(b)「官方準備交易帳」會受何種衝擊？對台灣外匯準備的影響為何？
❖ 央行可採哪些標準衡量國際收支平衡與否？這些標準彼此間的關係為何？
❖ 試說明何謂國際收支帳？包括哪些帳戶？這些帳戶的內容為何？
❖ 試說明下列跨國交易會影響台灣國際收支帳的何種帳戶？
(a) 中油公司向沙烏地阿拉伯借款 100 萬美元用來購買沙國生產的原油。

(b) 台灣捐助菲律賓價值 100 萬美元的白米
(c) 美國 IBM 公司在台北購買辦公大樓價值 1,000 萬美元。
(d) 日本觀光客以美元支付在台灣旅遊支出 10 萬元。

10.2 外匯市場

　　1970 年代初期，台灣經濟蓬勃發展。然而美元於 1978 年持續貶值，促使釘住美元的新台幣形同貶值，且因央行採取外匯集中清算，外匯準備累積造成貨幣供給遽增，引發通膨上升壓力。為紓解該項壓力，央行於 1978 年 7 月 10 日宣布美元兌換新台幣匯率自次日起由 38 元升值為 36 元，並由台銀、中國商銀（兆豐）、一銀、華南銀行、彰銀等成立外匯交易中心扮演仲介角色。隨後 1979 年 2 月 1 日建立外匯市場，依市場供需機動調整匯率。1989 年 3 月，中國商銀、世華銀行、華僑銀行（由花旗銀行併購）及上海銀行等以外匯交易中心為基礎，成立台北外匯市場發展基金會，於 1990 年 2 月 21 日開始運作，其下附設台北外匯銀行聯誼會，外匯指定銀行為會員，共同使用聯誼會提供之外匯交易仲介服務。接著，第一家專業外匯經紀商「台北外匯經紀公司」在 1994 年 7 月 27 日開始營業，台北外匯市場發展基金會解散外匯銀行聯誼會，停止仲介外匯交易業務，專職於研究發展活動。

　　外匯供需是經濟成員從事跨國商品、勞務、投資、借貸或投機等交易引起，而外匯市場提供外匯供需雙方透過電話、電傳、電報及其他電訊系統等方式報價，從事外匯交易的場所。台灣外匯市場包括兩個市場：

銀行與顧客間市場
外匯指定銀行與顧客從事外匯交易的市場。

- 銀行與顧客間市場 (bank-customer market)　外匯指定銀行與顧客從事外匯交易的市場，由供需雙方議訂匯率。匯率報價分為即期（支票）與現金兩種，分成買價與賣價，價差存在主要反映銀行持有外匯成本，而匯率風險、利息成本與交易行為變化均是影響銀行持有外匯成本的主要因素，現金的價差較即期外匯的價差為大。

銀行間市場
外匯指定銀行、外匯經紀商與央行進行外匯交易的市場。

- 銀行間市場 (interbank market)　該市場是下列成員交易的場所。

  1. 外匯指定銀行　銀行接受顧客買賣外匯後，當日買匯與賣匯金額未必相等，必須軋平買賣超部位，藉以規避匯率風險及外匯部位不足或過剩問題。

  2. 外匯經紀商　台北外匯經紀公司與元太外匯經紀公司（1998 年 5 月成立）從事撮合外匯交易工作。前者每隔 15 分鐘將成交價格、成交區間與成交數量等資料公布於相關即時金融系統（如路透社、美聯社即時

交易系統）。後者則是每小時公布相關交易資料。

3. 央行　基於穩定匯率或政策考慮，央行將會干預外匯市場。

外匯市場參與者包括下列成員：

1. 央行　採取浮動匯率制度並非放任外匯市場自由決定匯率走勢，央行爲穩定匯率，經常干預外匯市場。美、日、德、英、法、加與義大利組成的七國高峰會議 (G-7)，對主要貨幣匯率設有祕密協議限定匯率波動幅度，採取聯合干預穩定匯率。

2. 外匯指定銀行　外匯供需間的橋樑，由央行核准辦理買賣外匯商品（如外幣現鈔、外幣存款、旅行支票、銀行匯票、外幣本票、外幣支票等）、進出口外匯業務、匯出匯款、外幣放款及外幣擔保付款保證等外匯業務。

3. 外匯經紀商　仲介顧客買賣外匯，賺取手續費收入，但不承擔匯率風險。

4. 貿易商及其他外匯供需者　隨著貿易往來與跨國投資進行，基於商品貿易後的貨款清算，以及運輸、保險、旅行、跨國金融投資、國外借款利息支付等因素而產生的外匯供給者與需求者。

5. 外匯投機者　預測匯率走勢，採取財務槓桿操作，以保證金方式從事即期外匯、遠期外匯或外匯期貨的交易，賺取匯率波動差價，成爲主要的外匯供給及需求者。

在浮動匯率制度下，匯率取決於外匯供需，經由公開市場及跨國銀行連線，透過國際知名新聞機構（如美聯社及路透社等）即時資訊傳遞，透明公開揭露訊息給投資人。匯率表示方式有二：

1. 直接標價法 (direct quotes) 或直接匯率　以國幣表示的外幣價值 $e = (NT/US)$，如 1 美元兌換 33 元新台幣，1 英鎊兌換 49.7 元新台幣

2. 間接標價法 (indirect quotes) 或間接匯率　以外幣表示的國幣價值 $e^* = (1/e) = (US/NT)$，1 元新台幣兌換美元 0.0303 元，1 元新台幣兌換 0.02010 英鎊。

直接標價法
或稱直接匯率。以國幣表示的外幣價值。

間接標價法
或稱間接匯率。以外幣表示的國幣價值。

基於上述定義，$e = (NT/US) = 33$ 下降至 $e = 32$，從台幣觀點來看，係指從 $\frac{1}{33}$ 變動爲 $\frac{1}{32}$，台幣升值率 e^* 可計算如下：

$$e^* = \frac{(\frac{1}{32}) - (\frac{1}{33})}{(\frac{1}{33})} = \frac{33-32}{32} = 3.125\%$$

換言之，計算台幣兌換美元匯率的變動率時，公式爲：

$$e^* = \frac{原匯率 - 新匯率}{新匯率}$$

從美元觀點來看，美元貶值率 e^* 可計算如下：

$$e^* = \frac{32-33}{33} = -0.0303\%$$

名目匯率

兩國貨幣兌換比率。

匯率波動引起兩國商品相對價格變化，進而影響相對競爭力，是以兩國貨幣兌換比率稱為名目匯率 (nominal exchange rate)。當兩國物價發生變動，以名目匯率衡量兩國商品競爭力將出現偏誤，故以兩國貨幣相對購買力或實際物品交換數量來修正，即是實質匯率 (real exchange rate) 或稱貿易條件 (terms of trade)。

實質匯率

或稱貿易條件。以兩國貨幣相對購買力或實際物品交換數量來衡量的匯率。

$$\varepsilon = \frac{(1/P)}{(1/eP^*)} = \frac{eP^*}{P}$$

接著，政府選擇合適期間作為基期（名目匯率為 100），建立名目匯率指數。實務上，台灣的主要貿易對手包括美、日、德、英、加、香港（大陸）等，同一期間，新台幣可能對歐元、日圓貶值，卻對美元、英鎊升值，而各國物價變化不一致，以某國名目匯率與物價變化作為衡量實質匯率基礎，僅能反映相對該國競爭力的改變，無法反映在國際經濟活動的平均變化情況，是以政府採取有效匯率與實質有效匯率進行修正。

有效匯率指數

選擇貿易關係密切國家的貨幣組成貨幣籃，衡量彼此間貿易額、競爭程度及相對物價變動情況，賦予其名目匯率適當權數，透過加權計算國幣匯率指數。

1. 有效匯率 (effective exchange rate) 指數 以某時點為基準，選擇貿易關係密切國家的貨幣組成貨幣籃，衡量彼此間貿易額、競爭程度及相對物價變動情況，賦予主要貿易對手國的名目匯率適當權數，透過加權計算新台幣匯率變動情況，提供央行擬定貨幣政策參考。有效匯率考慮多國匯率變化情況，較能反映國貨在國際市場競爭力的平均變化情況，以及國幣相對各國貨幣升貶值的平均情況。台灣的有效匯率指數 e_e^i 原先以 1979 年為計算基期，選擇貿易關係密切的 9 國貨幣組成一籃貨幣，爾後改以 1993 年為基期，選擇貨幣增加至 15 國，再依某一權數累加而得：

$$e_e^i = \sum_{j=1}^{n} \theta_{ij} e_{ji}$$

e_{ji} 是 i 國貨幣對 j 國貨幣的匯率，θ_j 是權數，計算方法為：採取幾何加權平均法，加權方式考慮雙邊貿易、多邊貿易和第三市場加權等，共有 10 種，並再引進消費者物價指數來平減。

實質有效匯率指數

一單位國貨可兌換舶來品數量。

2. 實質有效匯率指數 實質匯率指數係一單位舶來品兌換國貨數量，實質有效匯率指數則為一單位國貨可兌換舶來品數量，兩者單位不同。計算實質有效匯率指數涉及多國貨幣匯率間的加總，選擇占台灣貿易比重較大國家

的貨幣，權數則視政策目標而定，包括出口、進口、貿易、世界出口市場、平均出口、平均貿易權數與雙重加權等多種。台幣的實質有效匯率指數 ε_e 係採取貿易比重為權數。

$$\varepsilon_e = \alpha_1\left(\frac{P}{e_1 P_1^*}\right) + \alpha_2\left(\frac{P}{e_2 P_2^*}\right) + \cdots + \alpha_n\left(\frac{P}{e_n P_n^*}\right)$$

$$= \alpha_1\left(\frac{1}{e_r^1}\right) + \alpha_2\left(\frac{1}{e_r^2}\right) + \cdots + \alpha_n\left(\frac{1}{e_r^n}\right)$$

P 與 P_i^* 是台灣與一籃貨幣內的 i 國物價指數，e_i 是 i 國貨幣以新台幣表示的匯率，α_i 是 i 國所占權數，e_r^i 是台灣與 i 國間的實質匯率指數。基期實質有效匯率指數為 100，t 期指數高於 100 顯示國幣對一籃貨幣價值高估，應有貶值空間。

觀念問題

❖ 何謂名目匯率與實質匯率？試舉例說明名目匯率上升而實質匯率卻下降的狀況？

❖ 在其他條件不變下，試說明下列情況發生如何影響本國實質匯率：

　(a) 本國非貿易財相對貿易財價格提高。

　(b) 外國對本國的出口品需求增加。

George Joachim Goschen (1861) 認為匯率取決於外匯市場供需，而外匯供需源自於經濟成員從事國際貿易與跨國投資所衍生的國際借貸，此即國際借貸理論 (theory of international indebtedness)。該理論從國際收支帳著手系統化解釋外匯供需變化，分析匯率波動原因，故又稱為國際收支理論。

國際借貸理論
又稱國際收支理論。匯率取決於外匯市場供需，而外匯供需源自於經濟成員從事國際貿易與跨國投資所衍生的國際借貸。

George Joachim Goschen (1831~1907)

　　出生於英國倫敦，是英國政治人物與商人。曾經擔任英國財政大臣與海軍大臣。

貨幣銀行學

在圖 10-2 中，F^D 與 F^S 是台灣外匯市場的美元供需曲線。在其他條件不變下，匯率 $e = (\frac{NT}{US})$ 貶值將推動以台幣表示的舶來品價格上升，台灣進口舶來品意願下降，促使美元需求量下降，美元需求曲線呈現負斜率。另外，匯率貶值讓以美元表示的國貨價格下降，提昇本國商品競爭力，出口上升擴大美元供給量，美元供給曲呈現正斜率。當外匯供需曲線相交於 E 點，將決定均衡匯率 e^* 與外匯交易數量 F^*。影響美元供需的因素包括兩國物價變動、技術進步、關稅或季節性因素變動等。舉例來說，台灣實施每週 42 小時工時制度，將增加廠商生產成本，削弱出口競爭力而促使美元供給曲線左移。同時，國貨價格上升，提高舶來品競爭力，本國進口上升導致美元需求曲線右移。綜合兩者變化，均衡匯率將上升，台幣相對美元出現貶值。

圖 10-2

外匯市場均衡

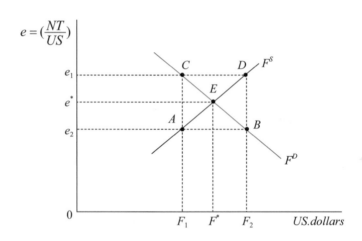

理論上，匯率是外匯的價格，應取決於外匯供需。不過匯率變動涉及兩國商品貿易與跨國資金移動，影響國內經濟活動至鉅，是以體系逐發展出圖 10-3 所示的匯率制度，固定與浮動匯率則是兩種極端狀況。

固定匯率

央行規定國幣兌換外幣比率，嚴格管制外匯市場並實施外匯分配。

浮動匯率

外匯供需決定匯率，央行不加干預。

1. 固定匯率 (fixed exchange rate)　央行規定國幣兌換外幣比率為 e_1，嚴格管制外匯市場並實施外匯分配，藉以固定匯率。在 1970 年代之前，開發中國家為推動經濟發展，採取金融壓抑而低估匯率，將匯率訂在超過均衡水準 e^* 的 e_1，出現超額外匯供給（累積過多外匯準備）。同一期間，許多共產國家（如蘇聯、中國等）則是高估匯率，將匯率訂在低於均衡水準的 e_2，產生超額外匯需求（外匯準備匱乏）。

2. 浮動匯率 (flexible exchange rate)　1970 年代爆發石油危機，各國國際收支嚴重失衡，固定匯率難以維持，紛紛改採由外匯供需決定匯率，央行不再干預。

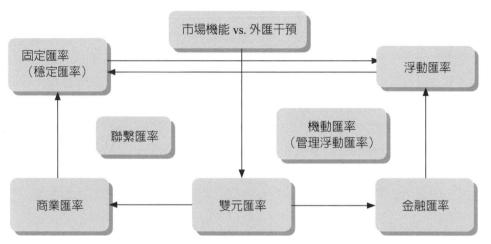

圖 10-3
匯率制度類型

　　央行固定匯率必須搭配外匯管制與外匯配額，結果不是累積外匯準備形成通膨壓力，即是陷入外匯準備匱乏困境，兩者均讓固定匯率難以持續。反觀浮動匯率制度尊重市場機能，央行不加干預。然而影響匯率因素無所不包，風吹草動均會引發匯率震盪而形成匯率風險。是以針對兩者優劣點，匯率制度出現下列修正：

1. 管理浮動匯率 (managed floating exchange rate)　偏向浮動匯率制度。當匯率變異性或波動擴大時，央行基於穩定匯率，將適時干預縮小匯率波動，甚至變相成為固定匯率。

2. 聯繫匯率 (linked exchange rate)　偏向固定匯率制度。央行無法固定國幣與所有外幣的兌換比例，遂改採將國幣釘住關鍵性貨幣（如美元）的兌換比率，而與其他外幣的匯率則視美元與其匯率的浮動關係而定。

3. 雙元匯率 (dual exchange rate)　針對經常帳交易，將匯率固定在某一水準，此即商業匯率 (commercial exchange rate)。針對金融帳交易則讓外匯供需決定匯率，此即金融匯率 (financial exchange rate)。

管理浮動匯率
央行基於穩定匯率，將適時干預縮小匯率波動。

聯繫匯率
將國幣釘住關鍵性貨幣的兌換比率。

雙元匯率
商業匯率與金融匯率並存的匯率制度。

商業匯率
針對經常帳交易，將匯率固定在某一水準。

金融匯率
針對金融帳交易，由外匯供需決定匯率。

知識補給站

　　在 2009 年 10 月 1 日與 10 月 2 日，素有「外匯殺手」稱號的央行總裁彭淮南祭出鐵腕干預匯市，台幣匯率在收盤時瞬間由升轉貶，戲劇性變化讓國際熱錢與外匯炒家當場傻眼。長期以來，彭淮南總裁追求穩定台幣匯率，讓台幣匯率短期爆升或暴貶均屬不可能！台幣匯率過往在一年內波動很難超過 5%，縱使 2007 年美國次貸事件擴散為金融海嘯，台幣匯率波動加劇，但震幅也僅在 10% 內。以 2009 年為例，台幣兌換美元匯率最高達 35.297，最低為 31.995，波動幅度也未逾越 10%。相對其他國家而

言，韓圜兌換美元最高來到 1,597、最低則為 1,167，震幅高達 27%，台幣匯率波動僅及韓圜震幅的 1/3！彭總裁穩定匯率功力，讓股神 Warren Edward Buffett 在 2007 年 Berkshire Hathaway 公司的「致股東信函」中主動提及，過去 4 年的外幣投資讓公司獲取 22 億美元匯兌收益，操作新台幣卻損失約 15 億元新台幣。

在 2009 年，國際熱錢看好亞洲景氣復甦力道，大量湧入亞洲各國，各國央行無不嚴陣以待，深恐匯率升值過快傷及剛復甦的景氣。為對付國際熱錢，央行先觀察外資是否將資金停泊在新台幣帳戶，而未進場投資台股。若發現有此情事，則要求承辦該外資機構的外匯指定銀行為該外資客戶結匯，打消外資炒作台幣匯率念頭，同時邀請這些銀行主管與交易員到央行「喝咖啡」，重申歡迎外資長期投資台股，但不歡迎炒短線擾亂匯市的熱錢。彭淮南總裁經常妙語如珠，以「喝咖啡加奶精」比喻外資動態很難看清；用「台灣是小車、比較容易轉彎」描述貨幣政策的退場機制；以「牽馬到河邊喝水」指出寬鬆政策的搭配；用「柳樹理論」形容匯率政策，強調颱風過後，很多大樹連根拔起，唯有柔弱楊柳可以安度風暴。

觀念問題

❖ 試分析下列事件對台灣美元市場供需曲線與均衡匯率造成的影響？(a)SARS 促使來台觀光旅客減少，但出國觀光人數減少更多。(b)台灣政府效率大幅提昇，明顯改善投資環境。(c)美國景氣因次貸事件而大幅衰退。

❖ 美元市場供需來源主要包括商品與勞務的進出口商、從事各項投資的民眾與企業等。試針對下列狀況說明對新台幣升值或貶值的影響。

(a) 國內景氣好轉，增加各項產品進口。

(b) 國內投資環境改善，外國企業增加投資。

(c) 人們預期新台幣將有貶值趨勢。

(d) 國際景氣趨於停滯，對外出口下滑。

❖ 何謂均衡匯率？美元兌換台幣匯率由 40 元跌至 25 元，台幣對美元升值幅度為何？相反的，美元兌換台幣匯率由 25 元上漲至 40 元，美元對台幣升值幅度為何？

❖ 何謂雙元匯率？為何許多國家採取雙元匯率制度？該類制度有何缺點？

❖ 在台灣美元市場，美元兌換台幣的匯率為新台幣 31 元，試問：

(a) 央行如何干預外匯市場，導引匯率 1 美元等於台幣 32 元？

(b) 試以會計帳說明央行向兆豐銀行買入美元，將如何影響準備貨幣與國內貨幣供給？

10.3 匯率決定理論

10.3.1 購買力平價理論

Gustav Cassel 在《1914 年後的貨幣和外匯》(*Money and foreign exchange rate after 1914*) (1922) 中率先針對一國貿易帳，提出購買力平價理論說明長期均衡匯率決定。該理論假設如下：

1. 兩國生產單一同質貿易財 (traded goods)。
2. 未考慮運輸成本、關稅、貿易障礙及訊息成本。
3. 在完全競爭市場，人們透過套利將促使同質商品在不同市場的價格只有一個，此即「一價法則」(law of one price) 成立。

一價法則
人們透過套利將促使同質商品在不同市場的價格只有一個。

購買力平價理論
匯率取決於兩國貨幣的購買力，而貨幣購買力或貨幣價值則決定於單位貨幣在國內所能買到的商品和勞務數量，亦即透過物價體現出來。

絕對購買力平價理論
兩國貨幣的兌換比率或名目匯率將視兩國貨幣的相對購買力或物價而定。

購買力平價理論 (purchasing power parity hypothesis, PPP) 認為匯率取決於兩國貨幣的購買力，而貨幣購買力或貨幣價值則決定於單位貨幣在國內所能買到的商品和勞務數量，亦即透過物價體現出來。在該理論下，P 與 P^* 是本國與外國物價，e 為以國幣表示的外幣價格，三者關係可說明如下。

1. 絕對購買力平價理論 (absolute purchasing power parity hypothesis)　兩國貨幣的兌換比率或名目匯率將視兩國貨幣的相對購買力或物價而定：

$$e = \frac{p}{p^*}$$
$$p = ep^*$$

實質匯率或貿易條件係指兩國商品的相對價格：

$$\varepsilon = \frac{ep}{p^*}$$

購買力平價理論顯示：各國物價轉換成以同一貨幣表示將趨於相同，是以匯率取決於各國同一組商品的相對價格。當本國物價上漲而外國物價不變，國幣相對外幣將面臨貶值壓力，理由是：上述現象反映國貨相對舶來品的競爭力下降，進而導致出口數量減少、進口數量增加，本國經常帳陷入赤字狀態，國幣將出現貶值現象。該理論缺陷在於假設所有商品均能自由貿易或移動，且不考慮關稅、配額和運輸等交易成本，同時僅適用於商品而忽略勞務，此係勞務存在顯著的價值差距空間。

Gustav Cassel (1866~1945)

出生於瑞典 Stockholm。任教於 Stockholms 大學，並於 1921 年在國際聯盟財政委員會工作，績效卓著而贏得國際盛譽。Cassel (1922) 系統化提出購買力平價理論，成爲決定匯率的重要理論基礎。

大麥克指數
以各國麥香堡的售價來取代一籃商品價格，用於衡量兩種貨幣的匯率。

《經濟學人》(*Economist*) 在 1986 年 9 月提出大麥克指數 (big Mac index) 來衡量兩種貨幣的匯率是否符合購買力平價理論，而選取的一籃商品和勞務就是麥香堡。以美國麥香堡價格（採用亞特蘭大、芝加哥、紐約、舊金山的平均價格 2.59 美元）爲基準，英國漢堡售價是 1.99 英鎊，顯示美元英鎊間的購買力平價匯率是 $1.3，如果目前外匯市場匯率爲 $1.45，將意味著英鎊高估 10%。

相對購買力平價理論
匯率變動率等於兩國通膨率的差距。

2. 相對購買力平價理論 (relative purchasing power parity hypothesis) 均衡匯率應隨兩國通膨率調整，或匯率變動率等於兩國通膨率的差距。

$$p_t = e_t p_t^*$$
$$p_{t+1} = e_{t+1} p_{t+1}^*$$

就上述兩式相除，可得：

$$\frac{p_{t+1}}{p_t} = \frac{e_{t+1} p_{t+1}^*}{e_t p_t^*}$$

$$\frac{p_t(1+\pi)}{p_t} = \frac{e_t(1+e_t^*)p_t^*(1+\pi^*)}{e_t p_t^*}$$

$$(1+\pi) = (1+e_t^*)(1+\pi^*)$$

$$\pi = \pi^* + e_t^* + e_t^*\pi^*$$

$$e_t^* = \frac{\pi - \pi^*}{1+\pi^*} \quad 或 \quad e_t^* = \pi - \pi^*$$

上述關係顯示：當匯率貶值率等於兩國通膨率的差額，相對購買力平價關係即成立。貨幣學派再引進貨幣數量學說，顯示兩國物價各與國內貨幣數量有關。

$$MV = py$$

$$p = M \cdot \left(\frac{V}{y} \right) = kM$$

M、V、p、y 分別是本國貨幣數量、貨幣流通速度、物價與產出，外國狀況亦相同（上標加星號）。兩國物價分別決定於各國貨幣數量：

$$p = kM$$

$$p^* = k^* M^*$$

再引進購買力平價理論的關係：

$$e = \frac{p}{p^*} = \frac{kM}{k^* M^*} = \theta \cdot \left(\frac{M}{M^*} \right)$$

就上式取對數再對時間微分，可得匯率貶值率等於兩國貨幣成長率的差額：($d \ln \theta / dt = 0$)

$$\dot{e}_t = \dot{M} - \dot{M}^*$$

知識補給站

　　《經濟學人》推出大麥克指數是目前最通俗的購買力平價指數，藉由比較各國麥香堡售價，來衡量一國貨幣兌換美元匯率是否「正確」，顯示一國貨幣是否存在升貶值空間的最簡便參考指標。事實上，貨幣購買力平價指數調查的商品與服務項目高達 250 種，麥香堡只是《經濟學人》選取的有趣比喻，並非真正的比較基準。實務上，以麥香堡衡量購買力平價有其限制，如當地稅負、商業競爭力及漢堡材料的進口稅，可能無法反映該國整體經濟狀況。尤其許多國家人民在麥當勞這樣的國際快餐店進餐甚至比當地餐館貴，各國對麥香堡需求也不同。在美國，低收所得家庭可能一週幾次在麥當勞進餐，但馬來西亞低收入者可能就不曾吃過麥香堡。

　　大麥克指數基於購買力平價理論，前提是兩國貨幣的匯率將調整至均衡水準，促使一籃子商品在兩國售價相同（一價法則）。在大麥克指數中，「一籃子商品」就是麥香堡，而以國幣計算的麥香堡價格除以他國貨幣表示的當地麥香堡價格可得大麥克指數，並用於與實際匯率比較：指數低於實際匯率代表國幣匯率低估；反之，指數高於實際匯率意味著國幣匯率高估。至於選擇麥香堡的原因是：許多國家均有供應麥香堡，各地製作規格相同，並由當地麥當勞經銷商負責為材料議價，這些因素讓麥香堡成為同質商品，符合購買力平價理論的前提。

　　在 2007 年 7 月初，《經濟學人》調查美國麥香堡售價 3.41 美元，中國售價 11 元人民幣，台灣售價台幣 75 元。不論何地，同品質麥香堡應有相同價值，是以 3.41 美元 = 11 元

人民幣 = 75 元台幣，亦即 1 美元等於 3.23(11/3.41) 元人民幣，而中國官方匯率卻是 1 美元換 7.6 元人民幣，顯然低估 58%(1 − 3.23/7.6)，台幣低估 33%，兩岸貨幣嚴重低估。相對亞洲國家幣值低估，歐洲國家貨幣卻顯現高估，以相同麥香堡的售價衡量，冰島和挪威幣值高估達 123% 和 102%；瑞士、丹麥和瑞典的幣值也高估達 49% 以上。從大麥克指數反映各國幣值（相對美元）來看，大體而言，富裕國家幣值大都高估（唯一例外是日圓低估 33%），新興國家幣值則都低估。

　　《經濟學人》接續在 2004 年 1 月推出中杯鮮奶咖啡指數 (Tall Latte index)，以星巴克咖啡取代麥香堡，揭示該連鎖店的全球擴展。隨著外匯市場感受 iPod 音樂播放機的魅力，澳洲聯邦銀行 (Commonwealth Bank) 在 2006 年 8 月推出 iPod 指數，以全球 26 國的 2GB iPod Nano 售價來衡量各國貨幣價值和購買力。比較各國匯率和購買力後，發現巴西的 iPod 價格 327.71 美元最貴，較第二名的印度售價貴 5.44 美元，比最便宜的加拿大價格貴一倍以上。在主要生產地中國的 iPod 售價 179.84 美元，發明地美國僅需 149 美元。該銀行的首席經濟學家 Craig James 指出這個現象很有趣，在中國銷售 iPod 幾乎無運輸成本，價格卻排在中間，並非最便宜。

觀念問題

❖ 台灣寶成實業製造的球鞋行銷全球，其台幣價格若由原先的 850 元上漲至 935 元，而美國製造的同品質球鞋價格卻仍維持不變。依據購買力平價理論，新台幣匯率將如何變動？該項結論必須立基於何種假設？

❖ 試說明絕對與相對購買力平價理論的差異性？

❖ 台灣主計總處預估 2009 年通縮率為 1%，美國商務部預估通膨率為 2%，依據相對購買力平價理論，台幣對美元匯率將如何變化？

❖ 在 1990 年代初期，日圓兌換美元的匯率由 140 升值為 132，而當時日本通膨率為 2%。依據購買力平價理論，試計算當時的美國通膨率應該為何？

❖ 何謂一價法則與大麥克指數？如何從大麥克指數推論一國幣值在外匯市場被高估或低估？為何外匯市場無法讓一價法則充分體現？

❖ 主計總處公布台灣消費者物價指數從 100 上升為 120，試回答下列問題：

(a) 台幣的購買力變動多少？

(b) 在同一期間內，台灣貿易對手國的物價維持不變，則依據購買力平價理論，台幣匯率會升值或貶值？

(c) 若台灣貿易對手國物價指數從 100 上升為 130，則依據購買力平價理論，台幣匯率會升值或貶值？

10.3.2　利率評價理論

Keynes 在《貨幣改革論》(*A Track on Monetary Reform*)(1923) 中率先提出利率平價理論 (interest rate parity, IRP)，認為各國利率差異直接影響短期資金在國際間移動，從而引起匯率變化。Paul Einzig 接續在《遠期外匯理論》(1931) 和《外匯史》(1937) 中提出動態利率平價的「交互理論」(theory of the reciprocity)，認為套利資金移動除影響遠期匯率外，也會影響即期匯率和利率，從而提供由金融帳決定短期匯率的理論基礎。Keynes 指出利率平價理論若要放諸四海皆準，前提是「跨國資金自由移動」(無外匯管制)、「足夠套利空間」(扣除稅負與交易成本) 以及「龐大套利資金」(足以影響匯率與利率)，三者缺一不可。

利率平價理論
預期匯率貶值率等於兩國利率差額。

基於上述前提，風險中立者追求利益，在國際市場進行跨國金融操作，須評估各地預期報酬率，在本國投資一年所獲本息為 $(1 + i)$，赴海外投資若未採取拋補 (uncovered) 操作策略，所獲本息為 $\frac{1}{S_t}(1 + i^*)E(S_{t+1})$。當兩者報酬率相等，代表在本國與外國投資並無差異，資金將無移動現象。由此相等關係將可推演出國際 Fisher 效果 (international Fisher effect)：

國際 Fisher 效果
預期匯率貶值率等於兩國利率差額。

$$1 + i = (1 + i^*)\left[\frac{E(S_{t+1})}{S_t}\right] = (1 + i^*)(1 + \dot{e}_t^e)$$
$$1 + i = 1 + i^* + \dot{e}_t^e + i^* \dot{e}_t^e$$
$$i - i^* = \dot{e}_t^e(1 + i^*)$$

i、i^* 是本國與外國利率。由上式可解出預期匯率貶值率 $\dot{e}_t^e$ 將等於：

$$\dot{e}_t^e = \frac{i - i^*}{(1 + i^*)}$$

假設 $\dot{e}_t^e \, i^* = 0$，預期匯率貶值率等於兩國利率之差：

$$\dot{e}_t^e = i - i^*$$

金融國際化蔚為金融發展潮流。在浮動匯率制度下，公司營運面臨的匯率風險迅速擴大。為提供避險管道，央行在 1978 年 8 月 11 日開放銀行從事遠期美元業務，此即遠期外匯市場成立的先驅。遠期外匯 (forward exchange) 屬於店頭市場商品，公司須持進出口單據才可向銀行承作遠期外匯，繳交 3% 保證金或等值擔保品，並議定匯率 (遠期匯率)，直迄契約到期才進行交割。公

遠期外匯
公司須持進出口單據向銀行承作遠期外匯，繳交保證金或等值擔保品，並議定匯率，直迄契約到期才進行交割。

司可自行選擇承做時點，不過銀行將限制公司承做遠期外匯額度，期間以 180 天爲限，到期得展期一次。在契約到期，公司若未履約交割，銀行除沒收保證金，並要求繳付違約金（遠期外匯的匯率與到期日匯率間的差額）。舉例來說：高僑預期未來有外幣收入（支出），基於避險需求可評估預售（預購）遠期外匯。在契約到期日，高僑將收到的外幣以議定匯率賣出（或購入外幣支付外幣支出），以國幣表示的收入或支出不受到期日匯率波動影響，暴露在匯率風險的外匯部位爲零。

銀行訂定遠期匯率 F_t，可用跨國投資採取拋補操作策略推演而得。投資人從事國內金融操作所獲本息 $(1 + i)$，從事跨國金融操作並配合出售遠期外匯避險，結果將確定爲：

$$1+i = \frac{1}{e_s}(1+i^*) \cdot e_f$$

$$1+i = (1+i^*)\frac{e_f}{e_s} = (1+i^*)(1+\beta)$$

遠期外匯的溢酬或貼水可表示如下：

$$\beta = \frac{i - i^*}{1 + i^*}$$

遠期與即期匯率的差距將等於兩國利率差距：

$$\beta = \frac{e_f - e_s}{e_s} = i - i^*$$

若未考慮匯率預期因素，遠期匯率 e_f 將反映一同期間，持有國幣或外幣資金所獲利息收入的差距。國幣利率較高就應在匯率補貼外幣，以補償持有外幣僅能獲取較低的利息收入。外匯指定銀行根據該價格加減碼公開掛牌，預期未來匯率走勢平穩，純粹係以利率差距計算遠期匯率，當新台幣利率高於美元利率，遠期匯率將高於即期匯率，從而出現溢價，遠期匯率相對即期匯率貶值。反之，當新台幣利率低於美元利率，遠期匯率將低於即期匯率，從而出現折價，遠期匯率相對即期匯率升值。一旦兩種貨幣的利率相等，遠期匯率等於即期匯率，此即稱爲平價 (par)。

傳統遠期外匯在到期須實際交割，而無本金交割遠期外匯 (non-delivery forward exchange, NDF) 則是交易者無須提供實質商業交易的發票及訂單等交易憑證即可操作，到期只要交付結算日之即期（到期交割前兩個營業日上午十一點整之銀行間匯率）與遠期匯率差額部分即可，不過該項商品僅限國內外

無本金交割遠期外匯

無須提供實質商業交易及訂單等交易憑證即可操作，到期只要交付結算日之即期與遠期匯率差額部分即可。

法人（公司）操作。舉例來說，台塑與台銀在 2009 年 10 月 1 日訂立三個月新台幣美元 NDF 契約，約定三個月後以匯率 $(NT/US) = 32$ 自台銀購入 110 萬美元。若結算日的銀行間匯率 $(NT/US) = 33$，台塑在交割日無需支付 3,200 萬元購入美元，而台銀也無需出售 110 萬美元給台塑，僅需就遠期匯率與結算日即期匯率的差額支付 110 萬元新台幣給台塑即可。無本金遠期外匯的市場報價通常是以即期匯率加上契約期間天期的換匯點表示，換匯點 (swap point) 是指遠期匯率減去即期匯率的價差，如即期匯率 $(NT/US) = 32.5$，三個月 NDF 換匯點價格為 0.5 元新台幣，三個月期 NDF 報價將是新台幣 33 元。

換匯點
遠期匯率減去即期匯率的價差。

觀念問題

❖ 台灣金融市場在某年的三個月票券利率為 8%，而美國三個月票券利率為 4%，當時新台幣兌換美元的即期匯率 32.5。依據拋補利率平價理論，台銀訂定三個月遠期美元匯率為何？

❖ 試說明在何種情況下，未拋補利率平價理論與拋補利率平價理論才會成立？

❖ 美國聯準會藉由調整聯邦基金利率，來調節景氣與控制通脹。試回答下列問題：

(a) 聯準會調高聯邦基金利率，對國際美元走勢有何影響？

(b) 聯準會調高聯邦基金利率後，台灣央行會跟著調整利率嗎？

(c) 資料顯示，各國央行調整利率常有一致性動作出現。試問理由為何？

❖ 試說明在浮動匯率制度下，下列狀況對台幣兌換美元匯率的影響為何？

(a) 台灣經濟成長率相對高於美國經濟長率。

(b) 台灣央行調降利率幅度大於美國聯準會調降利率幅度。

(c) 台灣民眾對美國商品需求增加，而美國民眾對台灣商品需求下降。

(d) 美國消費者物價漲幅超越台灣消費者物價漲幅。

10.4　國際收支失衡調整

國際收支係反映在固定期間，本國與他國成員相互交易的結果。經由商品貿易與跨國資金移動，跨國商品市場與金融市場漸趨整合，國際收支失衡將體現在景氣振盪與相互蔓延擴散。國際收支失衡原因眾說紛紜，重要類型如下：

1. **季節性失衡**　產銷季節調整而引發貿易活動變化，如農業國出口以具有季節性變動的農產品為主，國際收支失衡多數屬於該範疇。

2. **偶發性失衡** 隨機因素干擾釀成國際收支失衡，如農業國氣候驟變而讓穀物歉收，不僅出口銳減且須大量進口糧食、工業國出現大規模罷工癱瘓交通運輸，進而波及進出口。

3. **循環性失衡** 各國景氣循環階段未必相同，本國繁榮而擴張進口，貿易對手國衰退而進口乏力，本國貿易餘額容易淪為赤字。

4. **結構性失衡** 本國商品供需結構未能配合國際市場供需變化調整，國際收支勢必陷入長期結構性失衡。國際間減少對本國商品需求而引起價格下跌，或減少供給本國商品而推動價格上漲，在本國未能調整貿易結構下，將導致國際收支赤字。

5. **跨國資金移動** 國際金融市場風吹草動將引發熱錢亂竄套利，而長期資金外移或實施外匯管制均可能釀成國際收支失衡。

6. **貨幣性因素** 央行執行量化寬鬆，除引發物價上漲導致出口減少、進口增加，貿易餘額出現赤字外，更因利率持續降低引起資金外移，也讓金融帳出現逆差。

一般而言，政府追求國際收支平衡為對外經濟目標，而與追求自然就業、穩定通膨和經濟成長等國內經濟目標並駕齊驅。在國內外經濟活動相互干擾下，國際收支失衡或外部失衡 (external equilibrium) 透過各種傳遞機制影響國內經濟活動，造成內部失衡 (internal equilibrium)。國際收支長期逆差勢必醞釀國幣貶值壓力，央行為穩定匯率，將需拋售外匯、緊縮貨幣供給而影響本國生產和就業。隨著央行持有外匯準備下降，勢必影響對外金融實力，降低本國信用評等。相反的，國際收支長期鉅額盈餘，外匯準備累積造成貨幣供給擴張，勢必推動物價上漲甚至釀成通膨。尤其是本國國際收支盈餘意味著他國陷入赤字，必然影響他國經濟狀況，引起國際摩擦而不利於國際經濟關係。

接著，當國際收支長期失衡而難以逆轉時，政府可採下列策略矯正。

一、彈性方法 (elasticity approach)

體系達成自然就業後，國內外商品相對價格調整若能滿足 Marshall-Lerner 條件，將可改善國際收支，但須付出犧牲國內經濟穩定的調整成本。在國外物價固定下，本國物價（或匯率）波動將改變國際商品相對價格（貿易條件），透過需求移轉而影響國際收支。面對國際收支逆差，央行若未採取沖銷政策，本國將出現緊縮銀根現象。依據貨幣數量學說，本國物價相對外國物價下跌，將刺激出口擴張、進口減少。是以政府可採緊縮政策，透過物價下跌達到調整國際收支目的。

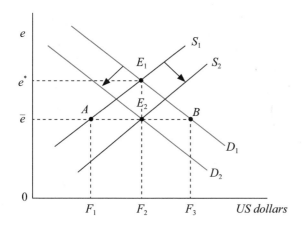

圖 **10-4**

彈性方法

在圖 10-4 中，當匯率固定在 $\bar{e} < e^*$（均衡匯率），本國將面臨國際收支逆差 F_1F_3。此時政府採取緊縮政策讓國內物價下跌，除減少進口帶動外匯需求曲線 D_1 左移至 D_2 外，出口增加則引起外匯供給曲線 S_1 右移 S_2，國際收支將於 E_2 點恢復平衡。另外，央行也可採取貶值策略，將匯率 $\bar{e}$ 貶值為 e^*，國產品相對舶來品變得便宜，有助於擴大本國出口與降低進口，國際收支則在 E_1 恢復平衡。至於相對物價或匯率變動能否改善國際收支，端視國內外出口供給彈性與進口需求彈性而定。在國內外出口供給具有完全彈性下，只要國內外進口需求彈性之和大於 1，亦即滿足 Marshall-Lerner 條件，調整兩者之一均能達到改善國際收支目的。

二、所得方法 (income approach)

在未充分就業體系，政府採取擴張政策改變國內所得而影響進出口，追求改善國際收支，成功與否將視貿易國的邊際進口傾向或進口需求所得彈性而定，調整成本為犧牲國內經濟穩定。依據 Keynesian-Cross 模型，小型開放體系達成均衡條件如下：

$$y = C(y) + I_0 + G_0 + X_0(y^*) - Z(y)$$

y 是本國所得，y^* 是外國所得，$C(y)$ 是消費函數，I_0 是投資支出，G_0 是政府支出，$X_0(y^*)$ 是出口取決於外國所得，$Z(y)$ 是進口函數，$B = X_0 - Z(y)$ 是貿易餘額。將上式移項，可得：

$$B = X_0 - Z(y) = y - C(y) - I_0 - G_0 = S(y) - I_0 - G_0$$

圖 10-5 顯示，$X_0 - Z(y)$ 與 $S(y) - I_0 - G_0$ 兩曲線相交決定本國所得 y_0，

此時貿易餘額 $B = X_0 - Z(y) = 0$ 達成平衡。本國廠商擴大投資支出為 I_1，帶動 $S(y) - I_0 - G_0$ 曲線右移至 $S(y) - I_1 - G_0$。由於小型開放體系無法影響外國經濟活動 (y_0^* 不受影響)，故無國外回饋效果而讓本國出口不變。是以本國達成均衡，所得上升至 y_1，帶動進口擴張而讓貿易餘額陷入逆差 $B = X_0(y_0^*) - Z(y_1) = y_1 E < 0$。如果本國係大型開放體系，本國景氣擴張帶領進口增加，反映外國出口擴張帶動其景氣擴張，外國所得從 y_0^* 增加 y_1^*，勢必擴大進口而為本國帶來回饋效果。當國外回饋效果發揮作用，本國貿易餘額曲線將由 $X_0(y_0^*) - Z(y)$ 曲線右移至 $X_1(y_1^*) - Z(y)$ 曲線，均衡所得擴大為 y_2，貿易餘額逆差則降為 $B = X_1(y_1^*) - Z(y_1) = y_2 F < 0$。此種現象顯示：大型開放體系存在國外回饋效果，本國自發性支出（消費、投資及政府支出）變動引發所得擴張較大，$y_0 y_2 > y_0 y_1$，國際收支逆差較小，$y_2 F < y_1 E$。

圖 10-5

所得方法

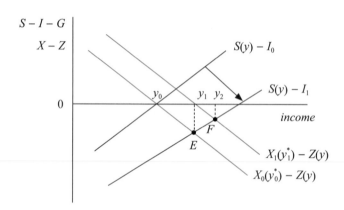

三、所得支出方法 (income-absorption approach)

　　政府採取權衡政策影響本國所得與支出，透過兩種調整力量改善國際收支：

　　1. 所得及誘發性支出變動　貿易餘額變動等於所得與支出變動量的差額。
　　2. 調整支出以改善國際收支　效果端視所得變動幅度與邊際支出傾向而定。

　　依據 Keynesian-Cross 模型，體系達成均衡條件如下：

$$y = C + I + G + X - Z$$
$$= A + B \tag{10.1}$$

國內總支出
體系內消費、投資與政府支出三者總和。

$A = C + I + G$ 為國內總支出 (domestic absoption)，$B = X - Z$ 為貿易餘額。上式顯示貿易餘額（國際收支）是國民所得與國內支出的差額：

$$B = y - A \qquad (10.2)$$

再將國內支出設定為所得的函數:

$$A = \theta y - D \qquad (10.3)$$

θ是邊際支出傾向等於邊際消費與投資傾向之和,D是貶值直接影響支出效果。將 (10.3) 式代入 (10.2) 式:

$$B = (1 - \theta)y + D \qquad (10.4)$$

依據上式內涵,影響匯率貶值效果的因素可說明如下:
- 所得效果　在未充分就業下,貨幣貶值效果包括:
  1. 閒置資源效果 (idle resources effect)　本國若有閒置資源,貶值將擴大出口與減少進口,兩者變動再誘發乘數效果勢必擴大本國產出。

  2. 貿易條件效果 (terms of trade effect)　在匯率貶值初期,貿易條件惡化導致實質所得減少t,由於進出口無法迅速改變,貿易餘額惡化將等於t。爾後,實質所得降低t將減少支出θt(部分係直接減少進口,部分由原生產非貿易財的資源移至生產出口財及進口替代財),貿易餘額因而改善θt數量。總之,匯率貶值造成貿易條件惡化,對貿易餘額影響是$t - \theta t = (1 - \theta)t$,唯有$\theta > 1$,貶值才會改善貿易餘額。

- 直接支出效果　體系處於自然就業或支出傾向大於1,匯率貶值推動物價上漲,削減消費與投資支出方能改善貿易餘額,效果有二:
  1. 緊縮銀根效果　匯率貶值釀成物價上漲,在國幣供給固定下,人們保有實質餘額減少,不僅緊縮商品與勞務支出,同時出售金融資產換成貨幣,造成金融資產價格滑落與利率揚升,接續削減實質消費與投資支出,進而改善貿易餘額。
  2. 所得重分配效果　匯率貶值引發物價上漲,有利於資本所得者而不利於勞動所得者。前者邊際支出傾向小於後者,匯率貶值釀成所得重分配將降低體系總支出,有助於改善貿易餘額。

開放體系出現支出大於產出而導致國際收支逆差,解決之道不外乎增產或節流,政府可採下列兩種政策:
  1. 削減支出政策 (expenditure-reducing policy)　國際收支逆差係因總需求大於總供給 ($B = Y - A < 0$) 所致,政府緊縮信用與預算或直接管制,將可削減支出改善貿易餘額,並因緊縮國內支出釀成物價下跌,有助於擴張出口

與減少進口（貿易餘額改善），此即間接支出移轉效果。

2. 移轉支出政策 (expenditure-switching policy)　包括匯率貶值政策（緊縮支出誘導國內物價下降）與選擇性貿易管制政策（如關稅、補貼及配額限制）。前者誘使人們移轉舶來品支出至國貨，後者促使人們移轉舶來品支出至國貨，有時也激勵出口而希望外國支出能移轉至購買本國產品。

四、貨幣學派

國際收支純屬貨幣現象，官方清算餘額波動將影響準備貨幣數量與貨幣供給。官方清算餘額變化顯示國際收支失衡完全是貨幣供需失衡所致，超額貨幣需求經由外幣流入而獲得滿足，國際收支因而出現順差。反觀超額貨幣供給透過國幣外流而獲得紓緩，國際收支卻呈現逆差。唯有當體系內國幣供需趨於一致，國際收支將達成長期均衡。若不考慮利率影響，開放體系的名目貨幣需求可表為：

$$M^D = kPy \tag{10.5}$$

以下將利用表 10-3 說明開放體系貨幣供給變動狀況。表 10-3A 是央行資產負債表，資產包括外匯準備 F、央行向財政部或大眾買進國庫券或公債而釋出準備貨幣，此即構成國內信用 D_C 部分；負債則是央行發行的通貨毛額 C，由銀行庫存現金（超額準備）與在央行存款（法定準備）C_B、以及大眾持有通貨 C_P 構成，$F + D_C = C$。

表 10-3A
央行資產負債表

資產	負債
外匯準備 F	通貨毛額 C
國內信用 D_C	

表 10-3B 為銀行資產負債表。負債係吸收大眾存款 D，資產則是庫存現金（超額準備）與在央行存款（法定準備）C_B、銀行放款與投資證券則構成另一國內信用 D_B 部分，$C_B + D_B = D$。

表 10-3B
銀行資產負債表

資產	負債
庫存現金與在央行存款 C_B	存款 D
國內信用 D_B	

累加上述兩個資產負債表而為表 10-3C，金融體系資產包括央行的外匯準備、央行與銀行共同創造的國內信用，$D_A = D_B + D_C$。負債包括央行的通貨毛額扣除銀行庫存現金與在央行存款後的淨額，亦即流通在外通貨淨額 $C_P = C - C_B$ 和銀行存款 D，而 $F + D_A = C_P + D$。

資產	負債
外匯準備 F	通貨淨額 $C_P = C - C_B$
國內信用 $D_A = D_B + D_C$	存款 D

表 10-3C
金融體系資產
負債表

體系內貨幣供給可定義為：

$$M^S = C_P + D$$
$$= F + D_A \tag{10.6}$$

就上式取變動量，兩邊同時除以 M^S：

$$\dot{M}^S = \alpha \dot{F} + (1-\alpha)\dot{D}_A \tag{10.7}$$

開放體系的貨幣成長率等於外匯準備與國內信用成長率的加權平均，權數分別為外匯準備占貨幣供給比例 α 及國內信用占貨幣供給比例 $(1 - \alpha)$。將上式移項：

$$\dot{F} = \frac{\dot{M}^S}{\alpha} - \frac{(1-\alpha)}{\alpha}\dot{D}_A \tag{10.8}$$

上式涵義為：外匯準備成長率取決於貨幣供給與國內信用成長率，只要知道決定兩者成長率的變數，即可由貨幣成長率變化解釋國際收支變化的來龍去脈。在固定匯率制度下，央行無法控制貨幣供給，貨幣數量取決於貨幣需求，其成長率等於通膨率 π 與實質產出成長率 $\dot{y}$ 之和：

$$\dot{M}^D = \dot{M}^S = \pi + \dot{y} \tag{10.9}$$

依據相對購買力平價理論，匯率變動率等於兩國通膨率差額：

$$\dot{e} = \pi - \pi^* \tag{10.10}$$

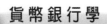

在固定匯率制度($\dot{e} = 0$)下，上式將變爲 $\pi = \pi^*$，亦即本國通膨率等於外國通膨率。將其代入 (10.9) 式，可得國幣供給（需求）成長率等於外國通膨率與本國實質產出成長率之和：

$$\dot{M}^S = \pi^* + \dot{y} \tag{10.11}$$

央行若要穩定匯率，國幣供給須隨外國物價與本國實質所得變動調整。再將上式代入 (10.8) 式：

$$\dot{F} = \frac{1}{\alpha}\pi^* + \frac{1}{\alpha}\dot{y} - \frac{(1-\alpha)}{\alpha}\dot{D}_A \tag{10.12}$$

上式涵義爲：本國國際收支將視外國通膨率、本國實質產出與國內信用兩者成長率而定。對本國而言，外國物價及經濟成長率決定於外生變數，在固定匯率制度下，央行僅能透過控制國內信用影響國際收支，國際收支順差或逆差全視國內信用鬆緊而定，本質上屬於貨幣現象。在國際貿易與資金移動無障礙下，小型開放體系採取固定匯率制度，原先若處於國際收支平衡狀況，依據前述觀點，國際收支變化係反映貨幣市場失衡：

$$B = \triangle M^D - \triangle M^S \tag{10.13}$$

當本國物價與利率維持不變時，貨幣需求變動量可表爲：

$$\triangle M^D = k\triangle Y \tag{10.14}$$

假設央行未採取擴張國內信用措施，$\triangle M^S = 0$，國內貨幣需求波動只能從國外獲得滿足（反映在外匯準備變動），國際收支餘額變動將等於貨幣需求變動，(10.13) 式簡化爲：

$$B = \triangle M^D = k\triangle Y \tag{10.15}$$

上式意謂著小型開放體系出現經濟成長，將促使國際收支盈餘擴大或改善國際收支，此與 Keynesian 學派看法（經濟成長導致國際收支惡化）相反：

1. 經濟成長導致國際收支惡化，係誤將貿易餘額視爲國際收支餘額。不過兩者說法可獲調和，只要經濟成長造成金融帳改善程度超越經常帳惡化程度，國際收支自可獲得改善。

2. 所得提高將增加貨幣需求，在貨幣供給固定下，超額貨幣需求唯有倚賴國際收支順差、國際準備資產累積才能獲得紓解，在其他情況不變下，經濟成長率提高必然改善國際收支。

五、直接管制 (direct control)

在管理浮動匯率制度下，面臨國際收支逆差，政府採取緊縮政策可能擴大失業；採取貶值政策並不適用暫時性失衡，且須視 Marshall-Lerner 條件而定；採取調整金融帳政策誘使跨國資金流入，除加重利息負擔外，長期也未必改善國際收支。尤其是體系處於外匯準備匱乏狀態，政府無法採取上述措施來因應國際收支失衡，只好改採直接管制來紓緩國際收支逆差。

- **貨幣管制**
  1. 外匯管制　央行干預外匯市場，或間接管制商品進口與資金外移，主要策略包括外匯收入必須售予指定外匯銀行、出口商僅能接受可充作外匯準備的外幣、實施外匯配額、以及管制本國資金外流或引進外資。外匯管制政策雖可紓緩國際收支逆差，但須搭配外匯配給才能成功，從而形成外匯黑市。此外，外匯管制有利於進口替代 (import substitution) 產業發展，資源由出口產業轉向進口替代產業，扭曲資源配置。
  2. 複式匯率 (multiple exchange rates)　央行針對貿易財類型採取不同匯率計價，達到鼓勵出口、限制進口目的。不過此舉促使高匯率進口財的國內價格偏高，低匯率進口財的國內價格偏低，提供高價格進口替代品增產誘因，同時減產低價格進口替代品，從而扭曲資源配置。尤其是實施複式匯率的行政手續繁瑣，妨礙貿易活動進行，且耗費龐大行政費用釀成實質資源浪費。

  > **複式匯率**
  > 央行針對貿易財類型採取不同匯率計價。

  3. 開發信用狀保證金比例　廠商進口前需先將固定比例的進口金額存入銀行，增加其利息負擔而類似課徵進口關稅，有助於抑制進口意願。
- **財政管制**
  1. 關稅 (tariff)　財政部對進口財課徵關稅，提高進口財相對進口替代品價格，削弱其競爭力。此舉發揮保護進口替代產業效果，卻扭曲資源配置，原先用於生產出口財或非貿易財資源將移往生產進口替代財，該兩部門生產將會萎縮，不利於改善國際收支。
  2. 補貼　政府針對出口產業與進口替代產業進行金融或財政補貼，改變貿易餘額，不過財政窘困的開發中國家卻難以負荷，而且扭曲該國比較利益與資源配置。

六、貿易管制

1. **配額** 政府在固定期間限定某種商品進口的最大數量，規定輸入商品須先取得主管官署許可。進口配額促使國內外市場完全隔離，價格機能運作受到嚴重破壞。

2. **官方貿易獨占** 政府設立機構統籌國際貿易活動，視實際情況管制進出口數量，維持國際收支平衡。在市場經濟下，實施官方貿易獨占勢必損及經濟自由化，大幅降低經濟效率。

除直接管制外，政府亦可採取下列策略紓解國際收支失衡：

1. **政府採購** 政府本身或鼓勵國民購買國貨，降低購買舶來品。

2. **行政留難** 嚴加審查進口簽證、檢疫、通關與產品規格等。

3. **關口估價** 透過高估進口財價格加重關稅負擔，達到限制進口數量目的。

4. **附條件貿易** 要求貿易對手國出口時，需向本國購買產品或進口某一數量。

5. **差別限制** 管制貿易順差國商品進口，對貿易逆差國產品則未設限。

觀念問題

❖ 試說明國際收支失衡類型？

❖ 試由所得支出方法說明影響匯率貶值效果的因素？

❖ 試說明貨幣學派對小型國家經濟成長造成國際收支改善的理由？

❖ 依據國民所得會計帳恆等式，小型開放體系的國際貿易餘額可表為：

$$B = X(e) - Z(e, y) = S(y) - I(r^*)$$

B 為淨貿易餘額，e 為匯率，S 為本國儲蓄，y 為本國所得，I 為本國投資，r^* 是國際利率。在所得不變與國際利率下滑下，試說明政府採取擴大內需政策，對本國貿易餘額與匯率升貶值的可能影響。

10.5 最適政策搭配

在開放體系，政府追求充分就業、物價穩定、經濟成長、所得分配平均化及國際收支平衡等目標。不過經濟成長屬於長期動態問題，所得分配涉及政治、社會、制度及傳統價值觀等非經濟因素，是以在短期靜態模型中，政府通常追求充分就業與物價穩定的內部平衡，以及國際收支平衡的外部平衡。為求達成全面平衡目標，政府可以採取許多策略解決，不過 Tinbergen(1952) 指出

魚與熊掌不可兼得,「追求 N 個獨立經濟目標,至少須具備 N 種獨立且有效的政策工具」。爾後,Mundell(1962) 指出只要適當搭配財政與貨幣政策,體系全面平衡將可水到渠成,此即搭配法則 (assignment rule) 或稱有效市場分類原則 (principle of effective market classification)。

搭配法則

又稱有效市場分類原則。每一政策工具針對一個目標,在目標偏離最適水準時依規則調整,則在分散決策下,仍有可能實現最適目標。

Jan Tinbergen (1903 ~1994)

　　出生於荷蘭 Hague。任教於 Amsterdam 大學以及 Rotterdam 的荷蘭經濟學院。此外,Tinbergen 也曾任職於荷蘭統計局與國際聯盟顧問 (League of Nations),並於 1969 年基於在建立總體模型與擬訂政策上的貢獻,尤其是提出 Tinbergen 法則:「經濟政策目標與工具數量必須一致」而獲頒諾貝爾經濟學獎。

一、Swan 模型

　　在圖 10-6 中,YY 曲線是體系達成自然就業與物價穩定的內部平衡軌跡,呈現負斜率的理由是:當國內支出較少,則需倚賴匯率貶值擴大出口與減少進口,才能維持內部平衡。BB 曲線是國際收支(或貿易餘額)平衡的外部平衡軌跡,呈現正斜率係因國內支出少則進口少,匯率必須升值才能維持國際收支平衡。在內部平衡軌跡 YY 曲線右方,表示在國內支出固定下,匯率偏高;或匯率固定下,國內支出過多,係屬通膨區域。反之,該軌跡左方則屬失業區域。在外部平衡軌跡 BB 曲線左方表示在國內支出固定下,匯率偏高;或匯率固定下,國內支出過少導致出口大於進口,係屬國際收支順差區域。反之,該線右方為國際收支逆差區域。當 YY 與 BB 兩條軌跡相交於 E 點,表示開放體系達成全面平衡,體系可劃分成四個區域:

　　區域Ⅰ:通膨與國際收支順差。

　　區域Ⅱ:失業與國際收支順差。

　　區域Ⅲ:失業與國際收支逆差。

　　區域Ⅳ:通膨與國際收支逆差。

　　Swan(1955) 指出當開放體系處於內外失衡之際,政府只要適當調整匯率與支出兩種政策工具,即可達成全面平衡目標。在圖 10-6 中,若外部平衡軌跡 BB 斜率小於內部平衡軌跡 YY,匯率政策對外部平衡發揮影響較大,支出

政策對內部平衡影響效果顯著，政府部門順勢操作自可達成目標；若採反向操作方式，結果與目標背離愈遠，反而釀成體系不穩定。反之，若外部平衡軌跡斜率大於內部平衡軌跡，匯率政策對內部平衡發揮影響力較大，支出政策對外部平衡發揮較大影響，政府應以匯率政策追求內部平衡、支出政策追求外部平衡，才能同時達成全面平衡目標。

圖 10-6

Swan 模型的內部與外部均衡

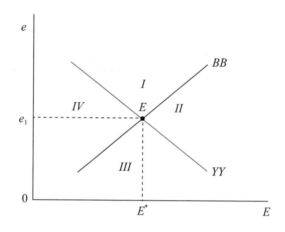

在訊息不全下，Swan 指出政府通常無法獲知充分均衡位置所在，面對短期失衡，可考慮採取進口管制策略，放任匯率（反映工資與成本）在長期逐漸調整，此舉將可減輕不確定性釀成無法決策的困擾。

Trevor Swan (1918~1989)

　　出生於澳洲 Sydney。任教於 Sydney 大學、澳洲國立大學，擔任政府顧問而為澳洲建立總體政策架構。Swan 與 Solow 提出新古典成長理論，為現代經濟成長理論奠定基礎。

二、Mundell 模型

　　Mundell(1962) 考慮跨國資金移動與訊息不全後，將 Swan 的支出調整政策劃分為貨幣與財政政策，運用動態調整方法探討最適政策搭配問題，消除訊息不足衍生的困擾。一般而言，財政政策透過調整政府收支改變所得而影響經常

帳，貨幣政策則透過支出變動改變所得而影響經常帳，同時也透過利率變動影響金融帳。由此顯示：貨幣政策通常較財政政策更能影響國際收支，政府宜以貨幣政策紓解外部平衡，財政政策應付內部平衡。換言之，Mundell(1962) 基於 Samuelson(1947) 所指體系動態調整而能達成穩定的對應原理 (correspondence principle)，另行提出有效市場分類原則，強調政策工具應與其能發揮顯著影響的目標配合。政府若未遵循是項原則，勢必造成體系循環式波動，甚至釀成不穩定現象。

對應原理

體系動態調整而能達成穩定的原理。

若將總體模型中的目標變數（充分就業與國際收支平衡）視為政策變數（財政政策以預算盈餘 τ 表示，貨幣政策以利率 i 代表）的函數，則開放體系達成內部平衡，國內總需求恰好等於自然產出 y^*：

$$y^* = E(\tau, i, y^*) + X - Z\big[E(\tau, i, y^*)\big] \atop{-,-,+} \tag{10.16}$$

E 是國內支出，X 是出口，Z 是進口。外部平衡係指在固定匯率制度下，資金淨流出 F 等於出口淨額 $(X - Z)$：

$$B = X - Z[E(\tau, i, y^*)] - F(i) = 0 \tag{10.17}$$

就上述兩式全微分，可得內部平衡軌跡 YY 與外部平衡軌跡 BB 兩線斜率：

$$\frac{d\tau}{di}\Big|_{YY} = \frac{-E_i}{E_\tau} < 0$$

$$\frac{d\tau}{di}\Big|_{BB} = \frac{-(F_i + mE_i)}{mE_\tau}$$

假設財政部與央行決策權相互獨立，只要讓各自政策分別釘住相對具有影響力的目標，則無須確知經濟結構，也無須了解政策變數必須等於何值，自然能在調整過程中邁向同時達成各自目標。依據前述分析，央行採取貨幣政策處理外部平衡，財政部以財政政策解決內部平衡，當外部平衡軌跡 BB 斜率小於內部平衡軌跡 YY 斜率，開放體系將可達成穩定均衡。在圖 10-7 中，在跨國資金移動缺乏利率彈性 $F_i = 0$ 下，BB 線斜率將等於 YY 線斜率（兩者合一）。假設跨國資金移動具有利率彈性，$-\infty < F_i < 0$，BB 線斜率小於 YY 線斜率，兩線交點 E 代表全面均衡。在利率固定下，YY 線右方代表預算盈餘（緊縮財政政策）偏高而導致失業，左方則是預算盈餘偏低（寬鬆財政政策）釀成通膨。在預算盈餘固定下，BB 線右方代表利率偏高（緊縮貨幣政策）導致國際收支

順差，左方則是利率偏低（寬鬆貨幣政策）導致國際收支逆差。當體系處於失衡區 I 的 A 點（失業與國際收支順差），由於 B 線斜率小於 Y 線斜率，財政部宜針對失業採取擴張財政政策、央行針對國際收支順差採取寬鬆貨幣政策，體系將朝 AE 箭頭方向變動。同理，體系處於失衡區 III 的 C 點（通膨與國際收支逆差），財政部宜針對通膨採緊縮財政政策、央行針對國際收支逆差採緊縮貨幣政策，體系將朝 CE 箭頭方向變動。

總之，當外部平衡軌跡斜率小於內部平衡軌跡時，政府基於財政政策對內、貨幣政策對外，依據失衡情況適當搭配兩種政策，終將促使開放體系朝全面均衡點收斂。反之，若外部平衡軌跡斜率大於內部平衡軌跡，則財政政策用於達成外部平衡時將較具效率，政府應改弦易轍以財政政策解決外部失衡，而以貨幣政策應付內部失衡。

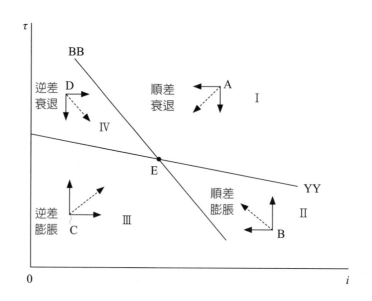

圖 10-7
Mundell 模型的
內部與外部均衡

Robert A. Mundell (1932~)

出生於加拿大 Ontario。曾經任職於國際貨幣基金、任教於 Chicago 大學、Columbia 大學。Mundell 曾經擔任聯合國、國際貨幣基金、世界銀行等國際機構，加拿大、歐洲國家政府及美國聯準會顧問。Mundell 鑽研國際金融理論，系統化建立國際金融模型，成為國際金融領域的先行者和預言家。此外，Mundell 倡導以貨幣方法來解決國際收支失衡問題，倡議建立歐元而獲得「歐元之父」稱譽，並於 1999 年獲頒諾貝爾經濟學獎。

問題研討

小組討論題

一、選擇題

1. 依據 Mundell 政策搭配法則，當體系出現景氣過熱和國際收支逆差，政府應該採取何種政策？　(a) 調高利率和緊縮政府支出　(b) 擴大政府支出和調高利率　(c) 量化寬鬆政策和擴大減稅政策　(d) 量化寬鬆政策和大幅加稅政策

2. 美國聯準會採取量化寬鬆政策，促使跨國資金湧進台灣投資台股。央行為穩定台幣匯率，進行外匯市場干預。此種干預措施可能難以奏效，試問可能原因為何？　(a) 國內反通膨壓力遽增　(b) 央行持有外匯準備不足　(c) 缺乏跨國合作和政策協調　(d) 缺乏國際融資來源

3. 香港金融管理局採取將港幣釘住美元的聯繫匯率制度。隨著美國聯準會持續採取量化寬鬆政策，將對香港產生何種衝擊？　(a) 香港貿易帳將出現逆差　(b) 香港出口將會萎縮　(c) 金融管理局必須賣超美元才能穩定港幣匯率　(d) 金融管理局持有外匯準備將會激增

4. 央行經研處估計台幣匯率迴歸式如下：$e = a + b(M - M^*) + c(y - y^*) + d(i - i^*)$，$e = \dfrac{NT}{US}$ 為台幣兌換美元匯率，M 是台灣貨幣數量，y 為台灣所得，i 為台灣利率，$*$ 代表對應的美國變數。依據貨幣學派說法，有關該迴歸結果的係數符號為何？ (a) $b > 0, c > 0, d < 0$　(b) $b < 0, c < 0, d < 0$　(c) $b > 0, c > 0, d > 0$　(d) $b < 0, c > 0, d < 0$

5. 台北外匯經紀公司觀察台灣金融帳餘額變化，發表書面報告，何種說法係屬正確？　(a)Morgan-Stanley 賣出台股獲利了結，將資金匯回美國，將造成台灣貨幣供給緊縮　(b) 美商高盛證券前進台灣股市，將引起美元匯率升值　(c) 國防部向美國大量採購飛彈，將造成台灣金融帳逆差　(d) 央行調整外匯準備組合，將部分美元資產轉為歐元資產，此舉對台幣匯率並無影響

二、問答題

1. 在 1990 年代，法國和德國通膨率及對匯率預期都相同，不過法國政治和經濟不確定性高於德國。在 1990 年代，法國出現幾次政治變動導致法郎數度貶值。依據國際 Fisher 效果，兩國預期利率是否相同？為什麼？

2. 何謂管理浮動匯率制度？該制度與浮動匯率制度有何差異？在該制度下，

政府擬定政策目標在維持該國出口競爭力，試問央行應該如何執行貨幣政策？干預外匯市場是否會對國內經濟活動造成其他影響？

3. 試評論國際短期資金移動對匯率的影響。

   (a) 一國利率上升引起國際短期資金內移，匯率趨於貶值。

   (b) 短期資金移動透過國際收支影響匯率，一國實際利率提高促使經常帳餘額出現順差，引起匯率升值；反之，則會引起匯率貶值。

   (c) 利率變動將對即期和遠期匯率產生影響，高利率國家的即期匯率升值，遠期匯率出現貼水。

4. 試說明本國利率上升會引起本國匯率升值或貶值？試以利率平價理論與貨幣學派的匯率決定理論進行分析，並說明兩種理論觀點的主要差異。

5. 何謂外匯存底？政府是否可運用外匯存底來融通公共建設支出？

6. 在1980年代，台灣與美國的名目利率分別為8%與4%，試回答下列問題：

   (a) 假設兩國的實質利率相同，試依據國際 Fisher 方程式來推測兩國間的預期通膨率有何差異？

   (b) 假設購買力平價理論也成立，試預測美元兌換新台幣匯率將會如何變化？

   (c) 投資顧問建議可向美國的銀行借款，然後存入台灣的銀行，中間即可賺取利差 4%，試問這個建議有何考慮不周之處？

7. 在浮動匯率制度下，下列狀況對新台幣匯率造成何種影響，試說明當中理由為何？

   (a) 美國景氣好轉。

   (b) 美國商務部發布的通膨率超過台灣。

   (c) 美國聯準會提高重貼現率。

   (d) 金管會開放國內投資人持有國外連動債。

   (e) 台灣在簽訂 ECFA 後，廠商出口大陸將無須課徵進口關稅。

8. 針對下列跨國交易（以美元計價），試說明對台灣國際收支帳個別帳戶餘額影響，以及如何影響台灣外匯市場的美元供需，進而說明對匯率的影響。

   (a) 台灣民間捐款 20 餘億元台幣，救助大陸四川大地震的災民。

   (b) 國際油價巨幅攀升造成中油的購油支出劇增。

   (c) 美商證券將在台灣股市賺取的資本利得與股息 30 億元台幣匯回美國。

9. 針對下列跨國交易，試說明對國際收支帳各帳戶的影響。

   (a) 台灣宏碁電腦出售 30 億美元設備給中國大陸廠商，後者透過英商渣打銀行支付這筆交易。試問此項交易對台灣國際收支帳的影響？

   (b) 日本投資銀行 Nikko 為其日本客戶購買美國 30 年公債 5,000 萬美元，Nikko 利用其在美國芝加哥第一國家銀行帳戶內的美元支付該筆交易。

試問此項交易對美國國際收支帳的影響為何？

(c) 美國財政部授權聯邦準備銀行紐約分行干預外匯市場。紐約分行以其做為國際準備的日圓和歐元買入 80 億美元。試問此項交易對美國國際收支帳的影響為何？

(d) 美國派軍進入中東協助建立民主國家，墨西哥和巴西政府為表支持，分別捐出 5 億美元，而兩國政府捐款來自賣出原先持有做為國際準備的美國公債。試問此項交易對美國國際收支帳的影響為何？

三、計算題

1. 元大投信考慮將 33.5 億元新台幣投資美股 3 個月，若以即期匯率 $\frac{NT}{US} = 33.5$ 結匯，預期年報酬率為 15%。另外，假設投資台股 3 個月的預期報酬率為 5.4%，試回答下列問題：

   (a) 元大投信未採避險措施，當 3 個月後的台幣升值至 $\frac{NT}{US} = 33.3$，該項跨國投資策略是否成功？

   (b) 元大投信前往遠期外匯市場賣出 3 個月期美元避險，假設預售遠期美元無成本，試問花旗（台灣）銀行應將遠期匯率訂為多少，才不會造成套利現象？

   (c) 元大投信前往花旗（台灣）銀行購買外匯賣權，權利金為 1,000 元，執行匯率為 $\frac{NT}{US} = 33.5$。假設 3 個月後即期匯率為 33.3，則該投資策略是否成功？

   (d) 元大投信與花旗（台灣）銀行訂定區間遠匯契約，匯率區間在 32.8～33.1 之間，假設 3 個月後的即期匯率落在 33，則該投資策略是否成功？

2. 何謂名目有效匯率與實質有效匯率指數？假設 C 國的貿易對手國只有 A 與 B 國，相關資料如下表所示。試據以編制 C 國的實質有效匯率指數，並依該指數說明該國名目匯率的可能走勢？（匯率是 C 國貨幣可換取之他國貨幣）

時間	對 A 國貿易值 （出口，進口）	對 B 國貿易值 （出口，進口）	匯率 (A，B)	物價指數 (A,B,C)
2008	100,80	150,120	10,10	100,100,100
2009	120,60	140,100	12,14	158.4,154,110

3. 下表是品質相同的麥香堡在各國的當地價格，與美元對各國貨幣的匯率。試計算美元在各國外匯市場是高估或低估？

國家	當地價格	匯率（每一美元）
美國	US2.2	
台灣	NT65	32
日本	Yen370	86
香港	HK8.6	7.79
新加坡	SD2.6	1.88

4. 假設一片 CD 在美國售價 \$16，英國售價£6，日本售價¥3,500。假設匯率分別為 \$2/£1 與¥200/\$1，試問美英與美日間的實質匯率為何？假設日元與美元目前匯率為¥250/\$1，日本利率為 6%，美國為 7%，依據利率平價理論，未來預期匯率為何？

5. 上市大貿易商高林實業的應收帳款係採美元計價，收款期限為 1 年。面對未來一年台幣匯率變化莫測，財務部評估將在外匯市場避險。試回答下列問題：

   (a) 假設美國利率為 2%，台灣利率為 3%，目前即期匯率是 30.5 台幣兌換 1 美元。假設外匯市場預期匯率變動率不變，財務部決定與台銀簽訂預售 1 年期遠期美元，試問台銀訂定的遠期美元匯率為何？

   (b) 假設 1 年後台幣兌換美元即期匯率變為 31.5，試問財務部採取預售美元策略是否成功？

   (c) 財務部為規避美元匯率風險，評估利用美元選擇權來避險，但又不想支付權利金，試問要如何操作才可達到目的？

6. 下表是台灣在 2014 年的國際收支平衡表相關資料，試據以計算當年台灣的貿易餘額、經常帳餘額、金融帳餘額與國際收支餘額，試說明其為順差或逆差。

項目	借方	貸方
商品 f.o.b.	84	73
直接投資	1	2
投資所得	7	2
其他勞務所得	7	8
民間無償性移轉	2	3
旅行	3	8
政府無償性移轉	0	0
證券投資	1	0
其他長期資本	0	2
短期資本	0	2
運輸	4	6
誤差與遺漏淨額	0	1

7. 有關台灣外匯市場與貨幣市場相關資料如下

即期匯率　$e_s = \dfrac{NT}{US} = 32.5$

遠期匯率　$e_f = \dfrac{NT}{US} = 32$

貨幣市場利率　台灣年利率 $i_t = 5\%$，美國年利率 $i_a = 8\%$。試回答下列問題：

(a) 何謂拋補的利率平價理論？在此例中，拋補的利率平價理論是否成立？

(b) 何謂未拋補利率平價理論？在此例中，台幣被預期升值或貶值？

網路練習題

1. 請連結央行 (http://www.cbc.gov.tw) 與財政部網站 (http://www.mof.gov.tw)，查閱在 2008～2009 年金融海嘯期間，兩個政府部門曾經執行哪些政策，你認為這些政策的效果如何？

衍生性商品市場

個案導讀

2008 年 9 月金融海嘯引爆全球金融市場動盪，釀成 1930 年代以來最大的景氣衰退，市場競相指責是衍生性商品惹的禍。芝加哥商業交易所 (CME) 榮譽董事長 Leo Melamed 在 2009 年 11 月 23 日來台以《衍生性商品市場未來發展與挑戰》為題演說，批評法規不周全、華爾街金融業者貪婪與濫用衍生性商品係引爆金融海嘯元兇的說法，反而指出政府才是真正元兇。政府希冀「住者有其屋」，鼓勵消費者貸款購屋，但非人人都有能力負擔貸款本息。為落實政府美意，政府支持的房利美與房地美卻購買高達 1 兆美元的次貸資產進行證券化，藉以提供低利融資，但信評公司也搞不清楚證券化資產的風險所在。尤其在雷曼兄弟出事前一個月，聯準會擔心通膨膨惡化而固守 2% 利率，結果促使 30 天後整體市場遭受嚴重衝擊，甚至造成市場崩潰。

    在金融海嘯肆虐下，芝加哥商業交易所 (CME) 卻平穩無事。面對美國前五大投資銀行若非倒閉就是轉型，CME 未曾違約更無需政府紓困，此係期貨交易不僅有法規監理，更有保證金制度、商品定價制度及漲跌幅、部位限制等。是以 Melamed 表示，使用衍生性商品者必須了解風險所在，

「是人寫錯字而非鉛筆，故不該罵鉛筆」，現代金融市場若拋棄衍生性商品，經濟活動很可能退回石器時代。此外，Melamed 針對 CME 近期頻頻與韓國交易所合作，將韓國 KOSPI 指數選擇權放上 CME 的電子交易平台 Globlex，此舉不僅不會衝擊韓國交易所原本的交易量，反而帶動 KOSPI 商品國際化，全球交易人都可透過該商品進行風險控管。

Melamed 為衍生性商品除罪化的演說，引發本章探討衍生性商品市場特性與扮演角色的興趣，進而說明人們控管風險策略類型。隨後，將探討期貨、選擇權與金融交換等三大基本金融衍生性商品內涵，分別說明重要的衍生性商品內容。

11.1 衍生性商品類型與避險策略

衍生性金融商品係以基礎金融商品（股票、債券與外匯）為標的資產，或以外匯、債券、股票、票券等現貨價格衍生的金融商品。具體而言，衍生性金融商品是契約，價值是由交易雙方依據標的資產價值（匯率、利率、股票價格等）或其他指標（股價指數）決定。金融創新盛行帶動衍生性商品市場規模迅速成長，產品逐漸朝標準化（在交易所上市的期貨與選擇權）、以及特殊化（銀行針對客戶需求量身設計套裝產品，組合衍生性商品創新再衍生性商品）兩種方向發展。

一般而言，衍生性商品具有下列共通特質：

1. 槓桿操作　採取保證金或權利金的「以小博大」高槓桿方式操作，參與者運用少量資金大幅擴張信用操作，預期損益與風險大幅超越傳統金融商品，造成衍生性金融商品原先係為避險，但卻轉換成以投機性交易為主。

2. 表外交易　衍生性商品並無交易實體，係屬表外交易，並不直接引發資產負債表變化。衍生性商品係依交易標的資產價值變動計算盈虧，盈虧金額與時點難以認定評估，導致交易分錄（無交易實體）與評價（盈虧金額與時點）成為嚴重問題。

3. 高科技商品　衍生性金融商品訂價係利用數理統計原理求出，並非取決於市場供需，如 Fischer Black 與 Myron S. Scholes (1973) 利用物理學的「熱傳導原理」導出評價公式，稱為高科技產品並不為過。

4. 複雜多元化　基本衍生性商品與標的資產經過合成可創新再衍生商品，種類繁多且複雜。尤其是在店頭市場交易的衍生性金融商品，複雜程度超乎想像。

Myron S. Scholes (1941~)

出生於加拿大。任教於 MIT 、Chicago 與 Stanford 大學。1977 年基於建立選擇權定價模型而在財務金融理論、對衍生性商品交易發展發揮革命性影響,從而獲頒諾貝爾經濟學獎。

Fischer Black (1938~1995)

出生於美國華盛頓哥倫比亞特區。Black 是充滿傳奇色彩人物,畢生奮戰於華爾街,從未受過正式金融和經濟學訓練,卻是創立現代金融學基礎,獲得 Chicago 和 MIT 的終身教授頭銜,並與 Scholes 提出 Black-Scholes 選擇權定價模型,成為迄今為止最正確、最經典、應用最廣、成就最高的模型。Black 去世一年後,諾貝爾經濟學獎頒給 Scholes 與 Merton,Black 未能獲此殊榮。

經濟成員適當操作衍生性金融商品,對財務操作、風險管理或避險及資金調度將發揮正面效果。就金融監理當局而言,衍生性商品與現貨間的套利有助於提昇市場流動性和交易效率,兩者並行發展將讓金融市場健全完整。再從公司、金融機構、政府與投資人立場來看,衍生性金融商品發揮效果如下:

- 消除匯率或利率風險,降低融資成本與提昇資金運用效率。
- 提昇財務操作及資金調度彈性,擴大資金來源管道。
- 規避法令限制,調整財務結構促使資產與負債做更佳配合。

基於前述特質,經濟成員操作衍生性商品將面臨下列風險:

1. 市場風險　可用 Delta 係數衡量 (Delta = 商品價格變動金額 / 標的資產價格變動金額)。
2. 信用風險　通常以重置成本衡量,必須考慮當前風險(如交易對手現在違約的重置成本)及未來潛在風險(如交易對手在未來某時點違約的重置成本)。信用風險較難評估,通常以預期風險(未來所有可能重置成本的平

貨幣銀行學

均值）及最大風險（發生違約可能造成的最大損失）作為評估值。

3. **作業風險**　訂定相關規定與確實執行內部控制與稽核，將可降低該風險。

4. **流動性風險**　金融市場深度不足，意外事件發生將因缺乏交易機會或買賣價差過大，導致投資人無法在交割日或保證金追繳時付款的流動性風險。

5. **法律風險**　操作衍生性金融商品須確定交易對手合法性與有無主管授權。尤其是在個別衍生性金融商品交易完成前，必須評估交易契約的法律效力。

表 11-1 顯示基本衍生性商品與現貨資產的關係。基本上，衍生性商品的標的資產包括利率（債券）、匯率（外匯）、股價（股票）與商品價格（商品）等。

表 11-1
基本衍生性商品與標的資產

現貨資產 ＼ 衍生性商品	遠期契約	期貨	金融交換	選擇權 店頭市場	選擇權 交易所
利率（債券）	遠期利率協定	利率期貨	利率交換、利率貨幣交換	利率上限、利率下限、利率上下限	利率選擇權
外匯	遠期外匯	外匯期貨	利率交換、貨幣交換	通貨選擇權	
股票		股價指數期貨	股權交換	股票（指數）選擇權	
商品	遠期商品契約	商品期貨	商品交換	商品選擇權	

圖 11-1 顯示基本衍生性商品彼此間的關係。隨著金融創新盛行，為因應客戶需求，金融市場重新組合基本衍生性商品，創新多元化商品，如遠期交換、期貨選擇權、交換選擇權、交換期貨、交換期貨選擇權等，此即再衍生性商品。

圖 11-1
基本衍生性商品間的關係

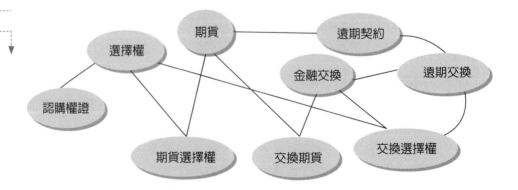

326

經濟成員面臨風險多元化，不過廠商營運中的某些交易價格風險存在自然對沖效果。只要任何原料成本提昇可反映到商品售價上漲，就具有內生避險機能 (internal hedging mechanism)，如廠商採取海外融資並持有外幣資產，則不論匯率升貶，資產負債價值同向變動即會產生自然對沖效果。經濟成員運用衍生性商品避險，係以衍生性商品損益彌補現貨資產損益。避險操作除利用單一衍生性商品外，並可結合標的資產、期貨、選擇權與交換，創造合乎本身需求的避險組合。反之，在面臨市場狀況變動，經濟成員持有資產部位無法自我沖銷風險，必須透過衍生性商品移轉風險由他人承擔，則屬外部避險機能 (external hedging mechanism)。避險操作策略可依下列標準分類：

內生避險機能
在營運過程中，廠商從事某些交易的價格風險具有自然對沖效果。

外部避險機能
經濟成員持有資產無法自我沖銷風險，必須透過衍生性商品移轉風險由他人承擔。

• 避險目標

1. **個體避險 (micro hedging)**　針對個別資產或負債的價格風險避險。
2. **總體避險 (macro hedging)**　考量整體資產與負債狀況，針對內生避險互沖後的剩餘風險避險。舉例來說，電子業同時擁有銷售商品的外幣收入與進口原料的外幣成本支出，透過調配現金流量而達成部分規避匯率變動風險。利率上升雖讓保險業的資金成本上升，然而收益也相對增加，具有部分互沖風險效果。

個體避險
針對個別資產或負債的價格風險避險。

總體避險
考量整體資產與負債狀況，針對內生避險互沖後的剩餘風險避險。

• 避險時間

1. **連續性避險 (continuous hedging)**　投資人希望將資產價格控制在某一範圍，針對資產價格變化持續操作衍生性商品避險。
2. **選擇性避險 (selective hedging)**　面對資產價格波動可能產生不利影響，投資人才進場操作衍生性商品，享有資產價格波動對其有利的利益。舉例來說：在股市下挫之際，投資人不願認賠賣出持股，改採放空台灣股價指數期貨避險，運用期貨空頭部位來規避股票多頭部位的風險。

連續性避險
投資人希望將資產價格控制在某一範圍，針對資產價格變化持續操作衍生性商品避險。

選擇性避險
面對資產價格波動可能產生不利影響，投資人才進場操作衍生性商品。

• 避險商品

1. **直接避險 (direct hedging)**　利用與現貨相同的期貨避險，追求現貨與期貨部位損益互抵。
2. **交叉避險 (cross hedging)**　避險操作績效取決於期貨與現貨的相關性，兩者是否同一商品並非必要。同樣商品的價格變化自然存在相關性，然而需要運用的期貨若不存在或未在市場交易，僅能選擇其他與現貨高度相關的期貨避險。實務上，使用金融期貨避險多數屬於交叉避險，如針對股票的避險操作，可利用各種指數期貨進行對應避險。

直接避險
利用與現貨相同的期貨避險，追求現貨與期貨部位損益互抵。

交叉避險
需要運用的期貨不存在或未在市場交易，僅能選擇與現貨高度相關的期貨避險。

過度避險
利用期貨避險數量多於現貨部位。

避險不足
利用期貨避險數量少於現貨部位。

靜態避險
依據避險期間選擇避險比例及投資變動組合 (beta 值)。

動態避險
利用衍生性商品與現貨組成之資產組合保險，依據市場價格變動隨時調整衍生性商品部位，以改變組合 beta 值。

多頭避險
持有股票或預擬投資股票者預期股價上漲，可建立股價指數期貨多頭部位。

空頭避險
持有股票或預擬出售股票者預期股價下跌，可建立股價指數期貨空頭部位。

- 避險數量

  1. 過度避險 (over-hedging)　利用期貨避險數量多於現貨部位。舉例來說，台灣股價加權指數在 8,000 點（每點 200 元），每口期貨契約值 160 萬元，投資人持有 1,100 萬元股票，放空 7 口股價指數指貨將是過度避險。
  2. 避險不足 (under-hedging)　利用期貨避險數量少於現貨部位。

- 避險狀態

  1. 靜態避險 (static hedging)　依據避險期間（一週、一個月、甚至一年）選擇避險比例 (h) 及投資變動組合 (beta 值)，除非避險原因消失，否則無需調整。
  2. 動態避險 (dynamic hedging)　利用衍生性商品與現貨組成之投資組合保險，依據市場價格變動隨時調整衍生性商品部位，以改變組合 beta 值。動態避險係在執行投資組合保險，須在風險性資產價格上升時，增加持有風險性資產部位；反之，則降低持有比例。

- 持有衍生性商品部位

  1. 多頭避險　持有股票或預擬投資股票者預期股價上漲，可建立股價指數期貨多頭部位。
  2. 空頭避險　持有股票或預擬出售股票者預期股價下跌，可建立股價指數期貨空頭部位。

觀念問題

❖ 何謂直接避險與交叉避險？試說明人們採取交叉避險的原因為何？
❖ 台銀持有美元資產，並賣出美元期貨來建立避險部位，如此操作的理由為何？
❖ 中租控股係屬跨國租賃公司，為規避資產與負債組合風險，財務部評估採取靜態避險與動態避險策略，試問兩者差異為何？
❖ 何謂衍生性商品？試說明衍生性商品的種類？衍生性金融商品有哪些功能？期貨與選擇權的交易所與結算所提供哪些功能？

知識
補給站

　　以下舉例說明投資人採取單一股票與投資組合避險的結果。

　　(1) 單一股票避險　2000 年 9 月 11 日爆發 911 事件，張無忌擁有台積電股票 20 張，擔心難以出脫手上股票，遂在 9 月 13 日開盤即在期貨市場賣出台灣加權股價指數期貨避險。2000/9/13 的台積電股價落在 59 元，持有台積電股票總市值為 118 萬元，而當時的台股指數期貨為 3,865 點，契約價值約為 77 萬元，是以張無忌在 9/13 當日以跌停價位 3,865 點賣出 2 口台指期貨避險。直迄 9/24 時，台股跌深反彈，張無忌決定在 3,510 點價位回補先前放空之期貨部位。此時台積電股價也由先前之 59 元下跌至 47.5 元，綜合此次避險交易損益如下所示：

現貨部位：$(47.5 - 59) \times 1,000 \times 20 = -230,000$ 元
期貨部位：$(3,865 - 3,510) \times 2 \times 200 = 142,000$ 元
損益 $= -230,000 + 142,000 = -88,000$ 元

　　張無忌採取避險後，將原先可能損失 23 萬元降為 88,000 元，在股票流動性不足時，仍有機會操作期貨避險，適時縮小損失。

　　(2) 投資組合避險　張無忌持有多種股票，可先依據持股計算相對之權數。同樣以 9/13 收盤價計算目前持有台積電、聯電、中華電、華碩、鴻海等五種股票之持股比例與相關資料如下所示。

股票名稱	持有股數	9/13 收盤	市值（千）	投資組合權數
台積電	20,000	59	1,180	0.16
聯電	20,000	35.9	718	0.10
中華電	20,000	42.8	856	0.12
華碩	20,000	121	2,420	0.33
鴻海	20,000	109	2,180	0.29

　　張無忌當時持有股票總市值為 7,354,000 元，而 1 口台指期貨契約價值約為 83 萬元，是以現貨價值與 1 口期貨價值的比例約為 9:1，在考慮避險時可放空 9 口台指期貨契約。在 9/13 開盤時，以跌停價位 3,865 點賣出 9 口台灣加權指數期貨避險，同樣在 9/24 跌深反彈時回補先前放空之期貨部位，回補在 3,510 點價位。當時之投資組合個股股價及損益如下所示：

股票名稱	持有股數	9/13 收盤	9/24 收盤	損益（千）
台積電	20,000	59	47.5	−230
聯電	20,000	35.9	28.1	−156
中華電	20,000	42.8	42.3	−10
華碩	20,000	121	96.5	−490
鴻海	20,000	109	98	−220

此次避險交易損益如下：

現貨部位：$(-230)+(-156)+(-10)+(-490)+(-220)=-1,106,000$ 元

期貨部位：$(3,865-3,510)\times9\times200=639,000$ 元

損益 $=-1,106,000+639,000=-467,000$ 元

張無忌採取避險後，將原先可能損失 110 萬元降為 467,000 元。

　　從上述說明可知，若能利用指數期貨避險，對習慣作多持有股票的操作者而言，不啻是一種良好輔助工具，將可大幅減少股市下跌造成的損失。不過投資人採取避險操作，仍有特定風險存在，如期貨與現貨的基差，若出現不合理基差時，有時較難掌握最佳進場操作點。另外，持股市值與期貨契約價值不會相等，是以會出現口數誤差而形成不完全避險。再則，進出場時機選擇也會影響避險操作績效。

11.2 期貨市場

11.2.1 期貨市場組織

　　台灣期貨市場發展係採先開放國外期貨交易、再建立國內期貨市場兩階段。立法院在 1992 年 6 月通過《國外期貨交易法》，財政部證期會於 1993 年底核准 14 家國內及 9 家國外期貨經紀商設立，專營期貨經紀商的最低資本額為 2 億元新台幣，期貨自營商為 4 億元，增設一家分支機構為 1,500 萬元。台灣在 1994 年 4 月成立第一家期貨經紀商仲介國外期貨交易。爾後，行政院在 1997 年 6 月公布《期貨交易法》取代《國外期貨交易法》，稍後在 1997 年 9 月成立期貨交易所，成立期貨集中交易市場，並於 1998 年 7 月 21 日推出「台灣證券交易所股價指數期貨契約」第一個期貨商品。爾後，1999 年 7 月 21 日再推出「台灣證券交易所電子類股價指數期貨」及「台灣證券交易所金融保險

類股價指數期貨」。

期貨市場參與者包括交易人、專業人員、金管會證期局與自律組織。期貨投資人可至期貨商、兼營期貨業務之證券商或期貨交易輔助人處開戶，三者差異如下：

1. **專營期貨商** 分為經紀商及自營商。前者接受客戶委託買賣期貨與選擇權，並接受客戶委託開設期貨交易帳戶，承作證期局核准之國內外交易所的衍生性商品。後者則是自行買賣期貨與選擇權賺取差價。

2. **兼營期貨商** 證券商兼營期貨業務，僅能承作證券相關期貨業務，如股價指數期貨經紀業務。

3. **期貨交易輔助人** 協助期貨經紀商招攬客戶，接受客戶下單再轉單給期貨經紀商，但不得經手保證金業務。目前僅證券經紀商得申請成為期貨交易輔助人，業務範圍包括招攬、開戶、接單及轉單，但因不能與期交所連線，須轉由其委任期貨商執行委託交易。

在期貨市場，投機者操作期貨追求價差，並非規避現貨風險。風險怯避者規避現貨價格風險，以期貨交易價差沖銷持有現貨多頭部位的盈虧。兩類交易者相輔相成，避險交易若無投機者承接，將大幅提昇避險成本，而投機者也須依賴避險者操作，方能維持期貨和現貨的穩定關係及流動性。另外，套利者同時買賣現貨與期貨賺取無風險利益，兼具投機與避險性質，卻讓兩者分野愈趨模糊。在國內期貨市場交易流程中，委託人、期貨商與期交所三者間的關係可用圖 11-2 表示。

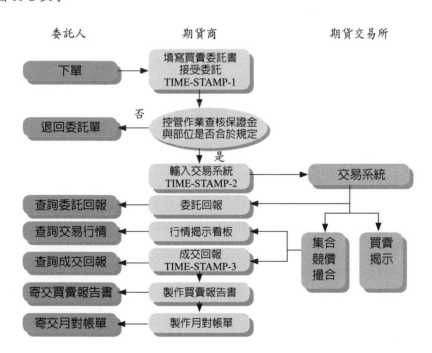

圖 11-2

國內期貨交易流程

至於期貨市場專業人員扮演角色可說明如下。投資人須在期貨經紀商開立帳戶，將交易訂單交給營業員，再轉給場內經紀人執行買賣與紀錄。期貨商將報導所有交易活動，每月定期提供投資人交易紀錄與月底保證金帳戶餘額的月報。另外，中介經紀商從事招攬或接受期貨契約、商品選擇權買賣訂單委託，為期貨經紀商介紹客戶。至於期貨交易顧問藉由出版品、文件或電子媒體，提供未來商品契約（如選擇權）價值訊息來獲取報酬。期貨基金募集投資人資金，由基金經理人代為操作期貨或選擇權。場內經紀人係在期貨市場為投資人執行商品期貨與選擇權交易者，代表客戶執行委託交易，獲取經紀服務費。期貨營業員代表期貨經紀商、中介經紀商、期貨交易顧問或期貨基金經理招攬訂單、客戶或客戶基金的銷售員或該銷售員的主管，提供服務包括：

1. 提供投資人相關資料及開戶手續。
2. 使投資人了解期貨交易的相關法規及程序。
3. 提供投資人所需的市場價格資訊。
4. 接受投資人委託單。
5. 回報交易結果。

期貨交易採取保證金交易，具有高槓桿的「以小博大」特性，促使資金控管顯得相當重要。在期貨市場，保證金是投資人從事期貨交易的履約保證，可分成兩層：上層是結算保證金（由結算所向結算會員收取保證金，以確保履約能力）與交割結算基金（期貨結算會員成立時，為確保履行交割義務繳交給期貨結算機構的金額），下層則是投資人保證金（由結算會員或期貨經紀商向下單客戶收取），類型如下：

1. **原始保證金 (initial margin)** 投資人下單委託買賣，須在帳戶先存入交易保證金，通常是契約價值的 5%～15%，並隨行情變動調整。

2. **維持保證 (maintenance margin)** 投資人持有期貨部位，需在帳戶保留的最低保證金額。一旦帳戶餘額低於維持保證金，期貨商即發出追繳通知，要求補足差額至原始保證金額度。投資人須在指定時間補足至原始保證金水準，否則結算所與期貨商將代為平倉 (cover/offset)。

3. **變動保證金 (variation margin)** 期貨結算價格變動引起調整之保證金。

4. **追繳保證金 (margin call)** 當帳戶餘額低於維持保證金，經紀商就會通知投資人補足，未於指定期限內補足，經紀商將強制平倉，此即俗稱的砍倉或斷頭。

5. **超額保證金 (excess margin)** 保證金專戶存款餘額超過原始保證金餘額。

台灣期貨交易所上市的台灣股價指數期貨，每口期貨的原始保證金為新台幣 7,5000 元，維持保證金為 58,000 元。趙敏考慮買入三口期貨，最少須存

原始保證金
投資人下單委託買賣，須在帳戶先存入交易保證金。

維持保證
投資人持有期貨部位，需在帳戶保留最低保證金額。

變動保證金
期貨結算價格變動引起調整之保證金。

追繳保證金
帳戶餘額低於維持保證金，經紀商將通知投資人補足的差額。

超額保證金
保證金專戶餘額超過原始保證金餘額。

入 225,000 元後才能交易。隨著該筆交易成交，每日結算損益，帳戶餘額須高於維持保證金 (3×58,000 = 174,000)，一旦低於維持保證金，期貨商將發出追繳通知，趙敏需補足至超過原始保證金。舉例來說，元大期貨依期貨交易所規定，要求趙敏維持保證金比率為 70%，而其目前帳戶餘額為 50,000 元。趙敏買入 30 口期貨契約，每口契約保證金 1,000 元，試問要補足多少金額才可恢復原來餘額？

　　趙敏買入 30 口期貨契約，每口契約保證金 1,000 元，共需存入原始保證金 30,000 元，而帳戶餘額原先為 50,000 元。在繳交原始保證金後，趙敏帳戶餘額僅剩下 20,000 元，但因維持保證金比率為七成，30,000 元的原始保證金需要 21,000 元的維持保證金，扣除原先帳戶餘額所剩的 20,000 元，須再存入 1,000 元方可恢復原來餘額。

　　期貨投資人的委託單通常以網路直接傳遞至期貨交易所，再以集合競價方式撮合交易，所有買價與賣價透過網路系統瞬間傳播各地。期貨商完成交易，須製作買賣報告書以便結算。交易所將同時輸入電腦報價系統，成交資訊立刻呈現在交易廳的報價看板，並透過資訊網路傳送市場行情提示系統。一旦訂單執行後，場內經紀人將成交資料背書後送給會員公司之交易櫃檯，打錄時間後回報投資人。實務上，除少數期貨進行實際交割外，由於商品交割日期、品質與數量通常不適合避險者需求而放棄交割，促使多數契約到期前即平倉。至於投機者追求差價而非保有現貨，自會規避交割。雖然多數投資人避免商品期貨進行實際交割，但契約仍有交割設計的規定：

1. 可交割之現貨商品範圍與品質。
2. 交割時間通常是最後交易日所屬月份。
3. 交割地點不同將享有不同折扣，以補貼運費與倉儲費用的差異。

　　一般而言，期貨交割條件均由賣方決定，並以相對期貨交割價格便宜的現貨交割，此係這些商品流通量較大且價格不易遭致壟斷。

11.2.2 遠期契約與期貨

　　廠商為掌握原料成本，與原料供給者約定在一定期限後以特定價格購買特定數量原料，此即遠期契約 (forward contract)。早在 12 世紀時，Flemish 商人利用稱為「de faire」的文件做為遠期商品的交易工具，文件主要說明未來特定時日買賣雙方交貨內容，此即遠期契約的前身。演變至今，遠期契約係針對特定標的物，買方同意在未來約定時日支付一定金額，以交換賣方特定數量標的物的契約。至於期貨是具有特定交割方式、交割期限（到期日）、固定商品規格及一定交割數量等性質的標準化遠期契約。早在西元前 2000 年的印度史料

遠期契約
廠商為掌握原料成本，與原料供給者約定在一定期限後以特定價格購買特定數量原料。

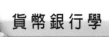

中即有期貨交易記錄，日本則在 16 世紀出現期貨交易型態，英國及日本商業活動在 17 世紀即盛行遠期契約，美國 Chicago 於 1848 年成立歷史上第一個期貨交易所。

在不考慮交易成本下，期貨市場屬於零和遊戲的市場，獲利者的利得即等於虧損者的損失，但這不代表期貨市場僅是提供投機者對賭的場所；相反的，期貨市場在經濟體系扮演相當重要角色，是健全金融體系不可或缺的部分。就期貨來說，其在體系內扮演的角色如下：

1. **價格風險管理** 經濟成員運用期貨於目前鎖定未來價格，以極小代價與較少資金有效管理風險，藉以降低或消除未來價格波動風險，賣方以此價格在未來交付商品，而買方則在未來收受商品。避險係期貨市場出現的主因，交易與套利則屬次要。

2. **價格發現** (price discovery) 依據持有成本理論，期貨價格是現貨價格加上持有現貨至期貨到期日的淨成本。實務上，期貨投資人依據目前市場狀況及相關訊息，評估未來現貨價格而做出交易決策，是以除持有成本外，期貨價格亦可反映到期日前影響現貨價格的各種因素，如市場供需變化、政治變動、經濟發展趨勢，甚至可能影響市場的環境變遷，均會反映於期貨價格。期貨交易係透過集中市場競價撮合，交易資訊均透過媒體公開揭露，促使期貨價格成為現貨市場價格的重要指標。尤其是套利者在現貨與期貨市場套利，促使期貨與現貨價格間維持合理關係，更強化期貨的價格發現功能。

3. **降低訊息壟斷。**

投資人持有期貨到期，期貨價格 F 將等於現貨價格 S，否則將買進低價者，並賣出高價者套利。依此原理，投資人初期買進現貨持有至到期賣出，將與直接購買期貨的價格相同。在持有現貨過程中，投資人支付儲存成本 C，持有標的資產產生的利益 R，而顯示彼此關係即是**持有成本理論** (cost-of-carrying theory)：

$$F = S + (C - R)$$

上式可運用在任何期貨定價。以債券期貨而言，R 係持有債券收取的利息；若就股票期貨來看，R 是持有股票的利得，C 是投資債券或股票的資金成本。當上式不成立，將會引來套利而使其趨於相等。若以**基差** (basis) 代表現貨與期貨價格的差距，

價格發現
交易雙方在一定期間與地方對某一商品品質與數量達成交易的過程。

持有成本理論
期貨價格將是現貨價格加上持有現貨至期貨到期日的淨成本。

基差
現貨與期貨價格的差距。

$$basis = S - F$$

基差為現貨與期貨價格之差，亦即現貨價格減去期貨價格，如台股加權指數為 6,196 點，加權台股期貨指數為 6,190，基差 = 6,196 - 6,190 = 6。基差係人們從事期貨與現貨套利活動的重要參考指標，短線投資人若依基差操作而不看價格交易，將屬於基差交易者。依據現貨與期貨價格的價差，期貨市場劃分為：

- 正常市場 (normal market/contango market)　期貨價格高於現貨價格，遠期期貨價格高於近期期貨價格。
- 逆價市場 (inverted market/backwardation market)　期貨價格低於現貨價格，遠期期貨價格低於近期期貨價格。

一般係以「基差絕對值」變大 (widening) 或變小 (narrowing) 來說明基差變化，而基差變化對採取多空避險的影響如下：

正常市場
期貨價格高於現貨價格，遠期期貨價格高於近期期貨價格。

逆價市場
期貨價格低於現貨價格，遠期期貨價格低於近期期貨價格。

	空頭避險	多頭避險
正常市場（正價差）	變小有利	變大有利
逆價市場（逆價差）	變大有利	變小有利

以下舉例說明基差變化（絕對值）。如果基差由 -2.84 變為 -0.78，則絕對值為：

$|-2.84| = 2.84$

$|-0.78| = 0.78$

此時為基差變小。

如果基差由 0.78 變為 2.84，則絕對值為：

$|0.78| = 0.78$

$|2.84| = 2.84$

此時為基差變大。

有關期貨與遠期契約比較將列於表 11-2。

	期貨	遠期契約
契約標準化	有嚴格規定	交易雙方協議調整
交易方式	有集中交易市場（期貨交易所）	私下或櫃檯交易
履約風險	結算所背書保證	存在違約風險
違約風險	保證金交易制度	有風險，需慎選交易對象
解除合約義務	可採取反向操作或到期履約交割而解除合約義務	到期時需履約交割義務。

表 11-2

期貨與遠期契約的比較

期貨商品可分為商品期貨與金融期貨，前者包括農產品、金屬與能源期貨三大類，後者包括利率、匯率與股價指數三大類，標的物是外匯、債券、股價指數等金融商品，兩種期貨類型分別列於表 11-3。

表 11-3 期貨類型		
金融期貨	現股期貨	
	指數期貨	日經指數、S&P500 指數
	利率期貨	三十天利率、一個月 Libor
	外匯期貨	美元、馬克、日圓、瑞士法郎、英鎊
	債券期貨	
商品期貨	農產品期貨	農產品期貨、農畜期貨、食品、原料
	金屬期貨	貴金屬（黃金、白銀、白金）與基本金屬（銅、鋁、鎳、鋅、錫）
	能源期貨	石油、鈾、油、丙烷、天然氣

美國芝加哥商業交易所 (CBOT) 設立國際貨幣市場分部，1972 年 5 月推出外匯期貨後，各國交易所競相仿效，紛紛推出各自的外匯期貨，促使外匯期貨商品趨於多元化，進而引發創新金融期貨風潮。芝加哥期貨交易所 (CME) 在 1975 年 11 月率先推出利率期貨（吉利美的抵押憑證期貨），美國堪薩斯期貨交易所 (KCBT) 在 1982 年 2 月推出綜合股價指數期貨，顯示三大類金融期貨的結構初步形成。金融期貨具有期貨的一般特點，標的資產是傳統金融商品，如證券、貨幣、匯率、利率等，在 1980 年代以空前速度成長，成為期貨市場交易量最大的族群，占全部交易量超過 80%。

最後，期貨是標準化契約，其契約條件除成交價格外，其餘如標的物、合約規模、到期日、幣別、交易金額、交易時間等均為標準化規定。期貨交易採取公開競價決定買賣價格，標準化在於形成高效率及高透明度的交易市場。不過期貨的標準化亦衍生避險的困難，是避險者運用期貨避險必須注意的地方。

1. **交叉避險** 當期貨市場缺乏與需要避險的現貨相同的期貨時，避險者選擇與現貨價格連動密切的期貨間接避險，必須評估需要避險的現貨和期貨標的間的差異性。

2. **基差風險 (basis risk)** 此係指避險商品與被避險商品間價格變化不同衍生的風險。基差是現貨價格與期貨價格間的差額，金額並非固定。基差波動直接影響避險效果，此一情形在交叉避險尤為明顯。在運用期貨避險前，交易人應認真研究基差變化規律，選擇適合期貨契約與到期日。在避險過程中，亦要密切注意基差變化，計算基差風險，在基差出現重大不利變化，及時調整避險策略以控制基差風險。

基差風險
避險商品與被避險商品的價格變化不同衍生的風險。

觀念問題

❖ 人們持有現貨資產，在評估安排避險組合後，必須承擔風險將如何變化？

❖ 張三豐從事黃金期貨交易的名目交易本金為 500,000，依規定收取原始保證金 10%，維持保證金比例為 80%。如果張三豐的原始保證金餘額為 45,500，試問必須採取何種行動因應？

❖ 何謂基差？當期貨市場屬於正常市場或逆價市場型態時，基差將呈現何種特性？

11.2.3 股價指數期貨

股價指數期貨係 1980 年代創新的衍生性金融商品，以特定股票市場未來某時點的指數（如三個月或六個月後的發行量加權股價指數）為交易標的之契約，提供買方規避未來股價下跌損失，或賣方規避未來股價上漲損失。自1990 年起，股價指數期貨在世界重要股票交易所登場，交易量最多者以芝加哥商業交易所的 S&P500 為首，其次是紐約交易所 1,500 種股票綜合指數期貨與由 20 種績優股組成的主要市場指數 (MMI) 期貨。

股價指數期貨
以特定股票市場未來某時點的指數為交易標的之契約。

股價指數是反映股票組合價值的指標。投資人買賣股價指數期貨，相當於買賣列入計算指數的股票組合。期貨具有特定到期日，到期必須交割標的資產，不過股價指數並非商品，要如何交割呢？理論上，賣方可用指數內含的成分股票交予買方，實務上，股價指數包含的成分股票眾多，執行實物交割有其困難，是以改採現金交割。指數期貨規定指數衡量單位的現金價值，如台股指數期貨每點 200 元，交割時以每點的現金價值乘上台股期貨指數漲跌點數，以進場與出場兩個時點的指數差額計算盈虧，作為應付或應得金額而以現金結算。

股價指數期貨係以上市公司為母體，依產業別挑選具代表性的公司作樣本來計算指數值。國際金融市場採樣原則雖有不同，但通常符合三個條件：

1. 需能反映產業對資本市場的相對影響力。
2. 涵蓋固定數目且具有相當活絡性的股票。
3. 滿足期貨等衍生性商品市場的避險及套利需求。

股票與股價指數期貨交易的差異性頗大，投資人操作股價指數期貨，將可規避操作股票的缺陷：

1. 股價指數期貨代表大盤走勢，期貨市場甚難出現現貨市場的大戶效果。投資人了解大盤較了解個股容易，技術分析應用在股價指數的可信度高於個

股,從而降低非系統風險。

2. 投資股票將暴露在公司營運風險,而股價指數期貨係包含數百種股票的多元化投資組合,個股的非系統風險因而消失,僅需關注總體經濟環境變化即可。

3. 期貨交易具有高槓桿特性,期貨買單只要有相對賣單即可成交,不受現股多寡限制,放空與作多待遇相同。反觀股票信用交易受資券數量限制,尤其融券條件較嚴苛,無法享受如融資一般的待遇。

4. 期貨屬於未來到期契約,無籌碼限制,多頭或空頭面對條件相同。投資人採取沖銷操作彈性遠勝股票,只要擁有足夠保證金即可當日沖銷並無限制。

國際金融市場以台灣股市為交易標的資產的期貨,包括台灣發行量加權股價指數期貨(本土台股指數期貨、電子期貨、金融期貨等)、SIMEX 的 Morgan 台股指數期貨、CME 的道瓊台灣股票指數期貨與香港期交所的台灣指數期貨等四種,不過後兩者已經停止交易。台股指數期貨的每口契約價值為「加權指數 ×200 元」。以 1998 年 11 月 11 日的台灣證券市場收盤指數 8,398 為例,每口契約價值 8,398×200 = 1,679,600 元。舉例來說,張無忌預期台灣股市於 1998 年底將上漲至 8,800 點,遂買進一口台股指數期貨,成交指數 8,300 點。另外,趙敏預期亞洲金融風暴持續擴大,賣出一口台股指數期貨,成交指數 8,350 點。假設 1998 年 11 月 17 日的台股收盤指數為 8,700,兩人同時以相同股價指數平倉,損益分別為:

張無忌 (8,800 − 8,300)×200 = 100,000 元(獲利)
趙敏　 (8,350 − 8,700)×200 = −70,000 元(損失)

假設 11 月 17 日的台股收盤指數為 8,110,兩人同時以相同股價指數平倉,損益分別為:

張無忌 (8,110 − 8,300)×200 = −38,000 元(損失)
趙敏　 (8,350 − 8,110)×200 = 48,000 元(獲利)

Morgan-Stanley 公司在 1996 年編列攸關台灣股市的指數,納入該公司的新興市場指數組合,新加坡國際金融交易所 SIMEX 採用該指數作為期貨交易標的,挑選台灣 77 支具有產業代表性及流動性佳的股票,涵蓋台灣股市成交值 60%,於 1997 年 1 月 9 日掛牌交易。SIMEX 的 Morgan 台指期貨係以美元

交易，保證金爲 3,000 美元，無須繳交期交稅 0.025%，但需承擔匯率風險。Morgan 台指期貨漲跌單位是 0.1 點，損益爲美元 11 元。舉例來說，張無忌買進 Morgan 台指期貨一口，Morgan 台指上漲 11 點，獲利爲 11 美元 ×110 = 1,100 美元。

表 11-4 係股票與股價指數期貨的差異性比較。

項目	股票	股價指數期貨
功能	投資、募集資金、投機	投機、避險、套利
交易標物	個別公司股票	股價指數
財務槓桿	信用交易（融資或融券）	保證金交易
損益來源	價差、股利分配	價差
到期日	無到期日	到期日固定
籌碼限制	個別公司流通在外股數	無限制
放空限制	有融券配額限制	無放空限制
交易成本	成本較高	成本較低
結算時間	無需逐日結算	逐日結算
超額損失	除信用交外易外，最大損失僅限於原始投入金額	交易人損失可能大於原始投入金額
交割	成交後第二個營業日	到期以現金交割
風險	系統風險與個股非系統風險	系統風險
當日沖銷	須有信用交易帳戶，且事先聲明	符合保證金規定即可

表 11-4
股票與股價指數期貨的比較

11.2.4　遠期利率協定與利率期貨

財務部若無法掌握未來利息支出或收入流量，不僅無法效率管理現金流量，而且必須承擔利率風險。是以交易雙方針對未來開始的一段期間內，訂定固定利率與固定名目本金的遠期利率協定 (forward rate agreement, FRA)，就利息差額結算並不交換名目本金。遠期利率協定是管理利率風險的商品，買方用以規避利率上漲風險，賣方則可免於利率下跌風險。

遠期利率協定參與者包括交易商、投資機構及一般公司。交易商係具有新台幣利率衍生性商品交易商資格之銀行，證券公司須取得櫃檯買賣中心核發之新台幣利率衍生性商品營業許可，方具備交易資格。新台幣遠期利率協定之主要交易商報價資訊，可從美聯社資訊系統取得參考報價，契約規格通常爲「1×4」（意義爲一個月後的三個月期利率）、「3×6」（三個月後的三個月利

遠期利率協定
交易雙方針對未來開始的一段期間內，訂定固定利率與固定名目本金的契約，就利息差額結算，但不交換名目本金。

率）、「2×5」（二個月後的三個月）、「6×9」（六個月後的三個月）等，報價
形式如下：

FRA	1×4	2×5	3×6	4×7	5×8	6×9	9×11
交易商報價	1.93/1.83	1.95/1.80	1.95/1.75	2.00/1.80	2.00/1.80	2.00/1.80	2.00/1.80

以「1×4」報價 1.93/1.83 為例，表示針對一個月後之浮動利率指標（通
常為 90 天 BA 次級市場中價），交易商支付固定利率 1.83%、收取固定利率
1.93%。舉例來說，高僑預期六個月後將進口設備，並於三個月後支付 1,000
萬美元，財務部預測屆時美元利率將上漲，為鎖定利息支出遂與台銀訂定遠期
利率協定，支付「6×9FRA」固定利率，報價之協定利率為「5.6%～5.9%」，
雙方議定利率 5.9%、名目本金 1,000 萬美元。六個月後，市場利率果然上漲，
三個月市場利率（180 天 BA 次級市場報價）6%。在清算日，台銀需支付高僑
利息差額如下：

$$\frac{(6-5.9)\times 10,000,000 \times 90}{360 \times 100 + (6 \times 90)} = 2,463.05$$

6 個月

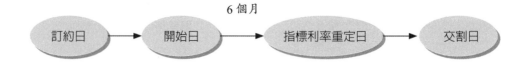

訂約日　→　開始日　→　指標利率重定日　→　交割日

高僑配合未來資金需求，六個月後以市場利率 6% 借入三個月資金，但因
承作 FRA 避險交易，資金成本固定為 5.90%，淨財務成本計算如下：

借入資金利息成本：$USD10,000,000 \times 6\% \times (90/360) = 150,000$
遠期利率協定利息差價收入：2,463.05
淨財務成本：$150,000 - 2,463.05 = 147,536.95$
$$147,536.95 \div 10,000,000 \times (90/360) = 5.90\%$$

財務成本 5.90% 即為原先 FRA 設定之資金成本。假設高僑在貨幣市場議價能
力較強，能夠取得低於指標利率 6% 的資金，如三個月利率 5.95%：

$$10,000,000 \times 5.95\% \times (90/360) = 148,750$$

遠期利率協定利息差價收入：2,463.05

淨財務成本：148,750 − 2,463.05 = 146,286.95

$$146,286.95 \div 10,000,000 \times (90/360) = 5.85\%$$

「亦即為 5.9% + (5.95% − 6%) = 5.85%」

反之，高僑當期若無法取得低於 6% 的資金，支付利率相對高於 5.9%。

在 1970 年代，兩次石油危機引發國際金融市場利率劇烈波動，利率風險飆漲，債券投資人追求規避利率風險，誘使美國芝加哥期貨交易所 (Chicago Board of Trade, CBOT) 在 1977 年推出美國長期公債期貨，提供規避利率風險的商品，吸引法人機構紛紛加入債券期貨交易行列。影響所及，在 1982 年 12 月，CBOT 宣布耶誕假期提前休市，美國財政部不得不延期標售預定發行之公債，理由是公債自營商標得公債後無法以期貨避險，導致標售公債將乏人問津。換言之，CBOT 公債期貨是否開市，將可左右公債標售之成敗，形成「不能避險，就不能標售」(no hedge, no auction) 的現象，顯見債券期貨對債券現貨市場的重要性。

債券期貨可分為兩類：

1. **短期利率期貨**　以金融同業拆款市場 3 月期利率為標的資產的期貨，用於鎖定未來資金成本或報酬率，借款人規避利率上漲風險，投資人避免未來報酬率下跌損失。

2. **長期利率期貨**　以 2～15 年到期的美國聯邦公債為標的資產的期貨，在未來期間以約定價格交付或收受一定數量、一定品質的債券，提供賣方規避未來債券價格下跌風險，買方規避未來債券價格上漲風險。

利率期貨特點包括：

1. 利率期貨價格與利率呈反向變動，即利率愈高，債券期貨價格愈低；利率愈低，債券期貨價格愈高。

2. 利率期貨主要採取現金交割方式，有時也採現券交割。現金交割是以銀行現有利率為轉換係數來確定期貨交割價格。

觀念問題

❖ 中租迪和與中信銀行簽訂「1×4」遠期利率協定，約定利率 8.5%、名目金額 1,000,000 元。在契約到期時，市場利率為 7%，一年為 365 天，但每月是以 30 天計算，該遠期利率協定的交割金額為何？

11.2.5 外匯期貨

在營運過程中，公司暴露在匯率風險的來源有二：

1. 從事國際貿易業務。
2. 在國際金融市場籌資或投資而形成外幣負債或資產部位。

外匯暴露 (foreign exchange exposure) 係指未預期匯率變化對公司資產與負債價值、競爭力或未來現金流量現值與財務報表結構產生衝擊的程度：

$$外匯暴露 = \frac{公司在時間T以國幣表示之未預期財務結構變化}{在時間T未預期匯率變化}$$

或　　　　　公司在時間 T 以國幣表示之未預期財務結構變化 =
　　　　　　外匯暴露 × 在時間 T 未預期匯率變化

外匯暴露係以經過物價平減的實質國幣價值變化來衡量，暴露對象涵蓋資產、負債等存量變數與公司營運所得流量變數，而依據未預期匯率變化對公司產生不同層面影響，將分為經濟暴露與會計暴露兩類。

- 經濟暴露 (economic exposure)

A. 交易暴露 (transaction exposure) 或契約暴露 (contractual exposure)　公司持有外幣資產或負債，其國幣價值受匯率波動影響的程度。舉例來說，華碩出口筆記型電腦 10 億美元，台幣收入將受兌換美元當時的即期匯率影響。在訊息不全下，華碩從接單、生產、出口、直迄收款的期間，應收帳款與獲利的國幣價值將因匯率波動而成為隨機值。該項交易暴露將如圖 11-3 所示劃分如下：

1. 報價暴露 (quotation exposure)　華碩在 t_1 點評估生產成本、時間成本與未來匯率走勢等因素後提出報價。在國外公司接受報價前，匯率波動將影響華碩原有的報價成本結構。

2. 積貨暴露 (backlog exposure)　國外公司接受報價並於 t_2 點下單，華碩在生產期間與出貨前，匯率波動將使產品價值發生未實現獲利或損失。

3. 請款暴露 (billing exposure)　筆記型電腦在 t_3 點裝船出貨，國外公司在 t_4 點收到貨品，完成驗收手續並支付貨款，華碩的實際營運收入在貨款入帳前存在不確定性。此外，華碩若向花旗銀行借入外幣融通，以國幣表示之還款金額將受匯率波動影響，此即還款不確定的交易暴露。

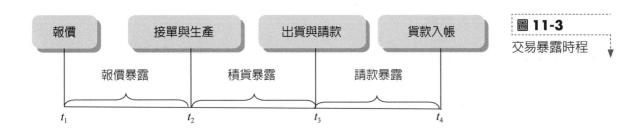

圖 11-3
交易暴露時程

　　匯率波動促使以國幣計價的營收暴露於交易風險，公司可評估採取下列避險策略，此即契約化避險 (contractual hedge)。

契約化避險
廠商利用金融市場的金融商品避險。

1. **遠期外匯**　預售或預購遠期外匯，不論未來匯率波動為何，外幣資產與負債的國幣價值將呈同向變動而相互抵銷。

2. **外幣融資**　將外幣資產質押給銀行而預借外幣，再兌換成國幣投資國幣資產。此舉相當於將未來外幣資產事先貼現，改以國幣資產形式保有。

3. **匯率選擇權**　預期未來國幣貶值，可支付權利金買入美元賣權，確保未來國幣收益下限，進而有機會賺取匯率貶值的額外匯兌收益。不過匯率貶值未如預期而不足以彌補權利金，勢必影響未來國幣收益。

B. 營運暴露或競爭性暴露 (competitive exposure)　未預期匯率變動衝擊公司競爭力，如市場結構、競爭對手市場策略與經濟開放程度等。縱使公司銷售對象與原料來源皆在本國，或銷貨與成本皆以國幣計價，然而匯率變化將改變外國公司在本國市場競爭力，衝擊本國公司營運。針對環境特性及財務結構，公司可評估下列策略降低營運風險。

營運暴露或競爭性暴露
未預期匯率變動衝擊公司競爭力。

1. **提前或延遲債權、債務清償**　基於預期匯率變化及財務結構，公司提前或延遲收付相關款項，降低現金流量波動造成的營運風險。

2. **風險分擔**　為維持長期商品供給來源與品質穩定，避免匯率變動造成對方損失，進而衝擊本身營運，可簽訂風險分擔條款，分散彼此營運風險。

3. **選擇低成本區域營運**　避免匯率變動影響競爭力，公司評估在不同國家設立據點，彈性調整生產區位，利用各國生產條件降低生產成本。

4. **市場多元化**　公司營運集中於單一國家，營運與競爭力易受單一貨幣匯率波動影響，採取分散市場將可降低匯率風險。

5. **創新活動**　公司透過創新擴大產品差異性改變需求彈性，不致於因匯率波動帶動成本上升，造成市場需求大量流失。

6. **財務避險**　公司間彼此運用換匯換利，互相交換債務支出，達到降低雙方成本與減輕營運暴露。

● 會計暴露

匯兌換算暴露

未預期匯率變化對公司綜合財務報表的影響。

或稱匯兌換算暴露 (translation exposure)，係指未預期匯率變化對公司綜合財務報表的影響。以跨國公司而言，海外分支機構資產與負債價值係以所在國貨幣表示，匯率波動將讓其以母公司所在地貨幣表示之價值產生變化。基於稅負計算、揭露公司價值高低、績效評估、內部管理控制、市場分析師與投資人需求等，有必要整合子公司與母公司財務報表。是以公司須利用相關匯率的換算方式，顯示匯率波動對子公司資產與負債結構的衝擊，藉以確切反映跨國公司財務結構。

概念上，經濟暴露與會計暴露均是衡量未預期匯率變化，對公司財務狀況的衝擊。由於著眼觀點不同，兩者衡量外匯暴露時存在明顯差異：

1. 經濟暴露強調公司未來市場價值或現金流量受匯率變化影響。基於稅負與績效考量，會計暴露強調匯率變化對公司會計價值的影響。
2. 經濟暴露評估未來匯率波動產生的影響，會計暴露則是反映既有與過去匯率波動對財務結構的衝擊。
3. 經濟暴露考慮匯率變化對公司現金流量與價值的影響，包括有形資產、負債價值變化與競爭力、市場占有率消長等。會計暴露僅計算揭露於會計報表內之項目受匯率變化衝擊程度。
4. 除非原料來源與市場競爭對手侷限於本國市場，否則公司勢必面臨經濟暴露問題。公司若無海外分支機構，則無會計暴露問題。
5. 公司價值變化與競爭力消長係影響經濟暴露程度的主因，而採取何種會計原則係影響會計暴露程度的主因。

外匯期貨

遠期外匯的標準化商品，交易雙方在起始日訂立未來交割匯率，到期日再交割外幣的金融商品。

外匯期貨 (currency future) 是遠期外匯的標準化商品，交易雙方在起始日訂立未來交割匯率 F_{t0}，到期日再以 F_{t0} 交易未來外幣的金融商品，如紡織大廠聚陽預期在三個月後支付貨款 25 萬歐元，為規避匯率風險，目前即可買入二口歐元期貨鎖住匯率。一般而言，外匯期貨持有者通常在到期日前反向操作軋平期貨部位，採取實際交割比例極低。至於遠期外匯與外匯期貨的主要差異如下：

1. 交易方式　遠期外匯為公司與銀行直接交易，金額與到期日視交易雙方實際需要量身定做。外匯期貨則是由期貨交易所撮合公開競價，金額與到期日皆屬定型化契約。
2. 保證金　在遠期外匯市場，交易者須預先繳納交易金額的固定比例作為保證金。外匯期貨市場基於每日清算特性，交易者須事先提存保證金以供清算。匯率波動若使交易者產生損失，交易者必須補足保證金，否則期貨交易所將予以斷頭平倉。

3. 流動性　遠期外匯屬於量身訂做，未必符合第三者需求而缺乏流動性。外匯期貨則是標準化商品，交易金額以固定單位計算且到期日固定，交易者可依實際需求在市場買賣，調整或軋平外匯期貨部位，流動性高於遠期外匯。

4. 風險　遠期外匯到期才交割，在此之前，不論匯率如何劇變，因無交割動作，損益均未實現，而發生盈虧將視到期日的即期匯率而定。以買進遠期美元為例，到期日即期匯率高於遠期匯率，買進遠期美元將出現利得；反之，到期日即期匯率低於遠期匯率，以遠期美元避險未必有利。至於外匯期貨在到期日前，隨時可依外匯期貨價格出售，立即實現盈虧。

11.3　選擇權市場

選擇權買方支付權利金，在未來特定期間或日期，有權以執行價格 (exercise price/strike price) 買進（買權，call）或賣出（賣權，put）特定數量商品，標的資產包括金融資產（如股票、債券、外匯）、實物商品（如黃金、石油）或期貨契約（如股價指數期貨），但無義務必須履約。選擇權賣方收取權利金，在買方執行權利時，必須以執行價格賣出（買權）或買進（賣權）特定數量商品。隨著 Black 和 Scholes(1973) 提出歐式買權的評價理論提供交易基礎，廣泛應用於選擇權定價，而 Chicago 選擇權交易所接續在 1973 年成立，為選擇權市場交易建立規範，清算公司出現進一步降低交易風險，提高投資人信心。

> **執行價格**
> 交易雙方商定未來執行選擇權契約的價格。

選擇權商品對經濟體系發揮的貢獻包括：

1. 遞延投資決策　基於市場前景不明，投資人支付權利金而擁有未來是否執行的權利，具有遞延投資決策的功能。

2. 金融資產保險　衍生性商品提供避險功能，而選擇權則提供保險中的保險。舉例來說，投資人持有資產多頭部位而希望確保獲利，可購買與該資產相同單位的賣權，將損失控制在僅止於支付權利金，資產價格上漲，獲利將是資本利得扣除權利金。

3. 金融市場完整性　此係指「任何市場預期心理均可透過現有金融商品獲得滿足」，縱使市場陷入盤整，投資人仍可利用選擇權組合的交易策略創造利潤。

相對期貨而言，選擇權特質如下：

1. 權利與義務不對等　期貨交易雙方的權利與義務對等，而選擇權買方有權利無義務，賣方有義務而無權利。

2. **避免利潤被固定** 期貨與現貨價格具有同向關聯性，投資人透過持有期貨抵銷放空現貨、或放空期貨抵銷持有現貨，藉以固定獲利空間。投資人採取選擇權避險，消除價格不利變動，保留價格往有利方向變動的獲利空間。

3. **降低風險** 期貨市場係逐日計算追繳保證金，當市場趨勢不利，投資人將面臨追加保證金壓力，否則只好斷頭出場；一旦市場趨勢有利，投資人則持續取回一定比例的保證金。選擇權的權利金在履約期間永遠固定，風險遠低於期貨。

4. **擴充信用** 選擇權交易所為保證賣方履約，只要求賣方維持保證金額度，一般店頭市場交易則無此設計，促使賣方得以擴充信用。

一、股票選擇權或權證

在特定日期或期間內，投資人支付權利金，有權以執行價格購買（認購權證，call warrant）（買權）或出售（認售權證，put warrant）（賣權）特定數量股票，發行者收取權利金承擔被執行的義務。是以依據執行時點，選擇權或權證分為兩種：

美式選擇權
在選擇權（權證）到期前，投資人有權隨時執行權利。

1. **美式 (American type)** 在選擇權（買權與賣權）、權證（認購與認售）到期前，投資人有權隨時執行認購（售）權。

2. **歐式 (European type)** 投資人僅能在選擇權或權證到期日執行權利。

歐式選擇權
投資人僅能在選擇權（權證）到期日執行權利。

對經濟成員而言，選擇權或權證兼具投資理財與避險特質：

1. **避險功能** 投資人持有現貨或期貨部位，選擇權或權證是有效的避險商品。舉例來說：張無忌預期美國聯準會調高利率而看壞台股，想採空頭操作但又擔心預期錯誤。為求控制風險，張無忌可以放空股票，但以少許資金買進看多台股的認股權證或買權。

2. **高財務槓桿** 選擇權或權證交易僅需支付權利金，發揮「以小博大」效果。

投資人操作以股票為標的資產的權證或選擇權，預期損益 π 列於下表。

項目 ＼ 類別	買方	賣方
認股權證（買權）	$\pi_b^c = P_m - P_s^c - C_c$	$\pi_s^c = C_c + P_s^c - P_m$
售股權證（賣權）	$\pi_b^p = P_s^p - P_m - C_p$	$\pi_s^p = C_p + P_m - P_s^p$

在不考慮稅負與交易成本下，選擇權交易屬於零和遊戲，買方預期獲利即

是賣方預期損失，$\pi_b^c = -\pi_s^c$、$\pi_b^p = -\pi_s^p$。當買方放棄執行權利，賣方獲取利益極大，即是權利金 C_c 與 C_p，這也是買方的最大損失。隨著買方執行買權，預期獲利將是預期股價扣除買權執行價格 $(P_m - P_s^c)$，再扣除支付買權的權利金 C_c。至於執行賣權預期獲利，則是賣權執行價格 P_s^p 扣除預期股價 $(P_s^c - P_m)$，再扣除支付賣權的權利金 C_p。

另外，依據發行機構劃分，認股權證或股票選擇權可分為兩類：

1. 公司認股權證 (company warrant)　公司發行股票或公司債附加認購權證，藉以提昇投資誘因。再者，公司為提昇員工績效，也發行員工認股權證或選擇權無償贈與員工，但不得轉讓。員工執行認股權證，須依執行價格繳納認股金額，而由公司發行新股交付，公司資本額將會擴大。

   > **公司認股權證**
   > 公司發行股票或公司債附加認購權證，藉以提昇投資誘因。

2. 備兌認股權證 (covered warrant)　證券公司發行並在股市流通交易。投資人持有該類權證或選擇權，係在市場直接出售，若要執行認股權，發行機構須由市場買進股票交付。

   > **備兌認股權證**
   > 證券公司發行權證並在股市流通交易。

綜合股票權證與選擇權的差異性，將列於表 11-5 做一比較。

> **表 11-5**
> 認股權證與選擇權的比較

項目 ＼ 類別	股票權證	股票選擇權
1. 發行者	發行者具有履約能力或由第三者保證履約，並符合交易所上市規定即可。	以結算所或交易所為發行人，經證期局核准後上市交易。
2. 標的物	股票	股票、股價指數
3. 權利金與保證金	買方支付權利金，交易雙方無保證金問題。	買方支付權利金，賣方繳納保證金。
4. 期限	台灣認股權證期限 1~2 年。	多為 3、6 或 9 個月。
5. 稀釋效果	若屬給付股票之認購權證，則有稀釋效果；若為現金交割之認購權證，則無稀釋效果。	同左
6. 發行數量、發行與履約價格	訂在發行契約	a. 無發行價格 b. 交易所視標的資產目前價格計算履約價格，故有不同履約價格的選擇權。 c. 發行數量通常以市場上未平倉契約數表示。
7. 仲介機構	交易所對權證交易負交割之責，但不負履約之責。	雙方完成結算手續後，交易對手違約風險由結算所承擔。

二、利率選擇權

利率選擇權係以利率為標的資產的選擇權。買方支付權利金，在選擇權到期日（歐式）或持續期間（美式）有權以履約利率執行權利，賣方負有履行義務。利率選擇權協助買方將資金成本或投資收益固定在某一水準，藉以規避利率變動不利買方的損失。賣方收取權利金，利率變動不利買方，將可而放棄執行。利率變動若不利賣方，買方執行選擇權，賣方將承擔履約損失。利率選擇權分為三類：

1. 利率上限 (cap)　利率買權。買方支付權利金，在履約當日，指標利率超過約定利率上限，賣方須補償利率上限與指標利率間的差額給買方。公司採取浮動利率籌資，鎖定長期負債資金成本在一定水準以規避利率風險。
2. 利率下限 (floor)　利率賣權。買方支付權利金，在履約當日，指標利率低於約定利率下限，賣方須補償利率下限與指標利率間的差額給買方。公司鎖定長期浮動資產收益在一定水準，確保不會低於利率下限水準。

3. 利率區間 (collar)　利率上限與利下限的組合。買方支付權利金，約定上限及下限利率區間。在履約當日，指標利率上漲超過上限，賣方須補償指標利率與利率上限間的差額給買方；若指標利率下跌低於利率下限，買方須支付指標利率與利率下限間的差額給賣方。公司購買利率區間選擇權，意味著同時買入利率上限與賣出利率下限，鎖定利率波動風險於上下限之間。

舉例來說：中租迪和向中信銀行購買利率上限選擇權，名目本金 5,000 萬元，利率上限（履約利率）6%，兩年後到期，市場利率釘住商業本票利率，結算頻率為每三個月一次，兩年共有八個交割次數。中租迪和支付權利金為本金 1.05%，即 5,000 萬元 × 1.05% = 525,000 元。在契約期間，每三個月於利率重訂日，三個月期商業本票利率高於 6%，中信銀行須支付中租迪和兩者利率差價。反之，三個月期商業本票利率低於 6%，中信銀行無須支付差價。假設三個月期商業本票利率 6.25%，中信銀行須於交割日補償中租迪和 31,160 元，重訂期間有 91 天，則：

$$5,000 \text{ 萬元} \times (6.25\% - 6\%) \times (91/365) = 31,160 \text{ 元}$$

至於影響利率選擇權的權利金因素包括：

1. 履約利率　利率上限的履約利率愈高，權利金愈低，平價選擇權 (at the money) 價格將高於價外選擇權 (out of money) 價值。利率下限的履約利率愈高，履約日被執行的機率較高，權利金隨之攀升。

2. **市場利率** 市場利率遠低於履約利率，利率上限在計算支付結算差價可能性愈低，選擇權價值愈低或趨近於零。

3. **利率波動幅度 (volatility)** 市場利率波動性愈大，無論利率上限或下限選擇權，權利金較高。反之，市場利率趨於平穩，權利金較低。

4. **契約期間** 選擇權含有時間價值，到期期限愈長，利率上限和下限的價值愈高。

觀念問題

❖ 張無忌看好台股將呈現多頭走勢，採取買入台股加權指數買權策略，履約價為 6,600 點，支付權利金 65 點（1 點為 50 元）。假設買權到期時，台股加權指數為 6,850 點，試問選擇權的價值為何？張無忌獲取的淨利為何？

❖ 趙敏賣出履約價為 5,700 點的台股加權指數賣權，權利金為 30 點，試問趙敏的損益平衡點為何？其最大獲利或損失為何？

三、外匯選擇權

外匯選擇權與其他選擇權性質雷同。遠期外匯交易僅有一個議定匯率，到期日以議定匯率執行交易。銀行創新區間遠期外匯 (range forward) 或零成本選擇權 (zero cost option)，在契約到期日，即期匯率落在某區間內，將以即期匯率交割；反之，則以區間匯率做為交割匯率。區間遠期外匯的特性為外匯買權與賣權的執行匯率相等，兩者權利金互抵，此種組商品稱為人工合成遠期外匯 (synthetic forward)。

區間遠期外匯
又稱零成本選擇權。在契約到期日，即期匯率落在某區間內，則以即期匯率交割；反之，則以區間匯率為交割匯率。

實務上，買權與賣權的執行匯率相同，其權利金未必相等。公司可選定美元買權執行匯率 e_1，再計算出具有相同權利金之美元賣權的執行匯率 e_2。若到期日即期匯率高於 e_1，公司買入買權之執行匯率低於即期匯率，將以執行匯率 e_1 購入美元。若到期日匯率落在 $e_1 \sim e_2$ 間，公司將以即期匯率購入美元。若到期日即期匯率低於 e_2，美元賣權買方將執行以 e_2 匯率賣出美元。由於公司是賣權賣方，需配合買方動作以執行匯率 e_2 買入美元。

反之，公司持有美元部位，可選擇賣出美元買權與買入美元賣權的組合方式，建立新台幣區間遠期外匯。公司首先選定買入美元賣權的執行匯率 e_1，再計算具相同權利金之美元買權執行匯率 e_2。到期日期即期匯率低於 e_1，公司買入美元賣權之執行匯率高於即期匯率，執行此賣權顯得有利，將以執行匯率 e_1 出售美元。到期日即期匯率落在 $e_1 \sim e_2$ 間，公司將以即期匯率購入美元。若

到期日即期匯率高於 e_1，美元買權買方將以執行匯率 e_2 買入美元。雖然到期日即期匯率較高，不過公司是買權賣方，需以執行匯率 e_2 出美元。

11.4 金融交換市場

面對不完全金融市場、交易成本差異、稅負與法規差異的適用性不同，經濟成員各自擁有比較利益，協議互換金融商品，重新架構資產或負債現金流量，此即金融交換 (financial swap)。1970 年代，英格蘭銀行嚴格管制外匯，銀行遂創新平行放款 (parallel loan) 規避管制。不過平行放款是兩個獨立契約，一方違約，他方契約依然有效。為降低信用風險，銀行接續創新背對背放款 (back to back loan)，在放款契約增列債務抵銷條款，一方違約，他方將自動抵銷其債務，性質類似目前的通貨交換。不過兩者差異是，前者在法律上係屬借貸行為，後者則是貨幣間的交換行為，純屬表外交易並未產生新的資產與負債。

世界銀行 (World Bank) 與 IBM 公司在 1981 年率先進行通貨交換。爾後，金融市場積極創新利率交換、換匯換利、商品交換等金融交換商品，特色如下：

1. **多時點遠期契約** 金融交換與遠期契約同屬「遠期」性質的衍生性商品，不過遠期契約僅在未來某時點交換。舉例來說，台銀於 2009 年 1 月 5 日與南非金礦公司簽訂遠期契約，約定一年後以每盎司 500 美元價格購買 200 盎司黃金，台銀在一年後將支付 $100,000 美元，交換對方 200 盎司黃金。至於金融交換則係在未來「多個時點」交換現金流量。

2. **未必是零和遊戲** 一般衍生性金融商品交易，一方獲利即是對手損失，係屬「零和遊戲」。不過金融交換有可能是對雙方有利的「雙贏遊戲」，透過交換互蒙其利而為「非零和遊戲」。

3. **訊息不透明** 金融交換多數在店頭市場進行，交易訊息甚少公開，僅有當事人知道交易內容而具高度隱密性。

4. **客製化商品** 金融交換係交易商為客戶量身訂做的非標準化契約，迥異於在集中市場交易的標準化期貨和選擇權商品。

5. **缺乏金融監理** 期貨與選擇權交易受嚴格金融監理，金融交換則甚少受到規範。

6. **存續期間長** 期貨與選擇權存續期間通常低於一年，難以用於管理長期金融風險。金融交換存續期間較長，適合用於管理長期金融風險。

金融交換
經濟成員協議互換金融商品，重新架構資產或負債現金流量。

平行放款
兩家公司從各自國家銀行取得資金，放款給另一公司的子公司相同金額的資金。

背對背放款
兩國的母公司直接放款不同貨幣但金額、到期日相同給對方的子公司，各自支付利息，到期各自清償原借款貨幣。

一、股權交換 (equity swap)

股票報酬與利率交換，交易雙方約定交換的名目本金、交換期間、交換標的股票報酬率與利率，定期再依標的股價報酬率與標的利率交換，型態包括股價報酬率與固定利率交換、股價報酬率與浮動利率交換、不同股價報酬率交換等，而發揮效益如下：

1. **規避外匯管制與外人投資限制**　股權交換雙方所需資金與資本利得無須進出相關國家，不受政府管制束縛。
2. **彈性調整投資組合規避風險**　面對法令或事實限制，投資人無法調整投資組合，或調整部位的交易成本過大，改採股權交換將可規避風險。
3. **降低交易成本**　股權交換一方無須買賣股票，免除證券交易稅與手續費等交易成本。

一般而言，投資人（如現金增資而需護盤或特殊需求之上市公司）與銀行簽訂股權交換契約，約定承作日、到期日、交換時程、標的股票、總股數、融資利率、融資成數、追繳條件與補繳時間等條款，投資人繳交約定成數保證金，銀行則須買進某一比例的標的股票避險。在約定交換時點，投資人與銀行就融資金額之利息與標的股漲跌金額互換。融資利息通常依據投資人信評，以倫敦銀行同業隔夜拆款利率 (LIBOR) 加碼訂定。交換雙方採取淨額交割，由淨支出者支付給淨收入者，交換時程是每月一次，到期再作最後一次交換。追繳條件通常視標的股票價格變化狀況約定，可能下跌 7%～15% 之間，補繳時限多訂為次交易日前，亦即標的股票價格每下跌 7% 或 15%，投資人即需於當日補繳等同總下跌金額之保證金，否則即斷頭出場。

舉例來說，東隆五金大股東與信孚銀行簽訂股權交換，名目本金 1 億元，大股東一年後支付信孚利率 11%（1,100 萬元），信孚支付等值東隆五金股票（以簽約時之股價計算股數）在該年的報酬率（包括股利與資本利得）。假設大股東計算前述股票報酬為 1,500 萬元，信孚僅須給付大股東 400 萬元。反之，信孚計算前述股票報酬為 500 萬元，大股東需支付信孚差額 600 萬元。在股權交換過程中，理論上，交易雙方無須進場購買股票。實務上，為求避險，信孚必須評估股價波動風險再決定購買數量。

二、利率交換 (interest rate swap, IRS)

交易雙方彼此同意在固定期間，就既定名目本金互換支付利息方式（固定與浮動利率、浮動與浮動利率），本金不交換，期限 1～10 年。公司信評不同導致融資成本差異，大型公司信評較佳，取得長期資金具有相對優勢，中小企業信評次佳，取得短期資金具有比較利益。雙方透過利率交換，除利用長短期

融資成本差異套利外，也可改變資產或負債結構性質，規避利率風險落實資產與負債管理，發揮效果如下：

1. **降低資金成本** 交換雙方信評不同，基於比較利益互換而降低雙方資金成本。

2. **規避利率風險** 利用利率交換重組既有債務。舉例來說，公司預期利率下跌，將支付固定利率債務轉換成支付浮動利率；預期利率上漲，則反向操作規避利率風險。

3. **提昇資產收益率** 公司預期利率下跌，將浮動利率資產轉換為固定利率型態；預期利率上漲，則轉換固定利率資產為浮動利率型態。

4. **擴大融資管道** 公司因信評不佳而無法取得某種融資，或面臨不同資金市場及外匯管制障礙，利用利率交換取得所需資金。

5. **靈活資產負債管理** 公司運用利率交換調整資產或負債組合性質，無需賣出資產或清償債務。浮動利率資產與浮動利率負債配合，固定利率資產與固定利率負債配合，促使未來現金流入與流出配合。

利率交換市場參與者分為最終使用者及中介者，有些銀行、保險公司、國際經紀人、跨國企業則是兼具兩種角色。利率交換可由交易雙方直接洽商完成，實務上，尋找交換對手不僅耗時且須承擔信用風險，通常透過銀行中介撮合。金融機構基於業務往來，較能掌握利率交換供需雙方，容易找到潛在交換者，並以其信用降低交易雙方信用風險。中介銀行與交換雙方分別訂立契約，契約金額一致，則僅賺取手續費或差價。一旦預擬交換的契約金額不合，中介銀行則轉任一方之交換者，先行承擔交換之利率部位，待尋獲另一交換對手再軋平部位。此外，金融機構基於財務管理、資金調度、風險管理等因素，亦常與銀行同業或大型企業進行利率交換互謀利益。

在利率交換市場，短期負債交換成長期負債以規避利率上漲風險最屬常見。在圖 11-4 中，台塑信評 AAA，支付短期資金浮動利率 (*LIBOR* + 0.2%)、長期資金固定利率 3%。子公司南亞科技信評 BBB，支付長期資金固定利率 4.5%、短期資金浮動利率 (*LIBOR* + 0.5%)。比較兩者融資成本，台塑採取長期固定利率舉債較南亞科技低 1.5% (4.5% − 3%)，以浮動利率舉債則較南亞科技低 0.3% (*LIBOR* + 0.5% 減 *LIBOR* + 0.2%)。南亞科技以浮動利率舉債較台塑高 0.3%，改採固定利率融資也較台塑高 1.5%。是以兩公司透過利率交換，除滿足各自資產負債管理需求外，同時享有比較利益帶來融資成本降低的利益。

- **直接利率交換** 兩家公司直接利率交換，台塑融資成本變為 *LIBOR* − 0.5%，先以固定利率 3% 融資扣除收到南亞科技支付的 3%，再加上支付南亞科技的 *LIBOR* − 0.5%。南亞科技融資成本變為 4%，以浮動利率

LIBOR + 0.5% 融資，減去收到台塑支付的 *LIBOR* − 0.5%，再加上付給台塑固定利率 3%。在此，台塑達到追求支付浮動利率目的，較直接以浮動利率融資低 0.7%，亦即 *LIBOR* + 0.2% 浮動利率減去 *LIBOR* − 0.5% 的利率交換成本。反觀南亞科技也達成支付固定利率目的，融資成本降低 0.5%，即以固定利率 4.5% 融資減去利率交換後之 4%。

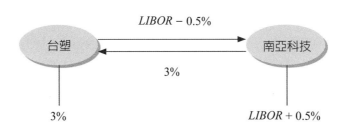

圖 11-4
直接利率交換

- **間接利率交換**　實務上，兩家公司若非同屬一個集團，甚難取得彼此需求的資訊，往往需要透過銀行居中撮合，支付手續費用方得實現利率交換，交換過程如圖 11-5 所示。經過銀行居中撮合後：
  台塑融資成本
  3% + (*LIBOR* − 0.4%) − 3% = *LIBOR* − 4%
  融資成本降低 (*LIBOR* + 0.2%) − (*LIBOR* − 0.4%) = 0.6%
  南亞科技融資成本
  3.10% + (*LIBOR* + 0.5%) − (*LIBOR* − 0.5%) = 4.1%
  融資成本降低 4.5% − 4.1% = 0.4%
  花旗銀行賺取手續費
  (*LIBOR* − 0.4%) − (*LIBOR* − 0.5%) + (3.1% − 3%) = 0.2%

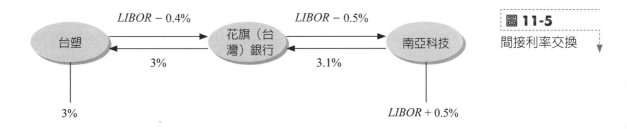

圖 11-5
間接利率交換

　　舉例來說，德榮財務部預期利率呈現長期下跌走勢，選擇存入兩年期定存 1,000 萬元，利率固定 7.2%，並與花旗（台灣）銀行訂定二年期利率交換。固定利率在兩年內若持續超過浮動利率，德榮可得到 1,000 萬 ×7.2% = 72 萬元利息，外加固定利率與浮動利率的差價。反之，德榮預期利率上漲，可與花旗訂定以固定利率交換浮動利率之利率交換，若固定利率在兩年內持續低於浮動

利率交換選擇權
買方支付權利金,有權在未來某時點執行進入一個利率交換的權利。

支付固定利率之利率交換選擇權
買方有權進入「支付固定利率、收取浮動利率的利率交換契約」。

收取固定利率之利率交換選擇權
買方有權進入「收取固定利率、支付浮動利率的利率交換契約」。

百慕達式利率交換選擇權
買方僅能在選擇權存續期間的特定時點,決定是否進入利率交換契約。

利率,將可得到 72 萬元利息外加浮動利率與固定利率之差價。

另外,銀行結合利率交換與選擇權,創新利率交換選擇權 (swaption) ,此係以利率交換為標的的選擇權。買方支付權利金,有權在未來某時點執行進入一個利率交換的權利。針對標的利率交換契約,利率交換選擇權分為兩類:

1. 支付固定利率之利率交換選擇權 (payer's swaption) 買方有權進入「支付固定利率、收取浮動利率的利率交換契約」,一旦未來交換利率高於執行利率,買方將執行契約,享有以較低利率進行利率交換的利益。

2. 收取固定利率之利率交換選擇權 (receiver's swaption) 買方有權進入「收取固定利率、支付浮動利率的利率交換契約」,一旦未來交換利率低於執行利率,買方執行契約,享有以較高利率進行利率交換的好處。

另外,根據買方執行權利,利率交換選擇權包括:

1. 歐式利率交換選擇權 買方僅能在到期日決定是否進入利率交換契約。

2. 美式利率交換選擇權 買方能在到期日之前的任一時點,決定是否進入利率交換契約。

3. 百慕達式利率交換選擇權 (Bermudan swaption) 百慕達式為介於歐式與美式契約間的商品,買方僅能在選擇權存續期間的特定時點,決定是否進入利率交換契約。

三、通貨交換

交易雙方在期初與期末互換一定金額的兩種貨幣,類似雙方互相融通對方不同幣別的資金,支付對方事先約定的利率,如台銀與匯豐銀行簽訂一個月期新台幣美元換匯交易。台銀在期初將等值台幣資金交付匯豐,後者亦交付等值美元給台銀,並依議定匯率到期再互換回來。基本上,通貨交換係結合即期與遠期外匯交易,期初兩種貨幣交換係以即期匯率為依據,期末交換係依遠期匯率計算的交換匯率,再進行通貨交換。概念上,通貨交換是附買回外匯交易,亦即與對方約定在未來一定時間,將原先賣出的貨幣買回,或將原先買入的貨幣賣回。

通貨交換無須膨脹資產或負債,就可改變資產負債組合性質,從而提昇資金運用效率。就本國公司而言,多數擁有較充沛的台幣資金部位,取得成本相對低廉。當公司面臨美元需求,透過通貨交換取得美元資金,成本通常低於直接借入美元,有助於提昇調度資金彈性。另外,外商銀行擁有合格票券有限,無法向央行融通足夠資金,而與本國銀行拆借資金亦有限額,超過限額便需透過其他銀行仲介,造成拆款成本大幅上升。外商銀行評估匯率與利率成本後,可採取賣美元換台幣資金策略,但將對外匯市場造成衝擊。是以央行採取通貨

交換操作，調節市場的台幣或外幣資金，降低季節性買賣外匯壓力，降低對外匯市場衝擊，係屬貨幣工具的一環。

另外，換匯換利 (cross currency swap) 是交易雙方在期初以即期匯率交換兩種貨幣的本金，契約期間再交換兩種不同貨幣的利息流量。契約到期，交易雙方再以約定匯率就本金進行期末交換。基於信用與風險考慮，公司取得不同幣別資金各自擁有絕對利益，如本國公司借入台幣資金成本，相對低於外國公司在外國借貸台幣資金成本。同樣地，本國公司在台灣借入美元資金成本，相對高於美國公司在美國借入美元資金成本。是以本國公司需要美元資金、外國公司需要新台幣資金，可透過投資銀行中介換匯換利交易，將能同時降低資金成本與改變資產負債結構的幣別，互蒙其利。

換匯換利

在期初以即期匯率換兩種貨幣的本金，契約期間再交換兩種不同貨幣的利息流量。契約到期，再以約定匯率就本金進行期末交換。

觀念問題

❖ 華航發行 5 年期固定利率債券 1,000 萬美元，票面利率 3%。若華航與花旗銀行承作「收取固定利率 2.5%、支付 90 天期商業本票利率」之利率交換，每季重設一次，試問交換後每季華航的利息負擔為何？

❖ 正隆工業打算承作 3 年期「付浮動、收固定」之利率交換，假設兆豐銀行 3 年期利率交換報價為「2.10/2.40」，試問正隆工業可收取的固定利率為何？

❖ 國際票券與荷蘭銀行簽訂 5 年期利率交換、名目本金 1,000,000，每半年交換一次、交換利率 9%。假設浮動利率維持在 7%，試問該利率交換的每期現金流量為何？

四、信用交換

國際金融體系歷經亞洲金融風暴、美國資產泡沫化、次貸事件等一連串金融危機衝擊，帶動信用衍生性商品 (credit derivatives) 大行其道，成為金融業從事風險管理的重要商品，而其基本類型有三種：

信用衍生性商品

提供企業投資債券或銀行放款規避信用風險的商品。

• 以違約事件發生為前提的信用交換

1. 資產交換 (asset swap) 甲方將公司債交給乙方，乙方定期支付指標利率加上溢酬直至債券到期，並承擔公司債信用風險。

資產交換

甲方將公司債交給乙方，乙方定期支付指標利率加上溢酬直至債券到期，並承擔公司債信用風險。

2. 違約交換 (default swap) 甲方定期支付固定金額，直迄標的債券違約即停止支付，並由乙方支付甲方債券面額。此種交換類似保險，甲方定期支付金額類似保險費，乙方在發生違約時支付債券面額，則類似保險公司理賠。

違約交換

甲方定期支付乙方固定金額直迄標的債券違約，並由乙方支付甲方債券面額。

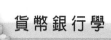

貨幣銀行學

信用違約交換
提供信用供給者規避信用風險的商品。

3. 信用違約交換 (credit default swap, CDS)　提供信用供給者（放款人或公司債持有人）規避信用風險的商品，交易主體包括「違約風險保護買方」（protection buyer，通常爲銀行）與「違約風險保護賣方」(protection seller)，運作方式如下：台銀持有抵押資產（如公司債），爲降低違約風險遂與花旗銀行簽訂契約，定期支付花旗保險費。契約通常爲 1~5 年，在持續期間發生違約，花旗須支付台銀相關損失。若無，花旗就賺得保險費。

- 以違約風險溢酬爲標的的信用衍生性商品

信用價差選擇權
交易雙方約定兩個標的債券的信用價差，買方支付權利金，而當兩個標的債券的價差超過約定價差，賣方須支付超過價差部分給買方。

1. 信用價差選擇權 (credit spread options)　y 是無信用風險公債殖利率，y^* 爲條件類似之公司債殖利率。當 $y^* > y$ 超過某一程度，發行機構須支付差額。舉例來說，$y^* = 6.5\%$、$y = 6\%$、差額爲 0.5%，在契約期間，一旦 $(y^* - y) > 0.5\%$，投資人可向發行機構要求給付兩者實際利差超過 0.5% 部分乘上名目本金。信用差距也可定義爲不同信評公司債的殖利率差距，如 AA 及 BBB 級公司債殖利率差超過 0.75%，投資人可要求發行機構就超過部分給付。

債券交換選擇權
投資人支付權利金，有權以一單位特定公司債交換若干單位公債。

2. 債券交換選擇權　投資人支付權利金，有權將一單位特定公司債交換 Q 單位公債。公司債存在違約風險，相同面額公司債價值小於公債，是以 $q = 1/Q < 1$。當公司債信用惡化導致價格下降，投資人將執行交換權利以確保權益。

- 以信評爲標的而設計的衍生性商品

　　當公司信評跌落某一等級，投資人可要求發行公司以特定價格贖回，具有賣權性質。

巨災期貨
以巨災損失相關指數爲標的期貨契約。

巨災保險
針對自然災害造成巨大財產損失與嚴重人員傷亡的風險，透過保險形式來分散。

　　另外，CBOT 在 1993 年以保險服務機構 (Insurance Services Office, ISO) 資料爲標的之房屋保險期貨、健康保險期貨與巨災期貨 (catastrophe futures) 開始交易。保險期貨的流動性、保密性與交易成本均優於再保險，將巨災保險 (catastrophe insurance) 引進資本市場，在較穩定價格下提供額外承保數量。成熟的保險衍生性商品市場吸引資金投入保險業，有利於擴大風險分散。相對再保險而言，保險衍生性商品特質包括：

1. 成本較低　投保人利用保險衍生性商品避險，在到期日前只要認爲風險降低，都可結束原先部位，逐年續約成本隨之消失。反觀再保險契約原則上也可隨時終止，但交易成本較高。
2. 低違約風險　保險衍生性商品透過期貨交易所撮合，交易雙方違約可能性極低。

356

3. **訊息充分**　保險衍生性商品採取公開交易，參與者均可取得相關資訊，降低管理成本與資訊不對稱現象。

4. **進入障礙低**　保險衍生性商品交易提供無保險經營執照者也能參與市場。

5. **理賠迅速**　當保險衍生性商品即將到期時，最後賠款將迅速給付。

6. **提昇市場效率**　保險衍生性商品屬於較短的標準化契約，將可產生具有流動性的交易市場。

此外，產險公司或再保險公司為規避巨災（包括地震、颱風、海嘯等）風險，發行巨災風險證券化商品吸收資金，用於解決承保能量不足問題。對投資人而言，巨災風險和市場其他財務風險無關，將可降低非系統風險，巨災債券 (catastrophe bond) 將是安排多元投資組合的重要商品。以國外例子來看，巨災債券投資人以基金公司、銀行及壽險公司為主，報酬率則以倫敦金融同業拆款利率 LIBOR 加上 2.5%～3% 計算，相較其他固定收益資產報酬率高。

> **巨災債券**
> 未來債券還本付息與否取決於巨災發生損失狀況而定。

五、商品交換 (commodity swap)

> **商品交換**
> 以固定數量的特定商品為標的，一方支付商品固定價格乘以外名目數量，同時向對方收取商品浮動價格乘以名目數量。

交易雙方以固定數量的特定商品為標的，交易一方支付對方商品固定價格（事先約定）乘以名目數量，同時向對方收取商品浮動價格（依據商品市價變動）乘以名目數量。此種商品交換通常不涉及實際商品交換，僅依收付淨額以現金結算，即交易雙方僅支付淨價款，目的在於移轉或規避特定商品的價格風險。在圖 11-6 中，長榮航空預期未來國際油價飆漲，財務部尋找花旗（台灣）銀行作為交換銀行，訂定 3 年期油價交換契約，約定長榮航空每年將固定油價設 50 元，乘以約定數量 1 萬桶的價款交給花旗，而花旗則是支付長榮航空浮動油價乘以約定石油數量的價款。此一油價交換讓長榮航空藉此固定未來購油支出，規避油價波動風險。至於花旗收到長榮航空支付的固定價款，將須轉進原油市場以浮動油價購買原油進行避險。

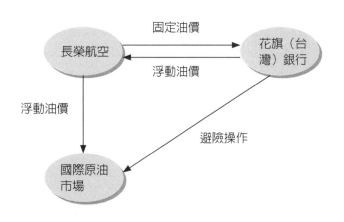

圖 11-6
油價交換

　　信孚銀行 (Bankers Trust) 與瑞士信貸銀行 (CSFB) 從 1993 年承作首筆信用衍生性商品交易，迄今為止發展不過 20 年。信用衍生性商品市場的參與者以銀行和對沖基金為主，兩者交易量的市占率超過半數，被青睞的原因是，銀行藉由買賣信用衍生性商品將信用風險與資產組合移轉給其他市場參與者，藉以降低放款集中風險與滿足銀行資本適足率；對沖基金則是看上低廉交易成本與高槓桿效果能夠提昇投資績效。在 2007 年底，信用衍生性商品的名目交易金額為 62 兆美元，相對 2006 年底的 35 兆美元成長近 1 倍。至於國內寶來證券則在 2008 年 10 月完成首筆新台幣信用違約交換 (CDS) 交易，以瑞軒可轉換公司債為參考債務，名目本金 2,500 萬元，創下台灣信用交換市場的新里程碑。

　　信用違約交換 (CDS) 類似選擇權或保險概念，移轉信用風險而未涉及標的資產移轉，無須直接承擔標的資產價格波動風險。相對具有實際交換行為的債券與資產交換，CDS 在操作投資組合更具彈性。尤其是信用違約交換具有不影響投資組合存續期間（衡量利率風險指標）的特性，從而成為最廣泛使用的信用衍生性商品。

　　美國《時代周刊》(*Time*) 評選出 2008 年前 10 大金融災難，排名第一為雷曼破產倒閉，第二名即是 AIG 的 CDS 事件。全球最大保險公司 AIG 宣布子公司 AIGFP 承作以債務擔保證券 CDO 為標的之 CDS 契約，受累於次貸事件導致 CDO 資產貶值而造成虧損，而 AIG 是 CDS 市場最活絡的交易對手，迫使美國政府緊急紓困 1,500 億美元。信用衍生性商品提昇資金運用效率，但其高槓桿效果與定價不透明引來嚴重流動性危機。尤其是 CDS 面臨問題與次貸雷同，迄今依然缺乏相關金融法規監理。CDS 的致命缺點就在金融監理機構未強制規定契約再次轉售，必須揭露交易雙方資訊，一旦買方面臨損失，可能會因契約多次轉手而出現不知由誰負責賠償的情況。尤其是 2007 年次貸事件擴散成 2008 年金融海嘯，造成 CDS 市場嚴重違約，承保金融機構陷入鉅額虧損而瀕臨倒閉。是以各國金融監理機構如何加強對信用衍生性商品的風險控管與監測，實屬重要議題。

 問題研討

小組討論題

一、選擇題

1. 風險怯避的趙敏購買元大證券發行的聯電股票買權（歐式）。試問下列操作顯示的意涵，何者正確？　(a) 同時放空聯電股票，將形成保險資產組合　(b) 元大證券須在固定期間以固定價格向趙敏買入一定數量的聯電股票　(c) 趙敏看壞聯電未來股價走勢　(d) 操作目的在於規避聯電股票的系統風險

2. 張三豐持有股票多頭部位，採取何種風險管理策略將可發揮效果？
(a) 持有多元化股票將可降低非系統風險　(b) 賣出股價指數期貨將可消除全部風險　(c) 賣出股票買權將可降低非系統性風險　(d) 買進股票賣權將可降低系統風險

3. 藍鳳凰安排避險組合包括持有台機電股票與放空台股指數期貨。有關該組合風險變化的敘述，何者正確？　(a) 兩者組合比例恰當將讓組合風險趨近於零　(b) 組合風險僅來自於台股指數期貨價格變動　(c) 組合風險僅剩台機電股價變動風險　(d) 組合風險變化取決於台機電股價與台股指數期貨價格相對變動風險

4. 上市公司高林實業從事跨國貿易業務，進口值與出口值相近。面對匯率劇變，採取何種避險策略將對其較有利？　(a) 採取整合避險結合靜態避險　(b) 採取連續性避險結合動態避險　(c) 採取內生避險結合選擇性避險　(d) 採取動態避險結合單一避險

5. 跨國基金在台灣股市翻雲覆雨，股市操盤人掌握何種狀況係屬正確？
(a) 藉由資產組合多元化降低系統風險　(b) 持有電子業股票與電子股指數期貨多頭部位，將可達成規避風險目的　(c) 法人未持有股票，卻持有 SIMEX 股價指數期貨多頭部位，將是基於避險目的　(d) 放空聯電股票並持有聯電股票買權，將可規避聯電股價上漲風險

二、問答題

1. 期貨市場屬於正常市場型態，基差絕對值變大將反映何種現象？在逆價市場中，基差絕對值變大又是隱含哪些訊息？

2. 林教授與美林證券訂定股價交換契約、名目金額 200 萬元。林教授同意三個月後支付美林年利率 24%，後者同意支付三個月後到期的台達電股價上漲報酬率，而股價交換契約規定的台達電股價為 400 元。試計算當股價交

換契約到期，台達電股價若為 320 元，交易雙方的損益各自為何？

3. 跨國公司在營運過程中勢必面臨匯率風險，試說明經濟暴露與會計暴露的差異性？跨國公司面對經濟暴露，將可採取何種策略紓解？

4. 台灣期貨交易所在 2001 年 11 月推出 TAIFEX 台指選擇權，試說明期貨與選擇權提供的主要功能為何？人們如何利用選擇權提昇資產管理績效？

5. (a) 試從理論說明影響股價指數期貨價格的重要因素為何？

   (b) 依據 (a) 題，試說明台股指數期貨的理論價格應屬於正價差或逆價差？

   (c) 台股指數期貨價格若與 (b) 題說明不符，投資人可採何種策略賺取超額利潤？

   (d) 在現行法規限制下，依據 (c) 題建議的策略操作，將會遭遇何種困難？

6. 針對集中市場交易的股票權證與股票選擇權，試回答下列問題：

   (a) 認股權證和股票買權有何差異？

   (b) 綜合證券公司發行認售權證情形不普遍，試問可能理由為何？

   (c) 綜合證券公司發行認購或認售權證，將會對標的股票價格造成影響，試問可能原因為何？

7. 試比較商品期貨與金融期貨有何差異？試舉三個金融衍生性商品的例子。

8. 偉盟與佳邦經過中華信評進行評等後，各自發行公司債或向銀行融資籌措長期資金的利率成本如下：

	偉盟公司	佳邦公司
固定利率資金（發行公司債）	8%	10%
浮動利率資金（銀行長期放款）	LIBOR + 0.25%	LIBOR + 0.75%

現在偉盟預擬募集五年期浮動利率資金 1,000 萬元，而佳邦預擬籌措五年期固定利率資金 1,000 萬元。試問兩者如何運用利率交換而互蒙其利？

9. 避險與投機的差別在於避險結果降低風險，投機結果卻擴大風險。針對下列決策，試判斷何者是避險？何者是投機？並說明理由。

   (a) 趙敏持有聯電股票，並於今天買進聯電股票賣權。

   (b) 和碩預估三個月後會收到筆電代工的美元貨款，並同時買進美元期貨。

   (c) 味全預估六個月後需要一批黃豆，因而提前出售若干口黃豆期貨。

   (d) 美林證券持有金融類股股票，也出售若干口電子類股指數期貨。

   (e) 張無忌融券放空台積電股票，但也同時買進台積電的買權。

10. 何謂持有成本理論與拋補利率平價理論？試說明這兩種理論的相關性？

11. 元大證券發行台機電認股權證，張無忌可在 1 年內隨時以 30 元購買 1 萬
股的台機電股票。同一期間，台機電發行認股權證送給績優員工，也是以
30 元在 1 年期滿後認購 1 萬股台機電股票。試回答下列問題：
(a) 兩種權證係屬於何種型態的認股權證？有何差異？
(b) 兩種權證對台機電的每股盈餘將會造成何種衝擊？
(c) 兩種權證對台機電募集資金有何衝擊？
(d) 兩家公司發行認股權證是否需要採取避險動作？理由為何？

12. 寶來投信發行的股票基金係包含台灣加權股價指數的全部股票，而元大投
信發行的股票基金卻包含該指數中所有納入權值股的公司股票。試問何種
基金組合的風險較小？各自涵蓋哪些風險？試說明這些風險的涵義。

13. 試說明買權與賣權的權利金會受哪些因素的影響？試舉例說明公司如何利
用選擇權進行風險管理？

14. 依據 2008 年諾貝爾經濟學獎得主 Paul R. Krugman 的分析，跨國金融危機
或金融海嘯實際上與衍生性金融商品有關，試就你對衍生性金融商品的了
解，敘述對這類現象的分析或看法。

網路練習題

1. 跨國基金在台灣從事金融操作，通常是在股票市場與期貨市場配合同時操
作，試為跨國基金經理人前往台灣期貨交易所 (http://www.taifex.com.tw)
網站，搜尋國內相關的期貨與選擇權商品內容與了解交易方式。

2. 某期貨分析師在第四台分析如何操作期貨，試代其前往元大期貨公司網
站，了解國內從事期貨與選擇權交易的策略與相關實務操作。

PART 4

銀行業運作模式

CHAPTER

12

金融產業類型

個案導讀

在 2009 年 11 月，兩岸簽訂金融監管合作諒解備忘錄 (MOU)，為雙方金融合作建立法律架構。台灣金融機構家數過多導致競爭激烈，放眼世界尋求發展空間將有助於金融業未來發展，而大陸則是無從忽略與發展的戰略重地。隨著金融 MOU 簽訂後，兩岸證券業可採三種合作模式：(1) 大陸證券公司入股台灣證券公司，將目前業務合作延伸到股權合作；(2) 雙方證券公司合資成立新公司；(3) 台灣證券公司入股大陸證券公司。在上述股權合作中，台資公司入股比例通常是 20% 且最高不得超過 25%，同時只有在簽訂 ECFA 後，兩岸彼此參股才能落實。

富邦金控秉承雙軸策略，在 2012 年以 64.5 億元人民幣收購華一銀行八成股權並更名為富邦華一銀行，除鞏固拉回大陸沿海城市的台商外，並積極發展當地客戶。相對大陸金融機構而言，台資企業顯得實力不足，是以富邦金控的銀行與保險公司針對區域強者，集中資源在小範圍內密集發展。此外，台灣、香港與中國兩岸三地企業的金融商品雙掛牌、三掛牌將是未來金融融合與發展趨勢，透過以 ETF 的雙掛牌、台灣存託憑證 (TDR) 與 F 股形式，協助投資人投資兩岸三地的資本市

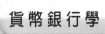

場。至於台灣銀行業的優勢在於人才與經驗，劣勢則是規模太小，無法與大陸四大國有銀行抗衡，如何讓銀行業落實整合與固本強基，將是未來在大陸發展的關注重點。

　　針對台灣金融業在大陸市場開疆闢土的狀況，本章首先探討台灣金融業結構，針對金融機構性質分類，說明銀行信用類型。接著，分別探討信託業運作方式與信託商品類型，說明保險業結構與保險商品類型。最後，將探討與電子資金移轉制度相關的金融服務業。

12.1　金融服務與銀行信用

資產轉換服務
金融機構發行金融負債吸收資金，經過徵信調查再放款或投資，從而改變資金性質。

存款貨幣機構
擁有發行支票權利，而支票等同於交易媒介。

非銀行金融中介
發行負債憑證僅能做為保值商品，進而提供銀行信用。

一般金融
金融機構提供融資係由銀行信用供需決定，取決於經濟與金融因素。

短期信用
融資期限在一年內。

圖 12-1 顯示，金融業提供金融服務類型如下：

1. **資產轉換服務 (asset transformation service)**　金融機構發行金融負債吸收資金，經過徵信調查再放款或投資，資金性質（流動性、風險、期限）完全改觀。再依金融機構發行金融負債在體系扮演的角色，又分成兩類：
   (a) **存款貨幣機構 (deposit monetary institution)**　擁有發行支票權利，人們持有支票等同於交易媒介。
   (b) **非銀行金融中介 (non-bank financial intermediary)**　發行負債憑證僅能做為保值商品。該類金融機構從事間接金融，提供銀行信用包括信託、證券金融、票券金融、保險、租賃、創業投資、建築經理等。

2. **金融經紀服務**　金融機構仲介資金供需雙方完成資金與資產互換，提供經紀服務各具特色，包括債券、股票、票券、期貨與外匯經紀公司，以及保險經紀人、資產管理或財務管理公司、投資顧問或財務顧問公司、私人銀行、資產再生公司、金融資產服務公司等。

3. **資訊傳遞服務**　通訊網路技術進步帶動金融交易電子化，為提昇交易效率與安全性，金融資訊認證、傳遞與處理扮演重要角色，而財金資訊公司、網路認證公司、信用評等公司則是提供相關服務的金融周邊事業。

金融業提供的銀行信用類型，將如圖 12-2 所示。

1. **一般金融 (general finance)**　金融機構提供融資，基本上係由銀行信用供需決定，取決於經濟與金融因素。依據《銀行法》第 5 條與 88 條的定義，一般金融提供的信用有四種：
   (a) **短期信用**　融資期限在一年內，如商業放款，銀行、票券與證券金融公司屬於短期信用提供者。

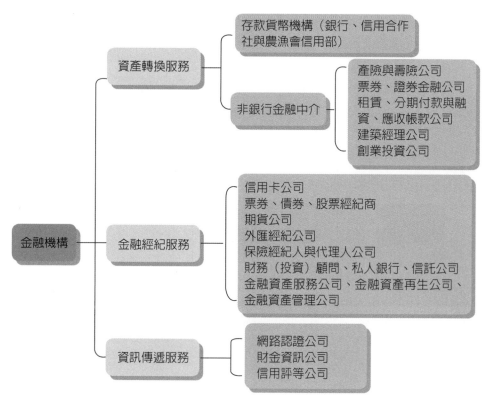

圖 12-1
金融服務與金融機構

(b) 中期信用　融資期限超過一年而在七年內，如房地產抵押放款等，銀行與壽險公司屬於中期信用提供者。

(c) 長期信用　融資期限超過七年，如資本放款等，銀行與壽險公司屬於長期信用提供者。

(d) 專業信用　針對特殊部門或產業授信，如工業信用、農業信用、輸出入信用、中小企業信用、不動產信用與地方性信用等，各類型專業銀行屬於專業信用（中長期信用）提供者。

2. 專業金融 (special finance)　針對特殊資金需求提供特定型態的信用，屬於一般金融。為融通特別信用需求及提供特殊金融勞務，金融業成立專業公司提供該類資金，包括票券、證券、消費、企業、租賃與不動產等專業金融。

3. 政策金融 (policy finance)　基於政策目的與矯正金融市場不完全性，政府將掌控的資金透過銀行對特定部門或產業融資。政策金融的資金來源有二：

(a) 以中華郵政吸收的資金為主成立中長期資金運用制度 (system of the utilization of long-term funding)。

(b) 政府編列預算為主要資金來源，國家發展基金與交通建設基金等營業

中期信用
融資期限超過一年而在七年內。

長期信用
融資期限超過七年。

專業信用
針對特殊部門或產業授信。

專業金融
針對特殊資金需求提供特定型態的信用。

政策金融
基於政策目的與矯正金融市場不完全性，政府將掌控的資金透過銀行對特定部門或產業融資。

性循環基金、金融重建基金與信用保證基金（中小企業信用保證基金、農業信用保證基金、華僑貸款信用保證基金）均屬之。

圖 12-2
銀行信用類型

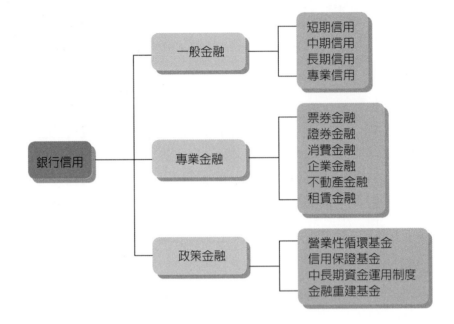

在 1990 年代，台灣儲蓄率逐年遞減，民間投資意願減緩。政府從事公共建設不足，所需資金多數仰賴發行公債或向銀行賒借，財政日益困難。行政院參研日本財政投融資制度 (Fiscal Investment and Loan Plan，FILP) 與新加坡公積金制度，於 1993 年 7 月規劃中長期資金運用制度為「振興經濟方案」項下的重要金融措施，並在 1994 年 6 月成立中長期資金運用策劃及推動小組，針對超過 10 億元的政府重大建設及 1 億元的民間投資計畫，運用郵政儲金轉存各銀行進行支應。

從該制度實施迄今，陸續支應政府「挑戰 2008—國家發展重點計畫」、「新十大建設計畫」、「投資台灣優先具體方案」及「大投資計畫」等計畫項下的重大公共建設，並扶植鋼鐵、化工、半導體、資訊電子、電源開發及污染防治等產業的民間投資計畫。截至 2010 年底止，辦理中的中長期資金專案貸款共計核貸 6,462 件，金額共新台幣 1,736.57 億元。透過該制度撥款總額約為同期間主要銀行放款增額的七分之一，帶動全國固定資本形成累計金額的七分之一，創造超過 34 萬個長期性就業機會。

自 2000 年以來，台灣金融市場明顯變化，過剩資金讓利率徘徊低檔，促使中長期資金運用制度的利率趨近於銀行放款利率，由於缺乏優惠誘因，向該制度申貸案件趨於減少。不過中長期資金供給面（中華郵政龐大資金）與需求面（政府欲誘導投資或落實政

策），仍存在搭配可能性。尤其是該制度運作帶動國內投資頗具成效（達 41,545 億元），而歷經 2008 年金融海嘯衝擊，國內景氣雖從谷底翻升，但仍需政府長期介入引導，而銀行資金過剩也亟待引入中長期投資行列，是以該制度將追求政策目標轉向：(1) 介入具政策性的民間投資案，如推動新興產業發展。(2) 承作需要政府介入或配合之投資案，支援具自償性公共建設。

　　至於中長期資金運用制度運作轉型包括：(1) 維持以銀行為基礎的間接金融運作機制；(2) 改進運作程序，包括「策劃及推動小組」由以往消極接受申請案，轉為積極擬訂年度具體實施方案，及由國發會各處室直接擔任幕僚工作，協助處理相關協調、追蹤考核事宜，進而提高相關融資案的具體成效。(3) 將原先的「成本加成法」轉為「市場訂價法」，使中長期資金利率等於銀行信用市場利率，並考慮中長期貸款的特性附加期限溢酬，亦即「中長期資金運用利率 = 銀行間拆款利率 + 放款期限溢酬」。

觀念問題

❖ 何謂政策金融？試舉例說明。

❖ 何謂專業金融？其與政策金融的差異性何在？

❖ 試說明一般金融提供的銀行信用類型為何？

12.2 信託業

　　經濟發展帶動社會經濟環境劇變，如何讓人們享有富裕生活、維持經濟持續成長、因應高齡化社會與土地效率運用，信託扮演角色日益重要。信託 (trust) 係委託人將財產權移轉或為其他處分，使受託人基於受益人利益或特定目的，代為管理或處分信託財產，此係財產管理制度的一環。

信託
委託人將財產權移轉或為其他處分，使受託人基於受益人利益或特定目的，代為管理或處分信託財產。

　　金融創新推動資產證券化盛行，而在證券化過程中，信託業扮演關鍵角色。隨著政府公布《信託法》(1996) 與《信託業法》(2000)，接續於 2001 年修改信託相關稅制與《信託業法施行細則》，促使投資信託業務、資產管理業務、都市更新土地信託業務與金融資產證券化業務取得法源依據，提供創新信託商品誘因。尤其是人們的資產管理需求成長，加速信託業規模成長，為求延伸對客戶服務範圍，遂結合投資、保險與信託頻頻創新信託商品，如保險金信託、年金信託、發行共同管理信託基金、生前契約等。另外，信託業追求多元

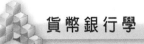

化經營以擴大收益來源，如不動產證券化、保管業務、簽證業務、借券業務等，從而成爲金融業發展的主流。

信託業仲介資金擁有者與使用者，提供資產管理者服務。國內經營信託業務以信託公司與銀行信託部爲主，具有長期金融及財務管理兩大機能，提供金融服務包括：

1. 信託　接受信託人委託，基於受益人利益代爲管理與運用財產，從事財產權信託業務包括金錢信託與證券信託、金融債權及其擔保物權信託、動產與不動產信託、租賃權信託、地上權信託、專利權信託、著作權信託與其他財產權信託。其中，委託人若未指定金錢信託的營運範圍與方法，信託業僅能代爲操作存款、票券、債券與金管會核准之業務。

2. 顧問服務 (advisory services)　提供投資人安排資產組合、財務管理及不動產開發顧問服務，扮演有關不動產買賣及租賃的信託中介角色。另外，信託業提供公司發行證券與募集資金方式之顧問服務。

3. 代理　爲經濟成員處理財產移轉，如代理證券發行、轉讓、登記及股息利息紅利之發放。辦理信託財產取得、管理、清理、清算及租賃之代理事務。

在信託活動中，委託人、受託人與受益人關係如圖 12-3 所示，具備兩種條件：

1. 委託人需將財產權移轉或設定他項權利予受託人，使其成爲該財產權之權利人。

2. 受託人接受財產權移轉後，須依信託行爲所訂之受益人利益或特定目的，代爲管理或處分信託財產。在此，受益人是信託人，此即自益信託；反之，受益人是其他人，則屬他益信託。

基本上，信託轉變傳統「持有」概念而爲「規劃運用」的作法，人們透過銀行或信託公司以「專業管理、集體運作」進行資產管理，特質包括：

1. 財產獨立性　信託財產係以受託人名義登記，權利名義人與利益享受人分屬不同主體，具有獨立性。

2. 財產保障　信託財產不屬於受託人破產的財產範圍，債權人無法強制執行或逕自拍賣，不能與非信託財產之債務抵銷，具有保障財產不受政治、經濟、外匯管制、債權訴訟、子女或收益人管理不善等因素影響。

3. 彈性運用　人們採取信託類似成立法人組織，將可延續至身故或隨時終止，並可重新分配信託財產、更換受益人、從事投資與跨國移轉。

4. 節稅效果　人們移轉財產涉及贈與稅或遺產稅，設立信託財產不受信託人死亡影響，並以貼現方式繳納稅負，將可發揮節稅效果。

顧問服務
提供投資人安排資產組合、財務管理及不動產開發顧問服務。

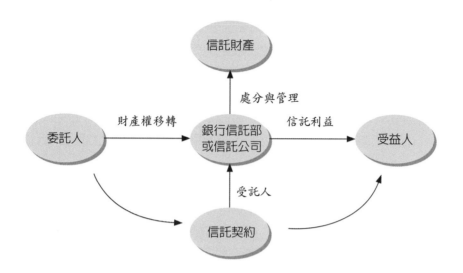

圖 **12-3**
信託關係

信託業吸收受託人資金，基於信託人指定之受益人利益而代為管理運用，此係屬於金錢信託。為保障委託人或受益人權益，信託公司募集信託基金必須提存賠償準備金，可用現金或公債存放在央行。信託基金類型有三：

1. 共同信託基金　發行受益憑證募集具有共同信託性質，代為從事確定用途的資金，如放款證券化與不動產證券化。

2. 證券投資信託基金　以投資證券為目的而發行的基金，如股票基金與債券基金。

3. 指定用途信託基金　人們交付信託資金予受託人並指定運用範圍。

   (a) 逐筆指示信託資金運用方式。

   (b) 指定國外資產管理公司代為運用。

   (c) 委請信託業代為投資股票。中信銀行於 1992 年 4 月開辦「企業員工持股信託」業務 (employee stock ownership plan, ESOP)，員工（委託人兼受益人）組成持股信託委員會，由其與銀行信託部（受託人）簽訂持股信託契約，每月自員工薪資提存一定金額（薪資提存金），公司相對提撥一定比例金額給入會員工（公司獎助金），交付受託人依信託契約運用與管理，並依員工提撥之信託資金（包括薪資提存金及公司獎助金）計算其享有權益。當員工離職或退休而退出時，以信託財產現狀（如公司股票）或折算現金交付該受益人。

信託市場盛行的信託商品類型如下：

1. 安養信託　屬於指定用途信託。信託業接受年長者資金代為財務規劃，資金運用視其需求而定，如各種幣別存款、債券、股票與信託資金等，並將信託資金運用收益或本金，依委託人需求匯至其帳戶。

共同信託基金
發行受益憑證募集具有共同信託性質，代為從事確定用途的資金。

證券投資信託基金
以投資證券為目的而發行的基金。

指定用途信託基金
人們交付信託資金予受託人並指定運用範圍。

企業員工持股信託
員工組成持股信託委員會與銀行信託部簽訂契約，每月自員工薪資提存一定金額，公司相對提撥一定比例金額給入會員工，交付受託人依信託契約運用與管理。

2. 保險信託 (insurance trust)　保險當事人將壽險理賠金債權（發生保險事故，壽險公司預擬支付理賠金）委託銀行，約定於保險期滿或發生保險事故時，由銀行領取保險金並負責管理運用交付受益人。依據委託人需求，保險信託商品可劃分如下：

(a) 信託業是否代付保費

(i) 不附基金壽險信託　委託人將保單交付信託，由信託業代為管理，保險費由委託人自行繳納。

(ii)附基金壽險信託　委託人將保單交由信託業保管，並將一定現金或證券交付管理，以其收益代付保險費。信託財產運用收益在支付保費後若有剩餘，委託人可要求用於支付受益人、儲蓄或投資。

(b) 信託業領取保險金是否負有管理運用義務

(i) 主動壽險信託　委託人將保單權利移轉由信託業保管，一旦發生事故，信託業即向保險公司領取保險金，並積極管理運用保險金。

(ii)消極壽險信託　委託人將保單權利移轉給信託業保管，一旦發生事故，信託業向保險公司領取保險金，依契約分配保險予受益人，分配完畢後，信託關係即告終止，並不管理與運用保險金。

3. 放款信託　信託業發行受益憑證募集資金，以投入放款或票據貼現為主。

4. 不動產信託　不動產所有權人將不動產所有權移轉給信託業，使其依信託契約代為管理運用或處分，型態有三種：

(a) 不動產開發信託　以開發為目的。不動產所有權人為效率利用不動產，提高利用價值，委託銀行辦理規劃、設計、發包施工及資金管理，建造完成後將建築物返還委託人之信託。

(b) 不動產管理信託　以管理不動產為目的。信託收益來源以租金收入為主：委託人可以保有不動產所有權，亦可效率運用不動產追求長期穩定收益。

(c) 不動產處分信託　結合開發與管理信託，追求開發後之附加價值及出售利益。隨著信託關係終了，不動產所有權將移轉給承購人，出售金額則分配給受益人。

知識補給站

台灣在 2003 年 5 月誕生第一檔「集合管理運用帳戶」（集合帳戶），此係受託銀行就不同客戶委託的信託資金，就其中相近投資規劃部分，分別設置帳戶但集合投資運用。集合帳戶投資範圍可投資國內外股票、債券、貨幣或不同類型的基金，優點在於專業管理、透過共同資金集合運用，發揮經濟規模效益與降低投資成本，且因屬於信託商品，投資人發生財務困難，財產不會被法院強制執行。至於缺點是較無避

稅優惠。國內銀行積極推動「集合帳戶」，搭上當紅的「私募基金」題材，類似投信業為客戶量身打造投資商品（私募基金），號稱可以增加投資收益。該項商品成立架構如下圖所示：

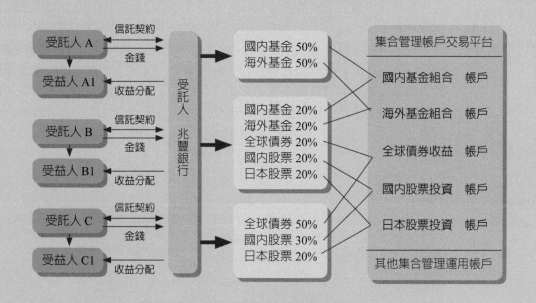

該項商品與證券投資信託基金的差異可用下表做一比較。

	集合管理運用帳戶	證券投資信託基金
法律關係	信託	委任
募集方式	洽特定對象	公開募集
強制執行的權力	信託財產，非有《信託法》第 12 條所列情形，不可逕為強制執行	仍屬投資人財產，可以強制執行

觀念問題

❖ 何謂信託？張無忌採取信託策略來管理明教的資產，試問將可發揮何種利益？

❖ 試說明合庫銀行信託部募集信託基金的類型包括哪些？

❖ 試說明信託市場盛行的信託商品類型有哪些？

保險業

　　保險 (insurance) 係指在訊息不全下,人們交付保險費於承保者,一旦發生未預期或無法抗拒事故肇致損害時,承保者需負責理賠。保險業務依大數法則與風險分散原則,將預期損害透過保險而由多數人共同分攤。圖 12-4 顯示保險業組織架構。要保人(或被保險人)可向保險公司直接購買保險單 (insurance policy),或透過保險經紀人中介間接向保險公司投保。保險公司接受投保後,將評估保單風險與承擔風險能力,採取自行承保、與其他保險公司共保、或轉由再保險公司承保三種策略。前兩者係由保險公司承擔風險,獲取較高的承保利潤。後者是將全部或部分保單轉由再保險公司承保,本身收取佣金而不承擔風險。

圖 12-4

保險業組織架構

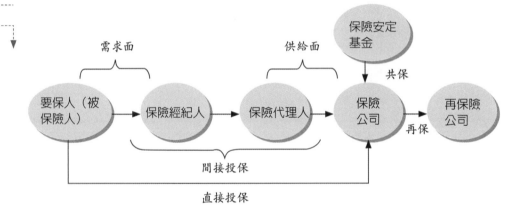

　　另外,政府基於保障被保險人權益與穩定金融,要求壽險業及產險業提撥資金,設置財團法人安定基金,提撥比率則由保險局審酌經濟、金融發展情形及保險業承擔能力訂定,不得低於各保險業者總保險費收入 0.1%。至於安定基金為穩定保險市場運作,將扮演下列角色:

1. 對營運陷入困境者提供低利融資。
2. 對承受營運不善公司之有效契約保單,提供低利融資。
3. 當保險公司喪失清償能力,保戶申請求償而未獲清償部分,得向安定基金請求償付,並代為墊付金額。
4. 受保險局委託擔任保險公司接管人、清理人或清算人職務。
5. 為穩定保險市場運作或保障被保險人權益,經保險局核定之事項。

　　在訊息不全下,保險業對經濟活動發揮的貢獻包括:

1. 就經濟成員而言,保險降低未來前景的不確定性,發生損失可獲經濟補

償。另外，保險可提昇經濟成員的信用評等，尤其是投保壽險須按期繳納保費，隱含強迫儲蓄 (forced saving) 性質。

2. 就體系而言，保險業就要保人繳納保費提存責任準備，形成體系內重要資金供給來源，透過融通投資而有助於加速經濟發展。此外，保險業提供保險，降低人們對未來的不確定性，提昇社會安全。

接著，保險商品基本上分爲存款、人身與財產保險三類，是以保險公司亦有三類：

1. **存款保險公司** 依據《存款保險條例》成立於 1985 年，透過定期業務檢查強化銀行營運體質，降低金管會的金檢負擔，促進金融業健全發展與維護金融市場秩序。

2. **人壽保險公司 (life insurance company)** 以人身爲對象的保險，依保險功能及對象再劃分爲：

   (a) **保險功能** 兼具保障與儲蓄功能的保險，如儲蓄性質較高的生死合險，可用於籌措子女的教育基金或養老金。

   (b) **保險對象** 保障本人或被保險人家屬的保險，如意外保險、定期保險、終身保險、住院依療保險、防癌保險及失能保險等，係以本人死亡爲給付條件及保障被保險人健康醫療的保險。

3. **產物保險公司 (property and casualty insurance company)** 爲規避環境風險，經濟成員運用產物保險進行風險管理，包括火險、車險、運輸險、航空險、責任保險及其他財產保險等類型，屬於短期性質缺乏持續性。其中，住宅火險分爲一年期及長期保單，後者係指房屋抵押借款人配合銀行授信要求，以放款期間爲保險期間投保長期住宅火險。

保險公司取得保費收入，除支付營運費用外，將須提存責任準備。保險業營運收益係以承保與投資收益爲主，前者在國內收取保費計算公式中訂有一定標準，保險局視實際損失率調整。後者則是運用累積的責任準備與其他資金，依據《保險法》第 146 條規定以銀行存款、投資公債、國庫券、公開發行公司股票或公司債（須符合連續三年稅後報酬率超過 6%）與不動產、進行擔保放款等所獲取的收益。表 12-1 是產險公司與壽險公司營運性質的比較。

類似其他市場，保險市場包括需求者（消費者）和供給者（保險公司）（直接投保），兩者間還有提供保險服務的中間人（間接投保）。保險中間人係指聯繫保險公司與消費者，提供各種可能獲得保單的特色、保險價格與所要投保的險種知識，最後完成保險契約並提供相關服務，一般包括保險代理人、保險經紀人和保險公證人。

保險公司 項目	產險公司	壽險公司
經營範圍	火災保險、工程保險、傷害險、海上保險、汽車保險、責任保險、其他新種保險及短期健康險。	人壽保險、健康保險、傷害保險、年金保險及投資型連動商品。
經營技術	1.危險事故發生較不規則。 2.再保險運用極為重要。	1.危險機率計算較為精密與穩定。 2.除保額累積較大與身體保險外,再保險的重要性較小。
承保標的	以財產或責任為保險標的	以人的生命或身體為保險標的
契約期間	一年或一年內的短期契約	多數屬於長期契約
賠償方式	屬損失補償保險,以不定值或定值保單為理賠基礎。	為定額給付保險人,人身無價,故均按預定金額給付。
資金運用(流動性與安全性)	現金準備占可運用資金的 20%,放款比率僅 2%～3%,通常不列為間接金融機構。	現金準備占可運用資金 10% 以下,放款比率約占 15%,屬於間接金融機構。
代位求償原則	適用	不適用
保費延緩繳付	火險及住宅地震險給予要保人一個月保費延緩繳付。住宅地震險於被保險人借款期間給予自動續保效力。	第一期保費不得延欠,且保費未繳前,契約不生效力。
特別準備金提存需求	重視巨災準備提存	重視利差損準備提存

1. 保險經紀人 (insurance broker) 基於被保險人利益,代向保險公司洽訂保險契約者。經濟成員採取直接投保經常面臨下列問題:

    (a) 商品 保險契約由保險公司採取規格化發行出售,未必符合消費者需求。

    (b) 費率 保險市場具有壟斷性,費率由保險公司單方面訂定,個別投保人議價能力有限。

    (c) 理賠 投保人發生意外事故,處於企盼保險補償狀況,而理賠部門基於保險公司利益,往往由保險契約與損失狀況中尋求拒賠線索,保險經紀人代為辦理保險事務,降低要保人可能與保險業間的不必要索賠糾紛。

    保險經紀人收取保險公司支付的佣金,而核保、發單、理賠作業仍由後者處理。依據委託者不同,保險經紀人可分為兩類:

    (a) 保險經紀人 介於消費者和保險公司間的中間人,直接接受投保客戶委託。依據業務性質差異,又分為壽險經紀人與產險經紀人兩類。

    (b) 再保險經紀人 扮演保險公司與與再保險公司間的中間人,將保險公司的再保額度推銷出去,消除無法分保的憂慮,大幅降低其營運風險。

2. 保險代理人 (insurance agent)　依據代理契約或授權書，代理保險公司經營業務而收取費用者。保險代理人的業務量增加，將提昇保險公司整體業務量，降低其展業費用。尤其是保險代理人代為辦理保險事務，降低消費者因不了解保險知識，在要求理賠時給保險公司帶來不必要糾紛，有助於提昇經營效率與形象。

3. 保險公證人 (insurance notary)　向保險公司或被保險人收取費用，為其辦理保險標的（如房屋、船舶等）的查勘、鑑定、估價與賠款的理算、洽商而給予證明者。

　　最後，再保險 (reinsurance) 係指保險的保險，是保險公司的經營基礎。保險公司接受經濟成員投保，將需評估自行承保、與其他保險公司共保、或將風險移轉給再保險公司。保險公司擁有再保險契約，類似製造業持有原料，才能放心出具保單承擔風險。保險公司藉由再保險移轉承保風險，促使低資本保險公司得以承保眾多業務，此即保險特性也是再保險的功能。國內保險業將再保險功能發揮到極致，超過 95% 以上比例的大型保險業務完全透過再保險而移轉給國外再保險公司承保，僅是扮演代為收取保費角色，賺取再保險公司支付的佣金，承擔風險比例極小。

　　中央再保險公司依據《中央再保險公司條例》於 1968 年設立之國內唯一再保險公司，執行政府再保險政策，協助國內再保險市場穩定發展，從事財產及人身再保險業務，運用契約及再保險業務之承受與轉分，進而擴大國內保險市場規模。依據《外國保險業許可標準及管理辦法》規定，截至目前為止，共有德國慕尼黑再保 (Munish Re)（全球最大）、瑞士再保 (Swiss Re)（第二大）、美國通用再保 (General Re)、德國漢諾威再保 (Hannover Re) 等國際再保險公司在台設有辦事處，只能收集資訊而不能營業。

保險代理人
依據代理契約或授權書，代理保險公司經營業務而收取費用者。

保險公證人
向保險公司或被保險人收取費用，為其辦理保險標的查勘、鑑定、估價與賠款的理算、洽商而給予證明者。

再保險
保險的保險。

觀念問題

❖ 試評論：「產險業與壽險業的資金來源均屬長期性質，未來均須還本且附加紅利。」
❖ 試說明保險經紀人與保險代理人在保險市場扮演角色的差異性？

12.4　金融交易資訊處理與認證服務

　　通訊網路技術進步帶動電子商務盛行，金融交易已經全面採取電子資金移轉制度。為提昇交易效率與安全性，財政部在 1984 年 10 月設立金融資訊服務

中心（金資中心），負責金融機構跨行資訊網路之規劃、設計與建置工作，從事跨行資訊系統規劃開發及跨行資訊網路營運。爾後，財政部與銀行共同出資籌設財金資訊公司，概括承受金資中心的資產、負債、員工及業務，於 1998 年 11 月正式營運，業務包括金融機構跨行資訊系統營運與跨行業務之帳務清算、辦理與金融機構間業務相關之資訊傳輸與交換、金融機構間資訊系統災變備援之服務、金融機構間業務自動化之規劃、諮詢及顧問業務。

傳統交易係以書面文件及簽名蓋章來確定交易雙方之權利義務，並確立交易合法性。在網路交易（尤其是電子資金移轉制度）中，電子交易需要類似傳統印鑑的交易機制，以達到下列目標：

- 識別交易雙方身分。
- 防止委託單交易資料內容被竄改或偽造。
- 防止交易雙方事後否認交易事實。
- 對傳輸資料進行加密確保不會外洩。

網路認證係指認證機構於網路交易過程中居於公正客觀地位，確認憑證申請人身分資料的正確性、憑證合法性及交易雙方資料有效性。當人們進行網路交易（如網路下單或網路轉帳）時，銀行或證券商必須確定是否為帳號擁有者，以確保交易安全性。台灣網路認證公司 (certificate authority, TaiCA) 是國內第一家符合《電子簽章法》規範的憑證公司，係由台灣證券交易所、財金資訊公司、關貿網路公司及台灣證券集中保管公司（持股 80%）與所羅門、異康、精業等資訊業 (20%) 於 2000 年 5 月出資成立，採取網路認證基礎建設 (PKI) 系統，提供銀行業、證券業、保險業與關貿體系的網路認證服務，包括網路銀行交易憑證、網路證券下單憑證、網路繳稅憑證、信用卡網路交易憑證、網路電子商務憑證（可供電子採購、電子申報、電子詢價 / 報價等用途）等，確保電子商務的安全性，進而建立便捷可信賴的網路交易環境。

問題研討

小組討論題

一、選擇題

1. 有關富邦產險與富邦壽險營運性質的差異性,何者係屬正確? (a) 富邦產險的資金來源具有長期穩定性,將可從事中長期無擔保放款 (b) 富邦人壽吸收資金,未來均須還本且附加保單紅利 (c) 富邦人壽發行儲蓄險保單屬於長期穩定資金來源,故可從事中長期無擔保放款 (d) 富邦產險與富邦人壽屬於提供規避財務風險商品的機構

2. 富邦產險在 2010 年接受華航投保未來一年的航空險,評估採取不同處理策略的結果,何者正確? (a) 自行承保華航保單,賺取保險佣金 (b) 將保單轉給瑞士再保險公司承保,仍需承擔部分理賠風險 (c) 與明台產險共同承保華航保單,依承保比例承擔理賠風險 (d) 基於追求獲利與分散風險,富邦產險將採共同承保策略

3. 國泰人壽從事保險業務,有關其提供保單性質的說法,何者正確?
   (a) 提供人身保險係屬儲蓄險,吸收中長期儲蓄資金 (b) 發行儲蓄型保單在未來均須還本且附加紅利 (c) 醫療險保單將是吸收短期儲蓄資金
   (d) 意外險保單雖屬消費險,但未來仍需還本付息

4. 「張無忌將財產權移轉給華銀信託部,委託其基於趙敏利益,代為管理或處分信託財產。」依據該項說法,何者正確? (a) 華銀信託部係以趙敏名義管理處分信託財產 (b) 張無忌將財產移轉給華銀信託部後,仍有自行管理及處分權 (c) 華銀信託部係以張無忌名義管理處分信託財產 (d) 華銀信託部擁有管理權,同時也包括處分權在內

5. 東元電機委託合庫信託部辦理東元員工持股信託業務,何種性質係屬錯誤? (a) 此係屬於共同信託基金 (b) 合庫須依員工持股信託契約內容代為操作 (c) 東元員工持股信託與證券投資信託基金的操作模式相同
   (d) 應就員工持股信託專戶項下各受益人分別設帳管理

二、問答題

1. 張無忌買進保時捷汽車,向富邦產險直接投保汽車險,可能會面臨何種問題?如何解決該類問題?

2. 試說明中央存款保險及中央再保險兩家公司在金融體系扮演的角色。

3. 試說明金融業在經濟活動中提供服務性質的差異性。依據你的看法,何種金融機構營運良窳將會直接影響總體經濟活動運行,甚至引發景氣循環變

化？其中原因爲何？

4. 國內保險業採取直接投保與間接投保型態營運，爲何會出現間接投保型態？國內保險業與國外再保險業間的關係是否與間接投保雷同？爲什麼？

5. 試說明保險業的資金來源爲何？保險業運用資金必須考慮的因素爲何？將會受到哪些限制？

網路練習題

1. 試前往央行網站 http://www.cbc.gov.tw 、人壽保險公會 http://www.lia-roc.org.tw/ 或產物保險公會 http://www.nlia.org.tw/ 等相關網站，搜尋攸關國內產險與壽險公司的資產組合資料。試探討兩類保險公司從事資金運用的資產組合是否存在顯著差異？爲什麼？

2. 請前往國內保險經紀人公會 http://www.ciaa.org.tw/ 與保險代理人公會 http://www.ciaa.org.tw 網站。試探討這些公司的股東爲誰？爲何國內銀行大多數會成立這兩類公司爭取業務？

3. 國內某上市公司董事長想將資金委託信託公司代爲操作，請你替該公司財務經理前往信託業同業公會網站 http://www.trust.org.tw/ ，蒐集相關的信託商品訊息，提供該董事長決策參考。

4. 台大電機系一群同學集資創立軟體公司，請你前往中租迪和公司網站 www.chaileasefinance.com.tw，代爲蒐集該公司提供的租賃商品，提供該公司營運參考。

CHAPTER **13**

銀行產業組織

個案導讀 ·

在2009 年，美國銀行倒閉高達 140 家，遠超過 2008 年的 26 家，而列在美國聯邦存款保險公司 (FDIC) 的「問題銀行」清單上約有 500 家，預期 2010 年將有 175~200 家倒閉，並於 2011 或 2012 年臻於高峰，直至 2013 年方才告一段落。從總體角度分析，美國中小銀行倒閉風潮是房地產泡沫化釀成的結果，也是「百年罕見」金融海嘯的產物。商業房地產業崩跌引爆銀行倒閉風潮，穆迪商業地產價格指數顯示，相對 2007 年高峰值，美國商業地產價格下跌 41%。美國 ING Clarion 不動產證券投資公司指出，直迄 2012 年，商業地產放款將有 1.4 兆美元到期，而大多數放款係在 2007 年商業地產價格高峰期承作。從個體角度來看，銀行倒閉風潮來自銀行誤判經濟形勢，尤其在房地產泡沫膨脹時期大量承作商業地產放款。美國房地產諮詢機構遠見分析公司的研究報告指出，在美國 8,100 家銀行中，約有 2,200 家銀行業務都曾逾越金融監理機構規定的警戒線，而美國貨幣監理署監理銀行放款標準寬鬆，也未採取強制措施糾正，釀成逾放比率攀升與倒閉風潮四起。

　　針對上述美國銀行倒閉風潮現象，本章首先探討銀行業結構與基層金融類型，說明銀行產品衡

量與營運風險來源。其次,將探討銀行失敗原因,而金融預警制度與扮演角色將是值得關注。最後,將探討銀行的營運型態。

 13.1 銀行產業

13.1.1 商業銀行與專業銀行

依據《銀行法》第 2 條規定,銀行係由金管會特許成立從事銀行業務之金融機構,《銀行法》第 120 條定義,凡是以收受支票存款、供給短期信用為核心業務之銀行即稱為商業銀行,而國內經營銀行業務的銀行有兩類:

1. **本國銀行** 包括既有的老銀行、1991 年公布《商業銀行設立標準》後成立的銀行、信託投資公司改制、1993 年訂定《信合社變更組織為商業銀行之標準及辦法》開放大型信用合作社改制的區域性銀行,中小企業銀行改制。

2. **外商銀行** 《外國銀行設立分行及代表人辦事處審核準則》規定資產或資本排名世界前 500 名或往來業績在 10 億美元以上的外商銀行,可申請來台設立分行。在台的外商銀行過去係以分行型態營運,但從 2006 年起競相併購本國銀行或收購問題銀行,分行家數擴張而改採子銀行型態營運。

專業銀行
針對產業發展趨勢成立銀行提供特殊產業所需資金。

政府針對產業發展趨勢,建立專業銀行 (specialized bank) 提供特殊部門或產業所需資金。依據《銀行法》規定,專業信用包括工業信用、農業信用、不動產信用、中小企業信用、輸出入信用與國民信用等 6 種,目前僅存農業信用與中小企業信用兩種。

工業銀行
為配合產業發展趨勢,鼓勵創業性投資及中長期開發融資,成立銀行提供股權融資與放款。

1. **工業銀行 (industrial bank)** 為配合產業發展趨勢,鼓勵創業性投資及中長期開發融資,政府將工業銀行授信對象之工、礦、交通及其他公用事業列為開發金融業務,而其授信即是工業信用,可採股權融資與放款型態提供資金。財政部於 1998 年公布《工業銀行設立及管理辦法》,計有開發工銀、台灣工銀與交通銀行三家營運。爾後,交銀與中國商銀合併為兆豐商銀,開發工銀在 2014 年併購萬泰商銀改為凱基銀行,台灣工銀則於 2015 年由金管會同意轉型為精品銀行並改名王道銀行,工業銀行就此消失。不過體系內提供類似工業信用的金融機構還包括:

(a) **投資銀行** 投資銀行非銀行,係以承銷證券業務為核心,並擴及公司

併購、諮詢服務與創業投資等業務，國內綜合證券公司扮演類似角色。

(b) 非營業循環基金　1972 年 12 月成立行政院開發基金（國家發展基金）具有投融資性質，投資高科技事業（股權融通）以鼓勵產業升級，具有提供工業信用的性質。

(c) 創業投資公司 (venture capital)　提供股權資金融通高科技產業發展。

2. 農業銀行　政府為融通農、林、漁、牧生產及相關事業所需之資金而成立農業銀行。國內辦理農業放款包括農會與漁會信用部，以及農民銀行（與合庫合併）、合庫與土銀。其中，土銀於 1946 年接收日據時期日本勸業銀行在台五家分行改組成立，原先專門辦理不動產信用並兼營農業信用。合庫則於 1946 年接收日據時期之台灣產業金庫改組成立，以調節合作社與農漁會資金供需並兼營農貸業務為主要業務。不過這三家農業銀行均改制為商業銀行，政府則於 2005 年 5 月另外成立全國農業金庫提供農業信用。

3. 輸出入銀行 (export-import bank)　為協助產業拓展外銷、輸入生產設備與原料所需資金，政府於 1979 年 1 月成立輸出入銀行，辦理中長期輸出入融資、保證及輸出保險業務，配合經貿政策提供金融支援，協助拓展國際貿易與海外投資。

輸出入銀行
協助產業拓展外銷、輸入生產設備與原料所需資金的銀行。

4. 中小企業銀行　為提供中小企業改善生產設備及財務結構、健全營運所需資金，政府輔導合會儲蓄公司改制為中小企業銀行，提供中小企業信用。台灣合會儲蓄公司於 1976 年改制為台灣中小企銀，其餘七家區域性（台北區、新竹區、台中區、台南區、高雄區、花蓮區、台東區）合會儲蓄公司也分別於 1978~1979 年改制為區域性中小企銀。隨著政府於 1992 年開放銀行成立，銀行業競爭日益激烈，中小企銀在營業區域與資金運用遭到限制，相對一般銀行缺乏競爭力。自 1998 年起，計有台北企銀（併入永豐銀行）、新竹企銀（渣打銀行併購）與台中企銀（台中商銀）、台南企銀（京城商銀）改制為商業銀行。另外，高雄企銀（玉山銀行收購）、台東企銀（荷蘭銀行收購，而於 2010 年 3 月改為澳盛銀行）、花蓮企銀（中信銀行收購）均已消失，僅剩台灣中小企業銀行繼續營運。

中小企業銀行
提供中小企業改善生產設備及財務結構、健全營運所需資金，而成立的銀行。

另外，經濟部引用《中小企業發展條例》，由中小企業處協調銀行提供中小企業專案及緊急融資，共有行政院國家發展基金、國發會紮根貸款、中小企業信保基金及省屬行庫等四種政策金融。台灣提供類似信用的組織有二：

1. 中小企業信用保證基金　政府與銀行於 1974 年共同捐助成立非營利財團法人，提供一般放款、購料周轉融資、政策性放款與外銷放款等四項信用保證。中小企業向銀行申請融資，經濟部中小企業處透過聯合輔導中心對

中小企業信用保證基金
提供一般放款、購料周轉融資、政策性放款與外銷放款等四項信用保證的非營利財團法人。

中小企業互助保證基金

仿效民間互助會推出「中小企業互助圈貸款」，成員依營運需求及基金會審核的分級繳交保證金，由基金會匯集保證金額形成保證能力提供保證。

其評估，當銀行同意核貸，只要符合信保資格，信保基金將提供保證以 1 億元為限。

2. 中小企業互助保證基金　仿效民間互助會推出「中小企業互助圈貸款」，篩選 20 家小企業組成互助圈，成員依營運需求及基金會審核的分級繳交保證金，由基金會匯集保證金額形成保證能力提供保證，安排投保貸款保險。原則上，互助圈成員依繳交保證金可獲最高 10 倍金額貸款，期限三年，風險由參與者共同分擔。

知識補給站

　　在 2006 年，渣打銀行併購新竹商銀（12 億美元）；在 2007 年，花旗銀行併購華僑銀行 (141 億元台幣)、荷蘭銀行標購台東企銀（金融重建基金賠付 69 億元，於 2010 年 3 月再由澳紐銀行併購）、匯豐銀行標購中華銀行（金融重建基金賠付金額 474.88 億元）；在 2008 年，星展銀行標購寶華銀行（金融重建基金賠付金額 474.88 億元）。

　　隨著外商銀行併購本國銀行或標購國內問題銀行，擁有分行家數快速遞增，已經具備商業銀行的基本條件，若仍以「分行」型態營運，並不合常理。基於銀行設立標準嚴格且申請時間過長，金管會委員會遂於 2008 年 10 月 16 日修正《商業銀行設立標準》第 4 條與第 5 條，希望外國銀行合併或概括承受國內問題銀行時，可將「分行」改為「商業銀行」模式經營，修正重點有二：(1) 外國銀行合併或概括承受問題銀行的全部營業及資產負債後，可於三年內依法令或契約約定設立商業銀行。(2) 外國銀行取得申請設立商業銀行許可後，可完成合併或概括承受本國銀行及該外國銀行在台分行的全部或部分業務及資產負債等。

　　渣打銀行收購新竹商銀後，將英商渣打銀行在台分行資產與營業全部讓與新竹商銀，於 2007 年 7 月 2 日更名為渣打（台灣）商銀，成為台灣第一家外商子銀行，分行數由 3 家成長至 86 家。2008 年 9 月 1 日，渣打商銀併購美國運通銀行在台北及高雄分行，2008 年 10 月 7 日繼續標得亞洲信託（金融重建基金賠付新台幣 33.48 億元），分行數成長至 95 家。美商花旗銀行是台灣規模最大、獲利最高的外商銀行，併購華僑銀行後，在 2009 年 8 月 1 日轉型為台灣花旗銀行，最易識別企業的信用卡不再有「美商」名號。美商花旗台北分行的資產全數移轉給 100% 持股的花旗（台灣）銀行，服務據點從 11 家分行擴增為 65 家，大步跨出大台北及都會地區，此種整合明顯是「一個銀行通路平台放進國外和本地的最佳優勢」，提供本地客戶完整服務。繼花旗銀行之後，英商匯豐銀行收購中華銀行後，從原先 8 家分行擴張為 47 家，並於 2010 年 5 月轉型為匯豐（台灣）銀行。星展銀行則在 2008 年 5 月標購寶華銀行，從 1 家分行擴張成 43 家，並於 2011 年 5 月轉型為子銀行。

13.1.2　基層金融

　　基層金融機構 (community financial institutions) 由存款貨幣機構與準銀行組成，前者包括信用合作社、農漁會信用部，後者包括中華郵政與儲蓄互助社。在台灣管制銀行設立期間，基層金融藉區域地利之便與長期顧客關係，曾經在金融體系扮演重要角色。

基層金融機構

由存款貨幣機構與準銀行組成，前者包括信用合作社、農漁會信用部，後者包括中華郵政與儲蓄互助社。

信用合作社

基於《信用合作社法》成立的基層金融，屬於市鎮地區之地方性金融機構。

1. 信用合作社 (credit co-operative associations)　基於《信用合作社法》成立的基層金融，屬於市鎮地區之地方性金融機構，吸收存款無須提存法定準備，放款利息收入也無需繳交營業稅。信合社營運性質類似銀行，但營業範圍受嚴格限制，無法承作外匯、信託、保證、承兌、買賣黃金等業務，營運區域侷限於單一縣市，每年申請增設分行家數限為兩個。總社在台北市與高雄市的信用合作社最多僅能成立 11 個分社。營運對象原則上以社員為限，放款總額以不超過吸收存款總額 128%。信合社與銀行同樣從事授信業務，不過仍有下列差異：

   (a) 營運動機　信合社是社團組織，以服務社員、追求社員福祉為目標，經營者（理事）由會員票選，未必擁有最多股權，容易釀成代理問題。銀行是公司組織，以追求銀行價值極大，經營者（董事）擁有最多股權支持。

   (b) 股本數量　信合社認股採門戶開放，認股總額隨時變動，需經信合社同意才能轉讓。銀行股本須經股東會同意才能變動，股票可自由轉讓。

   (c) 營運對象　信合社受信與授信係以社員為主，但亦開放公司加入為社員，銀行營運對象則無此限制。

2. 農會與漁會信用部　農業生產特性促使其在與非農業廠商競爭融資時，常遭一般金融排擠而不易取得資金，形成農業金融出現的誘因，特色如下：

   (a) 農業投資屬於長期性，如農地、機械或農舍投資均需數年才能回收，若無特殊誘因，一般金融缺乏承作周轉期長放款的誘因。

   (b) 農業生產受季節影響，資金需求隨季節而異。

   (c) 短期農業信用的授信對象係小農戶或針對不同作物別，眾多小額融資迴異於工商業信用的整批而集中。

   (d) 農貸成本偏高，農業金融的信用風險高於一般金融。

農業金融由一般農業金融與政策農業金融構成：

A、一般性農業金融

(a) 農漁會信用部與全國農業金庫係屬一般農業金融提供者。

(b) 其他金融機構，如一銀及彰銀承作中短期農林漁牧放款。華銀於 1988 年推出以農業加工為主的短期放款，之前則以農林漁牧放款為主。台

銀於 1984 年開辦短、中、長期的整建農宅放款，並於 1981 年增加農產運銷放款。

B、農業政策金融

(a) 農委會、糧食局、台糖公司及台灣菸酒公司基於本身業務或政策需求而提供農業金融，如糧食局的雜糧生產放款與稻作肥料放款、台糖以無息貸放中期代購肥料款。農委會辦理放款多數以長期為主，包括農田水利放款、輔導農業大規模綜合經營放款、加強農村建設放款、協助農民購地放款、修建農宅放款等。

(b) 農業信用保證基金　成立於 1983 年，由中央捐助 40%、台灣省 10%、台北市及高雄市各 5%、農銀、土銀與合庫各 10%，各地區農漁會共 10%，初期總額 3 億元，專門辦理農業放款保證業務。隨著保證業務成長，1986 年及 1990 年各增加基金 3 億元，基金總額 9 億元。該基金提供農漁會信用部及農業銀行承作農貸保證，保證費率視保證對象的信用風險而異。

農會兼具政治、經濟、社會與教育性質，提供農業生產、行銷、推廣與保險服務的綜合性農業團體，初期僅有少數農會設立信用部辦理會員互助存款與貸款。爾後，政府輔導各地農會設立信用部，於 1972 年頒布《台灣地區農會信用部管理辦法》，1974 年 6 月通過《農會法》修正案，同一承作農民存款、放款、匯兌與代理收付業務，負有調節農業金融與促進農業發展任務，屬於基層農業金融。漁會信用部在 1981 年 12 月通過《漁會法》修正案後，取得合法金融地位，係屬基層漁業金融。

在農業金融中，聯行制度 (corresponding banking) 扮演重要角色，此即提供農業信用的專業銀行（都市銀行）與農漁會信用部（鄉村銀行）策略結盟：

(a) 資金支援與間接轉融通　農漁會信用部資金來源以吸收存款及政策性融資為主，僅能對組織區域內農漁會會員放款（存單質借及受託代放款項除外），彼此間不得有資金往來，若有資金需求則由農業金庫支援。農漁會信用部的分支機構遍及農村，較易掌握個別農民經營能力及信用狀況，農業金庫透過其對農漁民間接授信，除降低信用風險外，並能獲取代辦手續費，增加業務收入。至於存放比率偏高之農漁會信用部可利用間接授信調整資金運用方式。

(b) 業務輔導與檢查　在過去，財政部授權央行檢查農漁會信用部業務，後者再委託合庫對農漁會信用部進行實地檢查、督導檢查及報告稽核。

(c) 資源充分利用　農漁會信用部辦理員工訓練由銀行負責或參與安排，代為辦理國內匯兌及受託代理付款等業務，充分運用本身剩餘產能。

3. 中華郵政　郵政儲金匯業局於 1962 年在台復業，由郵局（改組成中華郵政公司）兼辦並隸屬交通部。中華郵政發行郵政儲金與簡易壽險吸收資金，除進行定存質押與壽險保單質押放款外，僅能轉存央行或商銀、從事拆款或投資，授信過程不完全，可歸類爲零售與批發的準銀行。中華郵政分支機構遍布各地，儼然是基層金融的一環，具有穩定金融功能：
   (a) 吸收儲蓄資金　擁有衆多分支機構與較長營運時間，成爲吸收資金最多的準金融機構，具有穩定金融功能。
   (b) 促進公共建設　在早期經濟發展過程中，由於金融機構有限，郵匯局遂成爲吸收儲蓄轉爲投資的重要機構。政府在 1993 年成立中長期資金運制度，郵匯局將資金轉存銀行，透過銀行間接融通自償性公共建設與民間重大投資計畫。
   (c) 控制貨幣餘額　1980 年代以前，郵匯局政吸收儲金與辦理簡易壽險提存責任準備金，除保留部分周轉金外，幾乎全部轉存央行。央行評估金融環境變化，再將郵匯局轉存款撥給專業銀行授信或融通中長期投資，促使郵政儲金轉存款成爲最重要的貨幣工具。

4. 儲蓄互助社 (credit union)　起源於 1849 年德國南部，基於「人們面對社會與經濟問題，最佳解決方式即是讓自己幫助自己」的互助原則，組成第一個儲蓄互助社。國內金融機構多數坐落於市鎮地區，偏遠地區居民難以享受銀行服務，是以教會或社區成立儲蓄互助社，追求改善生活、增進社員福利、促進社區發展，兼具社會與教育功能。國內首家儲蓄互助社於 1964 年成立於新竹市西門街的天主堂，而 1972 年通過的《儲蓄互助社法》爲規範法源，主管機關爲縣市政府或直轄市政府。儲蓄互助社的組織與特色如下：

儲蓄互助社
基於「人們面對社會與經濟問題，最佳解決方式即是讓自己幫助自己」的互助原則而成立的融資機構。

   (a) 民主結構　具有同一社區、教會、團體、公司等共同關係，願意共同承擔責任及共享服務者均可參加。不論交易額（認股或貸款）多寡，社員享有平等投票權及參與儲蓄互助社決策，採取比例制或代表制選舉義務職幹部。
   (b) 社會目標　基於經濟、社會、民主與自助互助原則，對社員、幹部、職員及一般民衆積極推動教育，並在地方性、全國性及國際性等各層次儲蓄互助社組織間謀求合作，提供社員及社區服務。

儲蓄互助社營運方式包括：
   (a) 吸收股金　社員存款稱爲股金，每股 100 元，每人持股不得超過全社股金總額 20% 與 100 萬元。社員提領股金須經理事會同意，得延遲支付但不得超過 60 日，退股如在年終決算時，該部分不計股息。在年終決算後，盈餘需提撥公積金 20%，公益金 5～10%，剩餘部分均分

配股息。續優儲蓄互助社擁有較大業務量、股金超過 2,000 萬元、社員超過 300 人、擁有自有辦公房舍與專職人員,可發行類似活存性質的特別股,利率比照銀行牌告利率,如台南新樓互助社就有特別股 12 億餘元。

(b) 社員互助貸款　股金存放於銀行,由放款委員審核放款申請,以無擔保為主(最多 100 萬元),必要時才要求提供擔保品,並採分期攤還本金與按月繳息,利率及還款期限由理事會決定,無擔保放款償還期限不得超過 12 年,擔保放款以 15 年為限。

(c) 參加各項互助基金　參加協會代辦之貸款安全互助基金、人壽儲蓄互助基金、綜合損失互助基金、各級幹部互助基金、社員團體定期互助基金與平安儲蓄互助基金等,類似商業保險。

(d) 代理收受社員水電費、瓦斯費、學費、電話費、稅金及罰鍰,參加協會資金融通、購買公債與經中央主管機關核可之相關事項。

在先進國家,儲蓄互助社是金融體系與社會安全制度的一環,發揮效果如下:

(a) 中介功能　發揮金融中介功能,匯集小額資金融通社員,提昇儲蓄意願,促進經濟活動運行。

(b) 社會功能　採取一人一票運作,強調命運共同體,放棄個人主義與功利主義作風。

(c) 教育功能　以經濟方法吸引民眾,教育民眾共同合作紓解問題。

在基層金融中,儲蓄互助社與信用合作社扮演角色雷同。前者由具有共同關係的自然人與非營利法人組成封閉社團法人,追求「非為營利、非為救濟、乃是服務」的目標,營運規模較小而服務對象僅限社員,工作人員均屬義工性質。後者是由金管會許可經營部分銀行業務的金融機構,參與社員包括自然人或非營利法人,中小企業亦可加入為準會員,營運規模較大,追求服務社員與盈餘為目的。

轉存款
央行基於穩定金融,接受金融機構存款轉存。

在國內金融體系,金融機構存在各種轉存款 (re-deposits) 現象。央行可視經濟金融情勢,接受金融機構存款轉存。此一轉存包含郵政儲金轉存款及銀行業轉存款兩部分,係為穩定金融的重要工具。

1. 信合社轉存制度　基層金融放款對象與資金運用受到層層限制,形成存放比率偏低現象,是以依據《信用合作社資金融通及管理辦法》及《農漁會信用部資金融通及管理辦法》,基層金融過去可將剩餘資金依牌告利率轉存合庫(農銀)與土銀,轉存之定存無須提存準備,此即信合社轉存制度。自 1986 年 3 月起,央行為調節金融與穩定金融,訂定《中央銀行收

受銀行業轉存款作業要點》，得視經濟金融情勢，機動訂定轉存額度收受銀行轉存款，可轉存對象包括收受基層金融（信用合作社、農漁會信用部）存款的農業金庫，以及經央行專案核准配合貨幣政策的銀行，轉存期限最長不超過 1 年。

2. **郵政儲金轉存款**　自 1964 年起，郵匯局吸收資金全部轉存央行作為中長期資金用途，此即郵政儲金轉存制度。到了 1980 年代，央行再將部分郵政儲金轉存交銀、土銀、台灣中小企銀、農銀等四家專業銀行。邁入 1992 年 1 月後，為增加郵政儲金自行運用彈性，新增郵政儲金可自行轉存各銀行並購買公債、國庫券、金融債券及央行定存單。從 1997 年 12 月起，中華郵政可購買經央行、財政部（目前為金管會）與交通部共同研商決定可投資的債券與票券。

觀念問題

❖ 在金融體系中，儲蓄互助社扮演何種角色？其經營特色為何？
❖ 中小企業信用與工業信用均是提供廠商營運所需資金，試問兩者差異為何？
❖ 台南新樓儲蓄互助社與鹿港信用合作社同屬社團組織，試問兩者差異為何？
❖ 試說明信合社轉存制度與郵匯局轉存制度的內容為何？

13.2　銀行經營模式

13.2.1　銀行產業組織

在營運過程中，銀行採取不同組織型態營運，形成銀行業組織結構如下：

1. **單一銀行 (unit banking)**　不設分行的美國銀行業，屬於地方性銀行，目的在鼓勵競爭限制銀行業壟斷。該制度優點如下：(1) 限制銀行併購，減緩銀行市場集中度。(2) 銀行營運適合區域發展需求。(3) 銀行營運管理層次少，貨幣政策傳遞速度較快，有利於落實貨幣政策效果。該制度缺陷包括：(1) 限制銀行壟斷，妨礙銀行發展和經營績效提昇。(2) 限制資金移動。(3) 規模較小導致金融創新遲緩。

> **單一銀行**
> 不設分行的地方性銀行，目的在鼓勵競爭與限制銀行業壟斷。

2. **分支銀行 (branch banking)**　源自英國，銀行設立總行與分行營運，屬性傾向於寡頭壟斷，總行扮演角色為：
   (a) **總行制**　總行兼具管轄分行與對外經營業務。至於該制度的主要缺點

> **分支銀行**
> 銀行設立總行與分行營運。

即是形成寡頭壟斷市場，擴大銀行內部控制難度。

(b) 總管理處制　總行僅負責管理分行，不對外經營業務。

分支銀行優點如下：(1) 銀行能夠擴大經營規模，增強銀行實力，提供優質金融服務。(2) 銀行較能分散風險，提昇營運安全性。(3) 提昇總體風險管理水準。

連鎖銀行
個人或集團同時掌握多家銀行經營權，由同一成員掌控決定這些銀行經營管理。

3. 連鎖銀行 (chain banking)　盛行於美國中西部，係為彌補單一銀行制的缺點而發展形成，由個人或集團同時掌握多家銀行經營權。這些銀行均屬獨立公司，但由同一成員掌控而決定業務經營管理，從而獲取單一銀行制和分支銀行制的經營利益。不過在個人或集團控制下，個別銀行不易取得大量資本，不利於未來發展，故將轉型為分行制銀行，或改組成為銀行控股公司。

銀行控股公司
透過併購多家銀行股權掌握經營權而成立的公司。

4. 銀行控股公司 (bank holding company)　盛行於美國，透過併購多家銀行掌握經營權而成立的公司。銀行控股公司掌控的公司均可從事「與銀行業緊密相關」的活動，規避銀行發展業務面臨的問題：(1) 規避跨州設立分行的美國法律限制、(2) 透過子公司來實現業務多元化。連鎖銀行與銀行控股公司的作用相同，差異僅在前者不存在控制股權的公司型態。

實務上，各國銀行業採取分支銀行制度，甚少僅設單一總行營運，但兩者差異性仍可從不同角度剖析：

1. 組織架構　單一銀行只要符合條件即能自由進出產業，座落位置、資本額與營運業務限制較多，資本與營運規模較小，壟斷市場能力低。分支銀行擁有眾多分行，資本與營運規模相對龐大，屬於寡頭壟斷型態，參進阻止障礙的門檻高。

2. 營運風險　單一銀行屬於區域性銀行，營運除受總體景氣循環影響外，區域景氣變化更是營運風險的主要來源。分支銀行屬於全國性銀行，在大數法則運作下，將可分散區域景氣變化的影響，營運風險主要受總體景氣循環影響。

3. 受信與授信　單一銀行營運係以區域性市場為主，因座落位置迥異致使彼此產品異質化，形成利率多元化。分支銀行除吸收區域性（各地分行）資金外，也發行金融債券在全國金融市場募集資金，然後在區域性與全國性市場授信，資金配置效率優於單一銀行。實務上，分支銀行產業僅由少數銀行組成，組成銀行公會協商而類似採取價格領導制度 (price leadership)，存放款利率呈單一化趨勢。

價格領導制度
分支銀行產業僅由少數銀行組成，組成銀行公會協商訂定存放款利率。

4. 資金配置效率　單一銀行的資金來源侷限於區域性存款市場，壟斷力端視區域與全國存款市場的替代性而定。至於借款者到處詢價，區域性與全國

性放款市場替代性較大，壟斷放款市場能力低。此外，單一銀行營運規模較小、授信過程必須承擔較高單位訊息成本，資金運用效率較差。分支銀行以全國市場爲營運對象，在分行眾多與規模龐大下，透過大數法則運作所須負擔的單位訊息成本顯著下降，資金運用效率較佳，壟斷放款市場能力較大。

5. 銀行產品　單一銀行以區域性市場爲營運對象，提供銀行產品有兩種說法：

(a) 全額服務 (full service)　理論上，單一銀行將提供所有服務，如零售存放款、外匯業務、信託服務、研究部門與徵信調查等，以滿足消費者需求。

全額服務
銀行提供所有服務。

(b) 部分服務 (partial service)　基於營運規模狹隘與區域市場需求有限的雙重限制，實務上，單一銀行提供所有服務不符經濟效益，通常僅提供基本存款與放款服務，其餘金融服務則委託其他銀行辦理。

部分服務
單一銀行僅提供基本存款與放款服務，其餘金融服務委託其他銀行辦理。

分支銀行雖以全國市場爲營運對象，但個別分行仍部分顧及區域利益，提供銀行產品亦有兩種說法：

(a) 全額服務　分支銀行營運規模較龐大，總行將提供全額服務滿足消費者需求，兼具享受規模與範疇經濟效果。

(b) 部分服務　分支銀行的分行規模類似單一銀行，主要係在滿足區域市場需求，通常僅提供部分服務，其餘服務則委託總行處理。

6. 管理效率　單一銀行採取集中管理，提昇經營效率而降低管理風險，容易出現內部經濟現象。不過單一銀行僅有一家，營運規模有限而使行員缺乏升遷機會，不易提昇工作誘因。分支銀行在總行設立總管理處統一擬定營運方針，授權各部門或分行經理自主營運，容易形成內部不經濟現象。不過分支銀行營運規模龐大，分行眾多提供行員較多升遷機會，有助於提昇工作誘因。

接著，銀行營運通常採取三種策略：

1. 批發銀行 (wholesale banking)　大型銀行偏好從事企業金融與聯合放款，以大公司和大機構爲主要營運對象，授信金額龐大而具有批發性質，本國銀行過去傾向屬於批發銀行。其中，中華郵政無法承作放款，吸收資金多數整批轉存其他銀行與央行，屬於典型的批發銀行。

批發銀行
大型銀行從事企業金融與聯合放款，以大公司和大機構為主要營運對象。

2. 零售銀行 (retail banking)　區域性銀行營運對象以消費者爲主，授信金額較小而具有零售性質。外商銀行在台分行受制於吸收存款資金，偏好小額消費性放款，如信用卡融資、投資理財放款等，偏向屬於零售銀行。

零售銀行
區域性銀行營運對象以消費者為主，授信金額較小。

3. 批發與零售銀行　直接金融盛行加速企業金融競爭白熱化，本國銀行面對

獲利率下降與風險遞增下,逐漸轉向承作小額多件的消費金融,朝兼顧批發與零售銀行型態發展。

最後,國內銀行又因領取營業執照不同而分爲兩類:

1. **全國性商銀** 設立分行可遍及全國,申請成立的最低資本額爲 100 億元。
2. **區域性商銀** 信用合作社改制的銀行有營運範圍限制、營業區域與設立分行僅能跨越數個縣市,資本額必須超過 35 億元。

13.2.2 金融控股公司

在國際金融市場,銀行業經營模式可分爲三種:

1. **日本銀行業** 可與其他產業(未必是金融機構)交叉投資、相互持股或策略聯盟,從而構成金融版圖。
2. **美國銀行業** 採取銀行控股公司或集團制銀行經營模式,由集團企業成立控股公司,掌控多家銀行股權營運。在 2000 年代,美國銀行控股公司擁有超過 8,700 家銀行,掌握銀行業資產 90% 與存款近 90%,並分爲兩種類型:
   (a) **非銀行控股公司** 企業集團控制一家銀行的主要股權,甚至持有多家非銀行的公司股權。
   (b) **銀行控股公司** 大銀行掌控的控股公司持有銀行股權超過 25%,又分爲控制單一銀行與擁有超過兩家銀行經營權的銀行控股公司。

綜合銀行

銀行在內部設立營業部門,直接經營銀行、保險、證券及其他金融業務。

3. **歐洲銀行業** 採取綜合銀行 (universal banking) 經營模式。金融機構在內部(擁有獨立資本額與會計制度)設立營業部門,直接經營銀行、保險、證券及其他金融業務,屬於整合程度最高的跨業經營模式。不過國際間並無眞正的綜合銀行,歐盟採取改良式綜合銀行模式,經營保險業務必須成立子公司,但證券業務則可直接在銀行內經營。採用綜合銀行營運的優點包括:
   (a) 提供多元化商品讓消費者享受一次購足服務,除分散營運風險外,將能降低金融環境變動對銀行營運的衝擊。
   (b) 針對不同金融商品的需求彈性,擬定不同價格策略,提昇銀行獲利率。
   (c) 共用現有人員、營業地點及營運設備,降低各項業務的單位營運成本,發揮規模經濟與範疇經濟。

至於該制度缺點如下:
   (a) 提供多元化金融服務,但無法達到專業銀行提供的服務品質。
   (b) 銀行兼營證券可能引發內線交易或利益衝突問題。
   (c) 綜合銀行主導市場能力較強,容易忽略消費者權益。

(d) 業務性質多元化導致營運效率難以顯現，不利於營運資訊透明化及風險控管。

　　傳統上，國內銀行業經營模式係以銀行為主體，分別成立業務部、儲蓄部、國外部、信託部、消費金融部與信用卡部等部門獨立從事各種業務，特殊業務則交由轉投資金融公司營運。台灣金融業盛行綜合金融集團經營策略，轄下公司經營者均屬同一集團，彼此間存在轉投資或交叉持股關係，但未必純粹由單一控股公司全部掌控銀行與金融周邊事業。為解決金融集團問題，解除金融業跨業經營限制，政府於 2001 年公布《金融控股公司法》，讓金融集團轉型為從事多角化經營的金控公司，特質如下：

1. 集團控股與聯合經營　金控純屬投資公司，作為集團母體並不從事金融業務，僅是掌握金融子公司經營權與合理配置資金，統合轄下公司營運。

2. 法人分業與規避風險　法人分業是金控的特性，不同金融業務交由不同公司經營，防止不同金融業務風險相互傳遞，強化內部交易防火牆。

3. 合併報表與自負盈虧　金控子公司具有獨立法人地位，金控對子公司的責任、子公司相互間的責任僅限於出資額，而非由金控公司統負盈虧，避免高風險子公司拖垮整個集團。此外，金控對持股超過 51% 的子公司，採取合併財務報表制，避免重複計算子公司資本與財務損益。

　　隨著該法案通過後，以銀行（如華南金控）、壽險公司（如國泰金控與新光金控）、產險公司（如富邦金控）或票券公司（如國票金控）為主體的金融集團，紛紛重組金控公司，如圖 13-1 所示的富邦金控組織架構。

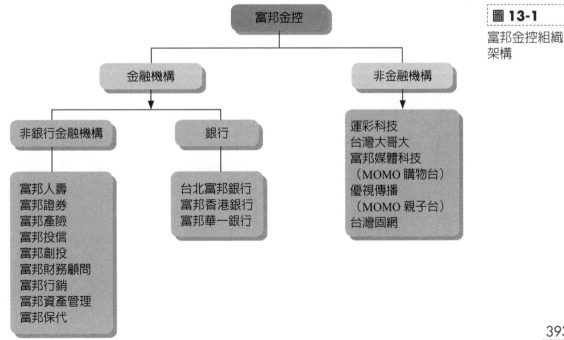

圖 13-1
富邦金控組織架構

金融業採取控股公司模式營運，透過轄下金融子公司跨足其他金融業務，建立全功能金融服務集團，是實現由專業分工轉向跨業混合經營的模式，產生利益如下：

1. 資本利用效率化 (capital deployment)　金融分工與專業化嚴格限制金融機構營運範圍。金控透過在不同領域設立子公司跨業營運，本身擁有調配資金彈性，將資本在不同子公司間進行最適配置。舉例來說，元大證券資本過多，而元大銀行需要提高資本適足率，兩者若無關聯，調整資本必須分別獲得證期局與銀行局核准，此一過程相當耗時。一旦兩者同屬元大金控轄下子公司，則無上述限制，大幅提高資本運用效率。

2. 經營綜效與降低成本 (cost saving)　在金融分業體制下，消費者無法從銀行享受證券業、保險業提供的服務。金控透過併購不同類型金融機構，以組合不同地區與不同金融商品間的優勢，透過共同行銷與交叉跨售 (cross selling) 發揮巨大綜效。面對激烈競爭環境，金融業可有兩種選擇：

   (a) 增加單一金融服務數量，如增加銀行的分行家數就可增加吸收存款，亦即大銀行只要收購小銀行，就能降低平均營運成本而發揮規模經濟。

   (b) 增加金融商品種類，如銀行的分行同時銷售證券、基金、保險等金融商品，大幅降低平均成本，此舉較分別設立據點銷售要節省人力和成本而發揮範疇經濟 (economics of scope)。

3. 金融百貨公司經營模式　金控轄下的銀行、證券、保險、信託等子公司，透過集團化、國際化和電子化在各自領域發展業務，各種業務和金融商品間的交叉銷售也將更趨於市場化與透明化，而與金控相關的金融創新業務內容包括「金融超市」或「一站式金融服務」以及「網路金融服務」。

4. 營運風險降低　金控僅行使股權投資職能，轄下子公司營運與管理則是各自獨立，不同金融業務分別在子公司中進行，無需承擔其他業務風險的損失。縱使某子公司營運陷入困境，其他子公司仍可正常經營，不會遭致拖累而維持本身營運安全性。此外，銀行與其他業務間的交叉銷售則處於市場監督下，大幅提昇透明度，也將降低營運風險。

最後，金控公司發展策略模式可用表 13-1 說明。金控公司從技術面強調資金效益、跨業銷售與節省成本，從策略面追求商品與市場結合，如由銀行培養客戶，由證券公司創新與銷售金融商品賺取手續費，創投則從事較高風險投資活動，亦可從事高風險併購業務。

範疇經濟
同時從事各種商品生產的總成本低於分別生產單一商品成本的總和。

產品\市場	利差收入	手續費收入	資本利得
批發市場	企業金融（銀行）	募集資金 財務顧問 資產管理（產險，投資銀行）	直接投資 創業投資 不良資產買賣與管理（創投，資產管理，證券）
	高風險高報酬	較低風險與較高報酬	較高風險與較高報酬
零售市場	消費金融（銀行）	證券經紀 財富管理 （證券，投信，壽險）	獲利發動機 （綜合券商）
資金基礎：以壽險公司來提供中長期資金			

表 13-1

金控公司發展策略

觀念問題

❖ 富邦金融集團在 2001 年轉型成立富邦金控後，其營運將會具有何種特質？

13.2.3　銀行產品

銀行吸收存款提存準備，隨即進行放款與證券投資、購買固定資產與保有國外資產等。從中介資金過程觀之，銀行屬於資源密集產業，在管理階層擬定經營決策與評估營運績效前，如何衡量銀行產品與投入則是重要議題。銀行是間接金融核心，提供金融服務可分為兩類：

1. **資產轉換服務**　銀行吸收存款，提供方便、安全與保值等金融服務；透過徵信調查轉換為放款，供借款者融資與流動性服務。
2. **經紀服務**　銀行提供經紀服務包括收付通貨、外匯交易、信託與其他實質服務，如倉儲、保管及代理服務。

針對上述服務類型，銀行產品基本上分為兩類：

1. **技術性產品 (technical output)**　商品經由生產過程轉變為其他商品。銀行提供金融服務屬於技術性產出，包括提供活存客戶的支付機能管理、存款者與貸款者間的中介服務、信託及提供資產管理顧問服務。
2. **經濟性產品 (economic output)**　創造較原先投入更高附加價值。銀行放款係以存款為基礎而創造更高價值，故屬經濟性產品。

技術性產品
商品經由生產過程轉變為其他商品。

經濟性產品
創造較原先投入更高附加價值。

在此，銀行的一般化生產函數可表為：

$$F(Q_i, \sum L_i + \sum S_i, DD, SD; N, K) = 0 \tag{13.1}$$

Q_i 是各種金融服務，$\sum L_i + \sum S_i$ 是銀行信用（放款與投資證券），DD 與 SD 為活存與活儲，K 是銀行的實體資本（銀行行舍與設備），N 是銀行行員。

由於銀行提供多元產品與複合產品，如何衡量銀行產品亦是眾說紛紜。

單一產品方法
在營運過程中，銀行提供多元單一產品。

信用觀點
銀行透過放款與投資融通消費與投資支出，以銀行信用衡量銀行產品。

- 單一產品方法 (single-value measure approach)　在營運過程中，銀行提供多元單一產品，可從不同觀點來定義銀行產品：

  A. 信用觀點 (credit view)　銀行透過放款與投資融通消費與投資支出，重新分配金融與實質資源。以銀行信用衡量銀行產品，強調創造附加價值的經濟性產品，(13.1) 式可表為：

$$\sum L_i + \sum S_i = BK = g(DD, SD; N, K) \tag{13.2}$$

上述衡量方式的缺陷是：

1. 銀行產品屬於流量概念，資產負債表上的銀行信用屬於過去放款與投資總額累積的存量，不符合理論的流量概念，更有重複計算價值的問題。
2. 銀行信用包括各類放款與投資，發揮融資效果不同。以銀行信用總值衡量銀行產品價值，無疑是將放款與投資視為同質，無形中低估銀行產品價值。

為解決上述缺陷，一般改採以變動量衡量，針對銀行信用內容給予權數再行累加，但卻又衍生新問題：

1. 銀行信用變動量未必為正，負值將扭曲銀行產品涵義，宜以銀行每年的新放款來衡量。
2. 銀行信用中單項資產權數的決定，宜另找其他方法解決。

中介方法
銀行營運以提供金融服務為主，放款和證券投資、行員、資本及資金均屬作業流程中的投入，產品則是各種金融服務。

  B. 中介方法 (intermediation approach)　銀行營運以提供金融服務為主，放款和證券投資、行員、資本及資金均屬作業流程中的投入，產品則是各種金融服務（如安全、方便、保值、融資、信託），係屬技術性產品，(13.1) 式重新表為：

$$Q_i = f(\sum L_i + \sum S_i, DD, SD; N, K) \tag{13.3}$$

  C. 貨幣學派觀點　銀行創造支票作為交易媒介，提昇交易效率與降低交易成本，其貨幣性或流動性屬於技術性產品，可用於衡量銀行產品。在此觀點下，上述生產函數中的 DD 是銀行產品，其餘項目則為投入，生產函數將變為：

$$DD - h(\textstyle\sum L_i + \sum S_i; N, K) \tag{13.4}$$

上述衡量方式同樣面臨存量與流量問題，活存屬於存量概念，銀行產品是流量概念，兩者在理論上並不一致。一般係將固定期間內的平均活存餘額乘上平均流通速度，就可轉換成流量概念，此即銀行在固定期間內提供的流動性數量。不過該項服務係屬無償使用，甚難評估其價值而反映在當期 *GDP* 上。

- 產品加權指數　銀行產品分成兩類：
  1. 貸放產出 (lending output)　銀行賺取存放款利差，銀行信用是核心產品。
  2. 非貸放產出 (non-lending output)　直接金融盛行誘使銀行從事非銀行活動，提供金融服務賺取手續費。

在完全競爭市場，消費者依據享受福祉支付商品價格，故可用銀行收入毛額衡量銀行產品價值，而消費者對各種放款的市場評價可估計如下：

$$\frac{R_l}{A} = a_0 + b_1 \frac{L_1}{A} + b_2 \frac{L_2}{A} + b_3 \frac{L_3}{A} + \cdots = a_0 + \sum_{i=1}^{n} b_i \frac{L_i}{A}$$

R_l 是銀行放款總收益，A 是銀行資產總值，L_i 是 i 種放款餘額，b_i 是 i 種放款的市場評價。經過上述評估程序，銀行生產貸放產出的價值是 $\sum_{i=1}^{n} b_i L_i$。類似作法亦可用於評估銀行的非貸放產出價值，兩者之和即是銀行產品價值。

- 帳戶數目方法 (number of account approach)　銀行從事放款、投資、貼現、存款、信託與匯兌業務，各自有其獨立生產程序。銀行係依顧客帳戶（存款、放款、信託、保險箱）提供金融服務，與帳戶金額多寡並無直接關聯，故可採取固定期間內銀行提供帳戶數或交易次數衡量產品。此類方法符合流量觀念，排除通膨肇致的偏誤，允許帳戶數及帳戶餘額對成本有不同的影響，缺點是未針對個別服務對總產出貢獻的差異性進行加權，而且遺漏其他金融服務。一般是將銀行產品分成活存、定存和活儲、不動產放款、企業放款及分期付款等五類帳戶，用於修正這項缺失。
- 國民產出方法 (national product approach)　在生產過程中，銀行創造附加價值可用銀行盈餘衡量，可表為貸放產品（放款 L_i 與投資 S_i）收益加上金融服務收益 $p_i q_i$ 扣除存款利息、行員薪資 WN 及資本設備的使用成本 ρK。

$$\pi = \sum_{i=1}^{n} r_i^l L_i + \sum_{i=1}^{m} r_i^s S_i + \sum_{i=1}^{o} p_i q_i - \sum_{i=1}^{j} r_i^d D_i - WN - \rho K$$

貸放產出
銀行賺取存放款利差，銀行信用是核心產品。

非貸放產出
銀行從事非銀行活動，提供金融服務賺取手續費。

帳戶數目方法
銀行係依顧客帳戶提供金融服務，可依提供帳戶數或交易次數衡量產品。

國民產出方法
銀行創造附加價值可用銀行盈餘衡量。

不過國內銀行在 2002～2003 年大量處理不良放款，導致連續二年巨幅虧損，此種現象是否意味著銀行營運是屬於負面評價？該方法將銀行存款視為金融投入，忽略其提供流動性勞務或保值（安全）服務對體系的貢獻，將利息支付作為負面項目扣除。由於銀行發行支存無償提供人們使用，故須設算其提供交易安全性與方便性服務的價值。支存提供流動性勞務數量 D_i，設算價格 P 包括兩者：

1. **顯現成本 (explicit cost)** 銀行增加提供活存所需支付的成本 $\left(\frac{\partial C}{\partial D}\right)$。
2. **隱含成本 (implicit cost)** 銀行以活存資金放款所增加的報酬 $[1-\theta]r_l - r_d$，r_l 是授信報酬率，θ 是銀行提存準備率，r_d 是活存利息支付。

$$P_d = \left(\frac{\partial C}{\partial D}\right) + \left[(1-\theta)r_l - r_d\right]$$

考慮流動性勞務的設算價值後，銀行對體系當期貢獻為：$(\pi + P_dD)$。不過 D 是指用於最終用途的流動性勞務數量，須扣除廠商使用部分支票創造的價值（中間財）。

觀念問題

❖ 台灣從 2001 年迄今已經成立 16 家金融控股公司，試問這些公司的營運特質為何？
❖ 試說明永豐銀行提供的經濟性產出與技術性產出分別為何？
❖ 台銀董事會要求經濟研究室提出報告，說明如何從信用觀點來衡量台銀的產品？該觀點有何缺陷？
❖ 試說明金融控股公司與綜合銀行的差異性為何？
❖ 合庫董事會決議採取金控公司模式營運，預期將能發揮何種效益？

13.3 金融預警制度

13.3.1 銀行營運風險

邁入 1990 年代後，銀行營運風險持續攀升。尤其是各國銀行持有過多缺乏流動性的證券化與衍生性商品，2008 年金融海嘯讓銀行瞬間陷入流動性匱乏困境，促使有效管理風險躍居國際銀行市場關注焦點。圖 13-2 顯示銀行營

運面臨的風險類型，可從環境、人力資源、金融服務與資產負債表四個層面說明。

- 環境　銀行屬於受管制金融機構，經營環境改變將會衝擊銀行營運，此即環境風險 (environment risk)。尤其是通訊網路技術進步帶動電子商務盛行，大幅衝擊銀行經營環境，一旦人們透過電腦進行交易清算，銀行將無須維持過多分支據點。

  1. 法律風險 (legislative risk)　銀行營運未依循金融法規、金融檢查糾正措施或銀行內規辦理，以及法律變更，包括因交易契約、法律文件欠缺或不詳等法律障礙，造成銀行財務與商譽損失。

  2. 經濟風險 (economic risk)　景氣循環與區域經濟發展變化導致營運風險遽增。

  3. 競爭風險 (competitive risk)　金融創新盛行提昇來自非銀行金融中介與非金融公司創新金融產品與服務的競爭。

  4. 管制風險 (regulatory risk)　政府改變管制銀行營運內容，讓銀行陷入不利競爭。

環境風險
銀行屬於受管制金融機構，經營環境改變將會衝擊銀行營運。

法律風險
銀行營運未依循金融法規、金融檢查糾正措施或銀行內規辦理，以及法律變更造成銀行財務與商譽損失。

經濟風險
景氣循環與區域經濟發展變化導致營運風險遽增。

競爭風險
金融創新提昇來自非銀行金融中介與非金融公司創新金融產品與服務的競爭。

管制風險
政府改變管制銀行營運內容，讓銀行陷入不利競爭。

圖 **13-2**
銀行營運風險類型

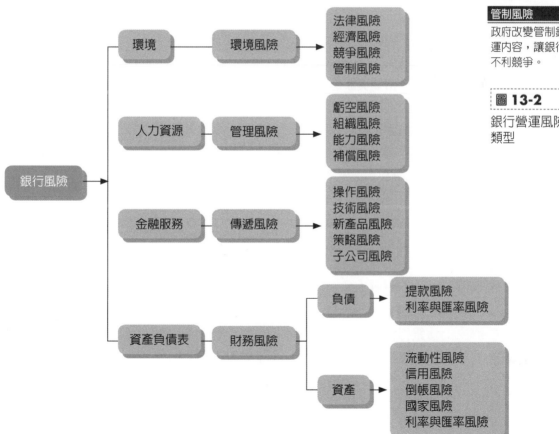

管理風險

銀行管理階層與行員忠誠度發生問題衍生的風險。

虧空風險

經營階層與經理人員代理問題衍生的風險。

組織風險

銀行缺乏有效組織運作機能衍生的風險。

能力風險

銀行管理缺乏決策一致性衍生的風險。

補償風險

銀行補償政策無法提供適當管理誘因衍生的風險。

作業風險

銀行治理鬆弛導致作業流程缺失，或電腦支援系統不順暢無法滿足客戶需求，而讓商譽受損的風險。

技術風險

銀行交易網路化面臨維護交易訊息隱密、完整、來源辨識、不可重複及不可否認等風險，且須承擔來自駭客入侵風險。

策略風險

銀行調整營運目標、商品設計、系統開發、設備投資、人力資源、教育訓練、行銷推廣、客戶服務、安全管理等，難以掌控成敗的風險。

新產品風險

銀行新產品面臨需求低於預期、成本高於預期與缺乏管理新產品市場能力，從而引發新產品行銷風險。

- 人力資源 (human resources)
  1. 管理風險 (management risk)　銀行面臨管理階層與行員忠誠度發生問題的疑慮。
  2. 虧空風險 (defalcation risk)　經營階層與經理人員缺乏誠信的代理問題。
  3. 組織風險 (organization risk)　銀行缺乏有效組織運作機能。
  4. 能力風險 (ability risk)　銀行管理缺乏決策一致性衍生的風險。
  5. 補償風險 (compensation risk)　銀行補償政策無法提供適當管理誘因。
- 金融服務　銀行提供金融服務過程衍生的傳遞風險 (delivery risk)。
  1. 作業風險 (operation risk)　銀行治理鬆弛、監理不週、內控欠佳、系統故障導致作業流程缺失，或電腦支援系統不順暢，面臨服務無法滿足客戶需求、延誤客戶交易時效、暴露客戶隱私或與客戶發生糾紛訴訟等，而讓商譽受損。
  2. 技術風險 (technological risk)　銀行交易網路化除面臨維護交易訊息隱密、完整、來源辨識、不可重複及不可否認等風險外，另須承擔來自駭客入侵、竄改或攻擊銀行電腦與網路系統的風險。
  3. 策略風險 (strategic risk)　銀行調整營運目標、商品設計、系統開發、設備投資、人力資源、教育訓練、行銷推廣、客戶服務、安全管理、成本效益等，難以充分掌控成敗的風險。
  4. 新產品風險 (new product risk)　銀行新產品面臨需求低於預期、成本高於預期與缺乏管理新產品市場能力，從而引發新產品行銷風險。
  5. 子公司風險　銀行採取轉投資策略進行擴充，子公司若陷入虧損，將會拖累銀行營運。
- 資產負債表　銀行吸收資金從事授信，將反映在資產與負債組合變動，除共同面臨利率與匯率風險外，並各自面臨獨特風險如下：

  A、負債面
  1. 提款風險 (withdrawal risk)　銀行吸收存款將面對存款者隨機提款，而可能遭致擠兌風險。
  2. 財務風險 (financial risk)　銀行採取高槓桿營運，除須承擔隨時還本付息壓力外，更面臨不符合資本適足性要求的問題。

  B、資產面
  銀行為因應日常資金需求，除保有超額準備與流動準備外，必須持有高流動性資產。此外，銀行授信將面臨客戶或交易對手不能履約的信用風險。為防止信用擴張，針對單一產品交易，銀行針對交易員、交易對象及其國別與全銀行等分別設定上限額度，管制交易員執行投資決策，必須符合階層式的額度控管機制以降低風險。銀行持有資產面

臨風險如下：

1. **利率風險**　利率變異性擴大衝擊銀行收益，而利率風險來源包含市場利率變動性（外在因素）、調整資產及負債組合重新定價速度，以及改善資金來源及運用之到期未配合數量（內在因素）。
2. **匯率風險**　匯率變動影響銀行持有外匯資產與負債的價值。
3. **股價風險**　股價變動對銀行表內與表外部位可能產生之損失。
4. **國家風險 (country risk)**　跨國金融操作面對國際政治、社會、法律、經濟等因素變化衍生之風險。

　　銀行從事風險管理決策的策略有二：

1. 「從上而下」　基於整體觀點，將銀行目標落實至營業單位或經理人與個別客戶交易，著重相關政策及業務評估指標與績效目標訂定，定期揭露收益目標、風險上限及準則為其特色。
2. 「由下而上」　銀行應將基層業務單位之風險報告與監督成果反映至經營階層與董事會。

13.3.2　金融預警制度

　　自 1980 年代起，金融自由化加速國際金融體系整合，金融技術與金融商品創新，劇烈衝擊金融機構風險管理及金融監理。基於保護存款人權益及穩定金融，央行與金管會隨時掌控銀行經營動態、有效評估風險，及早發現問題銀行，藉以採取適當監理措施。面對金融監理資源有限，若要預先發現問題銀行，除現場實地檢查外，將須建立金融預警制度監控。

　　金融預警制度 (financial early warning system, EWS) 係指平時蒐集銀行財務、業務資料，運用計量模型篩選出問題銀行與確認其經營缺失，進而提出因應策略以化解金融危機。該制度依據金融業經營管理原則，選定變數建立預警函數、指標或基準值，發現未符規定或逾越警戒範圍之狀況，預警模式即顯示警訊，提供金管會採取監控或例外管理措施，限期改善缺失健全經營，發揮金融管理及診斷經營狀況雙重效果。

　　中央存保公司從 1985 年起推動金融預警系統，可分為四個階段：

1. 第一階段（1985～1990 年）　廣泛蒐集各國資料，派員至美國五家聯邦金融監理機關研習金融預警系統作業，在 1988 年 6 月完成要保機構「檢查資料評等系統」與「申報資料排序系統」之電腦應用系統開發與運作。
2. 第二階段（1990～1991 年）　財政部在 1990 年 3 月邀集央行、中央存保及合庫協商建立包含檢查資料評等 (Examination Data Rating System) 與申報資料排序 (Call Report Ranking System) 兩大系統的金融預警制度。前者

提款風險
銀行吸收存款，面臨存款者隨機提款，而可能遭致擠兌風險。

財務風險
銀行採取高槓桿營運，必須承擔隨時還本付息壓力，以及不符合資本適足性要求的問題。

利率風險
利率變異性擴大衝擊銀行收益的風險。

匯率風險
匯率變動影響銀行持有外匯資產與負債的價值。

股價風險
股價變動對銀行表內與表外部位可能產生之損失。

國家風險
跨國金融操作面對國際政治、社會、法律、經濟等因素變化衍生之風險。

金融預警制度
蒐集銀行財務、業務資料，運用計量模型篩選出問題銀行，提出因應策略以化解金融危機。

檢查資料評等
利用實地檢查報告資料，評估銀行財務狀況與經營績效，客觀給予等級。

申報資料排序
利用銀行定期申報財務資料，比較同業間每季經營績效變化情形，對績效不彰銀行提出警示。

利用實地檢查報告資料，評估檢查時之銀行財務狀況與經營績效，客觀給予等級：後者利用銀行定期申報財務資料，比較同業間每季經營績效變化情形，作為研判經營趨勢參考，並對績效不彰銀行提出警示。

3. 第三階段（1992～1994 年）　檢查資料評等系統與申報資料排序系統分別在 1993 年 7 月與 10 月正式運作。

4. 第四階段（1994 年～）　中央存保蒐集 1990~1998 年之各類銀行檢查報告資料與每季申報資料，作為新修正系統資料基期來源，財政部於 1999 年 6 月核定「新修正全國金融預警系統案」及「檢查資料評等系統管理能力屬性非量化指標綜合評估表」。中央存保於 1998 年修正金融預警制度之相關事宜，由財政部在 1999 年核定作為實施風險差別費率之風險指標之一。金融預警制度的檢查資料評等系統與申報資料排序系統可說明如下：

• 檢查資料評等系統　參酌美國聯邦金融檢查評議委員會 (FFIEC) 的「統一金融機構評等制度」，配合國內金融檢查採用之財務比率，將評估屬性分為資本適足性、資產品質、管理能力、盈利性、流動性、市場風險敏感性及其他等七項，依各群組銀行特性，利用金融檢查單位歷年檢查報告資料選出各屬性之評估指標，賦予各指標不同權數及配分，再計算個別銀行檢查綜合評分，並依綜合評分將銀行檢查評等結果分為 A~E 五個等級，以判定經營良窳。

• 申報資料排序系統　利用百分位排序觀念建立分析模型，依據銀行每季申報資料，計算各項指標值在同群組中之百分位排序及綜合百分位排序，用於篩選應特別注意之銀行檢查名單。該系統觀察銀行檢查各季百分位排序變動，掌握經營趨勢變化，當綜合得分百分位排序落於某一臨界值外、一年內綜合得分排序惡化超過某個百分位、單一評估屬性排序落於某一臨界百分位以後，皆視為警訊而須加強監督控管。

金融預警制度是輔助金融監理的重要工具，發揮金融監理功能如下：

1. 掌握銀行營運動態　申報資料排序系統針對銀行定期申報資料評估後，產生應加強追蹤分析名單，列示績效欠佳銀行，就資本適足性、資產品質、獲利性、流動性及其他方面異常者，列示其相關重要財務、業務資訊，提供金融監理人員確認分析潛藏問題，採取適當監理措施預先消弭問題。

2. 效率運用金融監理資源，加強問題銀行處理。

3. 檢查評等結果將依銀行績效評估等級，金管會依風險等級採取不同監理措施，如依問題嚴重性採取要求限期改正、密集專案或一般檢查、積極輔導、罰鍰、罰金及撤換負責人等不同程度處分措施。

4. 中央存保必須掌握要保銀行經營動態以降低存保風險，針對潛在問題銀

行，建議金管會採取迅速有效監理措施解決，而金融預警系統即是提供訊息來源。

5. 銀行營運風險各異，對金融體系造成衝擊亦有不同，中央存保自 1999 年 7 月 1 日起實施存款保險差別費率。金融預警制度的檢查評等系統以客觀量化資料為基礎，實地了解銀行管理能力與評估銀行績效，確實反映銀行營運風險。

接著，問題銀行 (problem banking) 係指財務發生困難的銀行。Joseph F.Sinkey (1975) 利用 1969〜1972 年間美國問題與正常銀行的資產負債表與損益表資料，經由比較兩者財務特徵的差異性，歸納出問題銀行特質如下：

問題銀行
財務發生困難的銀行。

1. **流動性**　短期流動性資產占資產總額比率低於正常銀行。
2. **放款比重與品質**　放款資產占資產總額比率高於正常銀行，應付長期流動性需求能力較差，承受財務風險較高。此外，放款損失準備占營業費用比例高於正常銀行，差距呈逐年擴大現象。
3. **資本適足性**　資本適足性明顯偏低且呈現逐年惡化現象。
4. **經營績效**　營業費用占營業收益比率呈現遞增現象，支付其他費用比率高於正常銀行，營運方式偏向圖利經營階層而缺乏效率。此外，支付存款利息比率低於正常銀行，顯示資金來源較依賴借入資金而非存款，證券投資收益比率低於正常銀行，放款收益比例則高於正常銀行。

追究銀行營運發生問題甚至陷入困境的因素，將包括兩部分：

1. **內部因素**　從安排資產組合模式與採取營運策略來看：
   (a) **流動性與負債管理失當**　銀行資產與負債存續期間嚴重失衡，包括短期流動資產不足、高估短期借入資金能力、資本適足性偏低等。
   (b) **資產品質不佳**　銀行授信集中於特定產業或客戶，為追求放款成長，對邊際客戶授信導致信用風險偏高、投資高風險證券、處理不良放款態度消極。
   (c) **內部管理鬆弛**　銀行會計制度不健全、內部稽核形式化、經營階層決策品質低落、代理問題嚴重與違反法令規章營運等。
2. **外部因素**　國內外經濟金融環境瞬息萬變，如往來銀行倒閉牽連、景氣衰退與金融海嘯引發金融市場動盪、非預期資產價值遽跌等外部因素，迅速衝擊銀行經營環境，擴大營運風險而釀成銀行失敗。

銀行是間接金融與金融體系清算核心，為確保銀行穩定經營，金管會往往附加各種限制與規範，尤其是在《銀行法》中訂定原則性規範條款。

1. **確保存款者權益**　為保障存款人權益與避免銀行遭致擠兌，政府設立中央存保提供定額存款保險（每人在同一銀行所有帳戶累計存款餘額上限 300

萬元），銀行吸收存款須提存法定準備與流動準備，持有流動資產對負債比例須符合最低標準。

2. 資本適足性　銀行持有核心資本與補充資本對風險性資產的資本適足率須維持在 8% 以上，若未符合該項要求，分配稅後盈餘須先提存 30% 法定盈餘公積，在公積未達資本總額前，分配現金股利最高不得超過資本總額的 15%，而營運虧損超逾資本 1/3，必須限期現金增資補足。

3. 內部防火牆　為規避銀行對特定人員授信，形成不當利益輸送，銀行放款將需訂定內部防火牆：

   (a) 對本行負責人與職員，或對前者有利害關係者不得進行無擔保授信，擔保授信條件不得優於其他同類授信對象。

   (b) 銀行負責人及行員不得向存戶、借款人或其他顧客收受佣金，不得兼任其他銀行職務。

4. 業務品質規範　為降低營運風險，銀行不得從事未經核定業務、訂定申設分行門檻、規範無擔保放款或保證條件、不得投資其他企業及非自用不動產、金融債券發行額須受淨值 20 倍限制。

5. 資料填報　營業年度結束，銀行應將營業報告書、資產負債表、財產目錄、損益表、盈餘分配決議於股東會承認後 15 日內，報請金管會及央行備查，並於所在地之日報公告。

6. 內部與外部稽核　銀行設有稽核室統籌查核營業單位，營業單位亦依總行規定定期自行查核。此外，財政部於 1996 年訂定《財政部委託會計師查核金融機構辦法》，規範會計師之資格、責任、委託查核時機、委託程式、主要查核程式及查核費用負擔等，落實委託專門職業及技術人員辦理金融檢查。

最後，完整的金融預警制度包括三部分：

1. 預警資訊來源　金管會應就預警指標所需資訊，如資產負債表、損益表、財務狀況變動表、逾期放款與催收款變動或收回可能性分析表、經營實績分析表、金融檢查缺失事項追蹤檢討報告表等，要求銀行定期填報作為研判評估依據。

2. 配合措施　銀行應依《銀行業統一會計制度》辦理會計事務處理程序、簿籍及憑證、科目、報告等。金管會隨時對銀行報告及檢查資料分析評估，有效掌握銀行營運，防範問題銀行倒閉。另外，金管會須訂定各種負債與淨值比率，以及銀行業營運財務指標，督促銀行定期公布經營內容以發揮市場監督紀律。

3. 選擇預警指標　金管會選擇下列指標評估銀行營運績效：

   (a) 資金管理　流動性管理、資產品質管理、利率敏感性管理及資本適足

性管理。

(b) 經營績效　資金運用情形、業務成長率、各項支出的控制及獲利能力。

(c) 內部管理制度　董監事運作情形、營業廳操作管理、內部牽制與查核制度辦理情形及員工培育、分層負責、休假、輪調之辦理情形。

(d) 其他評估指標　股權結構變動分析、對關係企業融資及遵守金融法令情形。

觀念問題

❖ 何謂金融預警制度？其對紓緩金融危機有何幫助？

❖ 從事後結果來看，銀行營運瀕臨破產倒閉的可能原因為何？

❖ 試說明在營運過程中，銀行可能面臨哪些金融資產價格變動風險？

 ## 13.4　銀行營運型態

金融國際化大幅提昇國際金融市場整合性，帶動銀行逐步跨向海外市場，甚至演變成跨國銀行的營運型態，演進過程將如圖 13-3 所示，可說明如下：

1. 成立國外部門　申請成為外匯指定銀行，設立國際金融業務分行 (OBU) 提供國際金融服務。銀行國外部提供服務範圍廣泛且操作方式特殊，記帳方式與行員需求異於其他部門，另稱為「銀行內的銀行」。

2. 策略聯盟　與其他跨國銀行策略聯盟形成聯行關係提供國際金融服務。

3. 參與 (participations)　透過國際金融業務分行參與國際聯貸市場，評估國際授信而踏入國際銀行市場。

4. 代表辦事處 (representative offices)　赴國外設立代表辦事處，無法在當地吸收存款與承作放款業務，但可在當地從事徵信、收集市場訊息。當廠商赴海外投資，辦事處可直接掌握其在國外經營狀況，將相關資料傳送給銀行營業部，由國內提供授信服務。

5. 海外分行　本國銀行要進入外國銀行市場，通常需先經過設立代表辦事處階段才能升格為分行，提供國際金融服務。隨著分行營運規模擴大，再獨立成為子銀行。分行與子銀行的差異為：前者僅能吸收大額存款或向同業拆借來授信，業務限於批發而無法承作零售業務。後者則視同當地銀行，可以申請設立分行。本國銀行併購外國金融機構股權而成為跨國金控公司，完成銀行國際化歷程。

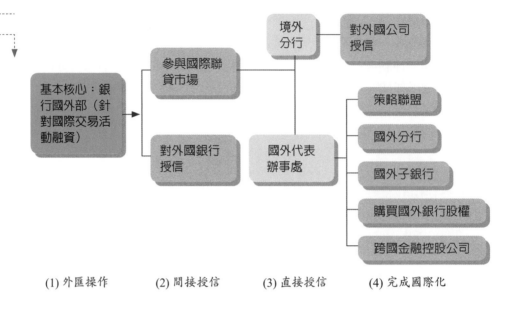

圖 13-3
銀行國際化策略

(1) 外匯操作　　(2) 間接授信　　(3) 直接授信　　(4) 完成國際化

隨著網路交易盛行與電子商務市場規模成長，美國的安全第一網路銀行 (Security First Network Bank) 率先於 1995 年 10 月發展網路銀行經營型態，客戶不受時間與空間限制，享受 24 小時銀行服務。網路銀行 (internate banking) 係指銀行以本身電腦系統為主體，客戶電腦為網路操作終端，透過網路提供銀行服務的虛擬銀行櫃檯。網路銀行就是網路虛擬銀行櫃檯，在網路從事銀行業務操作，包括傳統銀行櫃檯交易、ATM 自動提款機、POS 機和電話銀行的延伸。相對傳統銀行而言，網路銀行無須購置分行與僱用大批行員，依存於網路超越國界提供金融服務，節省鉅額支出而擁有低廉成本優勢。另外，電子銀行 (electronic banking) 係指銀行透過電子通訊設備與客戶進行金融交易，客戶無須親赴銀行櫃檯，即可取得銀行服務，包括自動化服務區、電話語音理財服務、企業與家庭銀行 (firm & home banking) 、網路銀行等各項服務系統。對銀行而言，電子銀行除提供客戶營業時間之外的服務，重要的是降低成本。

網路銀行與電子銀行透過電腦連線轉帳、支付帳款、匯款等作業，不過前者是人們在網路銀行開戶，只要透過連上網路的電腦輸入網址與密碼，進入網路銀行執行轉帳、匯款、付款等作業，一切交易資料都會被儲存在網路銀行的伺服器。後者係指使用電腦與通信科技傳遞和處理銀行服務與交易的銀行，人們須將往來銀行提供的軟體安裝到自己的電腦，透過電腦與電子銀行連線，進行轉帳、匯款、支付帳款等作業，無法像網路銀行一樣跳脫時空限制。

隨著手機使用日益普及，通訊技術推陳出新，隨時上網的無線通訊加速電子商務市場規模擴大，銀行業結合手機與資訊科技不斷創新金融服務。財政部在 1999 年開放行動銀行 (mobile banking) 業務，提供類似個人專屬的隨身

網路銀行
銀行以本身電腦系統為主體，客戶電腦為網路操作終端，透過網路提供銀行服務。

電子銀行
銀行透過電子通訊設備與客戶進行金融交易，客戶無須親赴銀行櫃檯，即可取得銀行服務。

行動銀行
提供類似個人專屬的隨身 ATM 服務、轉帳服務、查詢服務、其他服務以及用戶管理。

ATM 服務，包括轉帳服務（即時轉帳、預約轉帳、預約轉帳取消）、查詢服務（餘額查詢、未筆轉帳查詢、預約轉帳查詢）、其他服務（銀行密碼變更、金融卡掛失）以及用戶管理（轉帳紀錄查詢、帳戶設定、選單密碼變更、選單密碼開關）。

知識補給站

金管會於 2015 年 1 月 13 日啟動 Bank 3.0 計畫，開放 12 項網路金融業務，吸引各家銀行群起響應，競相推出自己的 Bank 3.0 對應方案。傳統上，銀行在金流業務獨占鰲頭，然而通訊網路技術進步引領人們轉向使用網路銀行與行動支付，不再倚賴銀行臨櫃服務與 ATM ，迫使銀行營運型態逐漸蛻變。金融創新之父 Brett King(2012) 在《銀行轉型未來式—BANK 3.0》(*BANK 3.0. Why Banking Is No Longer Somewhere You Go But Something You Do*) 中提出「Bank 3.0」概念，「減少金融交易的中間環節，人們直接選擇金融商品的商業模式崛起」，銀行將不再是一個場所而是一種行為，銀行的分行未來都可能因銀行數位化而消失。

手機、社群媒體與觸控式平板電腦早已融為人們生活的一部分。網路銀行現身讓人們隨時使用銀行服務，實現前所未有的控制感與多元選擇，從而迅速超越實體分行，成為人們與銀行間的主要通路。尤其是智慧型手機出現催生行動銀行，提供人們跨越時空操作銀行業務，高度方便性催化行動銀行飛躍式成長。當人們透過虛擬通路便捷完成銀行交易，幾乎無須再「上銀行」，導致分行使用率急遽下滑，嚴重衝擊以分行布點為營運基礎的銀行業。Brett King 將以消費者為中心的「通路替代」、「虛擬凌駕實體」的情境定義為 Bank 2.0 時代，人們與銀行互動關係劇變迫使實體通路唯有轉型才能維持其存在價值。

對銀行業而言，實體通路轉型是現在進行式。在重新定位虛擬通路與實體通路價值後，未來銀行營運特質是「縮減高櫃而轉向低櫃」，高櫃作業交給虛擬通路主導金融交易，實體通路提供產品銷售與諮詢服務的分工模式，提供人們服務則是虛實整合，模式包括「品牌旗艦店」與「迷你店舖」兩種類型。前者透過大型分行展現品牌實力，提昇品牌能見度，以可見的宏偉分行強化人們信心而願意將財富委託銀行管理。後者則將分行轉型為購物場所，配置低櫃的銷售與諮詢人員，增添觸控式多媒體或 iPad 裝置來介紹與協助銷售金融商品，提供咖啡吧等設施讓客戶有賓至如歸感受，而原有的高櫃交易功能則交由自動化機器處理。人們在虛擬通路處理預擬辦理的事項，前往實體通路則是進行認證與交付實物，完成業務申請或異動，虛擬與實體在分行進行整合。對實體通路而言，分行喪失金融交易利基後，即使轉型成旗艦店或迷你店也無需過多銷售點。是以銀行基於經濟效益縮減分行家數，未雨綢繆規劃如何整併分行與轉型。

1. 跨業競合關係：伴隨手機使用而創新的行動銀行、行動支付或行動錢包等移動服務，讓距離銀行遙遠而難以享有基本金融服務的「非銀族」，終於能以合理價格

獲取金融服務而成為「有銀族」。擁有廣大通路的電信業、零售業與網上購物業也因網路連結而有參與提供提款、繳費與支付等金融服務的誘因，銀行服務不再是銀行業專利，Brett King 稱此百花齊放現象為 Bank 3.0 時代。換言之，人們在 Bank 3.0 時代使用手機 APP、晶片卡、NFC、RFID、二維條碼等多元化工具付款，而這些行動支付依附在特定載具，載具成本低廉吸引人們改採儲值卡、轉帳卡與電子錢包交易，導致傳統以現金、支票或信用卡支付的頻率日益滑落。對消費者而言，銀行帳戶餘額與儲值卡餘額都能付款而無差異，加上行動支付的載具多數由電信業或零售業掌控，從而提供非金融機構競逐銀行帳戶的誘因，競相提供類似銀行帳戶功能的儲值帳戶，如 Starbucks 儲值會員卡、蘋果的 iTune 帳戶、淘寶的支付寶等，此舉讓儲值帳戶與銀行「脫鉤」，銀行帳戶不再具有市場區隔性，無銀行執照也能處理存款與執行轉帳，銀行門戶就此洞開。行動科技衍生帳戶革命逐漸解構銀行業，Google、Paypal、支付寶、電信業、手機業、零售業與軟體業正在競逐分一杯羹，積極分食傳統銀行業務。此種「實體性」衰微改變銀行遊戲規則，傳統供應現金的 ATM 與分行淪為銀行負擔，迫使銀行調整分行功能與 ATM 角色，以因應行進中的產業變革。在 Bank 3.0 時代，產業版圖變遷迫使銀行整合產品、交易與支付平台，與非金融業積極合作而形成夥伴關係，強化行動銀行服務與銷售，而數位轉型則成為差異化關鍵。

2. 資訊發展新思維：在 Bank 3.0 時代，人們日常交易主要透過數位通路來完成，而銀行整合與改善多元通路將是支援包括分行在內的所有通路與客戶間的互動，讓每次接觸都被妥善處理與紀錄，從而產生對客戶的最適回應方式，帶給客戶最佳體驗。要以科技創造個人化體驗，銀行必須效率收集日常交易累積的情境與事件，以大數據分析發掘對客戶理財管理或每日優惠服務，在最有意義的時間滿足客戶的情境要求。乍看這是天方夜譚的個人化服務，但在 Bank 3.0 時代，卻能透過跨通路整合與絕佳互動來落實。在人們支出之際，銀行藉由線上分析即時告知正確付款方式、尚有多少存款、現金何時入帳以及何時需要還款，在「用錢關鍵時刻」與人們建立緊密關係，提供立即的滿足感。以 Visa 為例，運用刷卡消費資料分析客戶行為，再將客戶行為與促銷方案做預測式配對，先行篩選對客戶最有利的方案。當人們拿出卡片消費，系統會依情境選擇最有意義的優惠送給在店內的客戶。此種依據客戶事件促銷，將讓人感覺是服務而非盲目推銷，如人們刷卡購買機票即贈送優惠的旅行平安險，在百貨公司刷卡則送出刷卡滿五千兌換滿額禮，讓人感覺這才是「馬上用得著的優惠」。

除金融交易互動外，人們早就搶到市場對話主導權，在社群媒體利用「讚」、「推薦」與「分享」等簡單行動定義出品牌的名聲。對銀行而言，銀行在社群媒體與客戶互動對話加強連結，了解客戶對品牌看法，並依客戶回饋來改善產品與服務，強化品牌忠誠度，將

客戶行為與品牌價值連結起來。一旦銀行墨守陳規忽略客戶聲音，將被排山倒海的社群力量淹沒。由客戶導向來思考創新科技的應用，是金融機構在 Bank 3.0 時代必備的核心能力。舉例來說，澳洲聯邦銀行 (Commonwealth Bank of Australia) 藉由社群媒體集思廣益來改善客戶體驗，透過「點子銀行」(idea bank) 網站聆聽客戶聲音，將客戶變成腦力激盪成員與產品發明家，甚至提供一萬澳幣給最佳點子發明人。重賞刺激人們熱烈參與，客戶也因意見被聆聽而感覺受到重視，提供銀行以客戶為導向來驅動創新。這個案例彰顯 Bank 3.0 的差異化價值：掌握人們每一行動，了解其背後動機，適時提供滿足其需求的產品。此係銀行業長年追求的境界，如今在法規與科技條件具備下，終於成真。不過銀行若僅將既有業務開放網路申辦，未擬定專屬的差異化策略，勢將無法為業務創造顯著的附加價值。

　　Bank 3.0 政策的重大意義就在開放客戶數位體驗的「最後一哩」，讓過去破碎化的數位體驗得以完整。銀行業以客為尊，建立具有一致性體驗的實體與數位通路，提供即時精準、切合需求的服務，才能展現 Bank 3.0 的價值並掌握商機，至於差異化策略可從三個方向執行

1. 虛實整合無縫化：無論在數位或實體分行，虛實整合是指客戶享有一致性的良好體驗。銀行業熟悉虛實整合概念，卻因部門隔閡、組織設計限制而讓整合困難重重，是以應建立整合規劃與策略架構，引進智慧網路銀行、企業級行動管理平台等解決方案，協助實現虛實整合願景。

2. 顧客互動個人化：銀行須以客為尊，從客戶的完整資訊、實體行為、數位軌跡與社群互動中，建構出客戶單一視角，並在最佳時機、透過適當管道提供服務。此種全面即時的個人化互動，已非銀行傳統客戶分析工具所能企及，必須建立大數據互動行銷平台，即時分析結構化與非結構化資料，精準掌握客戶需求，做出最佳決策。

3. 身分辨識多元化：銀行追求商機與客戶體驗極大化、風險最小化，須在數位服務提供的方便與安全間取得平衡。銀行運用智慧型手機的生物辨識與感測器功能，實現高彈性的安全多元身分辨識，除降低銀行營運風險外，提昇人們對行動服務的信賴，消除對資訊安全的疑慮，才能打開數位應用的商機大門。身分認證的風險應用不是單線作法，而是適時適地、依據客戶狀況做出適當因應。舉例來說，IBM 的多元安全認證平台提供多因子生物辨識，當人們使用行動服務時，在人群聚集的吵雜環境可用臉部辨識來認證，在開車行進間則能選擇語音辨識來登入，並搭配 GPS 等感測器來協助判斷使用者的背景狀況，做交叉驗證。當某項登入有潛在風險，將可彈性新增認證選項以確保安全。

　　總結來說，虛實通路無縫化、互動行銷個人化、身分認證多元化是銀行擺脫「me

too」競爭、實現差異化的關鍵策略,而 Bank 3.0 的龐大商機唯有在差異化後才會顯現。這是策略性、結構性的數位轉型,並非單一解決方案就能實現!

資料來源:IBM:Bank 3.0 時代,差異化才是贏家,今周刊 951 期,2015。

觀念問題

❖ 試說明合庫銀行積極推動電子銀行與網路銀行業務,兩者有何不同?
❖ 富邦金控董事會積極尋求參與大陸銀行市場,擬定前往上海設立代表辦事處、分行或透過併購成立富邦華一銀行等三種方案,試問三者間有何差異。

👍 問題研討

🧑‍🤝‍🧑 小組討論題

一、選擇題

1. 銀行在營運過程中，提供多元化金融商品。有關銀行產出型態眾說紛紜，何者正確？　(a) 銀行提供支票隱含方便與安全等金融勞務，係屬經濟性產品　(b) 銀行授信係以存款爲基礎而創造更高價值，係屬經濟性產品　(c) 以銀行信用變動來衡量銀行產品，將是合理的選擇　(d) 銀行提供流動性將是最終勞務，其價值將反映在當期 GDP 增加

2. 有關銀行業採取組織結構運作模式的性質，何者正確？　(a) 工業銀行提供股權與放款融資，係投資銀行的變型，本質上是證券業的一種　(b) 金融百貨公司基本上係指綜合銀行而言　(c) 綜合銀行與銀行控股公司運作模式完全相同　(d) 銀行控股公司運作模式係屬分支銀行運作型態的一種

3. 有關富邦金控採取營運模式內容，何者錯誤？　(a) 在不同領域設立子公司從事跨業經營　(b) 富邦金控無法吸收存款與進行放款　(c) 除從事金融集團內的資源配置外，富邦金控也可從事非金融性投資　(d) 富邦金控除掌控金融子公司經營權外，也可從事銀行業務

4. 有關信用合作社營運模式的敘述，何者正確？　(a) 經營階層擁有最多股權支持　(b) 信合社追求社員認購的每股價值極大　(c) 信合社轉存制度提供信合社剩餘資金的重大出路　(d) 未經社員大會通過，信合社股本將不得變動

5. 冠鈞科技（中小企業）需要營運資金，何種訊息係屬正確？　(a) 行政院國發基金可提供冠鈞需要的工業信用與中小企業信用　(b)Morgan-Stanley投資銀行可直接融通冠鈞創業性投資所需資金　(c) 和通創投僅能投資冠鈞科技，卻無法提供融資　(d) 中小企業信用保證基金可對冠鈞提供保證，提昇信評而協助其取得工業信用

二、問答題

1. 政府在 2001 年公布《金融控股公司法》後，共計 16 家金融集團改制爲金控公司，試問此種組織架構調整將會帶來何種利益？

2. 土銀董事會要求業務部說明該銀行在提供金融服務過程中，將會面臨哪些風險？

3. 金管會銀行局想要了解銀行產品對當年 GDP 的貢獻，若以國民產出方法衡量銀行產品價值，試問可能會面臨哪些問題？如何修正？

4. 何謂存款貨幣機構？台灣的存款貨幣機構包括哪些？隨著台北市第一信用合作社改制為稻江銀行，以及中國信託投資公司改制為中信銀行，兩件改制案對體系內貨幣供給有無影響？試說明理由。

5. 國際銀行體系可分成美國銀行控股公司與歐盟綜合銀行體系，試說明兩者內容，並比較兩者優點及缺點？另外，試說明台灣設計金控公司的方式及原意為何？

6. 中央存款保險公司為落實金融預警制度，必須觀察的指標包括那些？

7. 在國際銀行市場，各國銀行業採取不同經營模式，試說明其型態與彼此間的差異。

8. 試說明聯行制度的意義，並舉例說明其主要功能。在台灣金融業中，農業銀行與基層農業金融間存在何種合作關係？試說明彼此間各自獲取的利益為何？

9. 2008 年爆發金融海嘯後，很多國家央行開始關注金融預警的重要性。試問何謂金融預警制度？在金融監理過程中，金融預警制度扮演何種功能？

👍 網路練習題

1. 請前往台灣工業銀行網站查閱其主要業務內容，然後再前往第一銀行網站察看其業務內容，試比較商業銀行與工業銀行的差異性為何？

2. 請前往花旗（台灣）銀行網站 http://www.citibank.com.tw 與華南銀行網站 http://www.hncb.com.tw/ 查閱相關的財務報表資料，觀察兩者的主要業務內容為何？同時檢視其 2015 年的損益表內容，比較兩者營運收益來源的差異性？

CHAPTER **14**

銀行財務結構

個案導讀

2008 年 9 月爆發金融海嘯重創全球景氣,各國央行競相執行量化寬鬆,大量釋金調低利率因應。時隔一年,國際景氣從蕭條境界微露反轉曙光,澳洲央行在 2009 年 10 月 6 日率先宣布將隔夜拆款利率調高 0.25% 而成為 3.25%,成為全球第一個升息的大型經濟體系,直至 2010 年 3 月 3 日連續升息四次而成為 4%。在停止降息後的首次升息,通常代表景氣向上的長期趨勢方向確立。

澳洲央行連續升息引發聯想,市場預期央行彭總裁可能跟進。不過國內銀行存款資金滿水位,在啟動升息趨勢前,台銀先行調整存款利率結構,調降較高的浮動利率,並調高較低的固定利率,縮小浮動和固定計息的利差。目前部分存款人選擇浮動計息,不僅利率較高,而且未來邁入升息階段後,利率也能隨時反映市場趨勢,品嚐升息的甜頭。台銀調整利率結構後,預期將誘導部分存款從浮動利率轉為固定,未來可望減輕吸收存款資金成本。此外,台銀調整存款利率結構的原則還包括:長天期存款利率調幅大於短天期存款,一般存款利率調幅超過大額存款調幅。隨著台銀調整存款利率結構後,彰銀、一銀、國泰世華也跟進調整存款利率,最終目標是扭轉現行浮動利率高於固定利率的現象,能夠轉成固定利率超過機動利率。依據央行經研處統計資料顯示,央行從 2009 年

起停止降息後，由於銀行浮動利率高於固定利率，存款人紛紛選擇浮動利率。直至 2009 年底止，高達六成存戶選擇固定利率，不過隨著各銀行近期調整存款利率結構，僅有四成七的定存選擇固定利率。

　　從上述銀行因應市場利率變化趨勢而調整利率結構的案例，引發本章探討銀行財務槓桿與負債資金來源興趣，將分別逐一探討存款類型、最適存款結構與存款利率的訂定。同時，將探討銀行的非存款資金來源，包括銀行負債與股權資金，說明最適股權的決定與銀行資本適足性的內涵。

14.1　銀行資金來源

14.1.1　銀行財務決策

　　表 14-1 是銀行資產負債表。資產面代表銀行資金用途（資產組合），包括準備資產、銀行信用、固定資產與國外資產等；負債面顯示銀行資金來源（財務結構），隱含募集資金的金融市場，包括債務融通與股權融通。

表 14-1
銀行資產負債表

資產（資金用途）	負債與股東權益（資金來源）
(A) 準備資產 　1. 在央行的存款 　2. 庫存現金 　3. 同業往來 (B) 銀行信用 　1. 證券投資 　2. 放款 (C) 固定資產 (D) 國外資產	(A) 債務融通 　1. 存款市場 　　貨幣性存款 　　儲蓄性存款 　　外幣存款 　2. 借入款 　　同業拆款與央行融通 　　可轉讓定存單 　　金融債券 　　國外負債 (B) 股權融通 　　銀行資本（股票） 　　公積金與保留盈餘

　　圖 14-1 係銀行資金來源。在營運期間，面對預擬的資產規模，銀行首先評估選擇財務結構，該決策涉及自有資金比例、負債比例、負債資本比例或資本適足率的決定，進而形成股權融通及債務融通。就前者而言，銀行在股票市場募集股權資金，包括銀行資本（普通股與特別股）、公積金與保留盈餘等股東權益。就後者而言，銀行決定舉債融通占資金來源比例後，接續評估負債組合內涵，安排債務商品多元化，決策程序如下：

- 最適負債組合　金融業採取高槓桿營運，除少數自有資金（股東權益）外，資金來源多數舉債而來。銀行採取舉債融通，包括吸收存款與借入資金，故須評估最適存款與借入款 (borrowings) 的比例。前者係指銀行發行存款吸收儲蓄者資金，後者來源有二：

  1. 間接金融　央行給予重貼現或短期擔保融通放款。
  2. 直接金融　就貨幣市場而言，銀行在金融業拆款市場借入短期資金，或在票券市場發行可轉讓定存單吸收短期資金。就債券市場而言，銀行在國內發行金融債券，或在國際金融市場發行浮動利率債券吸收中長期資金。

- 最適存款組合　銀行吸收活存與定存，支付利率、處理成本、提存準備與承擔風險完全不同，故須擬定最適存款組合決策。

借入款

銀行向央行或其他金融機構借入資金。

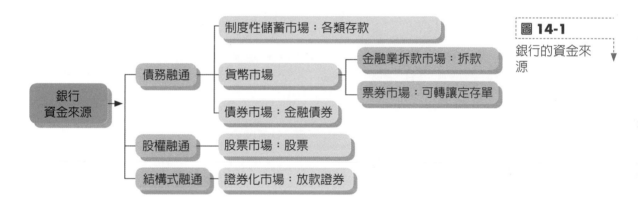

圖 14-1

銀行的資金來源

14.1.2　存款市場

　　存款市場屬於制度性儲蓄市場 (institutional saving market)，存款完全細分，在牌告利率下，銀行須無限制接受客戶存款。銀行無法透過利率競爭吸收存款，僅能採取傳統反應 (traditional response) 策略，提供金融服務改變儲蓄者偏好，以支付隱含利息或非價格競爭來降低存款流量變異性。這些策略包括：

制度性儲蓄市場

存款完全細分，在牌告利率下，銀行須無限制接受客戶存款。

1. 積極性促銷與廣告，提供促銷溢酬。
2. 提供存款者具有吸引力的信用條件。
3. 提供方便性勞務，包括延長銀行營運時間、推廣 ATM 的使用、增設分行。
4. 結合衍生性商品創新結構型存款。

傳統反應

銀行提供金融服務改變儲蓄者偏好，以支付隱含利息或非價格競爭來降低存款流量變異性。

　　另外，央行發布《大額存款利率自由牌告要點》，規定大額存款底限為新台幣 300 萬元、高限為 9,900 萬元，需逐筆計價且公告牌告利率。不過銀行收受基層金融與中華郵政轉存款，仍以一般存款牌告利率計息。銀行可評估本身

資金情勢訂定「階梯式記息方式」，依據存款數額訂定利率，並在營業廳公開
牌告。

台新銀行在 2012 年 12 月 24 日推動《新台幣新資金階梯式優利活存專案》，
企業法人開立新台幣活存帳戶，可在 2014 年 05 月 31 日前提出申請，自核
准日之次月 1 日起六個月內給予優惠利率加碼。台新銀行將企業的新台幣活存帳戶合併歸
戶，但剔除企業的證券存款與支票存款，同時計算企業在 2012 年 7 月～9 月的活存帳戶
歸戶的每月平均餘額，再加總平均後的餘額為基期均數。企業當月活存歸戶月平均餘額超
過基期均數餘額之差額且未超過 10 億元額度，將視為當月「新資金」，可享有階梯式加碼
利率優惠。基期均數固定不變，每月比較（每月重新計算當月新資金），次月支付新資金
的加碼利息（不含活存牌告利率）。至於依據新資金餘額級距分別適用下表所示的五段式
加碼利率（加碼利率介於 0.33%～0.68%）。

新資金（當月月均額 - 當期均數）		新資金優存級距	活存牌告利率	新資金級距加碼利率	級距利率
超過 10 億元部分非屬新資金，無加碼優惠利率			目前約 0.17%		
Tire 5	5～10 億元	5 億元	目前約 0.17%	0.68%	0.85%
Tire 4	3～5 億元	2 億元	目前約 0.17%	0.63%	0.80%
Tire 3	1～3 億元	2 億元	目前約 0.17%	0.58%	0.75%
Tire 2	0.5～1 億元	5 千萬元	目前約 0.17%	0.48%	0.65%
Tire 1	0～0.5 億元	5 千萬元	目前約 0.17%	0.38%	0.5%

金融創新促使存款商品多元化，可依下列標準劃分：

・ 存款商品性質

貨幣性存款
包括支存與活存，屬
於 M_{1A} 定義。

1. 貨幣性存款 (monetary deposit)　包括支存與活存，屬於 M_{1A} 定義。通訊網
路技術進步帶動電子金融盛行，廠商逐漸以銀行轉帳或匯款取代 M_{1A}。

儲蓄性存款
包括活儲與定存。

2. 儲蓄性存款 (saving deposit)　包括活儲與定存。人們須以存摺提款或持有
定存單。銀行結合活存及定存特質創新綜合存款，人們與銀行約定活儲餘
額達到一定水準即轉為定存，並提供繳納公共事業費用與透支服務。

・ 存款創造性

原始存款
銀行吸收存款。

1. 原始存款與衍生存款　銀行吸收存款稱為原始存款 (primary deposit)，而

運用存款授信經由回存而增加的存款即是衍生性存款 (derived deposit)。

2. 自發性與誘發性存款　銀行存款需求函數表示如下：

$$D = \underbrace{D_0}_{\text{自發性存款}} + \underbrace{ar + by - c\pi}_{\text{誘發性存款}}$$

銀行吸收存款與經濟因素無關，稱為自發性存款 (autonomous deposit)D_0。銀行授信帶動景氣循環，引起存款利率 r、所得 y 與通膨率 π 發生變動，進而誘使存款餘額變化，此即誘發性存款 (induced deposit)。

・存款期限

1. 活期性存款　包括活存與活儲兩種。國內股市自 1995 年 2 月 4 日後改採款券劃撥制度，銀行辦理「證券戶活儲」業務，投資人買賣股票透過銀行轉帳交割。銀行提存法定準備及流動準備比率超過一般活儲，承作股款交割業務又須增加人力及設備，致使該部分資金成本相對較高，故僅支付活存利率。

2. 通知存款 (call deposit)　人們提款須提前通知銀行，「指定到期日存款」及「指定到期日 NCD 存款」商品具有類似性質。

3. 定期性存款　附有到期日的存款。依據存提款方式不同，可分為四種：
   (a) 整存整付　一次存入資金，到期領回本息。
   (b) 零存整付　分次存入本金，到期領回本息，具有「強迫儲蓄」性質。
   (c) 整存零付　退休人員將退休金一次存入銀行，再按月領取部分本金與利息作為生活費用。
   (d) 存本取息　一次存入本金，每月領取利息，到期再領回最後一期利息與本金。

為解決定存缺乏流動性問題，銀行創新定存商品，除具有較高利率外，存款者可透過各種方式提領定存帳戶中的資金，提昇定存流動性。銀行支付較高的定存利率，卻可增加客戶和業務量，提存法定準備率也低於活存，當中差距除彌補增加支付的定存利率，並有多餘資金移作他用。上述發展趨勢導致依據活存、定存項目統計的各類貨幣定義指標失真，間接影響貨幣政策效果。是以央行規劃重新界定活存與定存的定義，以美國為例，改採存戶在一定期間提領次數為界定準則，超過某一頻率即視同活存；反之，則視為定存。

・存款來源

1. 家計部門　人們開立交易帳戶（支存與綜合存款帳戶）、儲蓄帳戶及定存

衍生性存款
銀行運用存款授信經由回存而增加的存款。

自發性存款
銀行吸收存款與經濟因素無關。

誘發性存款
銀行授信帶動景氣循環，引起存款利率、所得與通膨率變動而誘使存款餘額變化。

通知存款
人們提款須提前通知銀行。

貨幣銀行學

零售帳戶
人們開立交易帳戶（支存與綜合存款帳戶）、儲蓄帳戶及定存帳戶。

躉售帳戶
廠商屬於大額存款者，開立商業放款帳戶及可轉讓定存單帳戶。

雙元通貨存款
或稱加值利率外幣存款。投資人將資金存入銀行並約定執行匯率，銀行支付高於定存利率，到期將選擇弱勢貨幣還給投資人。

結構式存款
結合衍生性商品與定存的商品。

帳戶均屬零售帳戶 (retail account) 性質。

2. 廠商　廠商屬於大額存款者，開立商業放款帳戶及可轉讓定存單帳戶係屬躉售帳戶 (wholesale account) 性質。

3. 政府部門　各級政府在銀行之普通存款、公庫專戶存款、公庫收入總存款及外匯存款。地方政府收付活動係由台銀、台北富邦銀行與高雄銀行三家「代庫機構」代理歲入與歲出收付，除向政府收取手續費外，公庫存款僅有部分計息。央行代理國庫業務分為「中央政府機關的專戶存款」與「經理國庫存款」兩部分，資金由銀行體系轉入央行國庫帳戶，即是準備貨幣緊縮，國庫撥款則會增加準備貨幣。是以央行提出《國庫轉存款辦法》，將國庫資金轉存一般銀行，藉此降低國庫利息支出，減少資金進出國庫對貨幣市場形成的干擾。

4. 金融機構　銀行間因業務往來而保持的存款，以中華郵政與基層金融（農漁會信用部與信合社）轉存款為主。另外，金融機構習慣使用「台支」交易，在台銀設立同業存款帳戶，央行准予抵充存款準備。目前有 16 家銀行在台銀開立同業存款帳戶，存款總額僅有十餘億元。

存款創新是指為規避央行管制、提昇競爭力和尋求資金來源，銀行創新存款商品，方式有二：

1. 利息創新　銀行將定存的預期利息收益，投入操作其他金融資產，追求較高預期報酬率。花旗銀行創新投資型新台幣定存，藉由將定存利息投入股市，享有較高預期報酬率。富邦銀行吸收一年期定存，將每月預擬支付利息以定期定額方式購買國內開放型基金，此舉將可套牢存款者的龐大資金，每月又可享有固定手續費收入。對存款者而言，以定存利息從事定期定額投資基金是省力、風險較小的強迫儲蓄方法。理論上，投資型新台幣定存是以新台幣為基礎，本金全無風險，享有預期資產價格上漲收益。

2. 本金創新

(a) 雙元通貨存款 (dual currency deposit)　或稱加值利率外幣存款 (premium deposit)。投資人將資金存入銀行並約定執行匯率，銀行支付高於定存利率，到期將選擇弱勢貨幣還給投資人。該項商品結合定存與外幣選擇權，投資人出售賣權，銀行擁有選擇弱勢貨幣償還的權利，支付權利金將折算成加值利率給付。投資該類定存享有高利率，但也面臨匯率風險。

(b) 結構式存款 (structured deposit)　結合衍生性商品與定存的商品，但維持存款本金安全性。花旗銀行的「連結金融組合式外幣存款」結合定存與選擇權、遠期外匯、換匯等衍生性商品，將外幣定存利息投資於

股票、商品、利率、外匯等金融指數。此外，投資人還可選擇結合不同商品的增值型或保本型 (principal guaranteed) 外幣存款商品，如結合黃金價格的增值型外幣存款。

知識
補給站

　　1918 年 10 月，政府公布《中央銀行條例》賦予央行經理國庫權利，11 月 1 日在上海成立央行，設立國庫總庫而由業務局國庫科綜理其事，代庫制度係採「委託代理制」。到了 1934 年 1 月 1 日，央行擴編業務局國庫科為國庫局，將代庫制度改為「銀行存款制」。在 1935 年 5 月，《中央銀行條例》修訂為《中央銀行法》，規定央行經理國庫與國營事業資金收付及國內外公債經理業務，並可委託銀行辦理。

　　1938 年 6 月及 1939 年 6 月，政府公布《公庫法》及施行細則，規定央行是唯一代理國庫的銀行，將經理國庫業務由現金收付擴大至各級政府之票據、證券之出納、保管、移轉及財產契據保管等業務。爾後，在 1961 年 7 月 1 日，央行依據《中央銀行復業方案》在台北復業，恢復設立國庫局，辦理國庫總庫及台灣區分庫業務，將台北支庫收回自辦，並繼續委託台銀代理各地支庫、財物保管處、收支處及稅款經收處等業務。在 1999 年 2 月，央行為改進代庫管理制度以提昇收付效率，除與各代庫機構建立網路連線，實施國庫收支連線作業，以及將國庫帳簿併入銀行帳外，並簡化國庫架構為總庫（央行）與代庫機構兩級，改以各銀行為對象，由總行簽約負代庫責任，所屬分行符合條件者得由央行視業務需要，同意其為國庫經辦行以辦理代庫事務。在 1999 年 7 月，省庫移轉國庫，原由台銀委設的省庫支庫改由央行委設為國庫經辦行。

觀念問題

❖ 試說明兆豐銀行吸收原始存款與衍生存款的差異性為何？
❖ 試從銀行資產負債表的負債內容，說明彰銀董事會必須擬定的決策包括哪些？
❖ 試說明台銀持有資產與負債的主要項目，以及如何發揮創造存款貨幣功能？

14.2　最適存款組合

　　在營運期間，銀行評估持有資產部位與資本適足率限制下，首先考慮安排最適財務結構。一旦確定股權融資與舉債融資比例，銀行接續尋求負債資金來源，追求舉債成本與風險最低。除非受到經濟因素（吸收資金的處理成本）與

金融管制影響，銀行通常採取兩種策略謀求負債多元化：

1. 透過分行在不同區域性市場發行多元化存款商品，吸收不同來源的資金。
2. 在同一存款市場發行到期日、流動性及租稅處理方式迥異的存款商品，吸收不同偏好儲蓄者的資金。

在不同資金市場，銀行發行存款商品募集資金，將因存款性質不同而讓成本結構發生變化。在營運期間，風險中立銀行預擬保有資產 EA_0，在追求預期利潤極大下，首要決策是選擇最適存款組合。對儲蓄者而言，銀行發行貨幣性存款 D 與儲蓄性存款 S 係屬異質商品。銀行吸收資金融通預擬持有的資產，預期報酬率為 $E(r_a)$，預期利潤函數 $E(\pi)$ 可表為：

$$Max \quad E(\pi) = E(r_a)EA_0 - r_D D - r_S S - C(D,S) - E(L)$$

r_D 與 r_S 分別是貨幣性與儲蓄性存款利率，$C(D, S)$ 是處理兩種存款的成本，$E(L)$ 是銀行面臨準備匱乏遭致的預期損失。銀行決策須受資產負債表限制：

$$St. \quad EA_0 + R = D + S$$

R 是銀行提存的實際準備。銀行存款成本是指銀行吸收存款的必要支出，係由利息成本 $(r_D D + r_S S)$ 與處理成本（營運成本）兩者構成。前者係銀行依存款類型支付利率，後者則是存款利息以外的支出，包括行員薪資、建築物和設備折舊、辦公費用、廣告行銷費用等。隨著銀行市場競爭愈趨激烈，銀行追求吸收存款資金，除依市場利率支付利息外，也將擴大提供各種存款服務，如存款人透過分行間的電腦連線在各地分行提款與轉帳，這些服務成本非常高昂。又如銀行提供自動提款機業務，雖然免費存提款，卻給銀行帶來沉重負擔。以下說明銀行吸收存款衍生的各種成本概念。

1. 平均資金成本　銀行存款成本是吸收存款而需支出的利息與處理成本。

$$平均資金成本 = \frac{利息成本 + 處理成本}{存款餘額}$$

2. 可用資金平均成本　銀行吸收存款無法全部投入放款與投資，必須扣除法定準備與超額準備，剩餘資金才能投入生息資產。是以銀行可用資金成本是指銀行可用資金所需負擔的全部成本

$$可用資金平均成本 = \frac{利息成本 + 處理成本}{存款餘額 - 法定準備與超額準備}$$

3. 加權平均存款成本　銀行吸收所有存款來源的加權平均成本。

$$加權平均存款成本 = \frac{\sum 存款來源餘額 \times 存款來源的單位成本}{全部存款餘額}$$

4. 邊際存款成本　銀行增加吸收一單位存款所需增加的成本。

$$邊際存款成本 = \frac{新增利息成本 + 新增處理成本}{新增存款餘額}$$

5. 可用資金邊際成本　新增存款中有一定比例做爲保有實際準備，無法投入融通生息資產，是以新增可用資金的邊際成本爲：

$$可用資金邊際成本 = \frac{新增利息成本 + 新增處理成本}{新增存款餘額 \times (1 - 保有實際準備比例)}$$

接著，儲蓄者對貨幣性與儲蓄性存款的需求函數分別爲：

$$D^d = D(r_D, r_S) \quad 或 \quad r_D = r_D(D, r_S)$$
$$S^d = S(r_D, r_S) \quad 或 \quad r_S = r_S(S, r_D)$$

銀行成本函數可表爲：

$$TC(D, S) = r_D D + r_S S + C(D, S) \quad C_D > C_S > 0$$

銀行吸收兩類存款組合的等成本曲線，係指吸收兩種存款所需成本固定下，貨幣性與儲蓄性存款各種組合的軌跡。就上式全微分，並令 $dTC = 0$：

$$r_D dD + D \frac{\partial r_D}{\partial D} dD + C_D dD = -r_S dS - S \frac{\partial r_S}{\partial S} dS - C_S dS$$

將上式轉換成彈性概念，經移項可得銀行吸收兩種存款組合的等成本曲線斜率：

$$\frac{dD}{dS}\bigg|_{dTC=0} = \frac{-\left\{ r_S(1 + \frac{1}{\varepsilon_S}) + C_S \right\}}{\left\{ r_D(1 + \frac{1}{\varepsilon_D}) + C_D \right\}}$$

$\varepsilon_S = \dfrac{\partial \ln S}{\partial \ln r_S} > 0$、$\varepsilon_D = \dfrac{\partial \ln D}{\partial \ln r_D} > 0$ 是儲蓄性及貨幣性存款需求的利率彈性。依據存款需求函數內容，銀行調整某類存款利率，僅是誘使儲蓄者將部分資金在不同帳戶間移轉，徒然釀成處理存款成本遞增。為降低處理成本，銀行採取帳戶區隔化 (segmentation of accounts) 策略，如將存款凍結在某期限、定存提前解約懲罰措施及最低存款餘額限制等，促使調升存款利率過程中，增加吸收新存款的可能性，而非僅是不同帳戶間的資金移轉。此外，$\dfrac{\partial D}{\partial r_S} \neq \dfrac{\partial S}{\partial r_D}$ 顯示兩種存款需求的交叉影響並無對稱性，銀行同時等幅反向調整兩種存款利率，發揮影響未必一致。圖 14-2 顯示銀行調整利率後，可能發生三種變化：

帳戶區隔化

銀行採取凍結存款在某期限、定存提前解約懲罰措施及最低存款餘額限制，促使調升存款利率過程中，增加吸收新存款的可能性。

1. ACB 等成本曲線　銀行吸收存款的平均成本遞減，或在總成本 TC 固定下，銀行反向調整兩種存款利率，ΔD 減幅小於 ΔS 增幅，吸收存款總額 ($D + S$) 上升，平均成本 $AC = \dfrac{TC}{D+S}$ 隨之遞減。

圖 14-2

存款組合等成本曲線

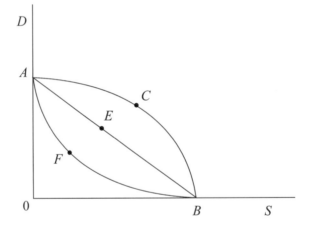

2. AEB 等成本曲線　銀行吸收存款的平均成本固定，在總成本 TC 固定下，銀行反向調整兩種存款利率，ΔD 與 ΔS 變動幅度一致而使存款總額不變，平均成本持平不變。

3. AFB 等成本曲線　銀行吸收存款的平均成本遞增，在總成本 TC 持平下，銀行同時反向調整兩種存款利率，ΔD 減幅超越 ΔS 增幅而使存款總額縮水，平均成本因而攀升。

在營運期間，銀行維持存款結構（$\dfrac{D}{S}$ 比例）不變，隨著存款餘額遞增，淨存款流失機率密度函數 $f(x)$ 的變異數 σ_x^2 將會變大。另外，銀行吸收存款餘額不變，貨幣性存款相對儲蓄性存款比例攀升，由於貨幣性存款流動性高於儲蓄性存款，淨存款流失機率分配的變異數隨之擴大。是以淨存款流失機率分配的變

異數將是兩種存款比例的函數：

$$\sigma_x^2 = \sigma_x^2\left(\frac{D}{S}\right) \qquad \frac{\partial \sigma_x^2}{\partial D} > \frac{\partial \sigma_x^2}{\partial S} > 0$$

銀行發生準備匱乏必須支付比例性懲罰成本 b，預期準備匱乏成本 $E(L)$ 是：

$$E(L) = \int_R^\infty b(x-R)f(x; \mu_x, \sigma_x^2)dx$$

μ_x 是淨存款流失機率分配的平均數，$f(x)$ 是常態分配。以下分別對 R、D 與 S 偏微分：

$$\frac{\partial E(\pi)}{\partial R} = -E(r_a) + b\int_R^\infty f(x)dx = 0$$

$$\frac{\partial E(\pi)}{\partial D} = E(r_a) - r_D - D\frac{\partial r_D}{\partial D} - C_D - b\int_R^\infty (x-R)\frac{\partial f}{\partial \sigma_x^2}\frac{\partial \sigma_x^2}{\partial D}dx = 0$$

$$\frac{\partial E(\pi)}{\partial S} = E(r_a) - r_S - S\frac{\partial r_S}{\partial S} - C_S - b\int_R^\infty (x-R)\frac{\partial f}{\partial \sigma_x^2}\frac{\partial \sigma_x^2}{\partial S}dx = 0$$

綜合上述三式，銀行安排最適存款組合的條件如下：

$$E(r_a) = b\int_R^\infty f(x)dx = r_D\left(1 + \frac{1}{\varepsilon_D}\right) + C_D + b\int_R^\infty (x-R)\frac{\partial f}{\partial \sigma_x^2}\frac{\partial \sigma_x^2}{\partial D}dx$$

$$= r_S\left(1 + \frac{1}{\varepsilon_S}\right) + C_S + b\int_R^\infty (x-R)\frac{\partial f}{\partial \sigma_x^2}\frac{\partial \sigma_x^2}{\partial S}dx = 0$$

上式涵義為：在營運期間，面對預擬持有資產 EA_0 已知下，銀行擴大吸收貨幣性或儲蓄性存款融通資產，由此衍生之邊際收益將等於資產報酬率 $E(r_a)$ 或預期準備匱乏成本降低之數值 $b\int_R^\infty f(x)dx$。該項邊際收益值也等於支付吸收個別存款的邊際利息成本、邊際處理成本與提款風險擴大釀成準備不足的預期邊際損失等三者之和。實務上，銀行安排存款組合，採取差別利率訂價 (interest rate discrimination) 策略，訂定儲蓄存款利率高於活期存款，理由如下：

差別利率訂價
銀行安排存款組合，針對儲蓄存款與活期存款訂定不同利率。

1. 存款利率彈性 ($\varepsilon_S > \varepsilon_D$)　銀行吸收活存賦予交易媒介角色，因缺乏替代品，是以需求缺乏利率彈性。此外，銀行授信將可帶來活存擴張，但對授信助益不大。至於銀行吸收活儲賦予價值儲藏角色，替代品充斥而使其需求具有利率彈性，是銀行授信資金的主要來源。

2. **存款處理成本** ($C_D > C_S > 0$)　活存提存次數頻繁且涉及票據交換處理問題，銀行需耗費人力與物力處理，邊際處理成本相對偏高。反觀人們將活儲視爲保值商品，提存次數少且無票據交換問題，邊際處理成本較低。

3. **存款流動性** ($\frac{\partial \sigma_x^2}{\partial D} > \frac{\partial \sigma_x^2}{\partial S}$)　銀行擴大吸收活存，促使淨存款流失變異性（機率分配變異數或存款流動性）遞增超越吸收活儲，前者提存準備比率與發生準備匱乏的預期損失將大於後者。

補償餘額

銀行從事資本放款，要求借款者在活存帳戶維持某一比率的存款。

　　銀行從事資本放款，要求借款者在活存帳戶維持某一比率存款（補償銀行授信的資金流失），兼具抵充無償享受銀行服務（如支票清償與收款、處理薪資帳戶等）的費用，此即補償餘額 (compensated balance)。一般而言，績優公司是銀行爭取存款與授信的對象，其信評成本與信用風險均低，帳戶經常維持大量交易用途的支存與活存餘額，成爲銀行低廉資金來源。尤其是這些公司是使用銀行服務（如匯款、保證、外匯交易等）的大戶，銀行除利用各種策略排斥其他銀行搶食對其授信外，規定補償餘額比率更是削弱其他對手參與競爭的有效方法。針對大公司，銀行授信將在訂定放款利率與要求回存比率間做一取捨，尤其關注是否使用銀行服務，以其交易帳戶作爲企業收付核心。反觀就小公司來看，銀行對其擁有相當的壟斷力，無懼於對手銀行參與競爭，且因要求回存比率承擔的機會成本並不爲零，是以較少對這些客戶設定回存比率。

有效放款利率

在訊息不全下，金融環境趨於緊縮，銀行暫時提高回存比率，變相提高放款利率。

　　在訊息不全下，金融環境趨於緊縮，銀行與其迅速調整放款利率，不如改採暫時提高回存比率，變相提高有效放款利率 (effective loan rate) 較爲有利，也可避免發生逆選擇問題。銀行面對市場競爭吸收資金壓力，提高回存比率與擴大補償餘額條件適用範圍也是較佳策略。尤其是在利率管制下，銀行利用調整補償餘額條件，變相提高有效放款利率與減輕競爭吸收資金壓力。是以廠商實際負擔的借款利率可計算如下：

$$廠商實際借款利率 = \frac{實際支付的借款利息 - 補償餘額利息}{借款總額 - 補償餘額}$$

$$= \frac{名義利率 - 存款利率 \times 補償餘額比例}{1 - 補償餘額比例}$$

名義利率

銀行放款契約訂定的利率。

　　舉例來說：德榮從台銀取得一年期融資 1,000 萬元，年利率 10%。台銀要求補償餘額比例 20% 並以活存利率 1% 計息，德榮實際負擔的借款利率 = (10% − 20%×1%)/(1 − 20%) = 12.25%。再從台銀角度來看，以名義利率 (notional rate) 放款並要求回存某一比例，將可增加資金，提存法定準備可再以名義利率放款。假設台銀可以迅速放款出去，則有效放款利率可計算如下：

$$銀行有效放款利率 = 名義利率 \times [1 + 補償餘額比率 \times (1 - 存款準備率)]$$
$$- 補償餘額比率 \times 存款利率$$

在前述案例中，台銀吸收活存的法定準備率 10%，對德榮授信的實際有效放款利率：

$$10\% \times [1 + 20\% \times (1 - 10\%)] - 20\% \times 0.1\% = 11.8\% - 0.2\% = 11.6\%$$

觀念問題

❖ 海天企業向土銀借入 1,000 萬元，名義利率為 3.5%。土銀要求保留 20% 的活存作為補償餘額，而活存利率僅有 0.2%。對海天企業來說，實際負擔的利率為何？

❖ 中信銀行訂定活儲利率較活存利率為高，考慮因素為何？

❖ 合庫董事會認為該行吸收活存利率遠低於定存利率，要求業務部全力吸收活存以降低資金成本。試問該項建議是否有待商榷？

 ## 14.3　銀行的非存款資金來源

一、銀行借入資金來源

面對有利授信機會，銀行吸收存款支應緩不濟急，通常改採創造性反應 (creative response) 策略，調整發行證券報酬率在金融業拆款市場與票券市場募集短期資金。銀行吸收定存資金期限最長三年，有些授信期限卻長達 10~20 年，係採「以短支長」策略營運，吸收短期資金融通長期授信。當短期利率低於長期利率，銀行將可維持正利差，一旦兩者關係逆轉，勢必陷入虧損狀態。有鑑於此，財政部於 2001 年 1 月開放所有銀行發行金融債券募集中長期資金，加計發行流通在外餘額不得超過發行前一年決算後淨值的 2 倍，期限 2~20 年，優點如下：

創造性反應
面對有利授信機會，銀行調整發行證券報酬率在金融市場募集資金。

1. 票面利率係以定存利率加碼浮動調整，將可鎖定長期利率。
2. 無須提存法定準備，資金成本較低。
3. 金融債券未到期前，投資人不得要求贖回，資金來源穩定。
4. 配合銀行資金需求彈性發行。

隨著股票市場規模擴大與交易熱絡，股市成為銀行爭取短期資金的重要

來源，包括代收股款、上市承銷或現金增資繳款的主辦行以及股款儲存專戶銀行。銀行在證券商營業廳設立櫃檯代收交割股款，此即證券活儲帳戶，係以活存計息。就個別帳戶而言，資金可能進出頻繁具有高流動性，但就整體帳戶餘額來看，卻是呈現穩定狀態，因而成為銀行爭取的低成本穩定資金來源。財政部證期會過去針對上市上櫃公司現金增資過程的驗資時間較長，協辦銀行將股款收足轉交主辦銀行後，資金停留在銀行帳戶至少一個月，僅以活存利率計息，屬於銀行短期廉價資金來源。至於銀行向上市公司爭取股款儲存專戶，主辦銀行收足股款再將資金轉到上市公司指定帳戶。

　　金融國際化加速國際金融市場整合，誘使銀行積極尋求國外資金來源。銀行的國外負債係指銀行對非居住民的負債，包括國外銀行同業存款、國外銀行同業透支、應付國外票據、承兌國外匯票、國外同業融資、匯出國外匯款、國外聯行往來貸方餘額、發行國外票券、對國際金融業務分行負債等。此外，銀行為募集中長期資金，前往國際金融市場發行浮動利率定期存單或金融債券，此即浮動利率可轉讓定期存單 (floating rate certificate of deposit, FRCD)，票面利率係以國際金融同業拆款利率 (LIBOR 或 SIBOR) 為基準，依據發行銀行的信用評等加碼，每隔三個月或六個月調整一次。

二、銀行股權資金

　　銀行採取高槓桿營運，但仍需擁有自有資金（銀行淨值），此即股權融通。銀行資本用於融通購置行舍與設備，此係操之於銀行決策而屬安全性用途。一旦銀行資本用於承作風險業務，則可作為可能產生損失的緩衝工具而屬風險性用途，亦即因應放款倒帳損失、投資跌價損失與營運損失等風險之用。銀行淨值包括下列內容：

1. 資本額　依《公司法》登記的實收資本額，係銀行淨值的核心，包括發行在外普通股與特別股面值的總和。
2. 公積金　包含盈餘公積與資本公積兩類。前者係指銀行稅後盈餘須提撥法定法定盈餘公積 30% 和特別公積，當其未達資本總額前，分配現金股利不得超過資本總額 15%。後者包括銀行溢價發行股票或資產重估增值。
3. 未分配盈餘　銀行盈餘扣除法定與特別公積、發放股利後之餘額而逐年累積者。

　　在會計學上，資本的意義是指股東繳足、並向主管機關登記的資本額。在金融監理上，資本是衡量銀行承受營運風險的能力，實質意義接近股東權益或淨值。中央存保的研究報告指出銀行淨值的涵義有三種：

1. 帳面淨值　銀行資產與負債的差額，包括股本、資本公積、盈餘公積、法

定盈餘公積、特別盈餘公積以及放款與保證等各類損失的準備金。

2. **市價淨值**　以市價為基礎衡量銀行資產扣除負債後的淨值，將可充分反映銀行股東權益的實際價值，但因市價評估有實務上的困難，而未廣泛採用。

3. **自有資本**　國際清算銀行在 1988 年提出銀行根據風險程度計算的資產，應該保有自有資本比率 8% 以上，此即銀行從事國際業務必須遵循的標準。財政部規定自有資本淨額是自有資本總額扣除銀行間相互持股，而總額是第一類與第二類資本的合計數額。第一類資本或稱**核心資本** (core capital) 包括普通股、非累積特別股、預收資本、資本公積、法定盈餘公積、特別盈餘公積等，第二類資本或稱**輔助資本** (supplementary capital) 包括累積特別股、固定資產增值公積、可轉換債券等。

> **核心資本**
> 或稱第一類資本，包括普通股、非累積特別股、預收資本、資本公積、法定盈餘公積、特別盈餘公積等。

一般財務分析師甚少注意銀行資本數量，反而集中於關心銀行的相對資本部位。衡量銀行資本適足性的門檻包括資本對存款比例、資本對資產比例、資本對風險性資產比例，三種比例均是以帳面價值為基礎。Sinkey (1978) 指出能夠區別問題與非問題銀行的最佳資本比例即是淨資本比例 (net capital ratio, *NCR*)：

> **輔助資本**
> 或稱第二類資本，包括累積特別股、固定資產增值公積、可轉換債券等。

$$NCR = \frac{資本 + 準備 - 分類資產}{平均資產}$$

分類資產 (classified asset) 係基於金融檢查資產品質後，被列入次標準化發生損失的資產。

銀行使用股權資金（銀行淨值）營運發揮的效果如下：

1. **降低倒閉風險**　銀行資本適足性要求屬於安全性管制的一環，強化股權資金對銀行健全營運的重要性，要求維持強固的資本基礎，限制過度從事高風險業務。

2. **構成放款與投資限制**　銀行對同一法人授信不得超過淨值 15%，同一自然人不得超過淨值 3%，同一關係人不得超過淨值 40%，無擔保授信不得高於淨值 5%。此外，財政部對**大額暴險** (larger exposure) 訂定風險管制，此係指銀行進行大額授信暴露的風險。舉例來說，銀行投資甲公司股票、公司債、商業本票及放款額度的總額不得超過一定額度，促使銀行對單一客戶、企業集團授信、投資等交易往來受到嚴格管制。

> **大額暴險**
> 銀行從事大額授信暴露的風險。

接著，證期會於 1997 年 6 月規定經過財政部金融局核准，銀行才能向交易所申請發行認購權證，且須持有超過 100% 的股票現貨。同時，銀行須

自訂風險控管措施，包括內部控制紀錄良好、發行額度不得超過法定投資上市股票上限，以及提出過去績效證明掌控股價變動及承擔風險能力。財政部准許銀行發行認購權證，當然也同意銀行購買權證避險。由於銀行投資上市證券金額不得超過淨值 20%，而投資權證應併入這項比率限制。

3. **股東權益** 銀行發生虧損逾資本 1/3，董事或監察人應向金管會申報並限期補足，逾期未補足者將遭到勒令停業。

4. **股東權益與存款間的替代性** 銀行使用股東權益與負債資金營運，兩者財務風險與資金成本迥異，存有代替性而形成最適財務結構。

5. **業務成長基礎** 銀行追求成長，擁有足夠資本用於授信及維護營運安全性，將是提供未來存款成長的基礎。為確保銀行經營體質，財政部對赴海外設立分行的銀行，嚴格要求資本適足率須達 10% 以上。

銀行發行兼具股票與債券性質的特別股，發行期間在 5～7 年左右，主要是吸收中長期資金、提高銀行自有資金比率。

接著，John H. Kareken 與 Neil Wallace (1978) 運用 Modigliani-Miller (1958) 理論，說明銀行業存在進入障礙，透過提供存款交易服務而獲取獨占利潤，負債愈多（即存款愈多）將讓銀行價值愈高，誘使銀行擴大使用負債資金直至股權資金趨近於零為止。不過考慮破產成本後，銀行負債上升擴大破產成本，抵銷負債增加帶來的利益。是以銀行追求股東財富極大，在考慮舉債利益與破產成本後，將會存在最適資本結構。

銀行在期初預期持有資產 A，經營階層的決策在選擇最適財務結構。在營運期間，銀行預擬吸收存款 D 支付存款利率 i，期末存款負債為 $D(1 + i)$。銀行預期期末可由生息資產獲得收益（y），而機率密度函數為 $g(y)$。是以銀行在期末擁有資產 $(A + y)$ 小於負債，勢必陷入破產情況，是以破產的臨界條件是：

$$(A + y) - D(1 + i) < 0$$
$$y < D(1 + i) - A$$

圖 14-3

銀行收益的機率分配

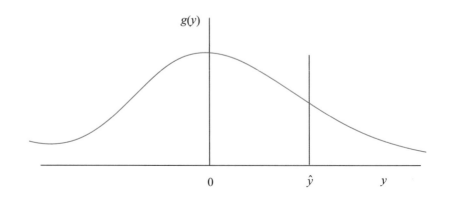

　　圖 14-3 係銀行收益的機率分配曲線，$\hat{y}$是銀行陷入破產的臨界點。在其他情況不變下，破產機率與存款呈正向關係，而與銀行資本 $E(=A-D)$ 呈負向關係。銀行面對的破產成本與資本不足 $(\hat{y}-y)$ 數額呈正向關係，每單位資本不足成本為 a 元，預期破產成本 S 可表為：

$$S = \int_{-\infty}^{\hat{y}} a(\hat{y}-y)g(y)dy$$

　　綜合以上分析，銀行的預期利潤函數可表為：

$$Max \quad E(\pi) = E(\hat{y}) - iD - S - \rho E$$
$$St. \quad A = D + E$$

ρ 是銀行使用股權資金的機會成本。就上式對 E 偏微分，令其為 0，可得銀行追求預期利潤極大的條件為：

$$\rho - i = -S_e \quad 或 \quad \rho = i - S_e$$

　　上式中的 S_e 可表為：

$$S_e = -\int_{-\infty}^{y} a(1+i)g(y)dy$$

　　上式的涵義為：當銀行募集股權資金的邊際機會成本 $(\rho - i)$ 等於預期破產成本下降的邊際收益 $(-S_e)$（以 S 的減少表示），將可決定最適資本數量。當銀行預期持有資產部位確定，亦將同時決定必須吸收的存款餘額，最適財務結構取決於參數 ρ、i、a 與資產收益的機率密度函數 $g(y)$。同時，投資人要求的銀行股權報酬率 ρ，將是無風險存款報酬率 i 與破產風險溢酬 $(-S_e)$ 兩者之和，且如圖 14-4 所示隨著銀行存款負債遞增，破產風險隨之擴大，銀行唯有提高支付股權報酬率，方能順利發行股票募集資金。

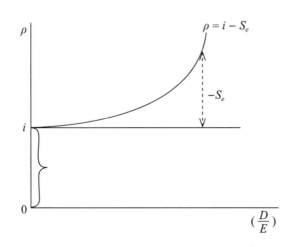

圖 14-4
銀行股權報酬率與破產風險溢酬

14.4 銀行資本適足性

　　第一次世界大戰後，德國無力償還賠款，美國因而擬定楊格計畫 (Young Plan)，由 7 國成立國際清算銀行 (Bank for International Settlements, BIS) 取代原先的特殊賠款委員會，執行對德賠款之分配並監督德國財政。直至 1944 年，Bretton Woods 會議決議國際清算銀行已經完成使命，但是美國決定保留作為 IMF 與世界銀行之附屬機構。爾後，國際清算銀行考量金融環境變遷，於 1969 年修改章程，將宗旨改為促進國際央行間合作，提供便利國際金融業務環境。隨著國際金融市場日益整合，國際清算銀行已成為各國央行聚會場所，接受各國央行委託而展開各種業務。截至目前為止，國際清算銀行會員國增加至 55 國，成為 IMF 及世界銀行之外的最重要國際金融機構，主要業務有三：

1. **處理國際清算事務**　先後成為歐洲經濟合作組織、歐洲支付同盟、歐洲煤鋼聯營、黃金總庫、歐洲貨幣合作基金等之金融業務代理人，承擔大量國際結算業務。

2. **辦理或代理相關銀行業務**　從事業務包括接受會員國央行黃金或貨幣存款，買賣黃金和貨幣，買賣可供上市的證券，向會員國央行貸款或存款，亦可與銀行和國際機構進行類似業務，惟不得提供政府貸款或以其名義開設往來帳戶。

3. **定期舉辦央行行長會議**　每年定期集會 4 次，每月第一個週末舉辦西方主要國家央行行長會議，商討相關國際金融問題，協調相關國家央行之金融政策。

　　巴塞爾 (Basel) 銀行監理委員會原為銀行法規與監理事務委員會，由美、英、法、德、義大利、日、荷、加拿大、比利時、瑞典 10 國央行於 1975 年 6 月共同成立，隸屬國際清算銀行轄下機構，提供各國交流金融監理資訊平台，促進各國金融主管機關合作密切，改善國際性銀行金融監理效率，訂定國際廣泛使用金融監理準則。自 1975 年起，巴塞爾委員會針對金融監理議題陸續發表報告，經過不斷討論與修正，於 1988 年發布《巴塞爾資本協定》(Basel Ⅰ)，建議在 1992 年底前，會員國必須要求銀行應衡量自身信用風險，提列 8% 最低資本以避免經營風險準備不足問題，其中核心資本占風險性資產比重不低於 4%。Basel I 核心內容即係資本分類，故又稱為資本適足率協議。

　　隨著國際金融環境變遷，Basel I 僅考慮銀行信用風險且權數級距簡略，未能擴及其他風險而難以顯現銀行承擔風險全貌。是以巴塞爾委員會在 1996 年提出針對市場風險增加資本需求之計算，並於 1997 年底開始實施。1999 年 6 月再對 Basel I 提出更具風險敏感度之《新資本適足率架構》(A New Capital Adcquacy Framework) 來取代 Basel I，經徵詢各界意見後，於 2001 年 1 月公布《新巴塞爾資本協定》(Basel II)，2003 年 4 月再公告 Basel II 草案諮詢文件第三版，大幅修正信用風險評估標準，並引進作業風險及市場風險。Basel II 於 2004 年 6 月定案，將三大風險納入銀行資本計提，提昇跨國銀行承擔風險能力。台灣亦於 2007 年起正式採用與國際同步接軌。有關 Basel I 與 Basel II 兩者的比較列於表 14-2。

<table>
<tr><td colspan="2"></td><td>Basel I</td><td>Basel II</td></tr>
<tr><td rowspan="5">相異點</td><td>支柱</td><td>一大支柱
第一支柱：最低資本要求</td><td>三大支柱
第一支柱：最低資本要求
第二支柱：監理審查
第三支柱：市場紀律</td></tr>
<tr><td>風險類型</td><td>信用風險</td><td>信用風險
市場風險
作業風險</td></tr>
<tr><td>信用風險資本計提法</td><td>標準法</td><td>標準法
基礎內部評等法
進階內部評等法</td></tr>
<tr><td>風險係數</td><td>針對不同類型資產和表外業務的相對風險，賦予 0%、20%、50% 和 100% 四種權數。</td><td>同左。</td></tr>
<tr><td>適用對象</td><td>銀行業</td><td>延伸至金融控股公司</td></tr>
<tr><td>相同點</td><td colspan="3">1. 資本定義：銀行資本分為核心資本（第一類資本）與輔助資本（第二類資本），前者包括股本和公開的準備，需占全部資本的 50%；後者包括未公開的準備、資產重估準備，普通準備或呆帳準備，具有股本性質的債券和次順位債券。
2. 從事跨國業務銀行持有資本比率須符合下列兩個條件：
(a) 總風險基礎資本比率 (total risk-based capital ratio)
Basel I
$$總風險基礎資本比率 = \frac{總資本（第一類 + 第二類）}{信用風險} \geq 8\%$$
Basel II
$$總風險基礎資本比率 = \frac{總資本（第一類 + 第二類）}{信用風險 + 市場風險 \times 12.5 + 作業風險} \geq 8\%$$
(b) 第一類核心資本比率 (Tire I core capital ratio)
Basel I
$$核心資本比率 = \frac{第一類資本}{信用風險} \geq 4\%$$
Basel II
$$核心資本比率 = \frac{第一類資本}{信用風險 + 市場風險 \times 12.5 + 作業風險} \geq 4\%$$</td></tr>
</table>

表 14-2

Basel I 與 Basel II 的比較

總風險基礎資本比率
銀行總資本（第一類與第二類資本）占風險性資產的比率。

核心資本比率
銀行第一類資本占風險性資產的比率。

資料來源：謝政宏，台灣總體審慎監理之研究，台大經研所碩士論文，2015。

Basel II 架構已擴展成最低資本要求 (minimum capital requirements)、監理審查程序 (supervisory review process) 與市場紀律 (market discipline) 三個支柱，內容如表 14-3 所示。

	內容
第一支柱：最低資本要求	衡量信用風險和計提資本額可採標準法或內部模型法，而衡量市場風險與作業風險則採基礎內部評等法與進階內部評等法。 1. 標準法 (standardized approach)：透過外部信評決定信用風險權數，同時增列作業風險、流動性風險、法律風險與信譽風險之資本適足計提。 2. 內部評等法 (internal ratings-based approach, IRB)：依銀行內部風險成分因子之估計值發展的簡易方法，需經金管會核准後使用。使用 IRB 計提最低資本的關鍵在於資料限制與模型驗證，又分兩種： (a) 基礎內部評等法 (foundation IRB Approach)：基於巴塞爾委員會建立的標準，金管會核准銀行計算風險加權資產時，自行估計違約機率 (probability of default, PD)，而違約損失率 (loss given default)、違約暴險金額 (exposure at default, EAD) 及有效到期日則取決於金管會的估計值。此外，銀行必須提列 PD 的計算標準，證明有能力利用 IRB 進行風險性資產計提，達到有效降低法定資本的目的。 (b) 進階內部法 (advanced internal ratings-based approach)：大型銀行具有良好信評與風險管理，經金管會同意可用自己的風險控管模型設定風險權數，考慮相關資訊計算自有資本比率，違約機率、違約損失率、違約暴險金額及有效到期日均由銀行自行估計。不過估計違約機率與損失率需有實證資料佐證，採取的程序與控制方法需經金管會驗證，其結果需能正確衡量信用風險。
第二支柱：監理審查程序	巴塞爾委員會針對監理審查程序，提示四個原則： 1. 銀行須建立評估資本適足情況與維持資本水準的流程。 2. 金管會應檢查及評估銀行內部資本適足性及其策略，監控銀行確保符合法定資本比率能力。金管會若對此過程不滿意，應採取適當行動。 3. 金管會應要求銀行維持在高於最低資本比率的基礎上營運，且應要求銀行持有高於最低要求之資本。 4. 金管會應防止銀行在低於最低資本比率下營運，並採取快速導正措施。
第三支柱：市場紀律	銀行必須充分揭露資本水準與曝險狀況，讓市場參與者能獲得足夠的市場風險資訊，協助其作決策判斷。

資料來源：謝政宏，台灣總體審慎監理之研究，台大經研所碩士論文，2015。

2008 年金融海嘯引發國際金融體系動盪，巴塞爾委員會為改善銀行承擔來自經濟及金融層面劇變之能力，提昇營運穩健性，於 2010 年 11 月 G20 高峰會發表《Basel III》，將總體審慎監理概念納入全球金融監理規範架構，規定嚴格資本定義與流動性準則，強化穩定金融體系秩序，避免大型金融機構破產造成國際金融市場紊亂，進而重創實質經濟之風險，主要內容有兩項：

A、強化銀行資本架構

為促使銀行穩健經營，在 Basel II 基礎上，Basel III 加強法定資本架構，如提高法定資本基礎品質與數量、擴大資本架構風險覆蓋範圍，實施槓桿比率監理做為強化風險基礎資本衡量之輔助，避免銀行過度使用槓桿。此外，引進總體審慎監理有效控制順景氣循環及金融機構間相互影響而引爆系統風險。

1. **提昇資本品質**　統一訂定銀行資本定義，讓市場能夠充分評估與比較金融機構間的資本品質。第一類資本由普通股及保留盈餘組成。資本扣除項目及監理排除規定一體適用於普通股權益，達成全球一致化。其他第一類資本工具必須是次順位、對非累積股利或債息須有完全自主權、無固定期限或不具提前贖回之誘因。同時，統一規範第二類資本工具類型，取消第三類資本，公開揭露各類資本組成因子，並與會計報表相互勾稽。

2. **強化風險覆蓋範圍**　強化資本架構風險覆蓋範圍，充分反映表內及表外風險，要求提高從事衍生性金融商品、附條件買回及有價證券融資交易之緩衝資本以降低順景氣循環，並提供促使店頭市場衍生性商品交易轉向集中結算交易對手 (CCPs) 或交易所之誘因，降低金融系統風險，提供金融機構對強化交易對手信用暴險之管理誘因。

3. **引入槓桿比率補充資本要求**　銀行營運過度運用表內與表外槓桿，一旦景氣反轉而採取壓低槓桿操作，將引發資產價格重挫而釀成巨額損失，是以導入槓桿比率要求，限制銀行槓桿以減緩去槓桿化造成的風險，減輕對金融體系與實質經濟帶來的負面衝擊。

4. **調整景氣循環緩衝資本**　提出「逆循環緩衝資本」(countercyclical capital buffer, CCB) 概念，銀行在景氣繁榮增加放款，不斷擴張信用造成景氣過熱，是以金融監理機構要求銀行增提資本以抑制放款。一旦景氣反轉衰退，則放寬提列資本要求。Basel III 引進一連串解決順循環問題措施，強化銀行於繁榮時期之穩健性，抑制因最低資本要求而發生過度循環波動。同時，推動前瞻性之提撥準備，透過增提保留資本 (conserve capital) 作為銀行面臨壓力之緩衝。

   > **逆循環緩衝資本**
   > 在景氣繁榮時，銀行必須增提資本以抑制放款。在景氣衰退時，將放寬提列資本要求。

5. **因應系統風險**　為移轉國際金融機構暴險，如銀行透過集中結算交易對手 (CCPs) 承作之店頭市場衍生性商品交易，交易部位、衍生性金融商品、複雜證券化商品或表外暴險（如結構型商品），以及金融業相互暴險部位等，要求增提資本以降低金融系統風險。同時，對過度使用短天期銀行間拆借資金支應長天期資產者，施以懲罰性措施。

B、建立銀行流動性標準

除穩健資本外，維持銀行穩定營運亦需藉由健全監理標準以強化流動性。

Basel III 引入全球一致流動性標準架構,建立最低流動性要求,提供避免惡性競爭之公平環境。巴塞爾委員會於 2008 年發布《健全流動性風險管理及監理準則》(Principles for Sound Liquidity Risk Management and Supervision) 做為流動性架構基礎,提出兩個獨立但具互補功能之流動性風險監理標準:

1. 確保銀行擁有足夠優質流動性資產餘額而能在壓力情境下至少存活 1 個月,並於 2015 年 1 月 1 日實施「流動性覆蓋比率」(liquidity coverage ratio, LCR) 強化短期流動性風險之復原能力。
2. 提供額外誘因讓銀行持續以穩定資金來源支應業務發展,強化其較長期因應流動性風險能力,訂定 1 年期「淨穩定資金比率」(net stable funding ratio, NSFR),提供銀行得以永續經營的資產與負債期限結構,將於 2018 年 1 月 1 日實施適用最低標準。

以下將說明兩項監理標準內容:

1. 流動性覆蓋比率 (LCR)　建立於傳統流動性「覆蓋率」基礎,銀行用以評估或有流動性事件之暴險程度。銀行須於壓力情境下計算未來 30 天之淨現金流出,確保擁有足夠具變現性且未受限制的優質流動性資產。流動性覆蓋比率不得低於 100%,亦即優質流動性資產至少須等於淨現金流出,以支應嚴重流動性壓力情境下之潛在流動性危機。
2. 淨穩定資金比率 (NSFR)　銀行基於一年資產和營運活動的流動性特徵,設定最低穩定資金數量,用於強化流動性覆蓋比率 (LCR) 不足,提昇金融監理強度,減少短期資金錯配風險,增加長期穩定資金來源以支應資產和營運活動。淨穩定資金比率係為避免銀行於市場流動性活絡時期過度依賴短期資金,鼓勵銀行評估表內與表外資產之流動性風險,提供銀行使用期限剛好超過監理機關設定壓力情境期間(30 天)之短期資金以支應流動性資產之誘因。

最後,國際清算銀行實施資本適足性要求,對銀行營運造成衝擊如下:

1. 營運成本上升　銀行須增加高成本股權資金授信,透過轉嫁於金融商品,造成借款者的間接金融成本上升。
2. 營運風險內容改變　為降低增加股權資金壓力,銀行以高流動性債券取代風險性放款,促使風險結構由市場風險取代信用風險。就長期而言,銀行推動放款證券化,透過市場出售放款債權,經營型態偏向投資銀行。
3. 銀行資本適足性對風險權數評估有異,同類資產品質差異化無法反映於風險權數。
4. 銀行資產組合調整　銀行將高風險權數的資產調整成低風險資產,強化從事金融創新的誘因。

流動性覆蓋比率
銀行須於壓力情境下計算未來 30 天之淨現金流出,確保擁有足夠變現性且未受限制的優質流動性資產。

淨穩定資金比率
銀行基於一年資產和營運活動的流動性特徵,設定最低穩定資金數量。

觀念問題

❖ 試說明在 Basel II 中，有關銀行風險管理的三大基本支柱為何？

❖ 針對銀行監督檢視程序，巴塞爾委員會認為必須符合哪些原則？

❖ 為確保銀行營運免於破產，試說明決定銀行股東權益占資產比例的關鍵因素為何？

❖ 何謂資本適足性？合庫業務部如何向董事會報告其對營運帶來的衝擊？

❖ 華南銀行擁有股東權益資金多寡，對從事投資活動將造成何種影響？

❖ 兩家銀行的自有資本比例與股東權益完全相同，試問其資本適足性是否必然相同？

❖ 隨著金管會將 Basel II 付諸實施後，國內銀行營運將面臨何種衝擊？

货幣銀行學

小組討論題

一、選擇題

1. 有關台銀吸收存款營運產生影響的說法，何者正確？ (a) 吸收存款用於授信，隨即引來借款廠商回存，此即稱為誘發性存款 (b) 吸收自發性存款可作為法定準備，但衍生的存款卻不符合作為法定準備的條件 (c) 台銀業務部調整存款組合，提高活存比重有助於降低預期存款總成本 (d) 不論台銀吸收衍生性或誘發性存款，兩者均具有高變異性

2. 板信銀行吸收存款餘額 2,000 億元，持有實際準備 100 億元正好是法定準備。另外，板信持有流動準備 200 億元，正好符合央行規定的法定流動準備率，其餘資金全數用於放款。假設央行理監事會宣布調降存款準備率至 4%，但提昇法定流動準備率至 12%。央行調整準備率對板信營運造成影響，何種錯誤？ (a) 出現超額準備 20 億元 (b) 出現法定準備不足 20 億元 (c) 必須在市場借入 20 億元補足法定準備不足 (d) 必須設法減少放款 20 億元

3. 陽信銀行召開董事會，業務部報告指出資本適足性小於金管會規定。董事會採取各種策略因應產生的效果，何者錯誤？ (a) 增資發行新股可能面臨股東缺乏認股意願而失敗 (b) 減少發放現金股利以增加保留盈餘，卻是緩不濟急 (c) 發行長期金融債券，卻惡化銀行財務結構 (d) 買回庫藏股而提高銀行淨值，此舉將可立即完成

4. 玉山銀行營業部規劃調整負債結構，何種策略係屬可行？ (a) 採取創造性反應策略，調整不同期限存款利率來達成預擬的存款結構 (b) 活存利率遠低於活儲，應積極吸收活存取代活儲，從而降低資金成本 (c) 採取傳統性反應策略，提供存款附加價值來改變存款結構 (d) 運用購入資金（借入款）策略來達成調整負債結構

5. 為確保營運安全性，土銀董事會經過討論後，指出為提昇資本適足率，何種因素最具關鍵性？ (a) 擴大股東權益，改善財務結構 (b) 發行長期金融債券將會惡化財務結構，但可能提昇資本適足率 (c) 迅速調整資產組合結構，降低持有高風險放款比率 (d) 發行可轉讓定存單取得現金資產

二、問答題

1. 國際清算銀行自 1987 年起推動資本適足性迄今，各國金融監理當局於 2006 年起陸續實施 Basel II 內容，試回答下列問題：

(a) 依據 Basel II 內容，試說明銀行資本適足率的定義？

(b) 金管會實施銀行資本適足性要求，將對銀行營運造成何種影響？

(c) 當銀行資本適足性低於 8% 時，可採取哪些方式解決？

2. 試回答下列有關渣打（台灣）銀行經營管理的問題：

(a) 渣打銀行要如何解決放款過多導致資本低於資本適足率的問題？

(b) 如果渣打銀行已無超額準備，而屬於 AAA 級信評的台積電申請貸款。渣打銀行應該以已無資金為由，拒絕台積電的申請嗎？為什麼？

3. Basel II 強調銀行風險管理的三個支柱分別為何？試說明三者將扮演何種角色？

4. 試回答下列有關銀行資本適足率的問題：

(a) 金管會要求銀行符合最低資本適足率的經濟意義為何？

(b) 試說明國際清算銀行 (BIS) 訂定資本適足率，有關銀行資產項目的計算原則及其經濟意義。

5. 當張無忌走進花旗（台灣）銀行，在營業廳看到掛牌的一年期定存利率，會有固定利率與機動利率兩種類型。試問何種利率可能較高？理由為何？

6. 資本適足性管理為銀行重要的風險管理。

(a) 假設陽信和板信兩銀行資產皆為 1,000 億元，應提準備為 10%，資產報酬率 (ROA) 為 1%，陽信與板信兩銀行資本分別為 100 億和 4 0 億，若呆帳均發生 50 億。試分別建構兩家銀行資產負債表分析銀行倒閉風險，並探討權益報酬率 (ROE)、權益乘數 (equity multiplier) 與銀行資本關係。

(b) Basel III 係銀行資本適足性法規依據，試說明其對銀行營運的影響。

7. 國際清算銀行自 1987 年推動資本適足性以來，各國於 2006 年起陸續實施 Basel II 協議內容，試回答下列問題：

(a) 試依據 Basel II 協議內容，說明銀行資本適足率的定義？

(b) 試說明政府實施資本適足性要求，對金融機構營運造成的影響為何？

(c) 當銀行資本適足性低於 8%，可採哪些方式解決？

8. Basel III 分別提出流動性覆蓋比率 (LCR) 與淨穩定資金比率 (NSFR) 監理，試問兩者差異性為何？銀行營運受到兩者限制後，試問將會產生何種影響？

9. 試說明華南銀行從事投資活動，將會受到何種限制？

10. 銀行吸收貨幣性與儲蓄性存款用於融通放款，試問對經濟活動造成的影響有何不同？

三、計算題

1. 在 1980 年代末期，台灣金融體系一度陷入銀根緊縮狀況。聚隆纖維向土地銀行申請廠房設備抵押放款 1,000 萬元，授信條件包括聚隆需在活期帳戶維持放款金額 20% 的存款餘額。假設土銀給予的名義放款利率為 10%，活存利率為 2%，提存活存的準備率為 10%，超額準備維持為零。試計算土銀承作該筆放款的有效放款利率為何？聚隆實際負擔的借款利率為何？

2. 花旗（台灣）銀行吸收存款的利率為 5%，適用的法定準備率為 10%。
   (a) 花旗每吸收一筆定存後，可運用資金的最高比率為何？
   (b) 花旗每放款 1 元，必須負擔的資金成本為何？
   (c) 央行提高法定準備率為 20%，花旗放款 1 元所需負擔的資金成本為何？
   (d) 原油價格暴漲推動市場預期通膨率為 8%，則實質存款利率為何？
   (e) 央行理監事會議決議維持法定準備率 10%，銀行也不保有超額準備，所有現金均回存至銀行體系，則張三豐將 100 萬元存入銀行，將可創造多少貨幣供給？

👍 網路練習題

1. 試前往精業金融網站 http://eb.sysnet.net.tw，察看台銀、兆豐、合庫與土銀四大銀行的各種期限存款的牌告利率，說明存款期限長短、金額大小與存款利率的關係為何？

2. 試前往台灣票據交換所 http://www.twnch.org.tw，查閱在 2008~2009 年發生金融海嘯期間，國內票據交換與退票狀況有無異常變化。

銀行資產組合

個案導讀

在2007 年 1 月 5 日，力霸集團爆發財務危機，連帶引爆旗下的中華商銀擠兌風潮，當日擠兌金額超過 160 億元新台幣。政府迅速決定自 6 日起由中央存保接管，而金管會主委、財政部長與央行總裁更於 7 日聯名在台灣主要報紙報頭下刊登廣告，保證中華商銀的各種存款將獲全額保障。1 月 8 日是中華商銀遭接管後的第一個營業日，雖然已由中央存保接管，不過各分行一早仍湧進大批提款人潮提領現金或解約定存，遭到擠兌金額仍逾 120 億元新台幣。受到中華商銀擠兌衝擊，台北股市當天下跌 98.86 點，而為穩定金融秩序，台灣四大基金奉命進場護盤，降低擠兌事件對台灣股市的衝擊。

深入檢視中華商銀擠兌風潮的來龍去脈，本質上與銀行營運績效有關，而銀行營運則取決於其資產組合或資金運用方式。本章將探討銀行為何持有準備資產，而持有多少準備資產才屬最適。隨後將說明銀行放款資產類型，如何進行信用評等與安排最適放款組合，以及訂定放款利率，同時也將說明銀行信用分配類型。

貨幣銀行學

15.1 銀行準備資產

15.1.1 提存準備原因與類型

　　銀行收益來源包括銀行活動與非銀行活動收入，前者是表內資產運用。銀行吸收存款，承諾存款者隨時提款，若未滿足提款需求，勢將面臨擠兌危機。為降低銀行營運風險與穩定金融，銀行吸收存款須依每日餘額提存準備資產。一般而言，銀行持有準備資產考慮因素包括：

1. 保障存款者權益　銀行資金來源多數是大眾的儲蓄，而運用資金則將面臨市場風險與信用風險，是以銀行採取持有準備資產、維持資本適足性與參加存款保險等三種策略保障存款者權益，避免因營運虧損而受到牽累。

2. 因應金融危機　面對金融危機帶來擠兌風潮，銀行將擴大持有流動性資產預作防範。同時，銀行業出資成立銀行資金互助制度，紓解問題銀行因擠兌事件而淪落流動性匱乏的困境，後者必須提出優良債權擔保，由中央存保保管。

3. 避免準備匱乏　銀行因應擠兌引發資金大幅流失，可採策略有二：

　　(a) 在金融業拆放市場向其他銀行借入短期資金充當準備。

　　(b) 向央行申請短期融資

　　　(i) 重貼現 (rediscount)　以央行核准票據前往央行業務局貼現窗口 (discount window) 申請 180 天內的重貼現放款，支付重貼現率。

　　　(ii) 短期融通　基於甲戶準備金帳戶向央行申請 10 天內的短期融通，額度不能超過每月應提準備的 35%。不過銀行連續二旬準備不足，必須支付短期融通利率 1.5 倍的懲罰利率 (penalty rate)。

　　　(iii) 擔保融通　銀行以央行核准的票據，包括乙戶準備金、商業本票、銀行承兌匯票、國庫券、公債等，向央行申請 360 天內的重貼現放款、短期融通與擔保融通等三種類型融資。

重貼現
以央行核准票據前往央行業務局貼現窗口申請 180 天內的重貼現放款。

懲罰利率
銀行連續二旬準備不足，必須支付央行短期融通利率 1.5 倍的利率。

初級準備
銀行持有轉存央行的活存、窖藏現金與銀行同業往來等現金資產。

　　銀行持有初級準備 (primary reserve)，須以轉存央行的活存、窖藏現金與銀行同業往來等現金資產為限，持有部位取決於下列因素：

1. 存款結構　銀行依存款類型提存法定準備轉存央行，四成存入甲戶屬於無息活存可自由動用，六成存入乙戶由央行付息而不能動用，央行於每年 6 月 21 日與 12 月 21 日將乙戶準備金的利息撥入銀行在央行的帳戶。法定準備部分計息有其歷史淵源，在 1975 年以前，銀行須提存付現準備與保證準備，後者可用公債抵充而有孳息，在改制為存款準備後，為彌補銀行

損失，央行遂就乙帳部分計息。

2. **差別準備制度** (differential reserve system)　央行評估金融環境變化及銀行坐落位置，針對銀行在既定日期起新增的存款，訂定額外準備比率。舉例來說，外匯存款過去未納入提存準備範圍，央行曾於 1990 年 6 月與 1993 年 6 月兩度要求銀行就新增外匯活存與定存部分轉存央行，以穩定外匯市場交易次序。央行自 2000 年 12 月 8 日起要求銀行收受外匯活期、定存新增部分（包含到期續存），應以原幣提存準備 5% 無息轉存央行，但不包括國際金融業務分行 (OBU) 在內。

> **差別準備制度**
> 央行評估金融環境變化及銀行坐落位置，針對銀行在既定日期起新增的存款，訂定額外準備比率。

3. **景氣循環因素**　資金需求呈現順景氣循環變化，銀行須評估金融環境變遷，隨時調整持有準備資產部位。

銀行提存法定準備方式有二：

1. **即期準備會計制度** (contemporary reserve accounting system)　提存與計算準備基期一致，吸收存款餘額變化即時影響提存法定準備數量，市場利率透過存款變動將會影響法定準備。

> **即期準備會計制度**
> 提存與計算準備基期一致，吸收存款餘額變化即時影響提存法定準備數量。

2. **落差準備會計制度** (lagged reserve accounting system)　央行於 1995 年 11 月起改變每旬提存法定準備為每月提存，銀行每日計算當日準備變化，但無需提足法定水準，只要在每月 3 日的最後期限，提存準備總額補足應提額度即可。

> **落差準備會計制度**
> 銀行每日計算當日準備變化，但無需提足法定水準，只要在每月規定最後期限提存準備總額補足應提額度即可。

除持有初級準備外，為確保銀行擁有足夠流動性，央行要求銀行須就吸收的存款總額保有 10% 的流動準備，須以高度流動性金融商品持有，又稱為保護性投資 (protective investment) 或次級準備 (secondary reserve)。隨著財政部在 1993 年開放銀行承作票券經紀、自營業務，接續再核准承作票券承銷、簽證業務，銀行從調整持有流動準備的消極做法，轉而積極投資票券並承做票券業務。在營運期間，銀行持有實際準備即是初級準備，依用途分成法定 (RR) 與超額準備 (ER) 兩部分：

> **次級準備**
> 或稱保護性投資。銀行吸收存款必須保有流動準備，並以高度流動性金融商品持有。

$$R^a = RR + ER$$

再就實際準備來源觀察，銀行維持準備資產流動性的方法有二：

1. **資產流動性**　在金融環境穩定下，銀行預期存款出現變異的可能性不大，提存準備屬於可掌控的流動資產，此即非借入準備 (unborrowed reserve, UR)。

> **非借入準備**
> 銀行就其核心存款提存準備。

2. **負債流動性**　銀行向央行融資取得流動資產，但無法自由掌控，此即借入準備 (borrowed reserve, BR)。

> **借入準備**
> 銀行向央行融資取得流動資產充當準備。

綜合以上所述，銀行持有實際準備可表為：

$$R^a = UR + BR$$

自由準備
銀行可自由運用的資金，是指超額準備扣除借入準備的部分。

再定義自由準備 (free reserve, FR) 為銀行可自由運用的資金，是指超額準備扣除借入準備的部分。銀行超額準備來源可能來自向央行融資，係屬短期或具政策融資（如重貼現放款）性質，不適宜支援長期授信活動。

$$FR = ER - BR$$

有鑑於此，央行評估金融環境寬鬆與否，自由準備變化將是觀察指標。景氣繁榮期間，銀行傾向減少自由準備（出售票券）換取資金以擴大授信，央行若欲控制銀行業的自由準備，可縮減對銀行融資而迫使利率上升。當銀行持有自由準備下降，意味著銀根邁向緊縮；反之，自由準備遞增將顯示資金趨於寬鬆。

最後，為提昇銀行資產流動性，央行要求銀行就存款總額提存 10% 法定流動準備，可用超額準備、國庫券、可轉讓定存單、銀行互拆借差、銀行承兌匯票、公債等經央行核定的證券或流動資產來持有流動準備。此外，央行訂定各項流動準備應提列的最低比例，高安全性與變現性的公債是銀行選擇作為流動準備的主要商品。

觀念問題

❖ 試說明兆豐銀行必須保有準備資產的理由為何？
❖ 匯豐台灣銀行業務部預擬保有超額準備 5,000，而吸收存款餘額為 200,000。假設銀行吸收存款必須提存法定準備 5% 與流動準備 10%，試問匯豐銀行持有實際準備餘額為何？
❖ 試評論台銀營業部規劃持有準備資產內涵的正確性。
  (a) 借入準備係指法定準備扣除自由準備的餘額。
  (b) 次級準備係指非借入準備扣除超額準備的餘額。
  (c) 超額準備係指初級準備扣除次級準備的餘額。
  (d) 自由準備係指法定準備扣除借入準備的餘額。

15.1.2　最適超額準備的決定

　　銀行持有實際準備包括法定與超額準備（現金），前者取決於央行規定與銀行吸收的存款結構與數量，後者則是銀行選擇的結果。一般而言，銀行帳上經常存在活期存款與交易帳戶的鉅額短期負債，客戶可以隨時提領現金。實務上，銀行評估扣除每天資金外流後的存款餘額，在每日基礎上形成相對穩定的長期資金來源，此即構成銀行核心存款 (core deposits)。銀行每日面對存款流失，將被新增存款、銀行從事表內及表外交易產生的收益等現金流入抵銷，長期經驗累積將能預測正常營運日內的淨存款流失機率分配。

　　營運期間初期，銀行持有自由準備 F_0 包括超額準備（現金資產）E_0 與票券 S_0 兩種資產，直迄營運期間結束仍持有超額準備 E_1：

$$F_0 = S_0 + E_0$$
$$E_1 = E_0 + N + Q \geq 0$$

　　銀行評估存款者的行為模式後，假設淨存款流失量 N 呈現常態分配。Q 是銀行在營運期間處分票券數量，$Q < 0$ 代表買進票券以取代超額準備（現金資產），$Q > 0$ 反映出售票券以增加持有現金資產的超額準備部位。圖 15-1 係銀行面對的淨存款流失機率分配，反映無法吸收足夠資金（包括其他營運現金流入）以抵消提款（包括其他營運現金流出）的資金流失。面對資金流失風險，銀行採取負債管理與準備資產管理兩種策略因應。傳統上，銀行依賴前者為最原始的調整機能，不過大型銀行傾向透過金融市場緊急融通的策略，用於紓解流動性匱乏風險。

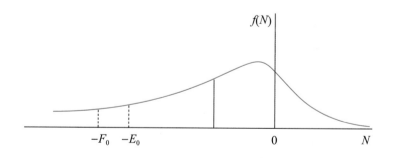

圖 15-1

淨存款流失的機率分配型態

　　為簡化分析，風險中立銀行追求預期利潤最大，僅是評估選擇自由準備的組合。在未考慮實質投入成本下，銀行考慮的成本僅有設算存款流失引發預期準備匱乏的損失。在營運期間結束時，銀行面臨情況包括：

　1. $E_0 + N > 0$　面臨淨存款流失 $(N < 0)$，期末超額準備部位維持正數，無須

出售票券 $(Q = 0)$ 與負擔損失。

2. $E_0 + N < 0$　面臨淨存款大量流失 $(N < 0)$，期末超額準備部位轉為負數，必須出售票券 $(Q \geq E_0 + N)$ 換取現金，以維持期末超額準備為正數 $E_0 \geq 0$。

銀行預估淨存款流失超過期初超額準備 $(N < -E_0)$，即需出售票券 $(S_0 = F_0 - E_0)$ 換取流動性，並且支付固定成本 G 與比例成本 b，預期損失是：

$$G\int_{-F_0}^{-E_0} \phi(N)dN - b\int_{-F_0}^{-E_0}(-E_0 - N)\phi(N)dN$$

在營運期間，銀行預期利潤可表為：(r_s 是票券報酬率，r_d 是存款利率，D_0 是預期存款餘額）

$$Max \quad E(\pi) = r_s S_0 - G\int_{-F_0}^{-E_0}\phi(N)dN - b\int_{-F_0}^{-E_0}(-E_0 - N)\phi(N)dN - r_d D_0$$

考慮銀行期初持有自由資產 F_0 後，對 E_0 偏微分：

$$\frac{\partial E(\pi)}{\partial E_0} = -r_s + G \cdot \phi'(-E_0) + b\int_{-F_0}^{-E_0}\phi(N)dN \leq 0$$

銀行期初保有超額準備 $E_0 \geq 0$，當上式小於 0，$E_0 = 0$（角解）。就上式移項，可得銀行持有最適超額準備的條件如下：

$$r_S \geq G \cdot \phi'(-E_0) + b\int_{-F_0}^{-E_0}\phi(N)dN \leq 0$$

上式涵義為：銀行擴大持有超額準備而損失收益 r_s，必須等於持有超額準備不足所設算之預期損失。當銀行期初持有超額準備為正數時，超額準備需求 E_0^* 將是 r_s、G、b 與 $\phi(N)$ 機率分配的函數，$\phi(N)$ 函數若用 (μ, σ) 參數表示：

$$E_0^* = Max \quad \{f(r_s, \ G, \ b, \ \mu, \ \sigma), 0\}$$
$$(-) \ (+)(+) \ (-)(-)$$

μ 與 σ 分別是淨存款流失機率分配的平均數與變異數。銀行持有超額準備將呈現拗折需求曲線形狀，當票券報酬率高於 r_s^*，銀行持有超額準備為零。一旦該報酬率低於臨界值 r_s^*，銀行預擬持有超額準備將迅速遞增。

2006 年 11 月底，擁有 31 家分行的台東企銀自行結算稅前虧損 31.14 億台幣，帳面淨值 −10.89 億台幣，調整淨值為 −24.77 億台幣，放款總額 318.43 億台幣，逾放金額 83.85 億台幣，逾放比達 23.01%，而出售不良放款未認列損失尚有 13.88 億台幣，帳面資本適足率為 −3.72%。到了 2006 年 12 月 15 日，台東企銀未依承諾完成增資，金管會指定中央存保接管，此係繼 2001 年間接管中興與高企兩家銀行後，第三家被接管的銀行。此外，2001 年成立的 RTC 也接手 36 家農漁會以及 7 家信用合作社等 43 家基層金融。

2007 年 1 月 5 日，力霸集團的中國力霸與嘉食化兩家公司無預警宣布因財務狀況不佳而向法院申請重整，兩家公司負債逾 400 億元台幣，迅速引爆力霸集團旗下各股股價重挫。兩家公司向其關係企業中華銀行貸款餘額約 29.06 億元台幣，占該行放款餘額 2.3%，從而引發存款擠兌，一天內被提領 130 億台幣。金管會因而在 1 月 6 日晚間宣布接管，金管會主委、財政部長與央行總裁集體具名保證保障存款者權益，希望存款者不要擠兌。同時，中央存款保險公司提供 300 億台幣應付提款風潮，並於 8 日恢復其 ATM 跨行提領轉帳功能正常運作。依據金管會資料顯示，截至 2006 年底止，中華銀行自行結算稅前虧損 52.67 億台幣，帳面淨值 100.17 億台幣，而出售不良債權未攤銷損失高達 253.31 億台幣，逾放比率為 8.13%。由於中華銀行持續嚴重虧損造成資本適足率不足，金管會多次要求其辦理增資改善，但均未依承諾完成增資。

此外，金管會也在 1 月 5 日下午接管花蓮企銀，創下史無前例一天接管兩家問題銀行紀錄。在花蓮企銀被接管後的上班首日（1 月 8 日）上午 8 時左右，總行及 31 家分行即湧入大批存款者準備提款，隨著分行經理與中央存保人員在場信心喊話後，人潮逐漸散去。中央存保為防範發生擠兌現象，共準備 120 億元現金支應。依存保評估，花企打消逾放後淨值缺口約需 100 億元。到了 2007 年 3 月 30 日，中聯信託因財務、業務嚴重惡化，2 月底帳面淨值 −3.19 億台幣，虧損 2.46 億元，如認列不良債權損失為 −29.8 億元，且每月持續虧損，財務狀況顯著惡化。由於流動資金僅 3.5 億元且信託資金持續流失，本身流動性難以支應提款需求，是以金管會指派中央存保接管，並委由台灣銀行經營。

傳統上，台灣政商關係複雜，金融機構與企業間的不當財務關係嚴重。許多民營金融機構係由財團或家族控制，並與所屬集團企業進行不當勾結、移轉資產、違法借貸、擴張信用，甚至以各種方式從事不動產與股市投機活動，造成金融體系壞帳問題無法獲得有效解決。若有風吹草動，容易引發擠兌事件或金融風暴。從 1990 年代中期迄今，台灣先後發生國際票券案、彰銀擠兌案以及數十家基層金融機構擠兌事件即是斑斑可考。

15.2　銀行授信與信用評等

銀行吸收資金扣除持有準備後，剩餘資金用於授信的方式有二：

1. 放款　銀行運用資金的核心與營運收益的主要來源，係與顧客約定期限而於到期收回本息，或在約定期間分期收回本息。
2. 投資　銀行從事票券與證券交易獲取收益。

放款與投資同屬銀行生息資產，投資業務可採主動隨時在公開市場拋售變現，放款業務居於被動，未到期無法收回本息。銀行授信類型將包括直接授信（表內交易）與間接授信（表外授信）兩類。另外，銀行授信對象包括自然人與法人兩類，兩者差異如下：

1. 授信型態　對自然人授信以直接授信為主，包括放款（消費金融）與透支。對法人授信則是兼具直接授信與間接授信兩類，包括放款（企業金融）、透支、票貼、保證與承兌等。
2. 資金用途　自然人向銀行融資主要融通購買耐久財與投資理財，屬於消費金融。法人向銀行融資主要用於短期周轉或購置廠房設備，屬於企業金融。
3. 償債來源　自然人係以預期所得或處分資產為償債來源。法人則以未來營運收入、處分資產、資產折舊或採取現金增資等作為償債來源。
4. 徵信評等　銀行對自然人徵信重點在個人財富、信用評等、預期所得來源與保證人的財務狀況等，對法人徵信重點在公司基本營運狀況與產業前景、財務狀況與現金流量分析等。

銀行授信以放款（間接金融）與證券投資（直接金融）兩種型態為主，前者居於絕大多數而為營運核心。一般而言，銀行放款分類如下：

1. 放款型態
   (a) 放款、貼現與透支　放款係指銀行依面值買入放款契約，於固定期間收取本息。貼現是銀行依面值預扣利息買入票據，到期收回票據面值。透支 (overdraft) 是銀行與顧客簽約，允許客戶就其存款帳戶在額度內超額使用，歸還日期由客戶自定，但有最終期限。
   (b) 特定交易放款 (specific transaction loan) 與放款承諾 (loan commitment) 前者針對公司從事實質交易的票據，授予短期周轉性商業放款。後者針對公司長期資本性資金需求，授予資本放款額度，在此額度內隨時使用，如票券發行融資及循環性信用融資。

透支
銀行允許客戶就其存款帳戶在額度內超額使用。

特定交易放款
針對公司從事實質交易的票據，授予短期周轉性商業放款。

放款承諾
針對公司長期資金需求，授予資本放款額度，在此額度內隨時使用。

2. 放款期限

 (a) 定期放款 (time loan)　訂有固定償還期限。

 (b) 活期放款 (demand loan)　借款者自行決定放款期限，不過每一固定期限仍需換約，如透支與循環性信用融資。

 (c) 通知放款 (call loan)　由銀行決定放款期限，如證券抵押放款。

3. 放款條件　銀行信用屬於使用權（租賃）交易的商品，在交易過程中，價格與非價格條件同等重要，後者有時更重於前者。銀行信用的非價格條件包括抵押品、保證人、放款期限與還款條件，而依抵押品與保證人有無可分為兩種：

 (a) 信用放款　依據借款人信評放款，未要求提供抵押品或保證人。隨著消費金融市場成長迅速，銀行透過聯合徵信中心查詢消費者的信用資料，評估消費者信用等級，作為是否核貸小額信用放款的首要條件。

 (b) 抵押放款 (mortgage loan)　借款人須提供抵押品或保證人方能取得融資。

4. 放款用途　包括商業放款、資本放款、消費放款、證券放款、不動產放款與國外放款等類型。

5. 放款對象　包括自然人（消費者）與法人（公司與政府部門），可分成兩種：

 (a) 企業金融　公司申貸放款屬於批發業務性質，如聯合貸款。商業放款與資本放款屬於企業金融，證券放款與不動產放款則需視借款者身分而定。

 (b) 消費金融　消費者申貸放款屬於零售業務性質，如信用卡融資。

接著，信用評等 (credit rating) 是對公司償債能力進行評比，包括兩部分：

1. 發行機構信用評等　對發行證券公司償債能力（基本信用狀況）之當前意見，著重評估發行公司是否有具有準時履行財務承諾能力及意願。

2. 債務發行評等　對特定債務而言，評估發行公司依約清償本息能力，以及對債務提供保障性，是以次順位債務評等低於發行公司信評，擁有良好擔保的債務評等高於發行公司信評。

信用評等提供發行公司（借款人）、投資人與金融機構的利益如下：

· 針對發行公司

1. 提昇籌資彈性　擴大公司募集資金來源，提昇籌資彈性。

2. 降低融資成本　提供公司規劃融資策略及金融機構決定授信政策的訊息。對借款人而言，具有信評公司發行公司債或商業本票將可減少提供擔保

定期放款
訂有固定償還期限的放款。

活期放款
借款者自行決定放款期限，但每一固定期限仍需換約。

通知放款
由銀行決定放款期限。

抵押放款
借款人提供抵押品或保證人的放款。

信用評等
對公司償債能力進行評比。

品，降低擔保成本與融資成本。

3. **穩定籌資來源** 發行公司與投資人藉由信評掌握公司財務變化狀況。縱使公司遭致意外衝擊，藉由評等機構精確評估，揭露對財務狀況影響程度，將使投資人避免陷入恐慌，從而穩定債權人信心。

4. **評估相對人的風險** 相對人 (counterparty) 泛指除投資人外，所有與借款人信用風險有關者，如借款者的保險公司及保險受益人、租賃提供人、上下游相關業者等。信評經常被銀行引用作為審核交易性融資、換匯協議、貨幣市場交易、保險以及不動產租賃等項目，以及其他相對人風險的狀況。

· **針對投資人**

1. **信用風險指標** 投資人檢視信評結果，客觀評估公司風險是否適合所需。
2. **風險溢酬評估** 提供投資人衡量預期報酬率，判定風險溢酬的合理性。
3. **投資組合監視** 提供基金經理人、資產受託人及資金擁有者效率監視系統。債信升等或降級的信評公告將反映於調整投資組合的可能性。

· **針對金融機構**

1. **協助資產訂價與承銷** 協助證券公司或票券公司從事債券、票券發行之規劃、訂價或承銷。
2. **市場行銷** 有助於證券公司向投資人銷售新金融商品，降低金融商品或發行公司信用品質的不確定性。
3. **監控相對人風險** 有助於金融機構監控其受委託買賣或自營所承擔的風險。

　　信評提昇債券承銷能力與談判地位，協助投資人擬定決策。無論是大型投資機構，如銀行、保險公司與投信公司，或個別投資人皆可運用信評評估投資組合，尤其是前者通常禁止投資未經信評或低於某等級的債券。銀行授信的最大風險為信用風險，故須運用統計方法訂定借款者信評表及步驟，針對各項屬性評分，以得分高低顯現借款者信評等級，做為授信與訂定利率的標準。銀行運用信評將可發揮下列效果：

1. **徵信具體化** 透過金融聯合徵信中心與票據交換所取得債信資料，評估公司營運績效，據此訂定授信準則要件。前者主管機關為財政部，提供銀行授信、公司財務與大額退票等資訊。後者主管機關為央行，擁有支票存款戶的精確資料，提供退票、註銷、拒往戶資料等票信資訊。
2. **審核授信依據** 依據信評結果，訂定放款優先次序及利率加碼幅度。

3. **決定信用額度**　基於信評結果作爲調整信用額度的標準。銀行評估公司還款財源時，除考慮盈餘外，尚需考慮其提列的折舊準備，透過有效掌握營運績效，進而決定放款額度。

4. **訂定放款利率**　考慮公司客戶信評等級、申貸金額、期限，擔保品等因素後，以基準利率爲基礎，再加上利率加碼幅度而訂定放款利率。

5. **強化公司財務管理**　銀行實施信評促使公司必須提供正確報表，從而建立完善的會計制度與內控能力。

實務上，銀行評估公司信評等級，係在評估借款者性質（包括財務與非財務）與預期倒帳機率間關係，由過去的 3C 是品性 (character)、能力 (capacity)、資本 (capital)，加上擔保品 (collateral) 成爲 4C，再考慮企業狀況 (condition of business) 則爲 5C。銀行亦可採取考慮個人因素、財務因素、經濟因素的 3F，附加組織因素而成 4F。銀行另外採取 5F 或 5P 的評估標準，針對個人 (personal)、目的 (purpose)、還款 (payment)、保障 (protection) 與展望 (perspective) 等因素評估：

1. **個人因素**　評估借款人狀況，包括信用狀況（有無違約背信記錄）、收入或獲利能力、與銀行往來狀況（公司存款、貸款及外匯實績），另外還包括與其經濟關係密切的配偶、家屬等。

2. **目的因素**　放款用途將影響銀行債權的安全性，借款者融資用途涵蓋購置資產、清償債務與歸還股東墊款；前者具有提昇生產力之積極效果，後兩者提昇銀行授信風險，勢必降低承做意願。

3. **還款來源因素**　評估公司還款來源與與時機，內容包括：
(a) 分析公司財務、業務現況及營運資料。
(b) 評估公司財務預測及募集資金方式。
(c) 洽商還款時機，避免公司捉襟見肘。
一般而言，自償性放款之票據融資以應收票據爲清償來源；臨時性與季節性周轉資金放款以銷貨收入爲清償來源；經常性周轉資金放款以現金收支結餘爲清償財源；資本性放款以現金流量爲清償來源。

4. **債權保障因素**　銀行放款保障來自於還款來源與債權確保，可分爲兩部分：
(a) **內部保障**　公司與銀行間的關係，如公司提供擔保品完整性、可靠性及變現性，有無重複抵押或設定他項權利等。
(b) **外部保障**　公司提供保證人須財力雄厚，才足以承擔保證責任。

5. **公司展望因素**　銀行授信成本包括資金凍結與喪失其他機會，利益則爲扣除放款成本後之淨利息收入，以及由放款引申的其他業務往來收益，是以銀行需評估公司發展前景作爲核貸參考，擔保品未來價值亦是評估焦點。

放款是銀行的應收帳款，可提列放款餘額 2% 作為備抵呆帳，超提部分不能列為費用。舉例來說：合庫放款餘額為 2.4 兆元，可列費用的備抵呆帳是 480 億元，免繳所得稅 120 億元。銀行資本大規模化係健全發展的重要關鍵，理論上，為避免發生虛盈實虧情況，銀行應視實際狀況提足呆帳準備，正確反映資產品質。當銀行放款發生倒帳，將循下列程序轉列呆帳：

1. **逾期放款** 放款本金超逾清償期限三個月以上而未辦理轉期或清償者，以及中長期放款逾六個月以上未按期攤還本息者。至於逾期放款比率 (overdue loan ratio) 係指逾期放款占總放款的比率，用以衡量銀行放款可能面臨客戶無法清償本息的情況。逾放比率是評估銀行放款品質的重要指標，比率愈高表示放款品質愈差，存款安全性愈低，容易引發擠兌風潮。一般而言，逾放比率在 3% 以下，表示銀行授信品質較佳。

2. **催收款** 逾期放款超過六個月仍未清償者。

3. **呆帳 (bad loan)** 催收款經過兩年仍未收回者，經由銀行董事會議與通知監察人程序，才能將催收款扣除收回部分後的餘額轉銷。

逾期放款比率
逾期放款占總放款的比率，衡量放款客戶無法清償本息的情況。

催收款
逾期放款超過六個月仍未清償者。

呆帳
催收款經過兩年仍未收回，經由銀行董事會議與通知監察人程序，才能將催收款扣除收回部分後的餘額轉銷。

知識補給站

金融業運用資金以授信為主，包括直接授信的放款與間接授信的保證與承兌兩類。為衡量授信資產品質，將有逾期放款比率與逾期授信墊款比率兩種指標。

1. **逾期放款比率** 適用於銀行業。

$$\text{逾放比率} = \frac{\text{逾期放款（含催收款）}}{\text{（放款總額＋催收款）}}$$

2. **逾期授信墊款比率** 適用於票券金融業。

$$\text{逾期授信墊款比率} = \frac{\text{逾期授信墊款（含帳列催收款與應收帳款）}}{\text{（應收保證及背書票據＋逾期授信墊款）}}$$

銀行授信包含放款、保證與承兌，不過銀行業係以放款為主要業務，逾放比率則以放款為計算基礎。一旦銀行保證面臨違約，銀行將為其墊款，然後列入催收款項目（原本屬於或有負債，墊款後就轉為實質負債），而計算逾放比率將列入分子，但銀行保證餘額卻不會納入分母。為此，銀行業曾向金融監理當局力爭，卻不被接受，理由是怕銀行虛灌保證數字來降低逾放比率。

至於票券業僅能從事保證與票據背書業務，無法從事直接放款，而保證的客戶出現違約，票券業將需墊款，並將其列為應收帳款。一旦逾期收回無望或超過 90 天必須強制轉催，應收帳款即成為催收款。票券業務特性與銀行業務不同，故其計算逾期授信比率，保證與票據背書餘額係為分母的主項，而其逾期的產生均是先為間接授信的保證，再為履行保證責任而墊款，故其比率稱為逾期授信墊款比率。

15.3 放款資產類型

15.3.1 企業金融

　　企業金融 (corporate finance) 是指銀行由傳統放款業務轉變為「解決方案提供者」，分析客戶屬性與營運需求，提出協助企業達成一站購足 (one-stop shopping) 的融資解決方案。此外，為協助企業實施投資計畫或滿足中長期營運資金需求，銀行針對營運情況良好、財務結構健全以及提供擔保品或可靠擔保之企業，提供多元化中長期融資滿足企業資金需求。針對保證業務，銀行應客戶委託就其對國內或國外所應履行付款或其他債務責任，依約向其相對之債權人出具保證書函或簽署保證，保證客戶履行付款或其他債務責任，否則將代為履行債務責任之授信業務。企金業務提供企業資產負債表上產品之服務，舉凡授信、應收帳款承購／融資、存款及現金管理、貿易金融、金融操作避險／衍生性金融商品、信託等皆屬之。

> **企業金融**
> 銀行分析客戶屬性與營運需求，提出協助企業達成一站購足的融資解決方案。

　　A. 商業放款　商業放款理論或實質票據學說係最早的銀行放款理論。銀行營運須維持資產與負債的期限結構類似，方能避免陷入流動性匱乏。銀行的負債係以吸收活期及短期存款為核心，是以授信應以具有實質商業交易行為的短期自償性票券（包括交易性商業本票與銀行承兌匯票）作擔保之商業放款為主，理由是：融通廠商生產所需資金將具有自償性，而能維護資產安全性。

　　再探討貼現放款與短期周轉金型態的關係。金融環境寬鬆，貨幣市場利率滑落，誘使公司轉向發行票券募集資金。票券業為廠商發行票券，賺取發行票券的保證費與簽證費，並買入債券賺取初級與次級市場的利差。銀行提供票券業拆款額度，是後者調度資金的主要來源，而其將拆款資金購買票券，擴大銀行商業放款業務競爭，造成放款利息收入銳減、增加購買票券競爭對手及投資票券利差縮小等營運壓力。來自票券業的強烈競爭，銀行短期周轉金（商業放款）市場成長趨緩，只好創新長期負債的票券發行融資來確保短期融資市場。

票券發行融資係由銀行團提供長期保證而屬於長期負債。廠商與銀行團協議運用票券發行融資,選擇是否發行票券以節省融資成本,享有最大的彈性設計,但將面臨利率風險。是以銀行結合資本放款、票券及利率交換,提供廠商長期信用額度,並以固定利率發行票券募集資金,此即固定利率貨幣市場工具 (fixed rate money market instrument)。國內係由瑞士聯合銀行、花旗銀行與荷蘭銀行率先推出,相當於對廠商承做票券發行融資,接續再承作利率交換鎖定利率風險,形成固定利率的票券發行融資。

銀行依據商業放款理論授信,面臨直接金融強烈競爭,業務成長出現停滯現象,實務上亦存在下列缺失:

1. 銀行對實質票據貼現若未安排適當到期日結構,一旦遭逢擠兌仍將陷入流動性匱乏困境。
2. 實質票據自償性在景氣繁榮期間方得落實,景氣反轉陷入蕭條,商業放款仍可能難以履行自償性。
3. 公司與銀行建立良好銀行關係,方能獲得持續融資與特別服務。相對的,銀行為降低信用風險與徵信成本,需與公司維持良好顧客關係。兩者水乳交融將使商業放款持續展期,無形中變成銀行資產中最缺乏流動性者。

B. 資本放款 銀行資金來源以活期存款為主,若要維持資產流動性,應避免從事中長期授信,不宜融通廠商購買機器設備。不過資本市場成長與融資商品多元化,吸引大型公司部分改採直接金融,帶動銀行授信也逐漸轉向中長期放款,當中原因如下:

1. 成立儲蓄部 銀行設立儲蓄部吸收中長期資金,持有中長期資金比例遞增改變存款結構,有能力支援較長期限授信,陷入流動性匱乏困境可能性大為下降。
2. 資產可移轉理論 (asset shiftability theory) 隨著金融市場規模擴大,公司發行債務憑證募集資金,透過金融市場流通而具有高度流動性。是以 B.R. Suviranta (1933) 指出只要廠商借款憑證具有高流動性,銀行可將部分資金轉向該類資產,面臨資金需求則透過公開市場出售,迅速取得所需流動性。尤其是 1980 年代資產證券化興起,銀行包裝各類放款而發行放款憑證出售,紓緩資產與負債期限不一致的流動性匱乏問題,促使銀行更能隨心所欲從事中長期授信。
3. 預期所得理論 (anticipated income theory) 銀行授信應評估借款者未來清償能力及還款來源,只要在放款期間有穩定預期所得來源可供清償,放款依然具有保障。尤其是計畫性融資 (project finance) 係借款者僅以投資計畫的資產及收益抵押,無需提供額外抵押品及保證人,清償來源為投資計

固定利率貨幣市場工具

銀行結合資本放款、票券及利率交換,提供廠商長期信用額度,並以固定利率發行票券募集資金。

資產可移轉理論

只要廠商借款憑證具有高流動性,銀行將可對該類資產授信,面臨資金需求則透過公開市場出售取得所需流動性。

預期所得理論

銀行應針對借款者未來清償能力及還款來源進行放款。

計畫性融資

借款者以投資計畫的資產及收益抵押向銀行融資,清償來源為投資計畫未來的收益,銀行不具債務追索權。

畫未來產生的收益，銀行對股東不具債務追索權。舉例來說，英法海底隧道由超過 200 家銀行組成銀行團提供專案融資，經建會在 1997 年 12 月通過長生電力公司投資海湖發電廠計畫，可視爲由交通（兆豐）銀行負責的專案融資首例。

4. **階梯效果 (ladder effect)**　銀行從事商業放款（以貼現放款爲主）到期才能收回本金，容易陷入流動性匱乏困境。反觀資本放款係採分期攤還本息，廠商須在活期帳戶保留交易餘額與補償餘額，銀行只要妥當安排還本付息日期，透過正常攤還本息與要求回存而時有現金流入，流動性匱乏問題將可稍獲紓解，此即資金管理的階梯效果。

> **階梯效果**
> 資本放款採分期攤還本息，銀行只要妥當安排還本付息日期，透過正常攤還本息與要求回存而時有現金流入。

　　銀行對單一客戶授信設有額度限制，當廠商面臨大額資金需求，需由數家銀行聯合貸款，主辦銀行收取主辦費用，負責契約擬定、評估投資計畫等，提供其他銀行參貸誘因。聯貸可配合公司現金流量，調整還本付息期間與金額，屬於量身訂做的融資商品。隨著直接金融盛行導引公司改採現金增資或發行可轉換債券募集資金，以間接金融爲主的聯貸市場面臨強大競爭，遂結合直接金融而成爲大型聯貸新型態。廠商除依市場利率發行聯貸的票券發行融資募集資金外，並透過發行浮動利率債券在國際金融市場募集外幣資金滿足中長期資金需求。舉例來說，台聚與聯成在 1996 年併購華塑、亞聚與台達化學等三家公司，原本規劃透過花旗銀行聯貸籌措併購資金，但在評估市場利率走低下，改採票券發行融資取代。

　　最後，銀行資本放款係採浮動利率計價，不過廠商透過銀行保證，可向壽險業申請固定利率的中長期企業金融，部分取代資本放款和發行公司債。此外，公司爲取得固定利率資金來源，改採發行公司債融通，但受《公司法》與《證券交易法》限制，舉債成本未必低於向壽險公司融資。保戶購買壽險保單，壽險公司將支付約定的保單利率，故在資金成本固定下，壽險業將可承作固定利率的資本放款。保險業基於《保險法》第 156 條授信，須以銀行保證、不動產抵押、合格證券質押及以壽險保單質借放款等業務爲限。爲因應市場利率波動，壽險業通常半年檢討一次調整放款利率。

知識補給站

日本 TBS 電視台自 2013 年 7 月 7 日起，於周日劇場時段播出連續劇《半澤直樹》(*Hanzawa Naoki*)，描述貸款企業倒閉，營業四部調查組職員半澤直樹催討收回 200 億日圓債權的過程。整個日劇是描述銀行企金業務從授信開始至催收倒帳的過程，在日、中、港、台等地電視台播出，引起重大迴響，也讓人了解企金業務內容。企金業務通常分為一般業務，如一般放款、金融交易與特殊案件，如聯貸、可轉債、

併購、TDR 等大型案件。由於國內銀行服務優勢與外商銀行不同，前者業務重心以放款或聯貸為主，後者則專精於聯貸主辦、併購、可轉債等特殊交易，或 ADR 上市顧問、保管銀行等業務。

半澤直樹在劇情前半部擔任融資課課長。融資課類似國內銀行的企業金融部，課長相當於企金業務的 RM (relationship manager)，屬下 ARM (assistant relationship manager) 則是負責協助 RM。企金業務團隊通常依客戶規模分為上市櫃公司、中型企業（營收超過 1~3 億元）、小型企業（新興客戶）等，團隊規模龐大者再依產業別進一步劃分，如傳產、營建、電子等，較大團隊會將金融同業客戶單獨區分出來。國內各家銀行的組織架構略有不同，每個團隊編制約 10～50 個 RM。企金業務團隊規模較大的銀行包括大型外商銀行、中信、台新、永豐、富邦、兆豐等，以其上市櫃公司組別為例，每個 RM 負責十多家公司，RM 與 ARM 約 20～30 人，比例各半。企金業務的 RM 類似企金客戶的理財專員，某些銀行稱為 AO (account officer)，除協助客戶申請額度外，最常見的業務是授信、聯貸、企業財務、企金客戶金融商品需求，債券發行等，與產品經理 PM (product manager) 合作提供 DCM (debt capital market)、ECM (equity capital market)、投資銀行等金融服務。

企金業務分為徵信、授信、審查與 PM 等環節，可分別說明如下：

(a) 若將銀行比喻為火車，RM 與 ARM 則類似火車頭，是帶動業績成長的前線人員。RM 負責開拓客戶及業務、維護客戶關係，談判契約內容，以及為客戶建構信用額度，如放款、進出口授信、聯貸、代償、TMU、應收帳款、AR Finance 等。在訪問廠商後，針對財報與營運狀況、以及產業循環現況分析，撰寫徵信報告。ARM 是協助 RM 的助理，工作多數集中在作業程序、產品與風險評估，包括徵信報告、授信批覆撰寫、文件流程、動撥款、複審追蹤、後續客戶管理，較無涉及決策環節。

(b) PM 就如同一節節車廂，重視產品知識的深度，對企金商品非常熟悉，與 RM 一起拜訪客戶解說業務端的金融商品，提供客戶各種客製化產品與服務。

(c) 審查扮演剎車角色，防止火車衝得太急太快而需適時放緩，以免出軌造成重大損失，負責撰寫批覆書、核貸書等待送審查文件。

不動產金融
與不動產交易、融資、保險、信託與證券化有關的金融活動。

住宅抵押放款
消費者以住宅擔保向銀行借款。

15.3.2 不動產金融

廣義的不動產金融泛指與不動產交易、融資、保險、信託與證券化有關的金融活動。狹義而言，銀行不動產授信係不動產金融核心，依申貸者與資金使用者性質，分別歸屬於企業金融與消費金融，而放款類型有兩種：

1. 住宅抵押放款　消費者提供住宅擔保向銀行借款，包括購屋貸款與理財型房貸，屬於消費金融的一環。依據《購屋儲蓄放款實施要點》，消費者在

銀行開立購屋儲蓄存款帳戶超過六個月，可向銀行中貸六個月存款平均餘額 10 倍的貸款（上限 600 萬元），實際額度以購置自用住宅的抵押值為上限。房地產交易對經濟活動發揮連鎖效果 (linkage effect)，是以央行經常採取房地產信用管制 (mortgage credit or real estate control)，如打房政策。此外，住宅抵押放款的政策金融包括內政部的「輔助人民貸款自購住宅」、勞委會的「輔助勞工建購住宅貸款」、人事行政局的「公教人員購置住宅貸款」及國防部的「國軍官兵購置住宅貸款」，刺激購屋需求以紓解房地產不景氣。

2. **建築融資放款**　建築業以土地擔保向銀行申請建築融資與土地融資（購地貸款），屬於企業金融的一環。

銀行不動產授信期限不得超過 20 年、放款總額不得超過當時存款總額與金融債券發行額之和的 20%，基於還款設計分為四類：

1. **到期還本型**　放款期間僅繳納利息，到期一次清償貸款金額。
2. **等額攤還型** (constant amortization mortgage,CAM)　貸款總額平均分攤至各個還款期攤還。
3. **定額付款型** (constant payment mortgage,CPM)　每期還款金額不變，包含應付利息及攤還本金兩部分。
4. **漸增付款型** (gradual payment mortgage,GPM)　借款者與銀行協議於初始期間僅清償少數金額（可能低於應付利息），稍後期間（3~5 年內）再按一定比例增加還款金額，直迄渡過該段期間，再改採定額攤還清償貸款。該類放款可能產生負攤還 (negative amortization) 情形，是以國內銀行尚未採行。

傳統的不動產放款係按期攤還本息，借款者清償本金將無法再借出使用。隨著投資理財盛行，銀行在 1997 年創新不動產抵押放款商品，帶動理財型房貸逐漸取代傳統房貸。在授信額度內，借款者隨時循環動用，尤其是使用透支額度才計息的特點，提供擴張信用操作的資金來源，大幅提昇資金運用彈性。理財型房貸類型包括：

1. **周轉性房貸** (revolving mortgage loan)　消費者以房屋擔保而由銀行授以循環額度，透過金融卡隨時透支，動用資金才按日計息。
2. **綜合性房貸**　銀行提供中長期購屋資金與周轉金，消費者動用才計息。舉例來說，張無忌的房貸額度 500 萬元，目前資金需求僅為 300 萬元，剩下 200 萬元可設定為透支額度。張無忌僅須就 300 萬元房貸部分按月攤還本息，200 萬元透支額度在動用時才按日計息。
3. **回復性房貸** (recovery mortgage loan)　銀行將房貸資金撥入消費者帳戶，

連鎖效果
不同層級產業間的關聯性。

房地產信用管制
央行對房地產放款進行數量與利率管制。

建築融資放款
建築業以土地擔保向銀行申請建築融資與土地融資。

等額攤還型
貸款總額平均分攤至各個還款期攤還。

定額付款型
每期還款金額不變，包含應付利息及攤還本金兩部分。

漸增付款型
借款者於初始僅清償少數金額（可能低於應付利息），稍後再按一定比例增加還款金額，直迄渡過該段期間，再改採定額攤還清償貸款。

周轉性房貸
消費者以房屋擔保而由銀行授以循環額度，透過金融卡隨時透支，動用資金才按日計息。

綜合性房貸
銀行提供中長期購屋資金與周轉金，消費者動用才計息。

回復性房貸
銀行將房貸資金撥入消費者帳戶，爾後清償房貸本金部分則轉為透支額度。

爾後清償房貸本金部分則轉為透支額度。舉例而言，張三豐向一銀申貸 300 萬元，清償本金 50 萬元即轉為透支額度，可用金融卡提領因應緊急資金需求。

最後，央行針對房地產建築業的融資進行數量與放款條件管制，此即不動產信用管制，理由是：銀行增加不動產信用融資，將擴張貨幣數量及移轉資源至營建業，帶動營建業所得成長，容易擴散為對其他商品及勞務需求。2007 年美國次貸事件引爆金融海嘯重創全球景氣，源頭即來自聯準會長期採取寬鬆政策所致。值得注意者：不動產信用屬於長期信用且具高利率彈性，利率變動影響各期償還本息金額至鉅，央行只要依循傳統利率政策或足以影響利率的貨幣政策即可奏效。此外，不動產信用管制類似消費者信用管制 (consumer's credit control)，但仍有下列差異：

1. 不動產信用期限較長，消費者信用則屬中期信用，前者較後者具利率彈性，央行調整利率對房地產業將會形成差別影響。
2. 房地產業與其他產業存有密切的產業關聯，具有高度向前與向後連鎖效果，耐久財產業的關聯效果較小。
3. 耐久財通常採取大規模生產，生產期限較短，供需調節較易；住宅生產期間較長，供需調節較複雜，生產期限容易受營建成本影響。

消費者信用管制
央行針對消費者耐久財融資，藉著調整頭期款與償還期限進行控制。

觀念問題

❖ 試說明銀行資金來源以吸收短期存款為主，為何能夠從事長期資本放款？
❖ 面對台北市房價高漲引起民怨，央行彭總裁建議銀行採取不動產信用管制，試問此種打房措施及發揮的效果為何？
❖ 試從清償方式的設計說明國內不動產放款的類型？

15.3.3　消費金融

消費金融
銀行以「整合式貸款」與「客層分隔」行銷策略，將客戶需求融入消費金融產品，業務範圍包括房屋貸款、汽車貸款與消費者小額信貸等。

消費金融 (consumer finance) 係指銀行以「整合式貸款」與「客層分隔」行銷策略，將客戶需求融入消費金融產品，業務範圍包括房屋（建購、修繕、理財）貸款、汽車貸款與消費者小額信貸等多元化消費金融商品。隨著經濟發展刺激消費者偏好「一站購足」的套裝金融服務（要求人性化、百貨化、方便性與全天候服務），誘使銀行積極創新消費金融商品。除傳統存放款商品外，消費金融市場創新結合衍生性商品的結構式存款、信用卡循環性融資、汽車

貸款、購屋理財貸款、結合保險貸款、無擔保小額信貸、外幣指定用途海外基金、國際金融卡等金融商品紛紛出爐。除銀行提供消費金融商品外，非銀行金融機構也積極參與競爭：

1. **信用卡公司**　提供消費者從事消費活動的循環性額度。
2. **汽車融資公司**　汽車製造商成立融資公司，自行開辦汽車融資業務。
3. **融資公司**　提供無擔保小額放款與分期付款。

　　投資理財盛行帶動結合投資理財與消費金融的商品頻繁出現，銀行創新結合放款與信託的金融商品成為消費金融市場主流。消費者從事投資需自備資金，為提昇資金調度靈活性，銀行創新「放款轉投資」商品，消費者以不動產、股票或黃金為擔保，銀行融通外幣資金到海外投資，規避取得台幣資金再兌換外幣的匯率風險。在放款幣別選擇上，銀行原則上以信託商品的計價幣別直接貸予外幣，如果人們願意承擔匯率風險，銀行可貸放新台幣再由其兌換為外幣進行投資，不過需支付信託手續費、放款利息及管理費等費用。

　　外幣指定用途信託 (foreign-currency trust) 係指投資人透過銀行以外幣信託資金投資國外有價證券。由於國際金融環境變化迅速，銀行協助投資人規避匯率風險，促使資金效率運用、資產組合多元化，以達風險分散與獲取資本利得目的。投資人將外幣資金信託交付銀行，以投資人名義投資於指定之國外證券，並由銀行核發買賣確認書或基金存摺交付投資人以表彰權益。銀行結合放款與保險創新房屋放款或汽車放款商品，消費者透過保險規避貸款期間的風險，具有保額逐年遞減與團體費率的特色。另外，汽車放款市場屬於消費金融的一環，參與者包信託公司、外商銀行、車商及租賃公司等，利率隨廠商資金成本不同而存在議價空間，放款型態分為兩類：

外幣指定用途信託
投資人透過銀行以外幣信託資金投資國外證券。

1. 金融機構開辦消費者汽車貸款，屬於外貸。
2. 汽車商承作附條件買賣分期付款業務，俗稱內貸。內貸多數針對某一車型較不具普遍性，規模較大的車商一般採取內貸方式，如福特公司由子公司福灣企業承作分期付款業務；裕隆日產公司與子公司裕融公司合作承作放款等。內貸利率將視車商的資金成本而定，如果車商信用評等和財務結構較佳，取得低利率融資，可能以低利反映成本回饋消費者。

　　銀行提供投資理財消費金融，將面臨其他金融機構強烈競爭。在多頭市場中，人們向民間融資、標會、信用卡融資或向銀行申請小額信貸來滿足資金需求，但需面臨還本、高利率或手續複雜等困擾。人們持有壽險保單，只要繳足保費累積保單價值準備金後，可向壽險公司申請保單價值準備金或解約金範圍的八至九成的保單放款，以保單預定利率加碼計算利息。人們只要按期繳付保費與支付貸款利息，保單效力將持續存在，而且壽險公司須按時支付預定保單

的紅利，實際利息負擔有限。人們以保單質借取得資金，具有下列優點：

1. 手續簡便　只要攜帶保單、印章、身分證至保險公司辦理，通常當天完成給付作業。
2. 無還款壓力　按時繳付保費及放款利息，保持應有的保單價值準備金額度，何時償還本金均可。
3. 放款期間權益保障不變，人們在保單放款期間發生事故，保險公司應負理賠責任，將從理賠金扣除未清償的放款本息。

　　最後，針對消費者購屋與汽車等耐久財融資的消費金融，央行藉著調整頭期款與償還期限，削弱或刺激消費支出意願，此即消費者信用管制政策。銀行要求消費者負擔較高頭期款，相當於削減授信額度，縮短償還期限意謂著提昇每期清償金額，兩者削弱消費融資額度，直接抑制耐久財支出。消費金融係由銀行直接授信或透過其他非銀行廠商間接融通，其增減不僅衝擊廠商銷貨水準，對貨幣供給與銀行信用數量亦將發揮重大影響效果。先進國家的消費者偏好以分期付款購買耐久財，刺激金融機構偏好行銷消費金融，導致消費金融易隨景氣循環而呈週期性變動。是以央行據此選為對抗景氣循環的工具，但是政策效果卻眾說紛紜，支持者認為此項政策優點如下：

1. 分期付款消費支出呈順景氣循環變化，在繁榮時期，經濟成長帶動分期付款消費同步成長，容易肇致通膨。在衰退期間，所得減少造成分期付款消費萎縮，景氣復甦日益渺茫，消費金融具有順景氣循環性質宜加管制。
2. 消費金融缺乏利率彈性，央行管制利率調節消費金融不僅無效，反而妨礙投資計畫進行。
3. 消費支出無須長期規劃，透過管制消費金融來影響耐久財支出，通常能發揮立竿見影效果。消費者無法精確掌握消費金融隱含的高利率，故宜對消費金融加以限制。

　　至於反對管制消費金融者宣稱該項管制缺陷重重，應予廢止：

1. 對抗景氣循環應由管制總需求著手，管制消費金融勢將扭曲資源配置。
2. 依據貨幣數量學說，限制消費金融並未降低貨幣數量或流通速度，對總需求並無影響。
3. 一般貨幣政策對消費金融亦能發揮影響效果，如緊縮銀根將減緩所得成長與削減消費支出，促使銀行亦會降低消費金融供給。
4. 消費者無力支付較高頭期款與每月還款，將被排除於耐久財消費，管制消費金融形同限制經濟自由。

15.4　最適放款組合與放款利率的訂定

實務上，銀行授信存在寡頭壟斷特質，原因包括：

1. 借款者類型　銀行授信以消費金融與企業金融為主，兩者具有壟斷性質。
2. 授信區域　銀行若在區域性市場授信，自然具有寡頭壟斷性質。
3. 授信數量限制　央行基於風險分散原則，規定銀行對單一公司授信不得超過資本額的某一比例，其涵義則是銀行具有壟斷力而採取以量制價策略。

基本上，銀行放款分為消費金融及企業金融兩種類型，兩者的信用風險、評估作業成本、授信額度、放款期限、抵押品與保證人、放款需求彈性各有不同，前者報酬率 r_l，提存呆帳比例為 β；後者報酬率 r_s，提存倒帳比例為 θ。風險中立銀行追求預期利潤極大，透過選擇最適放款組合而訂定放款利率。

在營運期間，銀行資金來源以存款為主，預期存款負債餘額 D_0，存款利率 r_d。銀行預估淨存款流失分配為常態分配 $f(x)$，持有準備資產不足將須支付固定比率懲罰成本 b。風險中立銀行將資金安排於持有準備 R 與放款資產，在兩類融資市場均屬獨占者，$r_l = r_l(L)$ 與 $r_s = r_s(S)$，而銀行處理放款成本為 $C = C(L, S)$，預期利潤函數為：($r_l^{'} < 0$、$r_s^{'} < 0$、$C_L > C_S > 0$)

$$Max \quad E(\pi) = (r_l - E(\beta))L + (r_s - E(\theta))S - r_d D_0 - C(L, S) - \int_R^\infty b(x - R)f(x)dx \tag{15.1}$$

銀行決策須受期初資產負債表限制：（忽略股權資金）

$$St. \quad R + S + L = D_0 \tag{15.2}$$

將上式代入 (15.1) 式，分別對 L 與 S 偏微分：

$$\frac{\partial E(\pi)}{\partial L} = \left[(r_l - E(\beta)) + L \cdot \frac{\partial r_l}{\partial L} \right] - b\int_R^\infty f(x)dx - \frac{\partial C}{\partial L} = 0 \tag{15.3}$$

$$\frac{\partial E(\pi)}{\partial S} = \left[(r_s - E(\theta)) + S \cdot \frac{\partial r_s}{\partial S} \right] - b\int_R^\infty f(x)dx - \frac{\partial C}{\partial S} = 0 \tag{15.4}$$

重新整理上述兩式，可得風險中立銀行選擇最適放款組合條件為：

$$(r_l - E(\beta)) + L \cdot \frac{\partial r_l}{\partial L} - \frac{\partial C}{\partial L} = (r_s - E(\theta)) + S \cdot \frac{\partial r_s}{\partial S} - \frac{\partial C}{\partial S} = b\int_R^\infty f(x)dx \tag{15.5}$$

在其他狀況不變下，銀行擴大放款（消費金融或企業金融）所獲報酬必須等於設算預期準備不足的損失。重新整理上式：

$$r_l\left(1+\frac{1}{\varepsilon_l}\right)-E(\beta)-\frac{\partial C}{\partial L}=r_s\left(1+\frac{1}{\varepsilon_s}\right)-E(\theta)-\frac{\partial C}{\partial S}=b\int_R^\infty f(x)dx \qquad (15.6)$$

$\varepsilon_l=\frac{\partial \ln L}{\partial \ln r_l}<0$、$\varepsilon_s=\frac{\partial \ln S}{\partial \ln r_s}<0$是消費金融與企業金融需求的利率彈性。上式結果顯示：銀行追求預期利潤最大，將資金投入消費金融與企業金融兩個市場，必須讓兩者的淨邊際收益相等，同時採取差別利率訂價方式，視個別市場需求彈性訂定相異報酬率。企業金融的需求彈性大（公司融資多元化），則銀行要求較低報酬率；消費金融需求彈性較小（消費者融資管道有限），則索取較高報酬率：

$$r_l=\left(1+\frac{1}{\varepsilon_l}\right)^{-1}\cdot\left\{E(\beta)+b\int_R^\infty f(x)dx+\frac{\partial C}{\partial L}\right\} \qquad (15.7)$$

$$r_s=\left(1+\frac{1}{\varepsilon_s}\right)^{-1}\cdot\left\{E(\theta)+b\int_R^\infty f(x)dx+\frac{\partial C}{\partial S}\right\} \qquad (15.8)$$

銀行訂定放款利率將視放款需求彈性、倒帳率、預期準備不足的損失與放款的處理成本等因素而定。企業金融案件少而個案金額龐大，邊際處理成本 $C_S>0$ 較低；相反的，消費金融案件多而個案金額較小，邊際處理成本 $C_L>0$ 較高。$C_L>C_S$，是以銀行訂定企業金融利率將低於消費金融利率。實務上，國內銀行自 2002 年 4 月起全面推出指數型利率的放款，放款利率係以基準利率加碼訂定，而基準利率 (base rate) 則是以主要銀行定存之平均利率、票券次級市場平均利率等作爲衡量指標。

基準利率
以主要銀行定存之平均利率、票券次級市場平均利率等作爲衡量指標。

觀念問題

❖ 試說明花旗（台灣）銀行訂定消費金融利率遠高於企業金融利率的原因爲何？
❖ 針對安泰銀行安排資產組合過程，試評論下列看法。
  (a) 安泰從事投資與放款均是創造銀行信用，兩者屬於同質產品。
  (b) 安泰持有次級準備的利率彈性將會大於實際準備的利率彈性。
  (c) 安泰訂定消費金融利率較高，主要係因其需求的利率彈性較大所致。

15.5 銀行信用市場

就實際現象觀之，銀行信用市場與一般商品市場具有顯著差異：

1. **市場結構**　銀行受金融法令限制與政府監理而家數有限，借款者對放款利率議價能力薄弱，屬於典型的賣方市場。

2. **交易條件**　商品市場交易通常是當場銀貨兩訖，銀行信用市場交易則涉及未來請求權交易。銀行授信將面臨多元化風險，除要求支付利息外，並依借款者信用狀況附加要求提供保證人與擔保品，或回存部分資金間接變相提高利率做為風險溢酬。銀行更可限定借款用途、期限、信用額度，交易條件趨於多元化。

3. **利率訂定**　銀行授信攸關金融體系發展與穩定，需受政府政策干預。基於風險與利潤考量，銀行訂定利率常偏離均衡水準，市場失衡成為常態，信用分配即為此種情況下之產物。

商品市場達成均衡，供需將會相等。但就銀行信用而言，市場看似均衡，實際卻存在供需不等現象，亦即有些貸款申請人苦等融資，銀行濫頭寸卻是充斥，此種現象稱為信用分配，形成主因就在銀行難以取得攸關借款人的訊息，兩者間存在資訊不對稱。面對金融環境緊縮，銀行貿然調整利率，徒然吸引高風險性借款人前來申請，違約機率相對攀升而易生逆選擇現象。為避免此種情勢發生，銀行偏向維持利率不變，改採在放款契約附加非利率條件做為審視工具 (screeing device)，以利率與擔保品做為契約內容，藉著借款人自行選擇機能來消除逆選擇現象。

圖 15-2 顯示：金融業信用分配類型包括央行專案融通與銀行放款市場的信用分配。前者係央行針對特殊產業的資金需求或為達到特定政策目的（政策金融），將中華郵政轉存央行的資金透過銀行轉貸給特定成員，藉以效率分配資金。另外，財政部提出綜合紓困方案，由央行提供銀行資金，再由後者轉融通陷入財務窘境的企業紓困，此亦是專案融通的一種。至於後者係銀行篩選貸款申請者的活動。

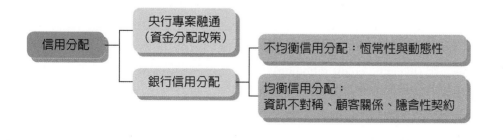

圖 15-2

銀行信用分配類型

Ernst Baltensperger (1978) 稱「調整利率分配信用」爲狹義信用分配，而「調整授信條件或其他方法分配信用」是廣義信用分配。文獻對銀行調整放款利率有不同認定方式，故有「不均衡」與「均衡」信用分配兩種層次之分。在長期資金供需已知，放款利率持續壓抑在均衡水準 i^* 之下，如圖 15-3 所示固定在 $\bar{i}$，銀行必須附加各種授信條件分配信用，藉以消除超額資金需求 $F_d F_s$ 現象。銀行信用市場失衡係屬長期現象，該類信用分配亦稱恆常性信用分配 (permanent credit rationing)。利率上限雖可詮釋信用分配現象，但在利率自由化的金融環境，信用分配影子依然可見，是以因法令管制利率釀成信用分配出現，則可視爲不均衡信用分配。

圖 15-3

恆常性信用分配

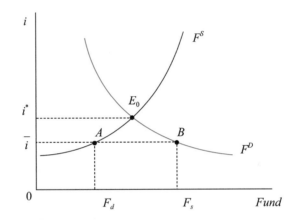

爲解決銀行信用市場長期失衡問題，銀行採取提高非利率條件進行信用分配的策略，如要求貸款者提供有信用的保證人、足額擔保品、對借款人申貸金額打折、要求借款者回存一定比例的金額，或在銀行帳戶維持補償性餘額等。這些附加的放款條件將降低銀行授信風險，或增加銀行實際可用資金、變相提高有效放款利率，但也加重廠商實際負擔的利率。

另外，銀行信用市場短期供需因季節性或突發性因素而出現隨機波動，導引在既定放款利率下，出現或正或負之超額需求，此時銀行採取調整授信條件紓解信用短缺現象，未必急於調整放款利率。假設長期預期資金供需 F^D 與 F^S 決定均衡利率 i^*，圖 15-4 顯示短期實際資金供需環繞於長期預期資金供需周圍波動。在均衡利率 i^* 下，金融環境緊縮（短期資金需求擴張至 F_1^D，短期資金供給縮減至 F_1^S）而促使超額資金需求擴大至 AD，利率出現向上調整壓力，銀行因而採取較嚴格授信條件，或暫緩放款來調節銀行信用數量，此即正的動態信用分配 (dynamic credit rationing)。反之，金融環境寬鬆（短期資金需求縮減至 F_2^D，短期資金供給擴張至 F_2^S）而出現超額資金供給 AD，利率出現下跌壓力，銀行改採放寬授信條件，動態信用分配亦將消失。動態信用分配屬於暫時現象，又稱暫時性信用分配 (temporary credit rationing)。

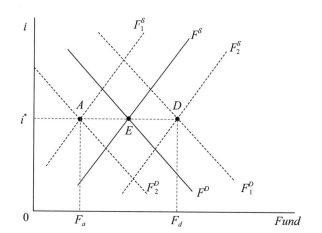

圖 15-4
動態信用分配

　　基於資訊不對稱或代理成本出現的信用分配，則是均衡信用分配。此係資金供需雙方存在資訊不對稱，銀行基於風險考量，縱使面臨超額資金需求，亦不願提高利率，避免徒增信用風險而降低預期利潤。銀行審查授信案件，在利率僵化又有同質借款者申請時，銀行將以顧客關係來區分借款者。由於老顧客往來頻率較高，使用銀行服務較多，銀行將其視為可以降低存款變異性與增加銀行服務需求的資產，是以在銀行負擔的訊息成本與篩選成本 (screening cost) 較低下，將優先眷顧老顧客給予融資。尤其是銀行若拒絕老顧客貸款申請，可能讓其結清帳戶不再續存，資金流失反而降低銀行長期利潤。至於往來頻率較低的新顧客則可能遭致信用分配命運。換言之，在既定利率下，銀行面臨超額資金需求，也將避免調整利率，而改採強化徵信及信評，要求借款者提供適度抵押品，是以高成本新客戶遭致信用分配，難以取得融資，將是在所難免。

Ernst Baltensperger (1942~)

　　Baltensperger 出生於瑞士 Zurich，任教於美國 Ohio 大學、德國 Heidelberg 大學與 St. Gallen 大學，擔任瑞士央行的董事和顧問、聯邦經濟政策委員會主席，瑞士國家科學基金會和歐洲科學基金會、國家研究委員會的成員，研究領域涉及貨幣理論與政策、銀行和金融市場、以及國際金融理論。

問題研討

🚶 小組討論題

一、選擇題

1. 台北富邦銀行吸收存款餘額為 1,000，必須提存法定準備率 5%、法定流動準備率 10%。此外，富邦銀行向央行短期融通 20，業務部預擬持有超額準備 50。試問何種實際情況係屬正確？ (a) 持有實際準備為 150 (b) 持有實際準備 100 (c) 持有非借入準備 30 (d) 持有流動準備 150

2. 在每週常董會上，一銀董事們首先聽取業務部報告目前營運狀況。何種營運報告內容不會引起董事們質疑？ (a) 從事消費金融獲取的報酬率遠高於企業金融，此與前者具有高利率彈性有關 (b) 採取負準備操作策略，意味著一銀的借入準備為正值 (c) 消費金融的處理成本遠高於企業金融，此係前者件數多而融資餘額小的緣故 (d) 一銀持有自由準備將是納入超額準備與流動準備的計算範疇

3. 合庫放款審查部送交常董會的鴻海集團放款案，審查報告基本上係針對鴻海集團的特質進行評估。何種報告內容有待商榷？ (a)3C 係指品性、能力與資本 (b)4F 係指個人因素、財務因素、經濟因素與組織因素 (c)5C 係指清償來源、未來展望、資本、擔保品與財務結構 (d)5P 係指借款戶、放款用途、償債來源、債權保障與借戶展望

4. 在營運過程中，台銀業務部要求分行從事不動產金融業務，必須掌握放款性質，何者有待商榷？ (a) 張無忌申請回復性房貸，清償房貸本金的部分將可轉為透支額度 (b) 趙敏申請定額還款型房貸，每月應還利息不變，到期一次清償本金 (c) 張翠山申請理財型周轉性房貸，只有動用房貸操作股票，才按日計息 (d) 張三豐申請漸增付款型房貸，台銀將面臨負攤還情況

5. 安泰銀行放款給上櫃建設公司三豐 1,000 萬元，利率為 10%。三豐須在活存帳戶保留 200 萬元不能動用，活存利率 2%，而安泰並無超額準備。有關此筆放款產生的影響，何者正確？ (a) 此係安泰的直接授信，放款撥入三豐帳戶將造成存款增加，此即誘發性存款 (b) 安泰資產與負債等額減少，而三豐資產與負債將等額增加 (c) 安泰獲取放款利息 100 萬元，而三豐支付放款利息只有 96 萬元（須扣除活存利息收入 4 萬元） (d) 安泰實際獲取的放款報酬與三豐實際承擔的資金成本均超過 10%

二、問答題

1. 面對銀行市場激烈競爭，台灣銀行業積極推動消費金融業務，炒熱信用卡及現金卡市場，但也在 2004 年引爆造雙卡風暴。試從風險管理角度說明雙卡風暴爲何會出現？如果你是銀行經營階層，將如何建立管理制度以避免陷入類似的危機？

2. 台銀分別持有實際準備、超額準備、法定準備、自由準備與流動準備，試說明這些準備資產彼此間的關係爲何？

3. 銀行營運將會面臨流動性風險與信用風險考驗，試說明這兩種風險的內涵？另外，銀行放款有時會要求借款廠商開設支存帳戶，規定帳戶餘額不得低於放款金額的某一比率，試說明其中道理爲何？

4. 某銀行總經理建議：爲確保營運安全性，銀行應針對廠商生產與交易過程產生的票據爲授信對象，並以正在銷售中、運輸途中或生產中的實質商品爲擔保。然而該銀行董事卻不以爲然，並以銀行資產管理理論與總經理溝通。試以相關銀行理論分析總經理與董事的論點分別爲何？

三、計算題

1. 台東企銀在 1990 年的資產負債簡表如下：（單位：億元）

資產		負債	
實際準備	40	存款	480
流動準備	48		
放款	470	股東權益	80
合計	560	合計	560

由於該銀行逾放比率偏高遭到擠兌而流失存款 60 億元，而央行規定法定準備率爲 5%，流動準備率爲 10%。試回答下列問題：

(a) 台東企銀的資產負債表將如何變化？

(b) 台東企銀面臨存款流失，其實際準備有無不足現象？

(c) 若要解決法定準備不足問題，台東企銀應該採取哪些措施解決？

2. 陽信銀行屬於區域性商銀，在 2013 年 6 月底的資產負債簡表如下所示：

資產負債表 （單位：10 億元）

資產		負債	
實際準備	100	活期存款	600
流動準備	120	活期儲蓄存款	500

資產		負債	
放款	1,965	定期存款	1,200
公債	210	央行融通	70
固定資產	5	股東權益	30

央行規定活存、活儲與定存的法定準備率分別為 5%、3% 與 2%，法定流動準備比率為 10%。試回答下列問題：

(a) 陽信持有超額準備與自由準備餘額分別為何？

(b) 在其他狀況不變下，陽信財務部在市場出售 40 億元公債後，上述資產負債表將如何變化？自由準備將如何變化？

3. 假設淡水信用合作社在 2013 年底的資產負債簡表如下所示：（單位：億元）

資產		負債	
準備金	25	活期存款	30
流動準備	33	定期存款	170
放款	140	央行短期融通	10
證券	32	淨值	20
總值	210	總值	230

假設活存與定存的法定準備率分別為 3% 與 1%，法定流動準備為 10%。試回答下列問題：

(a) 淡水信合社持有超額準備、超額流動準備、非借入準備與自由準備分別為何？

(b) 淡水信合社出售 10 億元公債，資產負債表與超額準備將如何變化？

4. 央行透過調整存款準備率與公開市場操作來執行貨幣政策，進而影響貨幣供給與穩定經濟活動。試以下列案例說明此一關係。假設央行資產包括外匯準備 3,000 億元與財政部國庫券 500 億元，而負債包括通貨淨額 1,000 億元及銀行準備金存款 2,500 億元。

(a) 試列出央行資產負債表。假設各銀行未保有超額準備，而央行理監事會議想藉由調升準備率來降低貨幣供給量到 5,000 億元，試問存款準備率必須設定為何？

(b) 延續 (a) 題，各銀行未持有超額準備（目前法定準備率為 10%），央行想藉由公開市場操作來降低貨幣供給量到 5,000 億元，試問應該如何操作？

5. 在 1960 年代，台灣銀行體系處於資金匱乏狀態。當時台銀授信條件爲：所有放款利率爲 10%，借款者須在活期帳戶維持放款金額 20% 的活存餘額以及提供擔保品。另外，台銀支付活存利率 2%，提存活存準備率 5%，而超額準備爲零。當時的上市石化大廠台聚公司向台銀申請廠房設備抵押放款 2,000 萬元，試計算下列問題：（計算過程中若有需要，請提出相關假設）

   (a) 台銀承作該筆放款獲取的有效放款利率爲何？

   (b) 台聚公司實際負擔的借款利率爲何？

6. 台灣銀行業在 2014 年底的資產負債簡表如下所示：（單位：百億元）

資產		負債	
實際準備	200	活期存款	300
流動準備	140	定期存款	1,500
放款	1,440	央行短期融通	100
證券	320	淨值	200
總值	2,100	總值	2,100

   台灣銀行業吸收活存與定存，除須提存法定準備率 5% 與 2% 外，還須就存款總額提存法定流動準備率 10%。試回答下列問題：

   (a) 台灣銀行業在 2014 年底持有的自由準備與非借入準備爲何？

   (b) 財政部在 2012 年初宣布開徵證券交易所得稅，促使投資人退出股市，並將 200 億元活存轉換爲 200 億元定存。同時，銀行業也迅速緊縮放款 50 億元與出售證券 20 億元。在其他狀況不變下，試問銀行業持有自由準備將如何變化？

7. 假設合庫的資金來源全部是活期存款 D，其需求函數爲：

$$D^d = 8 + 100r_d$$

   合庫的資金用途爲放款 L 與投資公債 S，面對的放款需求函數是：

$$L^s = 20 - 100r_l$$

   假設財政部發行公債利率訂爲 $r_s = 12\%$，央行規定活存利率爲 $r_d = 1\%$。合庫董事會要求追求利潤最大，試計算下列問題：

(a) 試計算 L、D、S、r_l 值。

(b) 試計算合庫的利潤或損失金額。

(c) 在利率自由化下,銀行如何訂定活存利率?

(d) 央行規定活存利率或合庫自行訂定活存利率,何者對合庫較有利?

(e) 合庫係屬官股銀行,財政部要求董事會將盈餘目標訂為零,則應如何訂定活存利率?

網路練習題

1. 試前往銀行公會網站 (http:www.ba.org.tw),查閱現金卡債務人與銀行協商清償負債的作業流程及方式。

2. 試前往金管會銀行局網站 (http://www.banking.gov.tw),察看金融監理當局如何處理逾期放款問題。

3. 高盛證券在建構其在台灣股市的基金組合,規劃持有上市金融類股,請你代為前往中華信用評等公司網站 (http://www.taiwanratings.com),察看該公司公布的國內金融機構信用評等狀況,作為高盛基金篩選股票的參考。

銀行風險管理與成長

本章大綱

個案導讀

在2004~2005 年間，國內銀行業面對雙卡風暴衝擊而虧損累累，不過外資卻絲毫不減對台灣金融服務業的興趣，投資與入股砸錢絕不手軟。在 2006 年中，美商新橋集團與日商野村集團分別投資台新金控 270 億元與 40 億元新台幣、美商奇異資融公司投資萬泰銀行 8,526 萬美元、日商新生銀行入股日盛金控新台幣 113.4 億元、美商 AIG 斥資 1.8 億美元收購中央產險，尤其是英商渣打銀行更以超過 3 成溢價收購新竹商銀。

依據非正式調查，台灣擁有 10~50 萬美元資產的富人急遽成長，是以渣打銀行台北分行率先於 1991 年成立「優先理財中心」，提供每月平均存款或投資總額超過新台幣 100 萬元的大額存款戶優先理財服務。另外，依據瑞士銀行台灣區財富管理部調查，台北人擁有流動資產占全台比例 54%，卻逐年下滑，此係台北人接受訊息和投資心態相對開放，持有海外資產者愈來愈多。反觀中南部投資人理財態度保守，仍以持有定存和基金為主。為搶占財富管理市場，外商銀行積極重塑貴賓銀行形象，但因政府尚未開放設立分行，外商銀行看到大餅卻吃不太到。渣打銀行為搶攻台灣中南部的財富管理市場，併購擁有 83 家分行且有 76 家係在大台北區以外的新竹商銀。至於花旗銀行併購華僑銀行，也是因其擁有 55 家分行，其中 24 家分行落在非大台北地區，這些分行營業額均不輸給大

台北地區的分行。尤其是華僑銀行在台灣中南部布點位置優越，有利於花旗擴大財富管理業務。

從上述併購案顯示，銀行業（間接金融）面臨證券業（直接金融）強力競爭，逐積極轉向發展表外業務，提供服務賺取手續費，促使非銀行業務收益占銀行收益來源逐漸攀升。本章首先探討銀行風險管理目標，說明銀行資產管理理論類型。接著，將探討非銀行業務類型與影響該類業務成長的因素，同時分析銀行如何運用衍生性商品進行風險管理，以及採取的成長策略內涵。

16.1 銀行風險管理

銀行從事風險管理，在風險與預期報酬間取捨以達成下列目標：
1. 認定與衡量銀行承受風險與預期報酬。
2. 隨時衡量與監控銀行承受風險變化，掌握承受風險是否符合預期。
3. 控制風險並迅速改善以防止問題擴大。
4. 確保個別風險總和在可接受範圍內。

銀行從事風險管理，紓解影響銀行營運的外部與內部風險因素。
1. 外部風險因素
   (a) 縱使銀行營運並無變化，然而經濟金融環境劇變勢必擴大營運風險。
   (b) 董事會設定盈餘目標賦予經營階層營運壓力，進而改變客戶的選擇與預期。
   (c) 某些情況變化造成新業務產生，如《金融控股公司法》允許金融機構跨業經營。有些情況產生可能對業務附加新限制，如前述法案有關私密法規部分，促使金控公司經營業務，需額外考慮保障個人資料隱私問題。
2. 內部風險因素　經由組織再造、產業間與產業內併購改變組織或經營權、保持銀行現有市場地位與發動攻勢進入新市場的策略、金融商品創新或舊商品改變、新金融技術、新配銷管道與新作業程序使用。

為求掌控營運風險，銀行董事會提昇資產負債管理委員會 (asset-liability management committee, ALCO) 為風險管理部門，從事擬定與執行風險管理，並透過表 16-1 的三階段將操作策略具體化。
1. 一般化方法　針對資產負債表內容，銀行風險管理將分成資產管理、負債管理與資本管理三個獨立目標。
2. 預擬達成特定目標　將一般化目標再細分成各個特定項目，分別規劃特殊

策略進行落實。

3. 由資產負債表產生損益表　銀行透過前述步驟安排最適資產負債組合，接續採取差價管理 (spread management)、費用負擔控制 (control of burden)、流動性管理、資本管理、租稅管理及表外交易管理等六項策略，尋求預期利潤極大化。

第一階段（一般化）	
資產管理	負債管理
	資本管理

第二階段（特定）	
準備部位管理	短期負債管理
放款管理	長期負債管理
投資管理	資本管理
固定資產管理	

第三階段（由資產負債表衍生損益表）
利潤＝收益－利息成本－固定成本－租稅
＊落實上述目標所需採取的策略：
1. 差價管理
2. 費用控制
3. 負債管理
4. 資本管理
5. 租稅管理
6. 表外交易管理

表 16-1
銀行資產負債管理方法

基本上，銀行資產分為現金、證券、放款與固定資產四類，銀行資產管理主要針對前三者的配置而言，可區分為流動性管理、準備金管理、投資管理和放款管理。傳統上，銀行基於下列理論進行資產管理：

1. 經驗方法　基於長期營運累積經驗，配合模型預測分析各種財務報表，進而規劃風險管理策略。小型銀行通常採用該類方法，但無理論基礎支持。

2. 資產分配理論 (asset allocation theory)　或稱資金轉換方法 (the conversion of funds approach)。Harold Eugene Zaker (1957) 指出銀行從事風險管理，評估資金來源成本、流動性與周轉率等因素，各自訂定投入各種資金用途的比例。銀行依據資金來源的流動速度（或周轉率）和提存準備率，先行區分資金來源，如活存周轉率相對高於活儲與定存，必須保有高比例的初級與流動準備，用於放款或投資債券比例較低。實務上，銀行採取部門利

資產分配理論
或稱資金轉換方法。銀行評估資金來源成本、流動性與周轉率等因素，各自訂定投入各種資金用途的比例。

潤中心制度，進行分配各種資金。該理論考慮資金來源性質差異，協助銀行降低保有流動準備數量，藉著區別資金成本與收益來提昇資金運用效率。實務上，該理論出現下列缺陷：

(a) 資產負債管理存在動態性質　針對資金來源周轉率或流動性，訂定配置各種資產比率，容易導致資金配置錯誤而降低運用效率。

(b) 資金來源與用途相互依存　銀行資金來源與用途存在互動關係（如補償性餘額），不易執行明確獨立劃分策略。

(c) 存款流動性的定義失眞　依據存款周轉率或變異性來判斷存款流動性，進而擬定資金用途決策，有時會出現誤導現象而含糊不清，如上班族持有活儲流動性不高，未必要配置於高流動性資產；產險業與銀行從事火險交換業務，以在活存帳戶保有交易餘額爲條件，形同變相的定存資金。

資金混合使用理論
銀行基於安全性與流動性原則，統籌運用全部資金，依據授信需求配置於不同資產。

3. 資金混合使用理論 (fund pooled theory)　Joan Robinson (1963) 認爲銀行資金來源多元化且性質迴異，如各種存款、購入資金與股權資本，不過銀行基於安全性與流動性原則，統籌運用全部資金，依據授信需求配置於不同資產，只要配置方式符合總體管理目標就行。

銀行管理階層先確定追求的流動性和獲利性目標，將資金配置在最能滿足該目標的資產。資產流動性和獲利性具有替代性，高流動性資產（如初級準備）缺乏實際收益，是以資金運用順序係以固定比例分配於初級準備、次級準備、放款與證券投資，而針對土地、建築物及其他固定資產投資則係另行考慮。該理論適宜實務操作，但過於強調資產流動性管理，未區分不同資金來源對流動性需求的差異性，尤其是無法掌握個別資金來源的正確成本與利益分析，操作結果勢必肇致銀行利潤無法臻於極大。

觀念問題

❖ 何謂資產分配理論？台銀董事會決議管理階層須依據該理論營運，試問可能發生何種弊病？
❖ 試說明資金混合使用理論的內容？彰銀業務部若依該理論營運，將會面臨何種問題？
❖ 銀行從事風險管理包括流動性管理、資產管理、負債管理與資本適足性管理，試說明這些管理的內容為何？
❖ 試比較銀行資產配置理論與銀行資金混合使用理論的差異性。

16.2 銀行風險管理策略

16.2.1 缺口管理

傳統上，銀行獲利來源以存放款利差為主，利率變動影響銀行盈餘與淨值極大。為求管理利率風險，再訂價或資金缺口模型 (repricing or funding gap model) 針對銀行生息資產與付息負債期間的再訂價缺口，分析帳面價值的會計現金流量。該模型包含四個部分：

1. 衡量缺口，亦即再訂價資產與負債數量的決定。
2. 估計再訂價金額的利率走勢。
3. 預測未來所得。
4. 外部驗證各種策略。

> **再訂價或資金缺口模型**
> 針對銀行生息資產與付息負債期間的再訂價缺口，分析帳面價值的會計現金流量。

銀行缺口部位係指持有利率敏感性資產 (rate sensitive asset, *RSA*) 扣除利率敏感性負債 (rate sensitive liability, *RSL*) 的差額：

$$GAP = RSL - RSA$$

> **利率敏感性資產和負債**
> 在缺口期間內到期或可重新訂價的資產與負債。

RSA 及 *RSL* 係指在缺口期間內到期或可重新訂價的資產與負債，銀行針對利率浮動或利率敏感性存放款，依到期日劃分成一日、一日至三個月、三個月至半年、半年至一年、一年至五年、五年以上等六種缺口期間。表 16-2 顯示合庫在不同期間的利率敏感性缺口部位。除敏感性缺口外，敏感性比率 (sensitivity ratio) 亦可用於衡量銀行對利率變動的反應，比率大於 1 為正缺口 (positive gap)、小於 1 為負缺口 (negative gap)。

> **敏感性比率**
> 衡量銀行對利率變動的反應，比率大於 1 為正缺口、小於 1 為負缺口。

期間	資產	負債	缺口
1. 一日	200	300	−100
2. 一日至三個月	300	400	−100
3. 三個月至半年	700	850	−160
4. 半年至一年	900	700	+200
5. 一年至五年	400	300	+100
6. 超過五年	100	50	+50
累值	$2,600	$2,600	0

> **表 16-2**
> 合庫利率敏感性缺口衡量

合庫從事風險管理，首先控制缺口部位，策略包括：

1. 採取縮小缺口部位，維持穩健經營的保守避險操作。

2. 評估利率走勢，調整缺口部位賺取利潤的積極操作。

$$E(\Delta NII) = RSA \cdot E(\Delta r) - RSL \cdot E(\Delta r)$$
$$= GAP \cdot E(\Delta r)$$

$E(\Delta NII)$ 為預期淨利息收益變動值，$E(\Delta r)$ 為預期利率變動值。銀行預期利率攀升，應維持正缺口部位；預期利率滑落，則改採負缺口部位。銀行預估殖利率曲線形狀，依據利率循環趨勢建立目標缺口部位，採取策略如表 16-3 所示：

表 16-3

殖利率曲線與
管理策略

殖利率曲線斜率	管理策略	目標缺口	RSA/RSL
正斜率	借短貸長	負缺口	< 1
平坦（由低至高的轉折）	到期日一致	0	= 1
負斜率	借長貸短	正缺口	> 1
平坦（由高至低的轉折）	到期日一致	0	= 1

累計缺口部位

將固定期間內的利率
敏感性缺口加總。

接著，合庫估計固定期間的累計缺口部位 (cumulative gap，$CGAP$)，以表 16-2 為例，合庫在一年內的利率敏感性或再訂價缺口部位計算如下：

$$CGAP = (-100) + (-100) + (-160) + 200 = -160$$

假設一年內預期再訂價資產與負債的利率變動 $E(\Delta r) = 1\%$，合庫預期淨利息收益變動的累積效果為：

$$E(\Delta NII) = (-160) \times (1\%) = -1.6$$

增量缺口

將一般缺口期間劃分
數個子期間，精確管
理以每個子期間的缺
口。

銀行接續採取增量缺口 (incremental gap) 策略，將一般缺口期間再劃分數個子期間 (subinterval)，精確管理以每個子期間為新的缺口期間。面對利率循環，銀行針對資產負債表特質採取的操作策略列於表 16-4。

表 16-4

銀行操作策略

利率循環 項目	上升期	高峰	下降期	谷底
1. 流動性	下降	不足	增加	過多
2. 投資債券	延長期限 增加投資	使期限最長 儘量取得投資	縮短期限 出售投資	使用期限最短 儘量出售債券

利率循環　　項目	上升期	高峰	下降期	谷底
3. 放款	增加固定利率放款	增加固定利率放款	限制固定利率放款	限制固定利率放款
4. 資金取得	短期	最短期	長期	最長期
5. 利率敏感性缺口	擴大缺口	使缺口最大	緊縮缺口	使缺口最小

觀念問題

❖ 何謂資金缺口模型？其主要架構為何？

❖ 何謂利率敏感性缺口？試說明星展銀行採取缺口管理策略可能為何？

16.2.2　存續期間管理

存續期間 (duration) 係指金融資產以現值方式收回價值的時間，可用於衡量資產或負債的利率敏感性，除考慮資產或負債到期日外，同時考慮現金流量到達期間。衡量固定收益證券存續期間的公式為：

存續期間
金融資產以現值方式收回價值的時間，可用於衡量資產或負債的利率敏感性。

$$D = \frac{\sum_{t=1}^{n} CF_t \cdot d_t \cdot t}{\sum_{t=1}^{n} CF_t \cdot d_t} = \frac{\sum_{t=1}^{n} PV_t \cdot t}{\sum_{t=1}^{n} PV_t}$$

CF_t 是證券在 t 期末收到的現金流量，n 是期間，$d_t = \frac{1}{(1+r)^t}$ 是貼現因子，r 是市場利率。$PV_t = CF_t \times d_t$ 是 t 期末現金流量的現值。若未考慮銀行淨值對利率變動的敏感性，銀行尋求資產與負債期限配合，選擇適當資產組合配合負債形成免疫策略 (immunization)。舉例來說：國泰人壽吸收年金保險，將面對未來確定債務（年金未來須依計劃付款），可利用存續期間模型選擇固定收益證券。另外，存續期間模型亦可評估銀行的全部利率序列，衡量資產負債表的存續期間缺口 (duration gap)。

免疫策略
銀行尋求資產與負債期限配合來規避風險。

利率變動透過存續期間影響資產 A 與負債 L 價值，進而影響銀行淨值。銀行資產與負債價值變動可表為：（r_a 與 r_l 分別是資產與負債的利率）

存續期間缺口
衡量資產與負債的存續期間缺口。

$$\frac{dA}{A} = -D_a\left(\frac{dr_a}{1+r_a}\right)$$

$$\frac{dL}{L} = -D_l\left(\frac{dr_l}{1+r_l}\right)$$

資產等於負債與淨值 E 之和,變動量為 $dA = dL + dE$。將前述兩式代入上式,並令 $r_a = r_l = r$:

$$dE = -(AD_a - LD_l)(dr/1+r)$$
$$= -\left[D_a\frac{A}{A} - D_l\frac{L}{A}\right]A\left(\frac{dr}{1+r}\right)$$
$$= -[D_a - kD_l]A\left(\frac{dr}{1+r}\right)$$

$k = \dfrac{L}{A} < 1$ 是銀行負債資產比例,可衡量銀行財務槓桿,亦即銀行負債融通資產組合比例。上式顯示:銀行淨值變動將視利率變動方向與幅度、銀行規模以及資產負債組合存續期間的差距而定,可分成下列三種效果:

1. 財務槓桿調整後的存續期間缺口　銀行以年為單位衡量 $(D_a - kD_l)$ 缺口部位,反映資產負債表上存續期間不一致的程度。就絕對值而言,缺口愈大意味著銀行暴露於利率風險愈大。
2. 銀行規模　可用資產衡量,規模愈大將使既定利率變動對銀行潛在淨值衝擊愈大。
3. 利率波動幅度 ($\dfrac{dr}{1+r}$)　利率波動愈大,銀行淨值變動愈大。

總之,銀行淨值變動相當於 $\Delta E = -$(調整後存續期間缺口)×(資產規模)×(利率波動)。舉例說明:兆豐銀行估計 $D_a = 5$ 年、$D_l = 3$ 年,預期利率短期將由 10% 躍升至 11% ($dr = 1\%$,$1 + r = 1.1$),而銀行的期初資產負債表為:

資產	負債
A = 100	L = 90 E = 10
100	100

一旦預測利率變動實現,兆豐淨值將出現潛在損失:

$$dE = -(D_a - kD_l)A\left(\frac{dr}{1+r}\right)$$
$$= -(5 - 0.9 \times 3) \times 100 \times \left(\frac{0.01}{1.1}\right) = -2.09$$

利率上升 1% 將讓兆豐淨值損失 2.09 元，淨值資產比例將出 10% (10 / 100) 降為 8.29%(7.91 / 95.45)。為降低該項衝擊效果，兆豐須縮小存續期間缺口，在極端狀況下，可將缺口減為 0：

$$dE = -[0] \times A \times \left(\frac{dr}{1+r} \right) = 0$$

為落實該項目的，兆豐可評估下列策略：

1. 降低 D_a　將 D_a = 5 年降為 2.7 年，$(D_a - kD_l) = (2.7 - 0.9 \times 3) = 0$
2. 降低 D_a 與擴大 D_l　採取縮短資產及延長負債存續期間，如降低 D_a = 4 年及延長 D_l = 4.4 年，$(D_a - kD_l) = (4 - 0.9 \times 4.4) = 0$
3. 改變 k 與 D_l　將財務槓桿由 0.9 擴大至 0.95，並將長 D_l = 3 年擴大為 5.26 年，$(D_a - kD_l) = (5 - 0.95 \times 5.26) = 0$

最後，銀行面對利率變動可採取兩種風險管理策略：

1. 消極策略　銀行採取縮小資產存續期間或延長負債存續期間，調整財務槓桿與重新架構資產負債表內容，維持資產與負債持續期間差距 $(D_a - kD_l)$= 0，銀行淨值對利率變動具有免疫性 (dE / dr) = 0。消極策略耗時及花費成本，不過隨著銀行借入資金比例成長、放款證券化盛行，將可加快調整速度與降低交易成本。
2. 主動策略　銀行精確預測利率走勢，掌握相關資料，如約定利率、到期期限、提前贖回價格、提前償還等，維持資產與負債存續期間的固定差距，將可在利率變動過程中獲利，如維持 $(D_a - kD_l) = 1$，利率滑落，銀行可因淨值攀升而獲利。

此外，資產存續期間較負債短而出現負存續期間缺口 $(D_a - kD_l) < 0$，銀行可出售利率交換契約，將固定利率負債轉換為浮動利率，使其與資產存續期間特性相配合。反之，資產負債結構出現正存續期間缺口 $(D_a - kD_l) > 0$，銀行選擇購入利率交換契約，將浮動利率負債轉換成固定利率，使其與較長期限的資產相配合。

觀念問題

❖ 依據存續期間模型，試說明影響彰銀淨值變動的因素為何？
❖ 何謂銀行財務槓桿調整後的存續期間缺口？當體系內出現非預期利率變動，華南銀行淨值將會如何變動？

16.2.3 金融衍生性商品的運用

銀行針對利率、外匯及信用等風險暴露避險，運用金融期貨及遠期契約改變風險與預期報酬率間的取捨關係。首先考慮簡單避險狀況。台銀持有面值 100 元的 20 年期、存續期間 $D = 9$ 年的公債，t_0 點債券價格為 97 元（債券部位期初價值 $P = 970,000$ 元），預期未來 3 個月利率 8% 將上漲至 10%（預期收益率變動 $dr = 2\%$），預期資本損失 dP 為：

$$\frac{dP}{P} = -D\left(\frac{dr}{1+r}\right)$$
$$dr = (970,000) \times (-9) \times (2\%)/1.08 = -161,666.67$$

台銀預期利率變動將促使債券價格由 97 元滑落至 80.833 元，持有債券組合將出現資本損失 161,666.67 元（損失率為 $dP / P = 16.67\%$）。是以台銀財務部評估採取表外避險，如出售三個月期間交付面值 100 元的 20 年期債券，在 t_0 點找到願意在 3 個月期間內交付且以 97 元買進的投資人。一旦預期利率上漲成真，台銀持有債券組合價值下降 16.67%，相當於資本損失 161,667 元，同時再以每單位 80.833 元買進債券交付遠期契約買者。在上述遠期交易中，台銀獲取利潤：

$$\underbrace{970,000}_{\substack{\text{買方支付} \\ \text{台銀金額}}} - \underbrace{808,333}_{\substack{\text{台銀在三月期即期} \\ \text{市場買進債券成本}}} = \underbrace{161,667}_{\substack{\text{台銀避險} \\ \text{操作利潤}}}$$

台銀採取上述操作，表內損失 161,667 正好為出售遠期契約的表外利得 161,667 抵銷，淨利率風險暴露為 0，完全免疫於利率風險。

銀行利用遠期契約或期貨規避特定資產或負債風險，即是個體避險，包括特殊資產與負債存續期間的配合、固定利率放款者將浮動利率負債轉換成固定利率、利用選擇權規避固定利率放款承諾風險。再則，銀行持有可轉讓定存單、國庫券空頭部位或出售金融期貨鎖住資金成本，雖能規避短期利率上升風險，卻另外衍生基差風險。從整體資產組合觀點，銀行利用衍生性商品保護整體資產負債表，讓個別利率敏感性資產與負債或存續期間相互抵銷，此即總體避險。此外，銀行出售期貨抵銷表內利率風險暴露部位，即是連續性避險。銀行評估未來景氣循環，選擇資產或負債的某一比例避險，而在現貨與期貨資產價格的波動間套利，即是選擇性避險。一旦銀行保留部位而未充分避險，或出售相對持有資產或負債為多的期貨過度避險，將被金管會視為投機行為。

銀行持有利率期貨規避風險暴露，將視利率風險暴露程度、規模以及由

充分或選擇性避險衍生之報酬風險取捨等因素而定。銀行追求目標係在建立期
貨部位，當利率上漲造成期貨價格下跌，亦即反映期貨必須交付的債券價值下
跌，而債券價格跌幅將視存續期間而定：

$$\frac{dF}{F} = -D_F \frac{dr}{1+r}$$

F 是期貨期初價值，D_F 是對應期貨必須交付債券的存續期間，上式可再表為：

$$dF = -D_F F \frac{dr}{1+r}$$

$F = N_F \times P_F$ 是外在期貨部位價值，取決於期貨交易量 (N_F) 與契約價格的乘積。
由上述兩式可知：銀行追求充分避險，必須出售足夠的期貨數量 (dF)，讓利率
上漲造成表內淨值損失 (dE) 恰好為表外放空期貨利得抵銷。

$$dF = dE$$
$$-D_F(N_F \times P_F)\frac{dr}{1+r} = -(D_a - kD_l)A\frac{dr}{1+r}$$

整理上式可得：

$$N_F = \frac{(D_a - kD_l)A}{D_F P_F}$$

舉例說明：當 $D_a = 5$ 年、$D_l = 3$ 年、$k = 0.9$、$A = 100$ 時，

$$N_F = \frac{(5 - 0.9 \times 3)100}{D_F P_F}$$

假設台灣期貨市場流通的債券期貨係以 20 年期、票面利率 8%、票面價
值 100 元的公債為標的，目前期貨價格為 97，最低期貨規模為 100,000 元，而
台銀可交付債券存續期間為 $D_F = 9.5$ 年、$P_F = 97,000$。將上述數值代入 N_F，
可得台銀必須銷售的期貨部位：

$$N_F = \frac{(5 - 0.9 \times 3)100}{9.5 \times 97} = 0.24959 \,(契約單位)$$

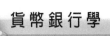

債券與債券期貨分別在不同市場交易，收益率變動 ($\frac{dr}{1+r}$) 影響表內資產組合價值，將異於影響期貨中的標的債券價值，亦即期貨價格與即期價格並非完全正相關，而缺乏正相關即稱為基差風險。前述分析係假設無基差風險存在的環境，$\frac{dr}{1+r}=\frac{dr_F}{1+r_F}$。實務上，兩者變動狀況未必相等：

$$dE = -(D_a - kD_l)A\frac{dr}{1+r}$$
$$dF = -D_F(N_F \times P_F)\frac{dr_F}{1+r_F}$$

當 $dF = dE$ 時，可以求得：

$$N_F = \frac{(D_a - kD_l)A\dfrac{dr}{1+r}}{D_F P_F \dfrac{dr_F}{1+r_F}}$$

假設 $\frac{dr}{1+r}=\frac{dr_F}{1+r_F}=b$，$b$ 係衡量期貨價格收益變動相較於即期價格收益變動的程度。上式可表為：

$$N_F = \frac{(D_a - kD_l)A}{D_F P_F b}$$

觀念問題

❖ 試評論：「在其他條件不變下，板信銀行面臨負債存續期間愈大，則資產與負債存續期間缺口愈小。」
❖ 試評論：「當一銀面臨存續期間缺口愈大，業務部可採取延長放款期間，降低長期存款占存款總額的比重來因應。」
❖ 何謂債券存續期間？試說明存續期間對台北富邦銀行從事利率風險管理何以非常重要？

　　相對期貨或遠期契約而言，銀行以選擇權避險具有彈性，基本操作策略包括購買及發行買權與賣權等四種。由於發行選擇權的利益僅有權利金，承擔潛在損失風險極大，是以金管會禁止銀行發行選擇權，以利進行風險管理。

利率上限相當於對債務的賣權，銀行收取權利金，買方有權取得標的利率（如 LIBOR）超過執行利率的部分，在每一清算日，該項支付等於利率差額（以到期日調整）與名目本金的乘積。利率下限相當於對資產的買權，保護資產免於利率下跌損失。風險怯避銀行關心利率變異性擴大，導致資產組合暴露於風險，將評估同時買進利率上限與發行利率下限兩種選擇權，形成利率區間選擇權。舉例來說，台新銀行持有 4%~9% 的利率區間選擇權多頭部位：

$$Collar[4\%\sim9\%] = +\,Cap[9\%] - Floor[4\%]$$

若上式乘上 (-1)，可得持有利率區間選擇權空頭部位，亦即發行利率上下限相當於出售利率上限與買進利率下限：

$$-\,Collar[4\%\sim9\%] = -\,Cap[9\%] + Floor[4\%]$$

一般而言，大銀行負債來源多數存在利率敏感性，暴露於利率上漲風險更甚於利率下跌，故採取出售利率下限獲取權利金，用於融通購買利率上限所須支付的權利金。此種操作策略相當於購買利率區間選擇權（購買利率上限與出售利率下限），淨成本為：

$$C = \underbrace{(NV_c \times P_c)}_{\text{利率上限成本}} - \underbrace{(NV_f \times P_f)}_{\text{利率下限收益}}$$

NV_c 與 NV_f 是利率上限與下限的名目金額，P_c 與 P_f 是利率上限與下限的權利金。銀行追求完全融通購買利率上限的權利金，權利金與契約金額的關係為：

$$\frac{NV_f}{NV_c} = \frac{P_c}{P_f}$$

觀念問題

❖ 何謂利率選擇權？主要包括哪些類型？
❖ 試比較利率上限與利率下限選擇權的差異性？玉山銀行考慮購買利率區間選擇權避險，試問該商品的特色為何？

16.3 非銀行業務與銀行成長

16.3.1 非銀行活動類型

　　傳統上，銀行主要業務是吸收存款與從事放款，銀行活動即是存放款業務。Douglas W. Diamond (1984) 定義銀行活動是將存款人資金移轉給借款人的金融中介者，Gary Gorton 與 Richard Rosen (1995) 定義傳統銀行業務為攸關存款與放款的金融業務，Mark Rogers (1998) 則將非屬存放款業務而能產生手續費收入 (fee income) 的其他活動（信託管理、證券承銷等）歸類為非銀行活動 (non-banking activity)。

非銀行活動
非屬存放款業務而能產生手續費收入的活動。

　　銀行從事非銀行業務，創造非利息收入來源，並未涉及資產與負債數量變化。隨著金融創新大幅提昇金融業競爭性，銀行業改弦更張積極發展非銀行業務，特質如下：

1. **由提供服務轉向墊付資金**　傳統上，銀行從事非銀行業務，僅是扮演經紀人角色，並不承擔墊款責任。但對某些經紀業務而言，銀行有時卻需墊付部分資金，承擔信用風險，促使原先與客戶間的委託或代理關係，轉變成為債權債務關係，導致某些經紀業務也具備授信特徵，如融資性租賃、代理融通業務等。

2. **從不運用客戶資金轉為暫時運用客戶資金**　在提供金融服務過程中，銀行暫時運用客戶委託的資金而擴大資金來源，造成經紀業務和授信業務互動。

3. **由接受客戶委託轉向提供銀行信用**　銀行辦理信用簽證、承兌與押匯等業務，也將提供客戶資金，收取手續費既是勞務收入，也是客戶給銀行提供信用的補償。

4. **由收取無風險手續費轉向收取承擔風險的補償**　銀行提供經紀業務，並承擔一定風險而運用資金，如保證、承諾、保管、承兌與押匯等，收取手續費是提供服務收入，也包含利息補償和風險補償。

5. **從事衍生性金融商品交易突破傳統經紀業務**　銀行基於規避風險、提昇資產流動性、擴大競爭力與獲利等，逐漸涉足票券發行融資、通貨或利率交換、期貨和選擇權等衍生性商品業務。

　　表 16-5 顯示傳統與非傳統銀行業務的收益來源。從銀行損益表來看，銀行營業收入可歸納為五個會計科目：利息收入、手續費收入、買賣票券利益、長期股權投資收益及其他收入。其中，利息收入主要是放款業務收入；手續費

收入是提供金融服務收入；買賣票券利益則為操作證券及票券利得；長期股權投資收益則是長期投資認列的投資收益與出售獲取的資本利得；至於非屬銀行經常性收入者則歸入其他收入。在此，利息收入屬於銀行傳統業務收入，手續費、買賣票券利益與長期股權投資收益則歸類為非傳統銀行業務收入。

銀行營業收入類型		營業收入來源
傳統業務	利息收入	存款收益：轉存央行與銀行同業、以及金融同業之拆款利息收入 放款收益：放款、貼現、透支及信用卡利息收入證券收益，買匯、押匯、票據及債券的利息收入
非傳統銀行業務	手續費收入	間接授信：保證、承兌、進口開狀與出口押匯、承購帳款、放款承諾 經紀業務：外匯、跨行匯款、匯款、聯貸管理、基金銷售、進出口業務 證券經紀業務：簽證、承銷及經紀 保管銀行業務：保管 資產管理業務：財務顧問、信託、財富管理與私人銀行 信用卡業務：發卡、信用卡墊款與預借現金 代理業務：保險經紀人與代理人
	買賣票券利益	資本市場：從事公債、上市與上櫃股票及公司債交易的利得 貨幣市場：買賣定期存單、承兌匯票及商業本票的交易利得
	長期股權投資收益	依成本法或權益法認列之投資收益，以及出售長期股權投資之利益
其他收入		非屬銀行常業收入：租金收入 出售不動產收入

表 16-5

傳統與非傳統銀行業務收入來源

隨著非銀行業務收入占銀行營運收入比率攀升，已經成為銀行董事會關注焦點，能否發揮潛在利益端視下列因素而定：

1. **範疇經濟**　銀行蒐集訊息、分析顧客財務狀況具有比較利益，提供互補性金融服務將能發揮競爭優勢。是以銀行同時擴張所有業務成本，通常低於個別從事單一業務所需成本的總和，此即範疇經濟。舉例來說，台銀可在同一部門同時從事信用卡 X_1 與信託 X_2 業務的總成本 $C(X_1, X_2)$，也可單獨成立信用卡部與信託部，分別投入兩種業務的成本總和 $C(X_1) + C(X_2)$。當前者成本低於後者，即發揮範疇經濟效果。另外，銀行從事非銀行業務對消費者具有方便性，讓其能於同一銀行內同時購買多種金融商品，符合生產與消費效率。

2. **規模經濟**　銀行藉由創造信用發揮融資功能，增加分行（規模擴大）有助於降低平均成本，從而發揮規模經濟。

3. 資訊不對稱　銀行是資金供給者,若再成為非金融公司內部人,將可消除資訊不對稱問題,掌握其實質決策與財務決策,從而解決相關代理問題。

4. 多元化　銀行擴張非銀行業務,透過商品多元化及區域分散來降低倒閉風險。其中,銀行經營人壽保險、保險代理與經紀、財產與意外險等業務有助於降低營運風險,而經營不動產開發、證券業務及產險業務反而會提昇營運風險。

銀行積極擴張非銀行業務,由融資角色逐漸轉為金融經紀商,容易釀成下列現象:

1. 破產風險上升　同時經營商業銀行與投資銀行業務,雖可提昇預期報酬,但轉投資事業發生營運危機,若未事前規範防火牆,勢必危及銀行正常營運。

2. 擴大對非銀行業務保障範圍　面對非銀行業務收入比率遞增,金管會必須擴大保障範圍,理由有三:

   (a) 傳染效應 (contagion effect)　縱使銀行與經營非銀行業務子公司無直接營運關係,但後者營運虧損將讓存款者喪失對銀行管理業務信心。

   (b) 金控公司透過控制銀行營運收益,彌補經營非銀行業務子公司虧損。

   (c) 在存款保險制度下,銀行從事非銀行業務將擴大營運風險,亦即銀行給予經營非銀行業務子公司融資而衍生信用風險。

3. 利益衝突問題　銀行從事非銀行業務,容易排擠其投資企業的競爭對手從銀行取得融資,衍生利益衝突。另外,銀行以壟斷力量銷售金融商品,容易引發不同部門間的利益衝突。

4. 經濟資源遭致壟斷　銀行涉入商業活動,將讓企業與銀行結合成企業金融集團,運用差別訂價強化所屬產業體質,導致少數集團控制經濟資源。

金融市場規模擴大吸引廠商改採直接金融募集資金,降低銀行在融資市場占有率,形成反金融中介現象。面對放款利潤縮減,銀行強化金融經紀商角色,積極投入非銀行業務尋求獲利來源,而相關業務類型如下:

1. 經紀業務　銀行創造誘因吸引客戶交易以賺取手續費,如渣打銀行擴大財務交易室規模,獲利來自外匯交易、證券保管、進出口押匯和信用卡業務的手續費。

2. 房屋履約保證業務　針對房地產交易與產權保障,銀行出具履約保證書保障賣方權益,消費者購屋資金交由銀行專戶控管、賣方產權交由代書辦理過戶,並授予賣方融資額度,以解決移轉過戶期間無法取得資金問題,此即房屋交易安全制度 (ESCROW)。銀行參與成屋履約保證市場,向交易雙方收取履約保證費,降低房地產業和消費者的交易風險。

傳染效應
銀行與經營非銀行業務子公司雖無直接營運關係,但後者營運虧損將讓存款者喪失對銀行管理業務信心。

房屋交易安全制度
銀行出具履約保證書,消費者購屋資金交由銀行專戶控管、賣方產權交由代書辦理過戶,並授予賣方融資額度,以解決移轉過戶期間無法取得資金問題。

3. 銷售基金業務　銀行承作指定用途小額信託投資業務，人們選定投資標的，每月定期定額由銀行扣款，兼具攤平成本及儲蓄功能。銀行代銷基金獲取的手續費通常係與投信或投顧公司對分。

4. 保管銀行 (custodian) 業務　保管委託人交付之資產，提供金融服務包括：

　(a) 基本服務　銀行提供資產保管、交易確認、證券買賣交割、收益領取、公司重大資訊通知、提供報表、稅務管理與行使股東權利等服務。

　(b) 附加服務　保管銀行業務來自證券投資信託業，包含投信業募集基金後，在投資前的資金管理，及投資後的交割、清算、帳務查核等工作。銀行從事保管業務獲取利益包括保管費、基金發行前募集的資金及發行後保留的現金均需存放在保管銀行，銀行將可增加存款與獲取存放款利差。

> **保管銀行業務**
> 銀行提供保管委託人交付資產的服務。

5. 財務顧問業務　廠商從事重大投資案，帶動融資需求規模擴大，大幅增加融資規劃、商業契約簽訂、包銷契約、營運計劃說明書規劃等財務顧問服務需求。尤其是廠商跨國投資或拓展國際業務，亦須尋求銀行提供財務顧問協助。銀行投入財務顧問業務除獲取手續費外，主要著眼於後續的承銷、釋股、融資等業務，掌握財務顧問業務將對廠商體質深入了解，有機會成為後續商機的獲利者。

6. 其他非銀行業務類型　(a) 設立租賃公司配合銀行放款，提供租賃滿足中小企業購買機器設備的資金需求，以及提供應收帳款買斷或融資業務，滿足企業資金需求。(b) 成立信用卡部或信用卡公司授與消費者信用額度，融通個人消費。

7. 投資銀行業務　屬於直接金融。銀行與證券業轉投資創投公司，投資高科技公司，兼具提供融資、投資、募資服務。

8. 證券金融業務　轉投資成立證券公司經營證券業務，並在轉型為金控公司後，跨業經營銀行、證券、投信及投顧業務，整合資源交互運用提供全方位商品。

9. 資產管理業務　銀行從事金融機構債權交易或發行受益憑證募集資金代為操作，後者類似信託業的信託基金業務。其中，私人銀行或理財中心係指銀行專業人員依據投資人財務狀況、風險偏好程度及稅負等不同需求，量身訂做規劃及執行投資理財、信託節稅等資產管理的顧問管理業務。私人銀行的客戶群定位在高所得階層，開戶門檻從 50 萬美元至千萬美元不等，高盛私人銀行在歐美的門檻是 2,500 萬美元，亞洲則是 1,000 萬美元；Morgan-Stanley 是 500 萬美元；美林、花旗集團、瑞士銀行、德意志銀行等私人銀行則是服務擁有超過 100 萬美元資產者。

10. 票券業務　成立票券金融部從事票券發行、承銷、中介與自營等業務。

11.參與非金融事業投資業務　設立建築經理或不動產開發公司提供專業性服務。

觀念問題

❖ 試說明花旗（台灣）銀行從事銀行活動與非銀行活動，兩種業務存在何種差異性？
❖ 隨著傳統存放款業務競爭日趨激烈，合庫董事會決議朝擴張非銀行業務發展，試說明該項決議將為合庫帶來何種衝擊？

16.3.2　銀行成長與併購

　　銀行擴大規模（分行家數增加與業務多元化）將能發揮規模經濟與範疇經濟，而採取策略將分為國內與國際市場擴張兩種方式。就國內市場擴張而言，銀行成長途徑有二：

* 內部擴張　採取增設分行、設立新部門、推動業務多元化與轉投資設立子公司等策略，朝綜合銀行營運模式發展。

  1. 銀行業務擴張　成立分行追求規模經濟，開辦新業務發揮範疇經濟，強化金融商品異質性以擴大市場占有率。

  2. 金融周邊事業　針對特殊金融業務轉投資成立專業金融公司營運，形成金融集團營運模式，甚至轉型為金控公司營運，達到跨業經營目標。

  3. 策略聯盟　銀行與不同產業結盟，追求擴大市場占有率。

     (a)銀行業與壽險業　壽險公司收取保費與支付理賠金係透過銀行代勞，保戶則在銀行開戶繳交保費，增加銀行資金來源。銀行客戶是壽險公司的潛在客戶，行員取得保險執照將成為銷售壽險人員。

     (b)銀行業與期貨業　銀行業成為期貨交易所指定的結算銀行，成為結算會員及期貨商的劃撥銀行。

     (c)銀行業與證券業　銀行業提供證券公司股款收付業務，藉此吸收大額低利資金，提高低成本活期存款比重。

     (d)異業結盟　統一人壽與銀行（萬通）、塑身（媚登峰）、醫療（哈佛健診）、統一型錄與投信（統一）進行異業聯盟，在既有的業務員行銷方式外，以多元化行銷管道尋求更多客戶層。投保終身還本壽險保戶可獲得第一年免年費的萬通銀行信用卡、塑身禮券、全身健康檢查折價券、型錄雜誌以及統一投信投資理財專刊，申購統一投信定額基金，手續費五折優惠，申購統一投信的股票開放基金，手續

費全免。銀行為促銷整批房貸業務，和房屋仲介業者或建築經理公司合作房屋買賣價金履約保證，競相加入不動產交易安全機制。

- 外部擴張　國際金融市場高度整合，金融業務綜合化成為金融發展主流，銀行業採取策略聯盟、併購信合社與到海外成立分支機構，均屬外部擴張策略。銀行轉型成金控公司，除讓銀行跨越國境與跨業營運外，更突破銀行、證券與保險業務的障礙，成為具備國際競爭力的跨國銀行。

就經濟觀點而言，公司合併分為同業間水平合併 (horizontal merger)，結合上下游公司垂直合併 (vertical merger)、生產異質商品但運銷設備相同公司周邊合併、業務完全不同集團合併 (conglomerate merger)、現金流量穩定但不完全相關公司財務合併 (financial merger) 等。至於收購與合併是銀行採取外部擴張成長策略，理由如下：

水平合併
同業間合併。

垂直合併
結合上下游公司合併。

集團合併
生產異質商品但運銷設備相同公司周邊合併、業務完全不同公司合併。

財務合併
現金流量穩定但不完全相關公司合併。

1. 提昇資金運用效率　利用向前整合 (forward integration) 與向後整合 (backward integration) 進行上中下游合併，享受技術經濟與減少交易成本。
2. 金融綜效 (synergy)
   (a) 起動綜效　強調掌握時效，透過併購降低銀行學習成本。
   (b) 營運綜效　提昇行銷（如品牌、通路、售後服務）、金融創新、金融中介與管理效率。銀行（間接金融）與票券公司（直接金融）合併將產生金融業務互補效果，預期將降低營運成本與提昇競爭力。
   (c) 財務綜效　金融機構結合可降低營運風險、風險溢酬及資金成本。
3. 規模經濟　降低從事金融創新、授信、傳輸與資訊電腦化成本，提昇品牌形象及商業資訊蒐集能力。
4. 租稅考量　所得稅扣抵效果、處理閒置資產，利用標的銀行虧損而享受節稅效果。
5. 多角化　具備完整金融商品線、進入新市場與新地區或從事跨業經營。

銀行併購其他金融機構的型態包括收購與合併兩種不同的法律特性，前者包括資產收購 (asset purchase) 與股權收購 (stock purchase)，後者包括吸收合併與新設合併 (consolidation)。若就業務觀點，合併包括水平、垂直、同源 (congeneric merger)、複合合併。以財務分析觀點，合併分為營運合併 (operating merger) 與財務合併。表 16-6 是併購型態的內容。

特色	分類	意義
法律合併	吸收合併	消滅銀行解散，存續銀行變更登記
	新設合併	二家以上銀行同時消滅而成立新銀行
事實合併	股權收購	購買標的公司股權而成為銀行轉投資事業
	資產收購	購入標的公銀行資產但不承擔債務
業務觀點	水平合併	相同業務合併享受規模經濟
	垂直合併	同產業上中下游合併，享受技術經濟，減少交易成本
	同源式合併	同產業但業務相關性不大的銀行合併
	複合式合併	不同產業，業務性質不同且互不往來公司合併，具財務、管理上之優點
財務觀點	營運合併	銀行因業務整合產生綜效
	財務合併	因銀行現金流量發生時點不同而發揮互補效果，降低營運風險。

槓桿併購
主併銀行採取過渡性融資、創設公司及發行股票等策略籌資支應併購所需資金，待併購完成後，再發行金融債券償還。

　　表 16-7 是銀行併購流程。銀行併購程序包括內部評估、篩選標的金融機構、對標的銀行評價與協商併購交易、併購後整合。當主併銀行找到標的銀行時，未必擁有足夠資金支付併購價款，故可採取過渡性融資（借入資金）、創設公司及發行股票等策略籌資支應，待併購完成後，再發行金融債券償還，此即槓桿併購 (leveraged buy-out, LBO)。國內金控公司採取併購策略，通常係發行新股吸收合併，也有採取部分股票與部分現金的收購策略。

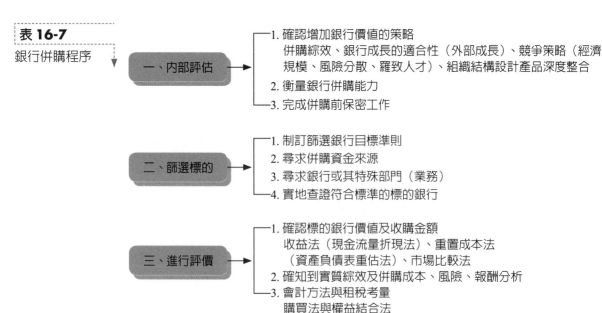

一、內部評估
1. 確認增加銀行價值的策略
   併購綜效、銀行成長的適合性（外部成長）、競爭策略（經濟規模、風險分散、羅致人才）、組織結構設計產品深度整合
2. 衡量銀行併購能力
3. 完成併購前保密工作

二、篩選標的
1. 制訂篩選銀行目標準則
2. 尋求併購資金來源
3. 尋求銀行或其特殊部門（業務）
4. 實地查證符合標準的標的銀行

三、進行評價
1. 確認標的銀行價值及收購金額
   收益法（現金流量折現法）、重置成本法
   （資產負債表重估法）、市場比較法
2. 確知到實質綜效及併購成本、風險、報酬分析
3. 會計方法與租稅考量
   購買法與權益結合法

```
        ┌─ 1. 視情況調整整合速度
        │  2. 闡明合併後之目標和建立對銀行預期
        │     建立移轉機能、預測管理目標、高層組織問題達成協議、規
        │     劃併購後的首次行動
        │  3. 溝通、規畫與控
        │     確認重要組成分、在過渡時期達成共識、採取必要控制行
四、併購整合 ─▶        動、規劃整合過程
        │  4. 發展策略及基本架構
        │     ‧培養挖掘事實的能力
        │     ‧建立並檢定初次工作目標
        │     ‧以事實為基礎,認識企業系統與銀行在市場地位
        │     ‧確認成長機會、強化競爭優勢,並排定優先順序
        └─ 5. 改進組織與發展策略
           重新檢討策略(包括期間與綜效測試)、檢討組織異同點並
           完成策略組織改造
```

觀念問題

❖ 國票金控積極追求擴大營運版圖,可以考慮的併購型態有哪些?

❖ 元大銀行為取得明顯競爭優勢,董事會評估追求成長的策略將包括哪些?

❖ 富邦銀行於 2004 年向中國光大收購港基銀行股權 20% 後,持有港基 75% 股權而成為最大控股股東,試問可能獲取的起動綜效、營運綜效與財務綜效分別為何?

　　銀行從事合併或金控公司吸收合併金融機構,對合併雙方而言,換股比例是能否達成協議的關鍵因素。在計算換股比例時,評估授信資產品質與提列備抵呆帳,才能公正客觀計算銀行淨資產,進而評估合理價格。針對授信資產品質,併購銀行可利用專業信用評等與風險評等的評分機制評估。在信評方面,由具有企業金融經驗人員逐一審查參與合併銀行的授信案件,根據企業發展、經營者、財務狀況、未來前景、擔保品內容與授信期間風險,訂定銀行信用風險評等,以實際反映銀行信用風險藉此調整其呆帳準備。計算各銀行整體信用風險評等後,再依不同等級計算提列備抵呆帳比率範圍,試算合併雙方提列實際備抵呆帳後的淨資產,依據淨值作為換股比例的主要參考依據。銀行併購原因甚多,評估標的金融機構價值方式如下:

1. **成本效益分析**　銀行透過落實評估併購活動後,針對銀行價值增加幅度與必須支付成本,判斷併購是否有利。

2. **帳面價值方法 (the book-value apporach)**　用於衡量合併增值 P_m,方法為:

貨幣銀行學

$$P_m = \frac{B_1 \cdot e - B_2}{B_2}$$

B_1 是主併銀行的每股帳面價值，B_2 是被併銀行的每股帳面價值，e 是兩者交換比例。該項方法優點如下：

(a) 銀行帳面價值易於了解與衡量。

(b) 銀行帳面價值相對市場價值穩定。

(c) 銀行帳面價值與股票市場並無關聯。帳面價值屬於銀行清算 (liquidation) 或銀行消滅 (dead-concern) 概念，市場價值則反映銀行永續經營價值 (going-concern values)，以帳面價值評估標的銀行價值顯然有低估之虞。

3. 市價與帳面價值方法　投資人重視銀行股票的市場價值，此係反映銀行股票現值，是以前述合併增值公式可修正如下：

$$P_m = \frac{MP_1 \cdot e - B_2}{B_2}$$

MP_1 是主併銀行的市場價值。至於該項方法缺陷是：銀行市場價值往往偏向高估，且大量股票要能以某一主要價格交易事實上係屬困難虛幻之事。

4. 每股盈餘方法 (EPS approach)　基於銀行的每股盈餘 (EPS) 修正前述公式為：

$$P = \frac{EPS_1 \cdot e - EPS_2}{EPS_2}$$

5. 價格收益方法 (the price-earnings approach)　以價格收益比例 (P/E ratio) 反映銀行價值，前述公式再修正為：

$$P = \frac{(MP/EPS)_1 \cdot e - (MP/EPS)_2}{(MP/EPS)_2}$$

MP_i 是 i 銀行的市場價值。該項方法缺點是：銀行股票須在效率市場交易，否則 (P/E) 比例將不具任何可信賴度。

知識
補給站

中信銀行成立於 1966 年，並於 2002 年 5 月 17 日起轉型為中信金控。為擴大營運規模，中信銀行採取積極併購策略，2003 年 12 月合併萬通銀行，2004 年 7 月併購鳳山信合社，2007 年 5 月標購花蓮企銀，2008 年 4 月 26 日合併中信票券。此外，為求擴大營運綜效與跨足國際市場，2014 年 6 月 5 日以 529.7 億日圓併購擁有 31 家分行的日本東京之星銀行 (The Tokyo Star Bank, Ltd.)，總資產 2.5 兆日圓（截至 2014 年 3 月）。此外，為加速大陸布局，中信銀行在大陸設有上海、廣州、廈門與上海自貿區分行，2015 年 5 月 26 日以 23.5 億人民幣（新台幣 116 億元）併購總部在深圳且有上海及北京兩處據點的中信銀行（國際），總資產 126.2 億人民幣（截至 2015 年 7 月）。由於中信銀行國際（中國）屬於外資銀行的子銀行，中信金控經此併購直接取得大陸子銀行執照，類似富邦金控併購後的富邦華一銀行。此係國內銀行繼永豐銀行自設南京子銀行，富邦金控收購富邦華一銀行，以及玉山銀行、國泰世華銀行已獲准將大陸分行改制為子銀行，第五家獲准成立大陸子銀行。

本國銀行將大陸分行轉為子銀行後，對大陸授信與轉投資都無須再計入淨值一倍控管，只有最初投資金額要計入，如中信銀行併購中信銀國際的資金，此舉將快速擴大在大陸的授信規模。截至 2015 年底，中信銀行在美、加、日、印尼、菲律賓、印度、泰國、越南、馬來西亞、香港、新加坡及中國大陸等 12 國和地區設有海外分支機構（辦事處、分行、子行及子行之分行）家數共 106 家，包括美、加、日、印尼與菲律賓等 5 家子銀行（共 87 處據點），大陸是第 6 家海外子銀行，居台灣銀行業海外據點家數之冠。中信銀行的國內自動化櫃員機 (ATM) 達 5,184 台，國內分行 147 家，合併存款規模擴大至新台幣 1.73 兆元，合併總資產高達新台幣 2.16 兆元，高居台灣所有民營銀行之冠，係為台灣最國際化的金融機構。

貨幣銀行學

問題研討

小組討論題

一、選擇題

1. 合庫董事會決議業務部安排銀行資產組合，必須依據資產分配理論的說法，何種策略係屬正確？ (a) 業務部依據生息資產流動性，須將所有資金來源混合進行配置 (b) 事先列出各種資產收益率與流動性，再決定投入資金的比例 (c) 評估資金來源性質的差異性，透過區別資金成本與收益率，進而提昇資金運用效率 (d) 依據資產流動性安排銀行資產組合

2. 中信銀行風險管理部擬定控制缺口部位策略，何種操作係屬正確？ (a) 追求避險目標，則應採取縮小缺口部位 (b) 銀行預期利率上漲，應維持負缺口部位 (c) 預期淨利息所得變動值將是預期利率變動值與缺口部位的乘積 (d) 當敏感性比率大於 1，將持有負缺口部位

3. 花旗（台灣）銀行運用存續期間管理利率風險，何種概念係屬正確？ (a) 存續期間係指銀行募集負債資金營運，預期產生收益的期間 (b) 運用存續期間除考慮資產或負債到期日外，同時考慮現金流量到達期間 (c) 採取免疫策略僅需尋求資產與負債的期限配合 (d) 花旗淨值變動取決於花旗資產規模而定

4. 彰銀風險管理部從事避險，何種策略係屬正確？ (a) 利用期貨規避特定資產風險，即是個體避險 (b) 利用衍生性商品消除個別利率敏感性資產風險，此即總體避險 (c) 評估利率波動狀況，隨時出售期貨抵銷表內利率風險暴露部位，即是連續性避險 (d) 針對表內利率風險暴露部位的某一比例，利用期貨套利即是動態性避險。

5. 中信銀行董事會要求擴大非銀行業務，業務部採取何種操作係屬錯誤？ (a) 從事經紀業務無須承擔表內風險 (b) 提供房屋履約保證將須承擔消費者購屋風險 (c) 代銷基金將可獲取手續費，但無須承擔風險 (d) 提供財務顧問服務係以資產管理、證券承銷、理財融資、廠商併購等為主

二、問答題

1. 合庫為規避利率波動風險，將評估購買利率上限、利率下限與利率區間選擇權，試問三者內涵分別為何？

2. 台銀為降低利率變動對銀行淨值的影響，將可採取何種策略因應？

3. 試說明土銀董事會決議要求營業部積極擴張非銀行業務，試問對土銀未來營運影響為何？

4. 試分析富邦金控採取併購的動機為何？

5. 試說明花旗（台灣）銀行如何運用衍生性金融商品，以避免放款利率及借款面臨的利率風險。

6. 銀行管理之重要項目有流動性管理，資產管理，負債管理及資本適足性管理，試說明以上各項之內容。

三、計算題

1. 假設稻江銀行在 2013 年底的利率敏感性資產與負債如下表所示。試計算下列問題：

   (a) 稻江銀行在半年內與超過 5 年的累計缺口為何？

   (b) 稻江銀行預估在半年內的預期利率變動為 $E(\Delta r) = 0.5\%$，則預期淨利息所得變動的累積效果為何？

   (c) 稻江銀行預估超過 5 年的預期利率變動為 $E(\Delta r) = 1.5\%$，則預期淨利息所得變動的累積效果為何？

期間	資產	負債
A. 日	200	300
B. 1 日至 3 個月	300	400
C. 3～6 個月	700	850
D. 6 個月至 1 年	900	700
E. 1～5 年	400	300
F. 超過 5 年	100	50

2. 在 1980 年代，聯電曾經發行 6 年期公司債、票面利率 8%，市場殖利率 8%，存續期間為 $D = 4.993$ 年。假設央行採取緊縮政策，促使債券殖利率由 8% 上升至 8.01%，則聯電公司債價格波動幅度為何？假設聯電公司債價格為 1,000 元，將因此緊縮政策出現如何變化？

3. 板信銀行財務部持有下列公司債，均係每半年付息一次，試計算其債券組合的存續期間為何？

債券類型	票面利率	距離滿期年限	殖利率
鴻海	10%	2	10%
聯電	10%	3	10%
中租控股	0	3	10%

4. 假設彰銀在 2013 年底的資產總額為 1,000 億元，負債與股東權益分別為

900 億元與 100 億元，而財務部估計資產存續期間 $D_a = 5$ 年、負債存續期間 $D_l = 3$ 年。隨著景氣逐漸復甦，各國央行開始調高利率，而彰銀也預測彭總裁將採緊縮政策，短期利率由 2% 躍升至 3%，試計算下列問題：

(a) 彰銀淨值的潛在損失為何？

(b) 為降低該項衝擊效果，彰銀可降低資產存續期間至何種水準，方能維持存續期間缺口為 0？

(c) 彰銀若降低 $D_a = 4$ 年，則須延長 D_l 多長才能維持存續期間缺口為零？

👍 網路練習題

1. 請前往永豐金證券網站 (http://www.sinopacsecurities.com)，察看國內有關衍生性金融商品的類型與交易情形。

2. 請前往中央銀行網站 (http://www.cbc.gov.tw)，找出 2010~2015 年間的國內衍生性金融商品交易情況，以及找出哪些商品最為熱門，並分析其中可能代表的涵義。

PART 5

總體經濟活動與央行的決策

17

貨幣數量學說與貨幣需求理論

個案導讀

Keynes (1936) 指出人們從事日常生活的食、衣、住、行、育、樂而需要交易；未雨綢繆預防生活意外與準備退休金，如季節更替時感冒去看醫生、偶遇多年老友要請客吃飯、家人心血來潮而想購買奢侈名包；渴望致富而投資股票需要錢，凡此均構成貨幣需求來源。前兩者是各憑本事，端視人們所得多寡而定，後一項則是各顯神通，除與個人財富息息相關外，市場利率變化更扮演關鍵因素。上述現象即是家喻戶曉而流傳超過 80 餘年的「流動性偏好學說」。

邁入 2010 年代後，福利國家早成各國政治發展主流，育兒津貼、全民健保、退休年金、失業救濟等生老病死福利制度健全豐富，人們的預防性貨幣需求不如往昔。另外，各種類型的塑膠貨幣與電子貨幣頻繁出現，也讓人們的交易性貨幣需求遽降。反而是歷經半世紀經濟金融環境劇變，金融創新催動金融資產多元化，資本市場證券、衍生性商品與資產證券化產品琳瑯滿目吸引眾人眼光，當前市場流動性結構迥異於 Keynesian 年代，近 20 年來投機動機貨幣需求早已凌駕交易與預防動機之上。各國央行執行量化寬鬆政策釋出龐大貨幣餘額，想來多數是流向金融市場從事投機操作去了。

從人們貨幣需求動機扮演角色的演變過程，凸顯有關貨幣需求議題是總體理論關注的焦點。本章首先說明貨幣數量學說的發展過程，由此引伸出古典貨幣需求理論。隨後再以 Baumol (1952) 與 Tobin (1956) 的存貨理論來詮釋 Keynes 的交易動機貨幣需求函數，並以 Whalen (1966) 與 Weinrobe (1972) 理論描述預防性貨幣需求函數內涵。

17.1 貨幣數量學說

在 16 世紀中葉，歐洲爆發物價革命 (price revolution)，法國 Jean Bodin (1556) 率先由個體觀點詮釋該現象，指出美洲黃金與白銀持續流入法國，兩者價值因供給遞增而持續下跌。由於兩者兼具貨幣角色，金銀價值持續貶低反映通膨持續進行中，此種看法成為原始貨幣數量學說起源。邁入 18 世紀末葉，英國 John Locke (1791) 轉由總體觀點解讀該現象，提出原始貨幣數量學說主張：

1. 當貨幣數量固定，體系內商品價格波動均屬相對價格變化。
2. 貨幣數量增加導致物價等比例調整。
3. 總體貨幣需求函數非常穩定，物價變化端視貨幣數量變化而定。

自從 Bodin 與 Locke 揭露貨幣數量與物價間的關係後，貨幣理論從各種觀點探討貨幣數量變化對經濟活動的影響，分別發展出不同型態的貨幣數量學說。這些學說的主張各有特色，核心想法卻可歸納成五項命題：

比例性臆說
基於貨幣流通速度與經濟成長率不變，體系內貨幣成長率與通膨率間存在比例性關係。

1. 比例性臆說 (proportionality hypothesis)　交易學說 ($MV = PT$) 或所得學說 ($MV = Py$) 主張流通速度 V 取決於社會支付制度與習慣，短期呈現穩定值。實質產出 y 或實質交易量 T 決定於資源、技術與就業狀況等因素，短期內亦屬固定。就 $MV = Py$ 取自然對數，對時間微分可得下列成長率關係：

$$\dot{M} + \dot{V} = \pi + \dot{y}$$

基於貨幣流通速度 V 與經濟成長率 $\dot{y}$ 不變 ($\dot{V} = \dot{y} = 0$)，體系內貨幣成長率 $\dot{M}$ 與通膨率 π 間經常存在比例性關係，$\dot{M} = \pi$。

中立性臆說
央行擴大貨幣餘額僅會造成物價上漲，並不影響實質經濟或資源配置。

2. 中立性臆說 (neutrality hypothesis)　貨幣餘額變動不影響實質經濟活動運行。該項觀念又分為絕對與相對中立性兩種，前者係指在靜態體系，央行擴大貨幣餘額僅會造成物價上漲，並不影響實質經濟或資源配置。後者則係在動態成長體系，貨幣餘額增加並不影響自然產出 (natural output) 變化。

自然產出
在資本與技術已知下，勞動市場達成均衡的產出水準。

3. 物價的貨幣理論　貨幣數量變化導致人們預擬與實際保有貨幣餘額不一致，將讓其拋棄多餘貨幣。不論透過直接或間接調整機能，最終結局均是推動物價攀升。同時，體系通膨現象均屬需求拉動型態，央行唯有控制貨幣成長率才能紓緩物價波動幅度。

4. 因果關係 (causality)　在貨幣數量學說，流通速度、實質成交量或產出均

屬外生變數，僅有貨幣餘額是自變數，物價將隨貨幣餘額波動而變化。貨幣餘額變化是因，物價調整為果，不管係以直接或間接調整機能聯繫，兩者關係不具可逆性。

5. **貨幣供給外生性**　貨幣數量學說採取舊觀點理論，認為貨幣供給係由央行掌控，與銀行資產選擇決策無關。至於實質貨幣餘額或貨幣需求 (M / P) 則是人們的偏好，屬於內生變數。

Jean Bodin (1530~1596)

　　法國法學家與政治哲學家。在 1560 年代，從南美洲經由西班牙流入法國的白銀遽增，造成貨幣供給增加而引發通膨現象。Bodin (1556) 率先指出物價上漲是源自貴金屬大量流入，闡明商品數量與流通貨幣數量的關係，成為貨幣數量學說的起源。

　　接著，Irving Fisher 從事後或交易觀點出發，針對貨幣餘額與物價的關係系統化提出交易方程式 (equation of exchange)，揭示在固定期間，體系名目交易總值、貨幣餘額 M 與每單位貨幣用於交易之平均周轉次數或稱貨幣交易流通速度 V 三者間的關係如下：

交易方程式
在固定期間，貨幣餘額與貨幣交易流通速度乘積將等於名目交易總值。

$$MV = PT$$

　　上式意味著：在固定期間，貨幣餘額與貨幣交易流通速度乘積將等於名目交易總值。預期貨幣流通速度取決於人們的支付習慣，與人口密度、商業習慣、交易速度以及其他技術因素息息相關，短期將是常數。T 是實質交易量，包括所有商品與勞務、原料、舊貨與金融市場交易，取決於技術與自然資源（包括原料與勞動）的使用情況。P 是物價指數，涵蓋上述交易項目的物價加權值。基於這些假設，體系內物價僅由貨幣數量決定，兩者間呈同向同比例變化。

　　在交易方程式中，貨幣扮演交易媒介，人們藉此取得商品和勞務，不因其他緣故持有貨幣。基本上，Fisher 交易方程式僅是討論物價由貨幣市場決定，貨幣供給是決定物價的唯一因素，並未涉及貨幣需求概念。不過探究交易方程式內涵，仍隱含 Fisher 貨幣需求函數，相當於 Keynes (1937) 的融資性貨幣需求，指出交易制度迫使人們進行交易必須持有貨幣，且視交易金額而定，屬於流量概念。

$$M_F^d = \frac{PT}{V}$$

Fisher 貨幣需求函數將取決於商品和勞務的平均物價、體系總所得與總支出、以及人們使用貨幣支付的速度等因素而定。物價或總所得（總支出）變化都會引起貨幣需求呈同向、同比例變化，而人們改變支付習慣，貨幣需求將依比例呈反向變化。

另一方面，Kunt Wicksell 從總需求（以 MV 代表總支出）與總供給（以 y 代表實質總產出）觀點出發，將交易學說轉變為所得學說 (income theory)：

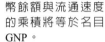

所得學說

當體系達成均衡，貨幣餘額與流通速度的乘積將等於名目 GNP。

$$MV = Py$$

上式指出體系達成均衡，總支出與實質產出透過物價調整來維持兩者相等關係。在此，V 係貨幣所得流通速度，每單位貨幣在固定期間用於購買最終商品與勞務之平均周轉次數。Wicksell 指出貨幣同時扮演交易媒介與價值儲藏角色，隱含的 Wicksell 貨幣需求兼具流量與存量概念，函數如下：

$$M_W^d = \underbrace{\frac{Py}{V}}_{\substack{\text{交易媒介}\\\text{流量概念}}} + \underbrace{l(i)}_{\substack{\text{價值儲藏}\\\text{存量概念}}}$$

Knut Wicksell (1851~1926)

出生於瑞典 Stockholm，任教於瑞典 Lunds 大學。Wicksell 是瑞典學派創始者，結合貨幣理論（關注貨幣餘額與絕對物價的關係，以 Cambridge 方程式決定物價）與價值理論（關注商品供需與相對價格的關係，以 Warlas 一般均衡體系決定均衡產出和價格），率先建立現代總體模型，對 Keynesian 理論發揮巨大影響，為現代總體理論奠定基礎。

現金餘額學說

人們透過資產選擇過程，決定以貨幣持有財富的比例。

邁入 20 世紀初期，Alfred Marshall 與 A.C.Pigou 提出 Cambridge 學派的現金餘額學說 (cash balance approach)，指出貨幣無法產生金融收益，卻能提供方便與安全金融勞務，此係保有貨幣的非金融性報酬。人們透過資產選擇過程，決定在財富存量 Pa 中持有貨幣的比例 k_1：

$$M_1^d = k_1 Pa$$

k_1 受貨幣與其他資產間的相對報酬率影響。另外，人們為從事交易，將在所得 y 中保有 k_2 比例貨幣：

$$M_2^d = k_2 Py$$

人們的貨幣需求將由上述兩者構成：

$$M^d = \underbrace{k_1 Pa}_{資產選擇結果} + \underbrace{k_2 Py}_{基於交易需求}$$

由於體系內財富存量不易從實際資料估計，不過所得與財富間卻存在穩定比例關係 $(y = \beta a)$，是以上式又可表為：

$$M^d = (k_1 \beta^{-1} + k_2) Py$$
$$= k(i, \pi^e, u) Py$$

Cambridge 學派的貨幣需求強調貨幣是資產的一環，係指人們願意以貨幣形式保有資產的比例，屬於存量概念且是經過資產選擇的結果。

Alfred Marshall (1842~1924)

　　生於英國 Clapham。任教於 Oxford 與 Cambridge 大學，並擔任 Bristol 大學校長。Marshall 在《經濟學原理》(1890) 中提出供給與需求、個人效用概念為現代經濟理論奠定基礎，其理論與追隨者則被稱為新古典學派。由於 Marshall 與學生 Keynes、Pigou 等先後長期在 Cambridge 大學任教，也被稱為劍橋學派。

Arthur Cecil Pigou (1877~1959)

　　出生於英國。任教於倫敦大學與 Cambridge 大學，1927 年被選為英國科學院院士。Pigou 以《財富與福利》(*Wealth and Welfare*) (1912) 聞名於世，被譽為「福利經濟學之父」。此外，Pigou 在《失業論》(*Unemployment*) (1914) 中堅持古典學派看法，認為體系透過市場機能運作，將邁向自然就業狀態，而在總體理論中，Pigou 的名字向來與「Pigou 效果」相聯繫。

最後，Friedman (1956) 重新論述數量學說，指出貨幣數量學說本質上僅是貨幣需求理論。貨幣是金融資產，人們持有貨幣係在享受其提供的交易媒介與價值儲藏勞務。前述貨幣數量學說隱含的古典貨幣需求函數，是取決於物價和支出，Friedman 則再引進持有貨幣的機會成本，如借出貨幣可取得名目利率的報酬，物價上漲降低貨幣購買力，兩者上升意味著持有貨幣成本增加，降低持有貨幣意願。綜合以上所言，Friedman 認為影響貨幣需求的因素包括物價、實際支出、名目利率、預期通膨率及恆常所得，函數可表為：

$$\frac{M^d}{P} = f(r, y^p, h, \pi^e)$$

r 是一組利率，y^p 是恆常所得，h 是人力資本對非人力資本的比率，π^e 是預期通膨率。隨著物價變化，名目貨幣需求將呈等比例變化，而恆常所得變化引起貨幣需求變化的彈性將大於 1。此外，Friedman 指出只要貨幣需求函數穩定，貨幣供給變化將引起物價變化。就長期而言，貨幣供給變化對實質經濟毫無影響，實質產出、實質利率等實質變數維持不變。

貨幣數量學說強調貨幣流通速度穩定性，Keynes 卻指出流通速度變異性極大，並將實質貨幣需求函數表為：

$$\frac{M^d}{P} = L(i, y)$$

將上述函數顛倒，可得：

$$\frac{P}{M^d} = \frac{1}{L(i, y)}$$

再就上式兩邊同乘 y，可得流通速度函數如下：

$$V = \frac{Py}{M} = \frac{y}{L(i, y)}$$

由於貨幣需求與利率呈反向關係，在景氣循環 y 與利率 r 劇烈波動之際，貨幣需求將出現劇烈變化，流通速度變異性擴大而非穩定值。

觀念問題

❖ 試分析體系內貨幣供給與貨幣需求變化對所得流通速度的影響？財政部擴張支出對所得流通速度又將造成何種影響？

❖ 總體理論出現兩種攸關貨幣需求的理論，流動性偏好理論與貨幣數量學說。當央行實施量化寬鬆政策，依據貨幣數量學說將發生何種結果？依據流動性偏好理論又會有何結果？試分別說明之。

❖ 試比較 Fisher 交易學說與 Cambridge 現金餘額學說衍生之貨幣需求理論的差異性。

❖ 報章雜誌經常提到一句話：「太多資金追求有限物資，物價當然會漲！」試利用 Fisher 交易方程式說明這句話的意義。

17.2　交易性貨幣需求理論

在日常交易中，人們面臨收付分際困擾，必須保有貨幣方能渡過難關。Keynes(1936) 將此類貨幣需求分為兩種：

1. **所得動機**　人們每月定時獲取薪資，例行支出卻是每日進行。在收付分際期間，必須持有貨幣才能紓緩流動性匱乏問題。

2. **營業動機**　廠商雇用因素與購買原料，必須保有周轉金應付各項支出，而銷售商品卻面臨市場需求不確定狀況。為融通產銷間的時距，廠商必須保有周轉金渡過難關，而保有數量將視當期收益、成本與商品轉手次數而定。

基於上述定義，所得與營業動機的差異性包括：前者是所得發生時間領先支出，後者恰好相反；前者不確定性小於後者。兩項動機差異顯著，Keynes 卻採取 Fisher 貨幣需求函數型態，合併兩者並以所得（支出）取代交易量，指出人們保有交易性貨幣，將視預擬支出（以所得替代）與收付分際程度而定。稍後，Baumol (1952) 與 Tobin (1956) 擷取存貨理論 (inventory theory) 概念，認為人們持有交易媒介猶如廠商持有存貨，持有過多將損失利息收益，持有過少則不利交易進行，唯有取得平衡才能決定最適交易性貨幣餘額。

圖 17-1A 顯示：在所得期間 (income period)，人們的所得支出型態呈現鋸齒狀資產曲線 (sawtooth asset curve)。人們在期初獲取所得 Y，預期以均勻速度消費，支出軌跡如 YD 直線所示。至於實際支出則是環繞於 YD 直線的曲線，兩者間的差距相當於未預期支出，須由人們保有預防性貨幣 M_P 融通才能渡過難關。在無信用交易下，人們將以現金 M 應付預擬立即支出，以儲蓄存

存貨理論

人們持有交易媒介猶如廠商持有存貨，持有過多將損失利息收益，持有過少則不利交易進行，唯有取得平衡才能決定最適交易性貨幣餘額。

款 SD 應付短期預擬支出。在期初，人們獲取所得 Y（假設全部支出），將從銀行 ATM 提領現金 M_T 並以均勻速度消費，直到 C 點耗盡後再隨時前往 ATM 提款，現金耗盡點 (cash exhaustion point) 與現金補充點 (cash replenishment point) 一致，並依提領次數支付固定成本（金融成本與時間成本）H，而每次持有現金餘額所需負擔的機會成本為 C^*：

$$C^* = \frac{1}{2} \times M \times \tau \times i$$

$\tau = \left(\frac{MT}{Y}\right)$ 是每次提領現金後的使用時間，T 是所得支出期間長度。人們在所得期間的提領次數 $n = \frac{Y}{M}$，負擔利息成本為 C_1：

$$
\begin{aligned}
C_1 &= \frac{1}{2} \times M \times \tau \times i \times n \\
&= \left(\frac{i}{2}\right) \times M \times \left(\frac{MT}{Y}\right) \times \left(\frac{Y}{M}\right) \\
&= \left(\frac{i}{2}\right) \times M \times T
\end{aligned}
$$

圖 17-1

Baumol-Tobin 的所得支出型態

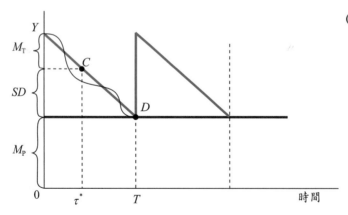

(A) 所得消費支出型態

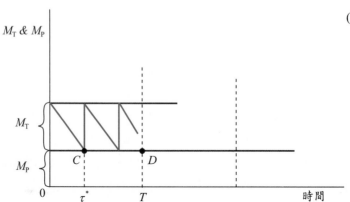

(B) 交易性貨幣需求型態

在所得支出期間，每次提款均需支付固定成本，共需負擔交易成本 C_2：

$$C_2 = H \times \left(\frac{Y}{M}\right)$$

綜合上述分析，人們持有交易現金餘額的總成本爲 TC：

$$\text{Min} \quad TC = H\left(\frac{Y}{M}\right) + \left(\frac{iMT}{2}\right)$$

就上式對 M 微分，可得人們保有交易餘額成本最小的最適提款數量：

$$\frac{-HY}{M^2} + \frac{iT}{2} = 0$$

整理上式可得人們每次提領最適現金餘額的平方根公式 (formula of square root)：

平方根公式
人們每次提領的最適
交易現金餘額。

$$M^* = \sqrt{\frac{2HY}{iT}} \tag{17.2}$$

人們每次提領現金 M^* 經過均勻使用後歸零，整段期間平均持有交易現金餘額 M_B^d 僅有提款金額的一半：

$$M_B^d = \frac{M^*}{2} = \sqrt{\frac{2HY}{iT}} \tag{17.3}$$

就上式取自然對數，進行全微分：（$H = Ph$，P 是物價，h 是實質交易成本）

$$d\ln M_B^d = d\ln P + \left(\frac{1}{2}\right)d\ln h + \left(\frac{1}{2}\right)d\ln y - \left(\frac{1}{2}\right)d\ln i$$

$y = \dfrac{Y}{P}$ 是實質所得（支出），$h = \dfrac{H}{P}$ 是實質交易成本。綜合 Baumol 貨幣需求函數特色如下：

1. 貨幣需求的彈性值

　　所得彈性　$\varepsilon(M_B^d, y) = \dfrac{\partial \ln M_B^d}{\partial \ln y} = \dfrac{1}{2}$

利率彈性　　$\varepsilon(M_B^d, y) = \dfrac{\partial \ln M_B^d}{\partial \ln y} = -\dfrac{1}{2}$

物價彈性　　$\varepsilon(M_B^d, P) = \dfrac{\partial \ln M_B^d}{\partial \ln P} = 1$

Fisher 或 Keynes 的交易性貨幣需求僅受所得（支出）影響且無利率彈性，但經過 Baumol 修正後的交易性貨幣需求卻具有些微利率彈性。

2. Baumol 與 Keynes 貨幣需求函數　重新整理 Baumol 貨幣需求函數：

$$M_B^d = \left(\frac{h}{2i}\right) \times P \times y^{\frac{1}{2}}$$

或

$$\frac{M_B^d}{P} = \left(\frac{h}{2i}\right) \times y^{\frac{1}{2}}$$

比較上式與 Keynes 的交易性貨幣需求函數，可知：

$$V = k^{-1} = \left(\frac{h}{2i}\right)^{\frac{1}{2}}$$

Keynes 指出人們支出（或所得）遞增，貨幣需求量將會等比例增加。不過 Baumol 假設每次提款成本固定，預擬支出遞增將產生降低單位交易成本利益，人們保有貨幣將與所得（或支出）的平方根呈正比，享有節省使用貨幣的規模經濟。

3. Baumol 貨幣需求曲線形狀　圖 17-2 顯示：Baumol 貨幣需求曲線 $l(y_0)$ 包括固定利率彈性的等彈性曲線 (iso-elasticity curve) 與垂直線兩部分。當市場利率降低至 $i^* = \dfrac{2H}{YT} = \dfrac{2h}{yT}$，該曲線將出現 Keynes 轉折點 (Keynesian kink) A 後轉為垂直線，符合 Keynes 的缺乏利率彈性說法。換言之，運用平方根公式決定交易性貨幣需求量，必須考慮交易成本過高或利率偏低現象，兩者促使人們持有交易性貨幣餘額，僅是取決於預擬支出。

Keynes 轉折點
Baumol 貨幣需求曲線由負斜率轉為垂直線的點。

圖 17-2
Baumol 交易性貨幣需求曲線

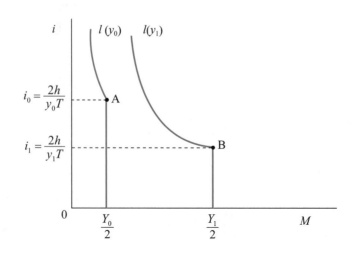

4. **物價幻覺** (price level illusion)　Baumol 貨幣需求的物價彈性為 1，符合 Keynes 與 Fisher 的說法，顯示人們保有交易性貨幣餘額將隨物價同比例變動，無物價幻覺問題。再以 Fisher 方程式 $(i = r + \pi^e)$ 取代函數中的名目利率，可得實質交易性貨幣需求函數：

$$m_B^d = \frac{M_B^d}{P} = \sqrt{\frac{hy}{2(r + \pi^e)T}}$$

物價幻覺
人們無法區分實質變數與名目變數的差異。

r 是實質利率，π^e 是預期通膨率。體系出現一次即止的物價上漲，人們將維持通膨預期不變，名目貨幣需求餘額 M_B^d 將隨物價等比例變動，實質貨幣需求不變。不過物價持續上漲刺激人們調整未來通膨預期，引發貨幣利率上漲，降低實質交易性貨幣需求，名目貨幣需求則仍上升，只是幅度遜於物價上漲狀況。

5. **整數限制** (integral constraint)　平方根公式係基於連續性假設推演而得的最適交易性現金餘額。實務上，人們前往 ATM 提款的次數將是整數，故可將持有現金餘額所需負擔的成本轉換為提款次數的函數：

$$\text{Min} \quad TC(n) = nH + \frac{iMT}{2n}$$

就上式求解，可得最適提款次數如下：

$$n^* = \sqrt{\frac{iYT}{2H}}$$

上述值相當於 $n^* = Y/M^*$ 未必是整數，可就其整數部分 n_i^* 與 $n_i^* + 1$ 分別代入總成本函數，再比較 $TC(n_i^*)$ 與 $TC(n_i^* + 1)$ 兩者大小，選擇總成本較小者即是次佳的提款次數。

最後，Baumol 模型適用一般薪水階級（自然人），此係人們安排交易餘額通常以現金與活儲為主，而提領活儲成本係屬固定值。就法人而言，安排交易餘額（周轉金）係以現金與票券（或準貨幣）為主，後者兌現成本係屬比例性質。在圖 17-1A 中，Tobin(1956) 指出人們在期初獲取所得（薪資轉帳至活儲帳戶或貨幣基金帳戶）Y 後，將提領部分現金 M，剩餘部分則持有票券或貨幣型基金 B，經過 τ^* 期間使用殆盡，將在現金耗盡點 C 兌現票券，不僅瞬間完成且無資本損失。該期間保有貨幣而損失的利息為 C_1：

$$C_1 = \left(\frac{i}{2}\right) \times M \times T$$

在所得支出期間，人們每次提款需依兌現票券金額支付固定比例成本 C_2：

$$C_2 = (bM) \times \left(\frac{Y}{M}\right)$$

b 是比例性交易成本。綜合上述分析，人們持有交易現金餘額總成本為 TC：

$$\text{Min} \quad TC = (bM)\left(\frac{Y}{M}\right) + \left(\frac{iMT}{2}\right)$$

就上式對 M 微分，可得：

$$\frac{\partial TC}{\partial M} = \frac{iT}{2} > 0$$

上述結果顯示：在所得期間，人們能夠隨時出售票券且負擔比例成本，則增加保有貨幣徒然損失利息 $\frac{iT}{2}$ 而無其他利益，在追求持有貨幣餘額成本最小下，最佳決策即是不持有貨幣。舉例來說：統一超商、中信銀行與萬通銀行（併入中信銀行）於 2000 年 10 月 25 日進行策略聯盟，此係便利商店與金融業首度結合，銀行將 ATM 引進統一超商，結合物流業與金流業提供人們轉帳提款功能。假設提款支付成本屬於比例性質 $(b=0)$，人們在統一超商提款與消費，持有貨幣行為將可用 Tobin 模型解釋。

 William Jack Baumol (1922~)

  出生於美國紐約。曾經擔任美國農業部經濟學者、任教於英國倫敦學院、美國 Princeton 大學、紐約大學與 C.V.Star 應用經濟學中心主任，1975 年獲得 John R. Commons 獎。Baumol 在廠商理論、產業組織理論、通膨理論、藝術品市場、環境政策與競爭政策領域都有高度原創性，尤其是以存貨理論詮釋交易性貨幣需求，為貨幣需求理論發展奠定重要基礎。

觀念問題

❖ 試評論下列問題：

(a) 隨著塑膠貨幣（如信用卡、金融卡等）普遍使用，將會降低人們的現金需求。

(b) 隨著銀行大幅調降存款利率，人們將會降低持有貨幣餘額。

❖ 試評論下列有關趙敏持有交易性貨幣餘額的說法：

(a) 趙敏對實質交易性貨幣需求愈大，將顯示其貨幣流通速度愈小。

(b) 趙敏持有名目交易性貨幣餘額，將與物價呈等比例上漲。

(c) 體系若是出現高通膨率，趙敏勢必增加實質交易性貨幣餘額。

(d) 趙敏繳納通膨稅，將與持有實質交易性貨幣餘額呈正比。

17.3　預防性貨幣需求理論

　　Keynes 認為人們基於未雨綢繆，公司為應付偶發性有利購買機會、或有負債（如背書保證）清償，將會保有預防性貨幣餘額。交易性與預防性貨幣需求基本差異如下：前者係在確定狀況，人們面臨預擬收付分際而保有貨幣；後者係在環境前景不明，人們為避免意外損失而保有貨幣。預防性貨幣需求具有隨機性，Keynes 卻將其與交易性貨幣需求合併處理，端視所得高低而定，此種處理方式不符實際現象。是以 M.D. Weinrobe (1972) 由人們追求保有預防性餘額 (precautionary balance) 成本最小觀點著眼，指出保有預防性貨幣 M_P 的成本有二：

預防性餘額

人們基於未雨綢繆而持有的貨幣性資產組合。

1. **機會成本**　預防性貨幣用於購買短期流動性資產所獲收益，相當於保有貨幣的機會成本 $C_1 = iM_PT$，T 是期間，i 是利率。

2. **流動性匱乏成本 (illiquidity cost)**　人們保有貨幣不足以應付意外支出 x，出售資產換成貨幣必須支付比例性手續費 b。

流動性匱乏成本

人們保有貨幣不足以應付意外支出，出售資產換成貨幣必須支付的成本。

　　在訊息不全下，圖 17-3 顯示人們面臨的意外支出機率分配 $f(x; \mu_x, \sigma_x)$，當 $x > M_P$，將須承擔預期流動性匱乏成本：

$$C_2 = \int_{M_P}^{\infty} b(x - M_P) f(x)dx$$

人們持有預防性貨幣餘額的總成本如下：

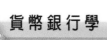

$$TC = iM_pT + \int_{M_p}^{\infty} b(x - M_P)f(x)dx$$

對上式進行全微分，可得下列最適條件：

$$iT = \int_{M_P}^{\infty} f(x)dx$$

上式涵義為：人們增加保有預防性貨幣所需負擔的利息 iT（即邊際成本 MC），必須等於增加持有預防性貨幣而減輕的預期流動性匱乏成本（即邊際利益 MB），此時正好決定最適預防性貨幣餘額 M_P^*。

圖 17-3
隨機性淨支出
的機率分配

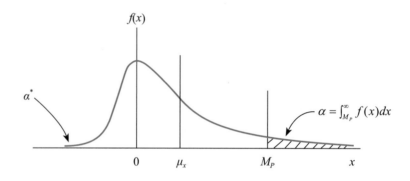

另外，稍早的 Edward L. Whalen (1966) 提出固定成本的預防性貨幣需求理論，特點是淨支出超過持有的預防性貨幣餘額 $(x - M_P) > 0$，人們緊急出售資產必須支付固定成本 H。Whalen 再利用 Tchebycheff 不等式求出前述模型的機率 $\alpha = \int_{M_P}^{\infty} f(x)dx$，該不等式內容為：「隨機變數 x 分散於其平均值旁 μ 的距離若超過 k 個標準差 σ 範圍內，發生機率會等於或大於 $1 - (1 / k^2)$」。

$$Prob\left(|x - \mu| < k\sigma\right) \ge 1 - \left(\frac{1}{k^2}\right)$$

人們戒慎恐懼，面臨意外支出係呈現右偏機率分配，$\alpha^* = Prob\{(x - \mu) < -k\sigma\} = 0$，上式將變為：

$$\alpha = Prob(x - \mu \ge k\sigma) < \left(\frac{1}{k^2}\right)$$

在長期，人們面臨淨意外支出的預期值為 $\mu = 0$，同時令 $x = M_P$，可得 k 值為：

$$k = \frac{M_P}{\sigma}$$

人們面臨淨意外支出超越預防性貨幣餘額的機率是：

$$\alpha < \frac{1}{(M_P / \sigma)^2}$$

人們採取最保守心態因應，發生流動性匱乏的最大機率將是：

$$\alpha = \frac{\sigma^2}{M_P{}^2}$$

綜合上述分析，Whalen 模型可表示如下：

$$TC = iM_P T + H\left(\frac{\sigma}{M_P}\right)^2$$

針對上式求解，可得預防性貨幣需求的立方根公式 (formula of cube root)：

$$M_P^d = \sqrt[3]{\frac{2H\sigma^2}{iT}}$$

立方根公式

人們保有的最適預防性貨幣餘額。

上述公式顯示：人們持有最適預防性貨幣餘額將與淨支出分配的變異數 σ^2、缺乏流動性成本 H 呈正相關，與持有貨幣餘額的機會成本 i 呈負相關。上述結果似乎與 Keynes 設定的預防性貨幣需求型態迥異，不過 Whalen 設定兩種狀況，將預防性貨幣需求與所得變數緊密相連：

1. 假設人們每次收付金額相同，預擬收付次數遞增，淨支出分配變異數將與所得呈 k_1 比例關係：

$$\sigma_1^2 = k_1 Y$$

2. 假設人們預擬收付次數不變，每次收付金額遞增，淨支出分配變異數將與所得平方項呈 k_2 比例關係：

$$\sigma_1^2 = k_2 Y^2$$

將上述兩種關係代入預防性貨幣需求的立方根公式，可得下列兩個公式：

$$M_{P1}^d = \sqrt[3]{\frac{2k_1 HY}{iT}}$$

$$M_{P2}^d = \sqrt[3]{\frac{2k_2 HY^2}{iT}}$$

經過上述轉換，預防性貨幣需求的利率彈性為 $(-1/3)$，所得彈性落在 1/3~2/3 間。

觀念問題

❖ 張無忌交友廣闊，無法確知實際支出數量，僅依經驗法則得知淨支出分配的標準差為 4，每次無法應付意外支出，將遭受預期損失 80。假設花旗銀行的債券基金年利率為 6%，依據 Whalen 模型，張無忌每月必須保有預防性貨幣餘額為何？

👍 問題研討

✦ 小組討論題

一、選擇題

1. 央行經研處估計台灣貨幣需求缺乏所得彈性，試問何種說法係屬正確？ (a) 台灣出現經濟成長，將帶動貨幣流通速度攀升　(b) 人們所得增加將降低貨幣流通速度　(c) 所得成長速度將小於貨幣需求增加速度　(d) 貨幣需求增加將導致貨幣流通速度上升

2. 依據貨幣數量學說，央行理監事會議決議將緊縮目前貨幣餘額一半，試問對體系將造成何種衝擊？ (a) 短期實質產出驟減 (1/2)，長期名目產出則將上漲 (1/2)　(b) 不論短期與長期，實質與名目產出均降低 (1/2)　(c) 短期名目產出驟減 (1/2)，長期物價將上漲 (1/2)　(d) 不論短期或長期，物價與名目產出均下降 (1/2)

3. 依據 Baumol-Tobin 存貨理論，為因應經濟環境變化，張三豐將調整持有交易性貨幣餘額，何種結果係屬錯誤？ (a) 體系發生通膨引起比例性交易成本水漲船高，張三豐持有實質交易性貨幣餘額則不會變化　(b) 颱風季節來臨引發國內物價上漲，一旦提款成本固定，張三豐將增加持有名目交易性貨幣餘額　(c) 提款成本屬於比例型態，張三豐持有名目交易性貨幣餘額恆為固定值　(d) 在通膨過程中，張三豐持有名目交易性貨幣餘額將隨物價等比例上升

4. 主計總處公布台灣名目 *GDP* 維持不變，然而央行經研處卻發現貨幣所得流通速度呈現上升趨勢。試問台灣經濟環境出現何種變化？ (a) 央行擴大貨幣供給　(b) 人們的貨幣需求減少　(c) 台灣物價出現上升趨勢　(d) 金融市場利率出現攀升趨勢

5. 針對人們持有 Baumol 貨幣需求發生變化的說法，何者錯誤？ (a) 物價上升促使實質貨幣需求等比例增加　(b) 通膨將讓人們增持有名目交易性貨幣餘額　(c) 實質所得上升將帶動實質交易性貨幣餘額增加　(d) 名目利率上升將降低持有實質交易性貨幣餘額

二、問答題

1. 張無忌每月薪水是趙敏的兩倍，由公司直接撥入活儲帳戶。兩人分次提款消費，每次提款成本均為固定值。試問兩人婚後的總合交易性貨幣需求，相較婚前個別持有交易性貨幣餘額的總和，將會如何變化？

2. 試評論：「隨著金融海嘯衝擊逐漸遞減，央行開始採取退場機制，推動銀

行調升存款利率，人們將會降低持有貨幣餘額。」

3. (a) 試問人們持有現金的機會成本可能為何？

   (b) 試推演 Baumol-Tobin 的交易性現金需求函數，在推演過程中需要哪些假設？

   (c) 金管會要求銀行維持自動櫃員機 24 小時營業與跨行提領，試問此項要求對交易性現金需求的影響為何？

   (d) 試依此一貨幣需求模型，說明貨幣流通速度將受哪些變數影響？

4. 何謂貨幣的所得流通速度？其倒數又反映何種意義？邁入 1980 年代後，台灣的貨幣所得流通速度係呈現上升或下降趨勢？試說明造成此一趨勢的可能原因為何？

5. 試就下列觀點比較 Keynesian 學派與貨幣學派的異同，並指出這些觀點與貨幣扮演何種功能存在密切關聯性。

   (a) 人們持有貨幣的動機。

   (b) 貨幣需求對利率變動的反應。

   (c) 貨幣所得流通速度的穩定性。

6. 試依據 Baumol 存貨理論回答下列問題：

   (a) 試推演 Baumol 貨幣需求函數。

   (b) 在 Baumol 貨幣需求函數中，貨幣需求的所得彈性與物價彈性分別為何？

   (c) 在 Baumol 貨幣需求函數中，對應的貨幣所得流通速度為何？隨著電子貨幣普及化，貨幣所得流通速度將會有何變化？

   (d) 如果考慮預期通膨率，試問 Baumol 的貨幣需求函數要如何修正？體系出現一次性物價上漲，人們的通膨預期並未改變，試問名目和實質貨幣需求將如何變化？

7. 依據 Friedman 的貨幣數量學說，說明下列現象對貨幣的所得流通速度的影響。

   (a) 隨著景氣復甦，央行採取調升重貼現率政策因應。

   (b) 經濟成長促使人們的所得大幅增加。

8. Keynes 革命的重要觀點之一就是對貨幣所得流通速度穩定性的看法迥異於古典學派，而 Friedman 的貨幣學派則又提出新理論。試以相關模型（方程式、函數或圖形等）說明並比較三者看法之異同。

9. 謝教授估計 1970~1990 與 1991~2013 兩個期間的台灣貨幣需求函數，實證結果如下：

$$\ln m_t = 0.5\ln y_t - 0.05\ln r_t + 0.3\ln m_{t\text{-}1} - 0.001t \qquad t \in (1970\text{~}1990)$$

$$\ln m_t = 0.1\ln y_t - 0.5\ln r_t + 0.4\ln m_{t\text{-}1} - 0.0014t \qquad t \in (1991\text{~}2013)$$

m = M_{1A}/P，y = 實質 GNP，r = 90 天國庫券利率，P 是物價。試回答下列問題：

(a) 依據上述兩個時期貨幣需求的利率彈性差異，你如何推斷在這兩時期貨幣的所得流通速度之變動幅度，與貨幣需求函數的穩定性。

(b) 依據上述兩個時期貨幣需求的所得彈性差異，試推論人們消費的支付習慣如何改變。

三、計算題

1. 張無忌月薪 20,000 元由武當山直接撥入渣打（台灣）銀行帳戶中。假設儲蓄存款月利率 i = 2%，而前往渣打 ATM 提款的成本爲 H = 14 元。假設張無忌每月規劃儲蓄 5,000 元。試依 Baumol 模型計算下列問題：

(a) 每月持有的交易性現金數量？必須提款的最適次數？

(b) 考慮整數限制後，提款次數爲何？每次提款數量？每次提款後的使用天數？（T = 30 天）

2. 某國在 2013 年生產的最終商品包括甲商品 200 單位、價格爲 5 元，乙商品 300 單位、價格 15 元，而流通的貨幣數量爲 1,000，試問該國的貨幣流通速度爲何？如果該國央行預測 2013 年的貨幣流通速度將上升爲 6 次，爲維持名目 GDP 不變，央行應該如何調整貨幣數量？

3. 依據下列資料，試計算各年的貨幣流通速度與流通速度成長率？

	2010	2011	2012
貨幣供給	100	110	121
名目國民所得	1,000	1,200	1,440

4. 某國過去的實質經濟成長率平均爲 8%，貨幣成長率平均爲 12%，名目利率則固定在 6%。該國新上任的央行總裁認爲未來經濟成長率將降爲 5%。依據實證研究，該國實質貨幣需求函數型態爲：

$$\frac{M^d}{P_t} = A\frac{y_t}{\sqrt{i_t}}$$

P_t 爲物價，y_t 爲實質所得，i_t 爲名目利率，A 爲固定常數。試回答下列問題：

(a) 試問央行應如何調整貨幣成長率，才能穩定通膨率不變？爲什麼？（需列出必要假設）

(b) 除經濟成長率下降外，該國實質貨幣需求函數也因信用卡普及而下降爲：

$$\frac{M^d}{P_t} = \frac{1}{2} A \frac{y_t}{\sqrt{i_t}}$$

請重新回答 (a) 問題。

5. 趙敏自台大畢業後，前往土地銀行上班，每月薪水 33,000 元直接撥入行員活儲帳戶，而行員存款利率為年息 13%（需換算成月息）。假設趙敏規劃每月儲蓄 9,000 元，每次提款手續費為 $H = 13$ 元。趙敏領取薪水後，突然想起大學選修貨幣銀行學，老師曾經教過 Baumol 模型，遂派上用場試算下列問題：

(a) 最適提款次數？

(b) 最適提款金額？

(c) 每次提款的使用時間（$T = 30$ 天）？

(d) 趙敏從每月安排交易餘額的過程中可獲取的利息為何？

(e) 何種狀況會讓趙敏的交易餘額僅由現金組成？

網路練習題

1. 試前往中央銀行網站 http:www.cbc.gov.tw/，點選統計資料，然後點選金融統計月報內的貨幣總計數，分別計算某一季底的 M_{1A}、M_{1B} 與 M_2 餘額。隨後再前往主計總處網站 http:www.dgbas.gov.tw/，點選統計資料庫，找出同一季的 GDP 數據，分別計算該季的 M_{1A}、M_{1B} 與 M_2 的流通速度。

CHAPTER **18**

需求管理政策

個案導讀

2007 年美國爆發次貸事件，旋即於 2008 年 9 月擴散成金融海嘯，重創國際景氣陷入二次大戰以來的最嚴重衰退。台灣在 2009 年貿易總額較 2008 年衰退三成，出口減少超過 27%、進口則衰退近 35.2%。台灣股票市場在 2008 年重挫 46.03%，市值縮水 45.61%；若以全年參與交易的 302 萬人計算，每人平均損失市值 324 萬元，造成國內需求不振、消費減少與投資銳減。

　　政府為紓緩金融海嘯衝擊，積極實施振興經濟方案，導致政府負債繼續攀升，2008 年政府負債 3.78 兆元占當年 GDP 30.7%，2009 年則躍升至 4.19 兆元占當年 GDP 34.7%。此外，從 2008 年爆發金融海嘯以來，央行連續 7 次降息，重貼現率降至歷年最低的 1.25%。2008 年 9 月 18 日調降準備率 5 碼，釋出 2,000 億元資金，銀行若有資金調度需求，隨時可憑央行定存單或轉存款，向央行辦理質借或提前贖回。央行於 2008 年 9 月 26 日起擴大「附買回操作機制」，操作對象包括銀行、票券公司、中華郵政、證券公司及保險公司，操作期間為 180 天內，以提供市場較長期的流動性。同時，在 2008 年 10 月 16 日，為適度紓解信用緊縮衝擊廠商營運，行政院決定在 2009 年底前增加本國銀行對中小企業放款 3,000 億元。

　　從上述政府因應金融海嘯衝擊而採取的措施，有關權衡政策引發的效果遂成為眾人關注的焦點。本章首先由資金流量表演繹出 Walras 法則，接續說明 Hicks-Hansen 模型的內涵，進而剖析財政政策與貨幣政策效果。Hicks-Hansen 模型僅是反映體系需求面均衡，是以再由勞動市場均衡來推演體系總供給函數，進而探討總體經濟均衡。最後，再討論動態概念的總需求與總供給，說明體系均衡產出率與通膨率的決定。

貨幣銀行學

18.1 Walras 法則與 *IS-LM* 模型

總體理論為求掌握經濟脈動,將體系商品分門別類累加成勞動、商品、債券與貨幣等四種,濃縮經濟活動成四個市場。在貨幣經濟體系,資金融通係人們從事交易的泉源,**資金流量表** (flow of fund account) 則顯示所有成員決策將受實質資源(所得)與金融資源(資金)限制,各部門資金用途與資金來源彼此緊密相連。換言之,所有成員從事決策均需考慮預算限制,資金用途必須等於資金來源。就個體層面來看,人們追求效用極大,將受各自預算限制。換由總體角度來看,體系包括家計部門、廠商與政府三個部門,各自從事決策亦需考慮資金來源限制。

資金流量表
記錄所有成員的資金來源與用途的會計帳。

1. **家計部門預算限制**　在固定期間,家計部門面臨的資金流量表如下所示,決策面對的預算限制為:

$$\underbrace{PC^d}_{\text{名目消費支出}} + \underbrace{\frac{1}{r}(B^d - B) + (M_H^d - M_H)}_{\text{名目儲蓄配置方式}} + \underbrace{PT_H}_{\text{個人名目稅負}} = \underbrace{WN^s}_{\text{勞動所得}} + \underbrace{\pi}_{\substack{\text{紅利}\\(\text{資本所得})}}$$

家計部門資金流量表

資金用途		資金來源	
名目租稅	PT_H	名目薪資所得	WN^s
名目消費支出	PC^d		
名目債券需求變動	$(1/r)(B^d - B)$	紅利收入	π
名目貨幣需求變動	$(M_H^d - M_H)$		

2. **廠商預算限制**　在固定期間,廠商面臨的資金流量表如下所示,決策面對的預算限制為:

$$\underbrace{WN^d}_{\text{勞動薪資成本}} + \underbrace{PI^d}_{\text{名目投資支出}} + \underbrace{(M_F^d - M_F)}_{\text{新增周轉金}} + \underbrace{PT_F}_{\text{廠商稅負}} + \underbrace{\pi}_{\text{紅利支付}} = \underbrace{Py^s}_{\text{廠商營收}} + \underbrace{\frac{1}{r}(B^s - B)}_{\text{發行公司債融通}}$$

廠商資金流量表

資金用途		資金來源	
名目租稅	PT_F	發行債券融通	$(1/r)(B^s - B)$
名目薪資支出	WN^d	出售商品收入	Py^s
名目投資支出	PI^d		
名目貨幣需求變動	$(M_F^d - M_F)$		
紅利分配	π		

3. **政府預算限制**　在固定期間，政府面臨的資金流量表如下所示，決策面臨的預算限制如下：

$$\underbrace{PG}_{\text{政府名目支出}} = \underbrace{(M^s - M_0)}_{\text{發行貨幣融通}} + \underbrace{PT}_{\text{稅負融通}}$$

資金用途		資金來源	
政府對商品與勞務支出	G	名目租稅收入	$P(T_H + T_F)$
		發行貨幣融通	$(M^s - M_0)$

政府資金流量表 ↓

累加上述三式，再依市場供需歸類並以物價平減，可得體系總預算限制式或稱 Walras 法則 (Walras law)：

總預算限制式或稱 Walras 法則
體系內所有市場超額需求總和為零。

$$\frac{W}{P}(N^d - N^s) + (C^d + I^d + G - y^s) + \frac{1}{P}(M_H^d + M_F^d - M^s) + \frac{1}{rP}(B^d - B^s) = 0$$

Walras 法則將可進一步衍生下列涵義：

1. 經濟成員擬定決策必須面對總預算限制，此與體系是否均衡無關。
2. 體系內所有市場超額需求或超額供給總和為零。
3. 體系內 $(N-1)$ 個市場達成均衡，第 N 個市場必然均衡。是以討論總體經濟均衡，可依 Walras 法則選擇放棄任一市場無需討論。

1930 年代大蕭條，產能過剩與失業充斥，故可選擇物價 $P = P_0 = 1$，無須討論勞動市場狀況。在剩餘的市場中，Keynesian 學派係以流動性偏好理論決定利率，依據 Walras 法則放棄討論債券市場，而由商品與貨幣市場來決定均衡利率與所得，此即 *IS* - *LM* 模型或所得支出理論 (income-expenditure theory)。

所得支出理論
商品市場與貨幣市場同時均衡，決定體系均衡。

1. **商品市場均衡（*IS* 曲線）**　商品市場供給（所得或產出）與需求（支出）相等的軌跡。國內總供給即是當期產出，總需求（或支出）E 包括消費 C、投資 I 與政府購買商品與勞務支出 G：

商品市場均衡（IS 曲線）
商品市場供給與需求相等的軌跡。

$$E = C + I + G \tag{18.1}$$

實質消費取決於實質所得 y 與實質利率 r：

$$C = C(r, y) \tag{18.2}$$
$$-, +$$

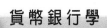

廠商舉債融通投資支出，將受景氣循環（所得）與舉債成本（實質利率）
影響：

$$I = I(r, y) \tag{18.3}$$
$$-, +$$

政府購買商品與勞務係由政策決定，$G = G_0$。綜合上述各式可得商品市場
均衡軌跡 IS 曲線或所得支出曲線的方程式為：

$$y = E = C(r, y) + I(r, y) + G_0 \tag{18.4}$$

就上式全微分，可得 IS 曲線斜率如下：

$$\frac{dr}{dy}\Big|_{IS} = \frac{1 - C_y - I_y}{C_r + I_r}$$

上式顯示，IS 曲線斜率主要取決於消費與投資支出的利率彈性 $(C_r + I_r) <$
0。圖 18-1 顯示，體系內邊際支出傾向（邊際消費傾向與邊際投資傾向
之和）$C_y + I_y < 1$，IS 曲線呈現負斜率。此外，極端的 Keynesian 學派強調
短期投資視景氣循環而定、消費則僅受所得影響，兩者缺乏利率彈性或
$C_r + I_r$ 趨近於零，IS 曲線趨近垂直或缺乏利率彈性，Bernhard Felderer 與
Stefan Homburg (1987) 稱為投資陷阱 (investment trap)。隨著時間過去，長
期投資與消費支出的利率彈性趨於變大，古典學派指出 IS 曲線轉趨平坦
而具高利率彈性。

投資陷阱
短期投資視景氣循環
而定、消費則僅受所
得影響，兩者缺乏利
率彈性，IS 曲線趨
近垂直形狀。

圖 18-1
總體經濟均衡

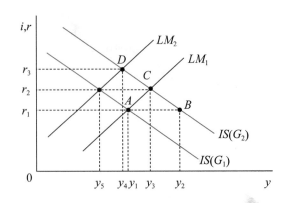

2. 貨幣市場均衡（*LM* 曲線）　貨幣供給與需求（流動性偏好）相等的軌跡。
假設央行完全控制貨幣供給，$M^S = M_0$。再依 Keynes (1936) 的流動性偏好
理論，實質貨幣需求是所得與貨幣利率 $i = r + \pi^e$ 的函數：

$$L = L(i, y) \qquad\qquad (18.6)$$
$$-, +$$

綜合上述兩式，可得貨幣市場均衡軌跡或 *LM* 曲線方程式為：

$$L(i, y) = \frac{M_0}{P} \qquad\qquad (18.7)$$

由於體系內物價僵化，可令 $P_0 = 1$，而且 $i = r$（預期通膨率 $\pi^e = 0$）。就上
式全微分，可得 *LM* 曲線斜率如下：

$$\left.\frac{dr}{dy}\right|_{LM} = \frac{-L_y}{L_r}$$

　　由上式可知，*LM* 曲線斜率主要取決於貨幣需求的利率彈性 $L_r > 0$，通常
呈現正斜率。不過古典學派強調貨幣僅扮演交易媒介角色，在長期，人們缺乏
保有投資性貨幣的誘因，實質貨幣需求對利率變動並不敏感 $(L_r = 0)$，此時的
LM 曲線趨於垂直而缺乏利率彈性。另外，極端 Keynesian 學派指出在短期，
金融市場利率滑落至低檔，人們為怯避保有生息資產遭致的資本損失，將無限
制保有貨幣，顯示貨幣需求具有完全利率彈性（L_r 趨於無窮大），Robertson 稱
為流動性陷阱 (liquidity trap)，*LM* 曲線呈現水平線而具有完全利率彈性。

　　綜合以上所述，就 (18.4) 式的 IS_1 曲線與 (18.7) 式的 LM_1 曲線兩條方程式
聯立求解，可得圖 18-1 中的兩條曲線交於 A 點，體系達成均衡而決定均衡利
率 r_1 與所得 y_1。至於自發性消費與投資支出增加、政府擴張支出，將帶動 *IS*
曲線右移；央行擴張或緊縮貨幣供給，則會引起 *LM* 曲線右移或左移。

　　IS-LM 模型的前提是封閉體系處於蕭條，產能過剩與失業充斥致使物價調
整緩慢或僵化（無須討論體系總供給面），商品與貨幣市場達成均衡即可決定
均衡所得與利率。不過在正常情況下，物價並非一成不變，兩個市場同時均衡
僅是反映需求面均衡而已，是以總需求曲線 (aggregate demand curve, *AD*) 可定
義為：「能使商品與貨幣市場同時均衡的物價與實質所得組合的軌跡」。在物價
浮動下，由 (18.4) 與 (18.7) 兩式聯立求解而消去利率變數後，即可獲得總需求
函數。

圖 18-2 顯示政府支出 G_0 與貨幣供給 M_0 已知下，既定物價 P_0 將使 $IS(a_1, \varepsilon_1)$ 與 $LM(M_0, P_0)$ 曲線交於 A 點，正好對應總需求曲線 AD_1 上的 A 點。物價滑落帶動實質貨幣供給遞增，促使 $LM(M_0, P_0)$ 曲線持續外移，從其與 $IS(a_1, \varepsilon_1)$ 曲線相交點 B，即可找出 AD_1 曲線上的對應點 B。一般而言，在物價下跌過程中，封閉體系將出現 Keynes 效果而讓總需求曲線呈現負斜率。Keynes 效果涵蓋兩部分：

1. **實質餘額效果**　央行維持名目貨幣供給不變，物價下降提昇實質貨幣供給，資金相對寬鬆有利於需求面產出擴張。

2. **利率效果**　資金寬鬆促使利率下降，刺激消費與投資遞增，帶動需求面產出擴大。

封閉體系總需求曲線呈現負斜率，通常是基於負斜率 IS 曲線與正斜率 LM 曲線。如果體系出現流動性陷阱（水平的 LM 曲線），或落入投資陷阱（垂直的 IS 曲線）環境，縱使物價下跌促使實質貨幣餘額增加，也無法讓利率下跌，投資與消費無從增加，所得也將不變，總需求曲線成為缺乏物價彈性的垂直線。就實際狀況來看，隨著金融市場規模擴大與健全發展，人們擁有眾多金融資產，消費決策深受實質財富效果或 Pigou 效果 (Pigou effect) 影響，消費函數可表為：

$$C = C\,(r\,,\,y\,,\,a)$$
$$-,\ +,\ -$$

$a = \dfrac{M_0}{P} + \dfrac{E(y)}{rP}$ 是實質資產淨額。$E(y)$ 是公司發放股利將受景氣循環（以所得衡量）影響。當物價由 P_1 下跌至 P_2，消費者擁有金融資產的實質價值由 a_1 上升至 a_2，消費支出隨之增加，圖 18-2a 中的 $IS(a_1)$ 曲線將右移至 $IS(a_2)$，所得擴大至 y_3，總需求曲線由 AD_1 變為 AD_2，必然是負斜率，物價彈性也將擴大。爾後，隨著封閉體系對外開放，商品市場均衡再修正如下：

$$y = C(r, y) + I(r, y) + G + X(\varepsilon, y^*) - \varepsilon Z(\varepsilon, y) \tag{18.8}$$
$$-,\ +\qquad -,\ +\qquad\qquad +,\ +\qquad -,\ +$$

X 與 Z 分別是出口與進口，$\varepsilon = \dfrac{eP^*}{P}$ 是實質匯率或貿易條件，e 是名目匯率，P^* 是外國物價。假設小型開放體系符合 Marshall-Lerner 條件，國內物價下跌導致貿易條件改善（實質匯率貶值），引起本國貿易淨額增加，圖 18-2A 中的 $IS(a_1,$

ε_1) 曲線將右移至 $IS(a_2, \varepsilon_2)$，總需求曲線是 AD_2，貿易條件效果強化 Keynes 效果而使總需求曲線成為負斜率。

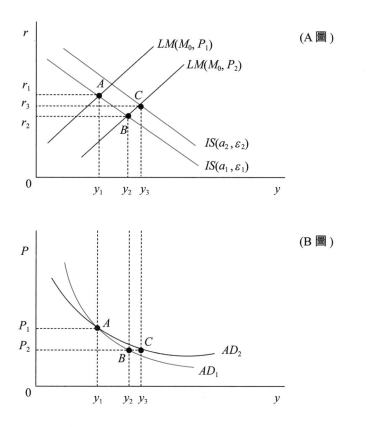

圖 18-2
總需求曲線的
形成

(A圖)

(B圖)

Alvin Hansen (1887~1975)

　　出生於美國 South Dakota 州的 Viborg。任教於 Minnesota 大學與 Harvard 大學，並在 Franklin Delano Roosevelt 總統實施「新政」(New Deal) 時代擔任政府經濟顧問。Hansen 是美國 Keynesian 學派與新古典綜合學派創立者，出版《Keynes 理論導讀》(*A Guide to Keynes*) (1953) 係當時最暢銷的 Keynesian 學派入門讀物，在發展景氣循環理論上有重大貢獻，其推演的 *IS-LM* 模型又稱 Hicks-Hansen 模型，是 Keynesian 理論的標準範本，也是所有總體理論的核心。

Robert James Shiller (1946~)

出生於美國 Michigan 州 Detroit 市。Shiller 在 1991 年利用房屋銷售價格建立 Case-Shiller 指數，關注金融市場波動和動態資產價格，對理論發展、實際操作與和政策制定產生重大影響，在 2013 年獲頒諾貝爾經濟學獎。

知識補給站

從 2001 年起，美國聯準會主席 Greenspan 為紓解網路股泡沫化引發景氣衰退，持續降低重貼現率，氾濫資金誘使金融機構對信評不佳者授信，急速擴大次級房貸市場規模。金融機構接續再將房貸證券化，房地產市場交易熱絡與房價攀升，逐漸醞釀房地產市場泡沫化現象。依據 Bloomberg 的資料顯示，在 2001~2007 年間，美國自用住宅與空屋分別成長 400 萬戶，成屋售價在 2001 年初平均才 17 萬多美元，2005 年已攀升至 27 萬美元。從 Robert Shiller 建立的美國房價指數來看，在排除通膨因素，房價在 1997~2006 年間成長約 83%。此種榮景隨著全美第二大次貸公司新世紀金融公司於 2007 年 4 月 2 日申請破產保護而掀開次貸風暴序幕，影響所及在 2008 年 7 月引爆二房事件，蔓延擴散成金融海嘯，導致金融市場信用全面緊縮而重創國際景氣。

美國聯準會研究指出，美國金融資產價值下跌 1%，家庭消費支出將滑落 0.0375%，房屋價值變化發揮的財富效果與金融資產並無兩樣。不過有些人認為房價下跌的負面財富效果遠超過其他資產，此係擁有金融資產者通常是富人，消費支出受景氣循環影響較低。反之，幾乎每個家庭都有房子，常以房屋擔保向銀行申請貸款。房價下跌減低擔保品價值，家庭能夠取得信用額度也將縮水，勢必削減消費能力，促使屋價變動的財富效果相對金融資產顯著。

不過 William Buiter (2008) 指出房價下跌並無財富效果或極為薄弱，此係房價下跌對擁有房屋數量超過本身需求者（稱為「房東」）而言，將會產生負的財富效果，但對預擬購屋或換屋者（稱為「房客」）而言，卻存在正的財富效果。大部分房主係以自用為主，不會考慮房屋交易狀況，未必關心房價漲跌（無財富效果）。由於三類消費者的決策互有消長，一旦正財富效果與負財富效果互抵，房價下跌並不影響消費支出。Buiter 不認為房價變化會改變家庭財富分配，但也有例外是房價泡沫化，房東的資產喪失泡沫價值，而房屋現值只是回歸應有價值而已，房客也未因此而獲利，此舉將使總消費支出減少。總之，房價下跌有部分原因是泡沫化，「房客」的正向財富效果事實上未如想像中大，促使房價下跌，的確會縮減消費支出。

觀念問題

❖ 太平洋的諾魯估計 2014 年的總體函數模型如下：

$$C = 10 + 0.8y$$
$$I = 50 - 2,000r$$
$$M^S = 50$$
$$L = 20 + 0.5y - 1,000r$$

試計算下列問題：(a) 該國均衡所得和利率為何？(b) 央行將貨幣供給 50 緊縮為 20，此舉對均衡所得和利率影響為何？(c) 財政部增加政府支出 20，此舉對均衡所得與利率影響為何？

❖ 試分析下列因素變動對 LM 曲線移動方向的影響為何？

(a) 國際農產品期貨價格飆漲，大幅提昇預期通膨率。

(b) 央行調低重貼現率，促使銀行降低活存利率。

(c) 國際油價重挫引導一般物價下跌。

(d) 央行從事公開市場操作，買進央行可轉讓定存單。

❖ 某國消費函數 $C = 1,000 + 0.75y_d$、投資函數 $I = 250 - 2,000r$、稅收 $T = 0.2y$、政府支出 $G = 150$、名目貨幣供給 $M^S = 600$、貨幣需求 $L = 0.5y - 1,000r$。試求該國總需求函數？當物價為 $P = 1$ 時，該國均衡所得和利率分別為何？

❖ 延續上題，該國總供給函數為 $y = 2,950 + 90P$，試求均衡所得和物價？該國自然產出為 y^* $= 3,085$，體系是否達到自然就業均衡？央行希望藉由貨幣政策實現自然就業均衡，將需如何調整貨幣供給？

❖ 試說明下列情況如何影響總需求曲線的物價彈性或斜率：

(a) 貨幣需求的利率彈性縮小。

(b) 貨幣需求的所得彈性變大。

(c) 投資支出的利率彈性縮小。

(d) 消費支出的利率彈性變大。

18.2　權衡政策效果與限制

在貨幣經濟體系，訊息不全致使人們決策出現偏誤，從而釀成景氣循環。政府為緩和循環幅度，評估當時經濟金融情勢而主動調整政策工具，導引經濟活動朝既定軌跡平穩運行。實務上，政府要精確執行政策，必須考慮下列環境限制：

A.實際管理限制　體系面臨外生衝擊，政府評估採取政策因應，相關時效問題將如圖 18-3 所示：

1. 內在落後 (inside lag)　政府面臨搜集訊息問題，而幕僚須從資料中解讀經濟活動是否顯著變化，詮釋資料顯現的涵義，評估財政政策與貨幣政策的相對效率，選擇政策工具類型與調整數量。從外生干擾發生直迄採取政策行動，當中耗費時間稱為認知落後 (recognition lag)。財政部採取財政政策，將預擬調整收支編製預算送交立法機構審定，預算通過方能付諸執行，由編製預算至執行所需時間稱為行動落後 (action lag) 或行政落後 (adiministrative lag)。反觀央行決定採取貨幣政策直至執行所需時間，亦稱行政落後。上述兩種時間落後屬於從面臨外生干擾起，直迄執行政策所需時間，同屬內部作業程序而統稱內部落後。此類時間落後端視搜集研判資料速度、行政立法機構編製與通過預算效率而定，而財政政策所需時間遠超過貨幣政策。

2. 中期落後 (intermediate lag)　財政部調整預算內容衝擊商品與金融市場，再擴散至整體經濟活動所需時間，端視當時經濟金融環境而定。至於央行調整利率或信用狀況影響經濟活動時間，則視金融機構反應與金融市場敏感度而定。比較兩種政策所需中期落後可知：財政政策所需時間短於貨幣政策。

3. 外在落後 (outside lag)　依據理性預期學派觀點，政府宣告政策影響人們預期，進而付諸行動所需時間，將是歸為外在落後，可分為兩部分：

   (a)決策落後 (decision lag)　面對公部門經濟活動或金融環境變化，人們調整決策耗費的時間。

   (b)生產落後 (production lag)　人們改變決策行為，調整消費與生產耗費的時間。

   另外，政府在 t 期「預先宣告」$t+1$ 期政策，將影響人們的 t 期決策，勢必產生時間不一致 (time inconsistency) 問題。此係政府在 t 期無法承諾其宣布的 $t+1$ 期政策，在 $t+1$ 期屆是否執行，而可能放棄先前宣告而重選政策。一旦理性成員預期政府宣告缺乏可信度，並納入 t 期決策考慮範圍，將會出現類似囚徒困境的結果。

　　比較兩種政策耗費的外在落後時間可知：貨幣政策效果迂迴轉進，必須透過人們改變決策才能發揮效果，耗時長而不確定。相對的，財政政策直接改變商品市場需求，效果明確、耗時短而確定。

圖 18-3

權衡政策效果的時間落後型態

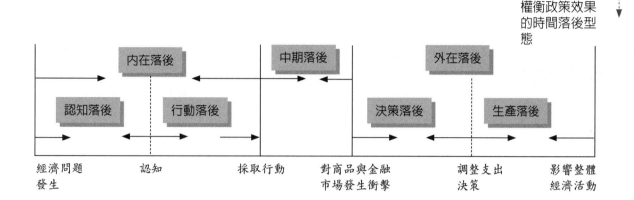

| 內在落後 | | 中期落後 | 外在落後 | |
| 認知落後 | 行動落後 | | 決策落後 | 生產落後 |

經濟問題　　　　認知　　　　採取行動　　對商品與金融　　調整支出　　影響整體
發生　　　　　　　　　　　　　　　　市場發生衝擊　　決策　　　　經濟活動

B. 政治限制　財政部以財政政策解決經濟問題，將反映在政府預算編列，產生效果不僅涉及所得分配，亦將扭轉財富分配狀態。政府執行政策理應信服下列假設：「選民應該充分了解其政策期望，同時政府執行政策終將順應選民需求」，然而該項構想往往事與願違，財政政策施行未若想像中順利。追究當中理由約有三者：

1. 訊息不全讓人們無從了解自身利益所在，經常支持偏誤的財政政策，反而擴大實質部門不穩定性。
2. 財政政策勢必引起所得與財富重分配，各種利益團體往往各顯神通，透過各種途徑影響政策內涵與施行方式，徒增政策擬定的困擾與壓力。
3. 財政政策旨在選擇公私部門間的資源配置方式，影響長期經濟成長途徑。符合體系利益最大的財政政策往往無法令個人滿意，公私利益難以調和的矛盾，導致財政政策執行與否的爭論益形複雜化與尖銳。

至於貨幣政策效果間接迂迴且具全面性，執行過程面臨的政治干擾較小。

C. 經濟限制　在經濟活動運行中，政府追求目標包括穩定通膨、充分就業、經濟成長、國際收支平衡與所得分配平均。經濟理論顯示：各種目標彼此間存在替代性或互補性，政府欲以單一財政或貨幣工具同時解決諸多問題，勢必捉襟見肘無法達成預擬目標。

綜合以上所述，政府為求穩定經濟活動運行，可採兩種操作策略：

1. 內在穩定因子 (built-in stabilizer) 或法則 (rule)　每段期間初始之際，政府事先評估經濟金融環境，將預擬達成目標所需之政策工具附著於預算制度或貨幣法則，然後依兩者內涵執行。

內在穩定因子或法則
政府事先評估經濟金融環境，將預擬達成目標所需之政策工具附著於預算制度或貨幣法則，然後依兩者內涵執行。

2. 權衡政策 (discretion)　政府視實際環境變化，主動調整財政工具（變動支出或稅收）或貨幣工具（重貼現率、法定準備率與公開市場操作）進行矯正。至於何者較適於解決經濟問題，則是見仁見智。

景氣循環主要由總需求不規則波動引起，政府透過調整貨幣工具與財政工具影響總需求，藉以紓緩循環波動幅度，兩者即稱為需求管理政策 (demand management policy)。兩種政策紓解經濟問題，何者較具效率，則成為不同學派辯論政策的焦點。

・財政政策效果

財政政策包括支出與融通兩部分，預算赤字可採課稅、發行公債或貨幣融通，而以課稅或公債融通將稱為純粹財政政策。若以貨幣融通，Keynesian 學派認為係因政府支出變動才引起貨幣數量變動，故屬財政政策。貨幣學派則認為政府支出係屬流量概念，當期支出效果剎那即逝，貨幣數量則屬存量，效果乃是永恆存在。以貨幣融通財政支出，最後僅剩貨幣數量發揮效果，故將劃入貨幣政策範圍。

在圖 18-1 中，IS 與 LM 曲線屬於正常狀態，財政部擴張支出 $(dG > 0)$ 促使 $IS(G_1)$ 曲線右移至 $IS(G_2)$。以下分兩種狀況討論：

1. 金融壓抑存在　金融壓抑讓市場利率維持在 r_1，財政部擴大恆常支出將使經濟活動由 A 點直接移往 B 點，所得擴張至 y_2。在所得擴張過程中，人們的交易性貨幣需求增加造成資金緊俏，迫使央行緩慢調整利率，削減消費與投資意願，經濟活動將由 B 點順著 $IS(G_2)$ 曲線移向 C 點而重新達成均衡，所得由 y_2 降低至 y_3，而過度擴張的 y_3y_2 部分稱為 Hicks 交易性排擠效果 (Hicksian transaction crowding-out effect)。

2. 效率金融市場　利率變化迅速反映所有訊息，金融市場恆處於均衡狀態。財政部擴大恆常支出，體系沿著 LM_1 曲線由 A 點逐步移至 C 點，利率與所得同步遞增。在此過程中，政府支出增加部分取代消費與投資，所得由 y_1 僅增加至 y_3，不會出現超額擴張至 y_2 再回降至 y_3 的現象。

再討論影響財政政策與貨幣政策效果的環境。以下將依 Keynesian 學派與古典學派對 IS-LM 曲線型態的看法來評估兩種政策效果。

1. Keynesian 學派　在短期，體系陷入投資陷阱（垂直 IS 曲線）與流動性陷阱（水平 LM 曲線）環境，財政政策將可充分發揮效果，貨幣政策卻毫無作用可言。

   (a) 圖 18-4 顯示短期消費與投資缺乏利率彈性，IS 曲線趨近於垂直，消費者和廠商不因利率變動而改變支出決策。財政部擴張恆常支出促使 $IS(G_1)$ 曲線右移至 $IS(G_2)$，體系均衡由 A 點移向 B 點，利率雖然上漲，

但因商品市場對利率變化反應薄弱，消費與投資幾乎不受影響，財政政策將能發揮擴張所得效果。反觀央行執行寬鬆政策，促使 $LM(M_1)$ 曲線右移至 $LM(M_2)$，雖然帶動利率下跌至 r_3，但因消費與投資幾乎不受利率影響，貨幣政策將是束手無策。

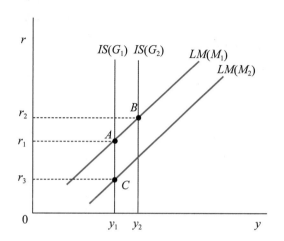

圖 18-4
投資陷阱環境

(b) 圖 18-5 顯示短期貨幣需求對利率變動極為敏感，LM 曲線趨近於水平。財政部擴張恆常支出促使 $IS(G_1)$ 曲線右移至 $IS(G_2)$，體系均衡由 A 點移向 B 點，利率不變而無法影響消費與投資支出，財政政策發揮擴張所得效果。反觀央行執行寬鬆政策帶動 $LM(M_1)$ 曲線右移至 $LM(M_2)$，利率不變無法影響消費與投資支出，貨幣政策喪失擴張所得作用。

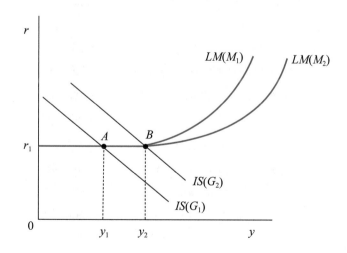

圖 18-5
流動性陷阱環境

2. 古典學派　體系在長期處於總支出具有高利率彈性（水平 IS 曲線）與缺乏利率彈性的貨幣需求（垂直 IM 曲線）環境，貨幣政策可以充分發揮效

貨幣銀行學

果，而財政政策卻無效果可言。

(a) 圖 18-6 顯示長期貨幣需求缺乏利率彈性，*LM* 曲線呈現垂直型態。財政部擴大恆常支出帶動 *IS*(*G*₁) 曲線右移至 *IS*(*G*₂)，體系均衡由 *A* 點邁向 *B* 點，利率上漲造成消費與投資支出等量減少，形成完全排擠效果 (perfect crowding-out effect) 而不影響所得，財政政策毫無效果可言。反觀央行執行寬鬆政策導引 *LM*(*M*₁) 曲線右移至 *LM*(*M*₂)，體系均衡由 *A* 點邁向 *C* 點，帶動利率下跌至 r_3，刺激消費與投資出增加，貨幣政策發揮擴張所得效果。

完全排擠效果
政府支出增加促使利率上漲，造成消費與投資支出等量減少。

圖 18-6
垂直 *LM* 曲線環境

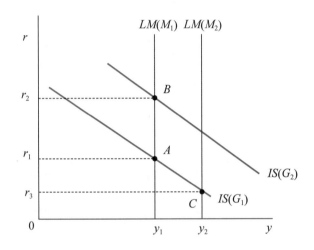

(b) 圖 18-7 顯示長期消費與投資支出具有完全利率彈性而讓 *IS* 曲線趨近於水平。財政部擴大恆常支出帶動 *IS*(*G*₁) 曲線右移至 *IS*(*G*₂)，推動利率上漲而大幅排擠消費與投資支出，將讓 *IS*(*G*₂) 曲線迅速左移回原先的 *IS*(*G*₁)，均衡所得變動極少。反觀央行執行寬鬆政策導引 *LM*(*M*₁) 曲線右移至 *LM*(*M*₂)，體系均衡由 *A* 點邁向 *C* 點帶動利率下跌至 r_3，刺激消費與投資增加，貨幣政策發揮擴張所得效果。

圖 18-7
趨近水平的 *IS* 曲線環境

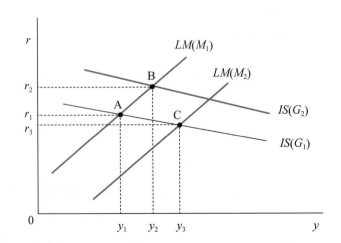

　　綜合上述攸關財政政策與貨幣政策效果討論，相關結果列於圖 18-8 作一總結。

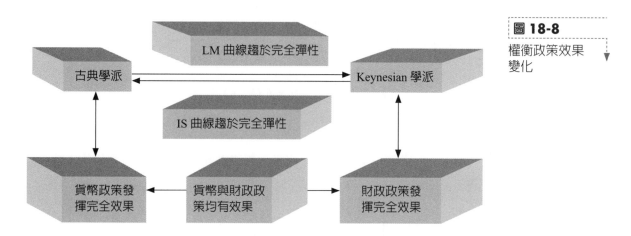

圖 18-8
權衡政策效果
變化

觀念問題

❖ 試說明央行執行貨幣政策可能面臨何種時效問題？這些時間落後對景氣可能造成何種影響？

❖ 何謂財政政策？試以 *IS-LM* 模型說明 Keynesian 學派與貨幣學派對財政政策的看法有何不同？

❖ 2007 年 7 月美國次貸事件迅速蔓延成金融海嘯重創國際景氣。行政院在 2009 年 1 月 18 日發放每人 3,600 元消費券，企圖刺激國人消費意願而能紓緩景氣衰退。試回答下列問題：
  (a) 財政部發行公債融通發放消費券支出，人們也配合積極使用消費券，此舉對經濟活動造成的短期與長期影響分別為何？
  (b) 延續上題的舉債融通策略，是否引起央行資產負債表變動？

❖ 針對封閉體系處在下列環境組合，試問央行執行貨幣政策效果為何？
  (a) 貨幣需求與投資支出的利率彈性愈大。
  (b) 貨幣需求與投資支出的利率彈性愈小。
  (c) 貨幣需求的利率彈性愈大，消費支出的利率彈性愈小。
  (d) 貨幣需求的利率彈性愈小，消費支出的利率彈性愈大。

❖ 依據中研院經濟所的實證結果顯示，台灣民眾握有貨幣並不在乎利率變動的影響，但卻非常關注利率變動對投資意願的衝擊，試評論下列敘述的正確性。
  (a) 貨幣政策效果相對顯著。
  (b) 財政政策不具排擠效果。

18.3 總體經濟均衡

生產函數係指在固定期間，廠商使用勞動 N 與資本 K 所能生產之最大產出 y，函數可表為：

$$y = F(N, K)$$
$$+, +$$

在訊息完全下，新古典學派假設人們追求效用極大，願意提供的工時將是實質工資的函數：

$$N^S = g\left(\frac{W}{P}\right) \tag{18.9}$$

P 是物價，W 是貨幣工資。就實際現象來看，在訊息不全下，勞工係以對未來物價預期 P^e 取代實際物價，上式將修正為：

$$N^S = g\left(\frac{W}{P^e}\right) \tag{18.10}$$

若就上式進行轉換，可得以貨幣工資表示的勞動供給曲線：

$$W^S = P^e g(N, K_0) \tag{18.11}$$

在完全競爭市場，廠商追求利潤極大，雇用勞動或勞動需求函數將是實質工資的函數：

$$N^D = f\left(\frac{W}{P}\right) \tag{18.12}$$

廠商同時扮演雇用因素與銷售商品的雙重角色，通常能於商品與因素市場左右逢源，確實掌握因素與商品價格動向，是以各學派均認為在追求利潤極大下，勞動需求將是實質工資的函數。就 (18.12) 式進行轉換，可得以貨幣工資表示的勞動需求曲線：

$$W^D = Pf(N, K_0) \tag{18.13}$$

　　總供給曲線 (aggregate supply curve, *AS*) 可定義為：促使勞動市場與生產部門同時均衡的物價與產出組合軌跡。以下將說明長期與短期總供給曲線。

1. **長期供給曲線 (*LAS*)**　在訊息完全下，古典學派認為勞工精確掌握物價，勞動供給是實質工資的函數，(18.11) 式中的預期物價即是實際物價，$P^e = P$，由該式與 (18.13) 兩式將可決定自然就業 N^*。在圖 18-9A 中，當物價 P_1 上漲昇至 P_2，以貨幣工資表示的勞動供需曲線等幅反向移動，勞動市場落在自然就業 N^*，貨幣工資 W_1 隨物價等比例調整至 W_2。再將 N^* 引進生產函數 $y = F(N, K_0)$，可得在資本存量固定下的總供給函數，此為圖 18-9B 中的垂直 *LAS* 曲線。在訊息不全下，新興古典學派 (new classical school) 認為勞工依據掌握的訊息 I_1 正確預期未來物價，$E(P_2|I_1) = P_2$，物價變動引導貨幣工資等幅調整，自然就業維持不變，長期供給曲線將是 *LAS*。

2. **短期供給曲線 (*SAS*)**　Keynesian 學派認為勞工缺乏物價變動訊息或貨幣工資僵化，物價變動而貨幣工資仍是 W_1。(18.13) 式即可決定就業且取決於物價 $N = h(P)$，將其代入生產函數可得 $y = F(N, K_0) = F[h(P), K_0] = f(P)$，此即圖 18-9B 中的正斜率 *SAS* 曲線。隨著實際物價上漲逐漸為勞工熟悉，要求調整貨幣工資為 W_2，短期供給曲線 $SAS(W_1)$ 將左移至 $SAS(W_2)$。

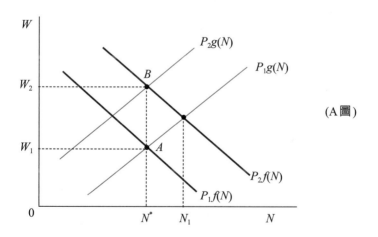

(A圖)

圖 18-9
總供給曲線

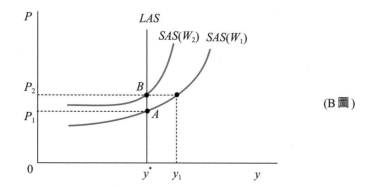

(B圖)

在圖 18-10 中，總需求曲線 *AD* 與長期總供給曲線 *LAS* 相交，體系達成長期均衡，將決定自然產出 y^* 與物價 P_0，也同時決定自然就業 N^*。體系總供給面臨來自生產因素變化干擾，或總需求遭遇消費與投資變化、政府執行政策干擾，均會改變均衡狀態。假設總需求曲線 AD_2 與短期總供給曲線 $SAS(W_0)$ 交於 *B* 點而達成短期均衡，體系短期產出大於自然產出 $y_1 > y^*$，出現膨脹缺口 (inflationay gap) 或繁榮景象，勢必引發物價上漲。另外，在 1990 年代，台灣基層金融逾放比率偏高釀成擠兌危機，形成本土性金融風暴，重創國內總需求而出現緊縮缺口 (deflatonary gap)。為紓緩景氣衰退，央行採取寬鬆政策（調降利率、增加貨幣供給），搭配財政部擴張支出，促使 *AD* 曲線沿著 $SAS(W_0)$ 曲線右移，帶動短期物價上漲與產出增加。爾後，勞工掌握物價上漲訊息，要求調高貨幣工資，帶動短期總供給曲線左移至 $SAS(W_1)$，引起物價上漲與產出下降。隨著物價持續上漲，貨幣工資持續調高，短期總供給曲線也將持續左移。當貨幣工資上漲速度趕上物價攀升速度，勞動市場重回長期均衡實質工資，產出回到原先的自然產出，亦即 AD_2、$SAS(W_2)$ 與 *LAS* 三條曲線交於 *D* 點，體系重回長期均衡。

膨脹缺口

短期實際產出超過自然產出，推動物價出現上漲壓力。

緊縮缺口

短期實際產出低於自然產出，促使物價出現下跌壓力。

圖 18-10

總體經濟均衡變動

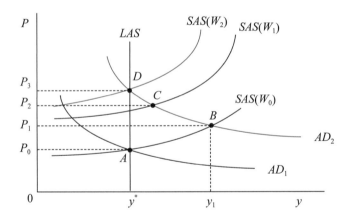

觀念問題

❖ 某國使用生產函數型態為 $y = 10N - N^2$，勞動供給函數為 $N^s = 3\left(\dfrac{W}{P}\right) - 2$，試求勞動市場均衡工資與體系總供給函數？

❖ 為因應金融海嘯，國內企業在 2008 年第四季競相採取無薪休假措施，促使央行連續調低重貼現率，立法院也通過降低營利事業所得稅法案。試以總需求與總供給模型說明台灣的產出與物價會如何改變？

❖ 政府同時採取兩項政策：(a) 央行增加發行可轉讓定期存單，(b) 立法院通過降低所得稅率法案。試以 $AD - AS$ 模型分析產出與物價如何改變？

❖ 某國總供給函數為 $y^* = 250$、總需求函數為 $y = 300 - 25P$，試計算下列問題：

(a) 均衡物價和所得為何？

(b) 體系總需求上升 10% 對均衡物價和名目所得的影響為何？

(c) 體系總供給上升 10% 對均衡物價和名目所得的影響為何？

(d) 綜合 (b) 與 (c) 題，均衡物價與名目所得將如何變化？

18.4　動態總需求與總供給模型

　　在 IS-LM 模型中，體系是由 IS 曲線（流量概念，固定期間）與 LM 曲線（存量概念，特定時點）相交來達成均衡，然而此種說法存在時間維度不一致問題。尤其是 IS-LM 模型基於物價僵化的蕭條環境，人們採取靜態預期 (static expectation)，預期通膨率為零，而讓貨幣利率等於實質利率。此種前提讓推演總需求曲線過程陷入「物價變動而預期通膨率不變」的困境，建構出的 AD 曲線充滿邏輯缺陷，相同邏輯缺陷也將出現在傳統的 AS 曲線。

靜態預期
人們對未來預期值取決於目前實際值。

　　有鑑於此，本節提出動態概念的總需求與總供給模型，聚焦在外生干擾將對體系產出率與通膨率造成何種影響。首先，將 Phillips 曲線轉化為動態總供給曲線 (dynamic aggregate supply curve, DAS)，此即反映體系內產出率與通膨率的關係，而影響長期產出率的因素是：廠商使用的技術、資本數量與不受通膨率影響的長期勞動供給，自然失業率則是對應體系的自然產出或潛在產出。Okun(1962) 提出 Okun 法則 (Okun's law)，顯示失業缺口與產出缺口呈現反向關係：

動態總供給曲線
反映體系內產出率與通膨率關係的軌跡。

Okun 法則
體系內失業缺口與產出缺口呈現反向關係。

$$\underbrace{(u - u^*)}_{\text{失業缺口}} = -a \times \underbrace{(y - y^*)}_{\text{產出缺口}}$$

$y = \ln Y$ 與 $y^* = \ln Y^*$ 是實際產出 y 與自然產出 y^* 的自然對數值。當實際產出等於自然產出 $Y = Y^*$，兩者差異為零，而產出率 (output ratio) 定義如下：

產出率
實際產出與自然產出的比值。

$$\widehat{y} = 100 \left[\ln\left(\frac{Y}{Y^*}\right) \right]$$

Arthur Melvin Okun (1928~1980)

出生於美國 New Jersey 州的 Jersey。任教於 Yale 大學,擔任 Robert F. Ken-nedy 與 Lyndon Baines Johnson 兩位總統的經濟顧問委員會成員,於 1968 年擔任該委員會主席。Okun 屬於 Keynesian 學派,長期致力於研究總體理論與經濟預測,從事政策制訂及分析。Okun 以分析公平與效率的替換關係,提出估算潛在產出的 Okun 法則而聞名於世,同時也是痛苦指數的創始者。

當 $\left(\frac{Y}{Y^*}\right) = 1$ 時,$\ln(1) = 0$,產出率等於零。接著,Friedman 與 Phelps 設定考慮預期通膨率 π^e 與自然失業率的 Phillips 曲線函數如下:(內容詳見第 19 章)

$$\pi_t = \pi_t^e + f(u_t) = \pi_t^e - b(u_t - u^*)$$

將 Okun 法則代入上述 Phillips 曲線函數,即可轉換為動態短期總供給函數 (*DSAS*)。

$$\underbrace{\pi_t}_{\text{實際通膨率}} = \underbrace{\pi_t^e}_{\text{預期通膨率}} + \underbrace{ab(y_t - y^*)}_{ab \times \text{產出缺口}} + \underbrace{cz_t}_{c \times \text{成本衝擊}}$$

Lucas 總供給函數
體系總供給取決於自然產出與通膨預期誤差。

重新整理上式可得 Lucas 總供給函數:

$$y = y^* + \left(\frac{1}{ab}\right)(\pi_t - \pi_t^e) - cz_t$$
$$= y^* + \theta(\pi_t - \pi_t^e) - cz_t$$

$\theta = \left(\frac{1}{ab}\right)$ 是實際產出對通膨預期誤差 $(\pi_t - \pi_t^e)$ 的反應係數。人們若採靜態預期形成,$\pi_t^e = \pi_{t-1}$,短期總供給函數將變成:

$$y = y^* + \theta(\pi_t - \pi_{t-1}) - cz_t$$

舉例來說,台灣在 $t - 1$ 期通膨率為 $\pi_{t-1} = 2\%$,成本衝擊為 $z_t = 0$,自然產出 $y^* = 10$。假設產出對通膨預期誤差的反應係數 $\theta = 0.5$,短期總供給函數 *DSAS* 可表為:

$$y = 10 + 0.5(\pi_t - 2\%)$$

圖 18-11 是體系動態總供給曲線 *DAS*。當實際產出等於自然產出 $y = y^*$，產出缺口 $(y - y^*) = 0$，而 $DSAS(\pi_t^e)$ 與 *DLAS* 交於 E_1 點，目前通膨率等於預期通膨率 $\pi_1 = \pi_1^e$。隨著實際產出擴張至 y_1，通膨率上升至 π_2，體系出現正產出缺口 $(y - y^*) > 0$，此即 E_2 點，連結 E_1 點與 E_2 點可得短期總供給曲線 $DSAS(\pi_1^e)$。當 $y > y^*$，Okun 法則意味著失業率下降，勞動市場趨於緊縮，廠商須提高貨幣工資，引發物價以較快速率上漲而推動通膨率攀升，而勞工也跟進調整預期通膨率，帶動短期總供給曲線左移至 $DSAS(\pi_2^e)$。值得注意者，貨幣工資與物價浮動調整性愈大，產出對通膨反應愈慢，θ 值愈小，將讓短期總供給曲線斜率愈陡。一旦貨幣工資與物價完全浮動，θ 值趨近於零，*DSAS* 趨近於垂直線而與 *LSAS* 一致，實際產出落在自然產出。

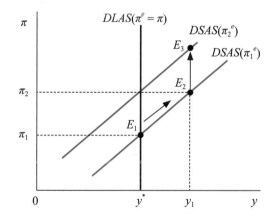

圖 **18-11**

Lucas 總供給曲線

至於引起動態長期總供給曲線 (*DLAS*) 發生移動的因素包括：

1. 體系發生資本累積、勞動供給成長與技術進步，將讓自然失業率下降，促使長期總供給 *DLAS* 曲線右移。
2. 預期通膨率攀升或成本攀升干擾，將引起短期動態總供給 *DSAS* 曲線左移。
3. 體系出現正產出缺口 $(y - y^*) > 0$ 導致通膨率上升，圖 18-11 中的 E_1 點將移往 E_2 點。產出缺口持續存在將引起預期通膨率，*DSAS* 曲線從 E_2 點往 E_3 點移動。
4. 體系出現負產出缺口 $(y - y^*) < 0$，通膨率呈現負值而讓預期通膨率變為負值，*DSAS* 曲線將左移。

Robert E. Lucas (1937~)

出生於美國 Washington 州的 Yakima。任教於 Chicago 大學。Lucas 率先將理性預期概念引進總體理論，開創理性預期學派或稱新興古典學派，在總體經濟模型、計量方法、動態經濟分析以及國際資本移動分析等層面發揮卓越貢獻，而於 1995 年獲頒諾貝爾經濟學獎。

接著，體系內總需求將重新詮釋爲產出率與通膨率的關係，也是由商品市場與貨幣市場共同形成，而商品市場均衡可表爲：

$$y = E = C\,(r, y) + I(r, y)$$
$$\quad\quad -,+ \quad\quad -,+$$

貨幣政策曲線
央行設定實質利率、通膨率及產出率的關係。

針對貨幣市場均衡狀況，Frederic S.Mishkin (2011) 改以「貨幣政策曲線」(monetary policy, *MP*) 取代傳統的 *LM* 曲線，此係反映央行設定實質利率、通膨率及產出率的關係。邁入 1980 年代後，美國聯準會基本上接受貨幣學派說法，採取「控制貨幣餘額」法則。到了 1990 年代，美國一度執行平衡預算法案，聯邦政府無法運用財政工具刺激景氣，相當程度削弱財政政策對總體經濟活動影響，促使貨幣政策成爲管理需求的主要工具，聯準會跟著轉向以「調整名目利率」的 Taylor 法則 (Taylor's rule) 來取代「控制貨幣餘額」法則，此即央行針對通膨率變化 $(\pi - \pi^*)$ 與失業率變化 $(u - u^*)$ 來調整名目利率。

$$i = i^* + a(\pi - \pi^*) - b(u - u^*)$$

i 是名目利率，i^* 是名目利率目標，π 是通膨率，π^* 是通膨率目標或預期通膨率，u 與 u^* 是實際與自然失業率，$a > 0$、$b > 0$。央行擬定的 i^* 與 π^* 目標相互聯繫，在實質利率固定下，名目利率與通膨率呈現一對一關係。實務上，許多國家的央行改採追求利率目標，適時調整貨幣供給來達成利率目標。依據 Fisher 方程式，實質利率可表爲：

$$r = i - \pi^e$$

上式顯示：當實際與預期通膨率不變，名目利率變動將會改變實質利率。

接著，我們簡化 Taylor 法則型態並設定貨幣政策曲線如下：

$$r = \bar{r} + \lambda\pi$$

$\bar{r}$ 是央行設定實質利率的自發性項目，與目前通膨率無關。λ 是央行關注實質利率對通膨率的反應係數。圖 18-12 中的貨幣政策曲線可表爲：

$$r = 1\% + 0.5\pi$$

在 A 點，通膨率爲 $\pi = 1\%$，央行設定實質利率 1.5%；在 B 點，通膨率爲 $\pi = 2\%$，央行設定實質利率 2%；在 C 點，通膨率爲 $\pi = 3\%$，央行設定實質利率爲 2.5%。連結這三點可得正斜率貨幣政策曲線 MP。在通膨期間，央行調整名目利率幅度若低於通膨率，將讓實質利率下跌而刺激總支出增加，勢必擴大通膨波動而超出控制範圍：

$$\underset{\text{實際通膨率}}{\pi}\uparrow \Rightarrow \underset{\text{預期通膨率}}{\pi^e}\uparrow \Rightarrow \underset{\text{實質利率}}{\underbrace{r(\text{名目利率若未調整})}}\downarrow \Rightarrow \underset{\text{實質支出}}{\underbrace{E(C+I)}}\uparrow \Rightarrow \underset{\text{總產出}}{y}\uparrow \Rightarrow \underset{\text{實際通膨率}}{\pi}\uparrow$$

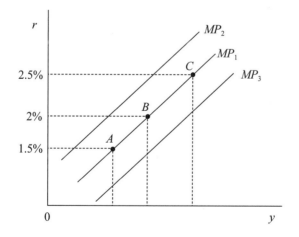

圖 18-12
貨幣政策曲線

有鑑於此，央行遵循 Taylor 原則，在通膨期間調高名目利率幅度超過預期通膨率，推動實質利率上升，此係 MP 曲線呈現正斜率的理由。一般而言，央行提高實質利率 $\bar{r}$ 即是緊縮貨幣政策，MP_1 曲線左移至 MP_2；反之，降低實質利率即是寬鬆貨幣政策，MP_1 曲線右移至 MP_3。至於動態總需求曲線 (dynamic aggregate demand, DAD) 是結合 IS 曲線與 MP 曲線而成，亦即：「通膨率與產出率的組合能讓商品市場達成均衡的軌跡」。在預期通膨率固定與央行採

動態總需求曲線
通膨率與產出率的組合能讓商品市場達成均衡的軌跡。

貨幣銀行學

取貨幣政策已知下，總需求曲線即是反映產出率與通膨率均衡關係的軌跡。將貨幣政策曲線方程式代入商品市場均衡式，可得總需求函數如下：

$$y = C(\bar{r} + \lambda\pi, y) + I(\bar{r} + \lambda\pi, y)$$

就上式全微分，經整理可得 *DAD* 曲線斜率：

$$\frac{d\pi}{dy}\Big|_{DAD} = \frac{1 - C_y - I_y}{\lambda(C_r + I_r)} < 0$$

圖 18-13 顯示：當 *DAD* 曲線與 *DLAS* 曲線相交，體系處於長期均衡，通膨率為 π^*，自然產出率為 y^*。體系發生通膨來源有二：

1. **需求面衝擊** 名目支出成長率（如政府支出增加、降稅、自發性淨出口擴張、消費者與廠商信心樂觀、以及自發性貨幣政策 $\bar{r}$ 變動）恆常性加速進行，促使總需求曲線 DAD_1 右移至 DAD_2，體系短期均衡將落在 *B* 點，推動通膨率攀升至 π_1。

2. **供給面衝擊** 實際通膨率上升帶動預期通膨率攀升，引起貨幣工資上漲。另外，廠商生產成本增加（如國際油價、原料或農產品價格飆漲），促使短期總供給曲線左移，將會推動通膨率上升。唯有當 DAD_2、$DSAS(\pi^e = \pi_2)$ 與 $DLAS(\pi^e = \pi)$ 三條線交於 *C* 點，體系將回復長期均衡。

圖 18-13
總體經濟均衡

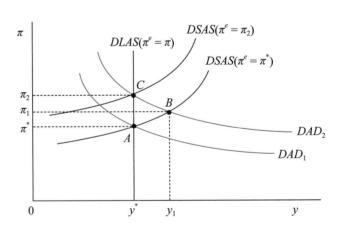

540

觀念問題

❖ 試說明引起短期總供給曲線移動的因素為何？這些因素也會讓長期總供給曲線移動嗎？為什麼？

❖ 當體系短期實際產出超過自然產出，體系將如何調整至長期均衡？

❖ 體系原先處於長期均衡狀態，正向需求衝擊將會引發何種短期與長期效果？

❖ 何謂 Okun 法則？如何結合該法則與 Phillips 曲線而推演出短期總供給曲線？

Frederic Mishkin (1951~)

出生於美國紐約。任教於 Columbia 大學與 Chicago 大學，曾經擔任 NBER 研究人員、聯邦存款保險公司研究員、紐約準備銀行執行副總裁，以及聯邦準備銀行公開市場操作委員會經濟學者、世界銀行、中美洲發展銀行與 IMF 顧問。Mishkin 關注貨幣政策及其對金融市場與總體經濟的衝擊，並出版《貨幣、銀行與金融市場的經濟學》(*Economics of Money, Banking, and Financial Markets*) 而聞名於世。

問題研討

小組討論題

一、選擇題

1. 國發會綜合各部會意見，擬定採取權衡政策建議案。理論上，何種建議案係屬錯誤？ (a) 台灣民眾決策深受 Pigou 效果影響，彭總裁執行寬鬆貨幣政策，將促使 *IS* 與 *LM* 曲線同時移動 (b) 台灣落入流動性陷阱環境，彭總裁採取寬鬆貨幣政策對利率無影響 (c) 台灣處於投資陷阱環境，財政部長力主擴大公共支出將無效果 (d) 台灣處於流動性陷阱，財政部長力主擴大公共支出，將不會引發交易性排擠效果

2. 主計總處公布台灣出口訂單連續出現十個月衰退，景氣衰退現象日益明顯。同時，台灣的消費函數為 $C = 350 + cy$、投資支出 $I = 100$、政府支出 $G = 50$，貨幣市場均衡為 $\left(\frac{M_0}{P}\right) = my - 3{,}000r$。有關台灣經濟環境的敘述，何者正確？ (a) 處於流動性陷阱環境 (b) 陷入投資陷阱環境 (c) 財政部擴大支出將產生完全排擠效果 (d) 央行採取寬鬆政策較為有效

3. 財政部執行擴張政策，何種狀況發生的機率極低？ (a) 發放老人年金容易引發直接排擠效果 (b) 央行配合採取量化寬鬆政策，排擠效果將達到最大 (c) 中央政府編列預算擴建南港軟體科學園區，可能衍生拉入效果 (d) 央行採取金融壓抑政策，財政部擴大支出將引發交易性排擠效果

4. 台灣金融市場掉落在流動性陷阱環境，何種現象將不可能出現？ (a)*LM* 曲線具有完全利率彈性，但總需求曲線卻缺乏物價彈性 (b) 央行執行量化寬鬆政策，將無法帶動利率下降 (c) 財政部擴張公共支出，將不會遭致排擠效果 (d) 央行增加通貨發行，人們將未雨綢繆保留在身邊，以預防景氣惡化的不時之需

5. 謝教授設定台灣的 *IS* 曲線方程式為：$y = C(y) + I(r) + G$。當央行彭總裁採取量化寬鬆政策或財政部長採取擴大支出政策，對經濟活動產生的影響，何者正確？ (a) 兩者都會擴大消費支出 (b) 兩者均會帶動投資支出增加 (c) 兩者同時降低消費與投資支出 (d) 兩者同時擴大消費與投資支出

二、問答題

1. 試利用 *IS-LM* 模型回答下列問題：(a) 財政部擴大恆常支出，均衡所得和利率將如何變化？(b) 財政部僅是擴大臨時支出，前述結果是否有所不同？

2. 台灣目前有來自各國的外籍勞工。試利用 *AD-AS* 模型說明，外籍勞工來台

工作對台灣物價與實質 *GDP* 的影響。(請說明所作的假設。)

3. 何謂政府預算限制式？試以 *IS-LM* 模型比較發行公債或貨幣融通政府消費，何者擴張性較大？

4. 政府執行某項經建計畫造成預算赤字，考慮以發行公債籌措財源。

    (1) 試討論政府發行公債對利率的影響。

    (2) 人們預期政府未來勢必加稅清償公債本息，從而決定提高儲蓄。試問在此種情形下，政府發行公債對利率的影響為何？

5. 多數企業對未來景氣走勢喪失信心，央行理監事會因而決議採取寬鬆貨幣政策，試問體系內產出與物價將如何調整？

6. 政府考慮選擇財政政策或貨幣政策來刺激景氣。試以 *IS-LM* 模型說明投資支出與貨幣需求的利率彈性高低，將如何影響兩種政策的有效性？在何種情況下，你會建議政府採取擴張性貨幣政策？

7. 央行在貨幣市場買進央行可轉讓定存單，試問將對利率、所得與物價造成何種影響？

8. 何謂排擠效果？試以 *IS-LM* 模型分析財政部以央行繳庫盈餘融通公共建設支出，是否會排擠民間支出？

9. 試分析 2008 年爆發金融海嘯的背景原因。隨著金融海嘯發生後，各國央行紛紛調低利率壓制人們存款意願，同時激發借款需求，試說明該項政策造成的短期與長期影響。

10. 試說明 *IS-LM* 曲線的利率彈性與投資需求及貨幣需求利率彈性間之關聯性。

11. 針對下列環境，試以 *IS-LM* 模型比較財政政策與貨幣政策之有效性。

    (a) 投資需求的利率彈性較小，貨幣需求的利率彈性較大。

    (b) 投資需求的利率彈性較大，貨幣需求的利率彈性較小。

12. 央行經濟研究處利用 1990~2000 年與 2001~2011 年兩段期間的時間數列資料，驗證台灣實質貨幣需求函數，分別獲得兩條迴歸方程式，所有解釋變數的係數值均為顯著：

1990~2000　　$\ln m_t = 0.5\ln y_t - 0.01\ln i_t + 0.3\ln m_{t-1}$

2001~2011　　$\ln m_t = 0.01\ln y_t - 0.5\ln i_t + 0.4\ln m_{t-1}$

$m = \dfrac{M}{P}$ 是實質貨幣餘額，y 是實質所得，i 是 90 天期商業本票利率。在其他條件不變下，試以 *IS-LM* 模型回答下列問題：

    (a) 在這兩段期間，台灣實質部門呈現隨機波動，央行採取釘住貨幣餘額或利率策略，何者將可發揮較佳效果？

    (b) 在這兩段期間各自爆發亞洲金融風暴與金融海嘯，政府採取權衡貨幣政策或財政政策來紓緩景氣衰退困境，何種政策效果將會較佳？

13. 何謂「公債貨幣化」？為何許多人反對「公債貨幣化」？

14. 隨著體系邁入 e- 貨幣時代，人們使用電子錢包與 i-cash 甚為頻繁，試說明此舉對貨幣供給、貨幣需求、貨幣流通速度、物價與利率之影響。

15. 為紓解 2008 年金融海嘯造成的景氣衰退，政府大幅擴張支出而形成債台高築現象。試問財政部可採哪些方式籌措資金？這些方式各自帶來何種可能影響？

16. 主計總處建立台灣的理性預期總體模型如下：

總需求函數　$y = D(P, G, M, w)$

總供給函數　$y = y^* + \beta(P - P^e)$

$D_P < 0 < D_G$、D_M、D_w，y 與 y^* 是實際與自然產出、P 與 P^e 是實際與與預期物價、G 是政府支出、M 是貨幣供給量、$\beta > 0$，w 是總需求的隨機干擾因素，符合 $E(w) = 0$ 且變異數為常數的常態分配。試回答以下問題：

(a) 試畫出長期與短期總供給曲線，以及總需求曲線。

(b) 央行未預期提高貨幣供給，對體系長期與短期均衡會產生何種影響？

三、計算題

1. 主計總處估計台灣使用的總體生產函數為：

$$y = A(100N - 0.4N^2)$$

y 為產出、A 為生產力、N 為勞動數量。假設初始的生產力 $A = 1$。試問：

(a) 台灣勞動供給為 $N_1^S = 44 + 0.1w$，w 為實質工資。試計算均衡就業、實質工資及產出。

(b) 台灣出現技術進步而讓 $A = 1.1$，試計算新的實質工資。

(c) 台灣勞動供給若變為 $N_1^S = 2 + 0.8w$。試計算 $A = 1$ 與 $A = 1.1$ 的實質工資。

(d) 試問 N_1^S 與 N_2^S 曲線的斜率何者較陡？依據實際資料顯示，實質工資具有順景氣循環性質，不過變化幅度相對有限。主計總處若以實質景氣循環模型模擬生產力衝擊對體系造成的影響，試說明應選擇斜率較陡或較平坦之勞動供給？

2. 國發會建立台灣總體模型如下：

消費函數　$C = 300 + 0.8y$

投資函數　$I = 600 - 8,000r$

政府支出　$G = 200$

實質貨幣需求　$L = 0.8y - 8,000r$

名目貨幣供給　$M^S = 1,600$。

y 是實質產出，$P = 1$ 是物價。試計算下列問題：

(a) IS 與 LM 曲線方程式及斜率為何？

(b) 均衡實質產出與利率爲何？

(c) 央行擴大貨幣供給爲 $M^s = 1,800$，新均衡實質產出與利率爲何？

(d) AD 方程式與斜率爲何？

(e) 政府增加支出爲 $G = 400$，試問可能因此出現的排擠效果爲何？

(f) 試分析 IS 曲線愈陡，貨幣政策與財政政策效果將如何變化？

(g) 試分析 LM 曲線愈平坦，貨幣政策與財政政策效果將如何變化？

3. 貨幣政策或財政政策何者相對有效，是貨幣學派與 Keynesian 學派爭論的重點。謝教授以 1990 年爲分界點，估計台灣國內民間支出（消費與投資支出）與貨幣需求函數的迴歸式分別如下：

1970~1990
$$L_t = 1,350 + 0.35y_t - 2,100r_t$$
$$E_t = 3,840 + 0.8y_t - 1,000r_t$$

1991~2010
$$L_t = 850 + 0.20y_t - 500r_t$$
$$E_t = 6,840 + 0.6y_t - 4,500r_t$$

假設央行完全掌控貨幣數量。在其他條件不變下，試問在兩段期間內，政府採取何種政策將可發揮較佳效果？

4. 台灣使用生產函數 $y = N^{2/3}K^{1/3}$ 生產，勞動人口 $N = 800$，資本存量 $K = 100$。試計算下列問題：

(a) 試以實質工資表示台灣的勞動需求函數？

(b) 在完全競爭勞動市場下，台灣達成自然就業的實質工資爲何？

(c)《勞基法》明訂最低實質工資爲 2/3 個單位的實質產出（即物價爲 1 時，名目工資爲 2/3），此舉對台灣就業與實質產出的影響爲何？

(d) 台灣出現技術進步而讓使生產函數變爲 $y = N^{2/3}K^{1/3}$，試問在上述最低實質工資規範下，就業與實質產出將如何變化？

👍 網路練習題

1. 試前往中央銀行網站 http://www.cbc.gov.tw/ 與財政部網站 http:www.mof.gov.tw，查詢央行總裁與財政部長爲因應金融海嘯對國內景氣衝擊，已經採取哪些擴張政策？

19

通貨膨脹理論

個案導讀 ●

Philip Cagan (1956) 在《惡性通膨的貨幣性動態理論》(*Monetary Dynamics of Hyperinflation*) 中，將每月通膨率超過 50% 的物價上漲現象稱為惡性或超級通膨。在 1913~1918 年第一次大戰期間，德國央行發行貨幣餘額增加 8.5 倍，馬克相對美元貶值 50%。但從 1921 年起，德國央行發行貨幣餘額猶如火山爆發，當年較 1918 年增加 5 倍，1922 年較 1921 年增加 10 倍，1923 年又較 1922 年增加 7,253 萬倍。在 1923~1924 年間，德國物價曾在每 49 小時上漲一倍，1922 年的貨幣最高面值是 5 萬馬克，邁入 1923 年後卻暴增至 100 兆馬克，而當年底，420 億馬克才能兌換 1 美分！此種現象讓物價從 1923 年 8 月起奔向天文數字，一片麵包或一張郵票竟然要價 1,000 億馬克，德國工人每天的工資須支付兩次，拿到錢後需在一小時內花完。

非洲南部內陸國辛巴威 (Zimbabwe) 的通膨率曾於 2008 年飆到驚人的百分之五千億，辛幣已成廢紙，而於 2009 年改以美元與南非幣作為流通貨幣。在辛巴威經濟危機最嚴重之際，人們以塑膠袋裝著大筆紙鈔購買民生物資，物價每天至少調漲兩次。辛巴威央行在 2008 年發行辛幣最大面額是 100 兆，卻不足以讓人們搭乘巴士上班一週。為解決困擾長久的惡性通膨並改變多貨幣體系，Robert Gabriel Mugabe 總統在 2015 年 6 月宣布廢棄辛幣，央行總裁 John Mangudya 表示自 2015 年 6 月 15 日起至 9 月止，帳戶結存餘額未超過 17.5 萬兆辛幣一律兌換 5 美元，超過此數則以 3.5 萬兆辛幣兌換 1 美元標準計算。人們持有 2008 年之前發行的舊鈔，則以每 250 兆辛幣換取 1 美元，辛巴威央行已經備妥 2,000 萬美元兌換辛幣。

上述惡性通膨案例有些是陳年往事，辛巴威案例卻是現在進行式。傳統上，政府時時憂心通膨夢魘罩頂，央行則以穩定通膨為己任。然而金融海嘯後，傳統通膨卻逆轉為通縮，成為各國央行傷透腦筋的重大隱憂。本章首先探究通膨過程、類型與其弊病。其次，將說明 Phillips 曲線的起源與理論演變，說明 1970 年代石油危機釀成停滯性膨脹的原因與紓解方法。隨著金融海嘯後，全球因信用緊縮而陷入通縮狀態，各國央行無不積極量化寬鬆，嚴陣以待。有關通縮的形成與影響將作一說明。

19.1　通貨膨脹

個體理論關心單一商品價格的決定與變化，而總濟理論則是關注所有商品與勞務平均價格（以物價指數衡量）的決定與變動趨勢。物價指數 (price index) 係指在固定期間，一籃商品與勞務依其相對重要性加權平均的價格，衡量物價變化將隱含下列意義：

物價指數
在固定期間，一籃商品與勞務依其相對重要性加權平均的價格。

1. **時間上的平均**　每月上旬物價上漲可能被下旬物價下跌抵消。
2. **地區間的平均**　台北市某項商品漲價可能因高雄市跌價而導致平均漲幅不大。
3. **項目的平均**　食物類物價上漲可能被電器類物價下跌抵消。

經過多重平均後的物價指數變動，顯然相對單一商品價格變動不敏感，而與人們感受差距頗大。物價指數的重要類型包括：

消費者物價指數
衡量一籃商品與勞務價格相對基期物價的比值。

1. **消費者物價指數 (consumer price index, *CPI*)**　衡量一籃商品與勞務價格相對基期物價的比值，衡量人們在某段期間購買商品與勞務的平均成本，反映的物價包括食品、服裝、住屋、燃料、交通費用、醫療費用、藥品等日常生活所需購買的商品與勞務。該指數屬於廣泛採用的通膨指標，也是央行關切的經濟數據。在貨幣經濟體系，都市居民並未直接生產所有商品，而是經由市場交易以貨幣換取消費財。是以消費者物價指數將反映人們生活水準變化，提供政府擬定政策、廠商調整薪資或勞工簽訂勞動契約的參考指標。

躉售物價指數
依據大宗物資批發價格的加權平均價格編製的物價指數。

2. **躉售物價指數 (wholesale price index, *WPI*)**　依據大宗物資批發價格的加權平均價格編製的物價指數，用於衡量廠商間第一次交易（不含公司內部移轉）之所有商品價格變動情形，採取總供給概念（本國產值加進口值）計算權數結構，除按基本分類編製外，另依產地來源區分為國產品（含國產

內銷品及出口品）及進口品物價。前者即是生產者物價指數，用於反映國內產出價格變化，另依銷售地區分爲內銷品及出口品物價，內銷品（含國產內銷品及進口品）物價可作爲觀察消費者物價變化之領先指標。

蔓售物價指數代表商品供給面的物價指數，係反映生產商品或勞務成本的指數，將能顯示生產成本變化，提供廠商結清長期債務與重估資產價值的訊息。反觀消費者物價指數代表商品需求面的物價指數，或反映支付購買商品或勞務的零售價格。兩種指數間的差異將是涵蓋零售商的利潤、折舊、企業間接稅、政府補貼與企業移轉支付等項目。

3. 進出口物價指數　進口物價指數 (import price index, *IPI*) 採取 *CIF* 價格，出口物價指數 (export price index, *EPI*) 則爲 *FOB* 價格，進口稅率調降不影響前者但卻影響後者。政府爲掌握貿易變化契機，選擇重要進出口商品的國內批發價格或產地價格編製進出口物價指數。對開放體系而言，進出口物價指數揭露三項涵義：

(a) 本國對外貿易條件 $\varepsilon = \left(\dfrac{eP_z^*}{P_x}\right)$，$P_z^*$ 與 P_x 分別是進口品的國外價格與出口品的國內價格，e 是匯率。進出口物價指數變動將反映貿易條件或國際競爭力變化，可提供央行調整匯率的訊息。

(b) 物價係由非貿易財與貿易財（進口財與出口財）兩者價格加權平均而得，進出口物價變化將影響物價指數變化，帶動輸入性通膨，係政府採取權衡政策的重要指標。

(c) 廠商出口面臨外國配額限制，政府可依出口財物價指數核定外銷廠商配額。尤其是央行持有外匯準備匱乏，可依進口財物價指數分配進口商外匯數量。

4. *GDP* 物價平減指數 (implicit *GDP* deflator)　以當期價格計算 $GDP_t = \sum_{i=1}^{n} P_i^t Q_i^t$，再除以實質 gdp（以基期價格計算 $gdp_t = \sum_{i=1}^{n} P_i^{t-1} Q_i^t$），可得 *GDP* 平減指數。

$$real\ gdp_t = \sum_{i=1}^{n} P_i^{t-1} Q_i^t$$
$$GDP\ price\ deflator = \frac{GDP_t}{real\ gdp_t}$$

物價指數是人們在不同期間購買相同商品組合所需支出的比值，衡量方式包括：

1. Laspeyres 指數　以購買的商品組合數量爲權數，而對不同期間的商品價格加權的比值，亦即將權數固定在基期。消費者物價指數係以此方式計算。

Laspeyres 指數
以基期購買的商品組合數量爲權數，而對不同期間的商品價格加權的比值。

$$P_L = \frac{\sum P_t Q_0}{\sum P_0 Q_0}$$

Q_0 是基期的商品消費組合，P_0 與 P_t 分別是基期與 t 期的商品價格。

Paasche 指數
以本期購買的商品組合數量為權數，而對不同期間的商品價格加權的比值。

2. Paasche 指數　以 t 期購買的商品組合數量為權數，再以不同期間的商品價格加權的比值，亦即將權數固定在 t 期。GDP 物價平減指數系以此方式計算。

$$P_P = \frac{\sum P_t Q_t}{\sum P_0 Q_t}$$

Q_0 是 t 期的商品消費組合。

Fisher 指數
又稱連鎖權數，係 Laspeyres 指數與 Paasche 指數的幾何平均值。

3. Fisher 指數　上述指數各有偏誤，Irving Fisher 提出連鎖權數 (chain-weight) 修正。

$$P_F = \sqrt{(P_L \times P_P)}$$

通貨膨脹
物價持續上漲的過程，或貨幣價值持續貶低的現象。

接著，通貨膨脹 (inflation) 係物價持續上漲的過程，或貨幣價值持續貶低的現象，主計總處通常以 CPI 膨脹率來衡量通膨率。

$$通膨率 = \frac{當期消費者物價指數 - 上期消費者物價指數}{上期消費者物價指數}$$

圖 19-1 是完整的通膨過程，包括需求拉動與成本推動兩個階段。

1. 需求拉動　貨幣因素（貨幣數量激增）或非貨幣因素變化刺激消費與投資意願，促使商品市場出現超額需求，零售商與批發商保有存貨遽降，必須向製造業增加訂單。隨著超額商品需求持續出現，透過零售商、批發商而上溯至製造業的訂單增加過程，將誘使後者擴大生產因素與原料需求。在該調整階段中，廠商係以增加訂單與削減存貨策略因應超額商品需求，屬於數量調整性質。

2. 成本推動 (cost push)　短期因素供給缺乏彈性，製造業擴大因素需求，推動因素價格攀升而使體系邁入價格調整階段。因素價格攀升帶動生產成本遞增，成本轉嫁循著產銷過程由上游往下游推進，直接反映於商品價格變化。在商品價格調整過程中，金融環境寬鬆與否扮演重要角色。如果金融環境寬鬆，將出現製造業的商品出廠價格、大盤與中盤價格同時上漲，WPI 呈現攀升現象。爾後，商品零售價格與市場價格跟進調高，CPI 接續

攀升反映通膨已經成形。金融環境若處於適當狀態，生產成本遞增推動商品價格調整，調整幅度則視個別商品供需變化而定，某些產業在調整過程中陷入困境，央行若以寬鬆政策紓困，則將支持通膨發展。

　綜合上述兩者，需求拉動與成本推動分別代表廠商採取數量或價格調整來消除超額需求的過程，尤其在獲得央行擴張政策支持下，則是宣告通膨成形，勢必引爆通膨預期，推動通膨過程持續進行。此時，央行維持貨幣政策不變或改採緊縮政策，則會促成產業結構轉型，但卻面臨短期失業率上漲現象。

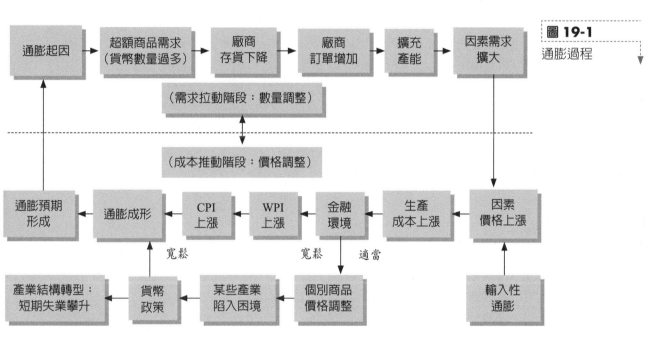

圖 19-1
通膨過程

從 1937 年起，中國爆發對日戰爭，接續國共內戰，自此陷入惡性通膨，並在 1946~1949 年間奔向高峰。1947 年發行鈔票面額 5 萬元，到了 1948 年面額已飆破 1.8 億元。法幣發行餘額從 1945 年的 5,569 億元激增至 1946 年的 8.2 兆元，1948 年更飆向 660 兆元。當時輿論指出，中國百業蕭條，唯一日夜匯懪的工業是鈔票印刷業。在 1948 年，國民政府推出貨幣改革方案，以金圓券取代原有的法幣，未及一年，金圓券面額迅速膨脹至千萬元，偏遠的新疆省銀行在 1949 年甚至發行面額 60 億元的紙幣。

　二次大戰結束後，日本台灣總督府發行的「台灣銀行券」在 1946 年改稱「台幣」。隨著國共內戰爆發，台灣必須運送大量民間米、鹽、糖、礦物等資源支援，導致在 1945~1949 年間深陷惡性通膨循環，物價一日數變，每年漲幅在 500%~1,200% 之間，台幣發行面額迅速膨脹至 100 萬元。在 1949 年 6 月 15 日，政府實施幣制改革，每 4 萬元舊

台幣兌換 1 元新台幣，同時搭配許多措施，包括舉辦優利存款鼓勵儲蓄、充實財政收入撙節支出、積極修復生產設備擴大生產、激勵農民增產等，物價逐漸回復平穩，通膨現象逐漸消失。

在 1980 年，辛巴威獨立時的 1 元辛幣約值 1.5 美元，爾後通膨狂飆和經濟崩潰讓辛幣嚴重貶值，很多機構轉用美元。邁入 21 世紀，辛巴威深陷惡性通膨循環，2004 年初的通膨率攀升至 624%，雖一度稍降，但於 2006 年 4 月續創 1,042.9% 新高。到了 2006 年 5 月，政府發行 60 兆元辛幣支付軍警 300% 與公務員 200% 的加薪，卻未見諸於當年預算案，也未知資金來源為何。在 2007 年 6 月，辛巴威通膨率從預估 9,000% 飆升至 11,000%。在 2008 年 5 月 5 日，辛巴威央行發行面值 1 億元和 2.5 億元的鈔票，10 天後發行的無記名支票面值已達 5 億元（當時約等於 2.5 美元），稍後的 7 月 21 日則出現一系列面值 50 億元、250 億元、500 億元和 1,000 億元的「特別農民支票」。在 2008 年 5 月，通膨率飆升到 2,200,000%，6 月更超過 11,200,000%，7 月則是發行 1,000 億元面額紙鈔以因應脫韁的通膨，但在黑市僅夠買 1 美元的一條麵包。2008 年 12 月，辛巴威更發行面額 100 兆元新鈔，實際僅值 25 美元，而央行掛牌的匯率是 200 億辛幣兌換 1 美元，黑市匯率至少要 900 億辛幣才能兌換 1 美元。

觀念問題

❖ 丹麥僅有畜牧業與漁業兩種產業，兩者在 2005 年與 2009 年的價格與產量分別為 (P_a, Q_a) = $(0.5, 4)_{2005}$、(P_a, Q_a) = $(1, 5)_{2009}$、(P_o, Q_o) = $(1, 3)_{2005}$、(P_o, Q_o) = $(1.5, 5)_{2009}$。若以 2005 年為基期，試計算 2009 年的 GDP 平減指數為何？

❖ 國際油價從 2009 年 3 月每桶不到 34 美元一路漲至 2010 年 8 月的 80 美元，帶動台灣進口油價上漲，試問其對國內 CPI 指數與 GDP 平減指數的影響為何？

❖ 依據主計總處公布，台灣在 2006 年的名目 GDP 為 74,775.40 億元，若以 2001 年價格計算，當年實質 gdp 為 65,176.25 億元，試問 2006 年的 GDP 平減指數為何？

通膨過程涵蓋需求拉動與成本推動兩階段，是以通膨主要類型有二：

需求拉動通膨
商品市場持續出現超額需求，引發物價持續揚昇。

1. 需求面通膨　此即需求拉動通膨 (demand-pull inflation)。商品市場持續出現超額需求，引發物價持續揚昇。在紙幣制度下，央行可在無資產準備下發行貨幣，擴張需求而釀成通膨，是以 Friedman (1963) 基於貨幣數量學說指出「通膨隨時隨地為貨幣現象」。台灣屬於小型開放體系，國內發生通膨將擴大國外商品進口，以平抑物價，是以物價波動與貨幣成長率的關

係未如貨幣數量學說顯示的密切。另外，在經濟發展過程中，各部門不平衡發展，成長產業的勞動需求遞增帶動貨幣工資攀升，引發物價上漲。衰退產業的勞動需求減少，卻因貨幣工資僵化而未調低，致使該產業物價無法下跌。綜合兩者結果顯示因部門發展失衡而引發通膨，即是結構性通膨 (structural inflation) 或需求移轉通膨 (demand-shift inflation)。

結構性通膨
又稱需求移轉通膨。部門發展失衡而引發通膨。

2. 供給面通膨脹　此即成本推動通膨 (cost-push inflation)。廠商生產成本上升，導致總供給下降促使物價上漲。假設央行嚴格控制貨幣數量，切斷融通生產成本攀升的力量，商品價格將依個別供需彈性或轉嫁成本條件而呈升降互現，持續性物價上漲無從發生。成本推動通膨多數源自市場不完全性，型態有下列三種：

成本推動通膨
廠商生產成本上升，導致總供給下降促使物價上漲。

(a) 工資推動通膨 (wage-push inflation)　工會要求過高貨幣工資，經由成本加成轉嫁至商品價格，總供給縮減而讓物價躍升。

工資推動通膨
工會要求過高貨幣工資，促使總供給縮減而讓物價躍升。

(b) 利潤推動通膨 (profit-push inflation)　製造業聯合壟斷以減產哄抬價格，提高利潤加成造成總供給減少與物價攀升。

利潤推動通膨
製造業聯合壟斷提高利潤加成，造成總供給減少與物價攀升。

(c) 輸入性通膨 (imported inflation)　體系倚賴進口原料生產，國際商品與原料價格上漲或匯率巨貶造成進口成本大漲，總供給減少引發物價攀升。

輸入性通膨
國際商品與原料價格上漲或匯率巨貶造成進口成本大漲，總供給減少引發物價攀升。

人們決策跨越未來，而以契約做為聯繫橋樑。貨幣扮演契約單位，在不同期間的價值迥異，人們若能確實預測通膨率，透過指數化調整契約內容，此即預期通膨 (anticipated inflation)，相對價格不受影響，僅存貨幣價值貶低效果。反之，非預期通膨改變相對價格，促使人們調整決策改變資源配置，後遺症端視未預期部分大小而定：

預期通膨
人們確實預測通膨率，透過指數化調整契約內容。

1. 重分配效果　金融資產發行往往忽略物價因素，非預期通膨改變金融資產實質價值，將實質財富由債權人移轉給債務人。另外，勞動契約通常附有期限，貨幣工資無法視通膨而適時調整，造成實質勞動所得惡化，而廠商利潤（資本所得）卻因工資與原料成本未能反映物價揚昇而暫呈遞增現象。

2. 資源配置扭曲　通膨是物價持續揚昇現象，理論上並未改變相對物價與資源配置。然而訊息不全混淆相對與絕對物價變動，為求規避實質財富貶值損失，人們競相將資產組合轉向以實體資產為主，除助長投機盛行與資源誤用外，更降低儲蓄意願與資本累積速度。換言之，物價波動遽烈致使廠商須隨時調整價目表，形成菜單成本 (menu cost) 增加現象。人們追求規避貨幣購買力貶值損失，汲汲營營奔走於銀行與市場間，形成鞋皮成本 (shoe-leather cost) 遞增。兩者均屬資源配置扭曲的結果，釀成社會福祉的無謂損失。

菜單成本
物價波動遽烈致使廠商須隨時調整價目表而增加成本現象。

鞋皮成本
人們為規避貨幣購買力貶值損失，頻繁奔走於銀行與市場間而增加支付的成本。

3. 國際收支惡化　在通膨期間，國內物價相對高於國際物價，貿易條件惡化不利本國商品出口，貿易帳盈餘縮水甚至反轉成逆差。物價攀升貶低國幣實質購買力，名目利率若未等幅調升，必然引起資金外流，形成金融帳逆差。一旦金融帳與貿易帳餘額反轉成逆差，國幣貶值壓力日趨擴大。

觀念問題

❖ 何謂通貨膨脹？可以區分成哪些類型？在 2008 年 7 月初，國際原油價格飆漲至每桶 148.5 美元，試說明台灣面臨何種型態通膨？

❖ 隨著國際油價從每桶超過 100 美元持續崩跌至每桶 40 美元，引爆體系發生未預期通縮，試問將對經濟活動造成何種衝擊？

19.2　Phillips 曲線理論

　　依據前章討論，短期經濟脈動將如圖 19-2 的總需求與總供給變化所示。就靜態而言，經濟活動結果將反映在物價、產出與就業三者間的水準變化；但就動態而言，經濟活動結果則是呈現通膨率、經濟成長率與失業率三者間的互動。圖 19-2 顯示體系初始狀態係落在總需求 AD_1 與長期總供給 LAS 相交的 E_1 點，達成長期自然就業均衡。此後，經濟活動變化可能出現四種情況：

1. 景氣擴張　總需求擴張至 AD_2 而與短期總供給 SAS_1 交於 E_2 點，出現物價與產出增加的繁榮狀態。就動態而言，則將呈現正經濟成長率與通膨率、低失業率組合。

2. 景氣衰退　總需求緊縮至 AD_3 而與短期總供給 SAS_1 交於 E_3 點，形成物價與產出齊跌的衰退現象。就動態而言，則將呈現負經濟成長率、高失業率與通縮率組合。

停滯性膨脹
物價與失業同時攀升的現象。

3. 停滯性膨脹 (stagnation)　1970 年代油價飆漲推動廠商生產成本上升，短期總供給 SAS_1 左移至 SAS_2 而與總需求 AD_1 交於 E_4 點，出現物價上漲而產出減少的停滯性膨脹狀態。就動態而言，則將呈現負經濟成長率、高失業率與通膨率組合。

新經濟
低失業率與低通膨率同時並存的現象。

4. 新經濟 (new economy)　從 1990 年代初期起，通訊網路技術進步與農產品價格邊跌大幅降低生產成本，短期總供給 SAS_1 右移 SAS_3 而與總需求 AD_1 交於 E_5 點，出現物價下跌與產出增加狀態。就動態而言，美國曾出現近 10 年的高成長率、低失業率與通膨率組合。

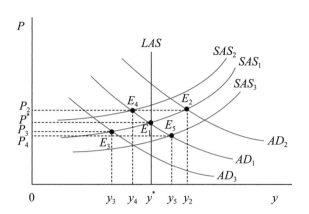

圖 19-2
短期總體經濟
活動變化

Fisher (1926) 率先在《失業與物價變動的統計關係》(*A Statistical Relation between Unemployment and Price Changes*) 中，指出通膨率與失業率間存在負相關，但因大蕭條而乏人注意。直至 Phillips (1958) 由「勞動市場供需變化」著眼，證實貨幣工資膨脹率與失業率間存在負向關係。爾後，Lipsey (1960) 加入戰場，推演出反映貨幣工資膨脹率 $\dot{W}$ 與失業率 u 關係的軌跡，此即 Phillips-Lipsey 曲線，函數型態設定為：

$$\dot{W} = \alpha + \beta u^{-1} \tag{19.1}$$

除上述關係外，實際資料顯示失業率與貨幣工資膨脹率間尚有類似圖 19-3 的環狀關係。針對此種現象，Phillips 認為在既定失業率 $\bar{u}$ 下，景氣復甦期間的勞動需求壓力較強，貨幣工資膨脹率 $\dot{W}_2$ 顯著超越平均水準 $\dot{W}_1$。反之，體系深陷蕭條，勞動需求壓力轉弱，貨幣工資膨脹率 $\dot{W}_3$ 往往低於平均水準 $\dot{W}_1$。隨著景氣循環起伏，總體 Phillips 曲線在某區域內將呈循環現象。是以貨幣工資膨脹率不僅決定於失業率，且與失業率變動密切相關，Phillips 曲線的函數可修正為：

$$\dot{W} = f\left(u, \frac{du}{dt}\right)$$

除上述變數外，解釋貨幣工資膨脹率的因素尚包括：

1. 過去通膨率　通膨促使生活成本上漲，勞工據此要求調整貨幣工資，從而反映通膨趨勢。
2. 生產力成長率　在既定失業率下，技術進步或勞動生產力提昇促使勞動需求遞增，帶動貨幣工資出現上升現象。

3. 公司利潤率　公司獲利率愈高，工會要求提昇貨幣工資壓力愈大。

4. 工會獨占　工會力量愈強將會提昇貨幣工資上漲壓力。

5. 實施工資與物價指導綱領。

6. 社會安全保險　政府實施全民健保與國民年金等社會安全保險，勞工為維持繳納保費後的所得不變，將要求提高貨幣工資。

圖 19-3

Phillips-Lipsey
曲線

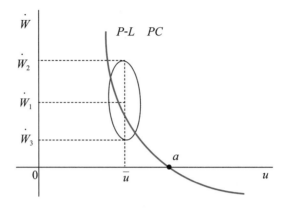

Alban William Phillips (1914~1975)

　　出生於紐西蘭 Rehunga。任教於英國倫敦學院、澳洲大學與紐西蘭 Auckland 大學。Phillips 在《英國失業與貨幣工資變動率的關係，1861~1957》(*The Relation Between Unemployment and the Rate of Change of Money Wage in United Kingdom, 1861~1957*) (1958) 中，指出貨幣工資變動率與失業率呈負向關係，成為 Phillips 曲線的原始理論基礎。

Richard George Lipsey (1928~)

　　出生於加拿大 British Columbia 的 Victoria。任教於英國倫敦學院、加拿大 Ontario 的 Queen 大學，以及擔任英國 Essex 大學經濟系主任與社會學院院長，同時也曾擔任 C.D. Howe 機構的資深研究員。Lipsey 發表《英國失業與貨幣工資變動率的關係：深入分析，1862~1957》(*The Relation between Unemployment and the Rate of Change of Money Wage Rates in the United Kingdom, 1862-1957: A Further Analysis*) (1960)，奠定 Phillips 曲線的原始理論基礎。

假設廠商基於單位勞動成本，考慮利潤差額與固定成本折舊後，訂定商品
價格如下：

$$P = (1 + \theta)\left(\frac{WN}{Q}\right)$$
$$= (1 + \theta)\left(\frac{W}{AP_N}\right)$$

Q 是實質產出，θ 是利潤加碼 (profit-margin)，(WN / Q) 是單位勞動成本，AP_N
是勞動平均生產力。就上式取自然對數：

$$\ln P = \ln(1 + \theta) + \ln W - \ln AP_N$$

就上式對時間微分，可得：

$$\pi = \dot{W} - \lambda \tag{19.2}$$

π 是通膨率，$\dot{W} = \dfrac{d \ln W}{dt}$ 是貨幣工資膨脹率，$\lambda = \dfrac{d \ln AP_N}{dt}$ 是勞動生產力成長
率。考慮勞動生產力成長的影響後，(19.1) 式修正為：

$$\dot{W} = \alpha + \beta u^{-1} + \delta \lambda \tag{19.3}$$

$\beta > 0$、$0 \leq \delta \leq 1$。將 (19.2) 式代入上式，經整理可得 Samuelson-Solow 型態的
Phillips 曲線，反映失業率與通膨率間的關係：

$$\pi = \alpha + \beta u^{-1} - (1 - \delta)\lambda$$

上式顯示：體系內通膨率取決於勞動市場需求壓力 βu^{-1}，以及勞動生產力
成長未反映於貨幣工資上漲的部分 $(1 - \delta)\lambda$。在圖 19-4 中，Samuelson-Solow
(S-S) 的 Phillips 曲線相對 Phillips-Lipsey (P-L) 曲線，將向下移動 $(1 - \delta)\lambda$ 距離。
Phillips 曲線上各點反映通膨率變化係由需求面變化引起，係屬需求拉動通
膨，每年實際通膨率和失業率只是某一 Phillips 曲線上的一點而已。在短期，
經濟波動主要來自需求面，通膨率和失業率間存在反向關係。政府採取擴張政
策刺激總需求以降低失業率，必然造成通膨率上升。相反的，採取緊縮政策壓
制總需求以降低通膨，則須忍受失業率上升的結果。

美國共和黨 Ronald Regan 在 1980 年參選總統，問美國人民：「你的生活優於四年前嗎？」，當時美國通膨率 13.5%、失業率 7.1%，兩者之和即是 Okun 於 1970 年代提出的「痛苦指數」(misery index)，該年痛苦指數高達 20.6%。通膨率攀升讓人們所得縮水，失業率擴大則讓所得無著落者增加，兩者均屬痛苦之事。是以政府擬定政策應以對抗通膨與降低失業率為最終目標，設定社會福利函數 μ 為失業率與通膨率的函數：

痛苦指數
通膨率與失業率之和。

$$Max \quad \mu = \mu(\pi, u)$$
$$-, -$$
$$St. \quad \pi = f(u)$$

政府面對 Phillips 曲線代表的經濟環境限制，追求社會福祉最大。當兩條軌跡相切於 A 點或 B 點，社會福祉達於最大。值得注意者：不論 A 點或 B 點僅是政府在特定期間選擇的最適組合，無法持續適用至下期，至於選擇何點則視社會福利函數型態而定。政府若認為 A 點失業率 u_1 過高，可採貨幣融通預算赤字，經由 Keynesian 學派的乘數效果運作，失業率隨即下降、通膨率則反向遞增，體系所處狀態將由 A 點移至 B 點。

圖 19-4
P-L 與 S-S 型態
的 Phillips 曲線

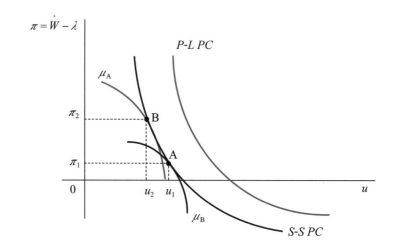

1997 年 7 月發生亞洲金融風暴，亞洲各國出現貨幣重貶、股市重挫現象。為讓各界知道各國經濟痛苦程度，東南亞實務界提出「金融痛苦指數」(financial misery index) 概念，計算某段期間，該國匯率貶值率與股價下跌率合計的數值，除衡量人們對金融市場變動的感受程度外，也可衡量特定期間內人們財富縮水程度。國幣貶值會使人們擁有財富相對國外購買力降低，股市下跌則減低人們持有股票價值，兩者均造成財富縮水，讓人們感受生活痛苦。金融痛苦指

金融痛苦指數
匯率貶值率與股價下跌率的總和。

數愈大，代表人們因財富縮水而感受痛苦愈強烈；反之，數值愈小代表痛苦程度愈低。

Paul Anthony Samuelson (1915~2009)

出生於美國 Indiana 州 Gary。任教於 MIT 大學、擔任 Guggenheim 基金會研究員、美國財政部經濟顧問，聯邦準備銀行經濟諮詢委員會顧問與美國國際經濟學會會長。Samuelson 研究涉及經濟理論諸多領域，被譽為經濟學界最後一個通才，出版《經濟分析的基礎》(*Foundations of Economic Analysis*) (1947)，以數學方式表述經濟理論，奠定研究經濟學領域的基礎。Samuelson 的《經濟學》更是在《國富論》問世後，繼 John Miller 的《政治經濟學原理》(1848) 與 Alfred Marshall 的《經濟學原理》(1890) 兩本書的第三部集大成之作，並於 1970 年獲頒諾貝爾經濟學獎。

Friedman (1977) 在《Nobel 演講：通膨與失業》(*Nobel Lecture：Inflation and Unemployment*) 中，將 Phillips 曲線理論發展分為三階段：

1. 通膨率與失業率間存在穩定替換關係的 Phillips 曲線。
2. 採取靜態預期形成的短期 Phillips 曲線，以及採取適應預期 (adaptive expectation) 形成的長期垂直於自然失業率上的 Phillips 曲線。
3. 景氣循環期間，通膨率與失業率呈同向變動的正斜率 Phillips 曲線。

> **適應預期**
> 人們基於過去經驗來形成未來預期。

實務上，政府選定 Phillips 曲線上的某一點，即是製造某一通膨率，人們短期或可遭愚弄，但歷經一段期間的訊息傳播後，即會調整預期與決策行為，Phillips 曲線隨之移動。是以 Friedman 指稱的後兩種 Phillips 曲線理論發展，即在探索通膨率與失業率長期是否仍具有替換關係。

> **自然失業率臆說**
> 通膨率與失業率長期不具替代關係。

1. 自然失業率臆說 (natural rate of unemployment hypothesis, NRU)

   Friedman(1968) 指出在不同失業水準下，引起勞動市場調整的是實質工資而非貨幣工資。自然失業率 u^*(natural rate of unemployment) 係指在勞動與商品市場的結構性特徵已知下，如市場不完全性、供需隨機變異性、職業空缺與可用勞動訊息及勞工移動成本等因素，勞動市場達成均衡而仍存在的失業率（包括結構性與摩擦性失業）。一旦勞動需求激增而促使實際失業率低於 u^*，自然產生實質工資上漲壓力。反之，則出現實質工資下跌壓力。唯有實際與自然失業率一致，此時的實質工資方能維持勞動

> **自然失業率**
> 在勞動與商品市場的結構性特徵已知下，勞動市場達成均衡而仍存在的失業率。

市場均衡。Friedman 與 Phelps 將預期通膨率 π^e 與自然失業率 u^* 引進傳統 Phillips 曲線：

$$\pi_t = \pi_t^e + f(u_t) = \underbrace{\pi_t^e}_{\text{預期通膨率}} - b\underbrace{(u_t - u^*)}_{\substack{\text{商品市場或勞動市場}\\\text{超額需求}}}$$

假設人們採取適應預期方式形成通膨預期：

$$\pi_t^e = \theta\pi_{t-1} + (1 - \theta)\pi_{t-1}^e$$

綜合上述兩式可知：實際通膨率將視預期通膨率、實際與自然失業率間的差額 $(u_t - u_t^*)$（相當於商品市場或勞動市場超額需求）而定。在圖 19-5 中，每條短期 Phillips 曲線對應不同預期通膨率，且隨預期變化而移動。當預期通膨率 $\pi^e = 0$ 且 $u = u^*$，體系處於長期均衡狀態。假設政府追求控制失業率，採取權衡政策壓低實際失業率至 u_t，短期通膨率將上漲至 π_1。短期內，勞工與廠商無法精確掌握物價變動，勞工初期視貨幣工資上漲為實質工資提高，樂意增加工作時間，降低摩擦性或尋找性失業。廠商初期則視物價上漲為商品需求或相對價格遞增，意謂著以商品衡量的實質工資下跌，樂意僱用更多勞工。就在勞資雙方誤解貨幣工資與物價波動內涵下，失業率自然由 u^* 降至 u_t。

實際物價上漲促使人們修正預期通膨率，經由調整預期過程，短期 Phillips 曲線將順著 B 與 C 點朝 D 點移動。隨著人們充分預期通膨率 π_1 後，Phillips 曲線維持穩定而不再移動，實際失業率又回復自然失業率。該學說接續引伸出加速論者臆說 (accelerationist hypothesis)，央行追求維持低失業率，唯有加速擴張貨幣成長率，持續製造實際與預期通膨率間的分歧 $(\pi - \pi^e) > 0$，才能達成壓抑失業率的目標。該學說具有兩項政策涵義：

加速論者臆說
央行唯有加速擴張貨幣成長率，持續製造實際與預期通膨率間的分歧，才能達成壓抑失業率的目標。

(a) 央行僅能在釘住失業率與穩定通膨間做一取捨。若欲釘住失業率，結果將是長期採取寬鬆政策加速通膨方可奏功。隨著央行穩定通膨後，失業率將回歸至自然失業率。

穩定狀態
體系達成長期均衡成長狀態。

(b) 在眾多調整途徑中，央行可選擇一條達成穩定狀態 (steady state) 通膨率軌跡。央行為抑低通膨率，透過緊縮政策創造蕭條環境，導引實際通膨率低於預期通膨率，促使後者向下修正，短期 Phillips 曲線隨之左移，逐漸達成低通膨率目標。

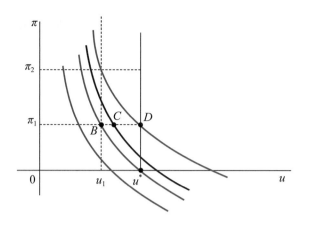

圖 19-5

Friedman-Phelps
型態的 Phillips
曲線

2. 無加速通膨失業率臆說 (nonaccelerating-inflation rate of unemployment hypothesis, NAIRU)　無加速通膨失業率 (NAIRU) 是指穩定通膨下的失業率。依據 N. Batini 與 J. Greenslade (2006) 的說法，基於 Phillips 曲線模型，體系在無需求面和供給面衝擊下，能讓通膨維持長期均衡的失業率即稱為長期 NAIRU。短期 NAIRU 則指在通膨仍受失業率缺口之外的變數影響下，能讓通膨穩定的失業率。NAIRU 是隨時間變動 (time-varying) 且無法觀察的數值，對擬定政策扮演舉足輕重角色。一般而言，實際失業率與 NAIRU 的缺口（即失業率缺口或循環失業率）可用以評估通膨或通縮壓力。實際失業率低於NAIRU意味著具有通膨壓力；反之，具有通縮壓力。Tobin(1968) 領銜的新 Keynesian 學派認為 NRU 臆說強調「預期通膨率的係數為 1」的說法無法符合實際現象，長期 Phillips 曲線的預期通膨率係數顯著小於 1，而且長短期 Phillips 曲線均具穩定性，此係訊息不全讓勞工存在貨幣幻覺 (money illusion)，貨幣工資上升係對人們的獎勵，縱使實質所得未獲同等好處。是以 Phillips 曲線的函數可再表為：

無加速通膨失業率臆說

基於 Phillips 曲線模型，體系在無需求面與供給面衝擊下，能讓通膨維持長期均衡的失業率。

貨幣幻覺

人們決策僅對名目變數價值反應，忽略實質價值變化。

$$\pi_t = \theta\pi_t^e + f(u_t)$$

在長期，人們充分預期通膨率，長期 Phillips 曲線變為：

$$\pi_t = \frac{f(u_t)}{1-\theta}$$

在圖 19-6 中，央行採取寬鬆政策壓抑失業率至 u_1，體系由長期穩定狀態的 u^* 循短期 Phillips 曲線 $\pi = f(u)$ 上移至 A 點。此時實際通膨率大於預期通膨率 $\pi_1 > \pi^e = 0$，帶動短期 Phillips 曲線上移，直至兩者趨於一致，長短

期 Phillips 曲線交於 B 點為止，此時 $\pi_2 = \dfrac{f(u_1)}{1-\theta}$，寬鬆貨幣政策長期仍能發揮效果。

圖 **19-6**

Tobin 的長短期 Phillips 曲線

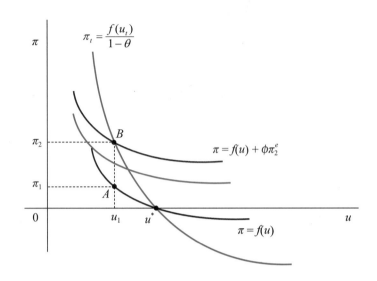

實際失業率大於 NAIRU 表示存在循環性失業率，而 NAIRU 與循環性失業率各占實際失業率比重高低，將有不同政策意涵。循環性失業率比重較高，政府採取擴張政策將是關注促進就業措施，有助於降低失業率。反之，NAIRU 比重較高，政府仍採擴張政策，不僅降低失業率效果有限，且可能引發通膨率攀升，此時較適宜採取產業、勞動及教育政策來降低 NAIRU。

理性預期臆說

人們基於所獲得的訊息來形成預期，促使政府政策僅能影響物價而無實質效果。

3. 理性預期臆說 (rational expectation hypothesis)　在景氣循環期間，金融體系基於正常價格或物價穩定概念運作，央行追求穩定通膨，以時而擴張時而緊縮的「停停走走」(stop and go) 政策頻繁干涉，不僅擴大實際與預期通膨率間的差距，並引發兩種效果：

(a) 通膨變異性遞增必然縮短訂定契約的最適期限，除降低市場效率外，並導致資源錯誤配置。

(b) 通膨變異性擴大，攸關相對價格變動訊息將因通膨中的噪音充斥，致使人們無從獲取正確訊息供做決策參考，體系運作將喪失效率。

Friedman 雖以上述理由說明 Phillips 曲線在轉型期間可能呈現正斜率，卻無法證實 Phillips 曲線轉為正斜率。Lucas (1972) 與 Sargent (1973) 採取上述看法，認為人們利用攸關經濟結構的訊息形成通膨預期，自然失業率臆說包括三部分：

1. 在訊息不全下，以自然失業率臆說型態表示的 Phillips 曲線為：

$$\pi_t = \pi_t^e - b(u_t - u^*) + \varepsilon_t \tag{19.4}$$

ε_t 是無時間數列相關的隨機變數，平均數 $E(\varepsilon_t) = 0$，變異數為 σ_ε^2。

2. 在訊息不全下，超額需求函數可表為：

$$\underbrace{(u_t - u^*)}_{\text{商品超額需求}} = \theta\underbrace{(m_t - \pi_t)}_{\text{實質貨幣餘額}} + \eta_t \tag{19.5}$$

體系內超額需求 $(u_t - u^*)$ 可表為實質貨幣餘額的遞增函數，而後者 $(m_t - \pi_t)$ 可用貨幣成長率 m_t 超過通膨率 π_t 表示。η_t 是超額需求方程式的隨機干擾項，平均數 $E(\eta_t) = 0$，變異數為 σ_η^2。

3. 人們採取理性預期形成

$$\pi_t^e = E(\pi_t \mid I_{t-1})$$

I_{t-1} 是 $(t-1)$ 期的訊息。綜合 (19.4) 與 (19.5) 兩式，可得實際通膨率方程式如下：

$$\pi_t = \frac{\pi_t^e + b\theta m_t + \varepsilon_t - b\eta_t}{1 + b\theta} \tag{19.6}$$

在 I_{t-1} 已知下，針對上式取條件性預期，可得通膨率的理性預期值：

$$\pi_t^e = E(\pi_t \mid I_{t-1}) = \frac{E(\pi_t \mid I_{t-1}) + b\theta E(m_t \mid I_{t-1})}{1 + b\theta}$$

重新整理上式，可得：

$$\pi_t^e = E(\pi_t \mid I_{t-1}) = E(m_t \mid I_{t-1})$$

上式意謂著理性預期通膨率將等於預期貨幣成長率 $E(m_t \mid I_{t-1})$，將其代入 (19.6) 式，可得實際通膨率為：

$$\pi_t = \frac{E(m_t \mid I_{t-1}) + b\theta m_t + \varepsilon_t - b\eta_t}{1 + b\theta} \tag{19.7}$$

央行若能控制貨幣成長率且在 $(t-1)$ 期預先公布，則依理性預期形成，人們將能正確預期貨幣成長率：

$$E(m_t | I_{t-1}) = m_t$$

再將上式代入 (19.7) 式，可得：

$$\pi_t = E(m_t | I_{t-1}) + \frac{\varepsilon_t - b\eta_t}{1 + b\theta}$$

上式涵義為：實際通膨率是預期貨幣成長率與隨機變數組合之和。再將前述兩式代入 (19.5) 式，可求出實際失業率如下：

$$u_t = u^* + \frac{\theta\varepsilon_t + b\eta_t}{1 + b\theta}$$

人們採取理性預期形成，實際失業率將在自然失業率附近隨機波動。央行提高貨幣成長率訊息若為人們知悉，通膨預期將迅速調整，短期 Phillips 曲線也會迅速移動，失業率與通膨率間的替換關係隨之消失。在此，理性預期臆說雖可解釋體系內失業率波動情況，卻難以詮釋在景氣循環過程中，失業率呈現持續波動現象，亦即實際失業率與自然失業率出現分歧，僅能由兩個隨機項 $(\varepsilon_t \cdot \eta_t)$ 解釋，但兩者則與形成預期所需的各種變數值無關。

Edmund S. Phelps (1933~)

出生於美國 Illinois 州 Evanston。任教於 Yale 大學、賓州大學與 Columbia 大學，並擔任 Brookings 經濟事務委員會資深顧問、聯準會學術會議專家、財政部和參議院金融委員會顧問。Phelps 關注 Phillips 曲線理論的研究，運用資訊不對稱理論研究自然失業率、隱性勞動契約、滯後效果與失業等議題，嘗試建立總體理論的個體基礎。此外，Phelps 提出經濟成長「黃金律」(golden rule)，探討勞動和資本間的關係，分析產業發展與技術進步間的關係，透過資本投入和增加研發支出來達到技術進步，並於 2006 年獲頒諾貝爾經濟學獎。

觀念問題

❖ 理性預期臆說內容為何？在該臆說中，長短期 Phillips 曲線何以呈現垂直型態？

❖ 試評論：人們採取理性預期形成，唯有未預期貨幣政策才會發揮實質效果。

❖ 試說明政府短期內可藉由提高通膨壓低失業率，但在長期卻會失效？

❖ 試說明下列現象對總供給曲線與 Phillips 曲線造成的影響。

 (a) 景氣復甦推動貨幣工資上漲。

 (b) 出口競爭力衰退。

 (c) 金融創新盛行，縮小貨幣需求的利率彈性。

 (d) 通訊網路技術進步與普及化。

19.3　停滯性膨脹

 在 1970 年代，石油輸出組織國家 (OPEC) 大幅調整油價，石油進口國紛紛陷入蕭條困境。就台灣而言，1973 年的首次油價飆漲帶動消費者物價上漲率為 47.47%，當年實質經濟成長率為 −1.3%。稍後，消費者物價膨脹率在隔年遽降為 5.24%，實質經濟成長率仍僅有 1.1%。在 1979~1981 年的第二次油價飆漲期間，1979 年的消費者物價膨脹率為 9.75%、1980 年為 19.01%、1981 年為 16.34%，同期間的實質經濟成長率分別為 4.8%、4.6% 與 4.6%。邁入 2005 年後，國際市場再度出現「黑金」（石油）、「綠金」（農產品）與「黃金」三金價格齊漲，國際景氣頓時陷入停滯性膨脹狀態。在三金價格調整過程中，台灣經濟呈現物價攀升與經濟成長率低於長期應有水準現象。是以停滯性膨脹定義為：景氣蕭條（或低經濟成長率）與高通膨率並存的現象，而探究發生原因有二：

1. 在景氣循環後期，停滯性膨脹係出現需求拉動通膨後的調整過程。

2. 供給面衝擊或成本推動通膨是停滯性膨脹的成因之一。

 圖 19-7 顯示總需求 AD_0 與總供給 $AS_0(P_0^*)$ 曲線相交而落在自然產出 y_0，均衡價格等於預期價格 $P_0 = P_0^*$。體系面臨供給面干擾，如自然災害（地震、水災或惡劣氣候）、自然資源壟斷、貿易條件惡化、勞動生產力下降、工資或利潤加成上漲，促使 $AS_0(P_0^*)$ 曲線左移至 $AS_1(P_0^*)$。在新的短期均衡 B 點，實質產出下降（反映失業擴大）與物價上漲。面對景氣蕭條，央行採取寬鬆政策因應，總需求曲線 AD_0 將右移至 AD_1，物價持續上漲至 P_1。實際物價上漲誘發

勞工調整預期物價爲 P_1^*，要求調升貨幣工資而讓 $AS_1(P_0^*)$ 左移至 $AS_2(P_1^*)$，短期實質產出勢必又低於 y_0。央行爲維持自然產出 y^* 不變，再度將總需求 AD_1 右移至 AD_2，在短期均衡 E 點，勞工預期物價 P_1^* 又與實際物價 P_2 發生落差，勢必持續調整預期，短期總供給持續左移，造成物價上漲與實質產出下降（失業擴大）。是以央行持續再以寬鬆政策紓緩失業問題，總需求又將右移。當總需求與總供給兩曲線反覆運作持續發生，體系將出現 AB、CD 與 EF 等階段的停滯性膨脹期間。

圖 19-7
停滯性膨脹的
形成

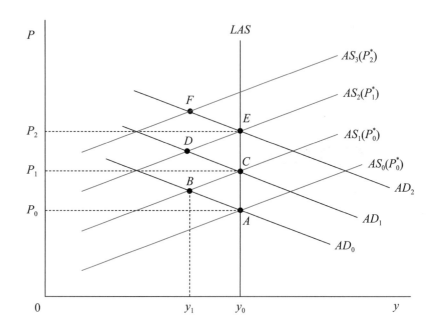

在圖 19-8 中，逆向供給干擾將讓短期總供給 $DSAS_1(\pi^e = \pi_1)$ 左移至 $DSAS_2(\pi^e = \pi_1)$，央行採取因應政策類型如下：

中性政策

央行追求穩定名目產出率，控制貨幣成長率以維持總需求不變。

1. **中性政策 (neutral policy)**　央行追求穩定名目產出率 $Y^* = \pi \cdot y$，控制貨幣成長率以維持總需求不變，短期均衡移往 L 點，實際產出率降爲 y_1，通膨率上升至 π_2。勞工接續調整預期通膨率，帶動短期總供給 $DSAS_2(\pi^e = \pi_1)$ 左移至 $DSAS(\pi^e = \pi_2)$。在總需求 DAD_1 不變下，實際產出率再度下降，失業率持續擴大迫使貨幣工資反轉下跌，短期總供給曲線則轉向右移，逐漸回歸至最初的 E 點。

調節性政策

央行追求穩定自然產出率，採取寬鬆政策促使總需求增加。

2. **調節性政策 (accommodating policy)**　央行追求穩定自然產出率 y^*，採取寬鬆政策促使總需求 DAD_1 右移至 DAD_2，短期均衡落在 N 點，通膨率攀升至 π_3。人們接續調整預期通膨率，要求提高貨幣工資而讓短期總供給再左移，實際產出率下降迫使央行持續量化寬鬆，讓總需求增加以回復自然產出率，引發通膨率進一步上漲。此一現象反覆發生讓通膨率螺旋式上

漲，甚至引爆惡性通膨。

3. 滅火政策 (extinguishing policy) 央行追求穩定通膨率 π_1，緊縮貨幣供給將總需求 DAD_1 左移至 DAD_3，帶動體系邁向 M 點，實際產出率則降至 y_2 而陷入衰退。實際通膨率不變促使預期通膨率不變，但因實際產出率萎縮（蕭條）意味著失業率擴大，貨幣工資面臨下跌壓力帶動短期總供給曲線緩步右移，逐漸回歸至初始的 E 點，此種政策即是冷火雞政策 (cold-turkey policy)。

滅火政策

央行追求穩定通膨，緊縮貨幣供給促使總需求下降。

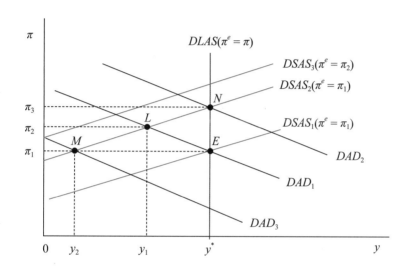

圖 19-8

停滯性膨脹的央行因應政策類型

冷火雞政策

央行採取緊縮政策促使實際產出率萎縮（失業率擴大），貨幣工資面臨下跌壓力帶動總供給曲線右移，從而降低通膨。

政府採取需求管理政策紓解經濟問題，勢必造成物價變動，引發人們調整價格預期，致使政策效果不彰。是以 1980 年代的供給學派 (supply side economics) 遂從供給面著手，採取降低勞動成本、刺激工作誘因與生產力、凍結物價等供給導向政策或所得政策 (income policy) 著手解決。

供給學派

主張採取降低勞動成本、刺激工作誘因與生產力、凍結物價等供給導向政策解決通膨問題。

1. 工資與物價標竿政策 該政策強調不具通膨威脅的工資協定條件為：「任何產業的貨幣工資上漲率應該等於全面的生產力成長率」。在完全競爭體系，廠商追求利潤最大，將雇用勞動至實質工資等於勞動邊際產量，由此衍生下列結果：

$$\pi = \dot{W} - \dot{F}_N$$

$\dot{F}_N$ 是生產力成長率。上式顯示：政府若要維持物價不變，實質工資上漲率必須等於生產力成長率。

2. 凍結工資與物價措施 政策是否見效端視初始環境（超額需求程度）、控

制的理解性及執行嚴格性而定。不過價格管制引發負效果包括：

(a) 政府須承擔管理機構與執行組織的成本，廠商則需負擔預先通知政府價格形成決策、隨時報告價格變更決策與維持特殊幕僚保證遵守管制等成本。

(b) 造成資源配置錯誤與形成全面生產活動下降。

(c) 妨礙廠商決定價格及勞資雙方談判工資自由度下降。

3. 指數化契約　政府將契約與物價連結，隨著物價波動調整，避免非預期通膨造成實質財富重分配。假設勞動契約充分指數化，勞工實際上是在辨識實質工資而非貨幣工資，而後者可表為：

$$\dot{W} = \dot{W}^* + \pi$$

$\dot{W}^*$是契約簽定的貨幣工資膨脹率（假設 $\pi = 0$），π 是指契約期間的消費者物價指數膨脹率。

4. 政府推動人力資源計畫撮合失業者與既存空缺，可降低失業津貼或保險給付，縮短勞工持續失業期間。兩者將可降低摩擦性失業，移動長期 Phillips 曲線，促使既定通膨率下的失業率能夠下降。

知識補給站

　　1970 年代初期，Mundell (1974) 多次批評美國經濟政策，提出迥異於 Keynesian 學派的論點，如反對 Ford 政府徵收附加所得稅控制物價計畫，主張降低稅率、鼓勵生產與恢復金本位、穩定美元價值來抑制通膨，成為供給學派的起源。供給學派認為，1929~1933 年期間的大蕭條並非有效需求不足，而是政府實施一系列錯誤政策造成。供給學派肯定古典 Say 法則正確性，強調總供給的重要性，確認產出成長取決於勞動、資本與效率利用。在市場經濟，人們追求報酬或利潤而提供因素或從事營運，而政府政策是影響人們決策的關鍵因素，財政政策則扮演重要角色。

　　在分析政策效果時，Keynesian 學派強調政策對所得與支出的影響，供給學派則關注稅制對因素供給和利用的效果。人們追求稅後報酬或淨利，在累進稅制下，邊際稅率透過稅後淨報酬變化影響決策，人們是否增加工作、儲蓄或投資，將視扣除邊際稅率後增加的淨報酬是否划算而定。就勞動供給來看，休閒相對工作的價格下降，人們將選擇休閒而放棄工作，降低勞動供給。就資本供給而言，消費相對儲蓄與投資的價格下降，人們偏好消費而不願儲蓄和投資，降低資本供給。為了規避高稅率，人們傾向將經濟活動地下化，降低因素供給與利用效率，導致體系產出下降。有鑑於此，供給學派分析稅率與稅收關係，稅收是稅率與稅基 (tax base) 的乘積，稅率變動既然影響生產，勢必影響稅收，而描述稅

率與稅收關係的軌跡則稱為 Laffer 曲線。

　　供給學派認為，公共支出或福利支出多少會有阻礙生產作用，尤其某些支出徒然浪費資源（如國內充斥蚊子館或閒置機場），或雖有利於經濟活動，卻無效率可言。其中，福利支出阻礙生產效果最為嚴重，失業補助讓人們寧願失業而放棄找工作，或僅從事低報酬活動。福利補助也將削弱儲蓄誘因，滋長人們依賴性，無助於減少貧困反而讓貧困永久化。是以供給學派主張削減福利支出，停辦非必要社會保險和福利計畫，降低補助金額與嚴格限制領受條件。此外，干預經濟活動的法律多數具有阻礙生產效果，如加重廠商負擔而提高生產成本，為了守法而縮減研發支出和生產性投資，停止技術創新。更嚴重者是挫傷廠商創新誘因和風險投資意願，造成經濟成長停滯。是以政府應當放鬆管制，強化市場機制。

　　供給學派論點受到 Keynesian 學派批評，Samuelson 認為其既無經濟史上的有力證據，又缺乏理論基礎，尤其是評估稅率變動影響，片面強調衝擊生產效果而忽略對需求影響，更誇大對經濟成長衝擊。尤其是針對供給學派指稱，「減稅不會擴大財政赤字，縱使發生赤字也不妨礙經濟活動，赤字會自行消失」，Samuelson 則認為純屬無稽之談。批評者一致指出降低邊際稅率是為富人謀利，全面降低累進稅率，高所得階層獲益遠高於低所得階層，而削減福利支出更損害低所得階層。依據美國城市研究所報告，Regan 總統在 1981 年全面降低所得稅率和削減福利支出後，美國家庭所得分配不均度顯著擴大。

　　政府基於發展需要而干預經濟活動，並非政治家隨意設計結果。在二次大戰後，歐美國家針對資源分配和利用、維持經濟穩定、所得重分配等進行干預與調節，發揮促進經濟發展效果，而制訂生產安全與環境保護法律雖然增加廠商負擔，但也維護社會利益。不過政府為發揮市場機能，促使生產因素供需達到均衡和效率利用，應當致力於消除窒礙市場調整的因素。

觀念問題

❖ 國際油價從 2007 年底每桶 96 美元一路上漲至 2008 年 7 月的 148.5 美元，帶動國內消費者物價攀升。假設產業工會要求提高貨幣工資，資方也接受調整方案要求的幅度，試評論下列可能結果：
　(a) 廠商面臨支付薪資成本上升，勢必引爆成本推動通膨。
　(b) 貨幣工資上漲帶動勞工所得增加，擴大消費支出而釀成需求拉動通膨。
　(c) 貨幣工資上升有助於提昇工作誘因，從而擴大總產出。
　(d) 面對貨幣工資上漲，廠商積極調整產業結構，進而引爆結構性通膨。

❖ 體系內通膨若來自供給面干擾，央行可採滅火政策、融通政策與中立政策三種政策因應，試以圖形（橫軸為產出率 y，縱軸為通膨率 π) 說明央行使用三種政策各自追求的目標與造成的影響。

❖ 在 1970 年代，台灣出現景氣衰退與通膨並存現象，經濟理論如何稱呼該現象？此一現象出現的主要原因為何？若採擴張性財政政策或貨幣政策，可同時化解這兩個問題嗎？若不行，有何較佳經濟政策嗎？

19.4 通貨緊縮

通貨緊縮

消費者物價與經濟成長率持續滑落的現象。

2008 年金融海嘯後，通貨緊縮 (deflation) 瞬間占據報章雜誌的頭版頭條，立即成為政府關注焦點。在總體理論中，通膨理論發展完備且廣為人知，與之相對的通縮概念卻模糊不清。Irving Fisher (1933) 率先在《大蕭條的債務通縮理論》(*The Debt-Deflation Theory of Great Depressions*)，指出爆發大蕭條主因在於信用泡沫化，廠商債務累積讓體系陷入通縮與經濟危機，對實質部門造成下列負面影響：

央行緊縮貨幣供給 ⇒ 銀行收縮放款 ⇒ 信用泡沫化 ⇒ 出清存貨與拋售資產償債 ⇒ 商品價格與資產價格下跌 ⇒ 廠商盈餘劇跌 ⇒ 廠商實質債務負擔加重 ⇒ 減產與裁員 ⇒ 廠商與消費者信心悲觀 ⇒ 人們未雨綢繆（預期物價下跌）⇒ 延遲投資與消費 ⇒ 有效需求下降 ⇒ 物價持續下跌 ⇒ **惡性通縮循環成型**

通縮概念眾說紛紜，相關定義約有三種：(1)Samuelson 定義通縮為「消費者物價和成本普遍持續性滑落超過兩季」；(2) 物價普遍性和持續性下跌、貨幣成長率與經濟成長率連續性下降；(3) 運用物價指數和貨幣成長率指標衡量通縮，而不重視經濟成長率因素。通縮與景氣衰退、蕭條皆表示景氣低迷，但意義仍有不同，通縮未必造成衰退或蕭條，只要政府政策因應得當，大多仍可安然渡過。一般認為負通膨率會發生通縮，不過通縮與反通膨 (disinflation)（促使通膨率下降）的概念不同。

反通膨

促使通膨率下降。

一般而言，消費者物價指數上漲率係衡量通膨與通縮的指標，卻非判斷是否出現通縮或通膨的唯一指標。首先，價格上漲不足以說明出現通膨，價格下跌也未必反映落入通縮。影響物價波動因素很多且無時無刻不在變化，然而

唯有貨幣供給變化引起物價波動才能稱為通膨，其他因素釀成物價上漲均不能稱為通膨。舉例來說，1970年代兩次石油危機，油價飆漲推動石油進口國生產成本大漲，釀成物價攀升、經濟成長率下降甚至衰退，但此情境卻非屬通膨現象。同樣狀況，並非物價下跌甚至持續下降均可稱為通縮。相對釀成物價上漲的非貨幣因素而言，推動生產成本和物價下降的因素更多，如生產力持續提高、貿易障礙壁壘逐步消除。生產力是推動經濟成長動力，重大技術或制度創新帶動大宗商品生產成本遞降，物價在短期間迅速滑落。舉例來說，Gordon Moore(1965) 預言積體電路中的電晶體容量每18個月翻一番，此後30年的晶片產業發展應驗該項預言，每隔18個月，同樣價格的晶片性能差不多提昇一倍，性能相同的晶片價格則大致降低一半，此即稱為Moore法則。換言之，若僅觀察物價滑落而忽視生產領域的重大變化，遂將物價滑落斷定為通縮，顯然失之千里。

Moore 法則
同樣價格的晶片性能差不多提昇一倍，性能相同的晶片價格則大致降低一半。

在通膨期間，物價必然上漲，但在通縮期間，物價卻未必下跌。如果體系成長潛力十足，央行擴大貨幣成長率未必釀成通膨，體系僅是蓄積通膨壓力，人們醞釀調整通膨預期，卻未邁入爆發通膨階段，是以物價上漲是判斷通膨發生與否的必要條件。反之，當貨幣成長率低於貨幣需求成長率，首先影響有效需求與經濟成長率，此時意味著通縮已經發生，但是物價未必下跌，縱使下跌也有時間落後。值得注意者：當物價指數、經濟成長率和貨幣成長率同步下降，體系可能深陷通縮泥沼中。

有些經濟學者認為通縮根源在於科技快速進步。自18世紀工業革命以來，技術持續突破性進步，尤其是20世紀突飛猛進遠非過往可以比擬。然而除1930年代大蕭條外，體系許久未見持續性通縮，倒是反通膨成為人們關注焦點。邁入1990年代，蘇聯與東歐國家紛紛轉向市場經濟，尤其是中國大陸改革開放造就全球數以億計勞動力湧入市場，配合以通訊網路科技為核心之自動化生產與物流體系革命，為今日全球商品供過於求局面埋下伏筆。由於市場需求終究有其上限，在供給快速擴張下，商品價格迅速挫低，廠商獲利逐漸縮小，因而延緩投資計畫。資產泡沫崩解粉碎人們信心，引發全球股市連番重挫，人們因財富縮水而未雨綢繆，全球通縮於焉成形。

英國《經濟學人》指出當今全球經濟面臨最大風險可能是通縮而非二次衰退。表面上，物價滑落有利民生，然而通縮是「結果」而非「原因」，反映經濟發展登頂後的結果。物價連番下跌引起消費者降低通膨預期，延遲消費導致廠商存貨累積而獲利衰退、失業率遽增、政府財政困窘、不動產價格泡沫、銀行逾放擴大、資金外流與匯率貶值等結果，嚴重者甚至釀成經濟恐慌、金融危機與股市崩盤等負面後果。通縮增加現金資產實質價值，實質債務負擔卻也隨之加重。對人們而言，景氣低迷讓工作機會消失與所得下降，手中現金與存

款日益減少,勢必未雨綢繆減少消費,景氣落入長期衰退之惡性循環而難以自拔。然而通縮可怕之處不僅止於對總體經濟產生連環緊縮效果,其慢性擴散與難以預測性質,更是破壞力深遠而防不勝防,促使通縮躍居經濟學者最頭痛的議題。

日本通縮現象始於 1999 年,與政策錯誤息息相關。由於商社顧慮與獨特經濟結構,日本政府與財團從未積極清理債務,只是不斷累積新債務,此舉導致商品供需失衡造成價格下跌,除降低廠商盈餘外,也抑制消費。過去 25 年,日本政府仰賴民間儲蓄(退休與待退族群儲蓄),透過郵政系統來融通政府債務,此即財政投融資 (fiscal investment and loan)。隨著日本邁入老人社會,過去的淨儲蓄者正快速轉為淨支出者,民眾開始收回借給政府的資金,要求政府還債。隨著安倍晉三於 2013 年上台,日本政府面臨國債信評調降、舉債日益困難挑戰,過往認為高達 GDP240% 的政府債務仍可無限成長的魔術已經幻滅,「安倍三支箭」用盡後的結構性改革若未落實,勢必將再陷入通縮惡夢。除日本外,通縮也在各國逐漸成形,法、德、巴西與瑞士物價在 2015 年出現超過 6 個月下跌,即使是成長快速的中國大陸物價也免不了下跌命運。在過去 5 年,中國大陸物價下跌近二成,香港物價跌幅約 16%。有些經濟學者已經預估美國經濟陷入通縮可能性,Morgan-Stanley 首席經濟分析師 Srephen Roach 甚至指出,「美國徘徊在通縮邊緣,當前的低通膨、低經濟成長狀況似有轉成通縮的可能,低通膨與通縮只有一線之隔」。

2008 年金融海嘯後,歐、美、日、中四大經濟體的央行祭出史無前例的量化寬鬆政策,然而衰退與通縮陰霾卻揮之不去,顯示通縮早已深植於經濟活動,大規模量化寬鬆雖然避免經濟窒息惡果,卻也無力讓經濟活動恢復正常,加護病房中的景氣昏迷指數依舊低迷,甚至還有惡化跡象。以美國為例,2015 年 2 月擁有 90 年歷史的老牌電子零售商 Radio Shack 宣告破產。在金融海嘯前,公司營運疲態畢露,執行長 Julian Day 指稱,「我們當然知道要尋找新獲利模式,經營團隊也在日以繼夜尋找,但天知道獲利模式何在?」實際上,執行長都找不到出路的公司,已經持續虧損、現金流量持續負數,卻在聯準會的低利率環境中苟延殘喘,公司信評從 BB- 級持續降至垃圾等級。「受惠」於聯準會量化寬鬆,早該在海嘯期間歇業的 Radio Shack,像植物人一般又多拖 8 年,增加 10 億美元負債,多發 8 年薪水給經理人與員工。全球零利率環境提供類似 RadioShack 的「植物人企業」插管服務,老企業借貸成本幾乎為零,企業調整與轉型也就有氣無力。相較海嘯後的 2009 年,美國有超過 6 萬家企業破產,2014 年破產家數遽降至不到 2.7 萬家,只有海嘯時期的 45%,超低利率對有管道取得資金的大型企業更為有利,相對而言,中小企業則處於不利競爭地位,企業大者恆大現象油然而生。

值得注意者，央行的量化寬鬆極限到底何在？在人類歷史上，未曾見過如此大規模印鈔活動，央行使盡全力採取「直升機撒錢」(helicopter money)，然而投資卻未因此復甦。銀行將央行鈔票轉送大企業，拉抬股票市場，一般人卻放任鈔票棄置在地，反而擔心撿錢會肇致難以清償的債務。通縮壓力最大的經濟體是歐洲。歐洲央行推動量化寬鬆雖然落後美、日、中，卻是第一個出現負利率的經濟體。在歐洲央行操作下，「現金」已經淪為懲罰性字眼，大量資金囤積在兩年前的歐豬五國，插管給數以萬計類似 Radio Shack 的植物人公司，藉著呼吸器打造這些企業仍有復甦機會假象。

在 1930 年代大蕭條時期，面對民間消費和投資劇減，政府採取 Keynesian 學派的革命性特效藥，擴張貨幣供給與增加政府投資來化解。然而日本安倍政府自 2013 年起採取量化寬鬆政策，幾度大手筆公共建設讓政府負債遙遙領先各工業化國家，用盡特效藥仍無法脫出通縮困境，而且多國若同時採取相同措施，各國問題將會相互助長，落入以鄰為壑而彼此傷害的結局。尤其是景氣惡化至通縮狀態，政府已無多餘資金可供投資，上述策略更難以執行。當今全球通縮本質應是供過於求與勞工過剩，解決之道是設法擴張總體需求與努力消耗過剩勞工。由於通縮讓消費者遲延消費，引發廠商減產裁員的惡性循環，是以政府應有配套措施，促使政府與民間支出儘可能產生帶動消費本國產品（尤其高勞動密集產品）效果，加速抵消供過於求現象。除消費外，政府應設法動員民間資源從事各項建設，在政府本身財務困窘下也有擴大需求、刺激景氣之效果。

知識補給站

在玩具反斗城內，許多小孩緊盯玩具死纏父母購買。無奈的父母哀求要賴小孩，「別吵！家中玩具滿坑滿谷，下次便宜再來買。」然而下次買會更便宜嗎？這些玩具過往常常迅速銷售一空，父母懇求僅是緩兵之計。然而在 2008 年金融海嘯後，全球通縮陰霾蓋頂，許多商品愈來愈便宜，更慘的是乏人問津的東西也愈來愈多。

金融海嘯後，傳統的通膨驟然消逝無蹤，通縮則是異軍突起轉為顯學，躍居政府首要關注焦點。通縮是物價長期盤跌現象，傳統理論向來是寥寥數語帶過。如今配合國際油價由每桶百餘美元持續崩跌至 30 美元以下，農產品價格也同時滑落，夢幻中的通縮居然成真纏繞在身。環顧台灣左鄰右舍，失落 20 餘年的日本物價持續難以回升，令人憂心忡忡的香港物價過往也曾連跌 4 年。中國大陸物價夠便宜吧？近 10 年來也曾連續滑落 11 個月。台灣在 2000 年加入 WTO 後，開發中國家的低廉商品湧入，若非新台幣近年來貶幅不小，通縮壓力恐怕也是有增無減。事實上，通縮是「果」非「因」，是經濟發展邁向強弩之末的眾多併發症之一。在物價滑落展現的表面利益之外，失業率遽增、企業獲利衰退、股票

下跌等現象迅速浮現，人們即使保住飯碗，也難逃「無薪休假」、「薪餉四成」厄運。

通縮持續發燒，人們持有現金的購買力與日俱增。負債的帳面金額看來沒變，實質負擔卻日益加重，坐擁現金資產且無負債者將是贏家。然而升斗小民又能擁有多少現金？遑論背負日益沉重的卡債、房貸，而工作更岌岌可危。不過深沉的憂慮是「等等看」瀰漫整個社會。人們預期商品愈來愈便宜，憂心忡忡飯碗不保，未雨綢繆而延緩消費。原本打算暑假過後就換新電腦，想想還是來年寒假過後再說。原本估算台指 5,000 點進場炒股，深思熟慮還是再看。負面消費決策彷如收斂級數，將未來經濟捲入深不見底的衰退黑洞中。

通縮的景氣黑洞要如何化解？何時才能紓緩？依據 Keynesian 學派說法，當民間支出意興闌珊，政府應擴大公共投資補足，但這是另一充滿假設色彩的「經濟學家預言」。景氣惡化至通縮境界，政府累積債務餘額早就破表，舉債困難重重，遑論再擴大公共投資，此一想法顯然癡人說夢。若要擺脫通縮困境，唯有人們普遍認為最壞時機已過，信心恢復而不再延緩消費及投資，景氣方能谷底翻身。是以人們皆知通縮如影隨形，但何時擺脫陰影，恐怕無人能夠回答。在通縮年代，人們都應學習自保，以免成為衰退惡浪下的犧牲品。

首先，人們務必要有專職，此係以借款支應日常生活所需，負擔實質債務日益沉重，勢必難以存活。「騎驢找馬」是放諸四海皆準，未確定有新工作前，切勿輕易離職。縱使工作差強人意，人們也應接受，尤其不適合創業或加入 SOHO 族行列。

其次，在工作穩定下，優先清償借款，行有餘力才進行保守投資。依據 Fisher 方程式，存款利率雖低，但因通縮提昇貨幣購買力，實質價值可能超越通膨年代的報酬率。同樣的，向銀行借錢利率雖低，實際資金成本也遠高於表面的借款利息。

第三，選擇金融商品應趨於保守，遵循「現金最大」(cash is king) 原則，選擇較短天期定存，搭配債券基金或貨幣基金，不應追求過高預期報酬率。人們擁有閒錢可以考慮投資強勢貨幣，以國際經濟情勢來看，美元是全球通用的關鍵性貨幣，而且美國民眾消費動力向來大於儲蓄，係較值得投資的標的。

最後，通縮是投資股票的佳機，此係股價早在谷底盤整，不過通縮持續多久則難以判斷，亦即股價將在谷底盤整多久。唯有在股價反彈前不久進場的投資人，才有絕佳報酬率。如果人們無從掌握景氣脈動，可在通縮開始一段期間後，選擇定時定額投資基金理財。理論上，通縮發生於景氣谷底，適合嫻熟衍生性金融商品的投資人大展身手，類似認股權證的商品都有以小搏大機會。一般人難以精準掌握時機，還是降低對預期報酬率要求，保本為先，靜待景氣走出陰暗谷底。

資料來源：通貨緊縮下的四大求生術，數位時代，2002/12/01。

問題研討

小組討論題

一、選擇題

1. 央行理監事會決議採取緊縮政策，試問對台灣經濟將造成何種衝擊？
   (a) 短期物價和實質 GDP 下降，長期物價趨於下跌，而實質 GDP 則回到初始水準　(b) 短期物價和實質 GDP 增加，長期物價趨於上升，實質 GDP 則回到初始水準　(c) 短期物價下跌，長期物價將回到初始水準　(d) 不論短期或長期物價均會下跌，實質 GDP 則會上升

2. 行政院主計總處估計台灣短期通膨率與失業率存在下列關係：
$$\pi_t = \pi_{t-1} - 4(u_t - u^*)$$
   π_t 為通膨率，u_t 為本期失業率，u^* 為自然失業率。假設 $\pi_{t-1} = 4\%$，且結構性與摩擦性失業率之和為 2%。假設政府追求零通膨率，則本期承受的失業率為何？　(a)7%　(b)5%　(c)3%　(d)1%

3. 政府設定目標函數為 $U(\pi, u) = -7\pi^2 - 8(u - u^*)$，$u^*$ 是自然失業率，u 是實際失業率，π 是通膨率。何種說法係屬錯誤？　(a) 政府施政偏向重視通膨率　(b) 當痛苦指數固定為 1，以通膨率上漲取代失業率下降，社會福祉將會下降　(c) 假設 $\pi = 3\%$，當體系處於長期均衡，社會福祉將是 -0.63%　(d) 失業率上漲需配合通膨率上漲，才能維持社會福祉不變

4. 謝教授估計台灣產出率與通膨率間的關係，可用 Lucas 供給函數表示：
$$y = y^* + 0.6 \, (\pi - \pi^e)$$
   $y^* = \ln Y^*$ 是自然產出，$y = \ln Y$ 是實際產出值，π 與 π^e 是實際與預期通膨率。何種說法係屬錯誤？　(a) 體系達成自然就業均衡，預期通膨率等於實際通膨率　(b) 人們採取理性預期形成，體系將達成自然就業均衡　(c) 預期通膨率將大於實際通膨率，體系將邁向繁榮期間　(d) 人們採取靜態預期形成，央行採取寬鬆政策將推動景氣趨於繁榮

5. 體系內總需求 (AD) 與總供給 (AS) 曲線發生變動的影響，何種說法係屬正確？　(a) 貨幣工資上漲促使短期 SAS 曲線左移與 Phillips 曲線右移　(b) 出口競爭力衰退，促使 AD 曲線左移與 Phillips 曲線右移　(c) 貨幣需求的利率彈性增加，促使 AD 曲線與 Phillips 曲線右移　(d) 技術進步促使 SAS 曲線與 Phillips 曲線右移

二、問答題

1. Friedman-Phillips 型態的 Phillips 曲線在長短期時有何差異？理由為何？

2. 央行採取量化寬鬆政策，長期何以僅能造成短期 Phillips 曲線右移？

3. 試定義需求拉動與成本推動通膨？區分兩者是否有益於政府擬定政策參考？

4. 國際穀物供給突發性短缺，推動台灣物價未預期上揚，試從逆選擇角度討論此種未預期物價波動如何影響投資？

5. 試評論：「政府不喜歡通膨，故其執行政策效果應非通膨的來源。」

6. 體系景氣循環可分為「復甦繁榮」與「衰退蕭條」兩段期間，實證研究發現兩段期間的 Phillips 曲線並不相同，試問其中狀況為何？

7. 試分別列舉因預期與非預期通膨引發的社會成本可能為何？

8. 無加速通膨失業率與自然失業率的概念是否相同？另外，傳統 Phillips 曲線與考慮附加預期因素的 Phillips 曲線有何不同？

9. 一般而言，人們多數厭惡通膨，為何央行會採取「造成通膨的貨幣政策」，試說明其中原因為何？央行應該如何避免此種情形發生？

10. 台灣原先處於自然就業環境，人們採取靜態預期形成。試以 *AD-AS* 曲線並配合短期 Phillips 曲線變化，說明下列狀況發生對經濟活動影響：

    (a) 各國政府積極進行財政重整，迫使台灣景氣邁向衰退環境。

    (b) 國際「黑金」（石油）與「綠金」（黃豆、小麥、玉米）價格飆漲，引發台灣出現輸入性通膨。

11. 國際油價從 2007 年底每桶 96 美元一路飆漲至 2008 年 7 月的 148.5 美元，帶動國內消費者物價攀升。假設產業工會要求提高貨幣工資作為補償，資方也同意調整薪資。試評論此舉形成下列影響是否正確：

    (a) 廠商支付薪資成本上升，勢必引爆成本推動通膨。

    (b) 貨幣工資上漲增加勞工所得，誘使消費意願跟著提高，接續將帶來需求拉動通膨。

    (c) 貨幣工資上升提昇人們工作誘因，從而擴大體系總供給。

12. 台灣央行理監事會議訂定每年貨幣成長率為 5%，假設實質利率不變，每年實質產出成長率為 3%。台灣貨幣需求函數為：

$$\ln M_t - \ln P_t = \ln y_t - r_t$$

    (a) 假設人們能夠立刻調整實質貨幣餘額。試問央行應如何調整貨幣供給才能維持物價不變。試以圖形說明物價與名目利率的均衡時間軌跡，計算物價於政策施行當期的變動幅度。

    (b) 央行宣布將於 5 年後才執行穩定通膨政策。試以圖形分析物價及名目利率的均衡時間軌跡。

13. 試說明通膨的意義，其與貨幣供給量間存在何種關係？此外，政府預算赤字會引發通膨嗎？

三、計算題

1. 太平洋島國諾魯以甲乙丙三種商品作為計算消費者物價指數的一籃商品，
   假設基期為 2005 年，依據下表計算 2013 年的消費者物價指數 *CPI* 為何？

	2005		2013	
	價格	數量	價格	數量
甲商品	$10	8	$14	10
乙商品	$25	4	$30	5
丙商品	$12	25	$15	20

2. 央行經研處設立台灣總體模型如下：

   總需求　$y = 600 + 10\left(\dfrac{M}{P}\right)$

   總供給　$y = y^* + (P - P^e)$

   Okun 法則　$\dfrac{(y - y^*)}{y} = -2(u - u^*)$

   y 與 y^* 是實際與自然產出，M 是貨幣供給，P 與 P^e 是實際與預期物價，u
   與 u^* 是實際與自然失業率。假設台灣的 $y^* = 750$、$u^* = 5\%$，試計算下列問
   題：

   (a) 央行控制貨幣餘額為 $M = 600$，人們相信央行會長期維持此一水準，則
       均衡物價、產出與失業率為何？

   (b) 央行未預期擴張貨幣供給至 $M = 800$，短期均衡物價、產出與失業率為
       何？

   (c) 延續 (b) 題，台灣物價長期將可充分調整，長期均衡物價為何？

3. 主計總處估計台灣在 2013 年的相關總體資料如下：

   總需求函數　$y = 100 + 2(m - \pi) + g$

   Okun 法則　$(u - u^*) = -0.8(y - y^*)$

   Phillips 曲線函數　$\pi = \pi^e - 0.5(u - u^*)$

   π 與 π^e 是實際與預期通膨率，$m = \ln M = 20$ 是貨幣供給，$g = \ln G = 30$ 是
   政府支出，u 與 u^* 是實際與自然失業率，$y = \ln Y$ 是實際產出，$y^* = \ln Y^* =$
   160 是自然產出。試回答下列問題：

   (a) 2013 年台灣的 Lucas 總供給函數為何？

   (b) 2013 年台灣的長期均衡產出與通膨率為何？

   (c) 延續 (b) 題，台灣民眾採取靜態預期。央行擴大貨幣供給為 $m = 35$，財
       政部緊縮支出為 $g = 22.5$，短期均衡產出與通膨率將如何變化？

4. 主計總處估計 2011 年台灣的 Okun 法則爲 $(u_t - u^*) = -0.8(y - y^*)$，而 Phillips 曲線函數爲 $\pi = \pi^e - 0.5(u_t - u^*) + 0.1z$。$u_t$ 與 u^* 是實際與自然失業率，y 與 y^* 是實際與自然產出，π 與 π^e 是實際與預期通膨率，z 是供給面衝擊。2011 年的總需求函數爲 $y = 100 + 0.5\pi$，試回答下列問題：

   (a) 台灣民衆採取靜態預期來形成預期通膨率，2010 年通膨率是 $\pi = 3\%$，2011 年自然產出是 $y^* = 100$，試問 2011 年的短期 Lucas 總供給函數型態爲何？

   (b) 2011 年國際油價上漲引爆供給面衝擊 $z = 10\%$。財政部爲紓緩油價上漲對景氣衝擊，決定擴大支出 $g = 5.5$，試問 2011 年的台灣短期均衡產出與通膨率爲何？

5. 國發會估計台灣的 Phillips 曲線爲 $\pi = \pi_{-1} - 0.5(u - 0.06)$，$\pi$ 與 π_{-1} 是本期與前一期通膨率，u 是失業率。試回答下列問題：

   (a) 試問台灣的自然失業率爲何？

   (b) 試以圖形說明台灣通膨率與失業率的長期與短期關係。

   (c) 政府若要降低通膨率至 5%，則失業率應爲何？

   (d) 台灣初始狀態是落在自然失業率，若央行執行降低通膨率政策，試問對短期與長期失業率的影響分別爲何？爲什麼？

6. 主計總處估計台灣的 Phillips 曲線爲 $\pi_t - \pi_t^e = 0.20 - 4u_t$，$\pi$ 與 π^e 是實際與預期通膨率，u 是失業率。依據過去經驗累積，台灣民衆的預期形成方式爲 $\pi^e = \pi_{t-1} + 2\%$。此外，台灣在 0 期的實際通膨率爲 0，而 $u = u^*$。試回答下列問題：

   (a) 何謂自然失業率？台灣的自然失業率爲何？

   (b) 政府以擴張政策將失業率從第 1 期起控制在 5%，則第 1 期與第 2 期通膨率各自爲何？

7. 主計總處估計台灣通膨率 π_t 與失業率 u_t 間的關係如下：

$$\pi_t = \pi_{t-1} - 4(u_t - u^*)$$

$u^* = 2\%$ 爲自然失業率，而 $u_{t-1} = 4\%$。政府追求零通膨率目標，試問本期承受失業率爲何？

👍 網路練習題

1. 試前往主計總處網站 http://www.dgbas.gov.tw/ ，查詢 2010~2015 年的台灣消費者物價指數，然後計算每月變動率。另外，並找出同一期間的台灣每月失業率，試將兩組資料配合，說明是否符合傳統 Phillips 曲線理論的說法？若不符合，請搜尋同一期間的供給面是否發生劇烈變動的訊息，這些訊息是否改變失業率與通膨率存在負向關係的傳統說法？

CHAPTER

20

中央銀行的行為

個案導讀

央行總裁彭淮南在 2009 年 3 月 7 日指出，央行持有外匯存底必須效率運用，但基於「外匯資產與新台幣負債必須平衡」，「想動用外匯須先準備等值新台幣，再依結匯手續辦理，即使政府機關也不例外！」舉例來說，新加坡是動用財政部投資新加坡政府投資公司 (GIC) 及淡馬錫控股公司 (Temasek Holdings) 的孳息，日本銀行則提撥 50 億美元外匯放款給國營的「日本國際協力銀行」(JBIC)，由其轉貸給日本海外企業。台灣央行將每年盈餘扣除法定公積後部分繳庫，占中央政府歲入比率 10%~13%。另外，台灣社會各界經常出現要求「政府動用外匯存底，支應擴大內需經費」的聲浪，央行則指出外匯存底是以收存的「郵政儲金與銀行業轉存款」買入，並已支付新台幣。若動用外匯存底支應擴大內需經費，央行需再支付一次新台幣，促使央行負債超過資產，濫發貨幣將醞釀通膨而破壞金融穩定。

針對上述說法，有關央行決策流程、貨幣政策如何影響經濟活動，以及貨幣政策架構均是本章

探討的議題。此外，為因應 2008 年金融海嘯重創景氣，各國央行競相採取非傳統貨幣政策與推出各類型政策金融，也將是本章將要介紹的議題。

20.1 央行角色與獨立性

隨著體系使用貨幣交易後，實質部門與金融部門交互運作將形成景氣循環。央行從 17 世紀末出現迄今，對經濟活動運行扮演重要角色：

1. **穩定通膨** 央行壟斷鑄幣權以控制貨幣數量發行，達成穩定通膨目標。
2. **穩定金融** 央行執行總體審慎監理，降低金融系統風險以穩定金融。
3. **降低交易成本** 央行成立票據交換所集中交換票據，透過銀行在央行的準備金帳戶清算，有效降低交易成本，協助經濟活動效率進行。

在圖 20-1 中，政府包括央行與行政機構（財政部）兩個部門，決策模式受執政者的政治傾向影響。一般而言，保守黨偏向 Keynesian 學派觀點，強調政府相對民間擁有較多訊息，央行應視環境變遷採取權衡政策。反觀自由黨偏好貨幣學派觀點，宣稱民間運用資源較具效率，央行應採貨幣法則，降低誤用權衡干擾資源配置。在民主國家中，政黨了解選民偏好，擬定符合選民需求政策，方能於大選中勝出。當央行總裁追求目標與選民偏好分歧，勢必引爆行政部門與央行間的衝突。短期內，央行總裁並非民選且有任期保障，擁有較大自主權擬定政策。在長期，央行承受來自行政部門改選壓力，執行政策自主權勢將遭到質疑。

圖 20-1
央行決策流程

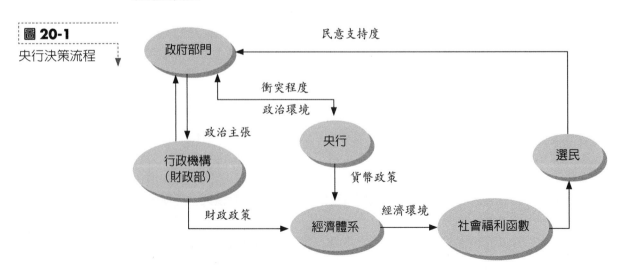

央行是金融業的中樞。台灣修訂《中央銀行法》(1979) 後，將央行改隸行政院，追求穩定通膨與穩定金融，對內控制貨幣數量與銀行信用，對外執行外匯政策，協助經濟發展。央行是政府部門的一員，但又適用《國營事業考成辦法》而屬於國營事業，需編列繳庫盈餘預算，並由行政院進行年終考核。在央行組織架構中，理事會由行政院報請總統任命 11~15 人組成，當中的 5~7 人組成常務理事會；監事會則由行政院報請總統特派 5~7 人組成。總裁由總統特任、任期 5 年，設有二個副總裁處理央行業務。此外，央行設置部門包括業務局、發行局、外匯局、國庫局、金融業務檢查處、經濟研究處以及內部的秘書處、會計處、人事處，並設立中央印製廠與中央造幣廠兩個附屬單位。

央行營運提供的服務如下：

1. **經紀服務**　包括發行通貨、保管與運用外匯準備獲取孳息、負責清算銀行間債權債務、調查分析金融經濟情勢作為擬定政策依據。
2. **穩定通膨與穩定金融**　執行貨幣政策掌控貨幣餘額與銀行信用數量，進而穩定通膨。另外，執行總體審慎監理降低金融系統風險以穩定金融。
3. **提供流動性**　透過重貼現或擔保融通放款融通銀行，扮演最後融通者角色。同時，經理國庫存款並協助公債發行與清償，提供短期融資調節季節性財政收支變動。

接著，央行營運需依循下列原則而行：

1. **不經營銀行業務**　營運對象僅限銀行，是為「銀行之銀行」。央行負責監理銀行兼具最後融通責任，執行政策須倚賴銀行支持與合作，是以不能經營銀行業務。
2. **非營利目的**　央行擁有鑄幣權、代理國庫及保管法定準備等權利，旨在穩定金融而非追求獲利。
3. **資產須具流動性**　對銀行負有最後融通義務，持有外匯準備需以外國短期證券為主，資產需具高流動性。
4. **限制對政府融資**　負有融通政府財政或墊款責任，但融通財政赤字必須限制融資數額、期限及擔保品。
5. **維持超然地位**　追求社會福祉最大，應立於超然地位，如對財政部融通應維持自主權、理事會成員應具代表性，擬定政策才不會偏誤。
6. **按期公布訊息**　為使金融機構與民眾明瞭金融現況及政策方向，央行應按期公布資產負債表與業務操作狀況。

接著，Goodhart 認為央行扮演角色的獨立性包括：

1. 除央行盈餘繳庫外，政府預算赤字應採課稅、發行國庫券、公債或向銀行借款等方式籌措資金，除非面臨戰爭等緊急因素，不得要求央行融通（債務貨幣化）。

2. 不受預算編列限制且獨立於行政部門之外，不受其控制與影響。

3. 享有執行貨幣政策獨立性，落實穩定通膨與穩定金融，但在人事獨立下，可向行政部門諮詢貨幣政策。

4. 提高貨幣政策透明度，讓社會了解貨幣政策是否達成人們要求的目標。

Charles Goodhart (1936~)

任教於 London 政治經濟學院，擔任英格蘭銀行貨幣政策委員會首席顧問，專注研究央行獨立性與作用、金融市場結構調整、歐洲貨幣單位、歐洲貨幣體系、歐洲央行與金融市場監理變化等議題，尤其在研究央行議題發揮開創性成果。此外，Goodhart 法則：「當一個指標成為政策目標，政策擬定者將犧牲其他方面來強化該指標，導致該指標喪失顯示整體情況的作用」。

立法賦予央行獨立執使貨幣政策權限，但法律獨立自主性未必表示實際獨立性，有關「獨立性」的爭論焦點就在央行與政府部門間的權利義務歸屬問題，如限制央行融通財政部，以提昇央行獨立性。實務上，各國央行運作模式不盡相同，從而展現不同程度之獨立性。舉例來說，有些國家在《中央銀行法》明訂穩定物價為貨幣政策唯一目標、或訂定通膨率的目標範圍、或明訂物價穩定與充分就業均屬貨幣政策目標。Eijffinger 與 Jakob De Haan (1996) 更認為貨幣政策目標可以多元化，但以穩定物價為主，央行追求其他目標並不影響其獨立性。

基本上，穩定通膨有助於提昇經濟效率，但是失業與預算赤字卻讓政府常以通膨為代價來換取經濟成長。是以央行決策擁有高度自主性，擺脫財政部壓力，拒絕融通預算赤字，將是落實穩定通膨的必要條件。央行若與財政部同樣短視，營造寬鬆金融環境來刺激總需求，初期或許發揮降低利率效果，然而隨著通膨出現勢必轉向緊縮政策，促使利率反彈攀升。就在央行轉換政策之際，卻會擴大景氣循環。在穩定通膨前提下，央行重視長期利益，僅會適度降低利率刺激景氣。不過央行實施此種政策，必須經常向社會說明政策的長期利益以獲取各界支援，同時也需有足夠獨立性，否則很難抗拒利益團體壓力。

近年來研究央行獨立性逐漸改變傳統要求央行高度獨立自主概念，Carl E.Walsh (1995) 在《央行的最適契約》(Optimal Contracts for Central Bankers) 中，從代理理論觀點出發，指出為避免央行總裁一意孤行，堅持穩定通膨而忽視大眾利益，主張國家應制定兼顧央行獨立性及全民福祉的誘因契約，賦予央行決策自主權，並給予預算誘因及處罰責任。台灣央行隸屬行政院，總裁由行政院院長任命，故須參加行政院院會與定期至立法院接受質詢。是以央行執行貨幣

政策，除受立法院質詢政策緣由外，並受到來自控制預算的干預，而且行政院
經由院會對央行決策施予無形壓力，如要求貨幣政策配合其他部門政策。尤其
是依據《中央銀行法》，除穩定物價外，央行還需協助經濟發展，而且財政部
與經濟部部長皆為央行當然理事，行政部門可直接影響貨幣政策，促使央行的
法定自主性不足。

　　最後，當央行執行貨幣政策自主性過高，總裁基於政策偏好或個人政治意
圖，可能發生過度重視穩定通膨而忽略失業問題，從而損及民眾福祉，貨幣理
論經常提及鷹派及鴿派之央行總裁就是典型譬喻。貨幣政策的決策過程是否正
確，將涉及公平正義、金融穩定、效率選擇、決策透明化與政策周延問題，此
與決策過程及決策機制息息相關。為避免個人因素阻礙貨幣政策目標之達成，
貨幣政策決策機制採取合議制將較採取總裁制為佳。

知識補給站

　　就狹義而言，金融安全網係指存款保險機制（存保公司）、支付系統功能
（金管會）與最後融通者（央行）。廣義來說，再包括央行貨幣政策與國際
機構援助，建置金融安全網係為保障存款人權益、維持金融中介功能及避免失敗銀行擴大
金融系統風險。

(1) 存款保險：依據《銀行法》第 46 條規定，「為保障存款人利益，得由政府或銀行
　　設立存款保險組織」，並於 1985 年公布實施《存款保險條例》，由財政部及央行
　　共同出資設立中央存保，所有銀行自 1999 年 1 月 20 日起均需加入存保。

(2) 金融監理：在 2004 年 7 月之前，金融監理分屬財政部、證期會、保險司、央行、
　　存保公司以及合作金庫等單位監理，多元監理架構運作並不順暢。隨著金管會
　　成立後，台灣金融監理制度以市場為基礎而採差異化管理，提供金融機構整併誘
　　因，對健全金融機構以資訊揭露取代法定比率管理。

(3) 最後融通者：依據《中央銀行法》第 19 條，央行扮演最後融通者角色，融通對象
　　僅限銀行，融通項目包括重貼現、短期融通及擔保放款融通等。為避免問題銀行
　　破產而引發系統風險，央行對中央存保特別融資，間接提供問題銀行融資，此即
　　是央行最後融通機制成為安全網架構之一。值得注意者，英格蘭銀行總裁 Eddie
　　George 認為央行提供最後融通應具備下列要件：
　　(a) 穩定金融而非挽救個別銀行。
　　(b) 提供援助前先尋求其他可能解決方法。
　　(c) 援助對象並非銀行股東，股東仍須自負損失。
　　(d) 支援銀行流動性而非償債能力。
　　(e) 援助問題銀行應儘早功成身退。
　　(f) 援助時須保密以免引起更大信心危機。

Sylvester C.W. Eijffinger

任教於 Tilburg 大學、Jean Monnet 歐洲金融貨幣整合中心，並在英國倫敦經濟政策研究中心與德國 Munich 的 CESifo 研究中心擔任研究員。Eijffinger 專注於研究貨幣政策和財政政策、歐洲經濟金融聯盟等議題，並在德、日、法、英、美等國以及國際貨幣基金組織 (IMF) 和歐洲委員會擔任特別顧問，在研究央行運作議題發揮重大貢獻。

觀念問題

❖ 央行職掌對經濟成長與穩定通膨具有重大影響，是以有關貨幣政策獨立性亦引起正反兩方爭論。試就央行獨立性爭論分別說明贊成與反對者所持論點。

20.2 貨幣政策傳遞機制

央行追求社會福祉最大，而社會福利函數係由人們的效用函數 u_i 構成：

$$W = F\,[u_i(C_i)]$$

C_i 是 i 成員的消費。人們的消費將視體系內通膨率 π、經濟成長率 y 與穩定金融 θ 等因素而定，是以央行決策將以追求穩定上述變數為主要目標：

1. **穩定通膨** 維持貨幣購買力穩定，追求穩定消費者物價指數膨脹率，並依貨幣數量學說訂定法則。

2. **經濟成長** 透過貨幣政策效率分配金融資源，刺激資本累積以提昇經濟成長率，達成降低循環性失業率。

3. **穩定金融** 透過總體審慎監理，降低金融系統風險，防止金融資產泡沫化。

為達成上述目標，央行執行貨幣政策將透過下列方式影響經濟活動：

1. **直接調整機能** Hume (1752) 與 Cantillon (1755) 以直接調整機能說明貨幣政策的影響效果，爾後的 Fisher (1911) 採取通膨過程 (inflationary process)

通膨過程
央行增加貨幣供給，促使人們實際持有的貨幣餘額超過預擬貨幣餘額，從而會擴大支出，引起物價上漲。

說明貨幣政策傳遞過程：

公開市場操作 OMO ⇒ 銀行超額準備 $ER\uparrow$ ⇒ 銀行授信 $BK\uparrow$ ⇒ 實際
貨幣餘額超過預擬貨幣餘額 ⇒ 總支出 E ⇒ $MV\uparrow$ ⇒ 名目 $GDP\uparrow$

2. **間接調整機能**　Wicksell(1898) 將 Thornton(1802) 的間接調整機能擴大為
累積過程 (cumulative process)，用以描述貨幣政策傳遞過程：

公開市場操作 OMO ⇒ 銀行超額準備 $ER\uparrow$ ⇒ 銀行授信 $BK\uparrow$ ⇒ 貨幣
利率小於實質利率 $i < r$ ⇒ 投資與消費支出擴大 $C\&I\uparrow$ ⇒ 總支出 $E\uparrow$
⇒ $MV\uparrow$ ⇒ 名目 $GDP\uparrow$

> **累積過程**
> 央行增加貨幣供給，
> 促使銀行增加授信，
> 引起貨幣利率小於實
> 質利率，進而引起投
> 資支出增加，資本財
> 需求增加而引起物價
> 上漲。

除上述傳遞管道外，不同學派在此基礎持續複雜化，相關傳遞管道可說明
如下：

1. **所得支出理論**　傳統 Keynesian 學派的貨幣政策傳遞過程：

公開市場操作 OMO ⇒ 銀行超額準備 $ER\uparrow$ ⇒ 銀行授信 $BK\uparrow$ ⇒
⇒ $\underbrace{利率下降 i\downarrow}_{(a)流動性陷阱\ 資本成本效果}$ ⇄ $\underbrace{投資與消費支出 C\&I\uparrow}_{(b)投資陷阱}$ ⇒ 總支出 $E = C + I\uparrow$
$\underset{乘數效果}{\Longrightarrow}$ 名目 $GDP\uparrow$

Keynesian 學派指出貨幣政策要能發揮資本成本效果，必須逃離流動性陷
阱與投資陷阱，否則該政策將無從發揮效果，此即傳統貨幣政策傳遞機能
的關鍵因素。

2. **FRB-MIT 學派**　央行採取寬鬆政策改變貨幣市場的短期利率，透過利率
期限結構傳遞至長期利率調整，甚至引發匯率貶值，誘使實質部門調整決
策：

公開市場操作 OMO ⇒ 短期利率 $r_{SR}\downarrow$ $\underset{利率期限結構}{\Longrightarrow}$ 長期利率 $r_{LR}\downarrow$

⇒ $\begin{cases} (a)抵押放款利率\ r_{mortgage} \Rightarrow C\&I\uparrow \\ (b)公司債利率\ r_{corporate} \Rightarrow I\uparrow \\ (c)公債利率\ r_{government} \Rightarrow G\uparrow \\ (d)匯率貶值\ (e\uparrow) \Rightarrow (X-Z)\uparrow \end{cases}$ ⇒ 總支出 $E = C + I + G + X - Z\uparrow$

$\underset{乘數效果}{\Longrightarrow}$ 名目 $GDP\uparrow$

FRB-MIT 學派強調財富與消費支出間的關係，認為貨幣政策透過刺激股價而激發消費意願。依據 Tobin 的 q 理論內涵，寬鬆貨幣政策推昇股價而引導 $q > 1$，廠商發行新股融通投資有利可圖，從而刺激投資意願。實務上，FRB-MIT 學派認為寬鬆貨幣政策擴大銀行授信數量，讓缺乏融資而遭中止的支出計劃，將因融資恢復而獲執行，總支出將隨信用擴張而遞增，此即信用可得效果 (credit availability effect)。

信用可得效果

寬鬆貨幣政策擴大銀行授信數量，讓缺乏融資而遭中止的支出計劃，將因融資恢復而獲執行，總支出將隨信用擴張而遞增。

3. 溫和貨幣學派　央行採取寬鬆政策擴大銀行超額準備，透過放款擴張而釀成金融市場失衡。人們持有貨幣餘額劇增，將部分轉移至其他金融資產，促使其價格上漲，並逐漸擴散至實體資產，如耐久財與資本財等，而後者需求增加與價格上升誘發廠商擴產意願。在擴產過程中，廠商將雇用更多因素，帶動因素價格及實體資產價格上漲，也因投資與消費支出擴大而刺激產出增加。

觀念問題

❖ 央行執行貨幣政策對體系衝擊包括直接與間接調整方式，兩者差異為何？

❖ 試說明貨幣政策架構（操作目標、中間目標、最終目標）為何？

❖ 依據 Keynesians 學派說法，體系嚴重蕭條顯示落入流動性陷阱困境，試說明央行實施寬鬆政策有用嗎？

❖ 何謂「貨幣政策傳遞機制」？在傳遞機制中有所謂的「利率管道」、「匯率管道」、「Tobin q 管道」，試以擴張性貨幣政策說明上述三種管道的傳遞機制。貨幣政策傳遞機制的有效發揮須立基在何種假設或前提？

20.3　貨幣法則

Henry C. Simons (1936) 率先在《貨幣政策中的法則與權衡》(*Rules versus Authorities in Monetary Policy*) 中，指出貨幣政策型態有二：

1. 權衡　依據經濟金融環境與預擬目標，主動操作貨幣工具。
2. 法則　預估未來景氣變化擬定法則，然後依法則操作貨幣工具。

一般而言，支持貨幣法則者採取消極與積極兩種態度，消極者認為權衡政策效果不彰，無法落實預期目標，應改採法則紓解干擾：

1. 訊息不全　面對訊息不全，央行決策難以完全掌控貨幣工具變化，尤其是金融環境劇變更讓政策效果偏差。

2. 時間落後　證結果顯示，貨幣政策的時間落後變異性甚大，短則 6 個月、長則 18 個月，央行選擇執行政策時機頗為困難，不僅甚難落實預期目標，甚至擴大景氣循環。

3. 金融變數的數量效果不確定　央行無法精確掌握達成既定目標所需執行政策的力道，效果不確定性難以讓體系朝預擬方向調整，甚至因力道過度而背離預期目標。

另外，積極論者則認為採取貨幣法則將可紓解經濟問題：

1. 內在穩定效果　央行採取貨幣法則，在蕭條（繁榮）期間，貨幣供給以高（低）於法則的成長率增加，貨幣需求成長率則低（高）於長期趨勢值，超額貨幣供給（需求）發揮寬鬆（緊縮）效果，透過貨幣供需自動失衡而發揮循環調整效果，反觀權衡政策則缺乏類似效果。

2. 穩定金融　央行採取權衡政策釀成貨幣數量波動，形成非預期因素而讓金融環境動盪，進而衝擊實質部門穩定性。央行以法則調整貨幣數量，完全落在人們預期，有助於塑造穩定金融環境，促進體系持續成長。

一般而言，央行採取貨幣法則類型如下：

1. Simons 法則　在金融體系健全下，Simons 指出央行必須維持貨幣數量固定。爾後，Fisher(1945) 修正該法則為 Fisher-Simons 法則，即經立法程序規定央行應採合宜政策穩定物價，「當物價低於目標時，央行應採寬鬆政策；反之，則採緊縮政策。」

Fisher-Simons 法則
央行採合宜政策穩定物價，「當物價低於目標時，央行應採寬鬆政策；反之，則採緊縮政策。」

2. Friedman 法則　央行實施貨幣政策雖與物價有關，卻未到達以穩定物價作為政策指導原則的程度，況且貨幣管理責任分散，物價波動讓許多機構均有逃避責任的餘地，是以 Friedman 主張規範貨幣數量變化的固定成長率法則 (constant growth rate rule)：

固定成長率法則
央行基於貨幣數量學說，訂定貨幣成長率法則須視通膨率、經濟成長率與流通速度變動率而定。

(a) 確定最適貨幣定義內容，央行方能動用貨幣工具控制。

(b) 基於貨幣數量學說，央行評估每段期間的預期經濟成長率、貨幣需求彈性及可忍受通膨率，擬定合理貨幣成長率而加以維持，貨幣需求函數如下：

$$M^d = \frac{Py}{V} = \frac{Py}{V(i,y)}$$

V 是流通速度。當貨幣市場達成均衡時，

$$M^d = \frac{Py}{V(i,y)} = M^s$$

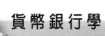

就上式取自然對數，並對時間微分可得最適貨幣成長率：

$$\dot{M}^s = \pi + \dot{y} - \varepsilon(V, y)\dot{y} - \varepsilon(V, i)\dot{i}$$
$$= \pi + [1 - \varepsilon(V, y)]\dot{y} - \varepsilon(V, i)\dot{i}$$

$\varepsilon(V, y)$ 與 $\varepsilon(V, i)$ 是流通速度的所得彈性與利率彈性，$\dot{i}$是利率成長率通常為 0。

(c) 央行須預估每季貨幣需求變化，據此決定貨幣成長率，但累加季成長率不得超過全年的最適成長率值。

Henry Calvert Simons (1899~1946)

任教於 Chicago 大學。Simons 關注銀行放款與景氣循環的關係，以及銀行業改革與貨幣政策內涵，是 Chicago 學派的始祖之一。

Bronfenbrenner 法則
央行將依勞動成長率、勞動平均生產力成長率與貨幣需求成長率等因素調整貨幣成長率。

3. Bronfenbrenner 法則　假設體系內貨幣需求可表為：

$$M^d = kPy$$

當貨幣市場達成均衡，

$$M^d = kPy = M^s$$

上式可再表為：

$$M^d = kPN\left(\frac{y}{N}\right)$$

N 為勞動，AP_N 為勞動平均生產力。當體系出現成長或技術進步，可就上式取自然對數，再對時間微分，可得最適貨幣法則如下：

$$\dot{M}^s = \frac{d \ln M^s}{dt} = \frac{d \ln k}{dt} + \frac{d \ln N}{dt} + \frac{d \ln AP_N}{dt} + \frac{d \ln P}{dt}$$
$$= \dot{k} + \dot{N} + A\dot{P}_N + \pi$$

　　上式貨幣法則相較 Friedman 法則具有彈性，將依勞動成長率 ($\dot{N}$)、勞動平均生產力成長率 ($A\dot{P}_N$) 與貨幣需求成長率 ($\dot{k}$) 等因素調整，充分反映實際環境變化。

　　有關央行以法則或權衡來紓解經濟問題，何者較具效率的爭議頗多。就法則而言，將會面臨下列問題：

1. 採取何種貨幣定義才能正確反映貨幣餘額變動對經濟活動的衝擊，長期就是懸而未決的問題。
2. 景氣循環期間，貨幣流通速度變化不穩定，破壞貨幣與經濟活動間的穩定關係。
3. 貨幣餘額變動效果存在高變異性的時間落後，貨幣法則強調維持穩定的貨幣成長率，卻無法準確預測未來。
4. 影響經濟活動因素包括貨幣餘額與其他變數，如經濟結構與環境變數等。
5. 貨幣法則係建立在物價與工資自由浮動的完全競爭市場，現實環境則是壟斷市場結構，工資與物價調整遲緩將延誤經濟活動對貨幣法則的反應，反而促成長期性衰退或物價上漲。

　　另外，就權衡貨幣政策而言，則是面臨下列問題：

1. 基於過去訊息及未來可能變化，央行甚難判斷目前是否持續權衡政策，而須評估是否繼續承擔執行權衡政策的代價。
2. 除非央行擁有自主決策權，否則通常偏向重視金融業利益與需求，尤其缺乏足夠誘因讓央行以體系需求作為評估依據，期待以權衡來落實短期穩定性，無異於委託金融機構執行此項任務，此即 Friedman 堅持「以法則代替權衡」的理由之一。
3. 貨幣法則強調體系長期穩定性，短期流通速度與經濟成長率雖呈季節性或循環性波動，但兩者長期將呈現高度穩定性。
4. 在浮動匯率制度下，「採取貨幣法則可能擴大國內景氣波動」將僅出現在若干特殊情況或經濟結構，如農產品輸入比率甚大的國家，或僅能適用貶值場合。不過在這種特殊情境下，固定匯率將帶來更不穩定的結果。

觀念問題

❖ 試說明法則論者對央行採取權衡政策的看法？

20.4 貨幣政策架構

20.4.1 貨幣政策架構

貨幣政策係指央行經由調控貨幣總計數或利率以穩定金融與穩定通膨，進而促進經濟長遠發展。圖 20-2 顯示台灣的貨幣政策架構。央行係採通膨目標機制，透過貨幣工具先達成操作目標，再傳遞至貨幣指標（中間目標），最後及於經濟目標（最終目標）。其中，貨幣工具執行與操作目標訂定屬於政策執行層面，而貨幣指標與經濟目標設定則屬政策擬定層次。

一、政策擬定

貨幣政策追求目標包括穩定通膨、穩定金融與促進經濟成長等。其中，穩定通膨有助於長遠經濟發展，多數國家央行均將其列為首要目標，優於經濟成長（失業率）。央行調整貨幣工具至影響經濟目標非一蹴可及，但因無從準確估計政策效果（經濟目標），遂改採兩階段策略 (two-stage strategy)，透過貨幣指標（中間目標，intermediate target）變化而間接掌握經濟目標變動效果。一般而言，取得貨幣餘額和利率資料所需時間遠比國民所得資料為短，前者快則當日、慢則一月，後者則需耗費一季時間。有鑑於此，當貨幣指標（貨幣餘額或利率）偏離既定水準，央行將可及時察覺而迅速調整貨幣工具，若是靜待所得資料出爐，再設法扭轉欠當措施，通常為時已晚。

舉例來說，在固定期間，央行追求 GDP 成長率 5%（經濟目標），評估調高貨幣成長率 6%（貨幣指標）即可達成，而後者則透過準備貨幣成長率 4%（操作目標）來實現。為達到準備貨幣成長率 4%，央行須買入定存單（貨幣工具）100 億元才可奏效。當央行買進 100 億元定存單後，能否實現 GDP 成長率 5% 目標，只要觀察一週或一月內的準備貨幣和貨幣成長率變化情況即可分曉。假設準備貨幣僅成長 2% 而非 4%，貨幣成長率 6% 和 GDP 成長率 5% 自然落空，央行將須持續買入定存單，提高準備貨幣成長率至 4% 為止。

貨幣政策係由央行理監事會負責決策。理監事會每年按季定期召開四次會議，必要時得召開臨時會，會後發布決議新聞稿並公布於央行網站，同時召開記者會說明與溝通貨幣政策，讓外界能夠了解政策走向。

二、政策執行

央行調整貨幣工具發生效果存在時間落後，雖然設定中間目標，但貨幣政策操作仍然不能直接及於該目標。是以央行選擇與中間目標關係密切，且能

以貨幣工具直接控制的變數做爲短期間操作目標。台灣央行操作目標爲準備貨幣，逐月設定準備貨幣目標值。至於貨幣工具則包括準備制度、貼現窗口、公開市場操作、金融機構轉存款與選擇性信用管制等，而公開市場操作則是經常採用的貨幣工具。

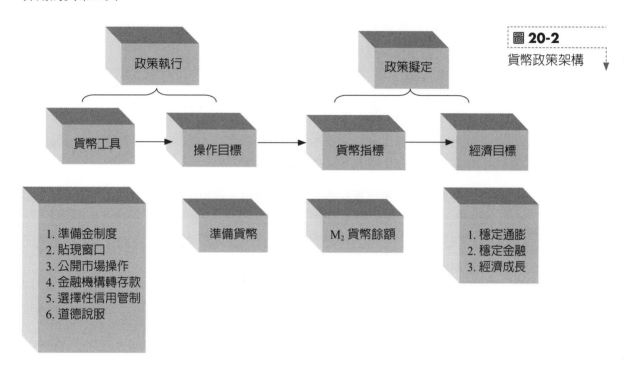

圖 20-2
貨幣政策架構

表 20-1 顯示，央行追求穩定通膨除受貨幣工具影響外，更受環境因素（如經濟結構）影響，是以無法透過調整貨幣工具直接掌握經濟目標變化。尤其是貨幣政策存在時間落後與遞延效果，央行遂選擇與經濟目標存在密切關係之貨幣指標，作爲執行政策的訊息參考。然而央行對貨幣指標同樣缺乏直接控制力，故將選擇有效且準確控制的變數作爲貨幣政策操作目標。

貨幣工具	操作目標	貨幣指標	經濟目標
公開市場操作 重貼現率 存款準備率 道德說服	價格：隔夜拆款利率 數量：準備貨幣	數量：M_2, M_{1B} 價格：中長期利率	穩定物價
控制期間：立即	控制期間：週或旬	控制期間：月或季	控制期間：年

表 20-1
貨幣政策架構

貨幣指標 (monetary indicator) 又稱中間目標或近似目標 (proximate target)，係指衡量貨幣政策推力方向與效果的變數。央行執行貨幣政策，必須選擇某些變數做爲指標，理由是：

貨幣指標
又稱中間目標或近似目標，係指衡量貨幣政策推力方向與效果的變數。

1. 調整貨幣工具至經濟活動出現回饋效果，須歷經較長的時間落後。
2. 經濟活動變化可能源自結構性變動或受貨幣工具衝擊影響，央行無法準確判定。

　　央行為獲知執行貨幣政策反應，選擇反應迅速之變數做為貨幣指標，從指標變動取得攸關貨幣工具調整對經濟活動衝擊的訊息，而貨幣指標必須符合下列條件：

1. 必須是貨幣政策傳遞過程的重要環節，居於聯繫貨幣工具與最終目標間的中介變數。
2. 貨幣工具與貨幣指標的關係密切，前者調整將立即反映在貨幣指標變化。
3. 貨幣指標變化主要受貨幣工具變動影響，而受環境變數衝擊應減至最低。
4. 貨幣指標變化應充分反映目標變數變化。

　　台灣央行在每年第四季理監事會議中，將提出下年的 M_2 成長目標區，此即貨幣政策的中間目標，通常反映三層意義：

1. 訊息變數　反映目前貨幣政策寬鬆或緊縮，如 M_2 成長率低於目標區將代表貨幣政策太緊；反之，則代表過於寬鬆。
2. 貨幣政策指標　此係央行與大眾溝通的工具。一旦 M_2 成長率低於目標區，央行應該採取寬鬆政策，人們才不會誤判央行係採「預算赤字融通政策」而擔心物價上揚。
3. 法則　宣示央行執行法則的方向。

　　基本上，央行採用的貨幣指標有二：

1. 利率　貨幣餘額與銀行信用數量變化將迅速引起利率變動，進而反映金融環境緊縮或寬鬆。央行通常以金融業拆款利率作為銀行業資金寬鬆指標，調整貨幣工具將於一週或一旬內影響金融業拆款利率，是央行可以直接控制者。實務上，短期利率經常顯著波動，然而源自內在因素（金融市場供需）或外在因素（貨幣政策）則讓貨幣政策與利率循環效果不易區分：
   (a) 貨幣市場利率常受預期通膨率影響，而與央行考慮影響的利率呈反向變動，故宜區分名目與實質利率。
   (b) 貨幣市場利率容易受預期因素影響，不易由市場變動中分離出來。
   (c) 資本財供需變動也會釀成金融市場失衡，而引起貨幣市場利率變化，如預期利潤率下降削減資本財吸引力，導致金融資產需求增加及收益率下降，此時不宜誤解為貨幣政策趨於寬鬆。
2. 貨幣成長率　訊息不全讓其他指標變化效果無法精確評估，而貨幣餘額變化直接影響經濟活動，促使央行偏好貨幣成長率指標。一般而言，貨幣成

長率上升表示政策趨於寬鬆，貨幣成長率下降表示政策趨於緊縮，而其缺點如下：

(a) 貨幣定義及控制程度　央行操作貨幣數量變動是項複雜工程，能否精確調整頗有問題，尤其是最適貨幣定義隨時變化而讓央行難以抉擇。

(b) 非銀行金融仲介與銀行間的業務存在高替代性，縱使銀行資產負債不變，前者的資產負債變化也會影響經濟活動。尤其是貨幣所得流通速度並非穩定，央行僅能控制貨幣數量，卻難以掌控經濟活動方向。

(c) 貨幣數量與貨幣政策間的關係並不穩定：

　(i) 貨幣乘數受利率變數影響，貨幣餘額變動引起利率變動，進而影響貨幣乘數，導致實際貨幣數量變動與貨幣政策追求目標發生分歧。

　(ii) 財政政策、債券操作與金融市場變動也會影響貨幣餘額變動。

　貨幣供給是準備貨幣與貨幣乘數之積，貨幣乘數穩定或變動趨勢若可預測，在央行能夠直接影響銀行準備下，準備貨幣更適合作為貨幣指標。一般而言，準備貨幣擴張代表貨幣政策趨於寬鬆，準備貨幣減少顯示貨幣政策趨於緊縮。

　在上述兩種指標中，央行經常採取金融業拆放利率與貨幣成長率衡量貨幣政策效果。在訊息完全下，兩種指標發揮的效率完全一致。反觀在訊息不全下，各學派對經濟結構潛在不穩定性來源的看法迥異，應該釘住何種指標亦爭議四起。

觀念問題

❖ 試說明央行選擇貨幣指標所需考慮因素為何？

❖ 試說明央行執行貨幣政策追求的最終目標與中間目標分別為何？在日常操作上，央行實際運用的貨幣工具有哪些？試比較這些工具的優劣點。

❖ 何謂貨幣政策的操作目標與中間目標？下列三者係屬操作目標或中間目標，試說明理由。
(a) 三個月國庫券利率、(b) 準備貨幣、(c) 貨幣數量

20.4.2　貨幣工具

　　圖 20-3 係金融當局（央行、財政部與金管會）掌控的政策工具類型，係屬於經濟結構的一環，具有下列特質：

1. 工具變數須由金融當局直接掌控。

2. 工具變數調整後，將透過貨幣傳遞機制影響金融機構決策。

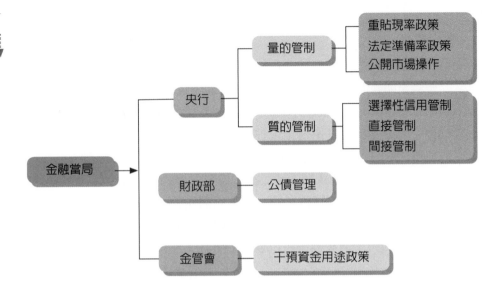

圖 20-3
貨幣工具類型

接著，先探討央行掌控的貨幣工具。

1. 量的管制 (quantitative control) 或稱一般性信用管制。央行透過控制貨幣餘額與銀行信用數量改變體系總需求，全面影響經濟活動運行，與此相關的貨幣工具包括法定準備率、重貼現率與公開市場操作。

2. 質的管制 (qualitative control) 或稱選擇性信用管制 (selective credit control)。針對某些產業或部門的特殊問題，央行調整貨幣工具影響其使用資金成本與條件，型態有三：

(a) 選擇性信用管制 管制特殊產業使用資金成本與條件，包括證券市場的融資與融券、商品市場的消費者信用管制與不動產信用管制。

(b) 直接管制 為提昇資金配置效率，央行直接干預銀行授信，包括信用分配、直接行動、流動性比例與利率上限等。

(c) 間接管制 採取迂迴方式影響銀行決策，包括維持銀行關係、道德說服、自動合作與公開宣傳等。

另外，財政部執行財政政策，涉及發行公債融通赤字問題；金管會從事金融行政管理與業務監理，透過影響銀行決策，形成消極性貨幣政策：

1. 貨幣融通 政府預算赤字由央行發行貨幣融通，或由央行繳庫盈餘融通。

2. 公債管理政策 財政部發行公債融通預算赤字，其發行餘額、期限、利率將會衝擊利率期限結構與金融機構決策。

3. 干預資金用途 金管會限制銀行授信，影響其決策而衝擊經濟活動。

在眾多貨幣工具中，央行評估具有效率的標準如下：

1. 影響貨幣餘額與銀行信用數量能力 貨幣餘額或銀行信用數量變化引發利率及財富變化，進而影響總支出。貨幣工具首重控制兩者能力，控制較弱

者通常賦予其他特殊任務。

2. **影響利率期限結構**　利率變動影響支出決策，不同貨幣工具影響利率不僅有異，甚至影響利率期限結構，如短期利率上漲降低人們貸款意願；長期利率攀升則削減資本資產現值，減弱長期投資誘因。

3. **彈性**　金融情勢瞬息萬變，貨幣工具能否因應新環境變化而迅速調整，將是評估具有效率的關鍵因素。

4. **影響預期形成**　貨幣政策施行發揮宣告效果 (announcement effect) 改變人們預期，進而調整決策影響經濟活動，而貨幣工具影響方向強弱將是評估效率與否的關鍵。

> **宣告效果**
> 貨幣政策施行改變人們預期，進而調整決策影響經濟活動。

5. **對銀行決策影響**　貨幣政策必然影響銀行決策，當後者利益與社會福祉相符，自然樂於接受央行決策；一旦兩者利益衝突，後者將尋求規避不利衝擊的策略，是以貨幣工具強制性遂成爲是否具有效率的條件之一。

觀念問題

❖ 試說明央行評估貨幣工具效率的標準爲何？
❖ 試說明央行執行準備率政策，將面臨缺乏彈性的困擾，理由爲何？
❖ 試評論下列問題：
  (a) 利率可測性優於貨幣成長率，是以利率較貨幣成長率更適合作爲貨幣指標。
  (b) 央行充分掌控準備貨幣，是以將是理想的操作目標
  (c) 法定準備率是有效率的貨幣工具，是以各國央行相當仰賴此一工具。

一、法定準備率政策 (required reserve rate policy)

央行調整法定準備率影響銀行授信，改變貨幣餘額與銀行信用數量，此即法定準備率政策。降低法定準備率提昇銀行超額準備，擴大貨幣乘數與銀行信用乘數，促使體系資金日益寬鬆。該項工具內容包含質與量兩方面：

> **法定準備率政策**
> 央行調整法定準備率影響銀行授信，改變貨幣餘額與銀行信用數量。

1. **品質管制**　銀行提存準備需以庫存現金、在央行業務局開立準備金帳戶存款、在央行國庫局開立中央登錄公債存款帳戶餘額、撥存於央行業務局或受託收管機構之跨行業務清算基金專戶存款等資產爲限，而在央行的準備金帳戶分爲甲戶與乙戶。

2. **數量管制**　依存款種類、存款金額、銀行規模和座落位置等標準訂定準備率範圍，此即稱爲變動準備制度 (variable reserve system)。

> **變動準備制度**
> 央行依存款種類、存款金額、銀行規模和座落位置等標準訂定準備率範圍。

貨幣銀行學

《中央銀行法》僅依存款類型訂定準備率，但央行使用頻率極低，此係準備率政策對超額準備、貨幣乘數及貨幣數量將釀成強烈衝擊，影響人們預期形成及銀行決策非常顯著。央行頻繁調整法定準備率，不論規銀行規模大小、經營績效，也須頻繁改變資產負債管理決策，影響效果全面性。一般而言，央行調整準備率意在控制貨幣餘額與銀行信用數量，間接影響利率，但不影響利率期限結構，由於缺乏彈性而甚少使用。

1. 縱使微調準備率，但對銀行超額準備、貨幣乘數與銀行信用乘數衝擊卻是深遠。
2. 調高法定準備率將迫使銀行出售流動資產或擴大借入準備來因應準備不足，銀行對其排斥性極大。
3. 基於前兩項原因，央行提高法定準備率前，通常會事先告知銀行，致使此項工具反而失去作用。

二、重貼現率政策 (rediscount rate policy)

重貼現率政策
銀行提存準備不足，以持有之票據向央行貼現窗口請求貼現放款融資。

銀行提存準備不足，以持有之票據向央行貼現窗口請求貼現放款融資，必須支付重貼現率。銀行對顧客票據貼現而預扣利息即是貼現率，而央行對銀行的票據再予貼現而預扣利息即是重貼現率。央行貼現窗口融通機制的功能有二：

1. 作為銀行體系資金之短期安全活塞。
2. 提供因未預期因素而陷入資金短缺或準備不足之財務健全銀行融資。

另外，銀行亦可向央行申請質押放款、公債質押與外銷放款等轉融通以增加準備數量，用途包括三種：

調節信用
又稱主要融通。央行提供 10 天內的短期融通，彌補銀行提存準備不足。

1. 調節信用 (adjustment credit)　又稱主要融通。央行提供 10 天內的短期融通，彌補銀行提存準備不足，如本國銀行業資金匱乏致使 1994 年 8 月 1 日的拆款利率與貨幣市場利率躍升至 9% 以上，央行遂於當日下午開啓貼現窗口，依短期擔保融通年利率 5.875% 融通 230.5 億元，期限僅有 1 天。

展延性信用
又稱次要融通。央行融通營運困難且面臨擠兌之問題銀行。

2. 展延性信用 (extended credit)　又稱次要融通。央行融通營運困難且面臨擠兌之問題銀行，如央行在 1985 年透過合庫融通台北十信紓解後者的擠兌危機。

季節性信用
央行融通銀行季節性資金需求，滿足因地域或產業等屬性所產生的季節性放款需求。

3. 季節性信用 (seasonal credit)　央行融通銀行季節性資金需求，滿足因地域或產業等屬性所產生的季節性放款需求。

表 20-2 是美國聯準會實施貼現窗口制度的相關融通條件。

類別	主要融通	次要融通	季節性融通
融通對象	經 FED 判定為健全銀行，提供極短期資金	在適當情況下，FED 對不符主要融通或嚴重困難銀行提供極短期資金	適用每年有明顯特定期間會發生資金需求之銀行，如農村型存款機構
融通天數	一天至數週	一天至較長天期	最長可達 9 個月
融通利率	高於聯邦資金利率目標	高於主要融通利率	與短期市場利率連動

表 20-2
聯準會貼現窗口制度的融通條件

資料來源：陶慧恆，「本行貼現融通制度改革建議案」，央行業務局，2006。

央行調整重貼現率和限制融資數量影響銀行準備部位，前者具有宣告效果，若被銀行視為寬鬆銀根先兆，預期央行透過公開市場釋出準備貨幣，則將擴大授信促使貨幣餘額與銀行信用數量增加。央行面對銀行準備不足採取策略包括：要求支付重貼現率而給予貼現融資，或在連續二旬準備不足下，依央行短期融通利率的 1.5 倍支付懲罰利率。至於央行採取重貼現率政策內容包括：

1. **調整重貼現率** 重貼現率調整改變銀行資金成本，發揮宣告效果改變銀行及人們對金融環境預期，重新評估調整決策。

2. **決定重貼現票據資格** 針對銀行資金運用方向決定是否貼現，避免銀行運用重貼現取得資金進行套利，如針對促進出口業務，辦理外銷貸款再融資；為加強中小企業融資，辦理周轉資金放款再融資等。

3. **訂定融資限額** 透過融通銀行以控制準備數量，或限制個別銀行再融資額度，如在季節性融資中，規定各銀行再融資額度避免過分膨脹信用。

至於央行採取重貼現率政策發揮的效果如下：

1. **控制貨幣數量** 無法直接干預銀行決策，能否發揮效果端視銀行反應而定，如降低重貼現率，銀行授信卻意願闌珊，寬鬆政策勢必落空；再如提高重貼現率，生息資產收益率漲幅更高，難以抑制銀行貼現融資意願，貨幣成長率依然居高不下。

2. **影響利率期限結構** 只能影響一般利率水準，無法改變利率期限結構。唯有實行複式重貼現率制度，混合使用重貼現率與品質管制，才能局部操縱利率期限結構。

3. **宣告效果** 影響人們預期，但無從預測預期效果對經濟活動衝擊，如提高重貼現率希望人們預期利率上漲，自發性壓抑支出而達成緊縮效果。假設人們預期此係重貼現率持續攀升的起點，反而加速擴大支出，政策效果適得其反。

銀行擁有向央行申請融資主動權，央行僅是扮演消極角色。景氣衰退期間，央行降低重貼現率隨時提供融資，銀行卻無誘因前來融資。景氣繁榮期

貨幣銀行學

間，央行緊縮銀根提高重貼現率，銀行只要有利可圖，仍將奔向貼現窗口融資，致使對抗通膨政策未見績效。

三、公開市場操作 (open market operation)

央行在公開市場（貨幣、資本與外匯市場）買賣證券（票券或債券）及外幣，改變銀行準備部位而影響貨幣餘額與銀行信用數量，而其成功條件包括：

1. 金融市場須達一定規模，擁有足夠金融資產供央行持續操作。
2. 金融資產多元化，避免央行操作效果過分反應於資產價格（報酬率）或風險變動上。
3. 公開市場操作需結合央行的貼現機能與銀行預擬授信數量。

公開市場操作兼具連續性與可逆性兩項特色，實務上卻面臨下列困境：

1. 立即破壞銀行資產負債表均衡，勢必引發一系列資產組合調整過程。
2. 直接從事金融交易可能擴大市場隨機性。
3. 季節性或隨機性貨幣供給波動糾葛難清、易於混淆，經常釀成公開市場操作方向錯誤，進而擴大兩者變異性，引發該項政策操作可逆性的質疑。
4. 央行公開市場操作與財政部赤字融通背道而馳，如何配合值得評估。

接著，央行從事公開市場操作，預擬控制的目標或釘住的貨幣指標，將有兩種說法：

1. 市場利率臆說 (market interest rate hypothesis)　新 Keynesian 學派指出利率期限結構是連繫金融部門與實質部門的關鍵變數，央行追求穩定經濟，公開市場操作採取釘住利率 r^* 為原則。市場利率超越 r^* 顯示金融環境緊縮，央行應採寬鬆公開市場操作。市場利率低於 r^* 代表銀根寬鬆現象，央行宜採緊縮公開市場操作。

   圖 20-4 顯示，在訊息不全環境，預期 IS^* 與 $LM^*(M^*)$ 曲線相交決定均衡所得 y^*，此係央行追求目標，r^* 則為公開市場操作目標。當 IS^* 曲線波動至 IS_1 或 $LM^*(M^*)$ 曲線波動至 $LM(M_1)$，兩者均推動利率揚昇而讓金融市場緊縮，央行宜採寬鬆操作紓解。反之，當 IS^* 曲線游離至 IS_2 或 $LM^*(M^*)$ 曲線波動至 $LM(M_2)$，兩者均促成利率滑落而讓資金寬鬆，央行宜採緊縮操作。值得注意者：該項臆說僅能適用金融部門不穩定引發利率背離目標值的狀況，央行執行公開市場操作將可紓解問題。反之，實質部門不穩定釀成利率背離目標值，央行若依前述原則操作，反而加速經濟問題惡化。

2. 貨幣總量臆說 (monetary aggregate hypothesis)　貨幣學派指出貨幣餘額是串連金融部門與實質部門的關鍵變數，央行應依圖 20-4 所示先決定最適貨幣數量 M^*，或須維持在 $LM^*(M^*)$ 位置。一旦實際貨幣餘額 $M_2 > M^*$，

公開市場操作
央行在公開市場買賣證券及外幣，改變銀行準備部位而影響貨幣餘額與銀行信用數量。

市場利率臆說
利率期限結構是連繫金融部門與實質部門的關鍵變數，央行從事公開市場操作以釘住利率為原則。

貨幣總量臆說
貨幣餘額是串連金融部門與實質部門的關鍵變數，央行執行公開市場操作以控制貨幣餘額為原則。

LM 曲線右移至 *LM*(M_2) 意謂著資金寬鬆，央行宜採緊縮操作。反之，實際貨幣餘額 $M_1 < M^*$，*LM* 曲線左移至 *LM*(M_1) 顯示資金緊縮，央行宜採寬鬆操作。

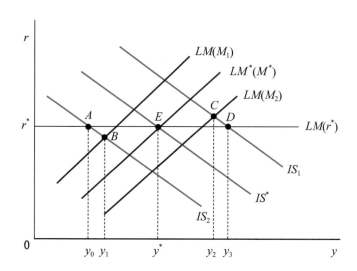

圖 **20-4**
市場利率臆說與貨幣總量臆說

綜合上述兩個臆說，再探討在訊息不全環境，央行如何選擇貨幣指標。商品市場在 IS_1~IS_2 間隨機波動，而貨幣市場則在 *LM*(M_1) ~ *LM*(M_2) 間隨機波動，預期 IS^* 與 $LM^*(M^*)$ 曲線相交決定均衡所得 y^*。假設央行追求穩定產出，讓產出變異性愈小愈好。

1. **釘住利率指標** 央行釘住利率 $r = r^*$，貨幣市場均衡軌跡變成 $LM^*(r^*)$ 水平線，由於商品市場在 IS_1~IS_2 間波動，實際產出波動幅度爲 $y_0 y_3$。
2. **釘住貨幣餘額指標** 央行釘住貨幣餘額 $M^S = M^*$，促使貨幣市場在 *LM*(M_1) ~ *LM*(M_2) 間波動，商品市場則在 IS_1~IS_2 間波動，實際產出波動幅度爲 $y_1 y_2$。

當商品市場波動幅度較大，釘住利率造成產出波動幅度 $y_0 y_3$ 將超過釘住貨幣餘額的 $y_1 y_2$，此時央行應該採取釘住貨幣餘額指標。反之，當貨幣市場波動幅度較大，釘住利率造成產出波動幅度 $y_0 y_3$ 小於釘住貨幣餘額的 $y_1 y_2$，央行應改採釘住利率指標。

央行採取公開市場操作影響銀行準備，但附帶達成其他目的：

1. **動態性操作 (dynamic operation) 與防禦性操作 (defensive operation)** 銀行保有準備除考慮市場利率與懲罰利率因素外，更需評估提款頻率，是以實際準備與貨幣供給係爲隨機值：

$$R = \overline{R} + \varepsilon$$

動態性操作
央行在貨幣市場主動操作票券改變貨幣數量。

防禦性操作
央行在公開市場反向操作消弭干擾因素以穩定貨幣數量。

$$M^S = \overline{M} + \theta$$
$$E(\varepsilon) = E(\theta) = 0$$

$\overline{R}$ 與 $\overline{M}$ 是預期準備與貨幣數量，ε 與 θ 是隨機項。

在圖 20-5 中，實質部門屬於確定狀況，金融部門因隨機貨幣供給而呈波動狀況，預期均衡產出為 y^*。假設央行追求穩定產出 y^*，將須預測干擾銀行準備與貨幣供給的因素 ε 與 θ，在公開市場反向操作消弭干擾因素以維持 $R = R_0$、$M^S = M_0$，穩定 LM 曲線在 $LM(M_0)$ 位置。此種操作策略旨在穩定貨幣數量，屬於防禦性操作範圍。另外，央行在貨幣市場主動操作票券改變 R_0 與 M_0 值，促使預期 $LM(M_0)$ 曲線右移至 $LM(M_1)$，將屬於動態性操作。

圖 20-5
動態與防禦性操作

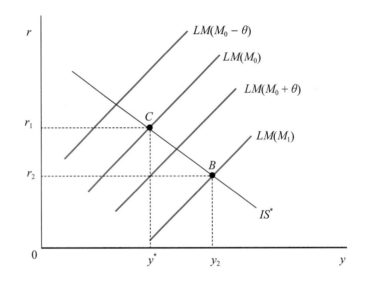

實務上，上述兩種操作策略甚難劃分：

(a) 防禦性操作須以央行估計金融市場干擾因素為基礎而操作，此項估計或有誤差，即使銀行準備部位遞增，未必表示央行屬意這種情況發生。

(b) 公開市場操作不僅持續進行，同時伴隨嘗試與修正過程，兩種概念在操作初期實際上混為一談，難以區分央行操作性質。

2. 票券操作政策、互換操作與沖銷政策　傳統公開市場操作採取最少干涉原則 (minimum intervention)，操作標的限制為國庫券或央行定存單，又稱為票券操作政策 (bills only policy)。至於央行無法操作其他證券的理由如下：

(a) 央行買賣國庫券就能影響銀行實際準備部位，透過授信變化可傳遞至中長期利率調整。

(b) 操作中長期公債將促使利率走勢產生強烈反應，容易造成央行誤判政

票券操作政策
傳統公開市場操作採取最少干涉原則，操作標的限制為國庫券或央行定存單。

策方向，擴大債券經紀人風險，反而妨礙貨幣市場運行。

(c)民間支出決策通常考慮利率期限結構因素，且由市場資金供需決定，央行橫加干預無疑是恢復釘住利率情況。

央行採取最少干涉原則的票券操作方式，面臨問題包括：

(a)放任金融市場決定利率期限結構，勢必引導投機盛行，偶爾干涉抑制投機仍屬必要。

(b)長短期資金固能相互流通，但是短期利率對長期利率影響卻呈現隨機性時間落後，央行不易預測政策效果。

(c)同時操作長短期公債可相對穩定債券市場價格及其健全發展。

基於上述理由，央行接續發展出互換操作 (operation twist) 概念，在公開市場買進長期債券，同時賣出等額短期票券，帶動短期利率攀升、中長期利率滑落，但維持貨幣供給不變，兼顧國內經濟發展與國際收支平衡的雙重目標。另外，央行干預外匯市場平緩匯率波動，再於貨幣市場反向操作收回或釋出貨幣，此種沖銷匯率波動的票券與外幣互換，稱為沖銷政策 (sterilization policy)。舉例來說，跨國基金匯入資金投資台股，促使台幣升值，央行為穩定匯率兼顧控制貨幣成長率，遂於外匯市場買入美元（放出台幣），再以央行定期存單、郵匯局轉存款、農業金庫轉存款等工具沖銷（收回台幣）。

互換操作
在公開市場買進長期債券，同時賣出等額短期票券，帶動短期利率攀升、中長期利率滑落。

沖銷政策
央行干預外匯市場平緩匯率波動，再於貨幣市場反向操作收回或釋出貨幣，形成沖銷匯率波動的票券與外幣互換。

一般而言，央行偏好公開市場操作的理由包括：

1. 可以直接影響銀行保有準備意願。
2. 央行擁有主動權，但對大眾預期及銀行決策影響微弱，宣告效果不強。
3. 可作持續微量操作，情勢有變將能迅速反向操作。

觀念問題

❖ 央行從事公開市場操作，若要順利達成目標的條件為何？

❖ 各國央行通常基於市場利率臆說與貨幣總量臆說，執行公開市場操作。試問兩種理論的差異性為何？

❖ 央行為控制貨幣數量，可採動態性與防衛性操作，試問兩者差異為何？難以區分兩者的理由何在？

❖ 貨幣餘額與利率皆為影響經濟活動的重要變數。試以圖形說明央行為落實政策目標，能否同時控制這兩個變數？

❖ 台灣金融市場資金浮濫，物價蠢蠢欲動。試列舉央行最常採取的貨幣工具，並說明之。

❖ 央行追求穩定所得目標，當商品市場遭到隨機干擾，應該選擇控制名目利率或名目貨幣供給？反之，一旦體系深受貨幣市場隨機干擾之苦，是否應該調整前述採取的策略？

20.5 選擇性信用管制

20.5.1 選擇性信用管制類型

央行採取選擇性信用管制的理由如下：

1. **輔助或替代效果** 央行為求爭取時效，縮短一般性貨幣政策效果的時間落後，如設定利率上限制銀行授信，再透過公開市場操作逐漸降低準備部位。當總支出缺乏利率彈性，央行採取提高住宅抵押放款的自備款比率、縮短償還期限與限制融資數量等，才能壓制總支出且避免利率過度上升。

2. **修正資源配置方式** 當金融市場運作失靈，包括資訊不對稱、外部性與市場利率無法反映社會價值，促使市場決定的資金分配方式不符國家需求。央行採取選擇性信用管制重新分配資源用途，提昇資金與實質資源運用效率。

歸宿效果

央行執行貨幣政策發揮效果的實際承受者。

3. **避免所得與財富重分配效果** 貨幣政策經常伴隨不均勻的歸宿效果 (incidence effect) 與財富重分配效果，兩者將視廠商規模、銀行適應市場環境變遷彈性、商品需求彈性、人們的資產組合內容等因素而定。央行改採選擇性信用管制，仍可維持物價與利率穩定，卻能避免緊縮銀根肇致的歸宿效果與財富重分配效果。

央行採取選擇性信用管制，能否修正或重新配置資源用途，將取決於下列三者：

1. 在資源移出的市場，有效需求需受銀行信用顯著影響。
2. 當資源從次佳用途釋出後，是否順利移轉到更佳用途。
3. 次佳用途的銀行信用需求能被非價格方法有效壓低。為重新配置資源，央行採取策略包括限制銀行選擇資產自由與募集資金條件。

一、直接管制

央行針對銀行授信附加限制，直接影響銀行決策而達成控制貨幣餘額與銀行信用數量的目的。選擇性信用管制涵蓋在廣義的直接管制政策，狹義說法專指直接干涉銀行授信，類型包括：

1. **信用分配** 央行審視經濟情勢，評估資金需求緩急，對銀行授信附加合理分配與管制措施。就限制授信而言，金融市場資金氾濫，央行將拒絕銀行的重貼現要求，如以重貼現票據不合規定而予拒絕，或以違反健全信用原則限制貼現融資不得投入某些用途。另外，為配合策略性產業發展政策，央行對若干產業給予長期低利融資，這種專案融通占總放款餘額比例甚

高，亦屬信用分配的一環。

開發中國家面臨眾多開發投資機會，資金需求殷切而供給相對有限，央行遂依據某種原則，如編訂產業優先開發順序或依資金需求緩急程度，將有限資金分配給各產業，策略包括直接分配、依差別信用條件分配或設立中長期信用基金（郵匯局轉存款）對銀行中長期放款之再融通等。

2. 直接行動 (direct action)　央行直接干預與管制銀行授信：

(a) 限制放款額度　央行視金融環境情況對銀行授信規定最高額度。

(b) 干涉銀行吸收外幣存款　央行評估環境變化，可自某日起對銀行吸收外幣存款，另訂額外準備率，不受最高比率限制。

(c) 制裁銀行違規營運　銀行授信背離健全信用原則，央行將拒絕重貼現融資要求，甚至採取懲罰性利率取代拒絕重貼現。

(d) 規定放款及投資範圍　就資產項目而言，《銀行法》分別限制銀行投資不動產與企業股票比例。就授信額度而言，銀行中期放款、股票投資、住宅融資額度、不動產及倉庫投資額度均設有最高限制。

3. 流動性比率 (liquidity ratio)　針對銀行資產負債表，央行訂定某流動資產對某負債或其他資產比率，產生效果如下：

(a) 準備對負債或資產比率　法定負債準備比率若超過銀行持有比率，如存款準備率、總負債準備比率等，將擴大銀行資金成本而推動放款利率上升，降低人們融資誘因。資產準備比率超過銀行持有比例，如放款準備率，將導致放款報酬率下降與削弱授信意願。至於央行訂定該比率是否引發緊縮效果，端視廠商從公開市場取得融資能力而定，若能由直接金融取得融資，則將難以發揮抑低利率效果。

(b) 流動資產對存款、總負債或其他資產比率　訂定公債存款最低比率，提昇銀行公債需求，造成平均報酬率下降與排擠對民間授信。假設廠商容易在公開市場取得融資且資金需求缺乏利率彈性，則利率上升壓力將移轉到公開市場。該項措施僅是改變公債與公司債在銀行與直接金融間之分配情形，對資源配置與利率並無太大衝擊。

(c) 某種證券對負債或資產比率　訂定抵押放款占總資產比率超過銀行預擬保有比率，將導致銀行盈餘下降。借款者若轉向直接金融尋求融資，將推動直接金融利率上升。

(d) 生息資產配額　訂定銀行持有單一資產占總資產比率或其增加率的上限。面對放款配額限制，銀行擴張授信將面臨有效壓抑。在資金需求強勁時期，放款配額限制促使銀行調高持有公債占總資產比率，推動放款利率上揚，並對借款者附加嚴苛的非價格條件。此外，銀行授信對象將從小企業、新住宅與耐久財購買者轉向信用良好與頻繁使用銀

貨幣銀行學

行服務的大廠商。反觀受到波及的借款者將另尋資金來源,其他資金市場將面臨需求增加而擴大融資。

二、間接管制

央行利用間接迂迴管制銀行授信的型態如下:

1. **維持銀行關係** 央行與銀行保持密切接觸,有助於實現預擬政策目標:
   (a) **專案金融檢查** 督促銀行健全經營,降低後者倒閉風險並建立央行權威性。
   (b) **經常派員與銀行會商** 了解各地經濟金融情勢,協助銀行解決問題,並解釋央行政策意圖,透過經常性接觸增進彼此合作關係。

> **道德說服**
> 又稱開口政策或說教式管制。央行對銀行說明政策立場,藉由道義影響及說服力量影響銀行決策。

2. **道德說服 (moral suasion)** 又稱開口政策 (open-mouth policy) 或說教式管制 (jaw control),央行對銀行說明政策立場,藉由道義影響及說服力量影響銀行決策。舉例來說,央行在 1993 年 9 月 16 日下午 4 時 30 分宣布調降準備率,並於當日下午 2 時 30 分召集台銀、農銀、一銀、華銀與彰銀等五家官股銀行總經理進行道德說服,要求配合引導基本放款利率下降。另外,央行於 2010 年 6 月 25 日宣布銀行對企業主等所有自然人承作新購屋貸款業務規範,不得以修繕、周轉金或其他貸款名目承作購屋貸款,而承作企業周轉金貸款應依企業產銷程序與業務財務近況,就其資金周轉的實際需求核實辦理。爾後,央行在 2010 年 7 月 8 日找來 7 家民營銀行主管「喝咖啡」,了解是否以周轉金名義承作企業負責人房貸業務,並將帳掛在法金部門,以規避央行對銀行辦理特定地區的購屋貸款風險控管規範。道德說服對銀行決策並無拘束力,能否發揮效果取決於:擔當道德說服者的聲望與權威、預擬說服的銀行家數、銀行合作程度、能夠運用之貨幣工具和權力、道德說服時機及期間長短、說服內容及要求程度。央行也可透過道德說服重要銀行自動合作 (voluntary cooperation),影響資金成本及信用分配,以符合當時經濟金融環境需求。

> **公開宣傳**
> 央行在公開場合說明採取貨幣政策意義,透過宣告效果改變人們預期,進而影響決策與經濟活動。

3. **公開宣傳 (publicity)** 央行在公開場合向社會說明採取貨幣政策意義,透過宣告效果改變人們預期,進而影響決策與衝擊經濟活動。央行除每月公布資產負債概況外,每年發表年報說明本身營運、金融市場環境及銀行營運狀況,同時對財政、貿易、物價及經濟發展情勢發表統計分析。央行總裁利用記者招待會、學術演講會及公共集會等,說明貨幣政策動向及其依據理由。常見的公開宣傳實例是:央行進行公開市場操作,發行可轉讓定存單收取剩餘資金,均在操作後公開相關訊息。另外,央行於 1994 年 4 月 3 日主動安排股市投資人代表與央行總裁溝通外資投資國內股市上限,隨後於 4 月 5 日中午宣布提高外資投資國內股市額度。

觀念問題

❖ 試說明央行採取選擇性信用管制的理由為何？

20.5.2 境外機構投資人制度

境外機構投資人制度 (qualified foreign institutional investors, QFII) 係指經過金管會與央行核准的境外機構投資人，在一定限制下匯入資金，透過專門帳戶投資國內股市，投資所獲的資本利得與股息經核准後可匯出國境。QFII 屬於過渡性制度安排，係金融帳未完全開放國家逐步推動證券市場國際化的特殊模式。本質上，QFII 制度屬於資本管制的一環，外國資金須透過合格機構才能進入國內股市投資，方便央行從事總體金融監理，降低熱錢對國內經濟活動和證券市場的衝擊。

QFII 制度運作涉及三個核心問題：

1. 機構資格認定　包括資本數量、財務狀況、經營期限、是否有違規記錄等標準，藉以篩選較高信評和實力、無不良營業記錄的機構投資人。
2. 監控資金進出　央行採取監控策略，包括規定資金匯出入時間與額度，對不同資金匯出入時間與額度課徵不同稅率，管制跨國資金移動。
3. 投資範圍和額度限制　限制投資機構進入的市場類型與產業範圍，投資額度包括進入國內股市的資金上限和單一投資人的最高投資金額，以及投資單一股票的最高比例。

為促進金融市場國際化，引進外資活絡經濟活動，政府陸續解除對 QFII 制度的管制，包括取消外國專業投資機構投資 30 億美元的額度限制、取消外國專業投資機構經核准投資，應於二年內匯入資金的限制、取消外國專業投資機構資格條件限制、簡化外國專業投資機構申請程序等。在解除管制的過程中，政府同時提出配套管理措施，如取消外國專業投資機構資格條件限制，要求外資聲明資金來非屬對沖基金性質。

央行早期對引進外資戒慎恐懼，對外資投入國內股市額度亦有一定限制。隨著經濟發展層次提昇，央行逐漸放鬆外資投入金額限制，如在 1993~2003 年的八次調整投資額度，每次放寬額度均大幅成長，1993 年 1 月 16 日的外資投資額度 1 億美元，同年 11 月 19 日即調高為 2 億美元，1996 年 12 月 19 日再提為 6 億美元，1999 年 11 月 20 日再至 12 億美元。央行每次調整外資可投資額度，對台股加權指數造成極大衝擊，若以 1~3 個月的平均漲跌幅度來觀察，

境外機構投資人制度
經過金管會與央行核准的境外機構投資人，在一定限制下匯入資金，透過專門帳戶投資國內股市，投資所獲的資本利得與股息經核准後可匯出國境。

台股加權指數通常在宣布放寬外資投入國內股市的額度的當日及當週均呈上漲局面，平均漲幅在五成以上（上漲機率高達 57%），縱使在宣布放寬外資投資限制後的 2~3 個月內，台股加權指數仍以上漲居多。

基於活絡股市與刺激景氣復甦，央行引進外資成為重要貨幣工具，不過跨國資金移動頻繁將擴大資本市場與外匯市場波動性。尤其是引進外資雖能促進金融市場國際化，擴大廠商資金來源，然而國內經濟環境劇變、銀行營運體質惡化，外資可能無預警大幅撤資，勢必引爆金融危機。1997 年亞洲金融危機與 2008 年金融海嘯，亞洲國家面臨外資大舉撤出，金融市場在一夕間瀕臨崩潰的命運。

在 1970 年代，台灣外匯準備稀少，為避免資金外流與控制資金進出，央行規定進口開發信用狀收取保證金比例不得少於開狀金額 10%，遠期外匯履約保證金繳交比例為 7%，銀行不支付該部分資金利息。爾後，為提高外匯指定銀行營運自主性與降低貿易商避險成本，央行於 1994 年 4 月 1 日取消原有保證金比例限制，改由外匯指定銀行依廠商信用評等自行決定。另外，央行也降低外匯履約保證金繳交比例為 3%，且可用其他擔保品，如定期存單繳交，有助於降低廠商資金成本，提昇資金運用彈性，進而擴大貿易活動。

知識補給站

近 10 年來台北都會地區房價高漲引發民怨。央行從 2010 年 6 月初要求官股銀行承做購屋貸款與土建融資利率不得低於 1.5%，且在 2010 年 6 月 24 日升息半碼，並祭出「特定地區實施選擇性信用管制」，強化「一切都是為了打房」。這是央行第 2 次採取選擇性信用管制，首次管制出現在 1989 年 2 月 28 日，史稱「房市 228 事件」。當時緊縮範圍包括停止無擔保購地貸款、限制企業建築融資、依工程進度分批撥款、高爾夫球場土地擔保放款併入建築放款土地等，此一管制加速房市泡沫。7 年後，央行宣布停止信用管制，房市才逐漸恢復生機。時隔 21 年，為避免 1987 年資產泡沫重演，央行閃電升息半碼，市場解讀為「宣示意義大於實質意義」，警告投資客意味濃厚。

到了 2014 年 6 月 26 日，彭總裁在第二季理監事會後提出四大房市管制措施：擴大房市管制範圍、第三戶以上房貸成數限五成、緊縮豪宅貸款認定標準及成數、公司法人購置住宅貸款限五成。其中，最被關注的是「擴大房市管制範圍」，由現行台北市及新北市 13 個管制區，再新增新北五股、泰山、八里、鶯歌及桃園縣中壢、蘆竹、龜山、桃園市八處。管制區內民眾購買第二棟住宅，銀行最多僅能貸放六成資金，不得以修繕貸款等其他名目增貸且無寬限期，此係「這八個行政區房價在過去三年半內漲四成」。

針對豪宅房價居高不下，央行針對原本雙北市房價 8,000 萬元以上、其他地區 5,000 萬元以上豪宅，貸款成數上限六成，緊縮為台北 7,000 萬元、新北市 6,000 萬元與其他地區 4,000 萬元以上豪宅，最高貸款成數限五成。此外，央行對過去忽略的「公司法人購置住宅」漏洞，防止負責人以公司名義利用銀行資金囤房。彭總裁指出：「高房價危及金融穩定、造成所得分配不均、影響消費，央行基於職責採取措施。」，此係央行連出四重拳打房的理由。

隨著央行管制房貸後，銀行不動產授信集中度下降、房貸成長平穩、特定地區及高價住宅貸款成數下滑，顯示銀行審慎控管不動產授信風險有助於穩定金融。另外，財政部逐步調整不動產持有稅，且自 2016 年實施房地合一稅制，不動產投機需求減弱，房市交易趨緩並以自住為主。政府持續推動住宅政策相關措施，有助於健全房市發展。是以央行在 2015 年 8 月 13 日召開常務理事會議，宣布鬆綁房地產信用管制措施，特定管制地區刪除新北市八里、鶯歌區及桃園市全區，豪宅、法人購置住宅及第三戶房貸成數由五成提高至六成，此係央行實施信用管制五年以來首次鬆綁，有助於緩和低迷房市景氣。

20.6 政策金融

20.6.1 公債管理政策

面對政府預算赤字，財政部採取貨幣（央行盈餘繳庫）、國庫券與公債三種方式融通彌補缺口。在固定時點上，公債存量是過去預算赤字與盈餘的淨累積，並隨預算赤字或盈餘等量增減。公債存量取於財政政策，而公債結構則受公債管理政策與貨幣政策兩者影響。財政部面對預算赤字，採取不同融通策略發揮的效果如下：

1. **貨幣融通效果**　向央行賒借（要求央行增加盈餘繳庫），準備貨幣增加將流入銀行體系，帶動授信擴張而降低金融市場利率。
2. **國庫券融通效果**　發行國庫券融通政府季節性收付分際，銀行持有作為流動準備以取代庫存現金，產生效果遠低於央行融通效果。
3. **公債融通效果**　發行公債融通預算赤字具有緊縮效果，而清償公債本息則具有擴張效果。隨著公債發行餘額增加，基於維持資產組合平衡，人們將重新調整組合內容，從而推動公債報酬率上升。由於公債與國庫券存在代替性，公債報酬率上升誘使銀行降低持有超額準備，轉而買進公債擴大持有流動準備（國庫券與公債）。

接著，政府執行貨幣政策與公債管理政策，將會改變財政部的負債組合，如央行採取互換操作的效果。當各種金融資產互為代替品時，前面分析隱含下列結論：

1. 採取向央行融通以取代國庫券融通，將具有擴張效果。
2. 採取貨幣融通以取代公債融通，擴張效果最大。
3. 採取國庫券融通取代公債融通，緊縮效果較小。

另外，央行降低重貼現率政策，將吸引銀行擴大借入準備。隨著國庫券利率與重貼現率差距擴大，將刺激銀行購買公債與初級證券，造成證券報酬率下降而導引人們轉向存款。

公債管理政策

在金融環境固定下，財政部透過安排債務期限結構，追求募集債務成本最低。

在金融環境固定下，財政部執行**公債管理政策** (public debt management policy)，透過安排債務期限結構，追求募集債務成本最低。首先介紹下列定義：

$$政府債務數量 = 貨幣融通 + 國庫券 + 長期公債$$

$$淨成本 = (0 \times 貨幣融通) - (i_d \times 借入準備) + (i_t \times 國庫券) + (i_b \times 公債)$$

$$貨幣融通 = 大眾保有之通貨 + 法定準備 + 超額準備 - 借入準備$$

i_b 與 i_t 是公債與國庫券收益率，i_d 是重貼現率，上述貨幣融通已經扣除融通銀行而釋出的貨幣數量。在維持金融環境寬鬆下，財政部追求長期債務成本極小，可任選兩種債務型態與重貼現率。一般而言，在政府會計年度內，央行控制貨幣融通（央行繳庫盈餘）與重貼現率，財政部決定國庫券與公債發行餘額，以追求支付公債淨成本最低：

$$淨成本 = 利息支出 + 預期債券價值變動$$

在會計年度內，財政部支付公債利息等於人們持有公債收益，從而關心預期公債價值變動可能性。一旦預期公債利率下降（或公債價值攀升），財政部應暫時發行國庫券融通，直至利率下降後，再改採公債融通比較有利。考慮預期公債價值變動旨在促使財政部注意公債發行時機，方能在長期間內極小化公債利息成本。

在既定金融環境下，財政部改採國庫券融通，應該如何選擇收回公債與歸還央行墊款比率？全部歸還央行墊款將過於緊縮，全部收回公債則過於膨脹。是以財政部發行國庫券取得資金，應部分歸還央行墊款，部分用於替換公債，至於比率則視原先的政府債務組合內容而定。相對歸還央行墊款而言，國庫券

餘額若相當多，歸還央行墊款的緊縮效果較大。如果公債與國庫券間的代替性很大，兩者替換引發的膨脹效果不大。為維持金融環境緊縮程度，財政部歸還央行墊款比率勢必要較小；反之，國庫券餘額相對較少時，國庫券與央行墊款間的代替性就大，歸還墊款比率需較前者為高。

由於重貼現率變化影響公債淨成本與金融環境鬆緊，是以央行同時採取降低重貼現率與賣出公債，或提高重貼現率與買進公債，以維持一定程度的資金緊縮，進而落實最適公債管理政策追求的目標。

20.6.2 政策金融

政府歲收來源包括租稅與國營企業盈餘、發行公債收入，或向央行及銀行融資（甚至從國外引進資金），這些資金除融通支出外，若有剩餘也可融通其他資金需求者。在政府收付資金與融資過程中，民間配置資金方式勢必受到影響，而政府干預資金分配可稱政策金融，其存在理由如下：

1. 銀行信用市場並非完全競爭，無法效率配置資金，故需政府干預矯正。
2. 貨幣政策對資金配置影響不均勻，政府干預有助於矯正偏差。
3. 市場機能無法反映策略性產業的社會價值，政府運用政策金融提供適當融資，藉以協助其發展。

不過反對政策金融者認為，政府無法正確評估各種資金用途的社會價值，干預資金分配徒然扭曲資源配置，導致資金分配過程更趨複雜化，造成融資成本大幅攀升。同時，政府干預資金配置通常欠缺全盤計劃，每一干預計劃都是建立在個案的獨立基礎上，無法達成預期目標。至於政策金融類型包括：

1. **優惠融資** 行政院於 1973 年依據《獎勵投資條例》第 84 條，以公營事業移轉民營收入與國庫撥款，設立開發基金從事投融資業務。邁入 1990 年代，為強化產業發展，鼓勵具重大效益、高風險且亟需扶植之新興重要策略產業創立或擴充，政府制訂《促進產業升級條例》，擴大開發基金政策任務，提供產業創新、研究發展與技術升級資金。2006 年再依《中央政府特種基金管理準則》第 16 條規定，合併開發與中美兩基金成立國家發展基金，針對重要事業進行長期投資，配合銀行辦理政策性貸款。政府提供產業優惠融資，若與其他來源資金的替代性愈高，顯示其資金供給的利率彈性愈大，補貼效果自然愈佳。反之，獲得優惠融資產業的資金需求利率彈性愈大，補貼效果愈不明顯。
2. **限制銀行資產選擇** 政府規定銀行須對策略性產業融資，擴大該產業資金來源，如國發基金提供股權資金與低利融資等。該政策的效果端視該融資與其他融資來源的替代性而定，替代性愈高則效果愈低。另外，該類產業

貨幣銀行學

資金需求的利率彈性愈大,則限制銀行選擇資產自由的效果愈大。

3. 提供信用保證　政府提供信用保證,提昇廠商信評以取得資金。政府採取補貼政策與限制銀行選擇資產自由以提高某產業融資數量,而提供信用保證必將增加該產業的資金來源,造成限制銀行選擇資產效果變弱,但卻增強優惠融資效果。政府分別成立農業信用保證基金、中小企業信用保證基金與華僑貸款信用保證基金,針對農民、中小企業與僑胞創業者或台商事業的借款債務提供放款保證。

4. 專案融通　廣義信用分配或政策金融的一環。政府編列預算成立基金,直接撥款透過銀行放款融通特定成員,如行政院開發基金、中小企業發展資金、國防工業基金、學生貸款基金、加速農村建設基金等。這種政策提供借款者取得資金,兼具補貼性質(低利貸款)。此外,面對投資意願減緩、基礎建設不足,政府擴大公共投資所需資金多數仰賴發行公債或向銀行賒借,導致預算赤字擴大。是以政府於1994年6月實施中長期資金運用制度,針對政府重大建設及大型企業的重大投資計畫,由其提出專案融資計畫,經由該制度推動小組審議通過,再由承辦銀行給予融通額度,並協調中華郵政以轉存款方式提供銀行資金來源,但由銀行承擔授信風險。

除上述政策金融外,中小企業可運用下列政策金融彌補本身融資不足:

1. 央行提撥郵政儲金轉存款,供銀行辦理製造業購建廠房、機器設備或周轉金放款專案融資。

2. 協助中小企業紮根專案放款也可購置土地廠房、營業場所與機器設備。

3. 中小企業發展基金支援辦理重大天然災害復舊放款。

 20.7　非傳統貨幣政策

非傳統貨幣政策
央行針對非存款貨幣機構、商業本票市場、貨幣市場基金、房貸市場等直接注入資金,甚至也對消費者與小型企業提供短、中長期資金,藉以提昇流動性效果。

非傳統貨幣政策(non-traditional monetary policy)是指在景氣蕭條之際,傳統貨幣政策的利率傳遞機制無法發揮效果,央行針對非存款貨幣機構、商業本票市場、貨幣基金、房貸市場等問題來源直接注入資金,甚至也對消費者與小型企業提供短、中長期資金,藉以提昇流動性效果。此種政策的特質如下:

1. 維持低利率　透過改變短期利率上升預期來擺脫流動性陷阱。日本銀行從2001年3月執行量化寬鬆政策以維持低利率;美國聯準會從2009年3月起實施量化寬鬆政策,維持2008年12月16日就已實施的0~0.25%低利率區間。2009年4月,加拿大銀行承諾只要無明顯通膨,就維持隔夜拆借利率在0.5%並持續至2010年第2季底。

2. 大幅擴張準備貨幣　擴張資產負債表規模以擴大準備貨幣,透過影響資產

資金需求的利率彈性愈大,則限制銀行選擇資產自由的效果愈大。

3. 提供信用保證　政府提供信用保證,提昇廠商信評以取得資金。政府採取補貼政策與限制銀行選擇資產自由以提高某產業融資數量,而提供信用保證必將增加該產業的資金來源,造成限制銀行選擇資產效果變弱,但卻增強優惠融資效果。政府分別成立農業信用保證基金、中小企業信用保證基金與華僑貸款信用保證基金,針對農民、中小企業與僑胞創業者或台商事業的借款債務提供放款保證。

4. 專案融通　廣義信用分配或政策金融的一環。政府編列預算成立基金,直接撥款透過銀行放款融通特定成員,如行政院開發基金、中小企業發展資金、國防工業基金、學生貸款基金、加速農村建設基金等。這種政策提供借款者取得資金,兼具補貼性質(低利貸款)。此外,面對投資意願減緩、基礎建設不足,政府擴大公共投資所需資金多數仰賴發行公債或向銀行賒借,導致預算赤字擴大。是以政府於1994年6月實施中長期資金運用制度,針對政府重大建設及大型企業的重大投資計畫,由其提出專案融資計畫,經由該制度推動小組審議通過,再由承辦銀行給予融通額度,並協調中華郵政以轉存款方式提供銀行資金來源,但由銀行承擔授信風險。

除上述政策金融外,中小企業可運用下列政策金融彌補本身融資不足:

1. 央行提撥郵政儲金轉存款,供銀行辦理製造業購建廠房、機器設備或周轉金放款專案融資。
2. 協助中小企業紮根專案放款也可購置土地廠房、營業場所與機器設備。
3. 中小企業發展基金支援辦理重大天然災害復舊放款。

 20.7　非傳統貨幣政策

非傳統貨幣政策
央行針對非存款貨幣機構、商業本票市場、貨幣市場基金、房貸市場等直接注入資金,甚至也對消費者與小型企業提供短、中長期資金,藉以提昇流動性效果。

非傳統貨幣政策(non-traditional monetary policy)是指在景氣蕭條之際,傳統貨幣政策的利率傳遞機制無法發揮效果,央行針對非存款貨幣機構、商業本票市場、貨幣基金、房貸市場等問題來源直接注入資金,甚至也對消費者與小型企業提供短、中長期資金,藉以提昇流動性效果。此種政策的特質如下:

1. 維持低利率　透過改變短期利率上升預期來擺脫流動性陷阱。日本銀行從2001年3月執行量化寬鬆政策以維持低利率;美國聯準會從2009年3月起實施量化寬鬆政策,維持2008年12月16日就已實施的0~0.25%低利率區間。2009年4月,加拿大銀行承諾只要無明顯通膨,就維持隔夜拆借利率在0.5%並持續至2010年第2季底。
2. 大幅擴張準備貨幣　擴張資產負債表規模以擴大準備貨幣,透過影響資產

610

價格和利率來影響產出和物價。央行增加準備貨幣方式，包括創新金融商品提供金融中介機構低成本資金、擴大央行放款範圍、大量購買公債和民間債券、直接提供金融市場信用等。此種注入鉅額準備貨幣稱為量化寬鬆，是以非傳統貨幣政策也稱為量化寬鬆政策。

3. 直接參與長期信用市場　實現短期利率預期向長期利率預期轉化，並在轉化過程中有效降低風險溢酬。除擴張資產負債表規模外，央行也調整結構以影響長期利率預期，降低風險溢酬，方法包括擴大持有長期公債比例、直接購買銀行資產與提供資金支持等，這些在傳統貨幣政策均不存在。

　　各國實施非傳統貨幣政策，幾乎是結合上述三者而行。在 2001~2006 年間，日本銀行啟動非傳統貨幣政策，著重購買長期公債來擴大銀行超額準備與貨幣供給。美國聯準會將因應金融海嘯的貨幣政策總結為信用寬鬆政策，透過改變聯準會資產負債結構，購買目標市場的民間資產（如抵押放款證券）來改善信用市場流動性。無論是通膨目標機制或 Taylor 法則，各國執行傳統貨幣政策，事實上均是依循傳統貨幣政策的利率傳遞機制（資本成本效果）。然而 Keynesian 學派指出「流動性陷阱」與「投資陷阱」阻礙利率傳遞機制發揮作用。不過 Keynesian 學派的投機性貨幣需求與流動性陷阱主要針對短期利率，並未涉及長期利率。

　　爾後，Hicks 的流動性貼水理論指出，長期利率是一系列預期短期利率與風險溢酬的平均值。Keynesian 提出流動性陷阱解釋傳統貨幣政策何以無法影響短期名目利率，而 Hicks 提出長期利率公式，進一步說明金融危機引發市場要求附加高風險溢酬，導致長期名目利率遽升。實務上，影響投資與消費支出的關鍵因素是長期實質利率而非短期名目利率，金融危機引爆通縮而讓物價陷入下跌趨勢，透過 Fisher 方程式推動實質利率攀升，抑制投資和消費支出而加重景氣衰退。

　　傳統利率傳遞機制失靈背後隱含三個關鍵因素：(a) 央行增加貨幣供給或降低基準利率均無法降低短期利率和短期利率預期；(b) 流動性溢酬高漲促使短期利率與長期利率同時攀升；(c) 通縮出現引發物價持續下跌，負的預期通膨溢酬遞增推動長期實質利率攀升。若要矯正傳統利率傳遞機制，央行必須疏通前述障礙，透過擴張資產負債表規模，在未來期間執行低利率或零利率政策，才能降低人們在未來各期的預期短期利率，達到降低長期利率目的。另外，央行還要修復短期利率預期向長期利率預期的轉化機制，購買民間長期債券降低各種溢酬成分，大幅降低長期利率預期。最後，央行要非常規向市場注入大量流動性，引發通膨預期以降低長期實質利率。對於解決問題的關鍵而言，央行持續性大量擴張準備貨幣，不僅是為了降低短期名目利率，更重要是

在提高人們的通膨預期！無論執行低利率政策或購買民間長期債券，均非傳統貨幣政策能夠囊括，非傳統貨幣政策於淵而生。

為因應金融海嘯衝擊，歐美國家在不同階段採取不同貨幣政策，並以 2008 年 9 月雷曼兄弟倒閉前後區分為兩階段。在前一階段，許多央行關注如何紓解銀行陷入流動性匱乏，主要借助傳統貨幣工具，並適當加入因應非常情況的延長再貸款期限等影響銀行準備的措施。邁入第二階段，央行啟動大規模非傳統貨幣政策，特質有三：

1. 同步執行貨幣政策　2008 年 9 月，美、英、日和歐洲央行啟動大規模量化寬鬆政策，推出多元化流動性工具，放寬金融機構提供的抵押品範圍，並在 10 月協調降低利率。

2. 擴大央行資產負債表規模　在傳統貨幣政策下，央行針對部分資產變動，進行相應沖銷以穩定總體規模。但在量化寬鬆政策下，央行則是顯著擴張資產負債表規模。

3. 非傳統貨幣政策關注焦點不同　在總體架構上，美國以信用寬鬆為主，英國以量化寬鬆為主，而歐洲央行則宣稱是「提高信用支持」的戰略。

為紓緩金融體系流動性匱乏困境，聯準會執行非傳統貨幣政策類型如表 20-3 所示。

1. 針對主要交易商

    (a) 定期借券機制 (TSLF)　2007 年爆發次貸事件，為避免房貸連結債券市值持續下跌並強化債券市場流動性，聯準會於 2008 年 3 月 11 日基於原有借券機制 (SLP) 架構建立 TSLF，提供投資銀行承作 28 天期借券交易，允許其以不具流動性的房貸證券擔保，交換聯準會 2,000 億美元內的政府債券，以利其在附買回市場拆借籌資。

表 20-3

非傳統貨幣政策類型

目的	實施日期		機制項目
對主要交易商提供流動性	2008.3.11	TSLF	定期借券機制 (Term Securities Lending Facility)
	2008.3.16	PDCF	主要交易商融通機制 (Primary Dealer Credit Facility)
對貨幣市場的借款者及投資者提供流動性	2008.9.19	AMLF	資產擔保商業本票貨幣市場共同基金融通機制 (Asset-Backed Commercial Paper Money Market Fund Liquidity Facility)
	2008.10.7	CPFF	商業本票融通機制 (Commercial Paper Funding Facility)
	2008.10.21	MMIFF	貨幣市場投資者融資機制 (Money Market Investor Funding Facility)

目的	實施日期		機制項目
對消費者及小型企業提供流動性	2008.11.25	TALF	定期資產擔保證券融通機制 (Term Asset-Backed Securities Loan Facility)
引導長期利率下降	2008.11.25		直接購買中長期證券
	2009.3.18		直接購買中長期公債

資料來源：Fed 網站。

(b) 主要交易商融通機制 (PDCF)　在 2008 年 3 月，貝爾斯登陷入營運困境。由於投資銀行無法利用貼現窗口融通，聯準會為避免類似事件引發系統風險，除提供 J.P.Morgan Chase 資金委託其提供貝爾斯登等額信用外，並於 2008 年 3 月 16 日針對主要交易商建立表 20-4 所示的隔夜資金融通機制，允許其在籌資能力受損時，得比照銀行使用貼現窗口融通條件，直接向聯準會申請融通。

金融海嘯帶動流動性危機擴散成償付能力危機，陷入流動性匱乏的交易商雖因實施 TSLF 與 PDCF 機制而受益，卻因交易對手風險攀升，主要交易商面對流動性壓力也持續上揚，聯準會因而將實施這兩種機制的到期日展延至 2009 年 10 月 30 日。

表 20-4
PDCF 內容

對象	主要交易商
融通期限	隔夜
融通利率	適用 FRBNY 貼現窗口主要融通利率。但若 120 個營業日內使用超過 30 個營業日，從第 31 個營業日起，需加收費用 (frequency-based fee)，該費用將與主要交易商討論後決定。一般而言，此利率包含懲罰息在內。
貸款額度	抵押擔保品限額內。
合格擔保品	公開市場操作的合格擔保品 投資等級的公司債 市政債券 不動產抵押證券 資產抵押證券
資金及擔保品移轉	因主要交易商不具備在聯邦準備銀行開戶資格，資金及擔保品移轉須透過清算銀行。

資料來源：Fed 網站。

2. 針對貨幣市場借款者及投資人　在 2008 年 9 月，雷曼兄弟破產導致商業本票需求銳減，市場規模自 2007 年 8 月高點的 2.18 兆美元萎縮至 2008 年 9 月的 1.64 兆美元。其中，資產擔保商業本票 (ABCP) 市場受創最重，

部分貨幣基金因投資 ABCP 損失跌破面額而大舉撤離市場，導致企業籌資更加困難。聯準會為挹注貨幣市場流動性以維持正常運作，陸續建立下列機制：

(a) ABCP 貨幣基金融通機制 (AMLF)　貨幣基金淨值跌破面額，引發投資人競相贖回，嚴重威脅基金業者與商業本票市場，迫使廠商須以高利率發行商業本票，募集資金難度遽增。為穩定貨幣基金價格，改善貨幣市場運作功能，聯準會於 2008 年 9 月 19 日建立 AMLF，以主要融通利率提供銀行融資向貨幣基金購買高品質 ABCP，實施日期並由 2009 年 1 月 30 日展延至 10 月 30 日。

(b) 商業本票融通機制 (CPFF)　聯準會於 2008 月 10 月 7 日建立 CPFF，授權聯邦準備銀行紐約分行 (FRBNY) 以聯邦資金目標利率對特殊目的公司提供融資，由其向合格發行人購買 3 個月期、高信評之美元計價商業本票（包括 ABCP）挹注貨幣市場流動性，解決資金需求者的融資來源問題。

(c) 貨幣市場投資人融資機制 (MMIFF)　貨幣基金具有穩定收益與低風險特質，然而金融海嘯讓投資人態度保守，缺乏購買意願而遭凍結。為避免加劇金融市場動盪造成流動性緊絀，聯準會在 2008 年 10 月 21 日建立 MMIFF，授權紐約分行以主要融通利率提供 5 家民間特殊目的公司 5,400 億美元擔保融通資金，由其向貨幣基金購買高信評金融機構發行 90 天內到期、以美元計價的商業本票與定期存單等。MMIFF 藉由提昇投資人償付能力與再投資意願，強化貨幣市場資金流動性，但因程序繁複且特殊目的公司僅能取得 9 成融資，加上聯準會擁有追索權，讓該機制難以有效發揮作用。

3. 針對消費者及小型企業　次貸事件重創資產證券化市場，金融機構面對信用市場萎縮，難以藉由放款證券化取得資金，只好改採緊縮策略。為紓解日益緊縮的消費者與小型企業信用，聯準會在 2008 年 11 月 25 日建立定期資產擔保證券融通機制 (TALF)，合格借款人（包括美國公民、美國法令規範之企業主體、外銀在美分行或代表處）可透過主要交易商參與 TALF 取得融資，融資標的包括以信用卡貸款、汽車貸款、學生貸款，以及小型企業管理局 (SBA) 保證貸款擔保而發行 AAA 級資產抵押證券 (ABS)，實施期限至 2009 年 12 月 31 日。為持續活絡消費者與小型企業信用市場，聯準會在 2009 年 2 月 10 日將融資上限 2,000 億美元調高至 1 兆美元，範圍擴大至 AAA 級商業 MBS 及私人住宅 MBS。

　　此外，英格蘭銀行從事量化寬鬆係以購買中長期政府債券為主，在 2009 年 1 月也專設資產交易工具 (APF) 來購買商業票據和公司債等高等級資產，大規模向市場注入資金。歐洲央行則考慮實施非傳統貨幣政策可能造成損失，對寬鬆總量有所限制，在 2008 年 9 月提高使用流動性工具的同時，則減少持有部分政府證券資產。在信用市場支持方面，歐洲非金融部門主要依賴銀行體系融資，是以歐洲央行沒有設立直接注入資金工具，但便利民間發行證券和提供再貸款，並從 2009 年 7 月起啓動在房地產市場購買資產 600 億歐元計劃。

觀念問題

❖ 試說明傳統與非傳統貨幣政策的差異性？央行實施非傳統貨幣政策的原因為何？

貨幣銀行學

 問題研討

小組討論題

一、選擇題

1. 有關央行操作將引起國內貨幣供給增加的說法，何者正確？　(a) 在貨幣市場發行可轉讓定存單，並核准官股銀行以公債為擔保的短期融通　(b) 在外匯市場買超美元，並在貨幣市場買回可轉讓定存單　(c) 央行發行的可轉讓定存單到期，並同時在外匯市場賣出美元　(d) 央行提高重貼現率，同時降低法定準備率

2. 央行業務局在貨幣市場買進票券，並在債券市場賣出等額公債，何種結果係屬錯誤？　(a) 貨幣供給將維持不變　(b) 短期利率趨於下跌，長期利率趨於上漲　(c) 票券價格趨於上漲，公債價格趨於下跌　(d) 將可吸引跨國資金流入，並提昇投資意願

3. 央行理監事會議通過採取利率作為貨幣指標。當國內股市呈現多頭走勢而帶動貨幣需求攀升，試問將會造成何種結果？　(a) 央行必須增加貨幣供給　(b) 央行必須緊縮貨幣供給　(c) 央行將須調高利率　(d) 央行必須調低利率

4. 央行從事公開市場操作，何種策略係屬正確？　(a) 央行在春節期間釋金係屬非傳統貨幣政策操作　(b) 央行因應歐美股市重挫而釋金係屬防衛性操作　(c) 歐債危機造成銀行準備流失，此時央行釋金係屬沖銷操作　(d) 景氣低迷不振，央行為力挽狂瀾而釋金係屬動態性操作

5. 有關央行執行貨幣政策的內涵，何者正確？　(a) 央行訂定重貼現票據資格，目的在於影響銀行運用資金方向　(b) 央行調整重貼現率，將須搭配將資金融通投資銀行，才能紓緩貨幣市場的流動性匱乏　(c) 央行降低存款準備率，促使短期利率下跌，而長期利率上漲　(d) 央行執行量化寬鬆政策，目的在改變利率期限結構

二、問答題

1. 試說明央行執行動態性與防禦性公開市場操作的內涵？並比較兩者追求目標的差異性。

2. 彭淮南總裁在 2009 年 11 月 19 日在立法院報告 2010 年度預算，截至 2009 年 10 月底止的盈餘為 2,214 億元，相較預算盈餘 1,231 億元達成率 179.84%。依據央行編列 2010 年預算繳庫金額為 1,800 億元，占中央政府總預算歲入的 11.6%，穩坐國庫金雞母角色。另外，財政部為紓緩政府收

支嚴重短差問題，而央行在 2009 年編列的繳庫盈餘是 1,800 億元，但同意再增加繳庫 330 億元而高達 2,130 億元。在中央政府總預算中，財政缺口雖可透過央行盈餘繳庫彌補，不過彭淮南曾說，「國家財政缺口靠央行盈餘挹注是非常危險，應該要靠稅收而非央行盈餘」。

針對上述說法，試回答下列問題：

(a) 在財政部官員與立法委員心中，國營事業盈餘與央行盈餘繳庫均屬財政收入，根本無需區分，你的看法如何？兩種盈餘繳庫對經濟活動影響爲何？

(b) 財政部長要求彭總裁增加盈餘繳庫額度，而總裁也積極配合達成預算盈餘，甚至追求更佳盈餘績效，試問此舉對央行執行貨幣政策將造成何種影響？

(c) 央行擁有鑄幣權，發行貨幣將可取得鑄幣稅，試問該收益與通膨稅的關係爲何？

3. 美國聯準會調整聯邦資金利率，藉以調節美國經濟活動與控制通膨。試回答下列問題：

(a) 聯準會調升聯邦資金利率，將對國際美元走勢有何影響？

(b) 聯準會調整聯邦資金利率後，台灣央行往往跟進調整哪些利率？

(c) 依據資料顯示，各國央行調整利率經常出現一致性動作。試問可能原因爲何？

4. 各國央行執行貨幣政策可採取的工具有哪些？試指出台灣央行最常使用何種工具？何種工具最少使用？可能理由爲何？

5. 央行通常以貨幣餘額或利率做爲貨幣指標，試回答下列問題：

(a) 試問國內央行係以何者作爲貨幣指標？

(b) 面對金融環境劇變，央行愈來愈難以掌控台灣貨幣需求。假設彭總裁追求穩定國內產出，試問採取的貨幣指標應否改變？爲什麼？

6. 央行選擇某些變數做爲貨幣指標，通常考慮哪些標準？M_2 貨幣總計數是否符合這些標準？試說明之。

7. 央行調整貨幣數量將會透過傳遞機制影響體系內實質 GDP。試說明央行理監事會議決議採取寬鬆政策紓緩景氣衰退，將如何影響股票價格，進而影響實質 GDP？

8. 國際油價從 2009 年 2 月的每桶約 34 美元一路飆漲至 2010 年 4 月的每桶約 85 美元，對經濟體系帶來通膨威脅，試說明央行如何運用公開市場操作與法定準備率來對抗通膨問題？試比較兩種工具發揮效果的優劣之處。

9. 有些經濟學者認爲「央行以利率做爲貨幣指標，將有火上加油之虞」，試分析該項說法。

10. 台灣屬於小型開放體系，隨著美日兩國競相實施量化寬鬆政策，造成跨國資金在國際間流竄，推動新台幣不斷升值，重創出口產業的國際競爭力。試回答下列問題：

(a) 央行基於穩定匯率考量，將須採取何種干預措施，此舉將對央行資產負債表造成何種影響？央行將可獲取何種利益或付出何種代價？

(b) 何謂「通膨目標機制」？針對 (a) 題結果，央行實施該項機制，將須採取何種措施因應，此舉對央行資產負債表造成何種影響？假設央行透過公開市場操作來落實該目標，試問此種操作的屬性為何？央行將付出何種代價或取得何種利益？

11. 試回答下列有關央行從事公開市場操作的問題：

(a) 國際熱錢蜂擁進入台灣股市，引起貨幣供給隨機擴張。央行選擇貨幣餘額或利率做為貨幣指標，各將在公開市場採取何種操作策略？

(b) 央行買進財政部發行的 100 億元公債後，同時也向銀行發行央行可轉讓定存單 100 億元。試問此種操作所追求的目標為何？此舉對金融體系造成何種影響？

(c) 央行在外匯市場買超 5 億美元，同時發行等額可轉讓定存單。試問此種操作的屬性為何？在此過程中，央行付出的代價與獲取的利益分別為何？

12. 歐債危機衝擊國內景氣，央行經研處迅速評估執行量化寬鬆的可行性，試回答下列問題：

(a) 權衡政策可能面臨的時間落後因素有哪些？

(b) 央行執行權衡政策面臨「時間不一致性」問題，可能會對景氣變化造成何種影響？

13. 央行從事公開市場操作的目的為何？何謂動態性操作、防衛性操作與互換操作？如果台灣央行欲使台幣匯率升值，但又不想影響國內貨幣供給，應如何運用互換操作來達成？

14. 2008 年金融海嘯後，傳統利率政策無法紓緩景氣衰退，體系落入「流動性陷阱」境界。Keynes 有句名言是「當體系掉落流動性陷阱，貨幣政策無效，財政政策有效」，然而美國聯準會為解決此一困境，創新貨幣工具稱為「資產購買」，藉由購買問題銀行的證券與資產，作為挹注市場資金的途徑，促使貨幣政策不再無效，「資產購買」亦成為歐美央行的政策主軸，而資產購買政策亦替央行「去污名化重貼現窗口」。試回答下列問題：

(a) 何謂「流動性陷阱」？

(b) 何謂「資產購買」？

(c) 何謂「去污名化重貼現窗口」？

三、計算題

1. 台灣央行理監事會議決定採取通膨目標機制，選擇 5% 通膨率或零通膨率來應對。假設主計總處估計的 Phillips 曲線如下：

$$u = 5 - 0.5\,(\pi - \pi^e)$$

u 和 π 分別是失業率和通膨率，π^e 是預期通膨率。體系內失業和通膨的社會成本可用下列損失函數衡量，而央行追求社會成本極小化：

$$L = u + 0.05\pi^2$$

試計算下列問題：

(a) 央行設定目標為通膨率 5%，則體系預期通膨率為何？如果央行欲貫徹此一目標，失業率與社會成本分別為何？

(b) 央行承諾零通膨率目標，此時對應的預期通膨率與社會成本分別為何？

(c) 依據 (a) 與 (b) 的答案，你將設定通膨率目標為何？理由是？

(d) 央行彭總裁選擇零通膨率為目標，並且預期通膨率為零。假設央行突然宣布實際通膨率為 5%，在此一未預期通膨的假設下，失業率與社會成本分別為何？

2. 某封閉體系的物價呈現僵化，除利率外，所有變數都取自然對數。該體系總體模型如下：

$$IS \qquad y_t = \beta_1 y + \beta_2 r_t + v_t$$
$$LM \qquad m_t - p_t = \alpha_1 y_t + \alpha_2 r_t + u_t$$

央行追求穩定產出目標，亦即追求社會成本極小：

$$L = E(y_t - y^*)^2$$

m 是貨幣餘額，y 是產出，y^* 是自然產出，p 是物價，r 是名目利率，u、v 分別是貨幣市場及商品市場的干擾項，$\rho_{uv} = 0$、$E(u) = E(v) = 0$、σ_u、σ_v 是標準差。央行執行貨幣政策方式有二：控制貨幣餘額或控制利率。試回答下列問題：

(a) 試說明兩條方程式的經濟意義，α_1、α_2、β_1、β_2 的符號為何？

(b) 試推演當 $\sigma_u = 0$，央行應採控制利率抑或貨幣餘額政策？

(c) 試推演當 $\sigma_v = 0$，央行又應採何種貨幣政策？

(d) 許多國家央行採取控制利率政策，試解釋背後隱含的理由為何？

👍 網路練習題

1. 試前往中央銀行網站 http:www.cbc.gov.tw/，點選「金融穩定與監理」一欄，查閱央行發布的《中華民國金融穩定報告》，對國內金融情勢變化進

行了解。

2. 試前往央行的網站 http:www.cbc.gov.tw/，點選「重大政策」一欄，查閱近年來央行發布的《中央銀行理監事聯席會議決議》，請從這些決議內容整理出央行擬定貨幣政策的趨勢。

3. 試前往 Meet Taiwan 的網站 http:www.meettwaiwan.com/，查閱有關信保基金提供融資的方式。

索引

九畫

十二畫

貨幣銀行學

十三畫

十四畫

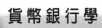

職場專門店

 五南文化事業機構
WU-NAN CULTURE ENTERPRISE

 書泉出版社
SHU-CHUAN PUBLISHING HOUSE

國家圖書館出版品預行編目資料

貨幣銀行學／謝德宗、俞海琴合著. ——二
版.——臺北市：五南, 2016.06
　面；　公分
ISBN 978-957-11-8617-7（平裝）
1.貨幣銀行學
561　　　　　　　　　　　　105007285

1MCN

貨幣銀行學

作　　者 — 謝德宗　俞海琴

發 行 人 — 楊榮川

總 編 輯 — 王翠華

主　　編 — 侯家嵐

責任編輯 — 侯家嵐　劉祐融

文字設計 — 許宸瑞

封面設計 — 盧盈良

出 版 者 — 五南圖書出版股份有限公司

地　　址：106台北市大安區和平東路二段339號4樓

電　　話：(02)2705-5066　　傳　　真：(02)2706-6100

網　　址：http://www.wunan.com.tw

電子郵件：wunan@wunan.com.tw

劃撥帳號：01068953

戶　　名：五南圖書出版股份有限公司

法律顧問　林勝安律師事務所　林勝安律師

出版日期　2010年10月初版一刷
　　　　　2016年 6 月二版一刷

定　　價　新臺幣800元